German Political Philosophy
The metaphysics of law

Chris Thornhill

ドイツ政治哲学

法の形而上学

クリス・ソーンヒル 著
永井健晴　安世舟　安章浩 訳

風 行 社

German Political Philosophy

The metaphysics of law

by Chris Thornhill

Authorised translation from the English language edition published by Routledge,

a member of the Taylor & Francis Group

〔娘の〕グレースと〔息子の〕ジョンへ

日本語版へのまえがき

本書は、些か一般的にいえば、政治理論と政治学に関するわたしの研究活動の展開において特異な地位を占めている。本書が執筆されたのは、わたしの研究軌跡の中で見るなら、現在在職中のグラスゴー大学の教授に就任する直前の時期であった。本書を執筆中に、わたしの研究関心は、政治思想史の研究にのみ携わってきた従来の研究方向から離れて、歴史社会学や政治概念の社会学に集中する方向へと移っていった。こうしたことがあったために、本書には多くの異なったアプローチや〔研究〕目標が綯い交ぜになっている。一つのレヴェルでは、本書は、わたしの学問的な原点を端的に反映しているのであるが、宗教改革期の直前から今日までの包括的なドイツ政治理論史をまっしぐらに再構成しようとする試みとして読むこともできよう。こうした試みとして、本書は、ドイツにおいてより広く展開された、政治哲学や政治的討議の形成過程を、包括的な綜合的観点から読み取り、そして、ドイツの社会や歴史に一貫している構造的な諸特徴によって、導き入れられた、そして、そうした諸特徴に固有な、共通の脈絡、論題、概念上のディレンマを、確認〔同定〕することを試みている、おそらくこれまでいかなる言語によっても書かれたことのない、唯一の著作である。けれども、異なるレヴェルでは、本書はまた純粋な思想史(intellectual history)を超えている著作としても見られるかもしれない。本書は、歴史的諸概念を検証するための解釈上の方法論を提起しはじめ、そして、精緻化しはじめているのであるが、この方法論は、政治的諸概念を、議論上の諸形式と見なすのみならず、特定の社会の、その政治的諸機能に関する、諸交換〔コミュニケーション〕に内在する、諸要因〔境位〕ともまた見なしている。この点から見て、本書は、戦略的に、哲学的、社会学的、歴史的な方法論的諸構造を融合しようと試みているのである。とりわけ顕著な点といえば、本書は、哲学の社会学というものの部分と見なされうるし、そして、概念の社会学に関して、そして、とりわけ憲政上の討議や法の形成の歴史的社会学に関して、わたしが現在取り組んでいる著作の先取りをしている。加えて、こうしたアプローチを構成するに際して、本書は、ニクラス・ルーマンによって提起された社会の理論の幾つかの中心的な諸概念を政治の分析と歴史・政治の再構成との分野へと転用しようとする初期的な試みを標示している。本書執筆のための研究調査（その多くは大英博物館の薄暗い稀覯本室の中で行なわれたのだが）は、ルーマンとかれの政治的モダニティの理論とに関する研究をはさんでおこなわれていたので、そうした理論的な概念構成の影響はあきらかに見て取れよう。とりわけ、本書は、ヨーロッパの法やヨーロッパの政治的討議の出現を形づくっている基本的でかつ顕著な過程としての法の実定化に関するルーマンの理論を用いている。本書がこうした諸々の次元や野心のそれぞれにおいて成功を収めていること、そして、政治理論と歴史的・政治的な社会学の両方に対して有益な貢献を果していること、これらのことをわたし望んでいる。わたしは本書に対してきわめて強い愛着をもちつづけているので、本書がようやく日本の読者に利用可能になることを喜ばしく思う。と同時に、明治以降の日本における近代国家の形成過程に、ドイツの国家のあり方、とりわけそれを弁証するドイツの政治・法哲学の影響が見られるのはよく知られていることであるが、ドイツのそうした政治・法哲学の包括的な歴史的研究を取り扱った本書が、日本の近代国家の形成過程に新しい光を当てられる機縁になるならば望外の喜びでもある。

当然のことではあるが、この場を借りて、本書の日本語版の作成・出版に当たられた、安世舟名誉教授、永井健晴教授、安章浩教授の三人の訳者と、本書の日本語版の完成までわたしと安世舟名誉教授との連絡を担当された下村勝巳博士とに対して、深甚の謝意を表したい。これらのすばらしい学者の方々にわたしの仕事に対して関心をもって頂いたことに対して永く名誉に思うと同時に、わたしの現代ドイツ政治理論研究の最初の本格的な著作（*Political Theory in Modern Germany: An Introduction*, Polity Press, 2000）の日本語版（『現代ドイツの政治思想家――ウェーバーからルーマンまで』二〇〇四年、岩波書店）の作成・出版も担当された同じ三人の訳者が今回も本書の日本語版の刊行にもご尽力なされた、その変わらぬご好意やそのご苦労に対して、改めて心からお礼を申し上げる次第である。

二〇一一年一月　グラスゴー

クリス・ソーンヒル

謝辞

本書の刊行に際して是非とも謝意を表したい各種の機関が存在する。〔第一に〕最近数年間、わたしが必要とした書籍や資料・文書の利用に関して便宜を図って下さったBritish Libraryのスタッフの方々のいつもの変わらぬ親切な応対とご支援に対して謝意を表したい。〔第二に〕本書執筆のための二〇〇三年度の研究休暇を与えて下さった〔前勤務校の〕King's College Londonに対して謝意を表したい。〔第三に〕本書執筆に必要な幾つかの調査研究活動に対して寛大な財政支援を与えて下さったＡＨＲＢにも御礼を申し上げたいと思う。〔最後に〕英国では学術書の出版にかかる時間が加速度的に短縮されている中で、著者が実際に編集者と共に仕事することを楽しむことができるぐらい、真心を込めて本書および他の出版物の準備・完成作業に当たって下さったRoutledge社の 発行人および編集者に対して謝意を表したい。

本書執筆中、私は学術研究の異なった分野の優れた多くの学者や知識人の仲間に加えて頂く幸運に恵まれた。わたしの思想は、こうした学問的交流をさせて頂いた多くの方々の影響に多くを負っている。たとえば、過去数十年間、わたしの最良の友人たちの一人のDarrow Schecterの名前を挙げることができるのは、わたしにとってこの上もない幸せである。わたしの仕事のあらゆる側面において、あれこれとかれの影響を受けなかったものはないぐらいである、と告白することは公平と言うものであろう。数年間、わたしはまた、周期的ではあるが、Drew Milneと議論を重ねてきたが、かれの思考の痕跡がいつもわたしの精神の中に刻まれている。多くの歴史的な論点について正しい判断を下し、あるいは、それらの論点に新しい光を当てる点では、友人のMichael Johnに、わたしはとても敵わないので、かれと競い合うことを初めから止めることにしている。Michael King と Allan Norrie と大学で協力し合った経験はまた、楽しく、いつも刺激的であった。William Outhwaite も大いにわたしを励ましてくれた。かれはあらゆる面でわたしを支え、助けてくれたが、それらすべてに対しては、お礼の言葉がないぐらいである。さらに学恩を受けた方々の名前を次に挙げさせて頂きたい。Samantha Asheden, Mathew Bell, Andrew Chitty, Jean Clam, Robert Fine, Gert-Joachim Glaessner, Stephen Jakobson, Simon Jarvis, Stiljan Jotov, Paul Key, Margarete Kohlenbach, Cecile Laborde, Douglas Moggach, Alan Olson, Jan Palmowski, Ralf Rogowski, Jeff Zeiter, Seishu Yasu〔安世舟〕。これらすべての人々は、共同研究や大学の同僚であった年月を通じて、あるいは単に短い期間ではあったが、理論や歴史の諸問題に関する意見の交換を通じて多様な問題についてわたしの思考を刺激し影響を与えて下さった方々である。

本書で用いた原典および外国書籍の英訳に関する覚書

本書執筆中、わたしが選んで利用した著作物の学術版（scholarly edition）について、多くの困難な決断を余儀なくされた場合が多々あった。本書で用いた原典《テキスト》は、最初はドイツ語、ラテン語、フランス語、英語で刊行されたものである。これらの著作物は五〇〇年以上の長い年月の間に出版され続けてきたために、その多くは初版本の他に多くの版がある。当然、それらにはしばしば種々の版権や著作権が必要なものが多々ある。またその多くのものには多くの英訳版も存在する。ある点では、引用のために初版本の原典や他の版を選ぶ際にわたしが取った方法は、些か異常に見られるかもしれない。たとえば、最初にラテン語で出版され、その後にドイツ語で出版された書籍を、通常利用する場合、わたしは、できるかぎり、ラテン語版の定評のある学術版に当たるように努めたからである。とはいえ、時折、こうした方針から逸れる場合もあった。それは、時折、最初にパンフレットで刊行されたものや、刊行当時はラテン語で書かれたが、その後にドイツ語に翻訳された初版本を引用する際に、とりわけ宗教改革期に書かれ、出版された著作物を検討する際に、当てはまる。できるかぎり、わたしは、こうした方針に沿って、政治的問題に関する特殊ドイツ的な討議の生成・発展を跡付けるべく努めた。そして、〔当時の人々に大きな〕影響力のあった原典の内、もっとも多く出回っている版を利用する際に、一五二〇年代と一五三〇年代のパンフレットの中に、戦争や神学論争が示す革命的な自然発生性や精神の急速な変化を少しでも感じ取るべく努力した。こうしたアプローチに当然に付きまとう問題は、歴史的な信頼性や論争の展開に考慮を払うことと学問的な正確さに対して考慮することとのバランスを図ることである。多くの場合、とりわけ〔ラテン語からドイツ語への〕翻訳が直接的かつ広範囲にわたる理論的な反響を呼び起こした宗教改革期においては、後者の考慮に軍配を上げた。

多分、こうしたむしろ論争的な方法に加えて、本書では、英語に翻訳されたものに準拠して、それらを引用しないことを決断した。その理由を述べるならば、色々な初版本の英訳の中で利用可能なものには、その質において極端にバラツキがあり、多くの場合、どの英訳を使うべきかを判断するのが困難であり、さらに、多くの初版本の原典は、そのすべての内容が英訳されているわけでは決してないからである。したがって、本書で資料として利用した著作物の中で、整合性がある、あるいは、比較的にその質の高い、英訳本を選ぶ課題は、ほとんど不可能なぐらい困難である。そして、英訳した著作物に準拠することはそれ相応の公平性の水準には決して近づきえないのである。それゆえに、本書の中で引用されているドイツ語、ラテン語、フランス語で書かれたすべての著作は、わたし自身が英訳した。もしそれらに不適切なものがあるなら、そのすべての責任は当然、わたしにある。

〔凡　例〕

1、本書は、Chris Thornhill, *German Political Philosophy: The metaphysics of law*, 2007 の邦訳である。

2、「　」によって括られた語句は、原著において〝　〟が用いられた箇所や、‘　’の引用部分を示す。

3、〔　〕内は訳者による補足・説明である。

4、——は必ずしも原著に対応していない。

5、原著では注意を促したい固有名詞、書名、その他の語句にはイタリック書体が用いられている。語句には傍点を付し、書名には『　』を用いた。固有名詞は普通書体にした。

6、原著では各章には番号を振っているが、各章の節には番号を振っていない。本訳書では、各節にも番号を振った。さらに読者の便宜を図って、各節にも内容が異なる毎にさらに項を設け、その内容を要約した題を【　】で記した。項の作成に当たっては、各訳者がその担当部分において独自の判断で行なった。ちなみに、本書は大著であるために、その内容の概要を先に知った後に精読したいと思う読者は、まず先に項を示す【　】をざっと読まれることを老婆心ながらお勧めしたい。

7、同格の術語文が三つ以上羅列されている文章の場合、原文には無いが、各術語文の前に①、②、③……の数字を打って読み易い工夫を施した。

8、戦前、西欧の社会科学の受容は、明治中期より、ほぼドイツ一辺倒となり、社会科学は言うに及ばず、人文科学の専門書の邦訳が盛んに行なわれて、長い間親しまれてきた。それと同時に、邦訳書名とそこで用いられた学術用語の邦訳語も学界では市民権を得て定着していると言っても過言ではない。ところが、近代ドイツとは社会の成り立ちや政治文化の異なるイギリスでは、一般に近代日本ほどドイツの社会科学・人文科学の受容は多くなく、当然、ドイツ語特有の専門用語の英訳語も研究者の間では定訳語というものがないようである。そのため、原著では、ドイツ語の著作名や学術用語の英語訳は日本で定着しているものと対照すると、必ずしも内容が一致しないものがある。たとえば、ヘーゲルの *Rechtsphilosophe* の邦訳名は『法哲学』ないしは『法の哲学』(最近では『法権利の哲学』の邦訳名もある)であるが、英訳名は *The philosophy of right* であるので、英語名のものを『権利の哲学』と邦訳すると、読者が奇異に感じることになろう。そこで、邦訳に際して、ドイツの原典やドイツ語特有の専門用語については、英語訳をそのまま和訳するのではなく、原典の邦訳名や専門用語のすでに日本で定着している邦訳語を用いた。また、ドイツ語の原典の英語訳の引用文も、邦訳のあるものについては、できるかぎりそれを用いることにした。

9、幾つかの専門用語の邦訳語についてあらかじめ断っておきたい点がある。それは一つの用語に文脈に応じて異なった邦訳語を当てた場合が多々あるからである。まず、law と constitution の例を挙げておきたい。本書では、中世末期から近世、近代、現代に至るまでのドイツにおける法のあり方、とりわけ時代環境と共に法の内容やそれを保障する機関が変容し、またそれと関連して、神法や自然法と実定法の関係のあり方、そしてそれと関連して近代国家の形成と展開におけるドイツ的な特殊性が生れたが、こうした点の解明は国家の正統性と合法性との弁証的な関係に焦点を当てて行なわれている。したがって、law は中世末期や宗教改革期では教会との関係でトマス・アクイナスの「神の理性としての法＝自然法」や旧約聖書の「律法」または「戒律」の意味に使われ、近代になると国家が制定した「法律」の意味に使われている。次に、constitution も周知の通り、わが国では幾つかの邦訳語がある。W. Bagehot *The English Constitution* の例をとるなら、戦前では『英国の国家構造』と邦訳され、戦後では『イギリス憲政論』と邦訳されているように、constitution は憲法の他に、「国家構造」と「憲政」と邦訳されて来た。またプラトンの『国家』(politeiā) の原語のギリシア語のpoliteiā の英語訳はまた constitution であることから、constitution は「国制」とも邦訳されている。本訳書では、constitution は以上のような従来の邦訳語を参考にして、憲法、憲政体制、憲政秩序、国制と文脈に応じて使い分けを行なった。またその形容詞の constitutional は、憲政上、憲政的、あるいは立憲的と訳した。さらに近代になり、constitutionalism が明確に「立憲主義」を表している場合には「立憲主義」の邦訳語を用いた。その他、特定の用語については、文脈に応じて、文意を適切に伝える別の訳語を適宜当てる場合もあり、その際は、邦訳語の上に英語の読みをカナで記したルビを振った。

次に、本書の読解において留意して頂きたい用語として person (人) を挙げておきたい。本書には次のような様々な形容詞のついた person が二〇以上散見される。

Absolute person, total person, organic person, real person, natural person, legal person, formal person, private person, public person, fictional person, juridical person, metaphysical person, static person, ideal person, entire person, essential person, general person, corporate person, moral person, authentic person, collective person などである。著者は、本書の中で、政治文化や歴史的伝統の異なる近代ドイツにおける法と権力の統一の政治・法哲学的な解決を試みようとする多様な態様とそれらがおのおの持つ政治的機能の解明を歴史社会学的に遂行している過程で、イギリスでの人間が本来どうあるのかについてのかれ自身の人間観を基準にして、宗教改革期以後のドイツにおいて政治理論的、哲学思想的、社会学的、歴史哲学的な理論的立場を異にする哲学者、法哲学者、法学者、政治学者、社会学者などが人間のある側面を抽象化してそれを形象化したものを基礎に、あるいは人によっては人間のあるべきあり方の理念型を作ってそれを基礎に、それぞれの法の概念を構成しているが、これらの多くの学者によるそれぞれ異なる視点からの人間のある側面を抽象化して構成したもの、あるいは理念型をその取り扱う対象と文脈に応じて、上記のような多様な「ｘｘｘ人」として挙げているが、それらと対照的な、著者独自の上記の人間観を著わす用語として human person が用いられている。それは、素直に和訳するなら、「人間的な人、ないしは個人」、あるいは「人間本来の人」となろう。したがって、本書では、上記二〇以上の多様な形容詞を伴う「人」との兼ね合いから、日本語として些かすっきりしないが、human person の邦訳語に「人間本来の人《ヒューマン・パーソン》」を当てることにした。なお、human という形容詞も多用されている。それは人間のあり方と根源的なところで深く関わり合う「法」（law）を根拠づけるその正当性の起源を神に求める方向を、あるいは自然法などの規範に求める形而上学的な方向を、否定し、あくまでも法の起源を人間そのものに求める立場ないしは観念を表わす時に、著者が使う用語であるので、それには「人間中心的」ないしは「人間中心の」という訳語を当てた。その他に、human being は「人間存在」と訳した。

最後に、polity の訳語について触れておきたい。小学館の『プログレッシブ英和中辞典』（第三版）によると、「1、政治形態、統治組織、（国家、都市などのように）組織された状態、体制。2、国家、政治組織体。……」の訳語が見られる。英米では、ドイツ的な国家（Staat）を言い表す用語がないために、英米の政治理論関係の著作では、日本語の「国家」を表わす用語として、よく polity が用いられ、「政治体」という訳語が当てられている場合が多い。本書では、polity は「政治的組織体」の訳語を用いた。それは、ドイツ語の Staat や日本語の「国家」と同義に英米圏において使われていることを顧慮して、小学館の辞典を参考にして造語したものである。

目　次

序論

【ドイツ政治（法）思想史を規定する歴史的枠組み：国家形成史における激変と断絶を貫いて提示される主題】

本書の主要な〔第一の〕目的は、宗教改革から現在にいたるまでのドイツの政治哲学と政治理論の歴史についての概観を提示することである。この著作の核心にある主張は、ドイツの国家形成史においては、大きな激変《アップヒーヴァルズ》や破断《ラプチャーズ》（裂開）にもかかわらず、あるいは、おそらくそれゆえに、これらの断絶を貫いて持続し、ドイツの政治的省察に際立った特徴を与えている、そうした特定の主題や関心事が、繰り返し現れてくる、ということである。はっきりいえば、ドイツの政治思想が発展してきた歴史的枠組みにおいては、安定した集権的な政治システムは、きわめて断続的《フィットフル》（発作的）に制度化されてきたのであり、したがって、国家創設の諸過程は、それぞれの異なる時代に、きわめて異なった仕方で、開始し、再開してきたのであるが、まさしくこうした事実こそ、特定の諸問題が異なる歴史的な時期を横断して繰り返し浮上する、という結果をもたらしたのである、と本書は主張している。こういうわけで、本書の第二の目的は、①ドイツ政治思想の主要な諸問題〔が奈辺にあるのか〕を同定（確認）し、②そうした諸問題の生成やそれらが反復されてきた諸形態を検証し、そして、③こうした哲学的伝統の中で仕事をしている理論家たちが基礎づけている諸対象〔目標〕を解釈することである。

【ドイツ近現代史における神学・法学・哲学を貫く問題構制：理論の世俗化：ドイツにおける憲政秩序形成に係わる文献】

これらの論点に取り組むのに際して、本書は、何が政治理論ないしは政治哲学を構成しているのか、これについての包括的《エンコムパッシング》な定義を採用している。したがって、殊のほか主知的《インテレクテュアル》な諸学科から――政治学、哲学、社会学、公法学、私法学、教会法学、神学、歴史学から――採られた諸文献〔原典〕が、この定義の中に含まれている。当然のことながら、多くの原典の中で、本書が考察対象として採り上げているのは、それらがドイツに必要な政治的かつ立憲主義的な形態の原則に関する論争に寄与しているもの、そして、ドイツにおける政治秩序に必要な諸条件について理論的な説明を提供しているもの、これらに限られている。この著作が基本的に意図しているのは、主題の焦点を狭く絞らないこと、そして、多くの異なる語彙〔表現法〕を用いて提起されてきたさまざまな議論が政治に形姿を付与する力を強調すること、これらのことである。はっきりいえば、この著作の核心にあるのは、理論の世俗化（theoretical secularization）という概念である。この概念によって〔この著作が〕論証しようとしているのは、①政治理論の諸問題や諸概念は、しばしば神学論争の諸論点から、あるいは、法に関する神学的な（legal-theological）論争の諸論点から、抽出《ディスティル》されている、あるいは、それらに対する応答を表現している、②法的ないし政治的な諸原則は、はじめは宗教あるいは法に関する宗教的な諸概念に属する諸範型の改作《リシェイピング》ないし変容〔形式転換《トランスフォーメーション》〕を通じて展開されている、そして、③これらの諸問題の特殊宗教的な内容がその重要性を失いはじめているときでさえ、神学的ないし法に関する神学的な諸理念は、政治的論争において影響力を保ち続けている、ということである。

1　ドイツ政治哲学とは何か？

ドイツ政治哲学の基礎にあるモティーフやその歴史的展開を検証する前に、その主要な特徴のいくつかを説明しておく必要があろう。以下、これらについて説明しておきたい。

【(1) ドイツ政治思想における国家至上主義：人間的自由の実現の前提条件としての国家】

ドイツ政治哲学は主に国家に係わっている。当今では、このように主張することは陳腐なことである、と論じられてきた。[1] なるほど、それはもっともなことではあろう。とはいえ、この主張は、陳腐とはいえ、やはり依然として同意しないわけにはいかない言説の一つであり、ドイツ政治思想には、国家至上主義（statism）という強力な要因（境位）が現存する、という主張は、それがしばしば声高に述べられてきたという理由だけでも、真実味を喪っていないのである。それゆえに、第一に、ドイツの政治哲学者や理論家たちの大部分には、自由主義、保守主義、それどころか、社会主義、そのいずれの伝統からであれ、国家を社会的調整の最高の機関と解釈する傾向があり、したがって、かれらは、しばしば、国家に、自余の社会を睥睨し、これに対立する構造的な威厳を帰してきた、と言えよう。総じて、ドイツ政治理論の見解によれば、国家は、社会を秩序づける諸原則を決定し表出することに対して、普遍的に責任を有しており、特定の社会的利害関心という基礎からは演繹されえない統一性と凝集性（国民的なものであれ、文化的なものであれ、はたまた合意に基づくものであれ）の諸原則を具現している。こうした理由から、ドイツ政治思想にむしろ連綿として続いている諸要因《エレメンツ》（境位）は、明確に改革主義的《リフォーミスト》な構成要素《コンポネント》であり、この構成要素は、社会的な変化や変容を引き起こす責任を、国家の外部にある結社（association）ないしは党派《ファクション》にではなく、国家そのものの中に置くのである。とりわけ、ドイツ政治思想は、通常、国家を、人間の自由を制限したり、それに敵対したりするものとしてではなく、人間の自由の前提条件として定義する。事実、ドイツ政治思想は、しばしば、国家の必要不可欠的な自然本性に関する問いを、人間の自由の必要不可欠的な自然本性に関する問いから分離しえないものと見なしているのである。

【⑵①法と国家の関係、②権力（自由）と法（理性）の二律背反、③規範設定の外部における権力形成についての説明責任：権力の規範的根拠の外異性：国家権力の正統性と正統化の問題】

第二に、ドイツ政治思想はしばしば政治的秩序に関する問題を、外異的（*exceptional*）あるいは逆説的な（*paradoxical*）問題として取り上げている、と論じてもよかろう。このことは、第一に、①ドイツ政治思想は、しばしば国家と法の関係の解明に焦点を当てている、②それはしばしば、権力における自由ないしは主意主義（voluntarism）の側面《アスペクト》と法における理性ないしは規範的必然性の側面を二律背反（antinomies）と見なし、そして、③何らかの確固たる規範設定の外部における権力の形成についての説明責任がいつも要求されている、これらのことを意味している。したがって、ドイツ政治哲学の中心には、権力の〔規範的根拠の〕外異性（外来性）（exceptionality）を解消しようとする、そして、法と国家の二律背反に関して、それに折り合いを付けさせる実定的（positive）な諸条件を明確化（分節化）しようとする、努力が存在するのである。第二に、このことが意味するのは、ドイツ政治思想は、それが権力を本源的に規範的な前提条件の外部において形成されたものと見なすが故に〔たとえば、キリスト教であれ、ローマ法であれ、ドイツにおける政治権力の正統性の根拠は、内発的・土着的なものではなく、外発的・外来的なものであるから〕、権力行使における絶対的な法的妥当性（legal validity）の主張に対して繰り返し懐疑的な態度を示すのであり、したがって、ドイツ政治思想は、権力がそれ自身を、法的に正当化されたものとして、あるいは、理性的なものとして、説明する際に用いている、そうした構成概念《コンストラクツ》を、単純化されたものとして、あるいは、逆説的なものとして、暴露しようとする、一連の際立った企図によって標識づけられている、ということである。したがって、ドイツ政治理論は、その歴史を貫いて、常に新らたな形姿をまとって、妥当する法の諸源泉の記述を、再解釈し、再補強し、そして、法と国家の両方を繰り返し新たな基礎づけの上に置こうと、企図してきたのである。こうした理由によって、正統性（*legitimacy*）という範疇は、ドイツ政治理論において中心的な役割を演じている。正統性は、通常、理性及び法と自由及び権力の二律背反を統一する国家の特徴として捉《コンシーヴ》えられているが、しかし、この範疇は広く不安に苛まれている。総じて、ドイツ政治思想が深く専念しているのは、①法と権力の関係の持続可能な分析を構築すること、②権力における逆説《パラドックス》と外異性《イクセプショナリズム》（外発性、外来性、例外性）を克服すること、そして、③権威への逆説的な主張においてではなく、完全に真正なものとして確証された法において、基礎づけられている国家を、構築することである。ドイツにおいて、法治国家（*Rechtsstaat*）という制度への関心が普及しているのは、こうした事情に由来する、と言えよう。

【(3) 反普遍主義的・反啓蒙主義的な歴史学的・社会学的解釈論の優位：アングロサクソン的な社会契約論的・自然法論的な規範的正統化論への敵意：例外としてのカント及びカント主義】

第三に、ドイツ政治哲学は、正統性の諸問題にアプローチする際に、とりわけイギリスやアメリカでは〔国家権力に対する個人的自由の擁護という〕別の路線を進んでいた政治哲学において普及していた、一般的に規範的ないしは社会契約論的な諸傾向とは、しばしば異なっている。ドイツ政治哲学は、しばしば正統性の純粋に規範的な分析に対して懐疑的であり、したがって、しばしば正統性の問題には歴史学的ないしは後には社会学的な表現形式〔諸術語〕で取り組んでいる。このことは、たとえば、ドイツ政治思想において喧伝されている正統性の諸モデルはしばしば解釈的な性格を帯びている、ということを意味している。ドイツにおけるこうした正統性の諸モデルには、ある政治システムの正統性の有無を判断する基準となる道徳性ないしは功利性という唯一の理想的な諸条件を決定するということよりも、むしろ、正統性の産出か、あるいはその喪失のどちらかにいたる至る歴史学的でかつ社会学的な過程を記述する傾向が、そして、正統性の質をその明確な社会的でかつ歴史的な環境の中で解釈しようとする傾向がある。こうした理由により、抽象的あるいは非歴史的な規範的理論の伝統は、ドイツにおいては中心的な地位を占めていないし、そして、ドイツ政治理論は、歴史（記述）学（historiography）に由来している解釈論的な諸方法論から容易に切り離しえないのである。カント及び新カント派の伝統の代表者たちは、あきらかに、こうした議論にとっては主要な例外である。しかしながら、多くの点で、以下で論じられるように、カント的思考はドイツの政治思想において際立った地位を占め、そして、大部分の啓蒙思想以後の主要な見解は、一貫してカント的諸理念とは基本的に一致することなく発展してきたのである。

【⑷ 中世以降の自然法論の三類型：①トマス主義的中世自然法、②大陸的実践的近世自然法論、③アングロサクソン的自然権・自然法論：ドイツにおける自然法的普遍主義への敵愾心】

第四に、ドイツの政治哲学は、公式（形式）的な法・自然主義（自然法論）（*ius-naturalism*）に対するそれぞれの時期における深い敵意によって、特徴づけられていること、そして、きわめてドイツ的な政治哲学は、政治的正統性の自然法的諸モデルを普遍化することを拒否していること、これらのことをもまた主張しうる。この観点において、本書は、自然法理論についてまったく異なる二つの路線があり、そして、これらの二つは、政治理論や政治的形成の歴史においてまったく異なる目的に奉仕している、と論じている。第一に、本書において論じられているのは、スコラ学的な自然法理論の伝統が現存する、ということである。近代のヨーロッパ諸国家の発展に先行して存在していたこの伝統に対して、ヨーロッパの国家形成に関与した理論家たちは本源的に反発していた。第二に、本書において論じられているのは、スコラ学以後の、あるいは、折衷的な、自然法理論の伝統もまた現存している、ということである。この伝統は、初期のヨーロッパ諸国家の法秩序の確立・強化に直接的に奉仕し、そして、その枠内でこれらの国家がそれら自身を自然的でかつ正統的なものとして説明しうる、そうした準拠枠を提供していた。この第二の伝統は、通常、ローマ・カトリック教会のトマス主義的正統派に特殊な形で結びつけられていた、法に関するスコラ学的な諸理念とは、正反対の立場を採った。その際、こうした背景に照らして、本書が論じているのは、一六世紀におけるドイツの最初の政治思想は、スコラ学的自然法の普遍主義的な諸含意を拒否することによって、形づくられていた、ということである。ところが、これに引き続き、一六世紀後半と一七世紀の初期啓蒙思想とを通じて、ドイツにおいて、国家や法の特有の諸形式の出現についての注釈や正当化を提供した、実践的な自然法哲学の伝統が強力に発展を遂げた。したがって、たしかに、自然法的思惟は、ドイツ政治思想の伝統にとっては周辺的《マージナル》なものではない。しかし、まさしくドイツ政治哲学の起源には、自然法に対する敵対的なアプローチが存在しているのであり、そして、このことは、その後の時代を通じて、理論的に影響を及ぼし続けたのである。ドイツにおけるもっとも集約的な国家形成の諸時期、すなわち、宗教改革後の時代、フランス革命後の時代、そして、ビスマルクの下での〔ドイツ〕統一の時期には、政治的秩序を普遍的・法理学的《ジュリディカル》な理想から切り離すことに、そして、政治的秩序を内部的ないし有機的な凝集力《コウヒージョン》として説明することに、大いなる理論的な努力が振り向けられたのである。はっきりいえば、主要な政治思想家たちが、さまざまな移行期や動乱期に、自然法的な諸範型に由来する哲学的伝統に対して、注目すべきことに、中世末のローマ・カトリック主義や革命後のフランスの諸理想に対して、真っ向から反対して、自分自身を基礎づけてきたのは、しばしばドイツ政治史の具体的諸条件のしからしめるところであった。

【⑸ 反資本主義、反功利主義、反自由主義：公法の優位：ドイツにおいて脇役を演じる私的な経済的利害関心を尊重する古典的な自由主義】

第五に、これらの諸観点に関連づけられるのは、次のような事実である。すなわち、ドイツ政治思想は、①政治的視野《スペクトラム》からして、その時期《ジャンクチャーズ》を異にして、そして、そのきわめて異なる立脚点を横断して、資本主義に対して大いに懐疑的な態度、②交易や経済的独立を人間の改善の諸力（forces of human improvement）としてすすんで受け入れることへの抵抗感、そして、③個別主義的な〔個別的利益の追求者の〕経済的利害関心を中心にする法を実利化（実体化）（*materialize*）する法政策的《リーガル・ポリティカル》な見解に対する批判、これらによって特徴づけられる、という事実である。したがって、ドイツ政治思想には、私的利害関心は、とりわけ私法は、それら自身に基づいて政治的秩序の基礎づけを提供しうる、という主張を退けようとする傾向がある。この結果、自由主義思想の規準からして標準的な立場に従っている政治的正統性に基づく諸見解、すなわち、国家の正統性は、①最大限の私的自律性（maximum of private autonomy）に、②国家に対立する個人（人格）の消極的自由（negative freedom of the person against the state）に、③個人の経済的自由の保障（guarantees of individual economic liberty）に、そして、④〔国家の〕執行部の権力の制限（restriction of executive power）に、依存している、と見なしている諸見解を、〔ドイツ政治思想の中に〕見出すことはきわめて困難である。ドイツ政治哲学史において自由主義を自認する諸立場でさえ、国家についてのきわめて肯定的な見解に傾いている。すなわち、それらは共通して、国家を、私的自由を公的に具現するものと、そして、私的自由の構造的な必要条件と見なし、そして、私的利害関心に、とりわけ私的な経済的利害関心に、公的秩序を超えるいかなる優位性を与えることも拒んでいるのである。このようにして、抑圧的ないしは強制的な秩序としての国家――その権威は私的利害関心のための厳密に保障された保護によって抑制されなければならない――という〔自由主義的〕観念は、ドイツ哲学においては、共有されていないし、そして、私的自律性の領域を国家の外部においてはっきり区画する手段としての社会契約という古典的な初期自由主義の理念の影響力は限定的であった。後で論じられるように、あきらかに、こうしたことのきわめて重要な例外も存在するが、しかし、私人至上主義（privatism）や所有主義的な契約主義（possessive contractarianism）の古典的な自由主義の諸例は、ドイツ政治思想においては相対的に脇役しか演じていないのである。

【(6) 人間的自由（人格）の自己実現の条件としての政治と法：政治（ポリス）的人間学：国家人格と個人人格を媒介する政治と法：ドイツ的法治国家理念】

第六に、したがって、ドイツ政治哲学は、政治と法との関係を実体的な（*substantial*）表現形式（諸術語）で見る傾向がある、とも論じうる。ドイツ政治哲学は、正統性を有する法を、技術的な管理《アドミニストレーション》・運営の媒体とも、社会における私的利害関心を防禦するための制度とも、自然法的な規範ないしは先行指示《プリスクリプション》とも、見なしていない。その代わりに、ドイツ政治哲学が主張するところによれば、法が正統性を保有するのは、それが人間の主要なあるいは不可欠な属性、強調点、自由に対して、公共的に展開された表現を与える政治的秩序を、形づくるかぎりにおいて、あるいは、反映するかぎりにおいてであり、したがって、個別の動機ないしは利害関心を確保するにすぎない法は、正統的なものとは見なされないのである。これらの理由に基づいていえば、ドイツ哲学はしばしば、人間の自然本性（nature）〔physis〕の政治（ポリス）的性格（politicality）についてのアリストテレス的想定によって、形づけられているのである。けだし、この想定が断言するところによれば、①政治（ポリス）的なものは人間の自由（freedom）〔eleutheria〕の領域《レルム》（王国）であり、そして、②法を基礎づけるものとして帰せられなければならないのは、人間存在の本源的に政治（ポリス）的な諸性格であるからである。とするなら、この点を敷衍すると、ドイツ政治哲学は、大抵、政治（ポリス）的人間学（*political anthropology*）を中心にして、確立《コンソリデイト》・強化されているのである。ドイツ政治哲学は、政治的な形態や必然性の諸問題を人間の自己実現（human self-realization）の基本的諸問題と関連するものと見なし、理想的な国家を人間の人格態（human personality）の拡張したもの〔個人人格（psyché）に類比されるものとしての国家人格（polis）〕として解釈する。そして、正統性を有する国家の性格へのドイツ政治哲学の探究は、しばしば理想的に実現されかつ解放された人格の自然本性への探究へと導かれる。それゆえに、正統性を有する国家は、しばしば、理想的な人間的諸特性を法の形式〔法の形相〕において顕現する国家として捉えら〔概念把握さ〕れている。そして、正統的に実定化された諸法（legitimately positivized laws）によって枠づけられた法治国家（legal state）は、正統的な人間存在を直接的に拡大したものである。ドイツ政治思想のこうした人間学的次元はまた、秩序についての原子論的（atomistic）あるいは私人至上主義的（privatist）な諸概念に関するその懐疑を強化している。

【(7) 哲学的人間至上主義：政治的教育学〔ポリス的人間陶冶〕】

第七に、このことの結果、ドイツ哲学においてはまた、しばしば政治的秩序の諸概念は、哲学的人間至上主義（*philosophical humanism*）についての本質的な諸問題に関連づけられることになるのである。これらの諸概念は、しばしば政治教育学的に屈折された形をとって表現される。そして、これらの諸概念が主張するところによれば、正統性を有する国家は、理想的な人間本来の自由や理想的な人間本来の属性の完全な実現を許容し、かつ積極的に可能にする、正面切って人間的な国家でなければならない。それゆえに、ドイツ政治思想には、正統性を純粋に先行指示（規範）的（prescriptive）なものとして説明することを回避しようとする傾向がある一方で、それは理想的な人間の自然本性についての理論的な説明を提供することによって、そして、国家はこの理想をそれ自身の真正な正統性の必要な下部構造として錬成《エラボレイト》（精緻化）しなければならない、と主張することによって、その規範的な諸含意を展開している、と見られよう。

【(8) 政治的秩序の自己創出としての正統性：反形而上学・反自然法・反私法的な正統化・法の実定化：自然法理念の拒否：人間性との関連における法の実定的形式】

第八にまた、きわめて特殊な形で示されうることであるが、ドイツ政治哲学は、形而上学と、あるいは、とりわけ法における形而上学と、歴史的にも概念的にも、特有な形で関連している。ドイツ政治哲学には、統治《ガヴァメント》の必要な前提条件を政治的秩序それ自身にとっては外部的なもの〔外来のもの〕として固定させる、そうした法的・政治的な見解に対して、反発する傾向がある。ドイツ政治哲学は、共通して、政治における正統性を、政治的秩序それ自身によっては産出されない規範ないしは目的への静態的な服従の条件と見なす、そうした分析に対して、異を唱える。そして、ドイツ政治哲学は、人間的世界の政治が理性の包括的な統一性（overarching unity of reason）の中に組み込まれていること、あるいは、永遠の本質ないしは法（法則）によって支えられていること、こうしたことを否定する。ドイツ政治思想が法や正統性の形而上学的な演繹に対して異を唱えるのは、おそらくその唯一の特徴ではない。形而上学に対する反発は、あきらかにあらゆるヨーロッパ諸国におけるあらゆる政治的な人間主義を形成する要因《エレメント》（境位）である。しかしながら、政治と法の形而上学に対する批判は、ドイツの政治的省察においては格別に強烈であり、理論派と正統派との間の論争や論駁の絶えざる弁証法的源泉を形成している。事実、ドイツ政治思想の起源には、①正統性の形而上学的な諸演繹は逆説的である、②それらの演繹は秩序の起源を合理的な因果性ないしは必然性に関する、偽りの、あるいは、便宜的に捏造された、構成概念《コンストラクツ》から導き出している、③合理的ないし形而上学的な諸法（法則）は、正統性における自由を構成する側面《アスペクト》を抑圧する、という主張がある。したがって、ドイツ政治思想は、法についての形而上学的な主張における逆説的な要因《エレメント》（境位）を繰り返し同定（確認）している。

そして、ドイツ政治思想は、繰り返し、①法の起源を形而上学的な要請から離れたところに探し出すこと、②正統性の源泉を完全に自由な基礎づけの上に置くこと、そして、③法の合理性を非逆説的ないしは非形而上学的な合理性として解明すること、これらのことを企てている。まさにこうした理由によって、ドイツ政治哲学には、自然法の諸理想や国家の人格態に関する私法の諸理念の両方を拒否する傾向があるのである。すなわち、さまざまな時期に、私法と自然法の諸理想は、諸規範の偽りの形而上学的体系を人間の自由の政治的領域《レルム》（王国）に押し付けるものとして退けられている。まさにこうした理由によってまた、ドイツ政治哲学は、正統的秩序の諸条件へのその探究を、人間存在、人間の自由、そして、人間本来の自我の形成、これらの探究に、結びつけているのである。ドイツ政治哲学の展開を通じて、形而上学が終わるところに政治の始まりを見ようとする傾向が、そして、政治を、人間性や政治が形而上学とは異なるところでのみで完全に錬成される、人間の実存を構成する諸条件と、深く絡み合ったものと見なそうとする傾向が、繰り返し現れてくる。したがって、ドイツ政治哲学史を貫いて、法の必要で実定的な形式に関する問いは、形而上学とは違って、人間性の形式に関する、そして、人間性の性格に関する問いと、解きがたく結びついているのである。事実、しばしば法の実定化（positivization）の問いを人間の自然本性や人間の特質の問いの中に融合させるのは、ドイツ的政治哲学の顕著な特徴である。

【(9) 自由な人間による自己立法の所産としての正統性を有する政治的組織体】

第九に、それゆえに、〔ドイツ政治哲学における〕こうした政治、人間至上主義、形而上学の間の関係は、①ドイツ哲学における正統性と合法性の関係の分析もまた、形而上学的論争と密接に関係していること、そして、②現在の論争においても、政治哲学は、国家を非形而上学的な法の上に基礎づけようとし、そして、そうすることによって、人間的な政治的組織体（polity）としての国家の正統性の承認という課題と関わっている、ということを意味している。事実、政治哲学の中心的課題は、正統性を有する政治組織体を、そこにおいて法が、公認の《フォーマル》（形式的な）、あるいは、抽象的に普遍化された、あらゆる原則とは異なり、人間存在が自由な形で自己自身のものとして同定（確認）する自由や義務に、合理的な裁可（承認）を与える、そうした自由な人間の自己立法（self-legislation）の領域《スフィア》として、説明する企てと見なされよう。

【⑽形而上学の終焉：反自由主義的自由主義：政治を人間の積極的自由が展開される特異な場所として捉えるドイツ特有の政治観】

第一〇に、ドイツ政治哲学はまた、慣習的にあらゆる政治思想の基本的な問題に、つまり「政治とは何か」という問題に、専念している、と論じうる。事実、上で指摘した九つの論点すべてを要約するならば、ドイツ的な政治的省察は、第一に、政治とは私的ないしは物質的な利害関心とも、狭い目的志向的《パーパシヴ》な動機とも異なる、人間的実践の領域である、という定義にかかっている、と結論されよう。さらに、第二に、それはまた、政治を、人間の積極的な自由と〔その〕説明責任が展開される特異な場所と見なしている。とはいえ、その人間の積極的な自由と〔その〕説明責任を律する法とは、先行する規範ないしは形而上学的に負わされている義務や価値を反映するものとしては説明されえない。このように、政治は、際立って真正な人間の世界の本源的かつ決定的な事実であり、そして、政治的な行為主体たちは、かれらの政治的自由が形而上学的に課された規範ないしは強制によって掘り崩されないこと、あるいは、危険に晒されないこと、これを確保する責任を有している。こうした根拠に基づき、人間至上主義や形而上学の問題や法や政治的正統性についての問題は、ドイツ政治思想の中に収斂し、そして、真正な人間性や正統性を有する政治はいずれも、自己立法と自己創造という主要な人間的能力を通じて、形而上学が終焉するところにおいて発展する諸条件として、解釈されるのである。

2　近代ドイツ政治（論）の形態Ⅰ——資本主義の問題

【ドイツ政治思想における国家至上主義と反私人至上主義の歴史的背景：身分制秩序における公私関係：私法の政治に対する反発】

何故にドイツ政治哲学がこれらの一般《ブロード》的な特徴を持っているのか、これを説明しうるであろう多くの社会・政治的な諸要因《ファクターズ》を、識別《ディスサーン》することは、〔中世史や近世史ではなく〕現代史においてならば、困難ではない。ドイツ政治思想の国家至上主義的かつ反私人至上主義的な諸要因（境位）（statist and anti-privatist elements）は、部分的には、近現代ドイツの政治経済史の特定の諸側面の考察を通じて説明することができる。第一に、近現代ドイツの諸国家の基本的発展は私法の政治（politics of private law）に対する反発によって駆動されていた、と論じられよう。近代初期の期間にドイツの諸領邦において出現した国家〔の特性〕（statehood）のモデルは、身分に基づく統治《ガヴァナンス》と代理《デレゲイション》（強制委任代表）のシステムであった。このシステムにおいては、国家の執行部の強制的な公的権力と諸身分の私的な諸利害関心とが互いに対立しながら二元論的に均衡が保たれ、そして、諸侯（君侯たち）は、諸身分の成員たちに私法的な譲歩《コンセッションズ》や資格《エンタイトルメンツ》を付与することを通じて、統治《ガヴァメント》に必要な服従《コムプライアンス》（法令遵守）を調達していた。こうした身分に基づく秩序は、一九世紀にいたるまで影響を及ぼし続けていたのであるが、この時代までには、完全に近代的でかつ完全に公的な形態の〔近代〕国家の特性への道程を妨げていた、こうした特権《プリヴィリッジ》による統治という中世後期の類型は、〔近代国家の発展を〕いつまでも後退させ、弱体化させている、と広く感じとられるようになっていた。(2)
こうした理由によって、一九世紀の理論家たちは、自由主義者であれ国民主義者であれ、通常、私法を根拠にした、あるいは、私法と公法との二元論的分離を根拠とした、統治機能《ガヴァナンス》の譲歩的な諸様式を、自己同一性《アイデンティティ》と正統性という純正に凝集的《コウヒーシヴ》ないし純正に政治的な倫理を生み出しそこねていた、不十分あるいは不完全に実現された〔近代〕国家〔の特性〕の諸例と、見なしていたのである。それゆえに、ドイツの諸領邦における国家形成の近年の〔現代史における〕諸過程にとって、純粋に私人至上主義的な政治（privatist politics）に対する敵意が中心的位置を占めていたのである。

【ドイツにおける資本主義発展の遅延と急速な晩成：脆弱な近代ブルジョア層と自由主義：ドイツでは資本主義が国家形成において構成的役割を演じなかった：前産業資本主義的構造としての重商主義と団体協調的結社：第二帝国成立以降の資本主義の急速な発展：代表制議会を欠く権威主義的執行部：権威主義的資本主義】

だが、さらにいえば、ドイツの政治史や経済史には多くの特殊な諸論点が存在するが、それらは、何故に大部分の政治理論家たちが、しかも自由主義を志向する人たちでさえ、近代的経済の私法的自由（private-law freedoms）を、社会・政治的な自由として、人間の進歩あるいは法の妥当性《ヴァリディティ》の源泉として、認めることに、大いに警告を発しているのか、この理由を説明することになろう。ドイツにおいて資本主義は、きわめて遅くなってから、しかもきわめて急速に、発展した。そして、経済的に独立自恃の資本家階級の現存は、ドイツの政治的省察にとっては、それがたとえば近代のイギリス、アメリカの政治思想にとって、あるいはフランスのそれにとってさえ、そうであったような同じ仕方では、必ずしも前提条件でなかったのである。はっきりいえば、他の諸国では資本主義は国家形成に際して構成的役割を演じていたが、近代ドイツの諸〔領邦〕国家はしばしば資本主義とは無縁な形で形成されていた。それらは、しばしば、資本主義を、それら自身の構造にとっての脅威として経験し、しかも、ほとんどその成立当初から、より高度に発展した資本主義諸国によって包囲されていたのである。一七八九年以前の時期におけるドイツの弱小な諸〔領邦〕国家は、共通して、それらの経済的な立ち遅れゆえに、国内の政治的、経済的なシステムを大西洋沿岸諸国のはるかに進んだ経済に対抗して強化するために、きわめて顕著な重商主義的特徴を帯びていたのであり、したがって、保護主義的諸政策、高関税、産業諸分野への高水準の国家介入を用いていたのである。こうしたことは、しばしば、ドイツの諸〔領邦〕国家において、完全に自律的な市民社会の出現を妨げていた。したがって、〔ドイツ諸領邦においては〕一九世紀にいたってもなお、多くの経済的活動は、部分的な国家統制下で管理指導されることを余儀なくされていたのであり、そのことにより、ギルドや職業団体（corporation）のような多くの準団体協調的な結社（quasi-corporate associations）が、他の西欧諸国におけるよりも長期にわたってドイツの多くの部分において、政治的、経済的な影響力を行使したのである。それゆえに、政治的自由主義が最初に興隆した時期、就中《なかんずく》、フランス革命後の時期と一八四八年前後の時期を通じて、資本家たちの利害関心は相対的に脆弱であり、そして、かれらは、結局のところ、国家の前資本主義的構造には大部分触れることのない、制限された政治改革の諸過程によって、宥められてしまった。ところが、とどのつまり、実際には、高度の資本主義は、一八七〇年〜七一年のビスマルクの下でのドイツ統一に続く数十年間に、一九世紀末に向かって急激に発展した。しかし、このことは、今度は、ドイツ帝国における社会的諸階級と政治的利害関心との急速で驚異的な《アラーミング》〔危惧・不安を呼び起こす〕二極化をもたらした。そして、こうした二極化は、この時期の、どちらかといえば古色蒼然たる、代表制議会を欠く、政治システムに、大きな重荷を課した。事実、国民的民主制（national democracy）としてではなく、権威主義的な執行機関（authoritarian executive）〔優位の体制〕として、反自由主義的な立憲主義的諸政策を私法や民法の領域の慎重な自由化（liberalization）と均衡させていた、ドイツ帝国という国家の発展は、この国家が経済的多元化の増大によって深刻な挑戦を受けながらも、資本主義によって生み出された社会的諸階級の諸利害関心を統合しようと懸命に努力していた、という事実を、反映していたのである。同様に、〔企業における〕集団的な交渉《バーゲニング》（取引）や共同決定《コウディタミネーション》という団体協調主義的《コーポラティスト》な、あるいは、むしろ混合経済的な、諸過程を考慮に入れている、一九一九年に確立したヴァイマール共和国の憲政構造は、第一次世界大戦後の脆弱な政治的・経済的な情勢を反映していたが、バラバラで、しばしばきわめて敵対的な、社会的、経済的な諸階級を一つの統一的な政治的過程の中に統合するための解決策を見出そうとして絶望的な努力を重ねていたのである（そしてそれは不首尾に終わった）。はっきりいえば、ドイツ帝国における自由主義的な政治的統合が烏有に帰していたので、一九一九年の民主制のシステムは中間階級と労働者階級とを同時に民主制的な政治的装置の中に組み入れようと試みることを強いられていたが、この課題は民主制の伝統が相対的に弱い政治文化においてはあまりにも困難であることが判明した。したがって、一九二九年の「大恐慌」以後に展開された、そして、一九三三年の国民社会主義ドイツ労働者党〔ナチ党〕（ＮＳＤＡＰ）の政権奪取においてその頂点に達していた、いくつかのタイプの権威主義的な資本主義（authoritarian capitalism）はまた、ドイツの政治的装置がいくつかの国際的な経済的勢力や経済的危機の成り行き次第で容易にその形態転換を遂げてしまうことを、くっきりと浮かび上がらせたのである。ドイツ〔史〕において唯一完全な自由主義的な資本主義国家のドイツ連邦共和国の憲政秩序は、少なくとも部分的には、一九四五年以後に連合国によって押し付けられたのである。

【漸進的な政治的経済的改革主義：経済的集産主義：福祉国家主義：国家主導の資本主義経済運営方式としての社会資本主義ないしラインラント資本主義】

それゆえに、概していえば、ドイツ政治史における〔近代〕国家の特性の形成は、資本主義の複雑でかつ破局的な経験と解きがたく絡み合っているのである。このことの結果として、ドイツの政治理論家たちは、さまざまなコンテクストにおいて、いかにすれば、資本主義によってそれぞれ経済的に自律するようになった社会的諸勢力は、それらが社会全体を解体させてしまうことなく、一九一八年～一九年〔のドイツ革命〕に至るまでに前資本主義的な社会構造の上に基礎づけられていた一つの政治的装置の下に、統合されうるのか、これについての喫緊の諸問題に、取り組むことを余儀なくされてきた。同じく、かれらは、いかにすれば政治システムは、資本主義化の急速かつ危うい諸過程に起因する社会的分裂に直面して、それ自身を安定化させうるのか、これについての諸問題に取り組むことを強いられてきた。注目すべきことには、この結果、ドイツの政治理論は、しばしば、漸進的な政治的・経済的な改革主義の態度を採用することによって、資本主義に応答してきた。こうした態度を通じて、それは、国家の役割を市民社会の上位にある秩序の中性的でかつ恒常的な源泉として保持しようと企てる一方で、資本主義の法的諸原則を同化し、そして、履行し、そうすることによって、規制されない経済の両極化する諸要因に対処しようとしてきた。同じく、ドイツ政治理論とドイツ政治は、自律的に発展する経済を階級横断的な協働《コラボレーション》及び一時的な社会的分配のシステムの中に統合することを目論む福祉主義（welfarism）や経済的集産主義（economic collectivism）のきわめて強い諸伝統によって、標識づけられてきた。その結果、資本主義の展開のごく初期の段階において、ドイツは福祉・国家主義（welfare-statism）の伝統を発展させ、そして、高度の福祉給付は、一九世紀末の数十年来、あらゆる変容にもかかわらず、ドイツ政治の特徴であり続けた。一九四五年以後に切り開かれた社会的資本主義ないしはラインラント資本主義のモデルでさえ、こうした政治的伝統の名残（季節外れの立場）と見なしうる。けだし、この政治的伝統は、資本主義経済を〔社会を〕変容させる前進的な原動力として認めることをためらい、高度の経済的舵取りを行う権威を、政治システムに帰し、そして、経済民主制ないしは共同決定の諸原則を、政治的、経済的な安定性にとって基本的なものと見なしているからである。

【ローマ法の継受やナポレオン民法典に象徴される資本主義的な法律の導入に対するドイツ固有法（ゲルマン法）の立場からの反発：凝集的な共有された自己同一性と法の下の人格態という協働的モデルにおいて基礎づけられ

た法文化】

ドイツにおいて資本主義的な法を導入してきた、法の基礎づけや法典編纂の主要な諸過程には、少なくとも一八六六年以降にいたるまでは、ドイツの外部に起源を発する傾向があったが、このことがまた純粋な資本主義や純粋に資本主義的な法に対する敵意を呼び起こしていた、ということを考察しておくこともまた重要である。所有と交換の諸権利を明確化するための最初期の基礎づけとしての「ローマ法」の継受をめぐる諸論争は、後で広範囲にわたって取り扱うことにしたい。ここでは以下のことを注記しておけば充分であろう。すなわち、ローマ法の継受には、ドイツにおいては——とりわけ法や政治における大変動の時代には——いつも激しい異論が唱えられてきたこと、そして、その継受はしばしば、ドイツに固有のより協働的《コオペラティヴ》で有機的な（そのように言われているのであるが）法を台無しにしてしまうものと見られたこと、これらがそれである。たとえば、一六世紀には、ローマ法は、宗教改革にまで行き着くことになる政治的、経済的に爆発寸前の情勢に決定的な影響を及ぼしていた。一七世紀後半期を通じて、神聖ローマ帝国への敵意は、ローマ法の価値と適用可能性についての懐疑という形で表現されていた。さらに、一九世紀後半期を通じて、法学や政治理論は、ロマニストの法学者とゲルマニストのそれとの間であきらかに引き裂かれていた。この論争において、ゲルマニストたちは、ゲルマン的な法概念に、自由、人格態、資格付与という純粋に資本主義的な諸理念に対する対案を提起しうる方策としての期待を寄せ、そして、ローマ法の下で裁可（是認）された目的志向的かつ所有主義的な自律性（purposive and possessive autonomy）の諸原則を、受容可能な経済的、政治的な秩序にとってのきわめて非実体的な前提条件だけを提供するにすぎないものと見なしていた。とはいえ、純粋に資本主義的な法に対する敵意は、一八〇四年のナポレオン法典（Code Napoléon）完成後のナポレオン的な法の同化（取り入れ）に関する論争において、きわめて顕著に現われていた。ナポレオン法典は、近代的な資本主義的交換経済のための法理学的《ジュリディカル》な基礎づけを確立し、契約の自由、労働の自由、財の自由な流通のための諸原則を設定した。そして、ドイツの大部分の〔領邦〕国家は、ナポレオン法典をいきなり押し付けられたか、あるいは、それら自身の法的諸システムの中に、そこから選択的された諸要因《エレメンツ》を組み入れた。それにもかかわらず、以下で論じるように、この同化（取り入れ）の過程は、しばしば、フランス法の理想とドイツ法のそれとが相容れるものなのかどうかについての論争を伴っていた。そして、この同化（取り入れ）の過程は、ゲルマン的な法文化は、純粋な資本主義からは抽出されえない、そうした所有と義務についてのそれ自身の土着的諸理念を含んでいる、という感覚《センス》（意識）によって、形づくられていた。要するに、資本主義的な法は、しばしば、ドイツの政治的伝統にとっては外部的で、しかもあきらかに敵対的な、政治的理念との、その結びつきによって汚染されていたし、そして、ゲルマン法についての議論が共通に主張してきたところによれば、法文化は、自律的ないしは単独の目的志向的《パーパシヴ》な諸個人の寄せ集め《アグリゲイト》においてではなく、諸々の共有された凝集的《コウヒーシヴ》な自己同一性《アイデンティティ》と法の下での人格態に関する協働的《コウオペラティヴ》なモデルとにおいて基礎づけられるべきであった。

3　近代ドイツ政治（論）の形態Ⅱ——ローマ法、封建制、世俗化の問題

【ドイツ政治哲学の基本問題を解明する鍵としての宗教改革】

他方において、ドイツ政治哲学のより基本的な諸問題を理解するためには、ドイツにおける宗教改革の時代を特徴づけた政治過程を考察しておく必要がある。宗教改革はドイツの政治文化やドイツの政治思想が顕著な特徴を帯びはじめた時期に生起した。したがって、この時期には、その後のドイツ政治思想史全体を形づくった特定の政治理論の発展や歴史的発展を見極めうるのである。ドイツにおけるその後の政治思想を際立たせる特徴的な政治的な人間主義、反・形而上学的態度、例外主義が確定的なものとなるのは、まさにこの時期に他ならないからである。

とはいえ、ドイツの宗教改革のさまざまな含意を解釈するためには、いかなる仕方で、この時期が、第一に、中世後期の法や政治の諸問題に対する応答に、第二に、封建制から近代的な政治的秩序への移行過程におけるきわめて顕著かつ特異な過渡的段階に、刻印を標していたか、これを簡単に説明しておくこともまた必要である。

【カトリック教会（教皇権力）内部の変革運動：公会議運動：教皇君主制強化に反対する運動としての宗教改革】

第一に注目すべき重要なことは、ドイツの宗教改革の時代（一五一七年～五五年）は、宗教のみならず法における大変動を背景にして出現した、という点である。宗教改革は、教会内部における教皇権力の本性に関する法学論争に対する応答であった、ということはまったく疑う余地がない。一三七八年～一四一七年の破滅的な大分裂とボヘミアにおけるフスの反乱との後に、一五世紀を通じて、教皇庁は、教皇君主制（papal monarchy）の再建を決然と企てていた。この世紀の間、教皇庁は、大分裂の間に公会議運動によって促進されていたより立憲制的《コンスティテューショナル》ないし代表制的《デレガトリ》な統治諸原則に反発し、それを押さえつけ、教皇権力を教会におけるあらゆる権威の源泉として再度主張しようとしていた(3)。宗教改革の指導的人物たちは、後に教皇権の制限と教皇君主制の破棄を要求し、自分たちは教会における立憲主義の初期の伝統を再開し、公会議運動の幾つかの初志を再生するのだ、と考えていた。この点から見れば、宗教改革は中世後期の教会内部における法的・立憲主義的な抗議の生き生きとした伝統を引き継ぎ、教会の君主制的支配の基礎を再建しようとする教皇庁の企てに引導を渡したのである。

【宗教改革を誘発した神聖ローマ帝国の国家としての中央執行部の組織化の進展：神聖ローマ帝国における立憲主義改革】

とはいえ、宗教改革は、むしろ教会内部でのこうした出来事に対する応答以上に、教会外部での法や憲政秩序をめぐり生起した出来事に対する応答でもあった。そして、それはドイツ領邦諸国家における中世後期の政治的生活を支配した世俗的な法をめぐる闘争や論争を屈折した形で映し出すものであった。宗教改革に先立つ一五世紀は、神聖ローマ帝国において長引いた法的・立憲主義的な改革が行なわれた時代であり、この時代にはさまざまな政治的集団が法の制御《コントロール》をめぐって競い合っていた。この結果、法権力《リーガル・パワー》とその適用手段は、封建法の伝統的かつ人格的な配置から次第に置き換えられ、いまやますます実定的で相対的に首尾一貫した集権的な形態で組織化されるようになった。換言すれば、一五世紀後半には、神聖ローマ帝国において政治の形式（公式）化（political formalization）が日増しに進展し、一五〇〇年までに帝国は――少なくともそう論じられるのであるが――初期の近代国家の、いまだなおきわめて未発達ではあるが、基本的な諸性格を獲得したのである。この時期までに、帝国は、①統治を担当する中央執行部（governmental executive）（一五〇〇年に確立した帝国統治院（*Reichsregiment*））を、②常設の最高裁判所（一四九五年に設立された帝室裁判所（*Reichskammergericht*））を備えた集権化された司法システムを、そして、③封建法を掘り崩し、そして、領邦諸国家を通じて一般的に首尾一貫した、法秩序の諸条件を設定した、そうした普遍的に履行される刑法秩序《ピーナル・オーダー》（一四九五年の〔永久〕ラント平和令（*Landfriedengesetz*））を保有するにいたった。また帝国は、帝国内のドイツ領邦諸国家における管理・運営《アドミニストレーション》を容易にするために、帝国クライス（*Reichskreise*）という〔いくつかの領邦国家を束ねた〕一定の領域を統括する一組の諸官庁《オーソリティ》を設置・展開する過程にあった。こうした革新と共に、帝国はまた、政治的決定作成の代表制的方法（representative methods）を採用しはじめていた。一五〇〇年までに、中世的帝国の非公式的な移動宮廷は、次第に、より公式的な帝国議会（imperial diets）に道を譲ることになったが[4]、この帝国議会では、定数を定められた領邦国家代表の多数決で決定されることになったのである[5]。加えて、帝国はまた、初期の課税システム（taxation system）を創設しつつあって、それをもって、兵の徴募と徴税のための旧い封建的な手法と置き換えること、そして、新しい宮廷のための独立した司法制度を賄う財源を調達すること、この両方を意図していた。これらの諸制度のいくつかは、とりわけ統治を担当する中央の執行部〔＝帝国統治院〕(*Reichsregiment*) は、その設置後にまもなく停止された。とはいえ、この執行部は一五二〇年代の初めに再び設立され、宗教改革の初期において重要な論争の場を形成していたのである。

【神聖ローマ帝国の国家としての支配体制編成の手段としてのローマ法の継受：パンデクテン法学と学識法曹の成立】

重要なことであるが、こうした〔帝国内における〕政治的集権化と初期国家形成の諸過程は、帝国のドイツ領邦諸国家の中にローマ法が導入されたこととときわめて密接に結びつけられていた。ローマ法の継受 (reception of Roman law) は、初めは一二世紀中頃のグラツィアーヌスによる教会法の法典化〔＝グラツィアーヌス教令集の成立〕によって促進されたが、中世後期のドイツの歴史全体を通じて広域にわたる影響を及ぼしていた。とはいえ、ローマ法の継受は、一四九五年のヴォルムス帝国議会 (the imperial Diet of Worms) で加速され公認されることになった。この帝国議会では、慣習法《コモン・ロー》の判例が曖昧あるいは不明確な訴訟においては、ローマ法が法的裁定 (legal ruling) の基礎として採用されるべし、との決定がなされた。事実、帝室裁判所 (Imperial Court) が設立されたのは、まさにその同じ帝国議会においてであった。[6] この帝室裁判所は、主としてローマ法を適用し、帝国を通じてローマ法の諸原則を大いに普及させるのに貢献したのである。[7] とはいえ、一四九五年にローマ法の継受が終わったわけではなく、あるいは、ドイツ領邦諸国家でゲルマン法が消滅したわけでもない。その反対に、ローマ法の同化はその後の世紀を通じて継続し、ローマ法の学説彙纂と注釈書の〔現代化と実用化を目指す〕著作活動――パンデクテン法学 (*Pandektenwissenschaft*) ――は、一九世紀にいたるまで、ドイツの法学者たちの主な活動であり続けた。とはいえ、一四九五年のヴォルムスの帝国議会は、ローマ法に対して帝国法を基礎づけるものとして公式の裁可を与え、一五〇〇年前後に帝国内に展開した政治的諸制度はローマ法の顕著な特徴によって強く色づけられていた。ローマ法は、法律家という独立した専門家階層や司法官僚層を育成した。すなわち、こうしたことは、法的裁定の適用（application of legal rulings）を、権力行使のための局地的で予測し難い、中世的手法とはまったく区別される活動に変容させ、帝国的な国家（imperial state）を社会の他の領域とは異なる一組の機関として、法の制定と施行に責任を負う首座に置いた。この過程を通じて、法はその慣習的形態から切り離され、より一般化された大権を法典化し、実施する、公認のあるいは実定的な媒体として上から適用されたのである。

【カトリック教会におけるクリュニュー改革及びグレゴリウス改革：グレゴリウス改革を通じて再編強化された教会による世俗国家と類似した中央主権的な支配体制の確立とその手段としてのローマ法の活用：法の合理化・実定化】

ローマ法を適用する帝室裁判所の設立は、一五世紀における法についての論争の帰結を標示していたが、それはまた神聖ローマ帝国のドイツ諸領域内でかなり長期にわたった、ローマ法と自前の法（the law per se）の形式に関するライヴァル関係の歴史における、絶頂期を形づくっていた。この歴史は、法の体系的な組織化のはるか以前にあった諸問題にまで、そして、政治権力の公式的組織化のためのメカニズムとしてのローマ法の使用に関するはるか以前にあった諸論争にまで遡る。こうした諸論争は、近代国家の形態に関する最初期の確執において、すなわち、一一世紀後半と一二世紀前半の――まずクリュニュー改革の、次にグレゴリウス〔七世の〕改革の期間中の――叙任権闘争（investiture contests）における帝国と教会との間の確執において、きわめて明確に表現された。とりわけグレゴリウス期は、そこでは教会がローマ法に由来する一般化されかつ正規の法的諸原則に合わせて徐々に組織化され、そして、修道院の自律性、自己規制、規律の秩序（宗教結社）として、相対的に確固たる、そして、独立した法的基礎づけの上に置かれた、そうした時代の開始を標示していた。(8) この時代には、教会における権威は、前例のない程に教皇権力と結びつけられていた。翻って、教皇権力（papal power）の方は、それはそれで司教《プリースツ》や枢機卿《ビショップス》に対するその統御《コントロール》を確保するための広域に及ぶ教皇使節のネットワーク（legatine network）によって支えられていた。この形態において、教会は、世俗世界において神法（神定法）ないし自然法を法的に命じられた形で代表《リプレゼント》かつ執行《エンフォース》するものとして、そして、もっとも重要なことであるが、世俗的諸国家に対する——そして、必要なところではどこでも、世俗的諸国家の上位にある——法的に銘記《エンシュライン》された権利を主張するために設けられた位階制的に構造化された現世的《テムポラル》制度として、その役割を規定していた。さらにいえば、グレゴリウス改革を通じて、教会は、いまでは世俗的国家《セキュラー・ステイツ》を特徴づけるものと考えられる制度的特徴を展開しはじめていた。すなわち、教会は、財政的収入を調達するために新たな資源を開発し、(9) そして、決定的なことには、専門化された司法の手続きを通じて、法典の整備、新法の発布、実定法の実施、これらのための法的、行政的な権力を獲得したのである。(10) このようにして、グレゴリウス諸改革は、そこにおいて、制度的諸装置が、実定的ないし自律的な、位階制的かつ自己決定的な、法的秩序として、基礎づけられるために、ローマ法の諸原則を使用した、そうした時期を標示していたのである。この点から見ると、この時期に、その後の歴史的、政治的な発展のための重要な種子が播かれ、そして、そこにおいて、ローマ法が、国家の形成、制度的な自己規制、実定法的制度化、これらの重要な媒体として活用される、そうした世俗的諸過程が、開始されたのである。

【聖俗両権の確執と和解：叙任権闘争と政教協約：一一二二年の「政教協約《コンコルダート》」締結後、世俗権力によるローマ法を用いての教会の統治システムを模倣した中央集権化の試み】

中世的諸改革のこの時期を通じて教会は再組織されていったが、それによって、教会は必然的に世俗的諸権力との闘争に引き入れられた。グレゴリウス期には、神聖ローマ帝国における教会と国家との古代的なカロリング朝の統一、そして、オットー朝やザーリア朝初期の支配者たちの下で帝国内のドイツ領邦諸国家において普及していた、教会が諸侯ないし地域を統御する伝統、これらは最終的に崩壊した。[11] ドイツ領邦諸地域においては、グレゴリウス期に、①俗人を聖職の地位に就ける範囲に関して、②領邦諸地域の支配者たちが教会に影響力を行使しうる、あるいは、その所有権までも要求しうる、程度に関して、そして、③教皇、教皇使節、皇帝、諸侯のそれぞれの権威〔の範囲〕に関して、教会と帝国の間に長引く敵対関係《アンタゴニズム》が惹起されていた。結局のところ、これらの争い《コンテスツ》は、一一二二年のヴォルムスの「政教協約《コンコルダート》」によって、少なくとも部分的に解決された。この合意《アグリーメント》（協約）によって、聖俗権力間の明確な法的区別が確定され、教会権力者が有する叙任権（investiture of ecclesiastical potentates）への帝国の影響力が制限され、そして、純粋に宗教的な事柄における法的な裁治権《ジュリスディクション》は、世俗的支配《テムポラル・コントロール》の外部に置かれて、教会の制度的意志にのみ依存する、ということが保証された。この点で、政教協約《コンコルダート》は、すでにグレゴリウス的諸改革によって導入されていた教会権力の集権化を固めることになった。というのは、それによって、教会はそれ自身を独立した君主制的統治体（*monarchia*）として構築し、自由に法を通じて権力を行使することが許されたからである。とはいえ、同時に、帝国の世俗的装置《テムポラル・アパレイタス》もまた、政教協約から一定の利益を獲得していた。政教協約は教会の世俗的諸境域《テムポラル・エレメンツ》を帝国の封建システムの中に統合し、教会の現世的所有物《ワールドリ・ポゼッションズ》を帝国の法の下に置いたのである。その結果、帝国は、〔その支配領域内における裁判権、貨幣鋳造権、関税徴収権、採塩権、市場開設権などの〕国王の諸権利（*regalia*）の形で教会財産を授与する権利を獲得し、そして、この権利は、世俗世界の立法のあらゆる領域に対する帝国の封建的権力を拡張するに際して、重要な役割を演じた。[12] こうした理由によって、政教協約は、中世の中欧における世俗的諸権力が、教会によって先鞭がつけられた法の合理化（legal rationalization）の諸過程を凌ごうとしはじめた瞬間と見なされるかもしれない。そして、それらの世俗的諸権力は、法の上に教会によって負荷された宗教的ないしは形而上学的な負担の悪影響からそれら自身の法を積極的に分離するために、教会法の諸要因《エレメンツ》（境位）を利用したのである。この時期以降、世俗的権威は、次第に、その権力行使を、グレゴリウス以前の時代を特色づけていた、政治的権威と人格的ないしは習慣的な合意との複雑な織物（絡み合い）から、切り離すために、教皇君主制（papal monarchy）の行政管理の諸特徴を借用し、そして、その結果、教会のように権力を制度的秩序における単一の権威に集中させはじめた。[13]事実、ドイツの諸領域では、政教協約は、帝国の官庁《オーソリティ》の権力を直ちに強化していた。すなわち、政教協約は、①帝国を世俗的な政治的権力の主要な担い手として定義し、②帝国の権力が及ぶ範囲と限界を公認し、そして、③それを通じて、その権力を適用させる法的道具を決定したのである。それゆえに、この叙任権闘争《インヴェスティチャー・コンテスツ》以降、帝国の支配者たちは、自分たち自身の法の基礎づけを規定するために、そして、自分たちの自律性と自分たちの実定的な裁治権の権威（positive jurisdictional authority）を強化するために、ローマ法の諸概念をますます採用するようになった。[14]決定的なことであるが、法は帝国の政令《スタテュート》に由来する、という原則を含み、元首《プリンス》（君主）の意志は法の強制力を有し、しかも元首（君主）は法に拘束されない、という有名な原則を宣言している、ローマ法の王法（*lex regia*）は、帝国の権力を、初期封建制の微妙な人格的かつ法的な結合関係（nexi）から、そして、教会によってそれに課せられた諸制限から、この両者から解放することを促した。このようにして、ローマ法は、中世の皇帝たちにかれらの独立性と主権性《ソヴリンティ》を保証するのを可能にした一組の決定的な典拠《リフェレンシーズ》を提供し、[15]そして、封建法の下では単に人格的な強制力しかなかった諸義務を確固たるものにし、そして強制するために、範疇的な法律用語を設定したのである。[16]

【宗教改革前夜の帝国におけるローマ法の継受による法の実定化の最終段階：一五〇〇年前後】

それゆえに、一五〇〇年前後に、帝国法はローマ法によって確固としたものにされたが、このことは、教会において産み出された実定法の諸形式を〔帝国が〕形式転換して盗用する、という形ではじまった、政治的世俗化（*political secularization*）と法制度的実定化（*legal-institutional positivization*）との長い過程の帰趨を定めた。はっきりいえば、宗教改革に先立つ帝国の諸改革の終焉は、法の世俗的形式に関する、そして、法における最高の裁治権《ジュリスディクション》に関する、古代的な闘争の終焉を標示したのである。けだし、この終焉を通じて、帝国は、それ自身を教会における法的に妥当していた聖典礼の集成から解放しただけでなく、教会が先鞭をつけて展開されていた法的構造を横取りしてわがものとしたからである。[17] 諸改革の終焉までには、神聖ローマ帝国は、なおその権威を教会と国家との統一に関するカロリング朝的理念において基礎づけられているものとして説明していたにもかかわらず、法を組織化する権力の相対的に実定的な媒体として用いる制度的装置として、構築されていた。したがって、この装置にとって中心的なことは、実定的な諸法を権威づけ、妥当化するために使用されうる、そうした一組の権威ある制定諸規則（authoritative institutes）として、ローマ法を使用することであった。したがって、一五〇〇年における神聖ローマ帝国の憲政秩序の形態は、法の実定化（legal positivization）の画期的過程における最終的段階と見なされうる。けだし、この段階において、法は、その教会的ないしは形而上学的な基礎づけから切り離され、そして、いまや国家という相対的に凝集的かつ独立した秩序の権力を伝達し、支えるための一つの仕組みとして、ますます用いられるようになったからである。このように、ドイツの宗教改革の直接的背景は、世俗化（secularization）の長期にわたる行程の終焉によって標識づけられていた。けだし、この世俗化において、他の諸国におけるのと同様に、ローマ法は、裁治権《ジュリスディクション》の世俗的秩序の統制下に置かれ、そして、法への宗教の影響は、法の妥当性においては相対的にどうでもよいものとなっていったからである。

【世俗権力内部における帝国と領邦諸侯との間の法をめぐる対立：帝国政治権力の集中化・一般化の手段として

の法とその帝国の権威を諸侯が制限するための手段としての法】

ところで、宗教改革に強烈な影響を与えている法をめぐる〔とりわけ帝国と諸侯との勢力〕配置を十分に理解するためには、一五世紀の〔帝国の〕憲政秩序の諸改革は国家形成と法の実定化の相対的に広範囲にわたる諸過程を反映していただけでなく、封建制的な政治的秩序から封建制以後的なそれへのドイツ的推移における特定の顕著な諸性格をも明確化〔分節化〕していた、ということに注目することが重要である。この点でもっとも注目に値するのは、宗教改革以前の憲政秩序の諸改革は、合意に基づくか、あるいは統一された政治的諸目的の所産なのではなく、帝国においてますます力をつけていった諸階級、とりわけ帝国と諸邦の両レヴェルにおける諸侯と、帝国の王朝たるハプスブルク家の人たちや同家を支える人たちとの間の、次第に醸成されつつあった対立によって広範囲にわたって推し進められていた、ということである。それゆえに、諸改革はまったく異なる動機によって形づくられていたのであり、したがって、それらの改革が制度化した国家の形態は、これらの利害関心の間の厄介な均衡に基づいていたのである。諸改革の期間中、帝国を構成する諸侯は、帝国の権威の及ぶ範囲内において、そして、その帝国の権威に反対して、自分たちの政治的立場を確保するために、そして、ハプスブルク家の人たちの権力に立憲主義的な強制《コンストレインツ》を課するために、法を使用した。このようにして、かれら〔諸侯〕は、①帝国の権力を規制し、②帝国の管理・運営的権能の緊要な諸領域に対するかれら〔諸侯〕の影響力を確保し、そして、③かれらの大権（prerogatives）により大きな法的保護を与えることを目論んで、集権化された法秩序を帝国に課することによって帝国を改革しようとしていたのである。とはいえ、同時に、帝国側に与する人たちは、とりわけマキシミリアン一世は、諸改革の期間に、①かれら自身の権威を組織化し、②統治の諸道具を合理化し、そして、③扱いにくい諸侯たちから譲歩を引き出すために、その法を使用していた。諸改革が明示した諸大権の相違故に、宗教改革以前には、法は熾烈な敵対の的《サイト》であったのであり、したがって、法は①〔近代〕国家の特性、②裁治権〔司法および行政を一体化した公的支配権〕の影響〔権力効果〕、③法の至高性、これらについての鋭く相対立する諸理念によって規定されていた、と見ることができよう。とはいえ、改革の時代の終焉までには、①諸侯側はますます支配的になっていたこと、②帝国的国家（imperial state）〔帝国の外形を留めながら、近代国家の特性を帯びつつある国家〕の法形式は必然的に立憲主義的に均衡のとれた状態（国家）として発展するようになり、諸侯の権威によって折り紙をつけられるようになったこと、これらのことは注目すべきことである。[18] たしかに、一三世紀と一四世紀との間に、帝国における普遍的な法秩序の条件を確立しようとするもっとも初期の企ては、皇帝の取り巻きたちによって皇帝権を強固なものにする手段としてはじめられていたのであり、これは注目すべきことである。[19] しかしながら、こうした企ては成功しなかった。そして、主に諸侯によって推し進められた、一四九五年の〔ヴォルムスの帝国議会で成立した〕法と〔帝室〕裁判所は、〔一方では〕〔帝国の〕政治的権力を集中し、一般化するための方策として、そして、〔他方では〕〔帝国官庁の〕中心的権威を制限するための、そして、〔帝国の〕権力が独立した法的束縛と立憲主義的制限とに従属することを確保するための、機構として、作用したのである。[20]

【封建制の構造転換：ドイツ諸領邦における封建制の特異性：領邦諸侯の土地支配権にもとづく皇帝の封建的上位支配権からの自立化：諸侯によるレガリアを梃子とするその領域支配権の確立】

おそらく、一五世紀後期において帝国の諸改革と裁治権《ジュリスディクション》の集中化へと促したもっとも重要な動機は、帝国内における封臣身分関係（vassalage）と国王特権（国王大権）（*regalia*）という封建的制度が一般的に衰退していたことであった。宗教改革の前夜までに、帝国の封建的秩序を統一する、義務と服従という人格的な諸紐帯は深刻なほど弱まっていた。そして、帝国は、その内外の安定を維持するために、政治的ないしは軍事的な支援を獲得するために、その封建的権力にもはや頼ることができず、兵員を補充し維持するために他の手段を用いることを強いられていた。封建制の解体（脱封建制化）（defeudalization）のこうした過程の核心にあったのは、国王特権（*regalia*）を通じて相続され、封臣身分関係（vassalage）において固定されていた権力は、主として土地所有（ownership of land）に基づく政治的、経済的に独立した権力という新しい様式に急速に優位を譲りつつあった、という事実である。このことの一つの帰結として、領邦における諸侯の土地支配（*Landherrschaft*）の初期の諸形態は、封建法の人格的な諸紐帯に急速に取って代わり、そして、皇帝の封建的な上位支配権（feudal overlordship）は、政治的権威の新たな形態と源泉によってますます相殺されるようになった。[21] ありていにいえば、ドイツの諸領邦において帝国を支えてきた封建的統治《フューダル・ガヴァナンス》を性格づけていたのは、①それ（封建的統治）はその地域固有《エンデミカル》の遠心的な本性を有していた、そして、②その（封建的統治の）構造的中心を占めていたのは、最終的にはまさにそれ（封建的統治）を崩壊に至らしめることになる、そうした専有特権と土地保有（proprietary concession and land tenure）のモデルであった、という事実である、と論じうるであろう。言葉の厳密な定義では、封建制（feudalism）は、通常、そこにおいて、権力を担う人たちが、その臣下たちに国王特権（regalia）として土地ないしは公職を授与することによって、かれらを自分たちに繋ぎ止める、そうした求心的な管理・運営《アドミニストレーション》の方法と、見なされているが、中世ドイツの諸領邦は、むしろ異なるタイプの封建制を制度化していた。中世初期における封建制の最初の展開後、神聖ローマ皇帝は領邦の権威と裁治権《ジュリスディクション》という諸特権《コンセッションズ》を半主権的な地方諸侯に賦与することによって、自分の地位への支持を維持していたが、自分たちを超える帝国の権威を受け入れた諸侯たちの主要な動機は、主として、まさにこれを受け入れることが、帝国におけるかれら自身の権力を支え、かれら自身の領邦におけるその裁治権《ジュリスディクション》の権威を強化した、という点にあった。[22] この過程は、結局のところ、帝国という包括的な憲政秩序の枠内において、強力でかつ自己利益を追求する諸々の地域勢力の創出へと導かれた。[23] そして、帝国における封建法の下で賦与された国王特権（regalia）は、力をつけた諸侯たちが、次第に、皇帝への直接的な、あるいは強制委任を介した、服従から、かれら自身を引き離すことを可能にしていた。(24) それゆえに、皇帝が賦与した諸特権《コンセションズ》の結果として、中世後期には、領邦の所有権《オーナーシップ》は、ますます帝国において権力を要求するための基礎となっていった。そして、帝国の前封建的な装置は、この異なるタイプの封建制の動態によって次第に掘り崩されていった。宗教改革に先行する諸改革は、事実、直接的にこの過程を反映していた。というのは、それらの改革は、諸侯の、相対的に分散していた、あるいは、遠心的な、利害関心と、帝国の、中央執行部の集権化された、あるいは、求心的な、利害関心との間の、戦略的な均衡に重心が置かれた、そうした憲政秩序を創出したからである。そして、こうした憲政秩序によって、二つの相反する法的大権の間の相反的な均衡を中心にして、帝国的な国家〔外形は帝国であるが、近代国家の特性を帯びつつあった国家〕が確固としたものにされたのである。

【法形態の世俗化を契機に帝国と諸侯の双方の支配権確立に利用されたローマ法の効用】

宗教改革にいたるまでの政治形成のかなり長い過程は、そこにおいて帝国と教会が法の統御を求めて競い合っていた、そうした法の世俗化の行程であったとするならば、この過程は、裁治権の相対的に制御された一つのシステムにおいて、法の適用の諸手段を安定させなかった、という点に注目することは重要である。その反対に、宗教改革以前にドイツの諸領邦に現れていた法の世俗的形態は、その適用に関する新たな論争によって標識づけられる、きわめて例外的な形態であった。すなわち、法の世俗的形態に関する最初期の論争は、教会と〔帝国的な〕国家との間の論争であったのに対して、法はいまや帝国と諸侯身分との間の抜き差しならぬ紛争〔塹壕戦〕の場であった。実のところ、この紛争は、〔両者それぞれにおいて〕いきなりローマ法によって内面化され、反省された〔両者はローマ法を武器にして戦いを進めた〕。そしてローマ法は、その適用の最初の段階において、法の統御を求める紛争に際して、両者に各々異なる利点を提供していた。一方で、ローマ法は、至高権（supremacy）という抽象的ないし原《プロト》・絶対主義的《アブソリューティスト》な概念を容認させるために操作されうる王法（lex regia）〔という概念〕故に、帝国側にとって明らかに有用であった。[25] これによって、帝国の権威のための公認の下部構造として構築されえたローマ法は、封建法に特徴的な仕方で法を管掌する諸領邦の権利を否定することによって、地域に割拠する独立した権力を制限しえたのである。たとえば、注目すべきことに、一五世紀初頭の帝国改革者の主要な宣言書であった、ジギスムントの改革（*Reformatio Sigismundi*）は、ローマ法の王法（*lex regia*（*keiserliche rechte*）は、法の安定性の新たな枠組みを創出するために、皇帝によって体系的に執行されるべきである、と正面切って要求していた。[26] この文書の匿名の著者は、〔帝国の〕君主制的支配（monarchial rule）に対する教会の影響力を嘆き、[27] 統一的法典（uniform legal code）（*ein keyserlich rechtsbuch*〔帝国法典〕）を備えた帝室裁判所の確立を推奨し、[28] そして、帝国の成文法の発布を、異なる法的諸概念のライヴァル関係を通じて蝕まれていた法の神的な秩序（*goetliche ordnung*）を再構成するもっとも信頼しうる手段と見なしていた。[29] ところが、他方では、ローマ法はまた、封建制的な諸紐帯の腐食から直接的に利益を得ていた地域に割拠する〔領邦〕側にとっての有力な政治的道具でもあったのである。中央の帝室裁判所を通じて適用されたローマ法は、①地方レヴェルでの〔領邦〕権力の合理化を助け、②領邦的な国家ないしは公国の強化に役立ち、③帝国の憲政秩序的構造の内側で政治的な代表や法的な制御のメカニズムを確実にし、[30] そうすることによって、権力行使における帝国の恣意を制限するために、用いることができた。[31] 同じく重要なことであるが、ローマ法はまた、所有関係を基礎づけるもの（foundation of property relations）として、分割されない〔土地〕所有（権）（undivided ownership）を主張していたので、封建的な義務《ボンド》や共有の所有権《コモンリ・ヘルド・プロパティ》に対して個人的所有権（individual ownership）を擁護する土地法（land law）のためのより確かな基礎づけを創出していた。こうした理念は、あきらかに、出現しつつあった領邦主権の考えに正規の法形態を与えることを望む者たちに大きな利点を約束し、諸侯身分の遠心的な利害関心を直接的に支えたのである。[32]

【対立する帝国と諸領邦の立憲主義的性格：裁治権の自律性の強化によって帝国から相対的な自主性を確保した諸領邦における初期の近代国家に近い制度の出現】

こうした歴史的な叙述《ナラティヴ》から、特に重要ないくつかの論点が浮かび上がってくる。第一に、宗教改革以前に、神聖ローマ帝国のドイツ諸邦は、形態と権限において初期の近代国家に近い一組の諸制度をすでに有していた。この国家は、もちろん、国民国家の近代的諸理念との近似性はほとんど有さなかったが、しかし、それは、盛期封建制の人格化されたあるいは局地的な統治とは、すでにきわめて異なっていた。そして、決定的なことは、この国家は、そこにおいて法が宗教的な影響力からは相対的に独立して適用される、そうした裁治権の源泉として、それ自体を編成していたのである。とはいえ、この初期の国家は、特定の顕著な性格や問題を抱えていた。きわめて注目すべきことに、神聖ローマ帝国における後期封建制に特有な性格と折り合いをつけながら、こうした国家の憲政秩序は、何故にそれは現存し、そして、誰によってそれは統御されるべきなのか、これらについてのまったく敵対する諸概念によって、形づくられていた。帝国の改革期を通じて創出された政治的秩序は、事実、まったく異なる動機に基づいて〔それぞれ〕集権化された政治的秩序の確立を要求した、二組の和解し難い法的利害関心の間の、脆弱で必然的に束の間の協調《アコード》を、標識づけていた。はたせるかな、宗教改革の期間中に、帝国と諸侯との間の脆弱な憲政秩序の上での協調は、まもなく崩壊した。そして、多くの諸侯が宗教改革を支持したのは、まさしく諸侯が帝国内のかれらの裁治権の自律性（jurisdictional autonomy）をさらに強く主張する機会と見なしたからである。

【ドイツにおける国家形成及び法的実定化の二極性：世俗権力の二極化状況における宗教改革の意義の特異性：イギリスなどでは宗教改革が法の実定化の歴史における頂点であったのに反して、ドイツ諸領邦国家ではその初期段階であった】

第二に、その他に、こうした歴史的な再構成が示唆するところによれば、ドイツにおける国家形成と法の実定化の行程は、通常とはきわめて異なるパターンを辿っていたのである。他の大部分のヨーロッパ諸国家においては、中世後期における世俗法の形成は、叙任権論争から始まった法の実定化の初期段階の頂点を標示していた。その世俗法の形成は、一つの相対的に凝集力を有していた連合体《ブロック》によって推進されていたが、宗教改革において、一つの統一された法の集成（a uniform legal corpus）として法を適用する一つの統一された国家（a uniform state）の形成に至った。とはいえ、この時期のドイツでは、国家と法の両方が、高度の遠心性と二極性という重荷を負わされたままであった。その結果、法は、法の必要性と目的についての本質的にまったくバラバラの諸理念を屈折した形で映し出していた。中世初期には、帝国は教会に対抗してローマ法の使用を通じてその権力を強化していたが、中世後期には、実定化のこの過程は、帝国がそれぞれの領地に個別に利害関心を有する諸集団へとバラバラに断片化されることによって、掘り崩されていた。けだし、これらの諸集団は、それら自身の土地に基づく諸目的のために法を独占しようとし、そして、ローマ法の使用を通じて帝国自身に対抗してそれらの権威を固めようとしたからである。それゆえに、宗教改革の前夜までに、ドイツの諸地域において発展を遂げていた法的装置は、法の諸対象や諸原則についての単一の概念を維持することができなかったのである。したがって、宗教改革に直接的に先行する時期は、ドイツにおける後期封建制を特徴づけていた遠心性に由来する法の実定化の危機を表現していると見られよう。というのも、〔当時の〕ドイツにおいては、法、とりわけローマ法は、裁治権力に関する未解決の紛争によって、支配されていたからである。実のところ、誇張し過ぎることを恐れずに言えば、ドイツ諸邦においては、宗教法から実定法を切り離すことを意図した一二世紀の裁治権《ジュリスディクション》をめぐる争いは、宗教改革期の間に、新たな形態で再生しはじめていた、と論じうるであろう。他の〔西欧〕諸国家においては、初期の争いは、そこでは一つの領域全体にわたって君主制的な権力と裁治権が次第に強化されうる、そうした政治的秩序を、創出していたのに対して、ドイツにおいては、それらの争いは、そこでは裁治権が最終的に一四九五年に帝国に集中された、そうしたシステムを形成していた。しかしながら、この裁治権は、直接的には、ますます力をつけていったそれぞれの土地に依拠した諸侯によって争われていた。というのも、これらの諸侯は、法を上位の実定的な諸源泉――ここでは神聖ローマ皇帝――とのあらゆる結びつきから切り離し、そうすることによって、かれら自身の土地において法の形態を統御しようとしていたからである。その結果、法は、中世を通じて、決定的に安定した形態をとることなく、初期の特異性や宗教的な調子を帯びたライヴァル関係を付着させたままであった。その後の宗教改革の期間には、もともと国家と教会との間で戦われていた、法に関する争いは、諸領邦と帝国との間の争いへと転換されていた。というのも、この争いを通じて、諸侯は、法の外部からあるいは宗教的に正当化された諸要因（境位）を、かれら自身の裁治権力から排除しようとしていたからであり、そして、この争いにおいて、教会法に対する初期の政治的な敵意は、概念的にローマ・カトリック教会に支えられた、あらゆる法に対する、とりわけ帝国法に対する、敵意へと転化されていたからである。要するに、中世盛期から近代的諸国家の形成に至るすべてのヨーロッパ諸国家の歴史を通じて進展している、法の産出と適用における実定化の漸次的な行程は、ドイツ諸邦においては、深刻なまでに断続的な諸過程だったのである。この過程は、他の諸国における、とりわけプロテスタントの諸国における、法の形成の行程から、範型的に、逸脱していた。このような他の諸国において、宗教改革は、法の実定化の歴史における頂点となる出来事を標示していた。けだし、そこにおいて、立法や裁治権の国民的な担い手たちは、教会からの完全な法的独立に近づく条件を最終的に達成していたし、そして、後期の教皇君主制の下での法と正統性についての宗教的ないし形而上学的な諸概念から決定的に自分たち自身を切り離していたからである。このような諸国では、そこでは法がすでに、きわめて広範囲にわたって独立しかつ実定的な基礎づけの上に確立されていた、そして、そこでは法を創出し適用する諸制度が、宗教改革を正当化し、それが惹き起こした法の分裂を緩和する相対的に安定した規範的枠組みを提供することができた。そうした制度的な舞台装置の内側で、宗教改革は生起したのである。[33] ところが、ドイツにおいては、宗教改革は、法の実定化と国家形成との過程における、きわめて初期の段階、あるいは、実際は再開を、標示したにすぎない。宗教改革の効果がもっとも顕著な形で現われたのは、現存する法的諸制度の破壊、帝国と諸身分との間の裁治権をめぐるライヴァル関係の増大、帝国の立法の基礎を成す宗教的諸前提に対する激烈な反発、これらであった。ドイツの領邦諸国家が半宗教的な、あるいは少なくとも宗教に支えられた、神聖ローマ帝国の正統性からの独立を獲得したのは、ようやく一七世紀の後半、あるいはそれどころか、一八世紀前半であった。すなわち、まさにこの段階になってようやく、これらの領邦諸国家はそれら自身の法的権力や裁治権の権限を、十二分に実用的ないし世俗的な用語（表現形式）で説明しはじめたのである。

【宗教改革、アウクスブルク宗教和議、ウェストファリア和議を通じての領邦国家の限定的自律化：法とそれを執行する装置の帝国と教会間、帝国と諸領邦間、諸領邦間での分断】

はっきりいえば、宗教改革に先行する時期に、憲政上は帝国の中央執行部と領邦の諸侯との間の法的関係を中心に築かれた統治と裁治の装置が現われていたとするならば、宗教改革の時期には、この装置は断片化されてしまったのである。宗教改革は、それらの支配者《リージェント》たちが福音主義運動を支持した、そうした領邦諸国家が、もともとは教会によって引き受けられていた裁治（と財政）の諸権限をそれら領邦諸国家のために（独力で）引き受けることを、そして、そうすることによって、法のあらゆる側面において、それらの領域に対するそれらの権威を強化することを、可能にしていたが、このことは宗教改革がもたらした最初の成果であった。[34] このことがもっとも明確な形で始まったのは、福音主義諸侯が帝国の憲政秩序に公然と反抗し、福音主義の大義を軍事的に支持することを誓った、一五三一年である。[35] さらに、宗教改革のその後の展開によって、領邦の諸身分（諸侯）は、帝国との憲政秩序をめぐる紛争において次第に優勢となり、帝国は、なお集権化されているにせよ、より小さな諸公国において、権力を組織化することになった。このことは、最初に、一五五五年のアウクスブルクの宗教和議において銘記された。というのも、この宗教和議は、福音派、ローマ・カトリック教会、神聖ローマ帝国の間の紛争を一時的に終結させ、そして、不承不承ではあるが、個々の諸侯の裁治権の独立に部分的な法的承認を与えたからである。一五五五年の和解《セトゥルメント》は、裁治権の権能の重要な部分を教会から領邦諸国家へ移譲させ、そして、ドイツの領邦諸国家にとっては、独立した主権を主張するそれらの企図における大きな一歩を示していた。一五五五年は、皇帝カール五世によって代表された帝国が、君主制的な中央の執行部のスタイルで法の適用と裁治権を独占しえない、ということを、最終的に受け入れた時点であった。[36] それはまた、領邦の諸侯たちが、最初はきわめて気まぐれ〔発作的、断続的〕な仕方で、〔かれらの領内における〕法を司るすべての裁判所に対して高次の権威を確立しはじめた、そして、かれら自身の領邦統御を強化するために、法の適用の諸手段を使用しはじめた、そうした時点であった。それにもかかわらず、宗教改革の余波は、法や裁治権の形態に関するさらなる紛争によって支配された状態に留まったままであった。大部分のドイツ諸〔領邦〕国家は、一七世紀に至るまで、それら自身の裁判所、裁治権や大権における独立、これらを十分にかつ最終的には確立しなかった。はっきりいえば、大部分の諸侯がかれらの領邦における裁治権上の主権を手に入れる条件を獲得し得たのは、「三十年戦争」（一六一八年〜四八年）という、憲政秩序を左右する巨大な紛争の後にすぎなかったのである。諸邦が究極的に法の制御を達成した仕方でさえ、宗教改革以後の裁治権に付随していた紛争や不安定性を証明している。諸邦は皇帝によって授与された特殊な特権（*privilegium de non appellando illimitatum*〔無答責で制限されない特権〕）を通じて裁治権上の自己規制の諸権利を獲得した。[37] この特権は、それを獲得した諸邦を、帝国法による上からの支配から部分的に免除し、そして、諸邦が、それ自身の裁判所を開廷し、それらの臣民のために裁治権の最高の源泉として活動することを可能にした。とはいえ、この特権は、その起源をなお封建制的契約という古代的システムの中に有していたし、そして、諸邦に対する帝国の概念上の法的至高性を反映していた。したがって、その特権は、諸邦は法の適用のいくつかの領域において帝室裁判所に依然として責任を負っている、ということを意味していたのである。それゆえに、もっとも実践的なレヴェルにおいては、宗教改革以後の法をめぐる論争は、法の制度的な組織化や源泉に関して不確かさが募った、ということによって性格づけられていた。そして、このことは、一般化された〔各領邦国家内に広く定着した〕統治の媒体としての法の実定化に反して、途切れることなくだらだらと続いた。はっきりいえば、紛争が、規範的には、カトリックの利害関心を擁護する帝室裁判所と、福音派のそれを擁護する各領邦の裁判所という形で、信仰する立場の断層線に沿って明確化（分節化）された、という事実は、法や控訴に関する日常的な諸問題でさえ依然として宗教的諸理念の負荷を受けていたこと、そして、それらの問題は純粋に実定的な法の分析では解決困難であったこと、これらのことを意味していたのである。[38] それゆえに、宗教改革の前史を標識づけていた法の実定化の危機は、消滅せず、事実上、宗教改革の遺産のもっとも重要な側面の一つとして残されることになったのである。いずれにせよ、近代ドイツの国家の特性の他ならぬその起源において、法の適用の手段の断片化、そして、受け継がれた法の諸構造に対する反発としての政治権力の形成、こうしたことを同定（確認）しうる。このことの主要な原因は、法の実定化は一直線の過程として生起したのではなく、神聖ローマ帝国における憲政秩序の特異性に妨げられていた、という事実の中に見出すことができる。

4　宗教改革における神学と法

【宗教改革期における法形成へのルターの教義の影響】

宗教改革前後にドイツおける法の形成過程で生じたこれらの諸問題はまた、ルターの宗教改革の宗教的諸教義の中にも反映されていた。はっきりいえば、宗教改革は、法の統一《ユニタリ》的な制度的基礎を破断《ディスラプト》し、そして、法の実定的形式の成形《キャスティング》における決定（危機）的な瞬間を明確化したが、このことが宗教改革の実践的帰結であったとするならば、理論的なレヴェルでもまた、宗教改革は、法の妥当性や権威の統一的な諸前提を破断した。宗教改革は、広範囲に及ぶ異なる法的・政治的な諸観点《パースペクティヴズ》を含んでいたし、そして、同時代の法的諸問題に対するまったく異なる多くの応答を体現していた。後で論じられるように、宗教改革における法的諸概念は、①諸改革を通じての帝国への法権力の集中化に対する反発、②ローマ法への攻撃、③帝国の憲政秩序への攻撃、④慣習法《コモン・ロー》とそれを司る裁判所（common courts）への復帰の要求、⑤旧約聖書の律法よる神政的統治《シオクラティック・ガヴァメント》の設立計画、⑥独立した領邦の憲政秩序を発展させるべきとの新規の構想《イニシアティヴズ》、⑦自然法の新たな理想、これらを包括していた。しかしながら、ルター的教義の最初期の波のようなうねりの中でその焦点にあったのは、普遍的な反律法主義（*anti-legalism*）の決然たる態度であった。けだし、この態度は、宗教改革のより広い環境の中においては法理学的《ジュリディカル》な例外主義（exceptionalism）を反映していただけでなく、それを強化していたからである。

【ルター教義における反律法主義：宗教改革期の神学論争と法学論争における共通項としての法の実定化という問題】

他の国々におけるのと同様に、ドイツ宗教改革のもっとも明白な法的側面は、教会法（canon law）に対するその激しい敵意であった。しかし、ルターの宗教改革の場合、この敵意は象徴的に例外的な性格を帯びていた。一五二〇年にルターが教会法を焼却したことは、信仰のみを中心にして宗教生活を秩序づけ、日常生活における教会裁判所の干渉を制限し、事実上、あらゆる精神生活における儀式、規制、法（律法）の役割を徹底的に縮減させようとするルターの欲求に至高の象徴的形式を与えていた(39)。さらにいえば、ルターの理論的な歴程《トラジェクトリ》におけるもっとも重要な政治的な諸立場——たとえば、聖パウロの『ローマ人への手紙』についての一五一五〜一六年におけるルターの反律法主義的な解説、教皇至上権に対するかれの初期の攻撃、儀式や贖宥状への侮蔑、神政政治に対するかれの悪態、不可視の共同体としての教会についてのかれの観念《ノウション》、教皇皇帝主義（Caesaropapism）や司教監督制度（episcopacy）に対するかれの晩年の反対、領邦国家教会の出現を容認（裁可）することへのかれの警告——これらのことは、宗教法と世俗法との両方に対する批判的態度によってすべてが形づくられていた。これらの論争の多くが示唆しているのは、①いかに法の世俗化の深化が中世後期のヨーロッパを形づくっていたのか、これにルターが十分に注意を向けていたこと、そして、②かれの時代は法の地位と性格が著しく強められていたのであったが、その進行の度合いについて、ルターが理解していたこと、これらのことである。しかし、これらの論争がまた示しているのは、①ルターは宗教的信仰を特定の世俗的な政治形態の発展を支えるものと見みなすことに諸手を挙げて賛成してはいなかったこと、そして、②かれは真実の信仰を唯一法の妥当性の王国（領域）の終わるところに見ていたこと、これらのことである。事実、ルターの仕事の核心には、法（律法）は、民衆をして信仰を忘れさせ、民衆を欺いて自恃（自力本願）や外からの正当化（外面的行為による救済）という幻想を抱かしめ、その結果、人間の魂の破滅をもたらす、という見解であった。このように、ルターは宗教改革を、法（律法）の絶対的権威の否定と、神の意志は人定法（human law）に本来的に備わっている、ということの否定と見なしていたのである。この観点からいえば、ルターの教義は、法の既存の実定的形式に関する社会的に定着していた論争を内面化し、そして、法（律法）の地位を論争の主要な対象として認識したのである。とりわけ、ルターの教義は、受け継がれてきた法の統一的《ユニタリ》な形式を拒絶し、信仰における人間の自由の王国（領域）を既存の法原則によって決定されていることから切り離すことを企てた、という点で、〔宗教界の外で広がっていた〕法に関するより広い論争と決定的に近似していたのである。

【トマス・アクィナスの主知主義的神学論：神の法定立における意志に対する理性の優位】

かれの一般的な反律法主義に加えて、ルター神学は、事実、より広範囲にわたる法的諸論争と交差している、より決定的な法の要因（境位）を、含んでいた。すなわち、ルター神学は、律法主義的形而上学に対する、とりわけ、トマス・アクィナスの自然神学によって促進された法の正当化の形而上学に対する、深い敵意を中心に展開されていたのである。けだし、トマス・アクィナスの自然神学は、中世後期の教会のイデオロギー的主柱であったし、そして、その再主張は、ローマ・カトリック陣営におけるルターの敵対者たちによって望まれていたからである。グレゴリウス〔改革〕運動の精神に依拠して、アクィナスは神性（divinity）の主知主義的解釈（intellectualist interpretation）を提起した。この解釈によれば、神の意志は知性的意志（intellectual will）であり、そして、この意志は必然的に宇宙を貫く一つの合理的秩序の存在を意志しているのであり、人間存在は、自分の理性の諸力を正しく行使するならば、それに参与するのである。[40] こうした理由によって、アクィナスの主張によればまた、神は創造を通じて法の自然的秩序を定めていたのであり、そして、この秩序は世俗世界において同時に内在的かつ形而上学的な統治を司っている。[41] このことの故に、神の意志は本質的に合理的な意志として形成されているのであり、そして、神が法（律法）において定めている正義と善は、それらが神によって意志されるが故にではなく、それらが合理的に必然的なものであり、神自身の合理的本性の永遠法から演繹されうるものであるが故に、善かつ正なるものなのである。したがって、いかなる行為も、単にそれが一つの意志によって命じられているが故に善きものないしは正しきものであるわけではないのである。あらゆる法（律法、法則）は、それらを定める意志から独立して価値づけられるし、自然の合理的な諸法（法則）は、いつも規範的にはその意志に対立して発動《インヴォウク》（行使）されうる。それゆえに、神自身は、理性から完全に独立した自由を有さない。すなわち、神は、特定の事柄と特定の法（律法、法則）を意志する自分自身の理性によって「拘束されて」いるのであり、神は合理的でない法（律法、法則）を意志する場合には自由を行使しえないのである。[42] このようにして、神の意志は、トマス主義的分析に基づけば、合理的な規範的構造における要因（境位）であり、そして、神はいつも同時に、意志と理性の両方であり、絶対的自由と絶対的法の両方である。[43]

【トマス神学における人定法の基礎にある理性法としての永久法・神定法・教会法】

アクイナスの結論づけたところによれば、神の合理的な自然本性は、それらに照らして世俗世界の人間の諸行為が釈明を求められる、そうした普遍的な自然的、道徳的な諸原則を提供し、そして、それらに照らしてあらゆる実定的ないし主意主義的な諸法（律法、法則）が測定されうる、そうした超実定的《スープラ・ポジティヴ》な諸法（律法、法則）の王国（領域）を設立する。たしかに、アクイナスは、実定法と永久法ないし神定法との間には明確な区別が存在する、と主張したが、人定法は神の意志ないしは精神を完全に反映しうる、とは主張しなかった。自然的な人定法はもっぱら市民的平和という目標に導かれるにすぎないのに対して、永久法ないしは神定法は人間を「永久の幸福」という目標に導くべく意図されている、とアクイナスは断言した。[44] しかしながら、かれが強く主張したところによれば、真実の人定法は世界の神的秩序から絶対的には除去されることはなく、永久法ないし神定法と人定法との両方は神によって基礎づけられた秩序の相関した諸要因《エレメンツ》（境位）である。[45] 人定法はいつも、世界は「神的理性」によって統治されている、という理念を反映しているのであり、そして、永久法と神定法とは人間の共同体を支配することにおいて直接的な役割を演じている。[46] このように、トマス主義の中心には、真実の法は形而上学的法に由来し、そして、形而上学的法は宇宙において自由に行使される神の理性である、という主張がある。さらにいえば、神の理性は、あらゆる他の諸法の源泉を形成する教会法の中に、具現化されているのである。

【ルター神学における理性に対する意志・自由、信仰・恩寵の優位】

ルター神学が激しく反駁したのは、これらの諸原則に対してである。人間の理性は永久法に参与しうるし、[47] 人定法は「自然法や神定法に由来」しうる、というトマス主義的信念を、ルターは峻拒した。[48] それよりもなによりも、神の意志は規範的な知性的諸実体によって拘束されている、そして、神自身の自由な意志は合理的な諸法によって決定（規定）されているが故に、神の意志は世俗世界において法を創出する、というトマス主義の中に含まれている言外の意味を、ルターは非難した。ルターが主張したところによれば、神は自由であって、理性ではない。神はあらゆる合理的諸規範からまったく自由に行為する。神と人間は同じ理性を共有しているから、人間たちは神と同様に法を解釈し、世俗法の必然的（必要）な諸条件を神の理性から演繹する、このように形而上学的な自然法理論の仕方で想定することは、まったく驕慢（hubristic）きわまることである。ルターの論じたところによれば、神の恩寵（divine grace）のみが人間と神との間の交流の唯一可能な様式であり、神において統一された共同体は、理性あるいは遵法（legal compliance）によってではなく、信仰によってのみ統一された共同体である。こうした観点から、ルターは、トマス主義における自然法の要因（境位）、自然神学、自然形而上学を、ローマ・カトリック的世界秩序の中心にある大いなる異端として嘲笑したのである。はっきりいえば、ルターの神学は次のような決定的に反トマス主義的な主張を、すなわち、①神の自由はいかなる必然的な法の要因（境位）も有さない、②人間の理性と神のそれとの間にはいかなる類比も存在しない、そして、③人間の意志によって追求された法（律法）ないし規範は、神とのいかなる度合いの一致点も呈することは決してありえない、という主張を、含んでいたのである。

【理性に対する意志の優位：超越神と人間存在の断絶：神の恩寵の受動的受容によってのみ可能になる人間存在の自由】

アクィナスの法自然主義（自然法論）（ius-naturalism）がひたすら献身していたのは、人間存在を形而上学的構造における行為主体《エイジェント》として記述することによって、その政治的な諸含意においては、①あらゆる社会的、政治的な秩序は、自然的・形而上学的な規範的地平において現存すること、そして、②この地平は、政治的権威の行使に対して明確な法的諸拘束を課すこと、これらのことを示すことであった。しかしながら、ルターは、①神の自由は、法の下の自由である、そして、②この法の下の自由の諸原則は、人間理性によって演繹されうるであろうし、世俗法の形式において実施（制度化）されうるであろう、というトマス主義的な主張を、自己奉仕的逆説（self-serving paradox）として、すなわち、神の自由をまさしく毀損し、そして、甚だしく有害なことには、神の自由の合理化された構成概念《コンストラクツ》を世俗的な政治的秩序へと投影させる、そうした逆説として、嘲笑したのである。それゆえに、神の自由を神の理性に優先させることを認めることで、ルターは、①世俗的権力の領域《レルム》（王国）は、実定的な神の意志の中には銘記《エンシュライン》（秘蔵）されていない、②それは実定的な神の諸法によって拘束されていない、そして、③それはそれ自身の正当化のために絶対的な法の基礎づけに訴えることができない、と指摘した。その結果、ルターの人間学は、トマス主義における神的自由と理性法との融合を逆説的なものとして退け、そして、人間存在の自由を、恩寵によってのみ、あるいは、恩寵の受動的な受容によってのみ、もたらされる出来事と見なしていた。したがって、この恩寵を受けるに際して、法（律法）とこの法（律法）に適うあらゆる行為〔業、善行〕は、なんら構成的役割を果たさないのである。

【ローマ教会の対案としての「信仰」という「新しい掟」に基づく「不可視の教会」という「ゲマインデ」（信仰

共同体）：ローマ・カトリック教会の位階制と代表制の否定】

それゆえに、ルター神学は、そのもっとも本質的なレヴェルで、人間存在がその真の自由の中にあるのは法の外部においてであると捉えていたのである。したがって、ルターが主張したところによれば、法の下での人間の活動は、法を超越する活動と同じような重要性を決して持ちえないし、したがって、有意味な人間の自由に、すなわち、救済へと導かれる自由に、決して至りえないのである。自由は内面的な状態であり、もっぱら信仰という新しい掟（*new law*）によってのみ規定される、とルターは結論づけていた。事実、ルター的宗教改革の核心には、人間の共同体のもっとも真正なモデルである教会は不可視の自由の共同体である、という確信があった。すなわち、それは「霊的団体（spiritual body）」であり、その真正な生活はいつも法によって掘り崩されてしまうのである。[49] ルターは、教会をこれらの用語（表現形式）で叙述して、真実の教会を、信仰における統一がローマ・カトリックの下での教会の法的、立憲主義的、儀式的な管理・運営にとって代えられる以前の、最初期の霊感に導かれたキリスト教の霊的共同体のイメージにおけるコミューン、すなわち、ゲマインデ（信仰共同体）（*Gemeinde*）として、思い描いていた。ルターが説明したところによれば、真実のゲマインデは、平信徒と聖職者との間の位階制的ないしは法的な区別をほとんど要求しないし、儀式的な秩序をほとんど必要としない。その諸法は叙任と自己組織化との単純な内面的な諸法であり、そして、ゲマインデは、教皇ないしは司教が監督する秩序において公認された外面的な代表構造をほとんど持たない。ルターの主張によれば、ゲマインデはいかなる代表制も必要としない。なぜならば、その構成員はすべて平等に似た仕方で神の霊を共有し、そして、万人は平等に似た仕方で信仰という新しい掟〔法〕の下で統合されているからである。したがって、ルターは、法秩序、法規制、法的代表〔再現〕制によって規定された共同体を、信仰の欠如によって標識づけられた共同体と見なしたのである。実のところ、それどころか、そのような共同体は信仰を妨げ、魂の永遠の安寧を脅かしているのである。ルターの見解によると、教会は法（律法、掟）

を通じて神の代表〔再現〕ないし仲介の機関として活動しうる、という原則こそは、まさしくローマ・カトリック教会の諸理念が堕落していることを示す徴表である。すなわち、それは内面的に神を中心に置いている教会の特徴ではなく、人格化され、かつ堕落した、法的装置を通じて、神の法の外面的ないし知性的な現前を飾り立てている教会の特徴である。(50) 換言すれば、法的位階制（legal hierarchy）を通じての代表制（representation）は、ルターにとっては、遠くにある、あるいは、外部にある神をして、人間の法と人間の秩序の中に、変容（形式転換）せしめ、そして、曖昧に現前化せしめる、そうした形而上学的原則と思われたのである。これとは対照的に、不可視の教会についてのルター自身の理念は、その構成員たちの実体的に統合された霊的結合において基礎づけられた共同体という理想像《ヴィジョン》を反映していた。ルターは、不可視の教会を、それと神との絆が法ではなく信仰を通じて形成される、そうした形而上学なしの共同体として、捉えていたのである。この共同体は、新約聖書のネオ・アウグスティヌス主義的な共同体である。それは、旧約聖書が明示する文言を、宗教生活についてのペラギウス派的な説明ないし誤った法理学的《ジュリディカル》な説明を生じさせるものと見なし、そして、新約聖書の不可視の霊を真正な共同体を基礎づけるものとして同定（確認）している。

【法の実定化過程と反形而上学的な自由の法：形而上学的に基礎づけられた法が終わるところにある自由の法：自己自身の法の下にある自由：法ならざる法としての新しい掟（法）？】

したがって、こうした観点から見るならば、ルターの仕事は、近代ドイツの国家の特性や近代ドイツの政治的省察の起源を形づくっていた法の実定化（legal positivization）のかなり広範囲にわたる危機を表現していたとともに、その危機を強化していたのである。すでに論じたように、そこで宗教改革が生起した歴史的な舞台背景は、法における危機によって深く刻印されていたが、この危機において、中世盛期以来進行していた世俗化の直線的な行程は、法の世俗的形式に関する新たな諸論争によって中断され、実定法の形成における運命的な分断と、法の実定化の第二段階の始まりとに、導かれた。法の組織化のこの第二の時期の中心には、①法の統一《ユニタリ》的ないし普遍的な諸概念に対する新たな敵意と、そして、②教会と国家との間の最初期の諸紛争を反響させて受け継ぎながら、形而上学的な妥当性へのあらゆる要求を法から抹殺しようとする新たな企図とがあった。ルター神学の底流にあった法に関する様々な見解は、こうした論争の舞台背景にあった諸要因（境位）を同化し、そして、再生産した。すなわち、ルターもまた、法における普遍性についてのあらゆる想定に対して激しく反発し、法に内在する例外性と論争可能性（exceptionality and contestability）とを認識し、法における絶対的妥当性への諸要求は、通常、法の起源についての逆説的ないしは戦略的な説明に由来する、と主張していたのである。それゆえに、宗教改革の実践的な行程と理論的なそれとの両方の底流には、①法の統一的な形式に対する反抗と、②この形式において明確化（分節化）された拘束的ないし形而上学的な妥当性への要求に対する侮蔑とがあった。さらにいえば、その底流には、①形而上学的な法からの自由は、自分自身の諸法の下にある、という自由である、そして、②形而上学的に真正化された法が終わるところに自由の法がある、という感覚《センス》（認識）があったのである。しかしながら、同時に、ルターとかれを中心にした法の形成過程との関係は、きわめて多義的かつ弁証法的であった。法についての非形而上学的な説明を促進しながら、ルターの神学は実定法の基礎にある必然的な諸原則（原理）について語るべきことをほとんど持たなかった。反対に、事実上、ルターが示唆していたところによれば、世俗法は、平和を維持し、善良な民衆を暴力から保護する、というその有用性を超えて、神の理性の中に、いかなる必然的に規範的な起源を有していないし、そして、真の自由は、神の自由にせよ、人類《ヒューマニティ》の自由にせよ、いずれも、いつも法とは異なるものである自由である。それゆえに、ルターはトマス主義を下支えしていた自然法の前・人間主義的な統一を攻撃していたが、ルターの教義は、人間の――あるいは、とりわけ人間主義的な――法を制定（制度化）したり、あるいは、新しい掟（new law）をもう一度人間的な基礎の上に置いたりすることはほとんどなかったのである。(51)

【宗教改革の理論的・実践的な帰結：慣習法・自然法（理性）から切り離された自由（意志）：共同的自己立法という霊的理想像の実現を誓う共同体としてのゲマインデ（信仰共同体）：政治権力を欠くルター的信仰共同体】

こうしたことの帰結として、宗教改革から実践的・理論的に最初に結果したのは、①自由は継承されてきた法から切り離されたこと、②法はローマ・カトリシズムにおける自然法の理念に準拠することなく相対的に偶然的な仕方で説明される他なくなったこと、これらのことである。このようにして、宗教改革から出現した〔領邦〕諸国家と〔領邦〕国家に関する諸理論は、それらの自由についての説明責任を負うこと、そして、それらの内部における法の構造を実定的表現形式（諸用語）で説明すること、これらが要求されることになった。とはいえ、この過程において、ルター神学は、それが可能にしていた〔領邦国家の〕諸自由の理論的な強化ないし正当化に直接的にはほとんど貢献しなかった。(52) ゲマインデ（信仰共同体）は、少なくとも、その最初期の表現から見るなら、ルター主義を形成する世俗世界の理想であったが、しかし明確な政治的教説を考慮に入れていなかった。ゲマインデ（信仰共同体）に関するかれの概念において、ルターは、神の自由を形而上学的な法から解放することを通じて宗教において獲得された自由を、人間の自由の高められた経験を産み出すものと見なしていた。ルターは、ゲマインデ（信仰共同体）（Gemeinde）をローマ教会の法・神政政治的（legal-theocratic）ないし聖職者政治的（hierocratic）な側面に取って代わり、少なくとも教会に関する事柄においては、共同的自己立法という霊感に導かれた〔啓示された〕理想像《ヴィジョン》（inspirited vision of common self-legislation）〔の実現〕を誓う共同体と見なしていたのである。(53) 平等にかつ凝集的に霊感に導かれた共同体という理想像は、ルターが自分の周辺で出くわした偽りの法と逆説的な法という現実に対する平衡錘《カウンターウエイト》を形成していた。したがって、信仰の下に統合されたコミューンは、法の下に代表〔再現〕されたトマス主義的な共同体に対するルター的対案として現れたのである。それにもかかわらず、他の初期の宗教改革者たちは、初期の人文主義者の仕方で、ゲマインデ（信仰共同体）を自然法の新たな源泉として同定（確認）し、教会の位階制によって（先行）指示され、かつ代表（再現）される、法の統一を、小教区の共同体（parish communities）によって（先行）指示され、かつ実現される、法の統一によって、置き換えていたが、ルターは、ゲマインデ（信仰共同体）を政治権力が付与されているものと見ることに抵抗感を示した。それゆえに、こうした決定的な点では、ルターは、異なる法的・政治的な見解を明確化（分節化）する以前に、尻込みしてしまったのである。そして、ルター主義は、事実、コミューンによる自主的な管理・運営（communal self-administration）ないし万人司祭制（universal priesthood）に基づく宗教的諸秩序の確認《サステイン》（立証）された諸例を具体的には産み出すことはなかったのである。[54]

【領邦国家形成過程におけるカトリック教会法・自然法の逆説的受容：カトリック教会の統治システムをモデルにした各領邦国家の統治構造の組織化と国教会制度の確立を通じてのその統治システムの神による正統化】

さて、こうしたことの帰結として、ルターの宗教改革以後の国家形成について、とりわけ特徴的であったのは、ドイツの領邦諸国家がそれらを正当化する条件や、それらの自由の条件を説明するための独特（示差的）な語彙（表現法）を見つけ出すべく懸命に努めていた、ということである。事実、宗教改革のもっとも広く行きわたった直接的な制度的帰結は、領邦諸国家は、しばしば、それらが最初は廃止しようとしていた教会法の諸側面を盗用《アプロウプリエイト》し、次第に、それらの法的諸システムを、それらが骨折って取って代えようとしていたローマ・カトリック教皇令（decretals）をモデルにして作成し、そして、このようにして、ローマ・カトリック教会の憲政秩序の諸形態を大いに見習って、これらを凌ごうとする、というような極端に逆説的な仕方で、それらの統治構造を組織化する傾向を示したことである。[55] 実のところ、それどころか、領邦教会法に関する最初期の福音派的な注解書は、自然法を基礎にしていたグラツィアーヌスの著作は自然法において基礎づけられているのであり、そして、諸々の福音派教会令の要因として受け入れるべきである、と結論づけてさえいたのである。[56] こうした借用の過程は、準司教監督制度的な教会秩序（quasi-episcopal ecclesiastical order）というドイツ〔領邦〕諸国家における制度において頂点に達した。というのも、この制度を通じて、〔領邦〕諸国家は、それら自身の正統性を、帝国とローマ・カトリック教会との法的諸原則に、直接的に、しかも変更して、準拠することを通じて、明確化（分節化）していたからである。一五五五年以降、ローマ・カトリック監督司教（episcopate）の裁治（司法管轄上の）諸権力（jurisdictional powers）は、次第に領邦〔国家〕教会を形成する諸侯に授与されるようになった。[57] すなわち、これらの諸侯は、かれらの宮廷神学者たちの支援を受けて、かれらの立場を、領邦〔国家〕監督司教（territorial episcopate）の最高の代表（*Summepiskopat*）として規定し、そして、教会の業務に関する移譲された責任を引き受けた。[58] この体制下で、諸侯の統治を担当する執行者たちは、しばしば、それらの法的諸形式が再び神権政治化（retheocratize）されること容認し、そして、かれらの法を神自身の意志ないしは神自身の諸法（律法、掟）を反映するものとしてイメージすることによって、かれら自身の自由を正当化し、かつ説明していた。きわめて重要なことであるが、フィリップ・メランヒトンが、一五四〇年代に、諸侯を、「宗教の教義」と教会における正説《オーソドクシー》（正統派的信念）の維持に関して責任を有する「法の保護者（shepherd of the law）」として記述したとき、かれはその後の反響の基調（思想傾向）を設えたのである。[59] それゆえに、宗教改革のこうした帰結の底流にあったのは、①個々の〔領邦〕諸国家が、それらが最初はスコラ哲学的神において分断してしまっていた、理性と自由の統一を、それぞれの国内において果たしていく、そうした過程であり、そして、②それらの〔領邦〕諸国家が、自然法の本源的な諸理念によって蔽われた（保護された）諸法とは異なる実定法として自ら作成した諸法を、説明し擁護するに際して、神が法の原作者である、ということに逆説的に準拠することによって、自らを支援することを、許容していく、そうした過程である。初期の宗教改革は、法の原作者は神である（God' legal authorship）、ということを、〔ローマ・カトリック〕教会が神を損なってそれ自身のために構築していた形而上学的逆説として最初は公然と非難していたが、その後、後期の宗教改革は、この逆説を再び取り入れて、世俗の〔領邦〕諸国家がそれを〔ローマ・カトリック〕教会に反対して使用することを、容認した。領邦〔国家〕教会の設立は、いろいろな仕方で、ドイツ諸領邦における初期の絶対主義的な教会体制《リジームズ》の発展に貢献したが、これらの諸領邦では、とりわけゲマインデ（信仰共同体）の役割はすっかり影を潜めてしまった。それゆえに、宗教改革以後の〔領邦〕国家形成の最初の時期は、偽りの法（false law）〔ゲマインデにおける新しい掟という非現実的な法〕から説明しうる自由によってではなく、半神政政治への準拠の膨張によって標識づけられていたのである。

【小括——形而上学的・神学的な根拠に基づく、国家に対する個人の自由、というアングロサクソン的な見解からすれば例外的（特異）なドイツ的自由：ローマ・カトリック教会と神聖ローマ帝国とから解放された諸侯とそれらが支配する領邦国家における、宗教改革の帰結としての人間的・自己立法的自由：信仰の自由及び人間の自己立法の自由としてのドイツ的自由：宗教改革の帰結：①法の根拠としての神における自由（意志）と理性の分断、②アングロサクソン的自然法理念の解体、③「ドイツ的自由」の成立：法の実定化の危機：ドイツ的自由のための実定的かつ人間的な法形式の発見】

要約すれば、ルター宗教改革の際立った特徴は、①それが例外的な法的風土（exceptional legal climate）において発展したこと、そして、②新しい〔領邦〕国家と新しい掟〔法〕の出現を可能にした〔形而上学的残滓に基づく個人の自由というよりも、ローマ・カトリック教会と神聖ローマ帝国から解放された諸侯とそれらが支配する領邦国家における人間的自由という〕例外的な自由を創出したこと、これらのことであった。とはいえ、同時に、それは、こうした国家や法のための根拠のあやふやな基礎を提供したにすぎなかったし、したがって、この時代に特徴的であった法の実定化（crisis of legal positivization）の広範囲にわたる危機を増大させたのである。それゆえに、宗教改革から出現してきた〔ドイツの領邦〕諸国家やその国家理論家たちは、〔領邦〕諸国家の自由やそれらの諸法が、ルター主義によって表現された形而上学に対する攻撃に依拠していることを認めていたにもかかわらず、ルター主義本流の神学者たちが構成する政治的諸原則に訴えることはできなかったのであり、したがって、それら（かれら）は、ルター自身の諸著作からの直接的な助けを借りずに、法、権力、自由の源泉を説明することを強いられていたのである[60]。もし宗教改革の中核が、理性から自由を切り離すことによって、そして、法的自由（法の下の自由）を初期領邦国家の形態の中に導入することによって、標識づけられていたとするならば、宗教改革は、〔領邦国家に対する個人の自由ではなく〕こうした〔ローマ・カトリック教会及び帝国からの領邦国家の〕自由の明らかに人間的形式を、あるいは、こうした〔領邦国家の〕自由に表現を与える特殊人間的な法を、説明していなかったのである。それゆえに、宗教改革の主要な理論的遺産は、理論家たちが、①ルター主義の形而上学的反乱〔形而上学に対する反抗〕を続行すること、そして、②個人生活と政治生活の両方において、宗教改革を通じて、神の自由と人間の自由として獲得されていた、自由（新しい掟〔法〕）を、保持し、強化すること、これらのことを要求されていた、ということであった。はっきりいえば、神自身の自由の実定的形式として獲得されていた、形而上学からの自由は、いきなり、ドイツ的自由（German freedom）として、すなわち、ドイツ〔領邦〕諸国家がそれらの政治的構造を自由に発展させ、かつ説明する際に用いた、〔まさにその領邦国家の〕自由として、同定（確認）されることになったのである。しかも、これらの〔領邦〕諸国家とそれらの理論家たちはまた、こうした自由を、そこにおいて、〔領邦諸国家の〕自由が、もっぱら信仰という新しい掟〔法〕の下においてではなく、〔国家の〕自由という論証しうる法の下において、安定化されうる、そうした自由の説明へと、変換することを、要求されていたのである。それゆえに、宗教改革以後、ドイツの政治理論家たちは、神の自由を、そして、ドイツ的自由を、人間の自由としてイメージすること、この自由のための実定法的形式を見出すこと、さらに、この自由を、説明可能な人間的正当化と再び結びつけること、これらの複雑な課題を受け取っていたのである。この点において、法の実定化（legal positivization）の問題は、永続的に、人間主義（humanism）〔人間中心主義、人間至上主義〕の問題から切り離せないものとなった。したがって、宗教改革以後、法を一貫した実定的形式において強化する必要は、法の原作者は人間である（human authorship of law）、ということを説明する必要、形而上学〔支配の終焉〕以後においては、人間存在が立法の行為主体（legislative agent）として行為（act）することを可能にする諸条件を強化する必要、これらの必要と一致するようになった。宗教改革によって獲得された自由は、いずれにせよ、当初は、〔英米圏における国家に対する個人の自由の尊重という見解から見れば〕例外的（特異）な自由であった。そして、その後の論争は、再三再四この自由のために信頼しうる実定的かつ人間的な形式を見つけ出す、という課題に立ち戻ることになったのである。

第一章
宗教改革と法（律法）の頽勢

1　自然法に抗して

【ルター神学の背景にある、実在論に対する唯名論、主知主義に対する主意主義の興隆】

ルター神学の哲学的背景を形づくっていたのは、律法《ロー》（法）に関する一連の諸討論であった。したがって、かれの宗教的諸理念の一部は、必然的に一組の律法（法）に係わる論及や議論の枠内で展開されたのである。一五世紀後半にドイツの諸大学で普及していた哲学的論争は、実在論者（realists）と唯名論者（nominalists）との間での討論であったが、この討論では実在論者ないしトマス主義者はいわゆる古い道（古典古代的方法 *via antiqua*）を、そして唯名論者ないしオッカム主義者は新しい道（近代的方法 *via moderna*）を代表した。これらの論争において次第に影響力を増していった唯名論的見解を基礎づけていたのは、神は本質的に意思であり、人間の歴史における〔原罪の形で課されている人間の〕自由の神による弁済《リディーム》は、それが神の意思の行為《アクト》である以上、合理的な規範的前提とは結びつけられていない、という信念であった。唯名論者《ノミナリスト》たちは、トマス思想の主知主義《インテレクチュアリスト》的主張に対して異を唱え、自然の中に一つの永遠の形而上学的な法則（法、律法）が現存する、あるいは、宇宙は万物が究極において神の御心に関連づけられている一つの「有機的全体」である、[1]というトマス主義者の前提を否定し、そして、教会と国家は一つの解きがたい法的統一性《リーガル・ユニティ》を形成している、というトマス主義者の中心的な想定を退けた。[2]それゆえに、この新しい道（近代的方法 *via moderna*）は、①中世スコラ学によって推進された知性的《インテレクチュアル》本質としての神性《ディヴィニティ》に関する諸理念〔唯一神の本質を意思よりも理性に措く見解〕に対する攻撃と、②中世的な法自然主義《ユース・ナチュラリズム》（自然法論）から成立する法及び制度〔自然の理性的秩序を反映する位階制秩序〕に関する諸教義に対する攻撃とを含意していた。というのも、これらの中世的な諸教義は、①現世（世俗世界）の法は神の意思及び理性と連続して現存すること、②人間の行為《アクション》や政治《ポリティクス》はこの〔神の〕意思や理性にどれだけ接近しているかによって評価されうること、これらのことを前提にしていたからである。かくして、ルターを登場せしめた哲学的環境を背景にして、神の意思を主意主義的《ヴォリショナル》な言葉づかい（表現形式、術語《タームズ》）で解釈しようとする意欲が、そして、そもそも神は、人間の理性《リーズン》が近づきうる、そして個人的《インディヴィデュアル》な道徳や集合的《コレクティヴ》な政治的秩序をあらかじめ明確に定められた形で〔摂理のごとく〕顕現する、そのような現世（世俗世界）に臨在する審判者として解釈するようなことが許されるのか、このことを問いかけようとする意欲が、いや増すことになったのである。

【ルター】

【超越的唯一神と人間との断絶】

オッカム主義的唯名論がルター〔一四八三―一五四六〕に与えた影響は、おそらくどちらかといえば曖昧かつ間接的なものであった。[3]けれども、特定の諸観点から見るならば、ルターの初期の諸著作は、中世後期の唯名論及び新しい道（近代的方法 *via moderna*）に結びつけられた諸理念を凝縮したものを含意している。ルターの初期著作にとって基本的なことは、信仰《フェイス》と律法《ロー》（法）とは対立しており、律法（法）の遵守は救済《サルヴェイション》をもたらしえない、という主張である。はっきり言い切ってしまえば、これらの著作の核心においては、中世的トマス主義の決定的見解が退けられているのである。すなわち、①神の意思は世俗世界の実定的法秩序《ポジティヴ・リーガル・オーダー》の中に見て取れる、②人間存在はこのもともと形而上学的な秩序を基礎づけるものを理解するために自分の合理（理性）的諸能力《パワーズ》を使用しうる、そして③自分自身の意思をその秩序に合わせて形づくりうる、という見解が、ルターの初期著作においては退けられているのである。その代わりに、ルターは神を、超絶したもの、絶対的に自由なもの、したがって、信仰においてのみ見てとれるもの、すなわち、いかなる形而上学的な図式においても、あるいはいかなる律法（法）の何らかの安定的体系においても、明示されえないもの、あるいは、顕現されえないもの、と見なしたのである。この点において、ルターは、新しい道（近代的方法 *via moderna*）の主意主義的《ヴォランタリスティック》諸概念を拡張し、神は世俗世界（現世）において絶対的に自由な形で自らの意思を行使するから、世俗世界の住民たちは、信仰《フェイス》を持たないならば、神の意思及び神の掟（律法、法）を理解することも、それらに従うこともできない、ということに絶望するしかない、と論じた。したがって、世俗世界の聖典礼（布令）（ordinance）のいかなる諸要因《エレメンツ》も神の意思に連なって定位されている、とするわけにはいかない。だから、神の意思と人間の理性《リーズン》との間にも、あるいは神の意思と人間の諸社会を支配《ガヴァン》することを常とする法（掟、律法）との間にも、必然的ないし知性的《インテレクチュアル》な統一性《ユニティ》は存在しないのである。ルターが端的に指摘しているところによれば、いかなる律法（掟、法）も神を適切に反映するものに形を与えることはできないし、そして、律法（掟、法）を遵守するいかなる行為ないし業《ワーク》（善行）も神を前にした義認（justification）に至りえないから、人間の理性は、形而上学的知識において、その理性を神の意思と統一する諸法（掟、律法、法則）を獲得しえないのである。

【信仰と律法との対立】

信仰と律法（法）とのこうした対立をルターがはじめて詳述《エラボレイト》したのは、最終的に宗教改革の神学の中心的なテクストの一つとなった聖パウロの「ローマ人への書簡」(4)に関するかれの最初期の解釈においてであった。この書簡を注解して、律法（掟、法）の遵守は人間の救済に至りえない、とかれは説明した。事実、律法（法）の遵守は、倨傲《プライド》と「自己栄光化《セルフ・グロリフィケイション》（自讃）」に導かれ、救済を人間の外面的行為に対するお墨付きの付いた報酬として約束することによって真実の信仰を妨げるのである。(5)義認は恩寵《グレイス》の受動的経験としてのみ起こりうる。神はその恩寵を、われわれの「業（善行）や応分の賞罰」を何ら顧慮することなく、「われわれについて裁決を下すことによって施す」からである。(6)救済へは、律法（掟、法）の遵守を顕示する業（善行）を通じてではなく、信仰を通じてのみ至りうるのである。

【モーセの律法（旧約）に対するキリストへの信仰（新約）の優位：キリスト教信仰という新しい掟（法）：律法・非キリスト教的自然法の有用性・功利性】

こうした議論の中で、ルターは、キリスト教の教義史における基本的問題の一つ、すなわち、新旧聖書間の関係、そしてモーセの律法とイエス・キリストへの信仰との間の問題を孕む関係を取上げた。この関係を扱うに際して、ルターは、アウグスティヌス〔三五四―四三〇〕の反ペラギウス派的アプローチ〔原罪を否定し、人間の自由意志を信じたペラギウス Pelagius に反対する主張〕に従い、旧約聖書と律法（掟）に対する新約聖書と信仰の優位を主張し、新約聖書を直接読むことだけが、そして、このことが鼓舞するであろう信仰だけが、救済を可能にしうる、と述べた。こうした議論は、主に魂の救済に係わっていたが、その議論の主張するところによれば、献身《ディヴォウション》ないし廉直《ライチャスニス》のどのような外面的振舞いも神を前にした義認に至りえず、そして、律法（掟）と信仰とを混同する、あるいは律法（掟）

を信仰に対して優先する、宗教的諸慣例《オーダーズ》（儀式）、それらの信奉者の魂を脅かす。しかし、さらにまた、こうした議論は、より広い法的かつ政治的な事柄についてのさまざまな示唆を含意していた。すなわち、真実の法（掟）は自然的ないし物質的な聖典礼《オーディナンス》としては表現されず、新しい掟（法）（*new law*）、すなわちキリスト教信仰においてのみ統一されたひとつの共同体の見えざる掟（法）であり、この掟（法）だけが救済をもたらしうる、ということを含意していた。純粋な無律法主義《アンティノミアン》的ないしグノーシス主義的な神学者たちとは異なり、ルターは旧約聖書を、あるいは十戒《デカローグ》において基礎づけられたキリスト教的自然法《ナチュラル・ロー》の諸要因《エレメンツ》を、まったく退けたわけではない。旧約聖書における道徳典《モラル・コーズ》は、それが公的秩序の利益《インタレスツ》に奉仕し、無神論者の悪行からキリスト教徒を保護するのに役立つかぎり、受け入れることが許されるであろう、とルターは主張した。はっきりいえば、かれの教えはまた、自然法の最小限度の概念をケース・バイ・ケースで表現してもいたのであり、ルターは、安定性の外的諸条件を確保し、平和と安全への人間の一般的利害関心《インタレスツ》を反映するような諸法（掟、律法、法則）を、自然的なものとして受け入れることにやぶさかではなかったのである。それゆえに、旧約聖書は、「万人の心の中に書かれ」、普遍的に受け入れられうる一定の戒律《プリーセプツ》を含意する、実践（実際）的有用性《ユーティリティ》の自然法を、表現している、とルターは見なしたのである。[7] とはいえやはり、ルターは、「自然法」を、定義によってひとつの制限された法（掟、律法）と見なし、このような法（掟、律法）の妥当性《ヴァリディティ》を、信仰の担い手としての人格（the person）には係わらない、その自然的条件における人間個人（the human person）に限定されたもの、と見た。さらにいえば、ルターによれば、自然法はユダヤ人の律法（掟、法）である。だからかれは、十戒を「ユダヤ人のコモン・ロー（Sachsenspiegel）」として記述したのである。[8] こうした律法（掟、法）は、俗世の虚栄《プライド》や偽りの敬虔《パイアティ》さによって汚染《コンタミネイト》されている。だからそれは、「自分たちが受け入れた律法（掟、法）について吹聴し、自分たちがそれを信奉し、それに従う者である、ということを誇示する」人びとの律法（掟、法）である。[9] とりわけ、自然法は信仰という新しい掟（法）（*new law*）へと上昇しえない人たちの律法（掟、法）であり、かれらが律法（掟、法）に従うのは外面的な事柄に限られていて、この律法（掟、法）を遵守することは人格（人たるもの）（the person）を真実のキリスト教徒の水準にまで高めない。[10] 要するに、自然法《ナチュラル・ロー》は神定法《ディヴァイン・ロー》と人定法《ヒューマン・ロー》との間の包括的《エムブレイシング》な連続性を表現しえない。自然法は、万人に、キリスト教徒、ユダヤ教徒、異教徒に当てはまるのであるから、キリスト教徒のみに提供される恩寵の一媒体と見なすわけにはいかないのであり、このことが自然法の本質である。[11] 自然法が当てはまるのは、信仰が存在しない自然のままの生活の領域《レルム》（王国）である。

【自然法及びローマ・カトリック教会に対する攻撃：信仰と律法の分離】

ルターが自然法に対して行なった初期の攻撃は、とりわけローマ・カトリック及びアクイナスのスコラ学的正統派に対する攻撃として目論まれていたので、この攻撃はローマ・カトリック正統派の逆鱗にいきなり触れることになった。[12] アクイナスもまた、旧約聖書の律法（掟、法）を遵守しても信仰なしには恩寵（grace）は与えられない、と論じてはいた。しかしながら、トマス主義は、旧約聖書の律法（掟、法）と新約聖書の信仰との間の部分的な連続性を想定して、旧約聖書の自然法は、いつかキリストによってもたらされるはずの救済を先取りし、かつ予知しており、儀礼的諸法（律法）でさえ人類《ヒューマニティ》を神に近づける、と論じていた。それどころかアクイナスはまた、教皇を永久法の特権的解釈者と、教会を律法（法）の主たる管理者（custodian）と、見なした。[13] 要するに、アクイナスにとっては、神の恩寵は審判《ジュディカル》〔正義の告示〕の本性《ネイチャー》を持っているのである。したがって、かれは教会によって裁可《サンクション》された遵法を恩寵獲得の主要な手段と見なし、教会は民衆を遵法及び救済に向けて導く責任を持っている、と考えたのである。これとは対照的にルターは、信仰は律法（法）によって堕落させられ、自然法への信念は人間の知識の範囲を過大視し、民衆が真実の信仰なしに救済を想定することを許容している、と論じた。それゆえに、自然法への信念は、民衆に自分たちは信仰なしに救済されうると思い込ませ、各人が信仰を通じて救済を追求するに際しての切迫感を希薄化してしまう。「キリスト教徒は、充分な信仰を持つ以上、敬虔であるための業（善行）を必要としない」し、信仰を持つ人は誰であれ、あらゆる命令《コマンドメンツ》（戒律）や律法（掟）から解放されている、とルターは説明した。[14] ローマ・カトリック教会の諸制度は、律法（掟、法）の管理・運営《アドミニストレイション》が救済を容易にし、神の意思は救済に至る一定の道筋として律法（法）によって明らかにされうる、という誤った前提に基づいて基礎づけられており、罪に対する贖宥状《パス》（indulgences）や特免状（dispensations）を提供して、それら諸制度自身の律法上の儀礼《リーガル・オーダー》（礼式）を主張し、キリスト教徒の魂を損なっている、とルターは結論づけた。こうした事柄に関する論争において、ルターは信仰と律法（法）との完全な分離を要求し、教会は魂の（霊的な）諸問題[15]の解決においてのみ権能《パワー》を発揮すべきであり、世俗世界の法（律法）に関する事柄は「世俗世界の審判者《ジャッジ》（司法官）」[16]に委ねられるべきである、と論じた。ルターは、魂を改善する権能《パワー》[17]以外には「いかなる権能も教会にはない」と、そして、教会の代表者たちが何らかの法的権威を持ってもよい、というような主張は、教会の成員たちの魂を危険に曝すペラギウス派的異端説である、と結論づけたのである。[18]

2　信仰共同体と二つの王国

【万人司祭論と信仰共同体：ローマ・カトリック教会の位階制・代表制の否認】

ルター神学には実践的な事柄に関していくつか含意があるが、それらの眼目を成しているのは、教会は位階的な、律法上（法的に）礼式化された（秩序づけられた）――あるいは形而上学的に代表（再現）された――制度としてではなく、信者たちの霊的《プニューマティック》なあるいは純粋な共同体《コミュニティ》としてのみ現存する、という信念である。ルターは教会を見えざる共同体と見なしたが、この共同体が果すべき任務は教育及び聖書解釈に制限され、この共同体の成員たちは律法（法）によってではなく信仰によってのみ万人司祭（*universal priesthood*）として統一されている。キリスト教徒はすべて、「キリストの同胞（兄弟）」であり、「共に司祭《プリースト》（牧師）として聖別《コンセクレイト》されている」、とルターは説明した[19]。この観点から、かれは初期教会のカリスマ的コミューンを教会生活の再組織化のためのモデルとして採用した。だから、ルターによれば、万人司祭の原則は、教区《パリッシュ》ないしコミューン（信仰共同体 *Gemeinde*）はすべての宗教生活の中心と見なされるべきであり、ローマ・カトリック教会の位階的秩序に取って代わるべきである、ということを意味している。ルターによれば、ローマ教会の監督司教《エピスコペイツ》や叙階《オーディン》された司祭《プリースツ》は、信仰共同体を真実には構成しない[20]。教皇制度《パパシー》の司教《ビショップス》や司祭《プリースツ》たちは、かれらが教会に設定した代表制的《リプレゼンタティヴ》な律法上の礼式（法的秩序）を通じて新約聖書を損なってしまった、とルターは説明した。教会が信仰及び真実に基づく真実の信仰共同体になるのは、それが律法（法）という衣を脱ぎ捨てるところでのみである。真正な教会においては、信仰共同体の成員たちは、自然法には頼らず、あるいは信仰の統一的な共同経験にとっては外面的であるいかなる律法（掟、法）にも頼らず、聖書の文言だけに照らして掟（法）を与える、とルターは結論づけた[21]。

【自己組織的共同体：虚飾の否認とラディカルな平等主義】

そもそも信仰共同体（*Gemeinde*）という概念が明確化（分節化）されたとき、その焦点は〔ローマ・カトリック〕教会〔の批判〕にのみ向けられていたわけではない。その概念が視野に入れていたのは、自己を組織する共同体という、暗黙のうちに宗教的な生活や管理を超えて広がった理想であった。事実、初期ルターによる律法（法）に対する厳しい非難は、聖俗両方の裁治権（jurisdiction）への権力の集中を攻撃する、かなり広い態度を反映していた。ルターの主張によれば、教会における律法（法）と信仰の融合《コンフレイション》は、キリスト教を「俗世の権威」に関する教義と曲解する「暴君のごとき司祭たち」(priestly tyrants) の王国《レルム》を創り出していた。他方、世俗生活においては、律法（法）は外面的《アウトウォードリ》に「権力や知恵を有する人たち（見かけの権力者や賢者）」の立場を補強することに役立った。[22]社会的威厳《デュグニティ》（体面）へのかれらの要求は、律法（法）を通じて獲得された有徳性《ヴァーチュー》についての幻想に基づいていたからである。[23]ルターは最初期の著作の中で、自分たちの臣民《サブジェクツ》から共通財《コモン・グッズ》（善）を取上げる「世俗の君侯や支配者たち」の権利に対して疑問符を付し、ローマ法の下で現われている位階制的な統治に対して異を唱えた。そして、法的《リーガル》・裁定《ルーリング》（裁治）のため基礎となるべきものは、新たに受け入れられたローマ法ではなく、「その土地（土着）の法や道徳（習俗規範）」である、とルターは示唆した。「それぞれの土地にはそれ自身の風習《マナーズ》や度量衡《タレンツ》があり、それ自身の簡素な法（掟）によって統治されるべきである」と神は定め給うた、とルターは結論づけた。[24]ひとえに信仰において統合された信仰共同体についての初期の教義は、このようにまずはラディカルに平等主義的な教義として把捉（概念把握）されていた。この教義は、宗教的な文脈においても世俗的《ワールドリ》なそれにおいても律法（法）の権威を非難し、偽りの敬虔さ（偽善）及び、社会的に制度化された評価や価値の誇示（虚名）を否認し、すべての民衆を分有された諸法（律法）の下に結合（拘束）しようとした。それゆえに、この観点から見ると、ルターは、かれの広義の反法律（律法）主義（anti-legalism）を、世俗法《セキュラー・ロー》を批判するための、そして、あらゆる法（律法）が一つの共通の源泉から引き出されるべきである、と要求するための、一媒体《ヴィーイクル》として使用したわけである。信仰共同体においては、民衆は内面的に抱かれた掟（法）によって結合（拘束）されている。「各人は他者の審判者であり、逆にまた他者に従属し」、信仰は万人を法的に同じ立場に置く、[25]とルターは明言した。さらにいえば、信仰共同体の成員たちは、かれらが聖書の文言によって導かれているかぎりで、自分たちのための権威を（独力で）想定する資格が、そして、自分たちが適切と見なす共同体を組織する資格が、与えられるのである。[26]

【聖俗両共同体の区別、宗教法と世俗法】

しかしながら、こうした明言にもかかわらず、信仰共同体（*Gemeinde*）についてのルターの説明は、それが信仰において統一された共同体に帰している政治的役割においては、きわめて曖昧のままであった。信仰共同体についてのルターの理念は、主として、世俗的《セキュラー》ないし現世的《ワールドリ》な権力の形成にではなく、宗教的な組織化、教化、叙任といった諸問題に集中されていた。はっきりいえば、かれの最初期における世俗法《ワールドリ・ロー》に関する省察の諸々の批判的アスペクトにもかかわらず、ルターはかれの後期理論において、宗教的共同体は世俗的《ワールドリ》な組織化のための諸法を産出しうる、ということを受け入れようとはしなかったのである。ルターによれば、信仰共同体は宗教的な事柄においてのみ権力と自由を持っているにすぎず、それがこの権力と自由を獲得するのは、もっぱら新約聖書によるその客観的な神霊感応《インスピレーション》ゆえである。他のあらゆる事柄においては、信仰共同体は世俗的諸法に従う。「キリストが語る」のは信仰共同体においてである、とルターは明言した。しかし、世俗世界においては、「諸々の権威が、それらが必要とすることを命じ、臣下たちはそれを受け入れる。[27]」信仰共同体に関するルターの成熟した理念の核心には、霊的共同体（inspired community）という王国《レルム》は、新しい掟（諸法）の下で統合されるから、自然的ないし客観的な権威の王国を規定（限定）しえない、という主張がある。実のところ、客観的ないし物質的な強制力《フォース》を持たないということこそ、新しい掟（法）にとって構成的（本質的）なことなのである。

【人間の自由と尊厳の場、万人司祭の信徒会議としての霊的信仰共同体：聖俗両王国の分離と相互制約】

この点に注目するならば、初期宗教改革における法（律法、掟）の概念はひとつの複雑でかつ弁証法的な形態として現われる。ローマ・カトリック教会の法的、位階的な、そして形而上学的に代表制（再現）的な秩序を脱した、宗教的に霊的な共同体を、ルターは、あるレヴェルで、人間の自由と尊厳《インテグリティ》（不可侵性）の場《ロウカス》として、すなわち、万人司祭（universal priesthood）の信徒会議（聖省）（congregation）として、同定した。ルターはこれを、外面的な律法（法、掟）のきわめて初歩的《ルーディメンタリ》な諸形態によってのみ結合（拘束）された、そして信仰の——不可視的に（見えざる形で）経験された——体制《レジーム》によって内面的に統一された、同等者たちの一共同体と、見なしたのである。しかしながら、同時にかれは、この共同体を、広い範囲で、それは政治的なものではない、という事実によって総じて定義された、信仰のみの共同体、と見なした。したがって、信仰共同体の理念の中心にあることは、①世俗権力と霊的（教会）権力とは、人間の現存（実存）のまったく異なる二つの領域、あるいは二つの分離した王国《レルム》であること、②これらの王国のそれぞれは、それぞれが他方によって制限されていることを認めるべきであること、そして③、これらの王国のいずれもが他方を組織する諸法を提供しえないことである。世俗権力はいつも自由に「その職務《オフィス》を妨げられることなく果すべき」であり、「霊的掟（律法）」を世俗的権威に課そうとする、あるいは宗教的教義から統治のための諸格律《マキシムズ》を抽出《ディスティル》しようとする、あらゆる企ては、ローマ教会を特徴づけるペラギウス派めいた律法（法）理念に属している、とルターは結論づけたのである。[28] 信仰共同体は世俗的統治のための諸法を提供しうる、と想定することは、神と世俗世界を結びつける自然法的統一性が存在すること、そして、信仰を持つ人びとは必然的にまた法（掟、律法）の知識を持っていること、これらのことを前提にしている。しかしながら、ルターにとっては、信仰を持つ人びとは法（律法）の上位にあり、そして、かれらの自由は、それが法（律法）にとらわれていない、という事実によって正確に規定されているのである。

【聖俗二王国、自然法・世俗法と「新しい掟（法）」の断絶】

こうした考えに基づき、一五二〇年代には、信仰共同体（*Gemeinde*）によって提供された、専制的《テュラニカル》な律法（掟、法）からの自由は、内面の自由、あるいは信仰の分有された内面的な掟（法）の自由である、とルターは論じた。信仰共同体に関するルターの省察はしばしば世俗法に関するより批判的な諸見解にまで拡大したにもかかわらず、かれは一貫した形では信仰共同体における自由を、諸法を作成《メイク》（定立）する自由とは見なさなかった。だから、信仰共同体は、世俗的法のために正面切って実定的ないし自然的な基礎を提供しなかったのである。逆にいえば、信仰は立法《レジスレイト》しえないし、新しい掟《ニュウ・ローズ》（法）は外部の自然に適用できない、ということはルターの思想を特徴づけているのである。現存するものとしての自然法（自然法則）を厳密に定義しているのは、それは信仰あるいは神の理性に由来しない、そして、それは世俗世界（現世）の王国《キングダム》の機能的な必要にのみ当てはまる、という事実である。それゆえに、世俗的権力は、信仰からは必然的に独立しており、世俗世界（現世）における安定と権威を維持する秩序としておのずから（自然的）裁可《サンクション》を獲得するのである。事実、ルターは、「世俗法と剣」は自然法（自然法則）によって特殊な形で定められた「世俗世界（現世）における秩序」を構築する、と結論づけ[29]、「権威、統治、権力は、この世俗世界があるかぎり」存続せざるをえない[30]、と主張した。しかしながら、世俗世界の秩序と権威は、それらは自然のきわめて制限された諸法（法則）によってのみ支えられているにすぎず、信仰ないし信仰の新しい掟《ニュウ・ローズ》（法）の中に起源を持たない、という事実によってきわだっている（識別される）。二つの異なる王国《キングダムズ》として、国家は「外面的平和」を維持することに責任を負わなければならないし、教会は「民衆をして敬虔なものたらしめ」、霊的《スピリテュアル》な善き生《ウェル・ビーイング》を監視しなければならない[31]。しかし、これらの王国の間には自然的な繋がりは存在しないし、自然法（自然法則）は世俗世界の王国にしか当てはまらない。

【ローマ・カトリック教会の世俗化――聖俗両統治体制の融解――に対する批判】

二王国を分離するに際して、ルターの主たる野心は、教会――信仰共同体――をあらゆる法的なコントロールから解放し、教会を信仰の場としてのみ強固なものとし、そして、教会のメンバーたちが法（律法）によって信仰から逸脱しないようにすることであった。このことは、第一に、教会は世俗世界の支配者《ルーラー》たちから保護されなければならない、ということを意味した。ルターの説明によれば、「世俗的統治《ワールドリ・レジメント》（体制）」が有する〔世俗的〕諸法は、地上の身体、物財、外面的事物を超えて広がらない。というのは、神は神自身以外の誰にも魂を支配させるわけにはいかないし、そう意思することもないからである。それゆえに、世俗的権力が厚かましくも魂に法（掟）を与えるところではどこでも、それは神をその統治《レジメント》（体制）に引っ張り込み、魂を誘惑し破滅させるのである。(32) しかしながら、第二に、こうした議論が意図していたのはまた、信仰の諸問題を超える教会の影響力の拡張に対抗し、かくして政治的野心で教会を堕落《コンタミネイト》（汚染）させるローマ・カトリック教会における指導者たちから教会を保護することでもあった。ルターの主張によれば、ローマ・カトリック教会の代表者たちは、「世俗世界の君侯となり、身体《バディ》と物財《グッヅ》にのみ適用される諸法をもって支配をするようになった。（…）かれらは、内的に神の言葉を通じて魂を支配すると考えられているが、外面的に支配しているにすぎない。」(33) ルターによれば、二つの統治《レジメント》（体制）のこうした融合《コンフレーション》は、必然的に人間の救済を妨げる。霊的《スピリテュアル・パワー》権能を横領する世俗的権力は、「キリスト教徒たちは信仰において統治《ガヴァーン》されなければならない」こと、そして、いかなる世俗的権威もこのような仕方で支配しえないこと、これを理解することができないのである。(34)

【信仰と律法の融解の峻拒：世俗権力に対する宗教権力（霊的共同体）の絶対的優位】

ルターが二王国を分離したさらなるモティーフは、端的にいえば、かれが世俗的権力を宗教よりもはるかに重要ならざるものと見なしたということであった。ルターの説明によれば、世俗的権力は魂を支配する力《パワー》（権能）を持たず、それゆえに、それは「いかなる危害をも与ええない」。世俗的権力は「神の前では卑小なもの」である。それはあまりに卑小であるから、民衆がそれゆえに「不服従ないし非統一的《ディスユナイティド》に」なることはないのである。(35) 対照的に、宗教的権力は、それがその限界を超えるとき、それが信仰と律法（法）とを融合《コンフレイト》するところでは、あるいは、それが人間の魂へのその義務づけ《オブリゲイション》の視点を喪うところでは、大きな危害を引き起す。事実、こうした理由のゆえに、ルターが指摘したところによれば、真実にキリスト教徒である人たちは世俗的権威に関連している事柄に係わる必要がないし、適切に自分たちの魂の世話（配慮）にささげられた時間を、世俗法に関する諸問題にささげる必要もないのである。「世俗的統治《レジメント》（体制）」は信仰を持たない人たちにとってのみ必要であり、信仰を持たない人たちだけが「法の下に服する」、とルターは結論づけた。信仰を持つ人たちは、法（律法）が善きものであれば、法（律法）を遵守する。なぜならば、かれらもまた善き人たちであるからである。そして、かれらはまた、法（律法）が悪しきものであっても、法（律法）を遵守する。なぜならば、法（律法）はかれらにかれらの救済をもたらしえないが、さりとてまた、かれらにそれを否認もしえない、ということをかれらは承認《リコグナイズ》（認識）しているからである。[36] それゆえに、法（律法）は、自由な選択及び信仰からして、キリスト教徒である人たちにとっては、究極的には必要ではない。キリスト教徒にとって、法（律法）の唯一の取柄《とりえ》（徳）は、それがキリスト教徒でない人たちの邪悪な行為からの保護を、かれらに提供するかもしれない、ということである。その他には、法（律法）は本質的な重要性を持たないし、法（律法）の裁治権《ジュリスディクション》の下にある事柄は、相対的に付随的《インシデンタル》な事柄である。

【神政政治（神権体制）に対する危惧：「新しい掟」は反乱を正当化しない：造反非有理】

ところが、さらに加えて、二王国に関するルターの理念はまた、神政政治（*theocracy*）についての大きな危惧を反映していた。あらゆる神政政治的見解は、旧約聖書のユダヤ教的知識への転落であり、そして、外面的服従のための諸戒律《プリーセプツ》が救済をもたらしうる、という誤った想定をしている、とルターは考えたのである。とりわけ、神の支配は地上に設立されうる、と指摘することで、神政政治は、ルターにとっては、尊大にも神の自由を世俗法の中に統合し、個人の魂から信仰の義務を除き、かくして魂をその救済の原因から逸らしてしまう。こうした危惧はもともと、ローマ・カトリック教会による世俗的権威の主張についての激しい非難として表現されていた。ルターは、この〔地上における神の支配の設立という〕主張を神政政治的君主制《シオクラティック・モナキー》のとりわけ粗野な表明と見なした。ところが同時に、ルターはかれの思想の展開を通じて、宗教改革に執着する諸々のより熱烈な千年王国運動《ミレナリアン・ムーヴメンツ》から自分の立場《スタンス》を区別することを意図するようになった。だから、かれのきわめて激烈な論争のいくつかは、宗教改革の神学を宗教的な自治《セルフ・ガバナンス》ないし神によって正当化された反乱《インシュールレクション》の教義として解釈した人たちに対してはじめて展開されることになったのである。主として、まさしくこの理由のために、ルターは、信仰共同体に関するかれの理念における初期の自然法的な〔ものと解されかねない〕諸要因を抑圧し、この〔信仰共同体という〕概念が政治的な教義を基礎づけることを許容することを拒み、そして、信仰に関する新しい掟（法）は、それらが統治《ガヴァメント》の法ないし世俗的政治に転換されるところでは無効とされる、と結論づけた。はっきり述べるならば、初期宗教改革のよりラディカルな千年王国論《ミレナリアニズム》に対立して、ルターは、信仰において結合された人たちは信仰を政治的目的のために使用してはならないし、かれらが非正統的と受け取る政治的体制《レジーム》に反対するときにも、信仰を引き合いに出してはならない、と論じた。信仰は、客観的な政治的秩序を権威づける諸原理を提供しえないし、逆に、それへの抵抗を正当化する諸原理もまた提供しえない。いかなる「反抗も正当化され」ない。(37) ルターは、このように端的に結論づけ、後になって、「われわれは暴力で権威に抵抗しえず、ただ真実を信仰告白《コンフェッション》することによってのみ抵抗しうるにすぎない」と付け加えた。(38)

【自然法は世俗的秩序にのみ妥当する：「新しい掟」は実定化不能】

要するに、自然法はルターにとってきわめて制限された自然法として現存するにすぎない。そうした制限された自然法は、世俗的秩序を秩序として正当化し、世俗的秩序が安定性の諸条件を支えるために強制力を使用することにお墨付きを与える。自然法のいかなるより高次の——あるいは超越的な——要因《エレメント》も、この秩序に反対するために呼び出しえない。より高次の——あるいは超越的な——法（律法）は、新約聖書における信仰という新しい掟（法）（*new laws*）にある。これは政治的に適用されることはありえないし、あるいはそれどころか積極的（実定的）に顕現化されることとさえありえない。それゆえに、ルターは、代表制的教会《リプレゼンタティヴ・チャーチ》やその法的装置ではなく信仰共同体を人間的生活の本質的な表現として同定することによって、スコラ学的自然法の形而上学的秩序を解消する一方で、ローマ・カトリックの法（律法）的形而上学を別のタイプの神政政治と置き換えることを拒んだのである。はっきり述べるならば、ルターは、神政政治的自然法《シオクラティック・ナチュラル・ロー》を復元しようとする、あるいは法（律法）の砕かれた統一性をローマ・カトリックの下で修復しようとする、あらゆる企てに対して、頑として反対する姿勢を崩さなかった。かくして、ルターの神学は、法（律法）を、真実の自由を設立しえない、事実上、信仰の真実の自由や魂を妨げる、相対的にどうでもよい事象として放置したのである。

【「新しい掟」はそれ自身の外部の形而上学的法からは正当化・真正化しえないこと：法の実定化の二律背反・弁証法】

信仰共同体についての理念は、結局、ルターの法（律法）に係わる神学の弁証法的な核心を記述している。そして、それはまた、宗教改革から始まった法（律法）に関する論争の弁証法的な核心をも記述しているのである。あるレヴェルで、ルターは法（掟、律法）の実定化《ポジティヴィゼイション》を大いに促進した。かれは、神と人類とを、不変の形而上学的法からは真正に自由なものと見なした。法（掟、律法）は人間的自由の事象であり、その権威は理性《リーズン》の絶対的本質あるいは理性の絶対的に外面的な諸原理によって真正なものとされない、とルターは主張した。それゆえに、法

（掟、律法）は自由の法（掟、律法）である。つまり、それは新しい掟（法）である。しかし、同時に、かれはまた、正面切って法（掟、律法）の実定的権威《ポジティヴ・オーソリティ》を縮小した。①真実の法（掟、律法）、新しい掟（法）は信仰の中にしかないこと、②客体（客観）的な法（掟、律法）は限定的に適用されるにすぎないこと、そして、実のところ、③宗教改革によって提供された特殊な自由は法（掟、律法）によって掘り崩されてしまうこと、そして、こうしたことをルターは告知したのである。こうしたことは、宗教改革の法（掟、律法）に関する神学における主要な問題として展開された。そして、宗教改革の期間中の――あるいはそれ以後の――法（掟、律法）に関する諸論争は、法（掟、律法）に対するルターの態度から成立する諸々の二律背反《アンティノミーズ》を解消しようとする努力に、そして、いかにしてまた形而上学からの〔消極的〕自由は実定的《ポジティヴ》〔積極的〕な人間的自由として構築されることになるのか、これを説明しようとする努力に、集中されることになった。さらには、この理由のために、ルターが参加した同時代の論争の大部分もまた、法（掟、律法）に関する論争に結びつけられていたのである。ルターの周辺の神学者たちは、かれの法（掟、律法）に係わる思想における諸問題を認識し、かれの諸々の教えをより信頼しうる諸原理の中に試行的（手探りの形で）に算入したのである。

3　急進的神政政治《ラディカル・シオクラシー》と無律法主義《アンティノミアニズム》

【福音主義的急進的宗教改革・革命的法自然主義・農民戦争の展開とルター神学の変容】

二王国についてのルターの諸見解を検討するならば、かれの最初期の諸著作における法（掟、律法）に関するかなり批判的な含意が変化していることがわかる。実のところ、しばしば指摘されてきたことであるが、ルター神学の政治的側面《アスペクト》は一五二〇年代の前半に著しく転換したのである。この何年かの期間に、ルターは初期宗教改革のより急進的神学者たちから意識的に関係を絶ち、法（掟、律法）や政治的権威に関してより慎重な態度を頑なにとるようになった。こうした転換が果たされたのは、まずなによりも、かれが一五二一―二二年にヴァルトブルクで幽閉されている間に、福音主義運動《エヴァンジェリカル・ムーヴメント》が次第に緊迫したものとなったからである。この時期にヴィッテンベルクでは、聖像破壊《イコノクラズム》や教会秩序の暴力的変革が熱狂的な形で激発した。その後、事態はより切迫して、急進的宗教改革の登場がさらにその転換を促した。この急進的宗教改革の一つの系統は、トーマス・ミュンツァーの革命的な法自然主義《ユース・ナチュラリズム》の中に反映されていた。そして、この急進的宗教改革は、一五二四―二五年の農民戦争で頂点に達した。

【カールシュタット】

【二王国論の廃棄、神政政治的神学：神定法と人定法の形而上学的収斂】

最初の論点（福音主義運動）についていえば、ヴィッテンベルクにおいて聖像破壊の幕間劇が演じられていた期間中、ルターは、かれが代表制的権威《レプリゼンタティヴ・オーソリティ》を否定したことが教会財産に対する暴力行為を指令《マンデイト》したかのごとく見られかねないことを、深く憂慮した。そして、かれの教えが無法状態や反乱を正当化《ヴィンディケイト》していると見られることになることを見てとって、ルターは驚愕した。こうした理由のために、幽閉から解放されると、ルターは、一五二一―二二年の諸事件において指導的役割を演じていた、かれの不肖の弟子、アンドレアス・ボーデンシュタイン・フォン・カールシュタット（一四八〇頃―一五四一）を、とりわけ激しく攻撃した。この期間に、カールシュタットは、教会法《キャノン・ロー》へのルターの攻撃を強化する、ルターの教義の独特な解釈を提起し、聖書を正統的な政治的権威の唯一の基礎として宣言し(39)、そして、法（掟、律法）が明白に不正であるところでは、真実の信仰はそれを信奉する人たちに法（掟、律法）に対して異議申し立てをする資格を付与する、と主張していたからである(40)。カールシュタットは、法律家としての訓練を受けていたので、神定法《ディヴァイン・ロー》と人定法《ヒューマン・ロー》との形而上学的収斂の可能性を強調したが、この点で、かれはルターと異なっていたのである。(41) それゆえに、カールシュタットは二王国論を退け、ルターの法（掟、律法）に対する相対的な無関心を直接的に反駁する、急進的に神政政治的な神学を提起した。カールシュタットが主張したところでは、「神はわれわれを支配し」、そして「神の王国」は、「法（掟、律法）と統制《レジメント》」が万物のために確立されるべきである、と要求している。(42) さらに、「法（掟、律法）の精神は神の意思であり」、神の意思は世俗世界の法（掟、律法）の中に顕在化されなければならない、とかれは強調した。(43)

【カールシュタットの霊性至上主義《スピリチュアリズム》：聖餐式《ユーカリスト》（聖体拝領）批判】

こうしたことに加えて、カールシュタットの神学は教会権力についての頗る霊性至上主義的《スピリチュアリスティック》な説明を含んでいた。その説明において、カールシュタットは、教会は儀式の独占においてではなく、霊的統一性《スピリチュアル・ユニティ》において創設されるのであり、教会の諸法（律法）は霊性《スピリット》にのみ起源を持っている、と主張した。カールシュタットは教会を不可視に統合された共同体と見なし、教会の権威のあらゆる物質的ないし制度的な標徴《トークンズ》を嘲笑した。この点では、かれはルターをはるかにしのいでさえいた。この理由からして、かれの罵詈雑言は聖餐式（聖体拝領）に関するローマ・カトリックの教義に集中した。そして、教会が聖餐式（聖体拝領）の執行においてキリストの臨在《リアル・プレゼンス》の管理者《カスタディアン》の役割を演じうること、これをカールシュタットは否定した。聖体拝領のパンとワインはキリストの肉と血を含まず、それらは「神の約束の標識《サインズ》」(44) あるいは「神の言葉」の標識(45) 以上のものではなく、それらの標識には「霊的《スピリチュアル》に」のみ関与しうるにすぎない、とかれは主張した。(46) 他のところでは、かれは聖餐式（聖体拝領）に関するこうした解釈を若干修正し、ワインを飲むことは象徴的な「想起《メモリー》」の行為であり、飲む人たちは「主を追憶する《リコレクト》」(47)、と論じた。それでもやはり、これらの省察の中心にあったのは、聖餐式（聖体拝領）に関する継承されてきた諸見解は、ローマ・カトリック教会における制度的権力を確固としたものにし、教会を恩寵の法的な管理者《アドミニストレイター》として安定化させることに役立っている、という信念である。しかし、実際には、聖餐式（聖体拝領）は象徴的な催事であり、それは何らかの一つの場所《ロケーション》に結びつけられず、信者すべてを不可視かつ独立した形で平等に統合する。同じ理由のために、カールシュタットはまた、教会における絵画的形象《イミジェリ》の使用を否定した。形象《イメージズ》は「神の中に起源を持たず」、そして、霊的追憶《スピリチュアル・リコレクション》の内面的な統一化の過程を損なうから、強いて取り除かれ、あるいは、投げ捨てられるべきである、とカールシュタットは説明している。[48]

【カールシュタットによる聖餐式（聖体拝領）批判に対するルターの批判】

ルターはヴィッテンベルクにおけるカールシュタットの諸活動を非難し、カールシュタットの著作に批判的に言及することによって、自分自身の政治的諸見解を洗練させることを選択した。これはルターが辿った思想的軌跡においてもっとも重要なことである。[49] カールシュタットとの論争において、ルターは最初に、「［カールシュタットが］表象《イメージズ》（形象）を弾劾し、教会を破壊していること」に対して抗議した。[50] 初期のルターに追随した者たちの何人かは、聖書に関するあらゆる正統的解釈を拒絶するものとして、そして純粋に霊性至上主義《スピリチュアリスト》的な教義として、かれの教義を解釈しているように思える、とルターはさらに大きな驚愕を覚えて注記した。[51] こうした解釈をすれば、あらゆる「神的な秩序」からの逸脱へと導かれ、そして反乱の正当化を用意するかのように思われかねない、とルターは警告した。はっきりいえば、ルターは、とりわけ、それが聖書の完全に霊《スピリチュアル》的ないし個人《パーソナル》的な解釈を正当化するものとしての、聖餐式（聖体拝領）に関するカールシュタットの見解によって、脅威を受け、そして、聖餐式（聖体拝領）におけるキリストの臨在を霊性至上主義的に否定すれば、ひとつの制度的形態としての教会の最終的廃棄に導かれかねない、という判断によって、深刻に悩まされたのである。[52] それゆえに、聖餐式（聖体拝領）に関するかれの論議の中では、ルターは自分の同僚の宗教改革者たち、とりわけカールシュタットとウルトリヒ・ツヴィングリによって提示された、まったく霊性至上主義（唯心論）的ないし象徴《シンボリスト》主義的な教義に対して、異を唱えたのである。そして、ルターは、キリストはパンとワインの中に臨在する、というローマ・カトリック的理念のいくぶん修正されたヴァージョンを含んだ、聖餐式（聖体拝領）における両体共存（*consubstantiation*）についての教義を提示した。ルターの教義によれば、キリストは万物に遍く臨在《オムニプレゼント》し、一つの普遍的教会に霊性を付与している。それどころか、ルターは、キリストの臨在を、とりわけ聖餐式（聖体拝領）に集約されたもの、かくして、説教《ティーチング》と礼拝《ワーシップ》における正統性《オーソドクシー》を命じる確立された教会の制度的秩序の中に顕現するもの、と見なした。ルターが聖餐式（聖体拝領）をこのように扱ったのは、かれが普遍的かつ不可視の教会の現実性（実在性）をそっくり受け入れることをためらったからであり、そして、かれが、神秘と恩寵の管理者《カスタディアン》としての教会、そして、神の臨在の主要な容器《リセプタクル》としての教会、という伝統的な概念に、あくまでも固執していたからである。

【カールシュタットの無律法主義的・神政政治的な側面《アスペクト》に対するルターの批判】

これらの観点において、ルターのカールシュタット批判は、カールシュタットの著作における無律法主義的《アンティノミアン》思想の諸側面《アスペクツ》に向けられた。そして、ルターは、宗教的共同体はいかなる制度的秩序を欠いても教義や説教への責任を負いうる、という考えを修正しようとした。しかし、より基本的なことであるが、カールシュタットに対するルターの反論はまた、カールシュタットの神政政治的理想像《ヴィジョン》は、世俗法の意義を過大視し、過度に旧約聖書に影響されているのではないか、そして、それは、信仰と法（掟、律法）は世俗世界（現世）の秩序において統一されうる、と誤って想定しているのではないか、という疑念によって影響を受けていたのである。カトリック教会に反対してとられるべき諸々の措置は、「世俗的権威（威光）と貴族《ノビリティ》（権門）」によって果されるべきであり、信仰において統一された共同体は法（掟、律法）のいかなる権能《パワー》（権力）をも受け取るべきではない、とルターは説明した。[53] それゆえに、宗教改革の発展におけるこの危機的な時期には、ルターは、かれの法（掟、律法）理念において、次第に保守化した思想家である正体を現し、古い教会秩序から解放された宗教的共同体は広範囲に及ぶ権威を独力で引き受けることになるかもしれない、という見通しによって、あきらかに狼狽したのである。事実、カールシュタットの著作の無律法主義的《アンティノミアン》かつ法的・神政政治的な側面《アスペクト》に反対して、法の上位にある自由としての〔内面的〕自由というルターの理念は、はっきりそれとわかるくらいに、世俗的権威の擁護に向かい、そして、内面的自由は強力な外面的国家の下でもっとも善く保護される、と想定するようになったのである。

【ツヴィングリ】

カールシュタットとのルターの論争はまた、〔ウルトリヒ・〕ツヴィングリ〔一四八三―一五三一〕とルターとの論争にある程度近似しているように見える。ツヴィングリは、政治的神学の一定の基本的原理をルターと共有していた。ルターと同じく、かれは「神の正義」を「人間の正義」から分離し、人間の正義には劣る地位を割り当てる二王国論を支持《エンドーズ》していた。ルターと同じく、かれは人間の正義を、神の正義とは対照的に、「貧弱かつ脆弱なもの」として記述した。[54] ツヴィングリもまた、人間の救済は、新約聖書のキリストにおいて呈示されている新しい掟（法）によってのみもたらされ、そして、それは法（律法）的な表現形式（用語《タームズ》）では測定されないし、あるいは法（律法）的な行為《アクツ》を通じては獲得されない、と論じた。[55] これらの議論によって、ツヴィングリは、宗教的権力は「聖書（に記された神の言葉）」にのみ基礎を持つにすぎないのであり、こうした権力を行使する人たちは世俗的な意味での「権威」を持っていない、と結論づけた。[56] ツヴィングリの説明によれば、教会は「すべての敬虔なキリスト教徒の共同体」以外ではなく、そして、教会の権威に関するあらゆる法制的《リーガル・コンスティテューショナル》な理念は、不可視の形で霊性《スピリット》を付与する教会の性格を腐敗させる。とりわけ、教会的権威の「規則《スタテューツ》（定款）」は、教会における「あらゆる騒乱」の原因である。[57] それでもやはり、ルターの二王国論を感じさせる調子で、ツヴィングリもまた、人間の正義の領域は、この領域の「貧しき正義」が平和と秩序の基礎的諸条件を創造する以上のことはほとんど為しえないとしても、「神の布令《オーディナンス》（聖礼典）」によって負託《マンデイト》（命令）された（手渡された）ものとしての服従を命じている、と主張したのである。[58]

【神政政治的理念への接近、二王国（神定法と人定法）間の構成的関係、造反有理：人定法を基礎づける神定法に由来する自然法】

しかしながら、これらの共有されたいくつかの前提条件にもかかわらず、ツヴィングリは、神政政治的諸理念に、ルターよりもはるかに近づいていた。ツヴィングリによれば、神の言葉は「民衆すべてを支配《ルール・オーヴァー》」しなければならず、そして、それは暗黙のうちにいつも人間の正義を制限し決定している。要するに、すべての法（掟、律法）は、「神の意思と一致して形成されるべきである」。[59] そして、統治《ガヴァメント》の最善の様式は「神とともに支配《ルール》する」それである。[60] 二王国についてのツヴィングリの教義はまた、かれがそれら諸統治体制《レジメンツ》間にはより統合的かつ形而上学的に構成的《コンスティテューティヴ》な関係があることを主張していた点で、ルターの思想とは、それとはっきりわかるくらいに異なっていた。そして、ツヴィングリは、人定法をそもそも基礎づけるものとしての神定法に重要な役割を帰した。たとえば、かれが言明するところによれば、キリストは「あらゆる財富を禁じていた」[61] し、キリスト教徒は「君侯のように統治《ガヴァン》」[62] すべきではなく、世俗世界（現世）の「統治《ガヴァメント》や権威」は、「暴君たち」によって行使されないところでは、キリストが教示する言葉に従うべきである。[63]「君侯たちの諸法」が神の意思に反しているならば、人間たちに従うよりもむしろ神に従うことが本質的なことであり、世俗法への抵抗は完全に正当化される、[64] とツヴィングリは結論づけた。これらの根拠に基づき、ツヴィングリはまた、ルターによって示唆された単純に功利主義《ユーティリタリアン》的な諸理念よりもはるかに強力な自然法に関する教義を提起していたのである。「われわれを同胞《フェロー・メン》に結びつける（すべての）法は自然法において基礎づけられる」[65]はずであり、そして、決定的なことであるが、信仰の経験は自然法への洞察を提供する、とかれは論じた。それゆえに、ルターとは異なり、ツヴィングリは、自然法はユダヤ教あるいは異教の文化に特有のことではないし、人間的実存の単なる自然的あるいは積極（実定）的な要因《エレメント》において基礎づけられているわけでもなく、実際には、自然法は信仰と共存し、信仰に表現を与えている、と論じた。自然法は神定法に由来し、したがって、自然法と合致している人間行動《コンダクト》はまた、神定法にも合致してもいる。それゆえに、自然法は「神を通じてのみ知られ」うるし、そして「自然法の」知識は「もっぱら神聖な霊性《スピリット》に由来する」[66]。結論的にツヴィングリが断言したところによれば、世俗権力は「信仰を持ち、神を畏敬する」指導者たちによって行使されるべきであり、そして権威は、すべての事柄を「神の言葉と布令《オーディナンス》（聖典礼）に従って」解釈する〔世俗の〕司法官《ジャッジ》たちに、引き渡されるべきである。このような政治的諸条件の下で、諸法（律法）は「神の意思に似たものになり」うるし、それらは神の法かつ神の意思という何らかの性格を有しているのである。というのは、〔世俗の〕司法官《ジャッジ》や執政官《マジストレイツ》によって授けられる正義は、いわば真実の正義の影だからである。[67]

【コミューン的神政政治のモデル】

これらの根拠づけに基づき、ツヴィングリは、聖書は完全な共同体のための法的土台を提供するから、キリスト教的共同体においては誰もが「法（掟）を欠く」――あるいは法的保護を欠く――状態に決してあるはずはない、と論じた。〔世俗〕法は教会の権威によってではなく、世俗の裁判所によってのみ管理されるべきである。というのは、教会が市民《シヴィル》（世俗）法の下での義務を負うことになれば、教会がとどまるべき適切な限界は超えられることになるであろうからである。教会の責任は、「法の公正な裁判所」が確立されることを保証することに役立つことであって、実際にこれらの裁判所を管轄することではない。(68) しかしながら、教会は政治的共同体において完全に統合された役割を演じるべきであり、より広い政治的共同体を展開せしめうる法的原理の根拠づけを提供すべきである、とツヴィングリは明確に指摘した。かくして、かれは、宗教はすべての法（律法）の下部構造《サブストラクチャー》（土台）を形成すべきである、ということをルター以上に強調し、コミューン的あるいは局地的《ローカル》な神政政治のモデルを擁護することに近づいた。このモデルにおいては、福音書《ゴスペル》（聖福音奏読集）は世俗の権力者《パワーズ》や司法官《ジャッジズ》によって適用されるべきである、と論じられ、そして、霊的《インスピリッティド》な「コミューン（信仰共同体）」（ゲマインデ）は、政治的決定と宗教的それとの両方に対して責任を担うべきもの、と見なされたのである。(69)

【聖餐式（聖体拝領）に対するより明確な批判】

聖餐式（聖体拝領）についてのツヴィングリの教義はまた、ルターによって提示された教義と直接的に対立していた。両体共存《コンサブスタンシエイション》についてのルターの概念は、ローマ教会の儀式的構造の諸側面《アスペクツ》をなお是認し、現実的臨在《リアル・プレゼンス》についての――純化されたものであったにせよ――教説をなお信奉していたが、これに対して、ツヴィングリは、カールシュタットと同じく、聖餐式（聖体拝領）のパンとワインは単に象徴的な内容を持っているにすぎず、単純にキリストの死を「追想《リコレクト》」しているだけである、と論じた。(70) ツヴィングリは、聖餐式（聖体拝領）を、キリストの霊性《スピリテュアル・ネイチャー》とのキリスト教徒たちの霊的交感《コミュニオン》を象徴するものと見なし、そして、この霊的交感への参加は教会の叙任された代表者たちの保護監督《カスタディ》を超えて広がると見ていた。この理由ゆえに、聖餐式（聖体拝領）においてキリストの「身体の《コーポリアル》」臨在《プレゼンス》を想定することは、キリストの神性《ディヴァイン・ネイチャー》の価値を貶め、誤ってキリストの霊《スピリット》を一つの特殊な場所《プレイス》に制限する、とかれは主張した。事実、カールシュタットと同じく、ツヴィングリは、正面切って、聖餐全質変化《トランスサブスタンシエイション》についてのカトリック的教義を、教皇統治《ペイパシー》の諸々の堕落している政治的野心と結びつけた。

式（聖体拝領）において〔キリストの〕臨在を想定することは、教会周辺の儀式的秩序を創出することであり、これは教会をひとつの世俗的権力として維持するために目論まれたことであって、霊的なもの《スピリテュアル・グッヅ》（善）の誤った独占を擁護することである、とツヴィングリは見たのである。[71] はっきりいえば、聖餐式（聖体拝領）についての霊性至上主義《スピリテュアリスト》（唯心論）的解釈を支持した神学者たち——ヨハネス・エコランパディウス〔一四八二—一五三一〕を含めて、[72] そして、カスパー・シュヴェンクフェルト〔一四八九—一五六九〕は言うまでもないが——が、通常、法（掟、律法）や政治についてのよりコミューン的な神政政治的理念を選択し、ルターの政治的神学の相対的に無関心な態度に対立したことは、概して注目に値するところである。[73]

【諸領邦国家におけるローマ法使用頻度の増大：慣習法への復帰の要求：諸侯君主の権威への反抗：諸侯君主の権威に対するルターの態度の転換】

福音主義運動《エヴァンジェリカル・ムーヴメント》を政治的に構成する諸局面に直面して、諸手を挙げてそれらを歓迎することにルターはためらいを示していた。このことは、一五二〇年代を通じて諸侯君主に対するかれの態度の転換においても見て取れる。すでに論じたように、ルターは最初期の著作においては、帝国改革期を通じての諸侯君主権力の集中化に反対を表明し、とりわけ、ローマ法を諸侯君主の圧制の道具として批判し、訴訟手続き《リーガル・プロシージャー》の簡略化を擁護していた。この点では、ルターは一五二四—二五年の農民蜂起の指導者たちに一定の親近感を抱いていた。かれらの不平もまた、封建制以後のドイツの諸領邦〔国家〕における新たな訴訟手続きに、そして、口頭のあるいは慣習法《コモン・ロー》による裁定の伝統が腐蝕していたことに、集中していたからである。[74] 農民たちは、ローマ法の使用が増大することに対して激しく抗議し、そして、かれらは自分たちの抗議を、古き慣習法《コモン・ロー》への復帰の要求として、あるいは、神定法に基づく政治体制《リジーム》の確立への要求として、明確化した。[75] ところが、一五二四—二五年の農民戦争において初期の聖像破壊《イコノクラズム》が激発したとき、ルターが直面したのは、まさにかれが、諸侯君主の権威への服従の否定において頂点を極めた、かれの教義を捩じ曲げた軍事的ないし神政政治的な解釈として、感じ取っていたことであった。かくして、この時期以後、諸侯君主の権威に対するルターの態度は著しく変化したのである。

【ミュンツァー】

【二王国論（信仰と律法の分離）の拒否：神の意思の顕現としての自然法・慣習法：政治的抵抗、神政政治】

トーマス・ミュンツァー（一四八九／九一―一五二五）は、諸侯の権力に関するかれの著作において、ルターとは正反対の立場に立った（少なくとも、この時代についての最近の歴史的叙述においてはそうである）。ミュンツァーは、もともとルターの影響を受けていたが、ほどなく福音主義的教義を政治的抵抗の神政政治的綱領へと転換させた。ミュンツァーは二王国についてのルターの教義及び信仰と法（掟、律法）とのルターの分離を退けた。「その双方が互いに争う二人の主人に仕えること」は不可能である、とミュンツァーは主張し、そして、世俗的権力が聖書の純粋な掟（法）以外の何らかの掟（法）によって判断されうることを否定した。(76) キリストは、「神の意思とかれの業は、掟（法）の遵守を通じて地上で成就されるべきである」、と強く迫っている――このようにミュンツァーは結論づけたのである。はっきりいえば、地上で神定法に従うことは、信仰にもっとも必要な証《あかし》であり、「信仰を不信仰から区別すること」は、法（掟、律法）を外面的に遵守することによってのみ可能である。(77) 神定法に関するこの教義が最初に意図していたのは、まずなによりも、神にふさわしくない仕方で権力を行使するすべての人たちに対して抵抗するためにその正当化を用意することである。(78) ところが、その正当化はまた、すべての民衆が法（掟、律法）を発見すること及び神の意思を実行することに参加すべきである、ということを想定している、コミューン的な神政政治のための基礎づけを用意した。ミュンツァーによれば、キリスト教の霊性《スピリット》が成就されうるのは、「コミューン全体が剣の力を持ち」、そして「民衆の古き善き慣習」が法（掟、律法）の発見及び「神の法」の解釈のための基礎として使用されるときだけである。[79] かくして、ミュンツァーは、自然法の諸理念についての急進的・神政政治的な異なる解釈《ヴァリアント》に向かった。この異なる解釈は、信仰と掟（法）との間には直接的な関係があると見て、農民のコミューンを、神の意思が掟（法）において自然のままに顕現したものと見なしたのである。

【ルターのミュンツァー批判：農民反乱の鎮圧支持：権威への反抗の否定】

ルターは、ミュンツァーの理念に対して激しく反発し、農民反乱を非難して諸侯が暴力的に農民軍を鎮圧することを支持した。[80] この鎮圧を支持するために、ルターは「聖書の文言を地上においてそのまま実現」しようとするすべての民衆を公然と非難し、政治的抵抗のどんな行為を正当化するためであれ、それに聖書が利用されることを否定したのである。「世俗的政治体制《リジメント》」が顚覆されるならば、「神の言葉」に基礎づけられた政治的秩序にではなく、むしろ「永遠の破壊」に導かれてしまう、とルターは説明した。[81] ルターによれば、「権威に対して闘争する」のは異教徒だけであって、キリスト教徒ではない。というのは、世俗的支配を重視するのは異教徒だけだからである。対照的に、キリスト教徒は、十字架と受難を通じてのみ戦うにすぎない。キリスト教徒の「勝利」は、「統治《ガヴァニング》あるいは権力」の中にではなく、「克己《ヴァンキシュメント》と無力《パワレスニス》」の中にこそあるというわけである。[82]

【神政政治と自然法：ルターにおける信仰と律法、権力と理性の分離への固執】

宗教改革の初期年代におけるこれらすべての政治的諸論争を通じて、あきらかに見てとれることであるが、ルター神学は神政政治の問題及び神政政治と自然法との関係によってきわめて深刻に悩まされていた。ルターが他の宗教改革者たちと同じく、ローマ・カトリシズムの神政政治めいた主張に対して反発したこと、この主張をかれが他の宗教改革者たちと同じく、魂の配慮（世話）を主張しえないペラギウス派的君主制としてあしざまに罵倒したこと――こうしたことは火を見るよりも明らかである。しかしながら、他の宗教改革者たちが、こうした反発を異なる神政政治ないし新たな自然法を設定（制度化）するための機会と見なしたのに対して、ルターの教義は、信仰と法（律法）の分離に、そして絶対的理性と世俗的権力との区別に、あくまでも固執しつづけた。結局、ルターは、スコラ主義の形而上学を信仰共同体に基づく法（掟、律法）の新しい形而上学に置き換えることを退け、そして、法（律法）は有用性《ユーティリティ》という制限された理念によってのみ導かれた世俗的体制《ワールドリ・リジーム》の下での実践的な規制《レギュレーション》という事柄に付随しているにすぎない、と一貫して明言した。宗教改革の最初期の年代における決定的に立場を分かつことになる諸論争のそれぞれにおいて、ルターの立場が論理的に帰結したのは、同じ論点からであった。すなわち、①信仰は政治の構成因ではない、②信仰という新しい掟《ニュー・ロー》（法）は、世俗的な掟《セキュラー・ロー》（法）ではなく、霊的な掟《スピリテュアル・ロー》（法）であり、そして、③自然法は制限された法にすぎず、信仰において基礎づけられた形而上学的な法（掟）ではない、という信念から、ルターの立場は帰結したのである。ミュンツァーは、ルターに対する激しい攻撃においてとりわけこの論点を同定したが、ルターにおける信仰の純粋に聖書主義的《スクリプテュラル》で反神政政治的な諸理念を否定し、その代わりに、そこでは聖書の文言が世俗的行為や政治的反乱のために立証《ウィットニス》を与えるような、「証《あかし》」の神学（theology of "testimony"）の神学を、提起したのである。(83)

4　無律法主義《アンティノミアニズム》と律法（法）の第三の効用《ユース》（使用）

【アグリコラ】

【ラディカルな無律法主義：信仰における法（掟、律法）なるものの意義の否定：信仰と律法（掟、法）の二律背反】

ルター神学のいささか無防備な脇腹は、初期宗教改革の無律法主義的《アンティノミアン》な神学者たち、とりわけヨーハン・アグリコラ〔一四九四―一五六六〕との論争において露出した。他の宗教改革者たちは、宗教改革は純粋に神政政治的な統治のための機会を提供する、と考えたが、これに対してアグリコラは、宗教改革は、すべての法（掟、律法）、とりわけ旧約聖書に由来する諸法（掟、律法）を廃止しかつ無効にするまったく霊的《スピリチュアル》な共同体へと導かれる、と考えた。それゆえに、他の初期の宗教改革者たちとは異なり、アグリコラは、ルター自身の思想における信仰と法（掟、律法）との対立を強化し、そして、なんであれ法（掟、律法）を説教することがキリスト教的信仰に基づきうること、あるいは、なんであれ統治体制《レジメント》が神の意思に支えられうること――こうしたことをきっぱり否定したのである。[84] 旧約聖書における律法（掟、法）の宗教は、アグリコラによれば、人類と神との間に凄まじい疎外《エイリアネイション》を導き入れる専制的な宗教である。このような律法（掟、法）は「民衆を正しいもの（義人）にし」えない。まさしく「死の聖務《オフィス》（晩禱）」は、その律法（掟）を果（遵守）しえない民衆を絶望と悲惨に陥らせる。したがって、それを果（遵守）しえない人々ではなく、律法（掟、法）そのものこそ、「呪詛され、非難され」なければならない。[85] かくして、新約聖書の中に姿を現す信仰は、旧約聖書の律法（掟、法）とまったく対立する。信仰は律法（掟、法）といかなる関係も持ちえない。信仰は律法（掟、法）の終焉を標識づけている。だから、新約聖書の中に表された信仰は、教会法であれ国法であれ、いかなる法（掟、律法）においても顕現されえない。[86] 儀式やミサを伴うローマ・カトリシズムは、著しく堕落した律法（掟、法）の宗教である。これに対して、新約聖書に基づく福音主義的な信仰は、「恩寵と真実」の宗教であり、人類に命令《コマンドメンツ》を下す神ではなく、信仰と愛とを通じて和解《リコンシリエイション》（宥和）を提供する神に基づく宗教である。[87]

【ルターは、基本的には無律法主義の立場に与しているにもかかわらず、律法（掟、法）が信仰の覚醒に有用で

あることを認める】

無律法主義《アンティノミアニズム》は、ルター主義の初期の歴史全体に影を落としている福音主義的教義の一構成因《エレメント》であった。これはなんら偶然の符合ではなかった。というのは、無律法主義的な構成因は、ルターの初期の著作にしっかり植えつけられていたし、ルターは律法（掟、法）に関する自分自身の神学を無律法主義的な態度から決してはっきりとは（曖昧さを残さない形では）区別しなかったからである。しかしながら、アグリコラとの論争において、ルターは律法（掟、法）についてニュアンスに富んだ理論を公表し、この理論を通じて、無律法主義的見解と神政政治的解釈を許容しうる見解との間に自分自身を微妙な形で置いた。これらの論争において、ルターは「律法（掟、法）は義認《ジャスティフィケーション》のためには必要ない」という自分の初期の見解を保持した。事実、かれは律法（掟、法）を、民衆に救済を獲得させるに際して「まことに無用なもの」として記述した。それゆえに、「律法（掟、法）の無力さに対して」も、そして、律法（掟、法）を義認の確保のための手段と見なす「律法（掟、法）へのきわめて厄介な信仰に対して」も、「無律法主義の立場に断然与している、という点については）どれほどのことが述べられても足りないほどであったわけである。(88)ところが、ルターはまた、初期の著作において一つの論点を補強して、律法（掟、法）は、民衆は自分たち自身の手立てによっては（自力では）有徳になりえない、ということを民衆に示し、そして、少なくとも信仰と恩寵の必要を民衆に自覚させるがゆえに、律法（掟、法）はあくまでも必要である、とも論じていたのである。(89)「律法（掟、法）なしに罪を知ること」は不可能であり、そして罪の自覚は恩寵の第一の前提条件である、とルターは結論づけたのである。(90)結論としていえば、律法（掟、法）は、義認の確保に役立ちえないにもかかわらず、人間の魂の中に絶望《ディスペア》と恭順《ヒューミリティ》とを創出すること、そして、律法（掟、法）は信仰なしには義認されえない、ということを魂が認識することを許容すること、これらのことにとっては本質的なものなのである。「律法（掟、法）は教会から除去されるべきである」、あるいは、律法（掟、法）の遵守は信仰と無関係である、といったまったく無律法主義的な主張を信奉するのは、「破滅的《パーニシャス》（有害）な人びと」だけである。[91] 律法（掟、法）は、信仰に取って代わるわけにはいかない。すなわち、律法（掟、法）は信仰を反映する、と論じることは、ルターにとって、神政政治的に論じることであり、魂を脅かすことである。それにもかかわらず、律法（掟、法）は、それが信仰へと開かれた渇望を刺激する力を持っている。それゆえに、履行されるべきいかなる律法（掟、法）もないところには、そして、律法（掟、法）を履行する能力が人間に欠如していることについてのいかなる絶望もなかったところには、信仰は現存しえないのである。[92]

【福音主義運動における無律法主義の伏流：フラツィウス・イリュリクス、ガッルスのルター主義：律法（掟、法）の第三の効用（使用）：福音主義における信仰と律法の再結合】

救済を獲得することにおける律法（掟、法）の役割についての諸論争は、ルターの死後も長く続いた。そして、それらの諸論争は、一五八〇年のいわゆる協定（*Concordia*）の公示に伴ってようやく決着をみた。この協定は、福音主義的信仰のさまざまな系統を、教義上の主要な疑問点及び論争点を解決することによって統一することを試みたからである。しかし、その時点までは、無律法主義が福音主義運動において常に伏流し続け、そして、アグリコラに対するルターの応答は、これらの諸問題に関する論争をほとんど鎮めなかった。[93] 事実、アグリコラは、福音主義陣営における信仰論争の中心に留まり、かれの著作と政治的諸理念は、より正統派的なルター主義者たちを大いに苛立たせるものとして作用し続けた。[94] ルター以後の世代でもっとも影響力を持った神学者たちの多くが、とりわけマティアス・フラツィウス・イリュリクス〔一五二〇―一五七五〕やニコラウス・ガッルス〔一五一六―一五七〇〕が、律法（掟、法）に関するルターの教義を明確化することに専心したことは、部分的にはアグリコラによるかれらへの挑発の結果であった。[95] 結果的に、教皇や帝国との部分的な和解《アコモデイション》を支持するローマ・カトリシズム及び福音主義的神学者たちとのあらゆる妥協に反対して、フラツィウスは律法（法）の第三の効用（使用）（*tertius usus legis*）という著しくルター主義的な教義を精緻なものにした。この教義の中心には、律法（掟、法）は民衆を救済する際に教育的機能を有している、そして、恩寵を受ける人びとは、それを受けない人びとと同じようには、律法（掟、法）によって罰せられたり苦しめられたりすることはない、という信念があった。[96] この教義は、あきらかにメランヒトンの初期の諸理念によって影響を受けているが、最終的には、協定（*Concordia*）におけるルター主義的教義の確定に際して、中心的な信条《テニット》（見解、教義）となった。[97] この教義を通じて、後の福音主義的神学者たちは、律法（掟、法）はたしかに救済をもたらしえないけれども、信仰を通じて救済される——あるいは新たに生まれる——人びとは、当然ながら律法（掟、法）に適って振舞うであろうし、したがって、律法（掟、法）の履行によって、かれらは自分たち自身の生涯においてかれらが救済ないし再生されることを明示するであろう、という原則に同意した。[98] このことによって、後の福音主義的神学者たちは、律法（掟、法）と信仰を再結合し、そして、いかにして信仰と律法（法）とは正しい行為《アクション》（業・善行）において関係づけられるか、これを示すことができた。[99] このことは、翻って、福音主義的な法的（律法の）倫理を明確化するために、そして、ローマ・カトリック教会における律法（掟、法）諸観念（概念）をより体系的に論駁するために、根拠づけを提供したのである。

【ルター的反律法主義《アンティ・リーガリズム》に対する応答としての神権主義《シオクラティズム》と無律法主義《アンティノミアニズム》：法の第三の効用（効用）】

しかしながら、無律法主義とのルターの論争を動機づけていたのは、初期の福音主義的な運動は無意識のうちにルター自身の教義に関する二つの異なる急進的な解釈を刺激していたのではないか、という〔ルターの〕当惑した危惧である。それらの解釈の一つは、信仰共同体（*Gemeinde*）を新たな自然法の源泉として解釈し、そして、もう一つは、あらゆる法（掟、律法）を否定し、信仰の共同体があらゆる法規則《リーガル・スタテューツ》の上に位置づけられることを是認した。はっきり述べるならば、神権主義《シオクラティズム》と無律法主義《アンティノミアニズム》とは、ルター自身が先鞭をつけた反律法主義《アンチ・リーガリズム》〔信仰に対しておよそ法（律法）なるものを貶下する態度〕に対する緊密に関連づけられた（そして、等しく見当違いの）応答であった、とルターに思われたとすれば、これらの応答はまた、律法（掟、法）についてのルター主義的説明の弱点や限界を標示してもいたし、ルターによる自然法の排除が惹き起していた諸問題についての説得力のある解決を形成してもいたのである。ルター派の人々が最終的に自然法についての新しい概念（観念）を安定化させたのは、ようやく律法（法）の第三の効用（使用）(*tertius usus legis*) の理念が精緻なものにされてからである。この理念において、律法（掟、法）は信仰の役目を果さないし、律法（掟、法）の下での業《ワークス》（善行）は救済をもたらさない、あるいは人間の行為《アクツ》と神定法との間の協力《コムプライアンス》を産み出さない、とかれらは論じた。しかしながら、かれらはまた、律法（掟、法）の遵守《コムプライアンス》はやはり義認《ジャスティフィケーション》の必然的な標徴《シグニフィア》であり、そして、それは人間の行為《アクションズ》と神の意思との間の事実上の統一を標示する、ということを明示する手段を獲得したのである。

5　抵抗、律法（掟、法）、神聖ローマ帝国

【ルター神学における二王国を繋ぐ自然法の糸の切断（ローマ・カトリック教会及び神聖ローマ帝国からの離反）：福音主義諸侯君主との提携：法（掟、律法）の意義（機能）の再考】

すでに論じたように、ルターは一五一七年に最初に名をはせて以降、政治的大変動の最初期において、かれの著作を可能なかぎり急進的かつ神政政治的に読み込んだ人たちから距離を置いた。ルターをかれらから遠ざけた主因は、ルターにおける二王国の概念にあった。この概念を通じてルターは、政治的秩序の諸問題を宗教的信仰という事柄に伝統的に結びつけていた自然法の糸を、断ち切ろうとしたのである。ところが、一五二六年以降、法（掟、律法）

に関するルターの省察の第二段階がはじまった。この時点までに、諸侯及び諸都市のかなり大きな集団は、宗教改革を支持することを決定し、教皇権力と神聖ローマ皇帝カール五世との両方に対する大胆な抵抗において統一された原《プロト》・立憲主義《コンスティテューショナル》同盟《リーグ》を形成しはじめていた。この時点においてルターもまた、初期の福音主義的諸侯とより緊密に提携しはじめ、台頭する反帝国的党派〔領邦諸侯君主〕の利害関心に適合するように自分の教義を変更しさえしたのである。

【初期宗教改革における帝国の憲政秩序に対する両義的態度：聖俗融合に対する批判と帝国の憲政秩序に対する支持】

神聖ローマ帝国の憲政秩序《コンスティテューション》に対するルターの態度を判断することは、かならずしも容易ではない。一五一八年と一五二一年における教皇や帝国の利害関心を代表する者たちと交わされたルターの神学論争以降、カール五世は、ローマ・カトリシズムの教会裁治権（juridical ecclesiasticism）への福音派による攻撃は帝国の憲政秩序への攻撃も含んでいる、との確信を明らかにした。一五二一年〔ヴォルムスの帝国議会《ライヒスターク》において〕、ルターの破門とルターの教義の禁止とを正当化するに際してカール五世が強調したのは、神聖ローマ皇帝としてかれはローマ・カトリック教会の「神聖な祭祀、律法、聖典礼、聖なる慣行（税）」を保護すること、[100]そして帝国のすべての領地《ドミニオンズ》（支配権）を通じて一つの普遍的教会の法（掟、律法）を維持することを余儀なくされている、ということである。[101]ところが、この事件〔皇帝とルターとの決裂〕の後でさえ、ルターは、すくなくとも、帝国が中世後期において獲得していた、身分制に基づく憲政秩序という形態においては、帝国の正統性に疑問符を付すことをためらっていた。帝国に対抗する領邦〔国家〕権力の確立、そして、諸侯君主身分（等族）による帝国に対する一触即発的な様相を帯びた挑戦の増加、これらに対するルターの態度もまた、きわめて慎重《サーカムスペクト》なもの（多方面に目配りをするもの）に留まっていた[102]。一五二三年になっても、「臣民たちに思い通りに命令」し、ドイツの土地では皇帝のように統治する資格を与えられていると感じている君侯たちを、ルターは嘲笑していた[103]。それゆえに、帝国の憲政秩序を掘り崩すことが初期の宗教改革者たちの戦略的意図であったわけではないこと、これを想起しておくことは重要である。もちろん、教会法と世俗法のあらゆる融合《コンフレイション》に対するかれらの敵意は必然的に帝国との対立を含んでいる、といえるかも知れない。帝国はその象徴的な正統性をローマ・カトリック教会との〔事実上、きわめて心許ないものであったにせよ〕繋がりを通じて得ていたからである。さらにいえば、さまざまな点で、宗教改革者たちは、コンスタンティヌス帝によって実現された教会と帝国との融解《フュージョン》を、異教徒の政治的影響に教会を晒すことになった教会の不純性の主要な一因として明確に見極めていた[104]。にもかかわらず、帝国とのもっとも激しい闘争の瞬間においてさえ、初期の宗教改革者たちは、あくまでも普遍的教会に与し、帝国の憲政秩序を支持し続けていたのである[105]。

【シュパイアー帝国議会における宗教的寛容令（一五二六）とその撤回（一五二九）：シュパイアーの抗議：アウクスブルク信仰告白（一五三〇）：福音派と諸侯君主との連携：ルター神学の変貌】

ところが、これにもかかわらず、帝国に関するルターの見解は、一五二〇年代後半の多くの事件によってはっきり修正された。ルターを破門してからは、帝国は、他の諸戦線〔対仏戦争、スペインの反乱、ローマ遠征〕において差し迫った軍事的脅威によって挑戦されていたので〔その戦費調達のために〕、宗教的意見の相違の増大に対してより実際的なアプローチをとりはじめ、福音派諸侯君主によって要求された自由に対して寛容を示しさえしたのである。一五二六年、もっともよく知られていることであるが、シュパイアーの帝国議会は、諸侯君主のそれぞれが自分自身の判断と良心に従って礼拝する自由を行使する資格を与えられることを裁決した。福音派諸侯君主はこれをかれら自身の地域的権威に対する重要な裁可《サンクション》と見なし、かれらの多くはこの点でかれらの教会を再組織し、福音派教会をかれらの諸領邦〔国家〕の裁治権秩序《ジュリスディクショナル・オーダー》の中に統合しはじめた。しかし、一五二九年、相対的寛容のこうした戦略は逆転され、帝国は宗教改革者たち及びかれらの信奉者たちに対するはるかに抑圧的な政策を追求しはじめた。結果的に、一五二九年のシュパイアーの帝国議会は、宗教改革者たちと帝国の間の関係における決裂（crucial caesura）を標示した。そして、このことは、宗教改革者たちによって広められた律法（掟、法）に関する諸神学の中に直接的に反映された。一五二九年には、一五二六年の寛容令（tolerant ruling）は撤回され、ルター主義的教義の禁止が再確認され、「帝国の全権」は帝国内の教会政策に関する法的決定における唯一の権威として再主張された。[106] 福音派はこれに対して、これらの諸決定の再考を要求するいわゆる「シュパイアーの抗議《プロテステイション》」を提出することによって、そして、福音派——いまや適切にはプロテスタント——の同盟を形成しようとするかれらの計画を——すなわち、福音主義的根拠と、諸侯がそれゆえに獲得していた物質的かつ領域的な利益との、両方を保護するための抵抗を——強化することによって、応答した。これらの闘争は一五三〇年のアウクスブルク帝国議会で頂点に達した。そこでは、福音派の神学者たちは、ルター主義的教義の基礎を形成する諸論文、アウクスブルクの信仰告白（*Confessio Augustana*）を帝国執行部に提示した。但し、これは旬日を経ずして論駁された。この帝国議会の余波によって、シュマルカルデン同盟（League of Schmalkalden）が形成され、各地の激しい宗教闘争の時代が始まった。この宗教紛争は、一五三二年、一五四八年、一五五二年、一五五五年に短い幕間劇を伴ったが、一六四八年に至るまで完全には解決されなかった。この宗教紛争を背景にして、ルターの領邦〔国家〕諸侯君主への依存は高まっていったことにより、かれは帝国の憲政秩序の妥当性に関する議論に巻き込まれ、皇帝や帝国への政治的反抗《ポリティカル・オポジション》の神学的正当化を考案《ディヴァイス》することを要求された。翻って、こうしたことは次のような問題を生み出した。すなわち、ルターは、かれを支えた君侯たちが必要とすることを充たすために、二王国の分離や外面的服従の神聖な義務に関するかれが初期に抱いていた諸見解のいくつかを、いくらか修正することを余儀なくされたのである。

【ルターにおける抵抗への条件付支持：帝国に対する諸侯君主の反抗の法的・宗教的な正当化】

ルターが政治的抵抗《ポリティカル・レジスタンス》に関する諸論争に寄与することをためらっていたことは、この臣民に関するかれの著述においてかれが与えた警告を見れば明白である。[107] かれの意向《インクリネイション》は「反乱《リベリオン》に激しく対立して」いること、そして、かれの教義は、「人は暴君の悪しき行為《ディーズ》さえ耐え忍ぶべきであり、自分自身を防禦すべきではない」、という信念をいつも示してきたこと、こうしたことをルターは繰り返し強調した。[108] さらにいえば、かれがまさに不服従あるいは抵抗を擁護したところでは、ルターはこのことを、かれのより広い宗教的諸理念を危うくしてしまわないように、法律用語で明確化することを試みた。帝国に反対することはどの程度正当なことなのか、という具体的な問題に関して、こうした事柄は「法律家たちに」任されるべきであり、宗教的論争の諸原理によっては決定されえない、とルターは簡潔に述べた。[109] かくして、抵抗への条件付支持は、このように宗教的な指示《ディクテイツ》によってではなく――あるいは原則的にそれらによってではなく――可能なかぎり法律的かつ憲政的《コンスティテューショナル》な諸原理の分析によって果されたのである。しかしながら、これにもかかわらず、諸侯君主と帝国との関係が悪化してからは、政治的服従に関するかれの省察において、ルターは帝国に対する諸侯君主の反抗《オポジション》の正面切った明確な二つの正当化を提示した。第一に、反乱《リベリオン》は受け入れうるものでは決してないとしても、いくつかの事情次第で、正当な抗議《プロテスト》という、あるいは、まさしく反乱を構成しないで、しかも法的正当化を有する、「法律に反対して行為すること」という、ケースはありえよう、とかれは論じた。かれの説明によれば、「謀反人《レベル》」というのは、特殊な根拠に基づき特殊な法律に反対する人《パーソン》ではなく、「どんな種類の権威や法」にも「堪えようとはしない」人《パーソン》のことなのである。[110] かくして、「凶悪で血に飢えた教皇主義者たちに対して自己防衛する」人は誰であれ、反乱について告発されるべきではなく、自己防衛において行為している、したがって、法的に正しく行為している、と見なされるべきである、とルターは結論づけた。[111] 第二に、自由な宗教的礼拝を抑圧する皇帝の決定は、それ自体、帝国の憲政秩序に違反している、とかれは論じた。このような抑圧は「帝国法にも自然法にも反して」いたし、皇帝を義務づけている「誓約《オーツ》や責務《デューティーズ》」にも反していた[112]。したがって、この点において帝国法に従うことを拒むことは、世俗法の下で、それどころか憲政秩序そのものの条件の下でさえ、完全に正当化されたのである。とはいえ、第三に、ルターはまた、福音主義的信仰を信奉する人たちは、自分たちの洗礼《バプティズム》において「キリストの福音に従って行動すること」"to abide by Christ's Gospel"を誓ってきたのであり、この洗礼の義務《オブリゲイション》は、単に世俗的な義務を含む責務《デューティーズ》に勝っているはずである、と強く主張した[113]。それゆえに、この最後の点で、ルターは皇帝への反抗のための宗教的正当化を明確に喚起したのである。しかしながら、ここでさえ、ルターの議論はきわめて慎重な（多方面に目配りした）仕方で言葉を選んでいた。宗教が抵抗《レジスタンス》を正当と認めるのは、それが世俗世界において行為する人間存在に法的負担をかけるからにすぎない、とルターは指摘した。そしてルターは慎重にも、この問題に決着をつけるための自然法についての充分な教義を提案することはなかった。

【ルターにおける帝国に対する抵抗の宗教的正当化の影響：福音主義同盟の憲政秩序】

しかしながら、ルターの慎重な態度にもかかわらず、宗教によって基礎づけられた抵抗についての教義を設定しようとするルターの意向《ウィリングニス》は、宗教改革のその後の動向にとって、法や憲政秩序に関する動態的な基準《タッチ・ストーン》（試金石）を提供した。たとえば、一五三〇年代のはじめにおける福音主義諸同盟の最初の憲政秩序は、皇帝に対する抵抗が正当なのは、このような抵抗が真実の信仰を防禦するからである、というルターによって裁可された確信によって、支えられていた。同じく、ルター主義が、抵抗は可能である、という教義にまで展開されることによって、平信徒（俗人）の宗教改革（lay Reformation）の拡散を促進する法的諸原理が提供されることにもなった。たとえば、一五三〇年頃、ニュルンベルクの平信徒（俗人）の宗教改革の指導者、ラザルス・シュペングラー（一四七九—一五三四）は、

「神の真実と一致する権威の命令に従わない」人たちは、法的処罰に服すべきであるが、「神の意思に敵対する権威の法や命令」に反対する人たちは、賞賛されうる道徳的に立派な人たちと見なされるべきである、ときわめて簡潔に宣言することができた。シュペングラーがまた、皇帝自身を憲政上「神定法に服する者」と定義する、自然法及び神定法的自然法《ディヴァイン・ナチュラル・ロー》についての教義に基づき、これらの諸理念を定式化したことも、印象に残るところである(114)。

【ルターにおける諸侯君主に対する農民反乱の否定：帝国に対する諸侯君主の反乱の肯定：法の妥当性の正当化のための自然法の再考：法の実定化と憲政秩序の構成】

要約すれば、一五二〇年代前半には、ルターは諸侯君主に対する農民の反乱を神定法の下で正当化されたものと見なすことを拒んでいた。しかし、一五二〇年代後半には、帝国に対する諸侯君主の反乱は法の下に——神定法の下でさえ——妥当なものである、ということをルターは不承不承受け入れた。その結果、一五三〇年頃には、宗教改革は、その最初期の法的立場をいささか修正しはじめ、そして、法の妥当性、義務、諸侯君主の権威についての新しい諸観念（概念）ための正当化を提供するために、自然法の控えめな諸理念を表明しはじめてさえいた。しかしながら、この点でもっとも重要なのは、こうした事柄におけるルターの理論的な再志向は不承不承行なわれた、ということであり、そして、ルターの諸々の動揺《ヴァシレイション》は、かれの教義が法の形成ための基礎として採用されることにかれが反対していた、ということを示している。さらにいえば、またきわめて意味深いことに、宗教改革は、法の地位や機能を首尾一貫して説明する諸相としてではなく、法の秩序を散発的で危うげに基礎づける特異（例外的）な正義《ライト》（正当性、権利）として、自然法の諸理念を明示したのである。それゆえに、初期宗教改革において実定法（法の実定化《リーガル・ポジティヴィゼイション》）がはじめて形成される——あるいは〔憲政秩序の形で〕構成される——ことになった前提は、例外的（特異）な原理であったのであり、改革の正義（正当な要求、権利）(*right to reform*)(*the ius reformandi*) は、通常の（標準的な）法（法の状態：法規範）（legal normalcy）の外側で決定された正義《ライト》（正当な要求、権利）として、あるいは、極限的な強要《デューレス》（やむにやまれぬ事態）に由来する正義《ライト》（正当な要求、権利）として、はじめて表明されたのである。

6　フィリップ〔・メランヒトン〕主義と神のごとき諸侯君主

【メランヒトン】

聖俗両秩序における法（律法）の役割に関する福音主義的諸論争において、もっとも体系的で正鵠を射た教義を定式化し、結果的に福音主義的教義を世俗法の分析のための枠組みへと転換することにもっとも寄与したのは、最終的にはルターではなく、（フィリップ・）メランヒトン〔一四九七―一五六〇〕であり、メランヒトンは『ローマ人への書簡』（*Romans*）に関する注釈書の中で、かれの諸理念をはじめて精緻化《エラボレイト》した。そしてメランヒトンもまた、この書簡の意義が、「神の正義」は業《ワークス》（善行）において律法（掟、法）に従うことを通してではなく、ただ「信仰において[115]」のみ顕現される、という示唆《インティメイション》にあると見た。それゆえに、律法（掟、法）は救済をもたらしえず、「理性の力《フォース》」を通じてのみ遵守されるべきであるにすぎない[116]。「正しき人（義人）の業（善行）でさえ、それらがいかに善であれ、正義《ジャスティス》をもたらすことには役立たない」。そして、律法（掟、法）は「民衆をかれらの心情《ハーツ》において敬虔にしうるのではなく、外面的に敬虔にしうるにすぎない[117]」。それゆえに、ルターと同じく、メランヒトンは律法（掟、法）を、信仰を妨げるものと、そして、律法（掟、法）に基づく宗教的諸制度を、キリスト教徒たちの魂を危うくするものと見たのである。

【現存在（実存）の三段階、①罪（異教徒）、②律法（ユダヤ教徒）、③恩寵（キリスト教徒）：ルター神学の定式化】

メランヒトンは律法（掟、法）についてのこの分析を用いて、人間の実存の人間学的説明を展開した。メランヒトンによれば、人間の生《ヒューマン・ライフ》は三つのレヴェルで実存（現存）する。すなわち、それは①罪（原罪）（*sin*）において、②律法（掟、法）（*law*）の下で、あるいは③恩寵（*grace*）において実存しうる。これらのレヴェルのそれぞれは、人間の生成・発展（進化）の明確な地点を反映している。①異教徒（*Heatens*）は罪あるいは自然のレヴェルにおいて、②ユダヤ教徒（*Jews*）は律法（掟、法）のレヴェルにおいて、そして③キリスト教徒（*Christians*）は信仰あるいは恩寵の王国《レルム》（領域）において実存する。[118] それゆえに、真実のキリスト教徒は律法（掟、法）の下においてではなく、信仰においてのみ実存し、そして律法（掟、法）はかれらを信仰から逸脱させる。[119] この理由のために、教会における律法（掟、法）の使用（効用）に対するメランヒトンの攻撃は、ルターのそれにまさるとも劣らず断固としたものだった。[120] 教会は世俗的立法者《セキュラー・レジスレイター》の役割を演じることが許される、というような要求を、かれはすべて退けた。[121] そして、ルターと同じく、メランヒトンは、教会法《キャノンズ》の下での特別免除《ディスペンセイション》や赦罪《アブソリューション》といった律法（法）的儀礼を、ペラギウス主義的精神による教会の汚染《コンタミネイション》を証示するものと見たのである。[122] メランヒトンによれば、ローマ・カトリシズムの堕落は、主として、それが教会を「至高の君主制」として、あるいは「世俗世界全体における最高かつ最強の権威《マジェスティ》（高権）」として定義している、という事実によって惹起されたのである。[123] これに反対してメランヒトンが切望したのは、「外面的な政治的組織《ポリティ》」とは異なり、「あれこれの国、王国あるいは身分（等族）」に結びつけられていない「普通のキリスト教徒《コモン・クリスチャン》（平信徒）の教会《チャーチ》」であった。そして、かれは「多数の民衆《マス・オブ・ピープル》」を「真実の教会」と見なした。[124] メランヒトンはまた、二王国《キングダムズ》に関するルターの教義を忠実に繰り返した。そして、かれもまた世俗的権力の王国《レルム》（領域）の意義を相対化しようとした。「言葉による説教者たち」は直接的権威を持ち、神からの「命令《コマンドメント》（戒律）を表現する」が、これに対して、「剣と世俗的権力の王国《レルム》（領域）」は、「命令（戒律）を表現する」ことなしに現存し、あきらかに副次的な地位しか持っていない、とメランヒトンは説明した[125]。それにもかかわらず、再びルターと同じく、メランヒトンは「外面的な規律《ディスプリン》や道徳」の重要性を強く主張し、そして、「世俗的権威」は、世俗世界において「平和を保ち」、平穏を維持するために、神によって定められている、と論じた。結果として、すべての民衆は神によって「剣に服し[126]」、そして、「暴力によって権威に反抗する」ことは、無条件的に禁じられるのである[127]。

【救済（信仰）にとっての律法（掟、法）の逆説的役割（絶望の覚醒）の承認】

しかしながら、ルターとメランヒトンとの間の最大の相違は、律法（掟、法）――宗教法と世俗法の両方――に関するかれらの理念において明らかに見てとることができる。一五二〇年代のはじめに、メランヒトンは、霊的義認《スピリテュアル・ジャスティフィケーション》についてのルター的理念を受け入れながら、福音主義的な法理念における諸々の逆説にすっかり気をとられることになり、これらの逆説を解決する任務を自分自身に課した。最終的には、メランヒトンは救済を確保することの中に、律法（掟、法）にとっての特殊な役割を見きわめたのである。実のところ、この説明の主要な諸原理は、後にルターによって無律法主義者たちとのルター自身の論争において採用された。メランヒトンの説明したところによれば、律法（掟、法）は、次のような機能を持っている。すなわち、〔第一に〕律法（法）は、魂の中に謙虚さ《ヒューミリティ》を生み、〔第二に〕それは民衆に対して、かれらは神なしには律法（掟、法）を決して履行しえないし、決して救済されえない、ということを示し、そして、〔第三に〕それは結果的に、自己嫌悪《セルフ・ロウスィング》及び激しい落胆《アキュート・ディスポンデンシー》の態度において、神に対する理解力《リセプティヴニス》（受容性）を生み出す。「義認は律法（掟、法）を通じて行なわれることはないが、しかし、律法（掟、法）のないところには逸脱《トランスグレッション》（違反）もなく、そして、逸脱（違反）のないところには律法（掟、法）への畏怖《フィア》もない」。その場合、律法（掟、法）へのこの畏怖は、「律法（掟、法）への憎悪」や律法（掟、法）への絶望を刺激する。そうすることにおいて、その畏怖は律法（掟、法）からの自由への霊的渇望《クレイヴィング》を生み出し、律法（掟、法）からの自由は、信仰を通じてのみ獲得されうる。[128] それゆえに、メランヒトンは、ローマ・カトリック的教義を救済論《サテリアロジー》（soteriology）によって転倒させて、律法（掟、法）は「罪を除か」ない、と論じた。事実、律法（掟、法）は罪を「増幅し」、そしてまた絶望の原因を増幅するように作用する。[129] しかしながら、それが絶望を増幅するにつれ、律法（掟、法）はまた信仰の必要を増大させる。というのは、信仰は絶望と踵を接してついてくるからである。したがって、律法（掟、法）の知識は、「果てしなく重要」である。なぜならば、「良心を恐怖かつ驚愕させる」「律法（掟、法）の力《パワー》」を通じてのみ、民衆は「福音を経験し」、あるいは、かれらの心の中で信仰を感じることができるからである。[130] 要するに、律法（掟、法）は「われわれに病《やまい》を示し」、福音はわれわれに「薬《メディシン》」を示すのである。[131]

【律法（掟、法）の効用：第三の効用（使用）】

それゆえに、かれの初期の著作においてさえ、メランヒトンは二つの異なる積極的な効用（使用）を律法（掟、法）に帰した。第一に、律法（掟、法）は世俗世界（現世）における平和、規律（鍛錬）、秩序といった外面的諸条件を維持するために現存する。第二に、律法（掟、法）は民衆に自分たちの罪を意識させるから、その結果、かれらは自己自身に絶望し、律法（掟、法）の束縛を免れようとし、信仰に心を開くようになる。この点で、メランヒトンはすでに、ルターがそうしようとしたよりも、より大きなウェイトを律法（掟、法）に与え、あきらかに神学における法的推理に対してルターが抱いた敵意をほとんど感じなかった。しかしながら、これに加えて、後期のメランヒトンもまた、律法（法）の第三の効用（使用）（*tertius usus legis*）についての説明を提示した。この説明によれば、信仰を有する人たちが律法（掟、法）を履行するのは、かれらが他のようにするいかなる誘惑も感じないからであり、そして、かれらが律法（掟、法）を必要とするのは、せいぜい自分たちに信仰の諸責務《デューティーズ》を想起させるためである。

協定（*Concordia*）が起草された時点〔一五八〇年〕においては、この教義は福音主義的教義の中心的な――絶え間なく論争的であったにせよ――見地《アスペクト》として当然視されていた。(132) しかし、この点をもっとも包括的に定式化したのは、ルターではなく、メランヒトンであった。真実の信仰を有する人たちは律法（掟、法）の上位にあり、そして、かれらは律法（掟、法）の上位にあるがゆえに、かれらはまた必然的に律法（掟、法）に適った振舞いをする、とメランヒトンは論じた。事実、かれらの信仰を通じて、律法（掟、法）はかれらの「死すべき心《モータル・ハーツ》」の中に「書かれ」ており、かれらの内面的信仰は律法（掟、法）の外面的履行の中に反映されている。(133) それゆえに、たしかにそれは贖罪《リデムプション》を構成するわけではないが、メランヒトンは律法（掟、法）を信仰の一つの重要な指標《インデックス》と見なしたのである。「われわれは「信仰を通じて律法（掟、法）を撤回し」ない、とかれは結論づけている。逆に、〔メランヒトンによれば〕「われわれは律法（掟、法）を確立する」のであり、そして、律法（掟、法）はいつも、信仰における救済の前提条件と標識《サイン》との両方である。(134)

【福音主義と法自然主義の融合：普遍的秩序の源泉としての神法＝自然法、ローマ法】

これらの論点の必然的帰結《コロラリー》として、メランヒトンはまた、とりわけ一五二二年以降、世俗領域における法的規則《リーガル・ルール》（法的支配）の諸条件に関する論争に、ルターよりもはるかに多く係わるようになり、そしてかれは福音主義的《エヴァンジェリカル》教義とアリストテレス的な法自然主義《ユース・ナテュラリズム》（自然法）との融合《フュージョン》を提起しはじめた。ルターとは異なり、メランヒトンは「法曹《ジュリスト》や法の専門家たち《エキスパート》」を真実の信仰を堕落させる者たちとして非難しなかった。(135) むしろ、メランヒトンが論じたところによれば、法律家たち《ローヤー》は、善き法（掟）の創造を促す際に特殊宗教的な機能を持ち、そして、世俗法の根拠《コーズ》に奉仕するすべての「学識ある人たち」は、あきらかに神の意思の執行を、そして神の意思が見通している世俗世界の創造を、助勢するのである。(136) 事実、一五二〇年代中頃以降、メランヒトンは政治的な法自然主義（自然法論）

を擁護する徹底的な議論に取りかかり、そして、法（掟）の第一の政治的ないし市民的・世俗的効用（使用）(the *usus politicus* or *civilis*) についてのかれの説明は、法（律法、掟）の諸機能についてのルターの理解をはるかに超えるものであった[137]。メランヒトンは、法（律法、掟）を「神の声」と定義した[138]。「神の法（掟）」は「人びとの心の中に記《しる》されているから、人びとは世俗的諸法を支配《ガヴァーン》する神から一つの規則《ルール》を獲得する」、とメランヒトンは論じ[139]、あきらかに「神が各人の心に埋め込んでおいた」「自然の法（掟）」(law of nature) を擁護した[140]。より熱烈に神政政治《シオクラシー》を信奉する宗教改革者たちとは異なり、メランヒトンは、自然法が政治的共同体《コミュニティ》における共同《コモン》の——あるいは共同体的《コミューナル》な——諸権利《ライツ》を正当化する、とは主張しなかった。それゆえに、自然法についてのかれの見解は、いかなる初期の共和主義的《リパブリカン》理想とも結びつけられていなかった。その代わりに、メランヒトンは自然法を、人間の社会を安定化させ、社会を横断して規則的強制《レギュラー・コンストレインツ》を課し、道徳的な礼儀や慣習における市民教育《シヴィル・エデュケーション》を促進することに役立つ一組の諸規範と見なした。メランヒトンは、ローマ法を、とりわけ、このような諸機能を果すためにもっとも適した法的秩序《リーガル・オーダー》（命令）と見なした。「ローマ人たちの法」は「他のあらゆる民衆の法よりも」優れているし[141]、そして、普遍的秩序を保障する手段として、それはその源泉を直接「自然から」引き出しているからである[142]。

【信仰と律法（宗教と自然法）の再統一：自然法の普遍性・規範性と実定法の実定性・主意性との妥協：人定法（実定法）の源泉としての神定法＝自然法】

キリスト教徒たちは自然本性からして法（掟、律法）を遵守する、というメランヒトンの考えは、究極的に、おそらく、フィリップ（メランヒトン）主義的な宗教改革のもっとも広く応用しうる次のような主張を基礎づけた。すなわち、それは、①真実のキリスト教徒たちは不可避的に法（掟、律法）と一体となって行為し、②キリスト教徒の諸侯君主は善き法（掟、律法）を承認《パス》かつ遵守《アバイド》し、③キリスト教徒の諸侯君主によって統治された諸国家は、神定法《ディヴァイン・ロー》＝自然法《ナチュラル・ロー》の下で固有《スペシフィック》（特殊）な正統性を持ち、固有（特殊）な形で世俗世界（現世）における神定法の制度に貢献する、という主張である。メランヒトンによれば、「法を制定《セット》（定立）する」こと、「平和を創造し、市民軍を諸法律と軍隊によって強化すること」は、「諸王の使命《コーリング》（召命）」である。[143]さらに、諸王のこの使命（召命）はまた平和の外面的保護に制限されず、霊的な義務づけをも含んでいる。神は王を「法（掟）の保護者」にし、[144]そして、王が執行する「政策や道徳的布告《モラル・オーディナンシーズ》（聖礼典）」は「神の驚くべき知恵」を明示して、王のすべての臣民たちをして神の法（掟）に従順たらしめる。それゆえに、有徳な王によって承認《パス》された諸法は、神が「人間の社会や共同体において正確に認識《リコグナイズ》（承認）される」ことを許し、そして世俗世界（現世）の政治的組織《ポリティー》において「永遠の善」の追求を可能にする。[145]したがって、ルターの著作が法自然主義（自然法）と宗教との間の関係を分離し、相対的に最小の前提条件に基づく統治を正当化しようと意図したとすれば、メランヒトンの後期の著作は宗教と自然法を再統一し、特殊福音主義的な種類の政治的な法自然主義（自然法論）を形成したのである。はっきり述べるならば、ルターの著作は自然法の規範的普遍性に強く反対したが、メランヒトンは法（律法、掟）についての普遍的・規範的な説明とより実定的《ポジティヴ》ないし主意主義的《ヴォランタリスティック》なそれとの間の妥協に取り組んだのである。さしあたり、メランヒトンは、諸侯君主は法（律法、掟）の承認《パッシング》に責任を負いうるし、諸侯君主の決定は法（律法、掟）に権威を与える、と論じた。だが、他方では、メランヒトンが主張したところによれば、キリスト教徒の諸侯君主の意志は、神に拘束されてもいて、それが神定法に拘束されているとき、それはその中にひとつの普遍的な法的秩序《リーガル・オーダー》（命令）を含んでいる。すなわち、諸侯君主の諸決定は神の諸決定を代理（stand in for）し、諸侯君主自身はこれらの決定が受肉《インコーポレイト》している諸規範によって拘束されているのである。

【諸侯権力の正当化：法の実定化と実定的に自己正当化する世俗国家（領邦国家）：実定的立法行為において理性

と自由を統一する自然法の名宛人かつ原作者本人としての諸侯君主の意思】

この点から見るならば、メランヒトンの思想は宗教改革後の福音主義的政治思想の発展（生育）における重要な胚珠を宿していた。というのは、メランヒトンの思想は、教皇の支持なしに諸侯君主権力をはっきり実際的に正当化するものを提供し、そして、ひとつの規範的地平を創出したからであり、この規範的地平においては、諸侯君主権力は形而上学的に解釈された法的諸理念を正当に成立させるものと――あるいはそれらを置き換えるものとさえ――見なされうるからである。それゆえに、ルターの著作が実定法についてのひとつの特異（例外的）な見解に導かれていたとすれば、メランヒトンは、ルター主義によって惹起された政治的諸問題を解決するために、そして、ルター主義の法的二律背反や例外性（特異性）が、信仰国家（*confessional state*）の――すなわち、神のごとき、そして神によって権威づけられた、そうした支配者《リージェント》によって統治される世俗国家――の概念において、宥和《リコンサイル》されることを可能にするために、努力をかたむけたのである。実のところ、宗教改革は、そのフィリップ（メランヒトン）主義的表現において、自然法を、もともと実定法及び独立した国家〔立憲主義的主権国家（statehood: Staatlichkeit）〕の出現にとって重要性を持っていた形而上学的教義から、法の実定化《ポジティヴィゼイション》と実定的に（実定法によって）自己を正当化する独立した諸国家の形成とを容易にした、一組の諸原理へと、最終的に転換したのである。メランヒトン以後、福音主義的運動は神政政治《シオクラシー》についてのその初期の遠慮のない批判を放棄した。この福音主義的運動は、①形式上、ローマ・カトリック教会からあてがわれ、この教会の半神政政治的《セミ・シオクラティック》な自然法の下で裁可された、立法的諸責務《レジスレイティヴ・デューティーズ》を、諸侯が引き受けること、②かつては神の意思によって拘束され、かつ神の意思とは異なるものであった、諸侯君主の意思が、法を生み、この法を絶対的に妥当するものとして定義すること、これらのことを認めたのである。はっきりいえば、ルターによる福音主義的法（律法、掟）の最初の正当化が、諸侯君主の法を常態《ノーマルシー》〔現に妥当している法規範〕の外で生ずるものとして認定《リコグナイズ》（承認）する特異な（例外的な）ジェスチャーから帰結していたとするならば、メランヒトンの自然法は、初期の福音主義の例外性（特異性）を、法的秩序の際限なく問題を孕む逆説に変えてしまったのである。この逆説において、継受された自然法の外で作用する諸侯君主の意思は、スコラ学的神がそうであるのと同じく、一組の実定的な立法諸行為において理性と自由とを統一する自然法の原作者かつ名宛人の両方として宣言されたのである。それゆえに、福音主義的神政政治へと向う初期の諸段階において、メランヒトンは、神が法（掟）の原作者本人である、という信用を傷つけられてしまった逆説が、完全な神政政治《シオクラシー》（神権体制）としての国家においてではなく、まさに神政政治の廃止にその生成を負うが、しかしやはり、その諸法は人《パーソン》（個人）によって体現された神の意思によって裁可されている、そういう国家としての国家において、一時的に再登場することを許したのである。

【ブッツァー】

【諸侯権力の絶対主義化】

地上における神の法的代表《リーガル・リプレゼンタティヴ》（再現）としての諸侯という理念は、宗教改革の初期の数十年を通じて、次第に顕著なものになった。メランヒトンはこの理念を最初に定式化したにもかかわらず、諸侯君主の権力は、平和を外面的に保護することを超えて拡張すべきであり、したがって、神を代表（再現）する諸権力を含んでいる、という信念に完全な表現を与えたのは、シュトラスブルクの指導的宗教改革者にして、イングランドにおいて福音主義的理念に主として影響を与えたマルティン・ブッツァー（一四九一—一五五一）であった。ブッツァーは、諸侯君主の支配《ルール》は「神によって命じられている」[146]のであり、諸侯君主は「真実の宗教」の確立と「神の王国《レルム》の確立」とに貢献する[147]、と主張した。それゆえに、かれはメランヒトン以上に、世俗国家には必然的な神的秩序があり、この秩序は、神のごとき諸侯が任務を果すとき、もっとも効果的に設立（制度化）される、と論じさえしたのである[148]。国家の自然的秩序は、諸侯君主の意思に集中され、そして、絶対的な法の源泉としての諸侯君主は、教会の説教、宗教教育、教会の組織化を規則づける完全な権力を伴って、固有な領域（領邦国家）の支配権《コントロール》を保有する。[149]

【オルデンドルプ】

【オルデンドルプの福音主義的法自然主義：民法・公法の基礎としての自然法・ローマ法：衡平原理：新しい掟と自然法との収斂：領邦国家権力の法的正当化】

自然法に関するこれらの福音主義的教義はまた、法学研究の他の領域における法思想の生成・発展を刺激した。たとえば、ヨハンネス・オルデンドルプ〔一四八二―一五六七〕は、ドイツにおける私法の教説の復活と、福音主義的自然法の諸概念によって基礎づけられた公法に関する教義との、両方の道を切り開いた、福音主義的な法自然主義（自然法論）の初期の路線に先鞭をつけた。オルデンドルプによれば、「不変の《イミュータブル》」自然法が現存し、これは、あらゆる社会において観察しうるが、民法《シヴィル・ロー》の諸原理のために画一的な基礎を形成する。[150] この自然法の精神は、ローマ法において、とりわけローマ法における衡平（equity）〔aequum〕の原理において、きわめて効果的に表現されている、とオルデンドルプは主張した。事実、かれは「自然法と衡平」を一つの同じ事柄と見なし、[151] そして、衡平の原理は、成文法であれ不文法であれ、あらゆる法を適用し修正せしめうる規範的枠組みを構築する、と論じた。[152] この理由のために、オルデンドルプはまた、自然法が個々の〔領邦〕国家の裁治権《ジュリスディクション》に関する諸々の利害関心を促進させることになるかもしれない諸方法を同定し、そして、自然法は新しい掟《ニュー・ロー》（法）の導入と立法《レジスレイション》という実定的諸行為《ポジティヴ・アクションズ》とのための強力な基礎づけとして作用しうる、と論じた。新しい掟（法）はいつも必要であり、「公共的なるもの」（国家）（the republic）の慣習及び必要に依存している、とかれは強調した。それから、環境が変化するところで執政官《マジストレイト》たちは、どの新しい掟（法）が導入されるべきかを決定するために、「有用性《ユーティリティ》」をさまざまな形で配慮する資格が与えられる。そして、新しい掟（法）は、それらの自然法の諸原理との合致《コンヴァージェンス》（収斂）を通じて正当化を獲得する。[153] 自然法はその大きな公的価値を、それは信頼しうる正当な諸法が相対的に容易に導入されることを可能にする、という事実において持っている、そして、その自然法は諸々の新しい掟（法）が大いに共通の同意《コモン・コンセント》を享受するであろうことを保証する、とかれは結論づけた。実のところ、オルデンドルプはこの議論を、法の適用《リーガル・アプリケイション》はドイツの津々浦々まで一貫して組織されるべきであり、画一的で規則づけられた裁判所は帝国令《イムペリアル・コマンド》によって設立（制度化）されるべきである、という要求にまで拡大しさえした。[154] それゆえに、法学的思考によりなじんだ宗教改革者たちの著作においてそうであるように、自然法はここでは、柔軟性《フレクシビリティ》という基本要素《エレメント》を法の中に導入し、そして、それ自身の権威についての責任のある司法的《アカウンタブル・ジュディシャル》な説明に基づいて、世俗権力を強固《コンソリデイト》にすることを規定《プロヴァイド・フォー》する、そういう法の一理念として、作用《アクト》したのである。

【小括：福音主義的自然法論の逆説：半神政政治的法自然主義】

さて、これらの根拠に基づき、宗教改革者たちはもともと法（掟、律法）に対して敵対する立場に立っていたにもかかわらず、宗教改革は、結局のところ、国法《ステイト・ロー》（公法）と市民法《シヴィル・ロー》（民法）との両方において、法的秩序についての実定的説明責任《ポジティヴ・アカウンツ》が出現する地形《テレイン》を明確化した、と結論づけうるであろう。しかしながら、第一に、自然法的妥当性の中核を構築しているものの分析を提供する、法（掟、律法）に関する〔後期の〕宗教改革者の教義は、宗教改革的教義の最初期の諸理念に直接的に矛盾する、ということを強調することもまた必要である。さらにいえば、第二に、神政政治的《シオクラティック》思想の諸様相を政治的論議の中に再導入した、自然法についての福音主義的説明は、神政政治の基本要素《エレメント》を用いて、政治的正統性についてのきわめて逆説的な説明を提供している、ということを見ておくこともまた重要である。きわめて印象的なことに、メランヒトンの信仰国家《コンフェッショナル・ステイト》の核心には、〔絶えずそれに付き纏う〕

変わらぬ逆説がある。すなわち、この信仰国家は、①ひとつの過程《プロセス》（審判、手続き）を正当化するために、形而上学的あるいは普遍的な法〔自然法〕を呼び出すのであるが、②まさしくこの過程（審判、手続き）を通じて、法〔自然法〕は、事実上、形而上学的あるいは普遍的な諸々の前提条件から切り離され、そして、③まさしくこの過程（審判、手続き）において、法〔自然法〕は実定的に構成され、かつ解釈可能な、一組の事実や規範〔実定法〕として、次第に再構成されることになる、という逆説がそれである。かくして、福音主義的自然法は、〔一方で〕国家が形而上学的に妥当するものとして現われることを認めながら、〔他方で〕やはり実際に実定的な諸原理に基づいてその諸機能を組織化する、という逆説において基礎づけられたのである。それゆえに、それらのもっとも首尾一貫した（永続的な）規範的諸帰結においてさえ、宗教改革の法（律法、掟）に関する諸教義は、例外性（特異性）の一様相を保持し、そして、〔一方で〕それら自身の起源が神政政治の終焉と自然法の終焉にあることを認めているのに、〔他方では〕部分的に、それらの半神政政治的法自然主義《クワージ・シオクラティック・ユース・ナチュラリズム》を増幅させることになったのである。

7　教会の憲政秩序

【アウクスブルク宗教和議以降の領邦憲政秩序・領邦国家教会権の成立】

宗教改革の法（律法、掟）に係わる問題や逆説は、福音派教会の憲政秩序に関する宗教改革期間の諸論争においてもまた見て取れる。すでに論じたように、教会の憲政秩序的形態は、一五五五年の和議〔アウクスブルクの宗教和議〕以降、具体的な輪郭を取りはじめた。この和議は、帝国の憲政秩序の下で福音派教会の法的地位を認め、霊的《スピリテュアル》な事柄における裁治権《ジュリスディクション》を、その諸侯君主たちがローマ教会を廃棄していた諸領邦における諸侯君主《プリンスリー》・身分《エステイト》（等族）に移し、そして「その地域にはその宗教を」（*cuius regio eius religio*）——すなわち、諸侯君主は自分の領民たちが何を信仰すべきかを決定し、自分の領邦における宗教的形式の画一性を強いることができる——という有名な原理の最終的な生成・発展のための基礎を創出したのである。それゆえに、一五五五年には、領邦〔国家〕の憲政秩序システム（領邦国家教会権 *Staatskirchenrecht*）がはじまった。このシステムにおいては、福音派的領邦国家の諸侯君主は、最終的に、改革権〔改革の正義〕（*ius reformandi*）の〔旗印の〕下で、その領邦国家における教会に関するあらゆる事柄に対して至高の責任を負うことになった(155)。

【憲政秩序に関して生ずる、領邦権力と福音派教会との、そして領邦国家と帝国との緊張関係という問題】

しかしながら、一五五五年以前には、そして、とりわけ一五三〇年のアウクスブルクの信仰告白（*Confessio Augustana*）以前には、諸侯君主による教会支配《コントロール》は確立されていなかったし、教会裁治権《エクレシアスティカル・ジュリスディクション》についてのいかなる受容されたモデルもまた存在しなかった。比較的初期の著作においては、ルターは教会秩序の諸問題について寛容《ラティテュディナリアン》なアプローチをとり、法的かつ儀礼（祭祀）的な諸問題がキリスト教徒の良心ないし精神に負担をかけるようなことがあってはならない、と論じた(156)。ところが、宗教改革の最初の年月において宗教的教義がしばしば常軌を逸した形で広まったために、指導的な宗教改革者たちはまもなく、かれらは教会と教会において説教される教義とを法的に統制する首尾一貫した諸道具を必要としている、との決定を下し、そして、教会での教義や奉仕における正統性《オーソドクシー》を監督するために、監視《ヴィジテイション》の立憲主義的な機構《メカニズム》ないし諸令《オーダーズ》を構想しはじめた。しかし、これらの案件には、宗教改革者たちにとって、宗教的にも立憲主義的にも多くのきわめて微妙な含意があった。福音派教会は世俗権力といかに関係すべきか、法（律法、法律）はいかにしてこの教会に適用されることが許されるか、福音派教会は厳密にはいかにして制度的にローマ・カトリック教会から区別されるか——これらの諸問題をかれらは提起したのである。それらに加えて、諸侯君主は教会を支配《ガヴァン》（統治）することが許されるであろう、という示唆はまた、諸侯君主と帝国との間の関係という、そして、諸侯君主が宗教政策において正当に帝国に対して反抗しうるであろう範囲という、憲政秩序に関する微妙な問題に係わることにもなったのである。

【領邦教会の憲政秩序、領邦宗務局、福音主義的監督制度の成立】

メランヒトンは、教会の立憲体制（憲政秩序）の制度化に関する諸論争において指導的な役割を演じた。教会に対する監視《スーパーヴィジョン》の最初期の諸モデル、たとえば一五二七―二八年の監視令（*Order of Visitation*）は、大部分、メランヒトンの考えが産み出したものであった。これらの文書において、メランヒトンは、教会を規制する諸法は神の前での義認《ジャスティフィケイション》をもたらすことには役立ちえないにしても、「教会の人間秩序《ヒューマン・オーダー》」は本質的であり、世俗世界（現世）における神によって命じられた諸権威はこの秩序を保護するのに役立ちうる、という確信を表明した[157]。それゆえに、メランヒトンは、宗教の内面的な諸実践は諸侯君主の裁治権《ジュリスディクション》に服さないとしても、教会の外面的な秩序は必然的に諸侯君主の法的責任に帰属する、と結論づけたのである。メランヒトンによるアウクスブルクの信仰告白（*Confessio Augustana*）の二八条は、その際、教会という内面的団体《インナー・コーパス》は、教義と説教にのみ献身すべきであり、したがって、神の言葉によってのみ支配《ガヴァーン》されるが、しかし、「世俗的諸権威」は、市民（世俗）的平和や外面的秩序の維持を監視するために、「神によって権威づけられている」、と明言している[158]。最初の教会の憲政秩序は、その後、一五三八年に提起された。これは多くの神学者たちの、主としてユストゥス・ヨナスの、しかしまたメランヒトンの、仕事であった[159]。この教会の憲政秩序は、決して充分に実施されなかったにもかかわらず、教会に係わるあらゆる事柄を監視《スーパーヴァイズ》し、そして、以前ローマ・カトリック教会においては教会法《キャノン・ロー》を適用する裁判所に許されていた立法権限《レジスレイティヴ・コムペテンシーズ》を引き受ける、領邦宗務局《テリトリアル・コンシストリーズ》の確立を見越していた。これらの宗務局は、それらの裁治権《ジュリスディクティヴ・パワー》を「領邦君主の勅命」から直接引き出し[160]、そして、そこにおいて諸侯君主が最終的に教会監督（*cura ecclesiastica*）あるいは教会における最終的裁治権《ファイナル・ジュリスディクション》（最終審）の諸権利を引き受けることになる、法的組織化過程を開始した。実のところ、これに加えて、メランヒトンもまた、一五四〇年代初期における福音主義的監督制度《エピスコパシー》を伴う短命の実験を主宰した。この時期のかれの書簡において、メランヒトンは、最高の教会秩序は、いずれも教会の「パトロン」（Patronus）の役割を演じる「地域の君主」の権威に服する、宗務局《コンシストリー》と主教《ビショップ》（司教）を含むそれである、と明言した。[161] かれは最終的にナウムブルクの福音派主教としてのニコラウス・フォン・アムズドルフ〔一四八四―一五六五〕の叙任を推進し、そして、監督制秩序《エピスコパル・オーダー》と諸侯君主支配とは相互に支えあっている、と主張したのである。[162]

【教皇から領邦諸侯君主への教会支配権の移行：宗教改革そのものがもたらした聖俗両システムにおける法的危機に対処する、というモティーフから成立する福音派教会の憲政秩序】

それゆえに、諸侯君主の自然法《プリンスリ・ナテュラル・ロー》というメランヒトンの概念の影響下に、福音派教会は急速に初期の領邦国家に統合された。ルター自身もまた、言葉を濁すところがなかったわけではないにしても、教皇から領邦諸侯君主への教会支配権《パワー・オーヴァー・ザ・チャーチ》の移行を黙認していた。諸侯君主による教会の保護監督《カスタディ》の容認《カウンテナンス》にルターが吝かではなかったことは、諸侯君主は宗教的諸問題において政治的抵抗や独立の諸権利を有する、という一五二〇年代のかれの主張から、すでに見て取れた。これらの議論は、諸侯君主は自分自身を信仰の保護者（*defenders of faith*）として表明しうる、ということを示唆していた。後に、ルターは、メランヒトンに従って、福音派諸地域における監督主教《エピスコペイト》の復活にしぶしぶ同意し、ナウムブルクにおけるアムズドルフの叙任を是認《エンドーズ》した。ルターはこのことを正当化するために、かれは「修道院《モナステリーズ》を破壊する」野心を決して持っていなかったし、その代わりに、かれが意図していた宗教改革は、いかにして修道院が改革され統治されるべきか、ということ対して一つの例を挙げる」ことであった、と述べていた。[163] それゆえに、ルターは福音派の諸主教《ビショップス》の叙任を認可《アプルーヴ》し、これらの主教は「世俗世界（現世）の財富や権力」には係わらず、霊的秩序《スピリテュアル・オーダー》に付随する事柄にのみ責任を負う、と規定した。(164) しかしながら、これにもかかわらず、ルターは領邦〔国家〕における教会の組織化に対して熱心であったとしても、その熱心さは決して慎重さ《サーカムスペクト》（多方面に目配りすること）を超えることはなく、これを例外的解決と見なし、決着をむしろ福音派的諸原理に固執しながら引き延ばしていた。たとえば、領邦〔国家〕の憲政秩序に関する初期の諸論争において、かれは一五二〇年代や一五三〇年代における領邦〔国家〕における教会の規制に向かう傾向が増大していくことについて、手厳しい注釈をしていた。宗教改革以前には、教皇は説教の任務《オフィス》を世俗世界の統制《レジメント》と混同していたが、宗教改革はいまや、世俗権力の任務を説教の任務と混同する宗務局体制《コンシストリアル・コンスティテューション》を押し付けた、とルターは論じた。この宗務局体制の下では、「邪悪な法律家たち《ローヤーズ》」が「説教者たちにかれらが何を説教すべきか告げ」ようと試みた、とルターは主張した。したがって、ルターは「霊的統制《スピリテュアル・レジメント》を管理・運営しようとする世俗的領主たち《ロード》」を、そして「教皇や主教《ビショップス》に成り代ろうとするすべての人たちを、攻撃したのである。(165) はっきりいえば、監督制度《エピスコパシー》の再導入に同意するに際してさえ、「世俗的な権力者たち」は、福音派教会をそのローマ・カトリックの敵対者たちから保護するために例外的に要請される「やむなく置かれた主教たち」（bishops of necessity）（*Not Bischoue*）(166) としてのみ活動しうるにすぎない、とルターは論じたのである。かくして、ルターは教会の法的組織化に対する自分の初期の懐疑を決して完全には放棄していなかったし、かれの主要な意図は、あくまでも教会を信仰の場として単純化することであり続けた。それゆえに、上で考慮された他の観点におけるように、福音派教会の法的管理《リーガル・アドミニストレイション》に関する諸議論においては、しばしば最初の宗教改革者たちの初期の理想像《ヴィジョン》とは矛盾しながら、かれらが当初罵倒していた法秩序の諸要因《エレメンツ》を同化し、しかも、それらを法（掟、律法）の例外的様相《アスペクツ》として正面切って正当化する一組の法形態が現われた。福音派の教会法と教会の立憲体制（憲政秩序）との展開は、宗教改革がいかにしてそれが刺激した諸々の法的危機を吸収しようと格闘し、そして、それがいかにして教会と国家との両方の法秩序の崩壊に対して急速に生じてきた諸々の応答によってのみ維持されたか、これをとりわけ明示しているのである。

【小括：ルター主義の中核にある、理性と意思、法（掟）と自由の分裂：現存する法規範の基礎の崩壊：領邦国家権力の正当化、法の実定的妥当化、法の自己妥当化の必要の成立】

それゆえに、結論としては、ルターの宗教改革はきわめて複雑な法的状況に対して応答したのであり、そして、それは少なからず複雑な法的遺産を後に伝えた、と論じうるであろう。まさしくルター主義の中心には、理性と自由との間の、すなわち、神の法と神の自由との、しかしまた、自然法の形而上学的諸理念と人間の意思との間の、破断《ラプチャー》（裂壊）があった。はっきりいえば、実践的にも理論的にも、宗教改革は法（掟、律法）の単一の基礎づけを掘り崩したのである。実践的には、宗教改革は、新しい権力利害関心が法（掟、律法）を占有すること、継受された法秩序の中に区別を持ち込むこと、法（掟、律法）から宗教的義認《ジャスティフィケーション》（正当化）の最後の痕跡を消去することと、これらのことを容認した。理論的には、宗教改革は、すべての法（掟、律法）を永久法《エターナル・ロー》以外のものとして定義し、そして、法（掟、律法）に価値を付与する《ヴァロライジング》諸原理を、権威の多くの拠点《サイツ》から実定的に発動《インヴォーク》されうる狭い一組の機能的あるいは功利主義的な考慮に制限した。宗教改革が法（掟、律法）に関して示唆した決定的なことは、①法（掟、律法）は自由であること、②法（掟、律法）は実定的形態において実定的意思によって行使（執行）されること、そして、③法（掟、律法）に関する論争は実定的諸用語（表現形式）に基づいて行なわれなければならないこと——これらのことである。はっきり述べるならば、このことの必然的帰結《コロラリー》として、宗教改革はまた、ドイツにおける国家の特性（statehood: Staatlichkeit ：主権と実定法に基づく近代的法治国家の特性）は自由なそれでなければならないし、そして、この国家の特性はその正統性を自然法のあらゆる形而上学的に構造化された諸理念以外のものとして説明しなければならない、ということを必然的に示唆した。しかしながら、法（掟、律法）におけるこうした形而上学的な破断《ラプチャー》（裂壊）を開始《インスティテュート》しておきながら、ルターは法的基礎づけのモデルを考慮に入れておかなかったし、きわめて特異な（例外主義的な）あるいは矛盾した表現形式（用語）で、法（掟、律法）の価値と法（掟、律法）の下における自由とを考慮したにすぎなかった。事実、一般的にいえば、人間の意思の実定的諸行為《ポジティヴ・アクツ》〔立法行為〕は完全に妥当する諸法（掟、律法）を創造しうる、ということをルターは否定したのである。ルターが主張するところによれば、妥当する法（掟、律法）は、人定法でも自然法でも神定法でもない。それは新しい掟（法）（*new law*）であり、この新しい掟（法）は信仰の下に統合された教会と信仰共同体（*Gemeinde*）においてのみ現存する。それゆえに、ルター以後の福音派の法理論家たちは、実定化《ポジティヴィゼイション》の二重の問題に直面したのである。かれらが直面した法は、理性とのその形而上学的な統一性を剥奪されたもの、したがって、実定的妥当化《ポジティヴ・ヴァリデイション》を必要とするものであった。しかしながら、かれらが直面したような、こうした実定法《ポジティヴ・ロー》あるいは人定法《ヒューマン・ロー》は、完全に妥当なものとして明確化《アーティキュレイト》されえなかった。なぜならば、それは信仰に対する法（掟、律法）の劣位によって、そして、宗教改革の最初の諸宣言における律法（掟、法）の貶価によって、影響を受け続けていたからである。それゆえに、かれらの最初の理論形成においては、宗教改革から生成・展開した諸法（掟、律法）は危うい基盤の上に現存し、それらは絶えずそれら自身の逆説性に取り組むことを強いられ、そして大部分の法（掟、律法）は、それらの実定的権威を、例外的（特異）に正当化された諸原理として、まさにそれらが対立する法（掟、律法）のモデルから法的に構成されたものを寄生的に借用することを通じて、あるいは自己妥当化《セルフ・ヴァリデイション》という矛盾した諸活動を通じて、説明したのである。理論家たちが、理性と意思との間の、そして法（掟、律法）と権力との間の、完全無欠《インテグラル》な関係を、福音主義的諸根拠に基づいて再構築しはじめたのは、そして、形而上学以後、逆説なしに、人定法がいかに妥当なものでありうるか、そして近代国家の特性（statehood）を持つ自由がいかにイメージされうるか、これを説明しはじめたのは、ようやく宗教改革以後、旬日を経てからにすぎなかった。

第二章　初期啓蒙思想——どちらの自然法なのか？

【近代国家形成と憲政論争のイングランドとドイツにおける差異】

近代ドイツの初期における国家建設および理論形成の諸動態は、他の諸国におけるそれらとは著しく異なっていた。他のヨーロッパ諸国においては、近代の初期を一般的に特徴づけたのは、〔近代〕国家の特性（statehood: Staatlichkeit）が強固なものになったこと、すなわち、一つの著しく構造化された執行（行政）機関による一定の領域に対する支配が一様な形で次第に拡大していったことであった。ところが、ドイツでは、〔近代〕国家の特性（statehood）の生成・発展は、概して、より慎重かつより防御的な軌跡を辿った。この時期には、もっとも強力なドイツ諸〔領邦〕国家でさえ、それら自身を独立したものとして構築することができなかったし、あるいは、〔神聖ローマ〕帝国の外で近代国家の特性（statehood）の基本的諸機能〔の遂行〕に対して責任を充分に果たすことも、行政的権威を充分に確立することもできなかった。この行政的権威が心を砕いたことの大部分は、帝国によって授与された裁治権上の特権を漸次自分の権力とし、それを用心深く守護することに集中していたからである(1)。したがって、宗教改革以後のイングランドでは、法廷、教会、税制のすべてを統制《コントロール》する統合《インテグレイト》された君主制的執行機関が急速に強化されたが、これに対して、ドイツの諸〔領邦〕国家はきわめて試行錯誤的な形でしかそれと類比しうる制度的特徴を帯びることはなかった。この結果、ドイツにおける国家形成の初期からはじまっている憲政論争《コンスティテューショナル・ディベイト》は、きわめて独特なものであった。たとえば、イングランドでは、宗教改革の世紀からはじまっている憲政論争《コンスティテューショナル・ディベイト》は、広範囲において、主権的かつ政治的に独立した国家が現存することは政治的生活の基礎的事実である、ということを前提にすることができた。これらの論争の焦点になったのは、①主権国家内部での行政機関内の均衡の諸問題、②さまざまなレヴェルでの裁治権上の権威間の権限《コムピテンス》配分、③内乱（清教徒革命）(Civil War) 以前には、最終的に、議会と君主制の関係であった。かくして、近代イングランドの初期の憲政秩序（立憲体制）をめぐる紛争《コンフリクツ》や和解《セツルメンツ》は、すでに現存し統合《インテグレイト》されていた政治的団体《バディ・ポリティック》のさまざまな諸要因《エレメンツ》（境域）の間で法（法律）によって組織された調停《アコモデイション》を確保することを目指していた。[2] これらの紛争の中心にあったのは、法（法律）や法廷（裁判所）は権力の執行《アドミニストレイション》において形態形成的《フォーマティヴ》な役割を演じ、しかも、法（法律）は、コモン・ローの法廷（裁判所）に係留される（結びつけられる）ならば、包括的《オーバーアーキング》な政治的秩序を形づくるための、そして、権力の恣意的行使を制限するための、強力な媒体として作用しうる、という想定である。それゆえに、この時期におけるイングランドの政治思想の核心にあったのは、法（法律）〔について〕は国家の内部で論議《コンテスト》されうるし、国家構造〔について〕は法（法律）によって論議されかつ形成されうる、という信念である。ドイツでは、対照的に、同じ時期の憲政秩序（立憲体制）についての諸論争は、主として、初期の領邦国家と〔神聖ローマ〕帝国との間の諸関係を明確化《アーティキュレイト》することに集中した。だから、これらの諸論争への参加者たちの主要な目標は、通常、①立憲主義的な義務を負う政治的組織体として帝国を定義することであり、②一定の諸権限《コムピテンシーズ》は、とりわけ裁治権上の統制権は、帝国から完全に切り離され、領邦国家に委譲されるべきである、という主張を擁護することであった。これらの論争の基礎にあったのは、大部分の個々の〔領邦〕国家はいまだそれら自身の充分に独立した法（法律）

あるいはそれら自身の充分独立した裁治権《ジュリスディクション》を持たず、しかも法（法律）はいまだ国家建設の実定的媒体ではなかった、という知識である。その結果、領邦国家は、主として、それら自身の国内構造を組織化するためではなく、帝国による権力行使に消極的な制約ないし制限を課するために、法（法律）を使用しようとしたのである。

【初期近代ドイツ領邦国家の憲政秩序形成における歴史的制約：領邦国家と帝国との間の裁治権をめぐる緊張】

それゆえに、宗教改革以後のドイツにおける法（法律）と憲政に関する初期の論議が志向したのは、主として主権国家を組織化することではなく、限られた主権を持つにすぎなかった台頭しつつあった領邦国家に対する、その外部に源泉のある〔ローマ・カトリック教皇及び神聖ローマ皇帝などの〕法的権力の影響力を、制限することであった。この理由のために、領邦国家の形成には、〔領邦国家の〕外部に原因がある憲政秩序《コンスティテューショナル・オーダーズ》を生み出すが傾向があり、こうした憲政秩序《コンスティテューショナル・オーダーズ》は、〔領邦〕国家内部の憲政的均衡《コンスティテューショナル・バランス》ではなく、むしろ個々の〔領邦〕国家と帝国との間の外的関係に係わっていた。他の〔ドイツ以外の〕より統合《インテグレイト》された政治的組織体《ポリティーズ》においては、近代初期の立憲主義《コンスティテューショナリズム》についての主要な論争は、国家権力を制限すること、そして、国家に対して法と法によって銘記《インシュライン》された諸自由とを強化《インテンシフィケイト》することであった。これに対して、ドイツにおいて、少なくとも多くのケースにおいて、主要な論争が係わったのは、〔領邦〕国家権力を固定化《セメント》すること、そして、〔領邦〕国家の権威を崩壊させかねない諸要因《エレメンツ》を法から排除することであった。この結果、ドイツにおける近代初期の憲政論争《コンスティテューショナル・ディベイト》には、領邦国家内部における権力行使に対する法的制約を控えめにしておく（制限する）ような、そういう領邦〔国家〕権力のより凝縮《コンセントレイト》（集権化）された諸概念に、向かう傾向があった。もちろん、このように論じたからといって、どんな事情の下でも、初期ドイツの憲政理論家《コンスティテューショナル・セオリスツ》たちは、諸侯君主の絶対主義を一様に支持し、かれら自身の諸領邦〔国家〕における均衡の取れた立憲体制《コンスティテューション》（憲政秩序）の生成・発展に何ら関心を示さなかったというわけではない。実のところ、それどころか、あきらかに事態は逆であった。多くの初期の憲政論者（立憲主義者《コンスティテューショナリスト》）たちは、領邦〔国家〕主権を、地域の諸侯君主や統治者《リージェント》（王）たちの準主権的権限《コムピテンシーズ》（権能）と地域の諸身分（等族）ないし領邦議会（Landstände）の慣習的な諸権利、諸自由、諸特権との間の均衡の取れた関係に依存するものとして定義しようとした。(3) にもかかわらず、初期ドイツ啓蒙思想における憲政論争が係わっていたのは、不可避的に、とりわけ、領邦〔国家〕と帝国との関係であり、そして、領邦国家の裁治権《ジュリスディクション》を他の諸法に対して、とりわけ帝国法に対して、保護することであった。(4) はっきりいえば、領邦〔国家〕と帝国との関係が明確にされないままであるかぎり、そして、諸領邦〔国家〕の法的組織化が、諸領邦〔国家〕と帝国との間で分割された裁治権《ジュリスディクション》システムによって決定されるかぎり、個々の領邦国家の内部で、いかにして権力の均衡がはかられるか、あるいはその分配がなされるか、という問題を提起することは困難であった。

【初期宗教改革における法一般に対する敵意と宗教改革以後の福音派的憲政秩序の成立：ルター主義の影響を受けたドイツ的憲政論】

この点から見ると、ドイツ諸領邦〔国家〕に登場した初期の憲政論争《コンスティテューショナル・ディベイト》は、宗教改革の初期に展開された神学的な政治的諸概念との複雑な連続性を形成していた。宗教改革のかなり長期にわたった余波は、はじめは例外的な諸手段によって獲得された諸侯君主の権力を、永続的な憲政秩序《コンスティテューショナル・オーダー》において強固なものとしようとするような、そして、この憲政秩序《コンスティテューショナル・オーダー》の諸源泉を永続可能な規範的な用語（表現形式）で説明しようとするような、そういう企てによって、初期の宗教改革の法的諸論争を広めた。さらにいえば、こうして、ルター神学における反法律的反抗《アンチ・リーガル・リヴォルト》は、憲政（立憲主義）思想の中に影響力を持続的に浸透させていったのである。初期の宗教改革者たちは教会を〔教会の〕外から法的に支配することに反対したが、宗教改革以後の数世代の福音派的憲政論者〔立憲主義者〕たちは、帝国が領邦国家を〔領邦国家の〕外から法的に支配することに反対し、政治的権力を普遍化された包括《オーバーアーキング》的な法的秩序から解放し、ドイツの諸々の政治的組織体をそれら自身の法の下に置くための努力を傾け続けた。これらの点から見れば、いまや世俗的秩序に焦点が絞られていたが、ドイツにおける初期の憲政論（立憲主義《コンスティテューショナリズム》）は、ルター主義の一定の主要な諸特徴を反映し、もともとの反形而上学的な衝動と、はじめに宗教改革に形姿を付与していた自然法に対する敵意とを、再び賦活したのである。この時期に精緻化《エラボレイト》（錬成）された〔近代〕国家の特性（statehood）〔自律的な立法・執行・司法の機関を備えた近代主権国家の特性〕についての理論的モデルは、しばしば、より世俗的な方法論においてではあるが、宗教改革における普遍的神政政治の拒絶を再定式化し、そして、〔近代〕国家の特性（statehood）についてのローマ・カトリック的諸理念に含意されていた権力と普遍的法との統一性《ユニティ》（一体性）を引き裂こうとする初期の企てを強化せざるをえなかったのである。

1　カルヴァン主義と自然法

【アルトゥジウス】

【政治的カルヴァン主義：自然法と契約〔合意〕に基づく例外的な立憲主義・共和主義】

自然法的普遍主義《ユース・ナチュラル・ユニヴァーサリズム》に対する敵意において統一されていた初期ドイツ憲政秩序〔立憲主義〕思想は、領邦〔国家〕権力の集中化を促進した。われわれはこのように示唆したのであるが、この示唆にはいくつかの重要な例外がある。周知のように、ヨハンネス・アルトハオスあるいはアルトゥジウス〔一五六三―一六三八〕は、北西ドイツにおけるカルヴァン主義的な政治の影響を強く受けながらも、正統的な政治的秩序についての原・立憲主義的《プロト・コンスティテューショナル》〔憲政秩序論的〕あるいは初期共和主義的《リパブリカン》な説明に先鞭をつけた。この説明の中心を成していたのは、正統的な政治的組織体（polity）の法は自然権《ナテュラル・ライト》の絶対的諸原理に合致しなければならない、という主張であった。「普遍法《ユニヴァーサル・ロー》」は、主権《ソヴリンティ》（高権）（*majestatis*）[5]の形相かつ基体的本質であり」、政治的組織体のすべての成員は、諸侯君主も含めて、このような普遍法によって拘束されている、とかれは論じた。[6]アルトゥジウスはこの理論を敷衍して、さらに、国家は自然法《ナチュラル・ロー》の下で正統性《レジティマシー》を獲得するが、それはこの法が統治者《リージェント》（王）の意志によって制度化（制定）されるからではなく、国家が体現《インコーポレイト》する諸都市、諸村落、諸地域の「共生的《ジュムビオスティック》な普遍的結社《ユニヴァーサル・アソシエイション》」によって基礎づけられているからである、と論じた。国家はすぐれて公的な団体であり、その諸法は諸侯君主の人（人格）的諸属性から演繹しえない。すなわち、国家は「民衆（人民）が所有するもの」であり、国家主権の諸条件は、さまざまな結社の「成員たちの間の同意《コンセンサス》」に由来する。国家主権の起源はこの同意にあるからである。[7]重要なことは、アルトゥジウスはまた、国家を基礎づける諸結社の成員たちの間での合意《アグリーメンツ》は、国家の最高執政官《マジストレイト》および行政官《アドミニストレイト》たちの権力を制限し、そして、国家が専制《テュラニー》に陥る懼れのあるところではどこでも、その国家に反抗することを正当化するために喚起されうる、と明言したことである。[8]はっきりいえば、有機的に構築されている国家というものは、専制に反対する特殊な行政的安全保障を必要とし、そしてそれは、最高執政官《マジストレイト》を任命すること、そして、最高執政官が共和国を制度化（設立）する法ないし合意に違反しないことを保障すること、[10]この両方のことに責任を負う、「共和国の〔貴族から成る〕監督官（ephors）」あるいは「防禦者《ディフェンダーズ》」と呼ばれる代表者たちを、[9]任命しなければならない、とかれは論じた。かれの説明によれば、監督官たちは、「言葉と行為」を用いて「最高執政官の専制」を妨げる機能を持っている。[11]事実、民衆（人民）の代表者としてのかれらの能力において、監督官たちは「最高執政官自身よりもより大きな権力と権威」を有するのである。[12]

【自然権、人の上位にある法としての国家の起源としての二重契約・自然法】

アルトゥジウスの教説の基礎にあるのは、自然権《ナチュラル・ライト》についてのラディカルな立憲主義的な見解である。この教説が主張するところによれば、国家は、公的団体である以上、立憲主義的には、その上位執行官《ミニスター》（閣僚）たちから独立している。国家は法として形成され、そしてこのようなものとして国家は、その代表を託されたすべての個々の人（人格）を睥睨する威厳《ディグニティ》を有する犯しがたい秩序として現存する。国家の高権《マジェスティ》あるいは主権《ソヴリンティ》は、契約《パクツ》や自然法によって定義（規定）され、そして、これらの「高権に由来する諸法」は、あらゆる濫用から——それらの最高管理者《カスタディアンズ》たちの濫用からも——保護されなければならない。[13] 国家のこの自然法に基づく独立性は、第一に、国家を支え生み出す諸機関が結合して達成される同意《コンセンサス》に起源を有する、とかれは説明した。しかしながら、それはまた〔第二に〕「宗教的契約《パクト》」にも起源を有する。この宗教的契約を通じて、執行官《マジストレイト》は、一つの真実の宗教を国家の中に導入し、かつ保持することを、そして、すべての無神論者や異教徒を国家から追放することを、神に約束する。[14] それゆえに、国家は教会を統合《インテグレイト》すべきであり、執行官は教会を超えた権威を持ち、「教会裁判所《エクレシアスティカル・コーツ》」、「長老会《プリスビテリーズ》」、「教会会議《チャーチ・コンシストリーズ》（宗務局）」を統轄《プリサイド・オーヴァー》（統制）すべきである、と政治的主権は正面切って要求する。[15] しかしながら、国家が教会を統合することは、公法ないし諸侯君主の権威の一要因《エレメント》としては正当化されない。その代わりに、国家が教会を統制することは、国家がそれを構成する第二の契約《コントラクト》に服することを意味している。すなわち、国家は、それがその諸々の結合された構成体《コンスティテュエンツ》と締結する契約《コントラクト》に加えて、また神との契約《コントラクツ》にも拘束され、そして、両方の契約は、国家に自然法的義務《ナチュラル・リーガル・オブリゲーション》を課す。したがって、アルトゥジウスにとっては、契約によって基礎づけられる国家は、厳格な教会体制《リジーム》なしには考えられない。そして、この教会体制は国家秩序を厳密に法的な責務《デューティーズ》や責任に結びつける。それから、監督官たち（ephors）には、教会体制《リジーム》に鑑みて自分たちの責務を果たしていない執政官を、誰であれ、暴君《タイラント》として否認する権限が与えられる。[16] 聖俗両方の政治において、アルトゥジウスは、国家を、その人（人格）的構造において国家から独立し、一組の厳格な諸法をめぐって構造化されたものと、そして、主権を、人（人格）によってではなく法によって構成されかつ定義されたものと見なしたのである。

【パレウス】

【カルヴァン主義と個人的良心の優位性、ラディカルな自然法】

同時代に、ダーフィト・パレウス〔一五四八―一六二二〕は、カルヴァン主義の政治的諸要因《エレメンツ》を、南西ドイツとりわけプファルツ地方の政治に適用した。パレウスは、ラディカルな自然法についての教説を提示した。かれの主張によれば、個人的良心の権利は、政治的秩序から独立して現存し、あらゆる政治的立法に対して一定の優位性を保っている。だから、市民たちは専制的政府を打倒するあらゆる利用可能な手段を用いる資格を与えられている、とかれは断言した。[17] アルトゥジウスと同じく、パレウスもまた、統合された教会体制《リジーム》を是認した。すなわち、領邦国家の支配者《ルーラー》たちは公的団体としての教会に対する権威を保持している、とかれは論じたのである。[18] しかしながら、パレウスはまた、教会は国家とは別個の憲政秩序を保有しなければならず、そして、教会の長老たちは宗教的かつ政治的な〔権力の〕濫用があるときは、国家に抵抗する権限を与えられている、とも主張した。[19]

【初期啓蒙思想における例外としてのアルトゥジウスとパレウスの政治的カルヴァン主義】

とはいえ、政治的カルヴァン主義のこれらの顕著な事例はおそらく、ドイツにおける初期の立憲主義思想を充全に代表するものとして受け取ることはできない。たとえば、パレウスの著作は、ドイツ諸国家においてよりもイングランドにおいてより広く影響を与えていたし、アルトゥジウスの重要性が充分に認識されたのは、ドイツ立憲主義《コンスティテューショナリズム》の発展におけるより後の時点であったにすぎないのである。初期ドイツ啓蒙思想における政治理論の主流を動かしていたのはむしろ、法的権力や司法的《ジュディカル》〔裁治権に関する〕統制《コントロール》の諸問題について頑強に普遍主義を貫くような態度ではなかった。はっきりいえば、たしかに、カルヴァン主義の正典《キャノン》の外にあった〔政治的カルヴァン主義の〕諸著作もまた、抽象的な法自然主義〔自然法論〕に反対する傾向に、すなわち、普遍的諸理念を手掛かり〔梃子〕にすることを政治権力が自己釈明〔自己正当化〕することに限定する傾向に、あったのである。ところが、それらの著作は、領邦〔国家の〕権限の形式的制限よりも、むしろその権限の強化に結びつけられたのである。

2　神聖ローマ帝国は憲政秩序を有する国家なのか？

【憲政秩序（裁治権）をめぐる領邦国家と帝国の危うい勢力均衡関係】

一五五五年の宗教和議《ピース》は、憲政体制に関する暫定的な和解を打ち出し、領邦諸侯君主の権力の拡大を認め、宗教的裁治権《ジュリスディクション》における領邦〔国家〕の独立を暫定的に裁可し、さらに他の諸領域における裁治権の独立も促進した。だがそうだとしても、それはまた、それに続く憲政秩序をめぐる敵対関係という難題の核心をも形成していたのである。実のところ、一五五五年の和解《セトゥルメント》は、明らか宗教改革によって生み出された法の諸条件に対する急場凌ぎの応答であったし、この時期の法の例外状況《エクセプショナリズム》の風潮《クライミット》を鎮めはじめはしなかった。逆にそれは諸侯君主身分〔等族〕と帝国との間の危うい勢力均衡を安定させたにすぎないし、法秩序の本格的基礎づけや帝国と領邦〔国家〕の両レヴェルでの裁治権の境界を未解決のままに残した。一六〇七年—〇八年以後、ドナウヴェルト（Donauwört）というルター派の町が帝国によって併合され、強引に再カトリック化されて、バイエルンのカトリック裁治権の下に編入されたとき、一五五五年に締結された協定《アコード》は、結局のところ、維持されえないものとなった。この出来事は、帝国の憲政上の諸権威に関する論争を再燃させ、宗教的諸集団の両極化と信仰同盟《コンフェッショナル・アライアンス》の新たな形成を促した。

事実、多くの点から見て、三〇年戦争は——その到来はドナウヴェルトの併合によって加速されたのであるが——一五五五年にはやくも先走って現れていた憲政秩序をめぐる敵対関係の最終的爆発であった。

【皇帝の人格(個人)的高権に対する帝国の実在的(現実的)高権の優位、帝国国法学者：ケーニヒ、シュテファーニ、ベゾルドゥス、アルメウス、リムネウス、カルプツォフ、ヴィツェンドルフ、ラインキンク：混合体制（混合憲政秩序)】

一六〇七年以降、とりわけ一六一八年以降、ドイツ諸〔領邦〕国家において、帝国国法ないし帝国公法（*Reichsstaatsrecht*）についての専門的学問が成立した。この専門的学問は、この時代の憲政秩序《コンスティテューション》（立憲体制）と信仰に関する諸論争の強い影響の下に形姿を付与され、生成・発展を遂げた。実のところ、その初期の年代においてさえ、その公法学を標識づけていたのは、二陣営に分かれた法律家や理論家たちであり、一方の人たちは、帝国を、皇帝がそれについて人格的支配権《パーソナル・ドミニオン》を有する立憲君主制的形態と見なし、そして、他方の人たちは、帝国を、公的に構成され義務づけられた国家（*state*）、すなわち拘束力のある法的秩序を持つ政治団体《バディ・ポリティック》、そして、皇帝と領邦諸侯君主たちとの間で権力の均衡がはかられている憲政秩序《コンスティテューション》（立憲体制）、このようなものと見なした。一六〇七年と一六一八年の間に、たとえば、ラインハルト・ケーニヒは、帝国の高権《マジェスティ》（主権《ソヴリンティ》）（Hoheitsrechte）〔iura maiestatis〕と皇帝のそれとは区別されるべきである、と萌芽的に〔将来実を結ぶ形で〕論じていた。ケーニヒの主張によれば、帝国の高権は実在的（現実的）高権（*real* majesty）であるが、これに対して、皇帝の高権は人格的（個人が有する）高権（*personal* majesty）であり、そしてこの皇帝の人格的（個人が有する）高権は、一国家としての帝国の実在的高権に由来し、これに対しては二次的なものである。帝国の実在的高権の一代表としてのみ、皇帝は人格的に（個人として）立法の権限を与えられるにすぎないから、皇帝は一人格（個人）としてはいつも、帝国の憲政上の法に従う、とケーニヒは結論づけた。[20] 類比していえば、マティアス・シュテファーニ〔一五七〇―一六四六〕もまた、皇帝は誓約《オウト》によって「帝国の諸法」に拘束されている、と主張した。[21] クリストフォルス・ベゾルドゥス〔一五七七―一六三八〕は、帝国は皇帝と諸身分《エスティツ》（等族、議会）との間で分有された権力を伴う混合憲政秩序によって規定（定義）される、と異句同音に論じた。[22] これに続いて、ドミニクス・アルメウス〔一五七九―一六三七〕は、これらの諸原理を洗練し、帝国の権力に本来備わる高権《マジェスティ》は、皇帝という個人（人格）からではなく、カピトゥラティオから（*ex capitulation*）、すなわち、皇帝と選挙侯たちとの間で同意された契約《コムパクト》から、引き出される、と論じた。これらの契約は、一度合意されるならば、帝国における権力はいかにして行使されるべきか、を決定する、諸々の憲政上の基本法を形成した。[23] 僅かに遅れて、ヨハンネス・リムネウス〔一五九二―一六六三〕は、帝国の高権ないし主権はもともと帝国の憲政秩序形態そのものにあり、この憲政秩序《コンスティテューション》（立憲体制）は帝国的権威の唯一の担い手である、と主張することによって、この憲政秩序モデルを押し進めた。かくして、皇帝は、一個人（人格）としては、この憲政秩序（立憲体制）の保護者であったが、しかし、この憲政秩序は皇帝の個人（人格）的権力から独立して現存していたし、かれの個人（人格）的権力は、その憲政秩序（立憲体制）が含む「基本法《ファンダメンタル・ローズ》」によって拘束されていた。[24] 要するに、この議論が残したものは、帝国は実在（現実的）的高権を伴う国家であるが、この実在（現実）的高権は王朝的あるいは個人（人格）的な高権には還元できないということ、そして、この国家における法的強制の行使はこの国家の憲政秩序形態によって統制されているということ、これであった。もちろん、リムネウスは、皇帝の役割（の重要性）を全面的に否定したわけではなかった。かれは皇帝を帝国の管理・運営（行政）における至高の機関と見なしていたからである。しかしながら、かれは皇帝によって代表された国家を混合体制（*status mixtus*）として解釈したが、この混合体制の権力は、皇帝の個人的人格に由来するのではなく、諸侯君主の諸身分《エスティツ》（等族）を組み入れる憲政秩序《コンスティテューション》（立憲体制）に由来するのである。[25] この時代の他の主要な憲政理論家たちもまた、類似した主張を打ち出した。たとえば、ベネディクト・カルプツォフ〔一五九五―一六六六〕は、帝国は――皇帝の個人（人格）的高権と帝国の実在的高権とを結びつける――二重の高権を持つ混合国家（mixed state）である、という理論に賛意を表した。かれが強調したところによれば、帝国の実在的高権は「帝国とともに出現し」、「帝国の基本的諸法」に基づいているが、皇帝の個人（人格）的高権は、このより高い高権に起源を有し、かつこれによって必然的に制限されている。[26] ドイツ諸領邦〔国家〕におけるすべての初期の国家理論家たちが、帝国の主権についてのこのような憲政上の見解を抱いていたわけではない。たとえば、ヴィルヘルム・ヴィッツェンドルフは、混合的な執行・運営（行政）秩序を伴うものであったにせよ、帝国の憲政秩序（立憲体制）についての君主制的定義に与する議論を行なった。[27] テオドール・ラインキンク〔一五九六―一六六四〕はジャン・ボダン〔一五三〇―一五九六〕に由来する諸理念により近い、君主制的な帝国概念を支持した。皇帝は国家の諸法によって拘束されず、独立して諸法を布告する資格を与えられている、とかれは論じた。[28] いずれにしても、帝国の人格性の分割（divided personality）を強調し、そして、憲政上の法〔の制定や執行〕に参与しつつ、それに従う人（臣民、主体）たちとしての選帝侯や諸侯君主〔の役割〕に、重要性を付与していた諸理論は、一七世紀初頭のドイツにおいて普及していた憲政論争の精神をとらえていたのである。

【ゼッケンドルフ、ツィーグラー】

【混合憲政秩序：帝国高権・皇帝権・領邦君主権】

混合憲政秩序《ミックスト・コンスティテューション》に与するこれらの論議は、領邦〔国家〕の独立性と不可侵性をより確信的に力説する一六四八年以降の憲政理論の主要な路線のための根拠を用意した。これはフェイト・ルートヴィッヒ・フォン・ゼッケンドルフ〔一六二六―一六九二〕の影響力のある広く読まれた諸著作において典型的な形をとった。ゼッケンドルフは、一六四八年のウェストファリアの和平協定を、諸侯君主権力の家父長制的拡張を準備し、かつ諸侯君主が、完全な立法主権《レジスレイティヴ・ソヴリンティ》——すなわち、かれの土地に善き法と秩序を確立する権力——を獲得することを許すもの、と見なした。[29] ゼッケンドルフは、諸領邦〔国家〕における完全に独立した主権を全面的に支持したわけではない。諸侯君主はなお、「帝国の秩序と法」に「従属することを示すこと」を、そして、諸侯君主自身の諸法は「帝国高権《イムペリアル・マジェスティ》とすべての身分《エステイツ》（等族、議会）によって全ドイツに対して規定された」諸法に違反しないことを請合うことを、余儀なくされている、とゼッケンドルフは論じた。[30] はっきりいえば、皇帝は「この世俗世界においてそれ（その高権）にまさるいかなるものも持たない」という事実そのものに、皇帝の高権は由来する。ゼッケンドルフは皇帝の高権をこのように見なしたのである。[31] しかしながら、かれもまた、皇帝は一定の憲政上の「諸条件」に拘束され、しかも帝国の権威は諸領邦〔国家〕の均衡システムの内部でのみ行使されうるにすぎない、と主張した。[32] 同時代には、カスパー・ツィーグラー〔一六二一—一六九〇〕もまた、帝国の「高権《シュープリーム・パワー》（至高の権力）」の源泉が憲政秩序（立憲体制）にしかないことを否定することは「ばかげたこと」であろう、と断言した。かれは、皇帝の二重の人格性についての初期の諸理論に反対し、そして、皇帝の高権は「帝国全体の高権」[33] から帰結するが、その憲政上の起源を、帝国を構成する諸機関の中に——すなわち、その各々が「自分自身の地域」において正当に全権を行使する諸侯君主の中に——有する、と論じたのである。[34]

【コンリング】

【皇帝と諸侯君主との契約：領邦国家主権の擁護】

初期近代ドイツのすぐれた法制史家、ヘルマン・コンリング〔一六〇六—一六八一〕はまた、帝国の必然的に憲政秩序（立憲主義）的な形態を論証するために、歴史的解釈と法学的演繹とを取捨選択して取り入れながら、憲政秩序《コンステテューション》（立憲体制）についての強力な理論を是認した。皇帝は諸侯君主と締結された諸契約《パクト》によって義務づけられており、これらの諸契約は憲政上の拘束力を有する。すなわち、皇帝がこの憲政秩序《コンスティテューション》の諸約定（契約条項）（stipulations）に違反する懼れがあれば、皇帝に対する直接的な抵抗さえ正当である、とコンリングは結論づけた。[35][36]この時期の主要な憲政秩序に係わる理論家たちの中では、おそらくコンリングは、帝国の信用を完全に貶めることおよび無制限の領邦〔国家〕主権を擁護することにもっとも近づいていた。帝国は皇帝にではなく、帝国の諸侯君主において基礎づけられている、とかれは主張した。すなわち、帝国という国家とは、「帝国の諸身分《エスティッ》（等族、議会）（*Reichsstände*）のことである、とかれは論じたのである。[37]

3　〔領邦国家の〕主権的裁治権と法の統一性

【領邦国家主権の基礎としての立法権と裁治権】

憲政に関するこれらの諸教説は、それらの制度的諸含意においては、憲政秩序《コンスティテューショナル・オーダー》と有機的秩序《オーガニック・オーダー》との両方を確立しようとしていた。その際、憲政秩序においては、権力のさまざまな源泉が互いに相殺され、かつ制限され、有機的秩序においては、帝国が統合された国家秩序として解釈され、特殊な諸制度は明確に規定（定義）された権限《コムピテンス》を有する。しかしながら、さらに基本的なことをいえば、これらの教説はまた、神聖ローマ帝国における法の外因性《イクスターナリティ》〔教会法、帝国法、ローマ法の受容〕に対する諸々の対案を見出そうとする、そして、立法権《レジスレイション》と裁治権《ジュリスディクション》が凝集した中心として領邦〔国家〕権力の拠点を確固としたものにしようとする、そういう努力を標示していた。したがって、これらの論争を基礎において衝き動かしていたのは、均衡のとれた法への要求ではなく、ドイツ諸〔領邦〕国家に首尾一貫して適用され、確乎とした〔近代〕国家の特性（statehood）の諸々の基礎づけの上に置かれた、法への要求であった。

【ゼッケンドルフ、プーフェンドルフ、コンリング：近代国家の必要条件としての裁治権：ドイツにおけるローマ法の権威に対する批判の端緒】

たとえば、一六四八年以降、ゼッケンドルフもまた、諸侯君主は帝国の法令《スタテュート》に違反する諸法を承認《パス》（制定）することは許されない、ということを受け入れてはいたが、「最高の裁判権《ジュディカル・パワー》」は諸侯君主権力の譲渡不可能な属性である、という事実を強調した[38]この見解は、ザムエル・プーフェンドルフ（一六三二―一六九四）によって支持《セコンド》された。かれは集中化された「裁治権《ジュリスディクション》」を正規（通常）の近代国家が備える憲政秩序（立憲体制）(state-constitution)の決定的特徴と見なしたからである。[39] コンリングもまた、裁判所の統制は主権の至高の特質《ホールマーク》であり、外部の裁判所に釈明義務のある国家は「自由な共和国」ではない、と断言した。[40] それどころか、かれは、「裁判所の業務」を規制することは自由な〔近代〕諸国家の主要な関心事である、と論じた。[41] この点で、コンリングは普遍的に適用される法のモデルを批判的に省察し、帝国の裁治権秩序《ジュディカル・オーダー》を疑問に付した。かれは、帝国や教皇によって促進され、広められたローマ法を、普遍的妥当性への自然に適った要求（主張）を欠くものとして、そして、ドイツの民衆（人民）の歴史的に形成された法文化と相容れないものとして、記述した。[42] この点から見ると、コンリングの著作は、ローマ法はドイツにおいて議論の余地がない権威を有していない、と主張する法思想の長い伝統の端緒を標示していた。事実、それ（ローマ法）はドイツ諸〔領邦〕国家の固有の法的かつ政治的な文化を掘り崩すのに役立ったのである。[43]

【シュトゥリキウス、ルーデヴィヒ、シュトゥルーフェ、グントリング、ブッデウス：裁治権に基づく領邦国家主権】

しかしながら、政治的注釈学者《コメンテイター》たちが、領邦〔国家〕権力の最終的な基礎固めを、そしてまた諸侯君主による裁判所の完全な統制を強く主張しはじめたのは、ようやく一七世紀末と一八世紀初頭の数十年においてであった。[44] 一六九〇年代のはじめ、ザムエル・シュトゥリキウス〔一六四〇―一七一〇〕は、諸侯君主は「自分の領邦〔国家〕の境界内で」完全な裁治権《ジュリスディクション》を享受する、と論じた。[45] ヨーハン・ペーター・ルーデヴィヒ〔一六六八―一七四三〕は、コンリングによって用いられた初期歴史主義的方法を拡張して、ドイツ諸領邦〔国家〕はようやく帝国から独立して現存し、法における完全な主権への諸要求において正当化される、と主張した。[46] ブルカルト・ゴットヘルフ・シュトゥルーフェ〔一六七一―一七三八〕は、同じく、諸侯君主は自分の領邦〔国家〕内では「まさしく最高の裁治権」を行使する資格を与えられている、と主張した。[47] ニコラウス・グントリング〔一六七一―一七二九〕もまた、歴史的諸事例を引き合いに出して、諸領邦〔国家〕はもともと帝国から独立していて、それらの法的諸権力を高権《マジェスティ》という最高の法として行使しうる、と論じた。[48] 帝国の高い威厳と権威に依然として固執しながら、グンドリングもまた、領邦〔国家〕の裁治権を擁護し、[49] 高権の行使を願う者は誰もが、立法手続きのみならず、裁判所における諸法の解釈をもまた統制しようとしなければならない、と説明した。[50] それゆえに、かれは「審判者《ジャッジ》でない王は王ではなく、審判者でない皇帝は皇帝ではない」と結論づけた。[51] 同じ時代に、ヨーハン・フランツ・ブッデウス〔一六六七―一七二九〕もまた、主権は至高の裁治権を中心にして回転しており、権力を行使するものは誰でも、裁判所における秩序と画一性が維持されることを保障しなければならない、と断定的に言明した。[52]

4 〔領邦国家の〕主権的裁治権と教会

【教会監督権のカトリック教会（聖）から福音派諸侯君主（俗）への移行】

帝国に対して領邦〔国家〕を確固たるものにしようとするこれらの企てがそれらの敵対者と見なしたのは、法の外因性《イクスターナリティ》および普遍主義《ユニヴァーサリズム》を古代的に体現したもの、つまりローマ・カトリック教会であった。とりわけ、それらの企てが反発したのは、教皇支配《ペイパル・ルール》の下に主教《ビショップ》（司教）たちに独立の代表的な権威を与え、そして、ローマ・カトリック教会は領邦（国家）裁治権を超える法的諸原理を保持している、と暗黙に主張する、教会の諸（憲政）体制であった。その結果として、ドイツにおける最初期の憲政秩序（立憲体制）を論じた法律家たちは、教会を政治団体《バディ・ポリティック》に従属化させ、宗教的諸制度の独立した代表権や普遍的諸要求を制限する、教会の諸（憲政）体制を、基礎づけることに腐心した。一七世紀のはじめには、教会における憲政秩序の「監督制度《エピスコパシー》」に係わる諸理念は、ドイツにおける教会法についての諸論争において支配的な地位を占めた。[53] 教会秩序についてのこれらの教説は、一六世紀の混乱した原・立憲主義（憲政論）的な諸理念を、教会を統合し保護する権威を付与された法的機関としての国家についてのより厳密な説明と、置き換え、そして、一五五五年以降、領邦（国家）における教会の監督《スーパーヴィジョン》は地域権力に不可欠の要因《エレメント》であり、かつてローマ・カトリックの主教《ビショップ》（司教）たちによって行使された諸権力は、いまや世俗的な統治者《リージェント》（王）たちに移譲される、と主張した。

【シュテファーニ兄弟、カルプツォフ、ラインキンク：帝国から領邦国家への教会監督権の移譲：諸侯君主における聖俗二重の裁治権】

監督制度《エピスコパシー》についてのこれら初期の議論は、通常、ヨーアヒム・シュテファーニ（一五四四—一六二三）とマティアス・シュテファーニの兄弟に結びつけられている。地域ごとの宗教（*cuius regio eius religio*）という原理をもともと定式化したのは、ヨーアヒム・シュテファーニである。この原理は、すべての外面的な事柄においては、霊的裁治権《スピリテュアル・ジュリスディクション》は、カトリックの監督者《エピスコペイト》から福音派諸侯君主に完全に移譲されるべきである、ということを教示している。[54] マティアス・シュテファーニはこの見解を精緻化して、次のように論じた。「世俗の諸侯君主」

は二重の人格を有しており、かれらは聖俗両方の諸侯、つまり同時に、諸侯にして主教《ビショップス》（司教）であり、完全な外面的教会統制権を持っている、と。かれの主張によれば、ドイツの諸領邦（国家）においては、監督権《エピスコパル・パワー》のこの移譲は、一五五五年の「信託契約《フィデュシャリ・コントラクト》」において公式に承認された。これを通じて、教会を監督する権威は帝国の権威から永久に譲渡されていたからである。[55] したがって、諸侯君主は、聖俗の事柄についての「二重の裁治権《デュアル・ジュリスディクション》」を行使する権威を与えられ、世俗的な事柄については市民《シヴィル》（世俗）裁判所《コーツ》において、教会に係わる事柄については宗教裁判所《コンシストリーズ》（宗務局）において審判されることになった。[56] 後に、教会法に関するカルプツォフの大きな影響を及ぼした論文もまた、「監督権《エピスコパル・ライツ》」――すなわち教会を管理しかつ代表する権利――は、領邦《テリトリアル》（国家）至高権《シュプリマシー》たる王権《リガリア》（regalia）に属する、と主張した。[57] したがって、諸侯君主は所与の領邦（国家）の諸侯君主と教会の主教（司教）との両方の役を務める資格（権限）を与えられ、政治権力と教会権力とを完全に行使した。帝国の君主制の支持者であったラインキンクでさえ、諸侯君主は、教会の外面的指令《イクスターナル・ディレクション》について配慮すべきであり、そして、「破滅的な誤謬」ないし「分裂《シスムズ》」が教会から噴出して市民（世俗）秩序を脅かさないように保証するために、教義論争《ドクトリナル・ディスピューツ》を監視すべきである、と主張したのである。[58]

【アンドレー、シュペナー、アルント、ゲアハルト、フランケ：新神政政治的転換と反神政政治・反皇帝教皇主義：ルター主義的信仰国家論】

これらの初期の〔教会〕監督体制《エピスコパル・コンスティテューションズ》における、教会に対する諸侯君主の至高権《シュプリーマシー》のモデルは、一定の観点から見れば、ドイツにおける宗教改革後期を特徴づけていた新神政政治的転換《ネオ・シオクラティック・ターン》の延長線上にあった。これらの監督体制が前提にしたのは、①諸侯君主は、同時に平和と信仰の保護者として、自分の臣民たちと同じ信仰を有すること、②かれの権力は共通の信者たちの一体性《ユニティ》に由来すること、そして、③国家は必然的に信仰国家《コンフェッショナル・ステイト》であることである。教会と国家の関係に関するこれらの統合主義的《インテグレイショナリスト》諸理念は、いつでも全員一致《ユーナニマス》の支持を得ていたわけではない。実のところ、一七世紀を通じてある程度影響力を有していた神学的諸見解は、諸侯君主の諸〔領邦〕国家が教会を外面的に統制することに対して次第に敵意を示し、ルター主義的思想が生み出した最初期の波の反神政政治的《アンチ・シオクラティック》要因を再主張しようとした。たとえば、ヨーハン・ヴァレンティン・アンドレー〔一五八六—一六五四〕のような、初期の敬虔主義運動《ピエティスト・ムーヴメント》に影響を与えた神学者たちは、皇帝教皇主義的（Caesaropapist）な諸教義に激しく反対し、教会への初期キリスト教的（憲政）体制の再導入を要求した。[59] 後に、フィリップ・ヤーコプ・シュペナー〔一六三五—一七〇五〕のような、より明確に敬虔主義的な思想家たちは、皇帝教皇主義的統治の準ローマ・カトリック的「バベルの塔」に対して激しく抗議した。[60] シュペナーは、「主教（司教）たちを世俗的諸侯君主にする」[61] 監督体制《エピスコパル・コンスティテューション》を否認し、その代わりに、教会の管理運営のための「常任の長老会」（ordinary presbyteries）の設置を擁護した。[62] にもかかわらず、ルター主義的正統派の代表的人物たちは、諸侯君主の教会支配の確立に大いに貢献し、そして、かれらはまた共通に、ルター主義的宗教の生き残りは信仰国家の成立（confessionalization of the state）にかかっている、と論じた。たとえば、一五五五年のすぐ後に、ヨーハン・アルント〔一五五五—一六二一〕は教会と国家の密接な関係を受け入れ、教会の代表者たちが国家の教会への侵犯に反対する資格を与えられることを否定した。[63] アルントは、すべてのキリスト教徒の上に置かれた権威への服従の負担を強調し、諸侯君主の権力を行使する人たちには、「神の名誉《オーナー》」を代表し、神自身の正義を防禦するために「剣を抜く」義務がある、と見なした。[64] 一六〇〇年以降、ルター主義正統派のもう一人の父、ヨーハン・ゲールハルト〔一五八二—一六三七〕は、教会の憲政秩序は諸侯君主の王権（regalia）の一側面《アスペクト》である、という想定に対して警告を発し、諸侯君主の執政官《マジストレイト》が教会における「絶対的支配権（absolute empire）」を所有しうることを否定した。かくして、ゲアハルトは教会の宗教的権力を外面的統制——神聖なるものにおける権利ではなく、神聖なるものをめぐる権利（*ius circa sacra*, not *ius in sacra*）——に明確に制限した。(65) しかしながら、かれもまた、監督体制的《エピスコパル・コンスティテューショナル》モデルを是認して、監督権《エピスコパル・ライツ》は「領邦〔国家〕の法」の下における諸侯君主に属する、と論じたのである。(66) その後、最終的には、多くの敬虔主義者たちさえも、国家教会《ステイト・チャーチ》（国教会）の理念に共感を寄せるようになり、敬虔な諸侯君主を宗教的共同体と霊的再生《スピリテュアル・リバース》とのもっとも重要な保護者と見なした。アウグスト・ヘルマン・フランケ〔一六六三―一七二七〕は、おそらくこの態度のもっとも重要な例証であろう。フランケによれば、聖俗両権を兼ね備えた諸身分（等族、議会）は、地域社会を通じて秩序および徳《ヴァーチュウ》を維持するために、共同《コモン》の協定《コンサート》された責任を負う。(67) それゆえに、フランケは宗教的業（善行）の追求を市民（世俗）的な徳と名誉《ディスティンクション》の証拠として同定し、(68) 教会と国家を、道徳的・政治的な誓約《エンゲイジメント》のダイナミックな主体《エイジェント》として融合しようとした。(69) それゆえに、敬虔主義の後の諸形態においては、最初の諸領邦国家の法的・政治的な不可侵性《インテグリティ》は、その実体を、諸侯君主は信仰《フェイス》の保護者である、という諸侯君主の想定から引き出し、そして、福音派の信仰《フェイス》は、独立した近代国家の特性（statehood）を基礎づけるものとして主張されたのである。

【コンリング、ゼッケンドルフ：ウェストファリアの和平以降における教会監督に関する世俗的領邦国家権力の優位化：合議体制《コレギアル・コンスティテューション》モデル】

一六四八年以降の数十年間には、国家による教会の統制や教会に対する国法の不可侵性に関する主張は、変化した諸々の前提条件に基づいて言明されたにせよ、なお一層強調されることになった。ウェストファリアの和平は、宗教的な事柄における諸侯君主の権威に対してさらに基本的な承認を与え、それは教会を支配する国家の権力を、一時的に委任された自由としてではなく、世俗的な公法の一要因《エレメント》として裁可した。それは、カルヴァン主義を含めたさまざまな宗派の平等に対してはっきりした裁可を与え、帝国を通じて法的寛容の諸条件を確保することに努めた。結果として、一六四八年の諸協定《セトゥルメンツ》は、世俗権力を主として宗派的に正当化することからの離反（移行）を慎重に促し、近代国家の特性（statehood）をより厳密に領邦（国家）的な諸用語（表現形式）で規定（定義）しようとした。それゆえに、一六四八年以降に生成・展開した教会及び憲政秩序のモデルは、通常、「領邦《テリトリアル》（国家）」モデルに合致するもの、すなわち、教会を領邦国家の公法の下で他のすべての諸制度と同じく一つの制度として規定（定義）するもの、そして、教会を宗派的同一性に基づく諸主張を通じてではなく、憲政上の不文の権威を通じて統合するもの、と見なされる。領邦（国家）のこうした外観《アウトルック》は、コンリングの著作において例証された。諸侯君主の主要な関心は、「国家が平穏かつ幸福であり続ける」ことでなければならない、とコンリングは主張した。[70]この理由のために、諸侯君主に要請されるのは、教会を監視し、主教《ビショップス》（司教）ないし指導的監督者《スーパーインテンデンツ》を任命し、教会における論争《ディスピューツ》が市民（世俗）的秩序を崩壊させるような脅威にならないことを保証することである。[71]したがって、「最善に構成された共和国」では、教会は「市民（世俗）的権威」の下に置かれ、市民（世俗）法に従属している。[72]共和国の凝集的《コウヒーシヴ》な法的秩序が、国家権力を分解するために独立した法的諸手段を用いる宗教的諸団体によって――とりわけローマ・カトリック教会のような宗教団体によって――動揺させられるところでは、〔領邦〕国家にとって最大の脅威が生じる。[73]同じ時期に、ゼッケンドルフもまた、諸侯君主は宗教的な事柄における至高の権力を持っている、と論じた。かれによれば、この権力は、教会を規制する諸法を立法する権利および、聖職者を任命し、宗教的領域を監督する権利を含んでいる。[74]ゼッケンドルフは、国家への教会のトータルな統合を目論んでいたわけではないにしても、諸侯君主が教会における最終的命令権を有するべきであり、そして、もっとも重要なことであるが、教会裁判所の影響力を監督支配し、かつ制限すべきである、ということを受け入れた。[75]それゆえに、とりわけ、教会における諸問題が、すべての「キリスト教的権威」が支えることを要請されている「善き秩序」に係わるところでは、[77]諸侯君主は、教会の外からの管理・運営に責任を有する「外部の監督者」（*episcopus in externis*）である。[76]ゼッケンドルフは、かれが教区《パッリシュ》ないし信仰共同体（*Gemeinde*）による自己統治というもともとルター主義的な概念に強い共感を示した点で、かれの同時代の立憲主義（憲政論）者たちとはいくらか異なっていたし、初期の諸領邦国家における過剰に位階的な教会秩序を嘆いてもいた(78)。かれの著作は、教会における合議体制《コレギアル・コンスティテューション》に与する初期のモデルとして注目される。この合議体制においては、信仰に関する事柄についての諸決定は、宗教的代理人《デリゲイト》たちの一会議《カレッジ》ないし諸協議会《カウンシル》の内部でなされるからである。かれによれば、この合議体制によってのみ、「人為的に捉えられた代表制《リプレゼンティション》」に基づく「ローマ的位階制」は置き換えられるであろう(79)。いずれにしても、ゼッケンドルフもまた、教会を改革する最終的権利（*ius reformandi*）は、「世俗法」に従って、領邦〔国家〕支配者《ルーラー》たちの掌中になければならない、ということを受け入れていたのである(80)。

【グントリング】

【法の外因性の排除＝法の中性化】

一七世紀以降、教会は完全な政治的支配に甘んじるべきである、という主張は、指導的な憲政思想家たちの間で強調されるようになった。〔ニコラウス・〕グントリングはこれらの初期の主張を繰り返し述べ、領邦〔国家〕権力の根拠は、ローマ・カトリック法の下で主教〔司教〕たちに欺瞞的に授与されていた諸権力を、領邦〔国家〕の支配者たちが正統に引き受けた〔掌握した〕ところに存する、と断言した(81)。王《キング》ないし諸侯君主は、領邦〔国家〕の法の下で完全な改革権（*ius reformandi*）を有し、教会に関係する諸法を制定する無制限の権利を持っている、とグントリングは主張した(82)。事実、法の外因性《イクスターナリティ》を制限しようとする、福音主義的教会法における企てが、そのきわめて明確な結論に至るのは、まさしくグントリングの理論においてであった。教会は、究極的には公法の下での一機関以上のものではなく、他のすべての公的組織がそうであるのと同じ仕方で公法によって拘束されている、とかれは論じた。それゆえに、教会における諸問題が公法に係わることになるところではどこでも、あるいはそれらがこの公法の凝集性《コウヒージヴニス》を脅かすところでは、それらは諸侯君主の裁治権《ジュリスディクション》に従属する。[83] しかしながら、信仰の諸問題がもっぱら教会に係わっているところでは、公法の適用は必要ではない。したがって、諸侯君主は教義の論点に関して論争するには及ばず、もっとも重要なことであるが、諸侯は、自分の臣民たちに一つの特定の信仰を保持するように強制する権限を与えられない。かくして、グントリングは、初期の信仰至上主義的《コンフェッショナリスト》な諸モデルとは決別し、宗教的寛容《トレランス》を、公共的安全を保障する、とりわけ効果的な方法として規定〔定義〕した。いつも国法や教会の〔憲政〕体制に関する福音主義的諸見解を形づくってきた、〔領邦〕国家からの〔教会法、帝国法、ローマ法などの〕外因的な法の排除は、かくして、最終的には、一七〇〇年頃に、宗教は法的には中性化《ニュートラライズ》されるべきであり、領邦〔国家〕の法的諸事実の間でいかなる特定の優遇も受けてはならない、という見解において極まった。

【トマージウス（1）】

【外面的宗教生活に対する世俗国家の統制権：世俗国家に対する内面的宗教生活の不可侵性：政治権力の機能化・中性化：聖俗分離】

同様の議論は、初期ドイツ啓蒙思想に係わった幾つかの主要な政治哲学の核心をも成していた。すなわち、ザムエル・プーフェンドルフ〔一六三二―一六九四〕やクリスティアン・トマージウス〔一六五五―一七二六〕の政治的教説もまた、政治的組織体（polity）の外面的生活《アウターナル・ライフ》における宗教の役割を縮小《カーテイル》しようとしていたからである。トマージウスは、外面的《エクスターナル》な教会は国家の中に完全に統合されるべきである、と主張し、そして、教会の外面的《エクスターナル》な諸活動を統制する権利を、「国家主権の不可譲渡的な諸権利の一つ」として規定〔定義〕した。[84] 監督制度《エピスコパシー》に関する初期の理論家たちとは異なり、トマージウスは、教会が領邦国家の組織化において高次のあるいは構成的な役割を占めている、とは考えなかった。かれは、諸侯君主の権力の正統性が宗教的画一性を必要とすることを否定し、諸侯君主は監督者的威厳《エピスコパル・ディグニティ》の諸要因《エレメンツ》を付与されている、という理念を退けた。トマージウスは、初期の福音派的流儀では、諸侯君主は「二つの人格を代表[85]」しうる、つまり教会のそれと世俗のそれとを代表しうる、あるいは、諸侯君主は一組の諸法〔世俗法〕を一人格として、そして一組の諸法〔教会法〕を異なる人格として行使しうる、と想定するが、これは誤解を招くものである、と結論づけた。諸侯君主は教会を統治《ガヴァーン》する直接的あるいは特権的な〔委任された〕命令権《マンデイト》を有さない。はっきりいえば、信仰の諸問題において、諸侯君主は、当然ながら、かれのすべての臣民たちと同様の仕方で、「キリスト教の諸規則《ルールズ》に従う」ことを義務づけられているのである。[86] 教会の中では、諸侯君主は「耳を傾ける人（one who listens）」であるにすぎず、教義の諸問題においていかなる権能も有さない。[87] 事実、真実の教会はいつも「不可視」であり、法的諸規則に従属しないから、福音派の諸侯君主は教会の統治《ガヴァメント》において世俗的な権力を行使〔適用〕しえない、とトマージウスは論じた。[88] それゆえに、トマージウスは、かれが「専制《テュラニー》」として記述したあらゆるタイプの皇帝教皇主義（Caesaropapism）や神政政治に強く反対した。[89] この理由のために、〔地域ごとの宗教 *cuius regio eius religio* の概念に由来する〕政治的プロテスタンティズムの本質的に憲政〔立憲主義〕的な原理に、すなわち、「自分の臣民たちを真実の宗教に導く」ことは「高権《マジェスティ》の責務」である、という原理に、かれはまた疑問符を付したのである。[90] トマージウスにとって、諸侯君主は、〔宗教的〕教義を市民〔世俗〕的秩序の問題として課したり、あるいは、〔宗教的〕教義の画一性を自分の民衆〔人民〕に強いたりする、いかなる権威も有さない。[91] それゆえに、かれは、秩序についての信仰至上主義的《コンフェッショナリスト》な諸理想に反対して、政治における宗教への概してより機能的なアプローチを選択したのである。[92] トマージウスの指摘によれば、諸侯君主が平和を保護するかぎり、諸侯君主がキリスト教徒であるか異教徒であるか、これは必ずしもとりわけ重要であるわけではない。〔とはいえ〕平和がその領域《レルム》〔王国〕において保たれなければならない、ということだけを主張する、統治機能《ガヴァナンス》に関する第一位《プライマリ》

の自然法は、魂の内面的諸問題における事柄の軽重を弁別しえないのである。(93)

【世俗的政治権力の外面的な平和維持機能から帰結する、教会の外面的宗教生活をも統制しうる世俗的領邦国家権力の正統性：トマージウス】

しかしながら、教会と国家のこうした分離にもかかわらず、トマージウスはまた、「自分の臣民たちの間で外面的な平穏と平和を維持するために適切な強制的措置を講ずる」諸侯君主の義務は、教会や会議体《コレギアル・バディーズ》によって所有された他のあらゆる諸権利にまさっていなければならない、とも主張した。(94) したがって、諸侯君主は、教会の外面的な監督《ディレクション》（指令）の完全な統制（権）を引き受け（掌握し）、聖職者たちを任命し、宗教裁判所において判決を下し、(95) 宗教会議《コンシストリーズ》（宗務局）における主宰（議長）権（*ius praesidendi*）を行使し、(96) そして、肝心なことであるが、宗教論争が社会のより一般的な安寧を脅かす場合には教会に介入する、(97) 権威を与えられる。要するに、トマージウスにとって、教会はいつも公法の基本的に世俗的な諸原理に従属し、平和はその〔領邦国家の〕領域（王国）において保たれなければならない、という命法《インペラティヴ》（至上命令）によって拘束されているのである。はっきりいえば、監督制度《エピスコパシー》に関する初期の諸理論は諸侯君主権力の正統性を新・神政政治的な基礎構造から引き出したのであるが、安定的な〔世俗〕権力が依存するものとしてトマージウスが見なしたものは、その〔世俗権力の〕基礎づけから神政政治的なものを引き剥がし、宗教的論争を中性化し、その〔世俗権力の〕不可侵性《インテグリティ》を掘り崩すすべての法をその〔世俗権力の〕機能から排除し、かくして、宗教的諸理念によって過剰に妨げられない〔領邦〕国家権力の領域を安定化するような、そういう能力である。要するに、諸侯君主は、世俗的な諸侯君主としてのかれに帰属するあらゆる権利を行使しうるし、そして、これらの権利は外面的平和を維持する必要から引き出しうるのである。とはいえ、これらの権利を形而上学的なカテゴリーで説明することは、法の適切な適用をいつもそこなうことになろう。

【プーフェンドルフ（1）】

【ルター主義、諸侯君主の外面的教会統制権と宗教的寛容】

宗教と神学に関する〔ザムエル・〕プーフェンドルフの著作もまた同様の諸見解を明確化した。一方で、プーフェンドルフは、他の宗派以上にルター主義への選好を示し、ルター派教会は国家に理想的な制度的支持を与えている、と論じた。しかしながら、この議論を形づくっていたのは、神政政治的な諸考慮ではなく、端的にいって、カルヴァン主義は、とりわけ、不安をより掻き立てる、民主〔衆愚〕制的でさえある、政治的意見《センチメンツ》〔感情〕を促すが、これに対してルター主義は政治的服従を育成する、という機能本位の信念であった。[98] ところが、より一般的にいえば、宗教は内面的な献身《ディヴォーション》の問題であり、それには不当な重要性を帰されるべきではない、とかれは論じた。教会の憲政上の〔監督〕形態に関する論争は不必要である。なぜならば、「教会は国家ではない」し、その〔監督形態の〕内容はいかなる制度的秩序においても表現されえないからである。[99]「教会の博士たち」は「キリストの僕」であり、「王の公的執務者《パブリック・オフィシャル》たち」ではなく、そして宗教的論議は〔領邦〕国家のために正統性を用意しない。しかしながら、この結果として、諸侯君主は――少なくとも「部分的には」――教会の外面的秩序に責任を負わなければならない。なぜなら、教会の博士たちは、教会を保護あるいは組織化し、あるいは宗教的分裂が内乱を生み出さないことを保障する、外面的な政治的強制力を、有さないからである。[100] とはいえ、教会を外から保護するに際して、諸侯君主は、自分の民衆（人民）に宗教的な画一性を課す義務を負わされていないし、宗教的に異なる意見を持つ人たちに対して、「疚しくない心をもって（with a good conscience）」寛容を示すことが許されている。[101]

【信仰国家（神政政治的王国）から絶対主義的領邦国家への二段階の移行過程：法の世俗化・実定化】

それゆえに、宗教戦争の期間を通じて、そしてこの期間以後、教会と国家の関係に関するドイツの憲政論的な省察において、二つの互いに相異なる理論的位相を見分けることができる。宗教改革以後、最初期の憲政論者たち、とりわけ教会法に集中的に取り組んでいた人たちは、教会と国家を共に拘束することによって、そして、信仰上の自己同一性《アイデンティティ》を、〔領邦〕国家を基礎づける原理として規定（定義）することによって、〔国家の〕外部の教会法の権能《パワー》を最小化しようとした。これらの理論は、〔領邦〕国家を外部の〔教会〕法に対して強固にすることを意図し、他のより堅固な様式の司法的《ジュリディカル》な神政政治《シオクラシー》（神権体制）に対抗するために、そして、〔領邦〕国家権力を帝国における世俗秩序のひとつの際立った境域《エレメント》として集中化するために、〔まさに同じ〕神政政治的な諸理念を用いた。その後、こうした見解《アウトルック》は、半絶対主義的な執行機関（行政府）の下で、〔国家の〕外部の教会を公法の一つの統合された構成要因としてなお規定（定義）しながら、法から神学的要素を剥脱しようとする、あるいは、法を形成する要因《エレメント》として宗教を中性化しようとする、あきらかにより実定的・世俗的な立場に途を譲った。最近の理論的歴史家たちは、ドイツの国家形成の行程におけるこれらの理論的な諸画期の間の切れ目《シジューラ》を的確に強調した。かれらはしばしば「信仰」国家《コンフェッショナル・ステイト》から「絶対主義」国家《アブソリューティスト・ステイト》への移行を、近代的諸〔領邦〕国家の一つの世俗的前提条件と見なした。というのは、近代的諸〔領邦〕国家では、〔領邦〕国家における私的かつ宗教的な自由が自然権《ナチュラル・ライト》として前提されているからである[102]。これらの理論的な諸画期の間にはあらゆる乖離と、はっきりいえば、敵対関係とが見られるが、それにもかかわらず、両方の時期は、共通の諸目的によって形づくられていたから、実際には、法の実定化（legal positivization）のかなり長期にわたる過程における関連した諸段階と見なされよう。両方の時期の中心にあるのは、政治に有意な法へと転換されうる権威の起源は教会にある、という信念の否定である。だから、両方の時期において、教会の自律的立法権を消去することは、政治的な安定性にとって基本となる、と見なされたのである。とりわけ、両者は、〔領邦〕国家の安定性は、教会の法的外在性（*legal externality*）〔国家からの教会の法的独立性〕を縮減すること、そして、形而上学的に普遍化されたあらゆる法を〔領邦〕国家から排除すること、これらのことにかかっている、と見なした。両者は、異なる理由で、「教会は国家（共和国）の中にある（*Ecclesia est in Respublica*）」、「国家（共和国）は教会の中にはない（*non Respublica in Ecclesia*）」と主張した[103]。かくして、両者は、基本的に、理論的レヴェルと実践的それとの両方において、ローマ・カトリック教会の位階制的構造とその司法的独立性《ジュディカル・インディペンデンス》の中に銘記《インシュライン》（秘蔵）されている普遍的な法的諸前提に対して反抗した。第一に、キリスト教徒の諸侯君主・主教（司教）によって神政政治的に導かれた信者たちの統一された王国を、あるいは、第二に、寛容で啓蒙された諸侯君主によって導かれた宗教的に中性化された領邦〔国家〕を、支持する点において、憲政理論のこれらの諸段階は、その権威および正統性が政治的秩序および法的適用の普遍的・形而上学的ないし形式的に自然法的な諸概念によって解体されない、法的に統一（凝集）された〔領邦〕国家を、設立（制度化）しようとする、そういうそれらの意図によって、共に結束（拘束）されていた。実のところ、第一段階における神政政治の逆説は、現実的《アクチュアル》には、宗教改革後の最初の数十年における切迫した法の例外（特異）状況に対する必然的反動と見なされようし、かくしてまた、理論の形成と法の安定化の第二波のための効果的な前提条件とも見なされよう。法的・神学的な基礎づけのこれら両段階の核心にあったのは、〔領邦〕国家がその政治的課題において形而上学的諸前提によって妨げられず、そして、〔領邦〕国家自身がそれ自身の法を権威づける完全な権力を獲得している、そういう実定法によって独立した王国《レルム》（realm of positive legal independence）として、〔近代〕国家の特性（statehood）が拡がる空間〔の境界〕をはっきりと画そうとする企てである。

5　国家そのものの法としての自然法

【帝国高権の根拠としての自然法と契約法：マイスナー、ケーニヒ、リムネウス、M・シュテファーニ、ツィー

グラー】

これらの憲政論争が目指していたのは、大概、法の外因性《リーガル・イクスターナリティ》を縮減することであり、法の実定的形態を強固にすることであったとすれば、こうしたことはドイツにおける政治理論のより広範な生成・発展について影響を及ぼし、これらの憲政論は自然法《ナチュラル・ロー》の諸理念のより一般的な発展に収斂した。上で論じたように、自然法へのとりわけ福音派的なアプローチは、宗教改革の最初期に生成・発展しはじめ、より広く普遍化された法自然主義的諸理論《ユース・ナチュラル・セオリーズ》に対抗して、〔領邦〕国家の権威の実定的説明を堅固なものにするために、まさしく自然法《ナチュラル・ロー》を、そして時にはローマ法を、用いたのである。修正された仕方ではあるが自然法の諸範型を自然法の伝統的諸源泉に対する対案として明確化《アーティキュレイト》するこうした傾向はまた、初期の憲法（constitutional law）においても普及し、一七世紀の最初の数十年までは、帝国権力と領邦権力との関係を説明するために、そして、皇帝の個人（人格）的・王朝的な権威に関係する憲政上の制約《コンストレインツ》を決定するために、自然法の諸原理を用いることは、ドイツの法律家や神学者に共通することであった。たとえば、ごく初期の段階で、バルタザール・マイスナー（一五八七―一六二六）は、神聖ローマ帝国の諸法は万人によって「神聖」かつ「不可侵」のものと受け取られるべきであり、帝国を代表する人たちでさえ、拘束力のある法的諸規準によって釈明するために召喚されうる、と論じた。[104] わずかに時をおいて、皇帝は帝国の憲政上の諸誓約《コウヴナンツ》（契約）において表現されている「神的かつ自然的な諸法によって拘束されている」、とケーニヒは論じた。[105] 帝国権力を制限する「基本的諸法」は神法あるいは自然法の資格を有し、帝国権力の正統的行使はこれらの法に違反しえない、とリムネウスは論じた。[106] マティアス・シュテファーニもまた、皇帝は「自然および理性」の法に従属しているのであり、皇帝が自分の高権《マジェスティ》を正当化するのは、「諸法によって生きること」によってのみであり、そして、帝国の権威を制限する憲政上の諸契約《パクツ》の中に銘記（秘蔵）された自然法に従うことを示すことによってのみである、と主張した。[107] シュテファーニの主張によれば、皇帝は二組の基本的諸法に、すなわち、自然に由来する法と契約《パクツ》に由来する法とに拘束されているが、しかし、両組の諸法には憲政上の基本的諸法と合体《コウアレス》する傾向がある。後の一七世紀に、カスパー・ツィーグラーもまたこの議論を拡張し、帝国の高権《マジェスティ》は神に由来し、そして、この理由のために、帝国の主権を行使する人たちは、いつも「法の指令的強制力《ディレクティヴ・フォース》」によって制約《コンストレイン》され、個人的利得のために権力を使用する権限を与えられていない、と主唱した。(108)「法によって拘束されること、そして、法に適って生きること」は、まさに「高権の自然本性」に従うことであり、したがって、帝国の品位に適って行為することである、とかれは断言した。(109)国家の神的諸法は、事実、慣習と協定《コンヴェンション》によって形成された「基本的諸法」の中に顕現する、とツィーグラーは結論づけた。(110)この理由のために、帝国の高権を形成する自然的諸法は、帝国と諸侯君主の間で形成された法《ローズ》、契約《パクツ》、合意《アグリーメンツ》に一致したのである。

【憲政論と自然法論：帝国内の諸権力の均衡：実定的に自己正当化する領邦絶対主義国家の権力の生成・発展を促した自然法論】

ドイツ的憲政思想における自然法《ナチュラル・ロー》に関する初期的な諸概念は、公法の教説を精緻化《エラボレイト》（錬成）すること、そして、帝国を一国家（公的に責任を担いうる諸機関から成る、公的に責任を担いうる憲政秩序を有する団体）として規定（定義）すること、これらのことを意図する一組の戦略の一部であった。これらの憲政論の中には、自然権《ナチュラル・ライト》についての諸理念が帝国の現実的《リアル》（実在的）高権《マジェスティ》を皇帝の個人（人格）的高権から分離させるのに役立ちうる理論的道具を提供すること、そして、一組の憲政上の諸制約《コンストレインツ》が皇帝周辺に課されうること、これらの洞察が現れてきた。それゆえに、その最初の目的において初期のドイツ的な法自然主義《ユース・ナチュラリズム》が専念したのは、帝国における権力を憲政上制限すること、そして、裁治権を保持し、行使する個々別々の中心点〔帝国、領邦、教会〕の間で権力を均衡させることであった。しかしながら、旬日を経ずして、憲政上の均衡を成立させるという目的は、①諸侯君主の権力を帝国から切り離し、②法的権力を領邦国家および領邦裁判所に完全に集中化させるための正当化を用意し、そして、③いかなる憲政上の均衡からも独立した集権化された裁治権秩序を精緻化（錬成）するという、より遠大なる意図によって、置き換えられた。各領邦〔国家〕がそれらの政治的かつ司法的《ジュディシャル》な装置を帝国から解き放すにつれて、帝国の憲政的構造は掘り崩され、このことが、いくつかの事例において、とりわけ厳格な様式の領邦絶対主義に途を開いた。この憲政秩序をめぐる過程において、結果的には、自然法は、超実定的《スープラポジティヴ》な法の領域《レルム》（王国）——あるいは国家に手続き的《プロシードュラル》ないし規範的な諸制限を課すために用いられうる一組の憲政上の諸原理——を構築することにおいて、必ずしも主要な効果をもたらさなかった。逆に、初期近代ドイツにおける自然法論議の主要な機能は、二元的な帝国の憲政秩序の内部において、〔近代〕国家の特性（statehood）を生成・発展させる拠点である領邦国家に、制限ではなく独立性を付与する一定の基本的な諸法を、確立しかつ保護することであった。それゆえに、ドイツ諸〔領邦〕国家において、自然法理論は、共通して、権力および法の実定的な集中化に専心した。事実、それは権力を拘束するのではなく、解放する、国家への法的束縛を強化するのではなく、縮減する、そして諸領邦〔国家〕の実定的に自己正当化する権力を縮小するのではなく、促進する、といった傾向を示したのである。

【領邦国家の諸侯君主の権力を制約する自然法（神定法）：M・シュテファーニ、ゼッケンドルフ、コンリング】

この分析は、初期のドイツ自然法理論家たちが諸侯君主の〔領邦〕国家の権力に諸制限を課することに何らコミットしなかった、ということを示唆しようと願っているわけではない。たしかに、宗教改革の直接的余波の中では、政治的秩序を急場凌ぎに安定させる必要があったから、同質的な憲政秩序を促進する傾向があった。しかしながら、その後、帝国の内部で、あるいは帝国と対立して、諸侯君主の権威は一般的に承認（支持）されるようになっていったが、こうした承認（支持）は、領邦〔国家〕内部の臣民や領邦諸身分（等族、議会）（*Landstände*）は一定の諸権利および慣習的自由の担い手と見なされるべきである、という試行的《テンティティヴ》な（ためらいがちな）主張によって次第に側面から攻撃されるようになった[111]。実のところ、領邦〔国家〕権力の初期の擁護者たちでさえ、このような権力はいかなる制限もなしに行使されるわけにはいかない、と言明したのである。たとえば、マティアス・シュテファーニは、諸侯君主は「法の上に、そして法の外に」存在する、と断言したが、しかし、シュテファーニはまた、真にプロテスタント的な諸侯君主は自然法の下で義務づけられており、かれがキリスト教徒の道徳を犯すところではどこでも、かれは自分の高権《マジェスティ》を失う、と規定《スティピュレイト》していた[112]。後に、ゼッケンドルフは、諸侯君主を「地上における神の副王《ヴァイスロイ》」と記述することを憚らなかったが、しかし、かれもまた、諸侯君主は、課税や宗教的自由を保護するに際して、裁判所の管理・運営において一定の特権や手続きを尊重することを余儀なくされている、と主張した[113]。諸侯君主の権威は神によって付与されているから、それを行使する人たちは確固とした道徳的束縛の枠内で行為しなければならない、とかれは推論した[114]。マキアヴェッリに共感を禁じえなかったコンリングでさえ、諸侯君主の権力は、有用性や実践的道徳性についての考慮によって、すなわち、真にキリスト教徒的な諸侯君主の性格に内在する宗教的敬虔、善き信仰、恭順、正義によって、制限されている、と論じたのである[115]。

【法の支配を保障する自然権：権力行使を正当化する自然法及び同意された法の遵守：ハインリヒ及びザムエル・コクツェーイ親子とユストゥス・ベーマー】

その後、一七世紀末までに、自然法的諸理念は、普遍的公法についての教説を支える概念的装置の諸要因《エレメンツ》になったが、その教説は、個々の領邦〔国家〕においても、自然権《ナチュラル・ライト》を、制限された君主制の下で法の支配《ルール・オブ・ロー》を実際に保障するものとして捉えていた。ハインリヒ・コクツェーイ〔一六四四―一七一四〕は、公法を、自然からも市民たちの間の諸契約《パクツ》からも演繹しうる、政治的に強制力を有する一塊《ひとかたまり》の諸規範として解釈し[116]、法の支配《ルール・オブ・ロー》を「国家の最高善」として定義した。[117] ザムエル・コクツェーイ〔一六七九―一七五五〕は、それに続いて、自然法に関するかれの父親の教説に、より法実証主義的な変化《インフレクション》を加えた。かれによれば、法はひとつの実定的かつ自律的な学問である。そして、かれは、法の諸機能が体系的に定義され、履行（実施）されることを保証しうる——国家の執行団体（行政府）から分離した——公式に独立した司法府《ジューディシャリ》の必要を力説した。[118] 同じ時期に、ユストゥス・ヘニング・ベーマー〔一六七四―一七四九〕は、この憲政論的法分析を拡張して、権力は自然法の下で、いかなる「絶対的基礎づけ」も有さず、いつも特殊な法的ないし道徳的な正当化を前提にしている、と論じた。[119] 権力行使を委ねられた人たちは「平和と平穏」の諸条件を維持することを自然法によって義務づけられているし、[120] この義務づけの特殊な形式は、政治的組織体の「基本的諸法」を構成する「諸契約《パクツ》」によって指示《ディクテイト》されている。[121] ベーマーはさらに、自然法の遵守を、そして同意された法の遵守を、その下で権力行使が「正当な業務《ファカルティ》」と見なされうる唯一の条件として定義した。[122]

【キリスト教徒の道徳的自己制限としての権力制限：自然法（国家権力の自己制限）の源泉としての国家：シュテファーニ、ゼッケンドルフ、コンリング、ベーマー】

それゆえに、あきらかに、初期のドイツ的自然法理論は制限されない国家権力のために同形の（画一的な）青写真を提供している、と考えるわけにはいかない。逆に、憲政論争に参加した影響力のあった多くの人たちがとりわけ一六四八年以降に取り組んだのは、慣習的な諸権利を——後の段階では、社会的諸権利さえも——保障する、法的に秩序づけられた領邦国家を、確立（制度化）することであった。いずれにしても、この時代の憲政理論のもっとも顕著な目標は、国家を政治的に集権化（統一）されかつ自己権威化《セルフ・オーソライズ》する秩序として規定（定義）することであった。そして、このような理論は、それが国家権力への必要な諸制限を受け入れたところでさえ、必然的に、裁治権の多元性《プルーラリズム》と法の創造《クリエイション》及び適用《アプリケイション》における多様性《ダイヴァーシティ》とを、潜在的に問題を孕むものと見なしていたのである。たとえば、シュテファーニ、ゼッケンドルフ、コンリングによって打ち出された、自然法についての多様な説明は、大概、諸侯君主の権威への諸制限を、何らかの外的な源泉によって課された制限としてではなく、諸侯君主自身によって引き出された、あるいは、逆説的に、諸侯君主自身の主権の履行（行使）において諸侯君主によって設けられた制約（制限）として、規定（定義）した。かくして、権力を制限することは、多くの観点からして、法を作成（制定）すること、そして、これらの諸〔実定〕法が自然法に違反しないことを保証すること、この両方に対して責任を負いうるキリスト教徒の家父長による道徳的自己制限（*self-limiting*）の過程（手続き）であった。統治《ガヴァメント》を法的に制限《サーカムスクライブ》する（境界づける）ことに深く係わったベーマーのような理論家たちでさえ、国家の高権《マジェスティ》は一つの場所にのみ集中化されうるし、自然法によって諸侯君主を拘束することは主権の分割を含意しない、と論じた。(123) 家父長制的（patriarchical）ないし半絶対主義的な国家を受け入れることにより傾いていた他の国家理論家たちは、より低いレヴェルでも自然法の拘束力を設定し、そして、ホッブズ的な仕方で、諸侯君主を自然法の下に義務づけることは、かれが平和を保つことに成功するところではどこでも果たされる、と論じた。その結果、自然法に関するこれら初期理論の大部分における基本的傾向は、それらが自然法を国家そのものの諸作用の内在的一要因《エレメント》と仮定《ポジット》（断定）し、自然法の源泉を国家そのものとして規定《ディターミン》（限定）したことである。これらの教説の核心には、それらの理論は、国家がその諸機能と正統性の実定的な説明を提供することを許し、かつ法のより押し付けがましく《イントゥルーシヴリ》普遍化された諸構成〔概念〕に対して、国家を確固としたものにした、という事実があった。

6　自然法と法の実定化

【プーフェンドルフ（2）】

【プーフェンドルフにおける法自然主義と法主意主義・法実定主義：被造物としての自然的存在と道徳的存在：道徳的存在の創造主体としての人間存在】

初期ドイツ啓蒙思想期に自然法について論じた傑出した哲学者たちが法の分析にアプローチし、そして、政治に関する哲学的論争が、この時代の反普遍主義《アンチ・ユニヴァーサリズム》の諸様相《アスペクツ》を吸収（同化）したのは、まさしく①法自然主義《ユース・ナチュラリズム》（自然法論）、②法の実定化《ポジチヴィゼイション》、③国家権力の強化《コンソリデイション》、これらの相互関係が形成した地平においてであった。たとえば、プーフェンドルフの実践哲学もまた、法と国家においては閉鎖性《クロージャー》と統一性《ユニティ》とが必要であることを強調する、法に関する諸教義を含んでいる。プーフェンドルフの哲学の基礎にあるのは、創造という行為において、神は物理（自然）的世界に道徳的存在（習俗規範的・道徳的なるもの）(*entia moralia*) を加え、かくして、純粋に物質的な宇宙とは異なる道徳的価値の王国《レルム》（領域）を確立した、という議論である。これらの道徳的存在（moral entities）は、個々人の道徳的な価値や判断として、あるいは国家ないし社会における民衆（人民）に係わる道徳的規範として、解釈されうる。しかしながら、一般的にいえば、これらの〔道徳的〕存在《エンティティーズ》は、人間的自由の任意の〔恣意的な〕使用を制限し、諸行為《アクションズ》の規制のための諸規範を提供し、人間的事象における道徳的価値の確立を助ける、世俗世界における規範的な諸内容に、関係している。[125] これらの〔道徳的〕存在《エンティティーズ》は、人間の生活の中に秩序をもたらすために、最初は神によって創造された。神は、もともと人類に道徳的存在《モラル・エンティティ》（道徳的なるもの）を付与し、そして、他の動物とは異なり、かれらの製作者《メイカー》〔である神〕についての知識を有し、かれらの製作者《メイカー》〔である神〕の意思に従うように運命づけられた道徳的動物《モラル・アニマルズ》として、人類を創造した。[126] しかしながら、それに加えて、人間存在は、神から独立して道徳的存在《モラル・エンティティ》（道徳的なるもの）を創造しうる。その結果、道徳的存在という第二の王国（領域）が生成・発展しうるのである。この第二の王国（領域）もまた、道徳的秩序の設立（制度化）に奉仕するが、しかし神の意思に直接由来するわけではない[127]。人間存在は、唯一、意思の自由な力を有するものとして創造された。それゆえに、この力を通じて、人間存在は、自分たちの行為《アクションズ》を「付帯的《イクストゥリンシック》な原理（extrinsic principle）」あるいは「観念上の規範（notional norm）」によって決定し、かくして、道徳的存在（道徳的なるもの）を、道徳的自由あるいは自然法の自律的な一王国（領域）として構成しうるのである[128]。

【プーフェンドルフによる両義的な自然法（法則）の神学的・人間学的説明：被造物としての人間存在の自然本性（人間の条件）としての自由・理性・社会性：社会性の法則（法）としての自然法（法則）：神における理性に対する意思の優位：被造物としての人間存在における〈法〉（悟性・恣意）と〈自然〉（理拠・本性・物理・生理）それぞれの両義性】

それゆえに、プーフェンドルフにとっては、世俗世界は神の意思によってひとつの道徳的世界として創造された。そしてこの世俗世界には、一定の自然的あるいは道徳的な諸法則（法）が現存する。しかしながら、ひとたび世俗世界が創造されてしまったからには、人間存在は神の意思あるいは神定法についての形而上学的知識を持ちえない[129]。はっきりいえば、神の意思について人間が思弁《スペキュレイション》をめぐらすことは適切なことではない、とプーフェンドルフは主張した。神の意思について人間が思弁をめぐらすことは、この〔神の〕意思は、合理的な計画によって、あるいは、理性が独立して関与している普遍的な目的ないし規則によって、拘束されている、という信念を含意しているからである。このような思弁は、神の意思は神自身から分離して現存する何らかの「絶対的必然性」に従っている、ということを指摘することによって、神の威厳《マジェスティ》〔至高性〕を貶めている[130]。神の意思は普遍的な内容ないし原理に従って現存する、と想定することは、事実上、神の意思に一つの外的な規範を課することに等しく、この規範は、ひるがえって、意思《ヴォリション》の自発的行為《スポンティニアス・アクト》を通じて世界を創造する、という神の立場を低く評価するからである。[131]自然法は、単純に次のような事実の中に、すなわち、神は人間存在が自由で、合理的で、社会的な動物として現存することを意思した以上、人間たちには、自然法則・自然法を演繹する、あるいは、かれらが自由に、合理的に、社会的に生きることを許す、「諸法則（法）を通じて統治する」能力が備えられているはずである、という事実の中に顕現している。[132]かくして、プーフェンドルフは、道徳性と自然法則・自然法が基礎づけるものは、神によって創造されたものとしての人間の自然本性《ヒューマン・ネイチャー》にある、と結論づけた。自然法は「人間の条件《ヒューマン・コンディション》の観照《コンテムプレイション》」を通じて予測《ディヴァイン》されうる。[133]そして、このような観照に導かれて洞察されるのは、道徳的存在《モラル・エンティティ》（道徳的なるもの）である以上、人間存在には法則（法）によって生きるという傾向があり、とりわけ、人間存在は「社会性《ソーシャリティ》の法則（法）によって拘束されている。[134]すなわち、かれら人間存在には他者たちと共存する必要をめぐって自分たちの諸行為を組織化する傾向があり、かれらは諸社会を形成し、他者たちとの社会的交渉《ソーシャル・コマース》に入る、という顕著な「性向《プロクリヴィティ》」を示しさえする、ということである。[135]したがって、人間存在が自然本性からして志向する社会性《ソーシャリティ》の諸条件を保持するところでは、法則（法）は自然法《ナチュラル・ロー》として妥当するのである。

【人間（主権者）の立法意思からのコロラリー（必然的帰結）としての実定法に基づく政治的組織体：プーフェンドルフの法思想における主意主義的エレメント：神の創造意思と人間の立法意思】

自然法・自然法則に関するプーフェンドルフの人間学的な説明の中心にあるのは、①合理（理性）的形而上学や道徳的神学から法（法則）を分離することであり、そして②立法《レジスレイション》（法の定立）は首尾一貫して実定的（positive）な（意思によって定立されて確定された）機能として捉えられなければならない、という主張である。[136]かれによれば、立法は、思弁的理性《スペキュレイティヴ・リーズン》によってその正当性を立証《ヴァリディト》されないし、そしてそれ（立法）は、神の理性《ディヴァイン・リーズン》との合致が論証されたとしても、ありえないことなのである。立法は、むしろ、人間の性格《キャラクター》の道徳的資質《ディスポジション》（傾向性）の中に、実定的に〔神の意思によって定立されて確定的に〕埋め込まれている（positively embedded）が、これらの道徳的資質（傾向性）によって〔その真実性が〕確証《オーセンティケイト》されることになる、そういう人間社会のひとつの構成要因《コンスティテューティヴ・エレメント》である。したがって、プーフェンドルフは、立法を人間の活動《アクティヴィティ》を構成する実定的な一要因として規定〔定義〕した。これを通じて、人間存在は、神自身の本源的に創造的な意思において基礎づけられ、しかしまた、この意思から区別される、そういう法的現実を独力で創造するからである。世界の秩序が最初に神によって創造されたように、政治的組織体の秩序は立法者《レジスレイター》によって創造される。だから、立法者によって発布された法は、神自身の法に対して一定の実定化《ポジティヴァイズ》された〔確定的な〕区別を含む人間の法である。この理由のために、法の支配《ルール・オブ・ロー》は立法者《ロー・ギヴァー》の意思的行為《ヴォリショナル・アクト》にかかっており、法の形成はいつも立法的意思《レジスレイティヴ・ウィル》の具体的な帰結《コロラリー》である、とプーフェンドルフは明言した。法は、その意思的起源《ヴォリショナル・オリジン》ゆえに、服従を要求する。法は、それが「より上位者《シュピリアリアル》の命令《コマンド》」であるがゆえに、服従を要求する。[137] はっきりいえば、法は、「それを通じてより上位者がかれに従属する誰かに」、一定のことをするように、あるいはしないように、「義務づける」一つの指令《ディクリー》である。[138] したがって、人間の政治的組織体の「人間の法（人定法）」は、「従属者《サブジェクト》（臣民）たちが国家の福祉《ウェル・ビーイング》（国益）のために遵守しなければならない」、国家によって発せられた「諸指令」以外ではない。[139] この主意主義的《ヴォランタリスティック》な原理に従って、プーフェンドルフは、いかなる実定法《ポジティヴ・ロー》も存在しないところでは、人間の諸行為の諸内容は「どうでもよいもの（無差別《インディフェレント》）」であり、諸行為の道徳的価値を評価づけるための普遍的あるいは絶対的な基準は存在しないから、あらゆる実効的《オペレイティヴ》な法は、立法者《レジストレイター》たちの意思的行為《ヴォリショナル・アクツ》を通じて実定的に構成された法である、と結論づけたのである。[140]

【立法的権威の基礎にある、統治に関する合意・協定：プーフェンドルフにおける自然法・自然法則としての、そして善き統治の起源としての、人間存在の社会性：社会的共存】

こうしたことはいずれも、プーフェンドルフが統治《ガヴァメント》における道徳的任意《モラル・アービットラリニス》（恣意）性を擁護したとか、あるいは制限されない諸侯君主の主意主義《ヴォランタリズム》を公的権威の本質と見なしたとか、こうしたことを意味するものと受け取られるべきではない。逆に、国家における立法的権威は、それを通じて社会の成員たちが自分たちの統治の必要性や正確な形態に関する合意《コンセンサス》を確立する、一組の協定《コウヴナンツ》に淵源する、とかれは明言している[141]。さらに、善き統治の起源は社会性《ソーシャリティ》という人間の法則（法）に存し、社会性は、それによって統治が導かれるべき、自然法・自然法則の諸原理を「基礎づけるもの」を、提供する、とかれは論じた。「この社会性のために必要な」ことはすべて、自然法・自然法則の下で規定され、社会性を引き裂くものはすべて、自然法・自然法則の下で禁じられる[142]。したがって、自然法の指標《インデックス》は、それが社会の安定性、有用性、調和に奉仕することである。政治組織体《ポリティ》の「至高の法《シュープリーム・ロー》」は、権力を行使する者はすべて、民衆（人民）の福祉や利益に奉仕するように行為すべきである、ということである[143]。そして、かれら権力行使者たちがこれを達成するのは、かれらが社会的な共存《コウイクジステンス》と調和に導かれる諸条件を創造するところである[144]。

【プーフェンドルフにおける法主意主義（実定法）と普遍主義（自然法）・法自然主義：実定法の起源としての国家意思：主権の基礎としての法の支配：国家の統一性・安定性を可能にする君主制：国家意思における自然法の実定法への転換：一般的統治契約】

しかし、これにもかかわらず、立法と自然法についてのプーフェンドルフの説明もまた、ときおり法的秩序への初期功利主義的アプローチに近づいてはいたが、ときおり初期近代政治理論のかなり広くゆきわたった反普遍主義《アンチ・ユニヴァーサリズム》的な諸傾向を反省し、そして、統治活動《ガヴァナンス》の信頼しうる諸条件をもっとも創造しうるであろう政治的秩序こそ、そこでは法の多様性《ダイヴァーシティ》と外因性《イクスターナリティ》とが消去されている、そういう〔法の統一性と自己定立性を備えた〕

政治的秩序である、と見なした。社会的安定性を享受し促進しうるであろう統治《ガヴァメンツ》においては、多数者の意思が国家において体現《エムバディ》された意思によって効果的に「方向づけられ、適正化され」るし、そしてまた、そこでは実定法の起源が一つの統一（集約）された意思と同一化される、とプーフェンドルフは主張した。[145] このような統治《ガヴァメンツ》は一つの精神によって統治《ガヴァン》される。すなわち、一つの意思は国家のあらゆる部分を統一し、権力の最高の行使は「分割されない」[146]。それゆえに、プーフェンドルフにとって、君主制《モナキー》は、他の国制《リジームズ》（政治体制）を凌駕して、それが国家における達成しうる最高度の統一性と安全性を励起し、この安全性を危うくするすべての要因に対する迅速かつ効果的な対応を容易にする、という特殊な利点を有する。[147] こうした理由のために、プーフェンドルフが結論づけたところによれば、国家の実在（現実）的高権《マジェスティ》と国家の個人（人格）的高権との間には、憲政上いかなる差異も存在しないのであり、換言すれば、国家は君主《モナーク》の個人（人格）的権力によってそれに付与された統一性の中にその最高の品位《ディグニティ》（威厳）を有するのである。[148] 同じく、諸侯君主の権力にはいかなる形式的な――あるいは外からの――束縛もない。ひとたび国家を基礎づける協定《コウヴナンツ》が合意《アグリー》されたならば、諸侯君主は自然法によってのみ統治され、あるいは「義務づけられる」のであり、そして、諸侯君主だけが自然法の一般的諸構成（概念）の実定法への転換に責任を負いうる。[149] したがって、「絶対的権力」の行使は、「非道かつ不寛容なことは何も含んで」いない、とプーフェンドルフは論じた。事実、絶対的権力は、国家の安定性の必要条件であり、基本的に自然法に従う。法の支配《ルール・オブ・ロー》ないし自然法の支配は、それゆえに、不可分の主権を基礎づけるものであり、かつその必然的帰結《コロラリー》である。そして、明確な委任的諸義務《コミサリアル・オブリゲイションズ》が王に課されるところでは、あるいは、君主が義務づけられる基本的諸法があるところでは、自然法の〔に基づく〕国家は、それが君主と臣民たちとの間の特殊的あるいは特定の契約によって制限されているならば、不安定なものとなろう。[150]

【帝国と領邦国家との関係についてのプーフェンドルフの現実主義的診断】

注目に値することであるが、プーフェンドルフは、かれが政治により直接的に係わったとき、帝国に対立して領邦〔国家〕権力の側に無条件に与したわけではないし、したがって、帝国の憲政秩序《コンスティテューション》にまったく反対したわけではなかった。帝国を論じるに際して、プーフェンドルフは皇帝と諸侯君主との間の権力や法の分割における不安定性を憂えた。かれは、主権や〔近代〕国家の特性（statehood）についてのその帝国による説明が「途方もなく」明確さを欠いていることを嘆いた。〔というのも〕このことが政治権力と主権についてのさまざまな敵対的な説明を互いに混乱させたり希薄化させたりしていたからである。[151] かれはまた、支配するハプスブルク王朝が帝国におけるその権力を私的動機の追求のために使用し、いかなる主権的政治体（sovereign body politic）によっても要求される統一性を掘り崩していることに、激しく不満を漏らしていた。それゆえに、原理的には、プーフェンドルフは、政治的組織体（polity）全体が一つの秩序づけられた、理想的にいえば君主制的な、構造において統一されている、国家の正規《レギュラー》の諸形態を、一般的には選好することを表明したのである。とはいえ、かれはまた、現実主義的には、帝国は「国家全体」の完全な形態転換なしにはこの〔かれが選好した〕モデルに従がって改革されえないことも認めていた。[152] しかしながら、〔かれによれば〕帝国のきわめて差し迫った構造的弱点は、①その帝国の現存する憲政秩序形態を明確化することを通じて、そして、②半主権的に連邦化《コンフェデレイト》された諸〔領邦〕国家の一システムとして構成された、君主制と等族（身分制）に基づく諸要因《エレメンツ》とを伴う、不正規の憲政秩序として、その帝国を受けとめることを通じて、修正されうるであろう。この結論は、プーフェンドルフが分有された主権あるいは連邦的統治《フェデラル・ガヴァメント》を〔近代〕国家の特性（statehood）のひとつの理想的モデルと見なした、ということを含意しない。むしろ逆に、帝国は、実際に、ドイツにおける正規の国家を――すなわち、それに従属するすべての人たちに実定法的諸原則を課しうる統一（凝集）的（cohesive）かつ同形（画一）的（uniform）な意思によって統治された国家を――基礎づける（確立する）

こと妨げている、とかれは主張した。とはいえ、法の適用についての実証的分析へのかれの関与はまた、かれが帝国の現実主義的分析を追求すること、そして、かれの諸々の留保にもかかわらず、かれが法的秩序としての帝国システムの安定性に寄与しようと努力すること、これらのことを保証したのである。[153]

【トマージウス（2）】

【トマージウスの反形而上学的政治哲学：神学と法学、法自然主義と法実定主義の分離と混在：理性的（悟性的・主意的）自己立法の帰結としての法の反形而上学的実定性】

プーフェンドルフと同じく、トマージウスもまた、実定法を基礎にして〔法を実定的に基礎づける（法を意思・恣意によって定立・限定する）ことによって〕（positive legal foundation）統一された国家を創出する企てをめぐって、自分の実践的かつ政治的な哲学を構築した。はっきりいえば、法や権力に関する論証は、きっぱり世俗的・功利主義的な諸前提の上に置かれるべきであり、形而上学的省察ないし非合理（理性）的要求で法思想を堕落させるであろうような論争には、いかなる原理も認められるべきではない、とトマージウスは論じたのである。この論点においては、トマージウスはプーフェンドルフをも凌ぐほどであった。トマージウスは、実践的論証への「形而上学的諸区別」の導入に対して抗議し[154]、政治的教説の領域は、法に世俗的論証を通じて解決されえないような問題を負荷する内容を排除すべきである、と示唆した[155]。それゆえに、トマージウスの哲学の中心を成していたのは、人間の理性《リーズン》（悟性）は「神の秘密」についての知識を持ちえない、そして、〔人間の〕理性（悟性）は「人間の自然的諸力《ナチュラル・フォーシーズ》」を「現世の生活《テムポラル・ライフ》」の諸利益を促進するために使用する人間存在を助けることを意図する実定的能力《ポジティヴ・ファカルティ》〔意思によって法を定立・限定・選択する能力〕以上のものではない、という主張であった[156]。この議論はいつも首尾一貫して明確に表明されたわけではないし、そして、トマージウスはいつも合理的な（悟性による）自己充足《セルフ・サフィシェンシー》についての完全に人間学的な教義を提起したわけでもない。たとえば、「自然の光〔悟性〕」と超自然の光〔理性〕の間には」一定の「調和」が現存し、そして、人間の理性〔悟性〕は宗教的教義を否認する必要はない、とかれは指摘した[157]。ときには、トマージウスは、神の意思は実定的〔定立・限定・選択されたものとして〕に世界に開示《リヴィール》〔啓示〕され、神は自然法〔法則〕として顕現する宇宙に独自の秩序を付与する、と示唆しさえした[158]。事実それどころか、かれの著作の中にはまた、創造説《クリエイショナリスト》的な法的諸理念が無雑作にかれの分析に侵入してくる諸契機も存在する。たとえば、初期の諸著作の中では、「神の不可視の本質」は業《ワークス》と創造において実定的に〔神の意思によってすでに定立されたものとして〕「開示《リヴィール》〔啓示〕される」、とかれは主張していた[159]。とはいえ、より基本的なレヴェルでは、トマージウスは、法という実践的学問と神学という思弁的学問とを明確に区別することに余念がなかった。法は「外面的政治的な平和と秩序を促進するための方法と手段」を示すことがその目的である学問であるが、これに対して宗教は「魂の内面的平穏」にのみ係わる探究領域である、とかれは説明した[160]。宗教が実践的徳（practical virtue）〔実践における実効性・有意性〕を有するとすれば、端的に宗教は市民《シヴィック》〔世俗〕的秩序に寄与する。なぜならば、平穏な魂を備える民衆〔人民〕は市民〔世俗〕的安定性を脅かしたりしないであろうからである[161]。したがって、人間の〔意思による〕立法《レジスレイション》を導く、〔人間の〕自然本性に関する諸法〔すでに神の理性・意思によって定立されている人間の理性・悟性そのもの〕は、いかなる形而上学的ないし神的な起源も〔直接的には〕有さない。すなわち、〔人間の〕自然本性に関する諸法は、人間の行動《ビヘイヴィア》の組織化のための実践的な指針にすぎず、社会的有用性についての諸考慮にのみ由来しうる[162]。したがって、真実（truth）に関する知《ナリッジ》〔理性〕は、人間の安定性を顛覆させるかもしれないような諸事実（facts）に関する知《ナリッジ》〔悟性〕ではありえない。真実に関する知〔理性〕の構成要件は、その知識が「民衆〔人民〕の有用性」に奉仕し、この有用性にとって有害《デトリメンタル》なことは何でも妨げる、ということである[163]。かくして、〔人間の〕自然本性に関する諸法〔人間の理性・悟性〕は、「人間社会を攪乱」させるいかなる行為も犯されるべきではない、と規定《プリスクライブ》しているのである。(164) この理由のために、トマージウスが結論づけたところによれば、政治的権威は、「その臣民たちを内外の暴力から保護する」その能力《アビリティーズ》を通じて正当化され、そして、この結果を獲得するために「暴力的諸手段」を使用する資格を与えられる。したがって、立法（*legislation*）〔人間の意思による法の定立〕を人間の理性《リーズン》〔悟性〕のもっとも本質的かつ構成的な行為《アクト》として同定する点で、トマージウスはプーフェンドルフに従ったのである。立法という活動《アクティヴィティ》において、人間の理性〔悟性〕は、それ自身を形而上学的論争から切り離し、個別の人間的な利益や配慮によって標示《マーク》されたひとつの実存の領域《レルム》を構成する。(165) この立法の諸内容は、完全に実定的なもの〔人間の意思によって定立されたもの〕であり、それらの妥当性を保証するためのいかなる外からの付加をも必要としないのである。

【トマージウスにおける法自然主義としての社会性：人間の生得〔自然理性〕的な情動（愛）としての（横の）社会性：ホッブズ的主意主義の回避】

政治的秩序についてのこうした〔トマージウスの〕説明は、二つのまったく異なる示唆を含んでいる。第一に、トマージウスが、権威は合理《ラショナル》〔自然理性〕的「合意《コンセンサス》」という構成的要因《コンスティテューティヴ・エレメント》なしには現存しえない、と論じたとき、かれは初期の社会契約《ソーシャル・コントラクテリアン》論的な諸原理の方向で振舞っていた。(166) 人間の社会は社会性《ソーシャリティ》に向かう生得《インネイト》の人間的傾向から生まれ、この人間的傾向は社会的結束《ユニオン》や共同体《コミュニティ》を人間的実存のもっとも自然的かつ適切な様式として認める、と説明することによって、プーフェンドルフと同じく、トマージウスはホッブズ的主意主義《ヴォランタリズム》を回避したのである。この人間的傾向ゆえに、合理〔自然理性〕的な民衆〔人民〕は、情動（*affection*）秩序の自然的前提条件である、ということを理解し、かれらは、社会の自分たち仲間のメンバーに愛情を抱き、共通の利害関心に奉仕する仕方で行為するような気質《ディスポジション》をあらかじめ合理〔自然理性〕的に与えられている。事実、合理〔自然理性〕的な民衆は、「自分たち自身よりも他の人々」を愛し、そして、安全性、安定性、平和という共通の目的を追求するために、自分たち自身の個人的意思を他者たちの意思に従属させる必要を受け入れる。[167] したがって、もっとも永続的な、調和的ないし自然法的な秩序は、合理〔自然理性〕的に昇華《サブリメイト》された愛に基づいている。[168]

【トマージウスにおける法自然主義（自然理性・情動・愛）としての非平等主義的（縦の）統治秩序】

しかしながら、第二に、トマージウスはまた、ときおり、統治《ガヴァメント》における合意《コンセンサス》を強調しない議論にも共感を寄せた。安定した政治的組織体（polity）の基礎にある合理的情動《ラショナル・アフェクション》は、平等主義的《イガリテアリアン》情動ではなく、諸侯君主の支配《ルール》に安定性を与える情動である、とかれは論じた。事実それどころか、愛がその合理〔自然理性〕的限界を越え、平等性《イコーリティ》、共通性《コモナリティ》、あるいは財の共有（shared ownership）さえ促すところでは、それは愛の堕落形式となる。[169] それゆえに、合理〔自然理性〕的情動がもっとも効果的に維持される政治的組織体は、権力が無責任にあるいは血腥く使われないことを諸侯君主が保証し、国家の安定性が基礎にしている愛を腐蝕させないように諸侯君主が配慮しているそれである。[170] したがって、情動の法〔自然理性〕は、国家の代表者たちがそれを自分たち自身に適用することを期待されている自然法〔自然理性〕である。この自然法は、外的源泉に由来しないし、あるいは、いかなる外的源泉によっても課されない。

【トマージウスにおける法主意主義・法実定主義：法の実定的適用可能性の前提としての意思的立法行為】

こうしたことのゆえに、トマージウスはまた、意思は法を基礎づけるものである、と論じる点でも、プーフェンドルフに従った。あらゆる道徳性とあらゆる法は、それらの「源泉」を特殊な民衆（人民）の意思の中に持っている、とかれは説明した。[171] 実定的《ポジティヴ》な〔意思によって定立・限定された〕適用可能性《アプリカビリティ》を受け取るために、法は立法者《レジスレイター》の意思的行為《ヴォリショナル・アクツ》を必要とする。すなわち、法が無条件に与えられる普遍的諸規範〔自然法・自然理性〕に由来することはありえないし、法が妥当する範囲は法を定立《ポジット》する意思によって決められる。したがって、臣民《サブジェクト》たちは、自分たちの「上位者たち《シュピアリアー》（superiors）」の「意思に従って」、自分たちの外面的行為を構造化することを余儀なくされ、そして、市民〔世俗〕的安定性が疑問に付されるところでは、「不公平な法」でさえ受け入れられ、従われなければならない、とかれは論じた[172]。事実、トマージウスもまた、この主意主義的議論において、拘束力のある自然的諸法〔自然理性〕からの演繹に関して懐疑を表明した。自然法の諸理念は法の適用に関連する諸問題について誘導することがあるとしても、純粋な自然的諸法はせいぜい「実定法の規範」の基礎づけを構成するにすぎない、とかれは結論づけた[173]。しかしながら、自然法によっては規則づけられない多くの争点《イッシュー》が存在し、そして、そこでは自然法は法の適用のためのいかなる引証規準《リファレンス》も与えない。それゆえに、プーフェンドルフを凌ぐほどに、トマージウスは、実定法をあらゆる永続的な規範的基準に対して自律性を持つものと見なし[174]、そして、決定的なことに、自然法はその実定化《ポジティヴィゼイション》の技術的〔審判手続き〕過程《プロセス》を通じてのみ法となるにすぎず、この〔審判手続き〕過程はその自然法が立法者によって一規範として語られるときに生起する、とかれは主張した[175]。それどころか、はっきりいえば、トマージウスは、最後には、市民〔世俗〕法と自然法は二つの実体的に異なる学識〔大学講壇における教科〕（academic disciplines）であり、普遍的倫理的な省察は法的妥当性の必要条件ではなく、市民〔世俗〕法は必ずしも自然法によって強化されるわけではない、ということを容認したのである[176]。トマージウス以降、この実定化のアプローチは次第に影響力を増し、かれの弟子たちは——もっとも注目すべき弟子はヨーハン・ヤーコプ・シュマウス〔一六九〇—一七三四〕であるが——かれの諸理念を拡張して、市民〔世俗〕法の教説を、自然法の因襲的な《フォーマル》〔型どおりの〕構成要因《エレメンツ》ではなく、人間存在の自然的ないし本能的な資質《ディスポジションズ》〔傾向性〕を中心にして構築した[177]。

【小括：トマージウスの政治・法思想：反形而上学・反自然法と反神政政治：神の理性と人間の意思の分離：法的秩序の源泉としての人間の道徳的意思：法の実定化：神ならざる人間の自己立法】

したがって、トマージウスは理想的な政治的組織体（polity）を、その諸法が諸侯君主という立法者によって秩序づけられるそれとして解釈した。この諸侯君主という立法者は、自分の臣民たちの福祉を保持し、市民社会の基礎にある情動《アフェクション》の諸関係を維持する諸法を承認することを義務づけられているが、かれの法的裁定《リーガル・ファインディングズ》（法の発見）は形而上学的諸規範によって導かれるわけではまったくない。トマージウスは、自分の政治的教説を、宗教改革以後における政治思想の徹底的批判として、そして同時に、その生成・発展の頂点として、理解した。かれは法への自分の反形而上学的アプローチを、宗教改革を通じて生成・発展してきた諸侯君主の信仰国家《コンフェッショナル・ステイト》にはっきり対立するもの、そして法の実定的構造からあらゆる宗教的かつ形而上学的な混乱《ディストラクションズ》を排除するもの、と見なしたのである。ところで、かれはまた、自分の反形而上学的見解の根底には、ルター自身の反神政政治的スタンスがある、ということを指摘した。たとえば、ルターはスコラ哲学を忌まわしいものと見なしていたが、それはとりわけ、スコラ哲学が「神法、コモン・ロー、イスラーム法、特殊人間的な法」を混同したからである、とかれは注記した[178]。かくして、トマージウスは、人定法と神定法との融解《コンフレイション》（合成）を、ルター的信念に深く抵触するもの、と見なし、そして、自分自身の教説を、神政政治的政治に対する原福音派的な攻撃と、自身の諸法の下での自由（自己立法としての自由）の原福音派的な要求とに、最終的に首尾一貫した表現を与えるであろう、一国家の形成に寄与するもの、と見なした[179]。それゆえに、とりわけ、トマージウスは、自分自身の教説を、宗教改革から起こりつつある実定化《ポジティヴィゼイション》の諸問題を解決するもの、そして、実定法の信頼しうる秩序を福音派的諸法によって決定された地平の枠内で最終的に確立（制度化）するもの、と見なしたのである。実定化の問題が解決されうるのは、神の理性と人間の意思とが互いに分離され、実践的に導かれた道徳的意思が法的秩序の源泉として認知されるときのみである、とかれは示唆した。それゆえに、かれに先行したプーフェンドルフと同じく、トマージウスは、〔人間の〕立法意思《レジスレイティヴ・ウィル》を、宗教改革から現れてきた世俗世界〔現世〕の隅の首石《コーナー・ストーン》と見なし、この〔人間の立法〕意思によって果された道徳的諸決定を、形而上学以後の宇宙における秩序の唯一の保障者と見なした。〔人間の〕立法《レジスレイション》という実定的諸行為《ポジティヴ・アクツ》のみが、形而上学の終焉によって引き起こされた例外状況《イクセプション》から離れて、世俗世界〔現世〕を導くことができるが、この意思が自然法の過度に因襲化《フォーマライズ》された諸理想によって攪乱されるところではどこでも、〔人間の自己〕立法というこの最高の召命《コーリング》は掘り崩されることになるのである。

7 自然法と形而上学の復活

【ライプニッツ】

【初期啓蒙思想の実践哲学（政治哲学・法哲学）における法主意主義（法実定主義）と法自然主義とを軸とした、プーフェンドルフ、トマージウス、ライプニッツの間の論争：ライプニッツにおける自然法の形而上学的演繹】

初期ドイツ啓蒙思想において、トマージウスとプーフェンドルフが、半世俗的国家の理論家たちであり、あらゆる法的諸原理を中性化することを追い求め、首尾一貫した国家秩序を掘り崩しかねなかったとすれば、ゴットフリート・ヴィルヘルム・ライプニッツ〔一六四六―一七一四〕は法や国家権力についての主意主義的な諸概念〔観念〕のもっとも傑出した反対者であり、自然法の形而上学的演繹のもっとも傑出した信奉者であった。ライプニッツ、トマージウス、プーフェンドルフの間の論戦は、初期近代ドイツにおける国家の形成や法の構築に関する政治の底流にあった理論的な対抗関係の眼目《クルックス》を形成し、そして、これら理論家たちの間の論争は、法の権威に関する主要な論点に触れていた。かれらが取り組んだのは、法の起源、領邦〔国家〕権力の限界、神聖ローマ帝国の地位、帝国における教会の立場であった。しかしながら、これらの論戦の基礎には、法の形而上学的本体《メタフィジカル・バディ》に関する、そして国家権力の実定的起源に関する、影響力の大きな、かつ理論的に軋轢を生じさせる、論争があった。まさにこれらの論争を軸にして、初期啓蒙思想における実践哲学の諸戦線が引かれたのである。

【ライプニッツ：人間の完成化の条件としての自然法の基礎にある善：自己完成能力の条件であり、かつこの条件から演繹しうる自然法】

ライプニッツは、自然法は有用性《ユーティリティ》についての諸考慮《コンシダレイションズ》に由来しているに違いない、というプーフェンドルフやトマージウスの基本的確信を共有していた。まさしく法ないし自然法は、「公的福祉」に奉仕し[180]、そして、「法の最高の支配《ルール》（規則）」は、それが「あらゆるものを最大の一般的な善《ジェネラル・グッド》に向け」なければならない、ということである、とライプニッツは論じた[181]。しかしながら、かれのライヴァルたちは一般的な善を特定の立法意思によって規定《スティピュレイト》され、人間の資質《ディスポジションズ》（傾向性）から抽出《ディスティル》された善として定義したが、ライプニッツが断言したところによれば、自然法の基礎にある善は、理想的な政治的秩序あるいは人間の完成化（human perfection）の条件である「神の国」（City of God）を目的論的《テレオロジカル》に引証することによって、定義されるのである。かれの説明によれば、自然と呼ばれるに値する法は、人間学的観察に基づいているのではなく、「最善国家（best republic）の諸法」と同一であり、人間の社会を、神自身の法――すなわち、神が自由に自分自身に与えるであろう諸法――と一体である「理念」に向けて、導く法である[182]。かくして、ライプニッツは、自然法を、人間の完成可能性（自己完成能力）（perfectibility）の条件《コンディション》を構成しかつこの条件から演繹しうるものと見なし、そして、人間の完成可能性（自己完成能力）を、人類と神との間の可能な近似性（possible likeness）の条件と見なしたのである。

【ライプニッツ：人間学的要因（社会性と有用性）としての自然（理性）法：法と道徳、理性と意思の断絶に対する敵意：法の妥当性を正当化する究極の理拠としての正義（宇宙の自然理性的な調和）】

善き政治組織体の諸法のための形而上学的あるいは神的・自然的な基礎づけの探求に際して、ライプニッツは人間学的考慮をすべて放棄したわけではない。むしろ逆に、自然法は社会的共存を助け、人間の諸関係の中に調和を引き入れる有用性の一定の諸原理を含んでいる、とかれは論じた。実際それどころか、自然法が社会を完成化（perfection）に導くとき、それは実践的な人間の利益に奉仕しなければならない、ということこそまさに自然法にとって本質的なことである、とライプニッツは論じた[183]。同様に、自然法は人間の理性から独立して現存しない、ということをかれもまた強調した。自然的諸法は著しく合理（理性）的な諸法であり、いかなる実定的な神学あるいは啓示された神的・実定的《ディヴァイン・ポジティヴ》な法（神定法）からも引き出しえない[184]。事実、自然法の知識は、人間の意思を緩和し、諸行為を人間的有用性や調和の諸原理に従って組織化する「形式的な理性〔悟性〕」を用いることからのみ結果しうるにすぎない[185]。こうした仕方で用いられる理性〔悟性〕は、「慈愛《チャリティ》（公的救済）の学問」あるいは「賢者の慈愛（公的救済）」である[186]。賢者の慈悲（公的救済）は、①人々は他者に嫌悪を抱くような仕方で行為すべきではない、という格律において、そして、②この格律に従う諸行為は人間社会において調和を確立し、かつ維持するのに役立つであろう、という知識において極まる[187]。とはいえやはり、ライプニッツの法哲学の核心にあったのは、形而上学を実践哲学の中に再統合すること、そして、法の妥当性（validity）の諸源泉を本質論的《エッセンシャリスト》に説明すること、であった。この態度は、法を強制的意思（coercive will）に偶々依存する（条件づけられた）もの（contingent）と見なすような、法についての初期の法実定主義（positivist）的な説明を退けること、このことに固く結びつけられている。たとえば、プーフェンドルフに関する注釈において、ライプニッツは、法を人間の優位性《スピアリアリティ》や命令《コマンド》という主意主義的《ヴォランタリスト》（voluntaristic）な諸構造から演繹することを否定し、そして、このような法実証（実定）主義（positivist）的な諸傾向は、法の内容における逆説的な恣意性《アービットラリニス》と、その法の適用に際しての〔その法の妥当性を〕正当化する義務 (legitimate obligation) の根絶とに導かれる、と主張した[188]。〔なるほど〕ライプニッツは、この点において、法は実定的に〔意思・権力によって確定されたものとして〕国家によって強制されること、あるいは、国家は権力を適用する制度という性格を有すること、これを否定しない。しかしながら、法を通じて権力をあらゆる方面に伝達することは、調和と必然性についての形而上学的・合理〔理性〕的な諸原理によって、その妥当性が証明されなければならないし、したがって、権力だけで「正義の公式的《フォーマル》な理拠《リーズン》〔理性〕(ultima ratio)」として受け取られることはありえない、とかれは論じた[189]。法は単に大権《プリラガティヴ》(prerogative) においてのみ基礎づけられるべきである、ということは「理性が忌避する (abhorrent) ところ」である、とかれは述べた[190]。かくして、法的強制力についてのより法実定主義的な説明は、法の教義における形而上学的な諸要因《エレメンツ》を中性化しようとしたのであるが、こうした説明においては、法と道徳性、あるいは理性と意思とが断絶〔裂壊〕してしまうことになる。こうした断絶〔裂壊〕(rupture) に対する激しい敵意によって、ライプニッツの思想は形づくられたのである。かれが断言したところによれば、法の〔妥当性の〕正当化の義務は、法の〔それ以上さらに〕還元しえない (irreducible) 正義にのみ由来しうるのであり、ひるがえって、法の正義 (justice)、宇宙における〔自然〕理性的 (reasonable) な調和という最高の形而上学的諸原理に法が合致していること〔両方の形相が一致すること〕(conformity)、このことを合理〔悟性〕的 (rational) に評価することを通じてのみ決定されうる。それゆえに、「自然〔理性〕法」は「神的・道徳的な法と異なるものではない」し[191]、人間の理性〔悟性〕の任務《タスク》は、それら自身の本質からして形而上学的に必然的である諸法を演繹することである、とかれは結論づけたのである。それゆえに、初期啓蒙思想の他の実践哲学者たちとは異なり、ライプニッツはまた、人間と人間の意思にとって正しいこと (what is just) と、神と神の意思にとって正しいこと、この両者の間には、いかなる必然的な分裂 (disjuncture) も存在しない、と主張したのである。神は人間よりもより容易に道徳的諸法に従って行為するであろう、ということをかれは認めた。はっきりいえば、神の意思は、完全な意思である以上、完全に自然〔理性〕法に従っているに違いない。しかしながら、正義の合理（理性）的に必然的（rationally necessary）な内容は、人間存在と神存在（human and divine beings）の両方にとって同一である。事実、正義は人間の精神《マインズ》と神のそれとの両方にとって外在（外因）的なもの（external）であるから、あらゆる被造物（万物）（creation）は、合理的な正義（rational justice）が内包する諸原理に対して、責任を問われ（held accountable）うるわけである。(192)
それゆえに、宗教改革以降の哲学が形成してきた〔主意主義的〕諸原理を逆転させて、ライプニッツは、正義を意思する神の自由は、正義の必然的内容によって規定（定義）されているから、神は、自分の自由の内容がまた合理（理性）的に必然的であるところでのみ、自由であるにすぎない、と〔法自然主義的・理性普遍主義的な立場を〕主張したのである。

【ライプニッツにおける自然（理性）法の三水準、①交換的正義、②配分的正義（衡平）、③普遍的・必然的正義：ホッブズ的自然法（権）論の批判】

自然〔理性〕法には三層の位階が現存し、より低位のそれはそれぞれ、より高位のそれに導かれ、かつそこでその完全性（完成化）（perfection）を見出す、とライプニッツは論じた。自然〔理性〕法のもっとも根本的なレヴェルは、誰にも〔他者に〕危害を及ぼすなかれ（*neminem laedere*）（hurt no one）（alterum non laedere）というローマ法のウルピアーヌス（Domitius Ulpianus）による定式化の第一規則《プリーセプト》によって定義される。これは、ライプニッツにとっては、私法（private law）あるいは交換的正義（commutative justice）の原理〔算術的平等〕であり、そして、それは占有（property）と所有（ownership）に関係《パーティン》する法を下から支えている。それゆえに、それは、自然状態（state of nature）に適用されるような、自然〔理性〕法を表現している。(193) この原理は、ローマ法の第二原理、衡平（equity:

aequitas）の原理、〔価値に応じて〕各人に各人のもの（各人に相応しいもの・自分のもの）を分配すべし（与えよ）*suum quique tribuere*（render to each his or her due）〔それぞれが自分自身の（果たすべき）ことを果たすこと（to ta hautou prattein）〕によって定義される、自然〔理性〕法の第二水準へと、導かれる。これは、ライプニッツにとって、公法（public law）あるは配分的正義（distributive justice）（dikaion dianomêtikon; iustitia distributiva）の原理〔比例的平等〕であり、そして、これは人間の社会的共存（social coexistence）に関係する諸法のための道徳的諸条件を構成する。すなわち、それは所有（ownership）に合理〔理性〕的・倫理的な実体《サブスタンス》を与え、占有（property）の単なる諸関係を人間の共同性《コモナリティ》と相互扶助《ミュータル・アシスタンス》の基礎づけへと転換し、人間的諸関係に道徳的構造を与える。自然〔理性〕法の最高レヴェルは、ウルピアーヌス法の第三規則《プリーセプト》、篤実に生きるべし（誠実・敬虔に生きよ）*honeste vivere*（live honestly or piously）によって定義される。これは、敬虔、普遍的に必然的な正義、「神に向けての自然〔理性〕的義務」、これらの〔自然・理性〕法を表現し、すべての人間事象を「魂の完成化（perfection）」へと向ける。[194] すなわち、真に道徳的な社会は、この原理をその倫理的中心として必要とする。したがって、自然〔理性〕法の最高レヴェルは、二つの下位レヴェルをそれ自身の前提条件として有しているが、これらの下位レヴェルは独立した形では政治的組織体（polity）における正義や福祉（well-being）を十分に保障しない。実のところそれどころか、〔自然・理性〕法の義務〔法の妥当性を正当化する義務〕の諸原理を形而上学的に必然的な倫理的基体（ethical substrates）から切り離す政治的秩序の諸モデルは、自然〔理性〕法の低いレヴェルに留まり、そしてそれらは、政治的秩序を、単に所有（ownership）の機能的維持および自然的敵対関係《アンタゴニズム》の強制的抑圧として、説明するにすぎない、とかれは論じたのである。（ホッブズによって例証されるような）このような説明は、①自然〔理性〕法の必然的普遍性《ユニヴァーサリティ》を捉えそこない、②安定的かつ正しい諸社会をしてそれら自身を構築せしめる、合理〔理性〕的（rational）な法の生成・発展の折り重なったレヴェルの過程を、説明しそこない、そして、③持続的な社会的安定性の基本的に合理〔理性〕的な諸々の基礎づけ（rational foundations）を認識しそこなっている。(195) はっきりいえば、自然状態から善く規則づけられた政治的組織体（polity）への移行は、市民たちの間の、あるいは、上から課された立法《レジスレイション》の諸行為《アクツ》の間の、所有《ポゼッシヴ》・契約《コントラクト》の中に反映された、意思の単純な諸行為、これらを通じては成就されえない、ということをライプニッツは示唆したのである。正しい政治的組織体の形成は、いつもこうした意思の諸行為への形而上学的・普遍的な付加〔自然法・自然理性〕を必要とし、そして、この付加を通じて、人間精神《ヒューマン・マインド》は、その諸法において、神の宇宙の法的な統一性《ユニティ》（一体性）と調和との諸原理を模写《リプリケイト》し、そして、諸々の人間の意思をこの統一性と調和の諸原理に従わせなければならない。統一性と調和の状態は、占有《プロパティ》（所有・財産）の諸関係と政治的安定性の必要を体現《インコーポレイト》するが、しかしまた、普遍的な敬虔と無条件的に拘束する諸法の遵守とを体現してもいる。要するに、ライプニッツにとって、善き政治的組織体は、いつも形而上学的あるいは合理（理性）的に必然的なそれであり、そして、それ（善き政治的組織体）は、その自由が実定法を超えた法的諸規範（supra-positive legal norms）〔自然（理性）法〕に従って〔両形相が合致する形で〕行使されるような、そういう〔自然（理性）的〕意思にのみ、由来しうるのである。

【ライプニッツにおける反主意主義：意思（神）に対する（自然）理性（必然性）の優位：「至高の（自然）理性の命令」としての法】

法的主意主義（legal voluntarism）に対するライプニッツの攻撃は、人間の意思に限られず、神自身の意思にまで拡大された。プーフェンドルフや他の（法的）主意主義者《ヴォランタリスト》たちによれば、自然〔理性〕法の諸原理はもともと神の創造的意思に由来し、これらの諸原理が善きものであるのは、それらが最初に神によって命じられたからであった。これらの諸原理はいまや人間の諸々の意思によって適用され、それらの創造における最初の形式に対して一定の実定的な区別を獲得する。こうしたこととは対照的に、ライプニッツは、自然〔理性〕法の諸原理は、神の意思に優位し、したがって、他のあらゆる意思に優位する、と断言した。神の正義が正しいのは、それが正義の合理〔理性〕的に必然的かつ不可変的な諸原理に従うからであって、単に神が自分の自由と偶然性《コンティンジェンシー》（状況依存性、恣意）において正義（justice）を正しいもの（just）と意思したからではない。事実、もし正義が単純に神の意思の恣意的《アービットラリ》な現出として定義（規定）されるならば、結果的に正義の内容を定義（規定）することは不可能であろうし、そして、神自身は不正に行為することさえ自由でありかねないであろう、とライプニッツは推論したのである。もし正義が単に神の意思の一行為《アクト》であるならば、神は不正に「無垢のものを非難し、あるいは邪悪なものを美化する」かもしれないし、自然（理性）的正義に違反している他の諸法を見て見ぬふりをして、暴君《タイラント》として行為《アクト》し、愛ではなく恐怖によって支配《ルール》するかもしれないであろう。[196] これは考え難いことであり、神性《ディヴィニティ》（神であること）にとって本質的なことは、神性は、形式的にすべての意思に当てはまる、正義の普遍的に明示しうる諸理念によって、決定されている、ということである、とかれは論じた。[197] したがって、神であることを構成するのは、神が自分の意思と自由を〔それに論理的に〕より先立っている（prior）合理（理性）的ないし自然的な諸法に従って行使することである、とかれは結論づけたのである。かくして、神自身は〔自然・理性的〕諸法の意思的起源《ヴォリショナル・オリジン》ではなく、必然的に〔自然・理性〕法によって拘束され、いかなる合理（理性）的に拘束する規範的な束縛〔自然（理性）法〕をも超える至高の権力ないし絶対的な自由を有さない。[198] したがって、法は、人間のそれ（人定法）であれ、神のそれ（神定法）であれ、決して「創造者《クリエーター》の命令《コマンド》」ではありえない。そうではなく、それは、あらゆる創造的意思に〔論理的に〕先立って（prior）現存し、それらを決定する「至高の理性《シュープリーム・リーズン》の命令《コマンド》」である。自然〔理性〕法の起源は、神の立法的な意思ないし自由においてではなく、神の自然〔理性〕法的な本質存在（natural-legal *essence*）に存するのである。この本質存在は、理性（*reason*）と必然性（*necessity*）として、もともと神自身から区別され、神自身に〔論理的に〕先立ち（prior）、神自身を義務づけているのである。[199]

【ライプニッツにおける神の完全性（理性）を志向する普遍的法治国家】

もし神の意思が〔自然・理性〕法の合理（理性）的な諸原理によって拘束されているならば、このことはまた、一定の観点では、ライプニッツが神にもっとも近い種族（*genus proximum*）と見なした国家〔の意志〕にも当てはまる。ライプニッツにとって、国家が不可侵であるのは、それが世俗世界における調和、正義、完全性（完全化）（perfection）いう大義《コーズ》を促進することにおいて知恵《ウィズダム》〔賢慮・理性〕を示すかぎりにおいてである。しかしながら、国家〔の意思〕が、知恵〔賢慮・理性〕を放棄することによって、そして、権力を宇宙的〔自然（理性）〕法の測定器《パラメーター》の外部において行使された意思として適用することによって、これらの諸原理を堕落させるところでは、国家はその正統性を有する国家としての資格を失い、専制《テュラニー》となる。それゆえに、知恵〔賢慮・理性〕と法とは、人間の政治的組織体（polity）に関するライプニッツの概念の核心においては、密接に関係づけられているのである。知恵〔賢慮・理性〕は、慈愛に満ちた精神的な《チャリタブル・メンタル》資質《ディスポジション》〔傾向性〕であって、こうした資質〔傾向性〕は、神である「もっとも完全な存在」の本質を理解し、神の完全性《パーフェクション》は本質的な〔自然・理性〕法に従うことにある、ということを知り、神の完全な法と、神の完全な計画についての「至高の〔主権的な〕知恵〔賢慮・理性〕」とに連なっている、法的・政治的な諸秩序の設立〔制度化〕を追求する。[200] それゆえに、知恵〔賢慮・理性〕が政治的組織体を性格づけるところでは、あらゆる人間社会は神の国（city of God）において分有された完全性《パーフェクション》（完成化）という条件を志向し、この条件は、そこではあらゆる権力が賢明で必然的かつ究極的に調和的な自然〔理性〕的諸法によって拘束されている、そういう普遍的な法治国家《リーガル・ステイト》の姿形をとる。

【ライプニッツ：普遍教会及び帝国の憲政秩序の枠内で相対的にのみ自律する領邦国家権力】

初期啓蒙思想の原・法実証主義的〔法主意主義的〕諸傾向に反対して、ライプニッツはまた、主権《ソヴリンティ》の局地化《ロケーション》としての領邦国家についての共通の諸理念を否認し、そして、これらの諸理念は権力と〔自然・理性〕法との誤った分離から展開される、と論じた。このことは、かれの形而上学的な著作においてのみならず、政治へのかれのより具体的な関与においてもまた、明らかであった。たとえば、教会法に関するかれの著作において、かれは、ローマ・カトリック教会の「もっとも古風な位階制」に基づく監督体制（Episcoparian constitution）の創設を擁護した[201]。かれは、この立場を、「主教（司教）なしには王もない（no bishop — no king）」というイングランドの格言に従うことによって正当化し、そして、一人の君主《モナーク》が正統性を受け取りうるのは、政治的権威に神的・法的な正当化を付与する主教（司教）によって戴冠するときだけである、と主張した。これに加えて、ライプニッツはまた、キリスト教徒の民衆（人民）の間に愛、統一性（一体性）、普遍性を促進するために、ローマ・カトリック教会と主要なプロテスタント宗派とを融合し、特定の諸国家を乗り越えるような「普遍的教会」の再生を説いた[202]。同様に、帝国の憲政秩序に関する著作においてかれが主張したところによれば、領邦諸侯君主の権力は、大抵の場合、かれが「至上権（*Suprematus*）」として定義（規定）したものを構成しているのであり、すなわち、諸侯君主は、かれら自身の裁判所の統制権〔裁治権・司法権〕と、かれら自身の諸領邦〔国家〕の行政権とを持ち（あるいは、獲得することが許されるであろうし）、そして、イタリア諸国の諸侯君主と同じく、かれらは、諸外国へ使節を派遣し、国際法や協定《アグリーメント》の形成に参与する権利（*jus legationis*）〔外交権〕、を持っている[203]。しかしながら、かれがまた論じたところによれば、諸侯君主は完全に無制限ないし排他的な主権的権力を有さない。すなわち、かれらの権威は帝国の憲政秩序によって拘束され[204]、そして、かれらは「皇帝への特殊な奉仕」を負っている[205]。したがって、このもっとも実際的なレヴェルにおいてさえ、ライプニッツは、政治的権威がその包括的な法的枠組みから切り離されていると見ることをためらい、そして、かれは領邦〔国家〕権力を〔近代〕国家の特性（statehood）の主要な適地《サイト》と認めることに反対したのである。

【ライプニッツにおける連邦制国家としての帝国】

帝国の憲政秩序に関するライプニッツの諸論文は、ドイツ諸国〔領邦国家〕の政治的な要求ないし独立の価値を貶めることを目論んでいるわけではなかった。これらの著作におけるかれの主要な主張は、国家というものは全体的ないし不可分の領域支配権《テリトリアル・ドミニオン》の行使なしには主権的な〔近代〕国家の特性（statehood）の〔要因としての〕諸権力を有しえない、ということであった。事実、かれは、帝国を、連邦制国家（federal state）の形式において「多くの主権」より成り、独占的権力の集中を必要としない、国家ないし共和国《リパブリック》として、記述したのである。[206] ライプニッツが結論づけたところによれば、帝国における行政権力《アドミニスレイティヴ・パワー》のこうした連邦制的分割《フェデラル・ディヴィジョン》は、主権の理念に抵触しないし、善き政治的組織体（polity）においては、主権はいつも、そこにおいて権力が、〔自然・理性〕法によって、そして、統治《ガヴァメント》（政府）が普遍的な〔自然・理性〕法的義務を遵守することによって、規定（定義）される、一条件である。それゆえに、主権とは、一人の君主あるいは一人の立法者をあらゆる法的制約（束縛）から免除させる一条件では決してありえないし、権力の威厳《マジェスティ》（高権）は、主権者の個人（人格）的意思にあるのではなく、政治的組織体を決定《ディターミン》（規定）する多くの必要な〔自然・理性〕法にあるのである。[207] したがって、ライプニッツにとっては、あらゆる外からの〔外因的な〕法（external law）〔自然（理性）法〕を領邦〔国家〕権力から排除しようとする理論家たちは、主権の自然本性を誤解し、主権を主意主義的な絶対主義と混同したのである。

8　実定法の弁証法

【ライプニッツにおける合理（理性）主義・主知主義：意思（神・人）に対する理性（自然）の優位：普遍的国家・普遍的教会：ライプニッツにおける反形而上学（反神学）的側面：信仰と理性の分離：法学の世俗化・自立化：

【法における形而上学的偶然性の批判】

ライプニッツは、自分の著作を法の形而上学的な構築への単純な復帰とは見なさず、法哲学への自分の関与を、プーフェンドルフやトマージウスのそれらと同じく、人間の法（人定法）の権威および自律性のための確実な前提条件を生み出そうとする企てとして理解した。ライプニッツを自然〔理性〕法に関する他のより折衷《エクレクティック》的な哲学者たちと比較する際には、このことを想起しておくことは重要である。ライプニッツの著作によれば、正義の内容は、あらゆる特定の知性《インテリジェンス》に先立っており、〔世俗〕世界の必然的に包括的な調和から本質的に演繹可能である。だから、かれの著作が自然法についての前近代的でトマス主義的でさえある残存する諸概念と結びつけられていた、ということは明らかである。かれの哲学の中心を成していたのは、法は〔神のそれであれ人間のそれであれ〕一つの意思によって権威づけられることなく、絶対的理性と統一されているような権威を受け取っており、したがって、形而上学的理性と法との近代的切断《セヴィアランス》は妥当しない、という主張である。かくして、かれの著作は、新しい前提条件に基づき、神聖ローマ帝国によって代表された普遍的国家という、そして普遍的教会という、中世的諸理念を、再び喚起した[208]。実のところ、それどころか、かれは、神の知性《インテレクト》と神の自由ないし神の意思との間の関係に関する半・トマス主義的な諸議論に復帰してさえいたのである。ところが、ライプニッツもまた、自分の法理論を、法についての純粋に形而上学的な説明に対する攻撃と、そして、国家を神学的用語で定義する、〔近代〕国家の特性（statehood）についての諸々の教説に対する攻撃と、見なしていた。すでに述べたように、ライプニッツは、法学と神学が直接的に同属《コグネイト》の学問であることを否定した。事実、かれは、信仰と理性は融解《コンフレイト》〔合成〕されるべきではない、と殊更に論じ、そして、法の演繹は、信仰からは独立して行なわれ、信仰に優先《オーヴァーライド》する法の諸範疇を提供する、とはっきり示唆していた[209]。さらには、法の必然性は法が合理〔理性〕的知恵に従うことに依存する、と示唆することによって、かれは政治の諸々の基礎づけ〔権力の正当化〕を、完全に他律的で形而上学的なあらゆる諸概念ないし諸信念とは異なるものとして説明しようとした。すなわち、妥当する法《ヴァリッド・ロー》は、（自然）理性《リーズン》の不可変の顕勢態（目的完成態・現実態）（entelechy: entelecheia）であり、人間たちと神々の両方がこの法の知識を獲得しうる、とかれは説明した。事実、こうした基本的議論が示唆しているのは、ライプニッツは、自分自身の哲学を、法の自律性や政治の人間性をプーフェンドルフ、ホッブズ、他のより主意主義的、機能主義的あるいは功利主義的なかれの敵対者たちよりもよりよく説明しうるものと見なしていた、ということである。ライプニッツにとっては、法や国家についての主意主義的な理論家たちは、法を誤って意思に（これが神の意思であれ、立法者の意思であれ）依存せしめていたが、主意主義的な理論にとっては、あらゆる法は、その核心に最終的には超越的偶然性《トランスセンデント・コンティンジェンシー》（状況依存性）を保持している。かくして、法の源泉は、分析を最後まで突き詰めれば、究極的には説明しえない形而上学的なものである。しかしながら、法的に正しい（just）ことは、人間の理性という基準に従っているものであり、そして、人間の共存《コウイグジステンス》という調和に奉仕するものである、とライプニッツは論じた。それゆえに、自然的正義はいつも合理（理性）的であり、そして、合理（理性）的正義はいかなる形而上学的偶然性《コンティンジェンシー》（状況依存性）の痕跡も帯びない人間の正義である。したがって、正しい国家（just state）は、合理（理性）的国家（rational state）であり、そして、この国家は、形而上学的に演繹されるにせよ、やはりまた人間が構成する、諸原理を表現している。

【ライプニッツにおける法の自然理性内在性：神及び人間における、意思としての自由ではなく、理性としての自由】

このように見れば、ライプニッツの法的・政治的な思想は、もっとも基本的には、神の意思の自由はあらゆる理性を超越する、あるいは、神の本質は人間の知恵や法にとってまったく外在（外因）的なものである、そして、諸法はそれらの本源を超越性《トランスセンデンス》という説明しえない局所《ロウカス》に持っている、といった考えを退けることによって、決定されていたのである。ライプニッツにとっては、神の意思は合理（理性）的な法から切り離しえないものである。神の意思は、必然的調和の合理（理性）的な法の諸原理を創造し、かつこれらの原理によって創造されている。そして、それは、これらの原理に対する自由な外因性《イクスターナリティ》（外在性）を何ら有さない。同様に、正しい国家（just state）は、神との類比において構成され、〔自然・理性〕法から切り離しえないものであり、〔自然・理性〕法と共に出現《コウ・イマージェント》するものである。国家の意思は、その創作者《オーサー》としても、あるいは執行者《イクセキューター》としても、自由に法の外あるいは上に置かれるわけにはいかない。したがって、法治的国家《リーガル・ステイト》ではない諸国家、あるいは調和を確保しえない諸国家だけが、権力の意思は〔自然・理性〕法から切り離され、〔自然・理性〕法に先立っている（prior）、という確信を保持しているのであり、これらの諸国家は、神の超越性という間違った形而上学的な神話《ミス》を政治的組織体（polity）という世俗的形態に置き換える。したがって、神の形而上学的な超越性《トランスセンデンス》あるいは絶対的な自由という神話は、専制《ティラニー》を基礎づけるものであり、法治国家の法的形式はいつも、神をして超越性ないし非合理（理性）的自由を放棄せしめ、〔自然〕理性の必然的諸規範に従って、ひとつの人間的な神たらしめる、そういう媒体である。それゆえに、プーフェンドルフが神の自由を意思と見なしていたとすれば、ライプニッツは理性を神の自由の形式と見なし、そしてこの自由はまた人間の自由の形式である。

【法哲学的原理に関するプーフェンドルフとライプニッツの対比：主意主義と主知主義】

この結果として、ライプニッツとプーフェンドルフは、二人の方法論的に対立した理論家として容易に見なされることになろう。いずれも法の基礎づけの自律性《オートノミー》と実定性《ポジティヴィティ》を説明することを望んでいたが、いずれも他方がこうした努力において間違った形而上学的な前提条件を主張していると非難し、いずれも他方が神性《ディヴィニティ》と自由という間違った理念を〔近代〕国家の特性（statehood）の基礎としていると見なした。ライプニッツは、国家を、合理（合理）的に演繹された人間の法において顕現する神の非超越的本質（God's non-transcendent *essence*）の上に基礎づけようとした。プーフェンドルフは、対照的に、国家を人間の意思の上に基礎づけようとした。この人間の意思は、神の意思を人間社会において体現された一組の実定的諸規範《ポジティヴ・ノームズ》として解釈し、これらの諸規範をその人間の意思が適切と見なすように適用する。プーフェンドルフにとっては、ライプニッツは法の実践的な多様性《プラクティカル・ヴァリアビリティ》と具体的・実定的な起源を十分に説明していなかったし、ライプニッツの理論は形而上学的調和の合理（理性）化された諸理念に依然として固執していた。かくして、ライプニッツは、知性《インテレクト》と意思《ウィル》との神による法的統一化《リーガル・ユニオン》（法における統一）という逆説的な神話に拘束されて、国家を合理（理性）的神として行為するように束縛した。ライプニッツにとっては、逆に、プーフェンドルフの著作は、神の主意主義的《ヴォランタリスティック》な超越性《トランスセンデンス》への信仰に影響されていた。この信仰は、正義の絶対性と正義を獲得するに際しての人間的理性の構成的役割との両方の価値を貶めている。プーフェンドルフは、かくして、完全な正当化なしに不適切にその意思を行使する自由な神として現存することを国家に許してしまったのである。

【小括：プーフェンドルフとライプニッツ：法のポスト形而上学的な妥当性の基礎づけの源泉としての意思と理性】

結局のところ、ライプニッツが実践哲学の形而上学的あるいは反法実証（実定）主義（anti-positivist）的な伝統により近づいていたことは明らかであるにせよ、かれとプーフェンドルフとを分かつものは、本質的には、法《リーガル・》の形成《フォーメイション》の二者択一的な道筋〔主意主義と主知主義〕であると見なされよう。一方は意思を、他方は理性を、法のポスト形而上学的な妥当性（post-metaphysical validity）の〔正当化・基礎づけの〕源泉として定義（規定）したからである。実のところ、ライプニッツとプーフェンドルフは、どちらも、法の逆説的実定性（paradoxical positivity）〔法定立における意思と理性の循環〕を、かれらが遭遇したような社会的現実の中心的な事実問題として認識し、そして、この逆説を異なる仕方で説明し克服することを試みた理論家たち、と見なされよう。人間精神《ヒューマン・マインド》は、法と神の理性とを古代的に織り合わせたもの《インターウォーヴィニス》を法として再創造しうる、と論じることによって、ライプニッツは法の逆説を説明した。かくして、人間精神が創造する諸法〔人定法〕は、神的諸法「神定法」に類比しうる絶対的な諸法〔自然（理性）法〕であるが、しかし、それらはまた、精神がそれ自身の諸法として合理〔理性〕的に構成し、そして、実定的な諸法〔実定法〕として適用されうる、人間の諸法でもある。人間の意思は神の意思によって創造されたが、それはいまや真正に法を、神の意思とは異なるものと神の意思に類比しうるものとの両方として創造しうる、と論じることによって、プーフェンドルフはこの同じ逆説に言及した。人間の意思が創造する諸法は、神の本源的に意思的な諸行為《ヴォリショナル・アクツ》に係わる絶対的な諸法であるが、しかし、それらはまた、意思が独力で自由に構成し、他の人間たちに適用する、人間の諸法でもある。要するに、プーフェンドルフとライプニッツとの両方は、この法〔人定法〕は形而上学的なものではないことを、そして、諸法〔人定法〕は演繹《ディダクション》と規定《プリスクリプション》〔命令、時効〕という人間の行為《アクツ》に由来することを、認めたのである。かくして、両理論家は、法〔人定法〕の妥当性を主張するための実定的な前提条件を創造しようとした。しかしながら、この点において、両者はなお、法の逆説と例外との痕跡をやはりなお表現していた。というのは、両者は神を、理性あるいは意思のいずれかとして、この法の（すなわち、神の法〔神定法〕ではない法〔人定法〕の）〔定立の〕起動を保証する者（originating guarantor）として、喚起したからである。かれらは神を、立法行為（legislation）を起動する者（originator）としてではなく、〈立法する〉ということと、〈法の根拠とは絶対的に異なっている〉ということ、この両方のことである、という、〈起動すること〉の逆説（originating paradox）として、喚起した。プーフェンドルフとライプニッツ、いずれの著作においても、形而上学的法体系における異なる構成要因《エレメンツ》（境域）——神の理性と神の自由〔意思〕、神の相反する様相《アスペクツ》として分裂した人格性——は、法を、形而上学以後、人間の法として、したがって、実定的形式を受け取りうる法として、権威づけるために、劇的に表現された。かくして、これらの哲学者たちは、両方とも、法的分析の二つの異なる路線〔主意主義と主知主義〕における前進した諸段階を示したのである。両者とも、有神論的《ティーイスティック》な形而上学に由来する法の諸理念を、法の妥当性についての世俗的な——あるいは実定的でさえある——説明に転換しようとした。この点において、両者は、形而上学的ではない法を真正なものにする（authenticate）する一手段として、法における形而上学的な痕跡に係わっていたのである。

9　ライプニッツとプーフェンドルフ以後

【C・ヴォルフ】

【理性的自然法秩序：反法主意主義：（神及び人間における）意思に対する理性の優位：自己完成可能性】

ライプニッツ以後、クリスティアン・ヴォルフ〔一六七九―一七五四〕の政治的著作は、法治国家（legal state）についてのライプニッツの合理（理性）的・形而上学的な概念の諸様相と、ネオ・トマス主義的な諸理念をかれが部分的に復活したもの、この両方を拡大し、かつ精緻化した[210]。ライプニッツと同じく、ヴォルフは、正しい社会（just society）は普遍的な調和《ハーモニー》と有用性《ユーティリティ》という利害関心に奉仕する自然法の諸原理において基礎づけられる、と論じた。ヴォルフは「共同福祉《コモン・ウェルフェア》」を「社会の最高の、あるいは至高の法」として定義し、そして、人間のあらゆる行為の倫理的内容は、それらが共同の安全と福祉を保持する範囲から演繹されうる、と論じた[211]。それゆえに、政治的秩序の正統性は、国家が自然法に従っているかどうか、これにかかっているのであり[212]、そして、権威は自然法に反する諸行為を「命じるいかなる自由も有さない」、とかれは論じたのである[213]。さらに、神の理性を神の自由の上位に置くという点でも、ヴォルフはライプニッツに従い、自然法は神自身の法を反映しているが、しかし「神の意思から流出《エマネイト》しない」、と結論づけた。[214] そうではなく、自然法の正義は神から独立して現存し、そして、自然の諸法は、神によって規定《プリスクライブ》（指令）されることも変更《アルター》されることもありえない。ヴォルフはこのように、この世俗世界にはあらゆる意思をあらかじめ形成し、かつ決定する法理的《ジュディカル》秩序が現存し、意思はそれがこの法的秩序に従って現存するかぎりで道徳的なものになる、というライプニッツの主張を繰り返した。この法理的秩序は、宇宙に内在する完全性《パーフェクション》（完成可能性）への必然的志向性《ネセサリー・オリエンテーション》を反映している。すなわち、その法理的秩序は、神の選択を導く秩序であり、そして、もっとも完全な存在として、神自身の選択は——世界と人類を創造するという神の選択も含めて——常に善なるものである、ということを保証する。それは神から独立して現存するがゆえに、この秩序の諸法（自然（理性）法）は人間の理性から演繹されうるし、そして、決定的なことには、その秩序に従って行為する人たちは、自分たち自身までもが法となる。[215] すなわち、かれらは、自分たちの意思を普遍的な（自己）完成可能性（perfectibility）の原理に合致せしめる、そして、そのようにしてかれらを神自身の秩序への遠く離れた関与者にせしめる、そういう条件にまで、自分たち自身を高めていくのである。

【ヴォルフ：秩序と自己完成可能性を反映する自然（理性）法：治者と被治者の相互依存】

ヴォルフは、自然（理性）的諸法が宇宙の基礎にある秩序や宇宙の自己完成可能性（perfectibility）を反映しているならば、もっとも有徳な国家《ヴァーチャス・ステイト》は、必然的に、秩序づけられた国家でなければならない、と結論づけた。そうした国家においては、臣民《サブジェクト》たちの諸利害関心は、統治者《リージェント》（王）たちの諸利害関心に対して均衡が保たれ、権力を適用する人たちと権力に従う人たちとが、法的に結合（凝集）され秩序づけられた一全体を形成し、それぞれはそれらの根拠と正当化を他方において有している。[216] したがって、人間の社会においては、自然的過程においてと同じく、

「より大きな秩序のあるところに、より多くの真実」がいつもあり、[217] そして、最高度の真実は、そこではすべての特殊的諸主体の意図が、「それらのどれもが他のものと衝突しないような、そういう仕方で結合され、そして、それぞれが事実上他のものに到達するための手段である[218]」ような、そういう社会において現存するのである。人間の理性の任務は、人間の社会を絶対的秩序に向けることを促す諸法〔自然（理性）法〕を演繹《ディデュース》し規定《プリスクライブ》（指令）することである。社会の機械のような秩序に奉仕する諸法は、自然〔理性〕的な諸法であり、そして、国家は、それが自然法の形而上学的秩序を模写《リプリケイト》するところで、正統性を獲得し、服従を命ずる。

【ヴォルフ：国家権力に関する法主意主義的教義：自然（理性）法を定立する主権的立法者としての諸侯君主：自然法と実定法を統一する法治国家：実定法に対する自然法の優位】

ライプニッツの反（法）主意主義の諸側面を共有しているにもかかわらず、ヴォルフの政治理論はまた、国家権力に関するより明瞭に（法）主意主義的な諸教義を反映させてもいた。ヴォルフは、あきらかに、正統性を有する国家を法治国家《リーガル・ステイト》と見なしたが、この国家の意思は、完全に自然〔理性〕法を反映する社会的な完成可能性（perfectibility）の包括《オーヴァーアーキング》的な客観的側面に係わっている。しかしながら、ヴォルフはまた、自然〔理性〕法に従う国家は法のあらゆる領域において拘束力を有している、と主張した。プーフェンドルフと同じく、かれは特殊な諸法を「上位者《シュピアリアー》の命令《コマンド》」として定義し、そして、高度の強制力を有する権威を諸侯の立法者《プリンスリー・レジスレイター》に帰している。妥当する法は、理性の絶対的諸原理によって決定されるが、しかし、それは「理性的存在の〔実定的〔法定立〕〕意思」によってのみ演繹され施行されうるのであり、そして、こうした意思は、諸法を自然〔理性〕法の制約（束縛）の枠内で解釈し適用する権力を唯一付与されている主権的立法者《ソヴリン・レジスレイター》においてのみ現存しうる、とヴォルフは結論づけた[219]。立法者は、不断に新しく「より完全な法」を起草し、「汎用法典（law books for common usage）」における統一性をより高めるために心を砕き、[220] 自分の諸領邦〔国家〕への最大限の法的権力（legal power）を獲得する義務を負わされている、とかれは論じた。[221] その場合、契約《コントラクト》によって拘束され、あるいは協定《コウヴナント》を締結した、社会の諸成員として、臣民たちは、「権威を持つ人たちの意思が自分たち自身の意思である」ことを容認することを、そして、自分たちの利害関心を国家の包括的な諸目的に従属させることを、余儀なくされる。[222] したがって、ライプニッツとは異なり、ヴォルフは、諸侯君主たちに「共同の福祉と安全を促進する無制限の権力」を帰する、絶対的な政治的高権《マジェスティ》ないし主権という概念を、進んで是認したのである。[223] 絶対主義へのこうした熱狂にもかかわらず、法的秩序《リーガル・オーダー》に関するヴォルフの概念の普遍的な側面が意味していたのは、かれは、〔実定〕法への不服従を、諸侯君主によって発布された諸〔実定〕法が自然〔理性〕法に違反するところでは、受け入れうるものと見なした、ということである。[224] そして、かれはまた、諸侯君主たち自身、国家の形式を規定《ステュピュレイト》する諸協定《コウヴナンツ》に起源を有する国家の基本的諸法によって拘束されている、と論じた。[225] それゆえに、超実定的ないし合理〔理性〕的に必然的な〔自然〔理性〕〕法は、実定法とその担い手たちに対する一定の優位性をいつも有している、ということをヴォルフは最終的には認めたのである。しかしながら、かれは、理想的かつ正統的な国家を、秩序と完全性との包括的追求において実定法と自然法を統一せしめる国家と見なした。国家がこうした性格を獲得するところでは、臣民たちは国家の外側に自由のいかなる領域も有さないし、実定法の違反を伴うようないかなる自由も要求しない。事実、かれらの自由は、法への必然的忠誠を通じて表現されるのである。

【ヴォルフ：自由な意思と必然的な理性の統一性を再創造する正統性を有する国家：理性＝必然性＝（自律性としての）自由：人間学的基礎づけ：理性的自律性＝法的人格としての個人と国家の相互限定：自己立法の所産としての法を遵守することとしての自由：法の妥当性の正当化の根拠としての自己立法（法の自己定立）の（人間

個人の意思と理性における）主体性】

ライプニッツに従って、ヴォルフは、正統性を有する国家においては、自由と必然性の間にいかなる相反もありえないし、そして、正統性を有する国家は、神自身が最初に受肉《インコーポレイト》（体現）した、自由な意思と必然的な理性との統一性を、再創造する、と結論づけた。ヴォルフによれば、人間存在は、かれらが自然（理性）的な諸法に含まれた道徳的必然性に従うところでは、当然ながら自由であり、そして、かれらがこれらの〔自然（理性）的〕諸法に合致するところで、かれらは完全性《パーフェクション》を追求する。これらの〔自由な意思と必然的な理性の〕諸条件の両方は、正統性を有する国家において現存する。しかしながら、ヴォルフは、国家権力の特殊人間的な起源を、むしろライプニッツよりも強調し、法の妥当性についての形式的に決定論《デターミニスティック》的な解釈を回避しようとした。かくして、かれの後のカントと同じく、ヴォルフが主張したところによれば、正統性を有する国家は、人間の合理（理性）的自律性（rational autonomy）において、あるいは自律性に由来する人間の人格性という条件において、決定的に人間学的な基礎づけを有するのである。[226] つまり、ヴォルフは人間存在の〔理性的自律性という〕真正な形式（形相）を、法的人格性（*legal personality*）の条件と見なしたのである。この法的人格性において、人格たるもの（the person）は、道徳的に必然的な諸目的を定義するために、理性《リーズン》の能力《ファカルティ》を行使し、そして、その内容が一般的命（令）法（generally imperative）として認識される、そのような諸対象《オブジェクティヴズ》〔目的・手段〕を、追求するために、彼ないし彼女の意思をこれらの〔道徳的に必然的な〕目的に対して透明化（make transparent）するからである。さらに敷衍すれば、正統性を有する国家もまた、法的人格性として現存し、この地位を、道徳的に必然的な諸法に合わせてそれ自身を規則づけることによって、獲得する。国家がこのような〔法的〕人格性を有するところでは、その臣民《サブジェクト》（主体）たちの間で適切に自分たちの合理（理性）的能力を行使する人たちは、その〔国家の〕諸法を、他律的な（heteronomous）ものとしてではなく、合理（理性）的かつ自然的なものとして、経験するであろう。かれらは、自分たち自身が法的人格性を付与された法的諸関係の担い手である、ということを要請（名宛て）（address）されていることを知る〔自覚する〕であろう。そして、かれらは、この理由ゆえに、〔国家の〕諸法に従うことになるであろう[227]。したがって、正統性を有する政治的組織体（polity）の人間学的前提条件は、諸法の定立者本人（author）と名宛人たち（addressees）の双方が法的主体性あるいは法的人格性という条件において現存することである。国家が法的人格性という条件を放棄するところではどこでも、あるいは、国家はその〔法の〕名宛人たちの法的主体性を認める義務を負っている、ということを国家が認めることができないところではどこでも、国家はその権威を誤用することになる[228]。かくして、初期啓蒙思想の合理（理性）的・形而上学的な諸教説は、結局のところ、人間存在を法的主体として定義（規定）することにおいて、そして、正統性を有する国家を法的主体《リーガル・サブジェクト》あるいは法治国家《リーガル・ステイト》として定義（規定）することにおいて、頂点に達したのである。この理論を設定するに際して、ヴォルフは、正当性を有する法の源泉を国家自身の中に置くことによって、そして、法的主体性という属性は国家の第一義的な（最初の）〔法の定立、自己立法という〕行為（primary acts）によって保障される、と主張することによって、初期の主意主義的諸理論を再び明確化した。しかしながら、ライプニッツにより近づいて、かれはまた、国家の人格性を、国家に先立って現存し、法の諸主体によって演繹しうる、そういう〔自然（理性）的〕諸法によって形成されるものと見なし、かくして、国家を、合理（理性）的・普遍的な法的諸原理から独立して行為しえないものと見なした。要するに、合法性《リーガリティ》〔自然（理性）法及びこれに基づく実定法との合致〕は、ここでは、正統性《レジティマシー》の前提条件であり、〔自然（理性）〕法における必然性が正統性を有する国家の自由を拘束する。このような国家の下では、国家と人格〔としての個人〕の双方が、法の諸主体として、すなわち、すでに所与の道徳的・法的な宇宙の内部での必然的な法的諸関係の担い手として、行為しなければならない。それゆえに、ヴォルフの著作は、法の担い手たちを、諸主体として、すなわち、法の合理（理性）的な統一性と必然性の発生論的《ジェネティック》な源泉として、定義（規定）したのである。法の下での人間主体は、〔自然〔理性〕〕法の形而上学的秩序を内面化《インターナライズ》し、そして、法の〔定立〕主体である以上、人間主体は、〔定立された〕法の実定的妥当性《ポジティヴ・ヴァルディティ》に第一次的に関わる〔準拠する〕ものとして行為する。この点で、ヴォルフの著作は、法の実定的・合理〔理性〕的な分析におけるライプニッツを一歩超えた段階を標示していた。ヴォルフは、ライプニッツとは異なり、法の正当性〔法の妥当性の正当化〕の起源〔根拠〕を、人間的諸人格〔自然人としての諸個人〕が――かれらが〔実定〕法の下で実定的に〔定立された法〔実定法〕によって〕定義〔規定〕されているかぎり――法的自律性《リーガル・オートノミー》〔法的人格・法的主体としての個人と国家の相互限定としての法の自己定立〕に完全に統合《インテグレイト》されていること、このようなこととして考えていたからである。

【ハイネックツィウス、ブッデウス、クルージウス：法主意主義と法実定主義、主意論と決定論の対立併存：法治国家の根拠としての臣民たちの人格的・倫理的な承認】

政治思想家たちの中にはライプニッツに影響を受けた人たちとプーフェンドルフに影響を受けた人たちがいたが、両者の間の二律背反《アンティノミー》〔法主意主義と法実定主義の対立〕は、分裂した見解を調停したり、あるいはそれらの異なる両見解の中間のコースに舵を切ろうとしたりする多くの企てに、刺激を与えた。たとえば、ヨーハン・ゴットリープ・ハイネックツィウス〔一六八一―一七四一〕が提起したのは、自然〔理性〕法は、一組の不可変の自己同一的な諸規範を、あるいは神自身を拘束〔制約〕する「永久法」を、反映している、というライプニッツの見解を受け入れた、そうした自然〔理性〕法に関する教義であった[229]。ところが、かれもまた、法は神の意思から帰結し、この意思は「あらゆる正義の原理」であり、「人間的諸行為の唯一の規範」である、というプーフェンドルフの主張を受け入れた[230]。それゆえに、ハイネックツィウスは〔一方では〕、ライプニッツと同じく、自然〔理性〕法に関する学問を、法的必然性の合理〔理性〕的解釈と、あるいは「神的な法学《ディヴァイン・ジュリスプルーデンス》」と、見なしたが、しかし、かれはまた〔他方では〕、プーフェンドルフと同じく、この学問を、「至高の立法者の意思」の内容を解釈するための「実際的《プラクティカル》（実務的）」便宜《ファシリティ》（手段）と見なしたのである。[231] 類比的にいえば、〔ヨーハン・フランツ・〕ブッデウス〔一六六七―一七二九〕は、安全と秩序についての主意論的な（理論）構築によって善き統治《ガヴァメント》を基礎づけた、という点では、プーフェンドルフとトマージウスに従っていた。[232] 主権の分割された構成体（構成概念）を退け、[233] 国家の不可侵性《インテグリティ》（威厳、一体性）は、法に道徳的な必然性を付与する「上位者《シュピアリアル》の意思」〔人間・主権者の意思〕によって用意される義務づけの強制力《オブリガトリ・フォース》にかかっている、とブッデウスは考えていたのである。[234] とはいえ、ブッデウスはまた、プーフェンドルフないしヴォルフのいずれかよりも、あきらかにより宗教的な、国家の自然（理性）法のための基礎づけを、唱道し、そして、「自然法の原因（根拠）」を神自身（の意思）の中に見ていた。[235] それゆえに、かれはまた、〔プーフェンドルフやヴォルフなどよりも〕より広いタイプの法主意主義《リーガル・ヴォランタリズム》において、法と宗教的諸倫理との分離に抵抗したのである。[236] クリスティアン・アウグスト・クルージウス〔一七一五―一七七五〕もまた、国家、法、政治的倫理についての主意論的《ヴォランタリスティック》（主意主義的）な構成体（構成概念）と決定論的《デタミニスティック》なそれとの間を動いていた。ヴォルフやライプニッツと同じく、クルージウスは、「神の完全性《パーフェクション》とわれわれ自身のそれ」は、自然（理性）法の指導的原理であり、宇宙的愛に基づく社会を創造するであろう、と論じ、そして、完全性についての諸考察はあらゆる市民法《シヴィル・ロー》（世俗法）の基礎づけを与えるに違いない、と主張した。[237] クルージウスはまた、国家が調和と完全性を促進する自然（理性）法に従うところでは、国家は「道徳的人格」となり、そして、国家は、一般法《ジェネラル・ローズ》や義務《オブリゲイションズ》によって拘束（制約）されており、そして、これらの法や義務はまた、他の道徳的諸人格の、とりわけその臣民《サブジェクツ》（主体）の、地位を決定する、と論じた。[238] かくして、クルージウスは、法的人格性についてのヴォルフ的説明の諸要因《エレメンツ》を再生産する、法治国家についての説明を、はじめたのである。まさしく道徳的人格としてのみ、国家は「高権《マジェスティ》」あるいは主権を獲得するのであり、そして、権力を法として社会を貫いて行使する権限を与えられる、とかれは主張した[239]。しかしながら、ライプニッツやヴォルフとは異なり、クルージウスは、国家という道徳的・法的な人格は、国家の形而上学的諸原理との調和によって形成されるのではない、と論じた。というのも、むしろ、この〔国家の〕人格性は、国家のすべての臣民《サブジェクツ》（主体）は自分たち自身の独自の品位《ユニーク・ディグニティ》を神によって創造されたものとして有している、という法の中に秘蔵《インシュラインド》（銘記）された〔臣民（主体）たちによる〕承認《リコグニション》（認識）に、由来するからである。カントが後に同意したように、クルージウスが結論づけたところによれば、法治国家の特質《ホールマーク》（品質証明）は、その臣民《サブジェクト》（主体）たちが法的諸主体《リーガル・サブジェクツ》として自由かつ合理（理性）的には同意《アクシード》（賛成）しないであろう、そういう諸目的《エンズ》を獲得するために、それ（その法治国家）がその臣民たちを利用しない、という点にある。国家が、その臣民たちを、かれらは「神の最終的目的《ファイナル・パーパシーズ》」である、という事実によって正当化されている、かれらの法的な権限や資格、これらを備えている法の下にある諸主体《サブジェクツ》として、承認するところ、そして、国家の諸法がその臣民たちをかれらの地位において最終的目的として保存することに奉仕する、ということを国家が保証するところ、こうしたところでのみ、国家は正統性を確保するのである[240]。ライプニッツと同じく、クルージウスは、普遍的法治《ユニヴァーサル・リーガル》国家《・ステイト》という初期の概念に辿り着いていた。しかしながら、そうするに際して、クルージウスは、完全な法についての知識が合理（理性）的演繹において基礎づけられうる、ということを否定し、その代わりに、善き政治的組織体（polity）の起源に、人格的・倫理的な承認《リコグニション》という、より人間学的な理念を置こうとしたのである[241]。

10　初期法実証主義と自然法の終焉

【後期啓蒙思想：ユスティ、シュレーツァー：初期自由主義、権力の法的制限：快楽主義的理念：人間の資質（傾向性）としての人間学的自然性：国家の基礎にある多数者の意思としての慣習法】

政治的主意主義と普遍的自然〔理性〕法の諸理念とが、初期ドイツ啓蒙思想の決定的な諸論争にとっての二律背反的な地平を構成していたとするならば、この〔後期啓蒙思想の〕末尾には、法的・政治的な論証における新たなまったく異なる諸志向が見られた。これらの諸志向は、純粋な法自然主義《ユース・ナチュラリズム》と純粋な主意主義《ヴォランタリズム》のいずれにも反対した。実際、これらの諸志向から見れば、法自然主義と主意主義の両方は、法的分析が、残存する宗教的かつ形而上学的な諸前提から独立して、研究の実定的領域を構成しえない、ということに関連づけられた兆候なのである。たとえば、ヨーハン・ハインリヒ・ゴットロープ・フォン・ユスティ〔一七二〇—一七七一〕の後期の諸著作は、統治行為《ガヴァナンス》のエピクロス派的な諸理念を復活させ、社会的自由と責任統治〔政府〕（responsible government）とについての初期自由主義的理論の嚆矢であった。統治《ガヴァメント》〔政府〕の「最終的な目的」あるいは「最高の法」は、「共同の幸福」を、社会を通じて確保することであり、そして、統治〔政府〕の諸法は、それらがこの目的を反映し促進する程度によって正当化される、とかれは論じた[242]。ユスティは、王の執行機関《ロイヤル・イグゼキューティヴ》に集権化された憲政秩序《コンスティテューション》〔執行部を中心に構築された立憲君主制〕についての混合理論《ミックスト・セオリー》を支持した[243]。しかしながら、ユスティがまた論じたところによれば、国家の起源は主権者の意思ではなく、「多数者の意思の統一化《ユニフィケイション》」[244]であり、そして、国家の基礎にあるこれらの意思の統一性は、国家の慣習的形式《カスタマリ・フォーム》を形成している「基本的諸法」において表現される。かくして、国家の統治者《リージェント》〔王〕はこれらの諸法に拘束され、そしてかれは自分自身の個人的意思を、諸法を通じて代表され伝達された「国家の意思」の上に置くことは許されない[245]。いくらか後に、歴史家、アウグスト・ルートヴィッヒ・シュレーツァー〔一七三五—一八〇九〕は、統治についてのより厳密に人間学的な説明を提供した。この説明は政治的絶対主義の下での特権濫用を非難し、正統性を有する統治の源泉としての権力の法的制限《リーガル・サーカムスクリプション》を主張した[246]。そして、その説明においては、人間存在の自然的あるいはメタ政治的な資質《ディスポジションズ》〔傾向性〕は、諸国家が尊重することを余儀なくされる社会的諸権利を生み出す、と論じられた[247]。

【ヨーハン・ヤーコプ・モーザー：法実証（実定）主義の出現：法の実定法：自己説明の諸術語の束としての法：実定法の妥当性の正当化における自己言及】

それと同時に（にもかかわらず）、後期啓蒙思想の時期にはやはりまた、法思想における法実証（実定）主義的傾向も出現した。そして、この時代には、法実証（実定）主義が次第に法的な分析と教説において中心的役割を担うことになった。法的分析の異なる領域として法実証（実定）主義は出現したが、この最初の生成・発展は、通常、ヨーハン・ヤーコプ・モーザー〔一七〇一―一七八五〕と結びつけられる。かれは一八世紀に帝国法《イムペリアル・ロー》に関するもっとも影響力のある注釈書のいくつかを公刊した。法的諸問題へのモーザーのアプローチは、特定の観点から見ると、敬虔主義《ピエティズム》と深く関連づけられていた。そして、かれは自覚的に世俗主義《セキュラリスト》的な思想家であろうとはしなかった。かれの著作は、キリスト教は市民的服従《シヴィル・オビーディエンス》の倫理であり、「真実のキリスト教徒たちは自分たちがその下で生きている聖俗の体制《リジームズ》を受け入れる」という敬虔主義者に共通する確信を反映していた[248]。同じく、かれは、国家に反対する法的義務の諸理念を喧伝する宗教的諸結社《レリジャス・アソシエイションズ》に対する慣習になっていた敵意を共有し、そして、宗教的な事柄における裁治権《ジュリスディクション》を、領邦〔国家〕権力が必要とする基軸として[249]、そして同時に、福音派教会法の必然的な政治的帰結として、定義（規定）した[250]。しかしながら、方法論的レヴェルでは、モーザーの野心は、法的研究《リーガル・インクワイアリ》を、啓蒙思想以前とその期間中にそれに課せられた、宗教的、形而上学的な――法の外からの、そして形式規範的な――重荷から完全に分離することであり、そして、法的妥当性の諸問題をもっぱら憲政秩序〔国制上〕の源泉（constitutional sources）への引証を通じて決定することであった[251]。それゆえに、モーザーは、かれが法的諸事実を曖昧化することに傾いていると見た[252]、法の歴史的解釈と、自然法的分析との、両方を退けたのである。自然法の抽象的な諸々の批判基準《クライテリア》は、受け入れうる憲政秩序に係わる〔国制上基本的な〕法（constitutional law）を解釈する際にはほとんど使いものにならず、そして、それら〔の自然法的批判基準〕は、いかなる状況下でも、それらが規則づける（規制する）と想定されている、法的諸事実（法的行為結果）（legal facts）に先立つものと見なされるべきではない、とかれは論じた[253]。したがって、法的正義の諸条件は、諸々の実定法（positive laws）の正確な解釈にのみ、そして、それらをめぐって公法が生成・発展してきた諸々の協定《アグリーメンツ》や歴史的な妥協《コムプロマイジーズ》にのみ、由来するに違いないということになる。この初期の法実証（実定）主義的な転回が目論んでいたのは、法を曖昧さおよび道徳的・宗教的な期待から自由にすることであり、そして、宗教や形而上学な関心事がほとんど直接的には関連しない公法秩序を正確に概説《ディリニエイト》することであった。はっきりいえば、宗教改革と啓蒙思想との間の法思想のかなり長い軌道が、実定化（positivization）の多くの諸段階を通じて、信仰国家《コンフェッショナル・ステイト》における宗教法の内面化（internalization）から絶対主義国家における宗教の中性化（neutralization）に至るまで、走っていたとすれば、法実証（実定）主義は法の実定性（legal positivity）の新しい時代を打ち立てたのである。この法の実定性の中に、一組の自己説明的（self-explanatory）な諸術語（表現形式）の束としての法は、最終的に、それ自身の妥当性《ヴァリディティ》の中心かつ創作者《オーサー》そのものとして反映されたからである。とりわけ、モーザーの意図は、裁判所が、領邦〔国家〕のレヴェルでも帝国のレヴェルでも、信頼しうる形で偏見なしに正義を施行しうること、そして、これらの裁判所が法を論争における諸党派の信仰上の提携《アフィリエイションズ》を考慮しないで適用しうること、これらのことを保証することにあったのである[254]。

【モーザーにおける法実証（実定）主義と原・自由主義的な憲政秩序：帝国、領邦国家、それぞれの等族（身分制議会）の間の憲政秩序的均衡】

法へのこうした内在的アプローチはまた、領邦〔国家〕主権と帝国法とに関するモーザーの理解の中心にあったことでもある。憲政論争の諸論点に関するかれの諸見解は、概して、さまざまな領邦〔国家〕において受け入れられた法的諸先例の解釈に、そして、一五五五年の宗教和議や〔一六四八年の〕ウェストファリア条約において正式に銘記された諸協定《アグリーメンツ》の再構築に、基づいていた。帝国法の評価において、モーザーは、法の妥当性はいつも権威の統一された中心を前提にしていること、そして、このことは、権威が法の統一性に矛盾する信仰上の諸要因《エレメンツ》よって分裂させられているところでは、制度化されえないこと、これらのことを受け入れた。(255)こうしたレヴェルにおいて、かれは領邦国家の諸形態の不可侵性《インテグリティ》（一体性）を擁護し、そして、領邦〔国家〕権力の出現を実定的に形成された不可逆の法的事実（legal fact）と見なした。しかしながら、モーザーの法実証（実定）主義はまた、領邦絶対主義に対して、そして、諸侯君主権力の縮小されない（切り詰められない）集中化に対して、きわめて敵対的でもあった。モーザーは、〔いわば〕原・自由主義的（proto-liberal）な立憲主義者《コンスティテューショナリスト》であった。そして、かれは帝国公法を、一面では、皇帝と帝国諸等族（諸身分）（imperial estates）とを関連づけ、そして他面では、領邦〔国家〕主権者と諸領邦〔国家〕における地域的諸等族（諸身分）ないし領邦（身分制）議会（Landstände）とを関連づける、多面的《マルチラテラル》な「契約《コントラクト》」において基礎づけられた、均衡のとれた憲政秩序《コンスティテューション》、と見なした。(256)したがって、かれは三層〔①帝国（皇帝）・②諸邦国家（諸侯君主）・③両レヴェルにおける諸等族（身分制議会）〕を成す憲政秩序的な構造として神聖ローマ帝国が新生することを擁護したのである。この構造においては、帝国の執行権力が帝国諸侯君主たちによって均衡が保たれ、しかも、帝国諸侯君主たちが皇帝と地域の両方の利害関心との憲政上の諸協定《アグリーメンツ》によって拘束（制約）されるであろうからである。(257)モーザーは、領邦〔国家〕権力が無制限であることを誓う〔いわゆる〕「主権の奉仕者《サーヴァント》たち」〔領邦君主たち〕を賛美するようなことを拒み、(258)そして、諸侯君主の諸権力が必然的に「高権《マジェスティ》及び特権《プリヴィリッジ》という神的権利《ディヴァイン・ライト》」を反映する、という想定に対して反駁した。その代わりに、かれは、諸侯君主権力の行使を、領邦〔国家〕主権に縮減不能の合意という形式を付与する「一塊の」憲政上の諸協定《アグリーメンツ》に憲政上依存するものとして明示《ディファイン》（定義）した。かくして、主権は、いつも分割されていたのであり、そして、その主権は、「領邦高権《テリトリアル・シュプリーマシー》と地域的諸自由《リージョナル・フリーダムズ》」とを相互依存させている、諸侯と諸等族（身分制議会）との間の憲政上の平衡にかかっていた、とモーザーは結論づけた[259]。それゆえに、他の多くの敬虔主義者とは異なり、モーザーの著作は、一八四八年の主要な自由主義的主題の一つの明確な先取りを含んでいた。すなわち、かれの著作は、立憲主義的な法治国家の形成を目指し、諸侯君主の絶対主義を退け、ここではいまだなお帝国の憲政的装置の下にあったにもかかわらず、〔近代〕国家の特性（statehood）についてのあらゆるドイツ的理念を是認したのである。とりわけ、モーザーの著作が示唆していたのは、法の非法実定的《ノン・ポジティヴ》（形而上学的）な分析は、諸侯君主の国家の権力を過大視し、かつ劇的なものにしてしまいがちであり、そして、国家権力の源泉と範囲は法そのものの諸術語（表現形式）の枠の中からのみ信頼できる形で演繹されうる、ということであった。

【ピュッター】

憲政秩序に基づく法実証（実定）主義（constitutional positivism）に向かうこうした動きは、その後、ヨーハン・シュテファン・ピュッター〔一七二五―一八〇七〕の憲政理論に関する諸著作において拡張された。ピュッターもまた論じたように、ドイツ諸領邦〔国家〕の主権は、信仰上の諸問題を規制する諸法を通じて生成・展開し、そして教会の裁治権についての諸侯君主の諸権力は、諸領邦〔国家〕における主権を基礎づけた[260]。この点から見ると、ピュッターは、あらゆるドイツ諸〔領邦〕国家にとっての画一的（統一的）（uniform）な憲政秩序《コンスティテューション》が現存する、というモーザーの主張を放棄し、帝国内の各〔領邦〕国家の法的特殊性により大きな重要性を帰した[261]。にもかかわらず、ピュッターもまた、領邦〔国家〕主権の行使に制限を課する諸々の実定法の重要性を強調し、帝国の形態は立憲君主制（constitutional monarchy）である、と主張した[262]。かれ以前のモーザーと同じく、ピュッターは、諸侯君主の権力は帝国諸法によって規定された「諸制限を超える」権限を与えられていないし[263]、その正当化は「共同福祉」のための保証を要求し、そのすべての臣民たちの「自由と所有（財産）」のための保護を提供することを義務づけられている、と結論づけたのである[264]。

【ピュッター、アッヒェンヴァル：歴史主義と法実証（実定）主義を結合する普遍主義（法自然主義）：身分制代表議会、合意、実定法としての社会権】

ピュッターの著作は、ドイツ公法の出現において特殊な重要性を有していた。それは、歴史主義《ヒストリシスト》的理論と初期の法実証（実定）主義的理論との実践的野心を自然法的な諸教説のより普遍主義《ユニヴァーサリスト》的主張と結合しようとするひとつの企てを、示していたからである。かれの著作の中心にあったのは、社会のすべての成員は、正統性を有する国家によって不可侵のものと認められなければならない「慣習的諸権利」や社会的に構築された諸自由を、有している、という議論である[265]。これらの諸権利の表現として、かれは、地域的な立法府の代表《リージョナル・レジスレイティヴ・ディピューテイションズ》（領邦身分制議会 *Landsstände*）は統治《ガヴァメント》への参加権を有している、と見なし、そして、あらゆる立法は一定程度の代表《ディレガトリ》（代理）者の合意《コンセンサス》によって支持されなければならない、と主張した[266]。この議論において、ピュッターの著作は、社会的諸権利の必然性を哲学的形式主義の影響をうけた諸原理から演繹した、より古典的な自然（理性）法理論家たちの諸理念と、部分的に一致したのである。実のところ、ピュッターはゴットフリート・アッヒェンヴァル（一七一九—一七七二）と協働していたのであり、後者は、法実証（実定）主義的方法と形式主義《フォーマリスト》的それとを結合し、国家は「基本的憲政秩序」によって拘束（制約）され、不可譲渡的な社会権《インエイリャナブルソーシャル・ライツ》の領域によって境界づけられている、と論じていたからである[267]。しかしながら、ピュッターは、時折このような諸理念に近づいていたにもかかわらず、国家のあらゆる形而上学的人格化《メタフィジカル・パーソナライゼイション》を退け、法的諸権利《リーガル・ライツ》は法《ロー》としてのみ基礎づけられうるし、そして、あらゆる法《ロー》は実定法《ポジティヴ・ロー》以外ではない、と主張したのである。

【小括：国家の不可侵性と法の妥当性の諸条件の説明：法主意主義と法主知主義の確執、法実証主義の台頭：法の妥当性の根拠としての法が妥当しているという事実法の自己解釈・自己言及・自己正当化】

それゆえに、要約するならば、初期ドイツ啓蒙思想における諸論争の焦点は、すべての理論的区別を横断して、国家の不可侵性《インテグリティ》（威厳、一体性）と法の妥当性《ヴァリディティ》の諸条件を説明することに結ばれていた。これらの諸論争の中心には、法の妥当性と国家における自由とのためのもっとも効果的なその基礎づけを提供するのは、どちらの自然法なのか、〔法〕主意主義的なそれなのか、それとも抽象的・普遍的〔主知主義的〕なそれなのか、これについての分析における主要な区別があった。これらの論争は、しばしば、憲政秩序を解明する術語（表現形式）で、初期の宗教改革から流出《イマネイト》している反形而上学的反発を再演していた。そして、それら論争の中心には、いかにして国家はスコラ学的な法〔自然法・理性法・神法〕の失われた統一性を回復させ、法的秩序のための信頼しうる基礎を創出しうるか、このことに関する対立する諸見解があったのである。しかしながら、盛期啓蒙思想《ハイ・エンライトゥンメント》の時代には、法の妥当性に関する問題は、次第に、まったく異なる観点から、法実証主義的分析の一問題として設定された。初期の憲政秩序に基づく法実証主義者たちは、法自然主義（自然法）哲学の異なる諸路線といくらか共通する根拠を有していた。かれらもまた、国家と法の両方を、ポスト形而上学的な諸事実として説明しようとする、法の妥当性の一モデルを構成しようとした。しかしながら、さまざまな自然法の伝統の主唱者たちは、もっぱら不安定的かつ逆説的に、法の起源についてのポスト形而上学的分析へと動いていったのであるが、法実証主義者たちは、合法性（legality）と正当性（正統性）（legitimacy）とを、法によってのみ、かつ法の内部でのみ解釈されうる、法それ自身から構築されるものとして説明するための道筋をつけたのである。

第三章

ドイツ観念論——啓蒙思想と法の形而上学の再構成

【カント（1）】

【カントの実践（法）哲学：意思（自由）と理性（必然性）、実定性（事実性）と妥当性の二律背反を克服する法（法則）の解明】

近代の政治哲学史において、より特殊的には、初期プロテスタンティズムの遺産の挑戦を受けた政治思想史において、多くの点から見て、イムマヌエル・カント〔一七二四—一八〇四〕の政治的な諸著作は、決定的な転回点となった。カント政治哲学が画期的に重要である第一の要因《エレメント》は、宗教改革から初期啓蒙思想に至る政治的論争を形づくった、主意主義的《ヴォランタリスティック》（あるいは人間学的）な思惟と普遍的に規範的（あるいは形而上学的）な思惟との間の二律背反（antinomy）を、問題として取上げた点にある。人間の立法《レジスレイション》（法の定立）(legislation)こそが人間の世界の中心であり、人間の意思こそが秩序づけられた人間の社会のための実定的な諸規範《ポジティヴ・ノームズ》を定立《インスティテュート》することに責任を負っている——このようにカントは、より主意主義的《ヴォランタリスティック》な衝動《イムパルシーズ》に従って論じた。しかしながら、カントはまた、より形而上学的な諸理論により近づいて、法が合理（理性）的普遍性（rational universality）という基準《クライテリオン》に合致すること、したがって、人間の世界が無条件的な諸内容によって決定されること、このことを立法者《レジスレイター》は保証しうるし、またしなければならない、とも論じたのである。かくして、妥当な法《ヴァリッド・ロー》〔正当性〕は純粋に実定的な法《ポジティヴ・ロー》〔合法性・実効性・実定性〕に対してくっきり区別され、そして、〔実践〕理性《リーズン》は道徳法《モラル・ローズ》〔道徳法則〕〔正当性〕の王国《レルム》を演繹するが、実定的に適用《アプライ》される法〔実定法〕〔合法性〕の領域《スフィア》はこの道徳法〔道徳法則〕の王国に適応《アダプト》されなければならない、とカントは主張したのである。しかしながら、唯一人間の〔実践〕理性だけが妥当な法〔道徳法・道徳法則〕を演繹することに責任を負いうるのであり、そして、合理〔理性〕的意思は妥当な法〔道徳法・道徳法則〕を実定的に適用される形式〔実定法〕に転換しうる。したがって、普遍的に適用可能な諸規範〔妥当な法、道徳法〕を〔理性が〕演繹する際に、立法《レジスレイション》〔法定立〕及び説明責任《アカウンタビリティ》の中心としての自由な人間の意思が必然的に縮小するわけではなく、理性と意思とは法〔法則〕の演繹において結びつけられる、とカントは論じたのである。はっきり述べるならば、合理〔理性〕的に必然的な形而上学的諸原理を表現するような、同時に、構成《コンスティテューティヴ》的な人間的諸能力《ファカルティーズ》の自由な行使を許すような、こういう法〔法則〕は、いかにして提起されうるのか、これを説明しようとする企てを、カントの実践哲学は標示したのである。かくして、カント哲学の法〔法則〕は、理性〔必然性〕と意思〔自由〕との間の主要な区別が克服される法〔法則〕、こういう法〔法則〕として捉えら〔概念把握さ〕れているのである。

【人間の意思における知性〔理性〕と自由〔意思〕の統一性の再統合：道徳法と実定法の源泉としての理性的人間の意思】

さらに、このように見るならば、カント哲学は、形而上学的な法の崩壊と宗教改革から生じてくる実定化《ポジティヴィゼイション》の諸問題とに対する応答として屹立しているのである。かれの哲学は、法〔法則〕は、人間の理性によって演繹されたものである以上、〔第一に〕同時に、実定的かつ普遍的であり、人間的かつ形而上学的でありうること、そして、〔第二に〕諸法の自由は、このような諸法が諸々の普遍的基礎づけ〔理性による根拠づけ〕から切り離されていることも、それらが制限された妥当性しか有さないことも、意味しないこと、これらのことをカントの哲学は際立った形で示唆している。カントの著作が基本的に主張しているのは、スコラ学的な規範性《ノーマティヴィティ》を福音派が転倒させたことによって惹き起された法的秩序における破断《ラプチャー》〔裂壊〕〔理性と意志との破断〕は永続的条件《パーマネント・コンディション》と見なす必要はなく、宗教改革によって獲得された諸々の自由は一つの合理〔理性〕的に秩序づけられた政治的宇宙《ポリティカル・ユニヴァース》の構成要因《コムポネント》として経験されうる、ということである。初期の福音派的《エヴァンジェリカル》思想は、諸法は、逆説的にならともかく、合理的〔理性的〕に解釈された神の意思には由来しえない、という主張を中心に転回していたが、人間の意思はそれ自身、絶対的な拘束力を有しかつ必然的な諸法〔法則〕に対して、透明（transparent）なものにされうる〔意志の闇は理性の光で照らし出されて意思となりうる〕、とカントは指摘したのである。はっきり述べるなら、カントの思想の中心には、合理的に〔理性に依拠して〕自由な神の意思を人間の意思に置き換え、もともと神によって占有されていた知性《インテレクト》と自由《フリーダム》〔理性と意志〕との統一性を人間の意思が再統合することを許容し、かくして合理〔理性〕的な人間の意思を妥当的かつ実定的な法〔法則〕の源泉として提起しようとする努力があるのである。それゆえに、カントは、スコラ主義〔スコラ哲学〕における、神が法〔法則〕の起源である、という形而上学的な逆説〔神の法定立行為における根拠としての意志と理性の循環〕を、人間の意思の形而上学に移して、自由に行使《エクササイズ》される人間の意思は、法〔法則〕によって自発的に束縛〔制約〕を受け、しかも同時に、人間の社会のあらゆる成員のために絶対的な諸法を制定《インスティテュート》〔定立〕する役を演じる、と論じたのである。この点から見ると、カントは、合理的かつ実定的に人間化された形而上学の構造の下で法〔法則〕〔意志によって定立されたもの〕と理性との失われた形而上学的な統一性を再構築し[1]、かくして、福音派的政治の古典的アポリアを解決しようとするプロテスタントのアクイナスとして現れるのである。それら自身の諸法〔諸法則〕の下で自由を行使《エクササイズ》する諸々の共同体《コミュニティ》は、法〔法則〕なしにあること、あるいは、例外的な諸法（諸法則）を伴うこと、こうしたことを必要としないし、事実、それらの自由は、完全《インテグラル》で（欠けるところのない）義務的《マンダトリ》な（委任命令を帯びた）法的構造を有さなければならない、とカントは結論づけた。神の自由は、意味深長（有意味）な人間的自由でありうるし、そしてこの自由は自由な諸法（諸法則）の形式において捉えられうるのである。

1　自律性と形而上学

【カント（2）】

【人間の理性の学問（認識論と倫理学）の再構築：自律的自己正当化の条件に関する立法能力としての理性：自己原因性という立法能力を与えられた人間存在】

カント〔超越論的〕哲学の眼目は、認識論〔理論理性批判〕と倫理学〔実践理性批判〕の両方において、人間の理性（reason: Vernunft）にとって外在（外因）的（external）なものである本質（essences）や法（法則）についての学問としてではなく、人間の理性そのものについての学問として、形而上学を再構築することであった。形而上学は、「人間の理性の文化[2]」において頂点を極める契機としてのみ、すなわち、超越論的な内容の学問としてではなく、妥当なかつ合理（理性）的に支持しうる人間に関する知識《ナリッジ》の諸々の可能性、前提条件、範囲の説明《アカウント》としてのみ現存しうる、とかれは論じた。したがって、人間的な知識の諸限界は、時間的《テムポラル》なものと空間的《スペイシャル》なものの叡智的（intelligible）〔知性の〕王国《レルム》（領域）に制限されている。だから、理性はこの王国の外部の諸対象に関係する形而上学的ないし思弁的な諸問題に対する解答を提供しえない。この理由のために、カントが理性についての自分の説明を集中させたのは、自律性（*autonomy*）は理性の顕著な性格であり、理性の視野《スコウプ》（範囲）はそれが自律的に説明しうる諸対象の知識に制限され、したがって、理性はひとつの審判（法理上の）器官（*juridical* organ）であって、この理性の統合機能《インテグラル・ファンクション》は、独力で首尾一貫した綜合（synthesis）と自己決定（裁決）（self-determination）の諸カテゴリーを生み出すことである、という主張である。それゆえに、カントは、かれの純粋に認識論的な教義において、理性の諸機能を、その洞察《インサイツ》と綜合《シンテシス》の内的に首尾一貫した説明《アカウント》を生み出すことを志向し、そして、外からの付加なしに、綜合的知識を可能ならしめる、諸カテゴリーを立法《レジストレイト》（法定立）することに責任を負いうる、「立法（法定立）」作用《オペレイションズ》(3)として呈示した。その際、その純粋に認識的《コグニティヴ》な行為《アクツ》におけるのと同じく、その実践的かつ倫理的な作用《オペレイション》においてもまた、理性は、「立法《レジスレイション》（法定立）（legislation）」の能力《ファカルティ》(4)として、あるいは「アプリオリな立法（法定立）」器官(5)として、構成されている。実践理性は、人間の行為《アクション》に関して、そして、その下で人間の行為が首尾一貫して自律的にそれ自身を正当化しうる、そういう諸条件に関して、立法（法定立）することに責任を負いうる理性の能力である。実践理性の機能は、その下で行為があらゆる実質的かつ感覚的な刺激から独立する、そういう意思的行為《ヴォイショナル・アクション》のための格律《マクシムズ》を、立法《レジスレイト》することであり、かくして、それ自身を内的に首尾一貫した、正当化可能なものとして、したがって、自由なものとして、権威づける。かくして、実践理性は、普遍的な法（法則）ないし格律の演繹において行使《エクササイズ》される合理的（理性に依拠する）自発性《スポンタネイティ》の能力であり、この能力において理性は、それ自身絶対的ないし超越論的（transcendental）な自由の理念を認識し、その結果、意思は、それがこれらの諸原理に従って行為するとき、自由となるのである(6)。原理的には倫理と認識とをまったく異なる理性の作用《オペレイション》として定義しているにもかかわらず、カントは暗黙のうちに自律性（autonomy）についての実践的教義を自分の哲学全体の核心に置いた。だから、かれは、自分の著作のさまざまなところで、実践理性は純粋理性に対して一定の優位性を獲得すること、そして、自由を構成する道徳的な格律や目的の立法（法定立）は人間の合理（理性）的な生活の最高の義務であり、かつその実現であること、これらのことを強調したのである(7)。かくして、理性に関するカントの理念の焦点は、人間存在の輪郭を、人間存在が自分自身を自由なものとして構成することを許す、自己原因性《セルフ・コーザリティ》という立法

（法定立）能力を付与された、そうした行為主体として、描き出すことにあるのである。

【普遍的必然的な理性法とその立法（法定立）意思の主体としての人間存在との相互限定関係：必然と自由、理性と意思の一致としての自由】

人間の意思が、自利（自己利害関心）ないし幸福という個別的な諸目的によって導かれることがなく、理性が、普遍的に妥当しかつ道徳的に必然的な意思の行使のための形式的な諸条件を与える意思に対して、諸理念を予め《プリスク》規定《ライブ》（指示）することと、まさしくこのこと〔理性が意思を規定すること〕をかくあらしめるひとつの条件こそ、人間の自由である。このようにカントは結論づけた。それゆえに、自由な人間の意思とは、人間の理性によって獲得され、そして理性や合理（理性）的に規制《レギュレイト》された意思の外部にはいかなる実在性《リアリティ》（現実性）も有さない、「条件づけられない法（法則）」（unconditioned law）、に対して、それ（その意志）自身を透明《トランスペアレント》なものにする〔闇にあって理性の光を欠いて盲目的な意志は、理性の光に導かれて自律的（理性的）意思となる〕、そういう意思のことなのである。[8] 人間の意思がそれ自身こうした法（法則）によって決定《ディターミン》（裁定）されることを許容するところで、その意思の担い手が証明（証示）しているのは、①彼ないし彼女は、あらゆる外からの決定要因（external determinacy）から自由であること、そして、②彼ないし彼女は、あらゆる人々が、自分たちの合理（理性）的諸能力（rational faculties）を正しく（correct）行使するならば、それらによって義務づけられるべき（*ought*）である、そういう諸原理によってのみ、動機づけられていること――これら（①、②）のことである。そのとき、普遍性《ユニヴァーサリティ》というこの条件において、人間存在は自由な自己原因（self-causing: causa sui）となる。すなわち、人間存在は自己自身の創作者本人（author）となり、自分自身の実在性（現実性）を自由に構成する中心として自己自身を形成し、そして、同時に自由かつ必然的なものとして自分の意思を行使する。事実、カントにとって、人間存在は、自分が自分を創造しているところでのみ、その生得の諸能力の完全な実現に一人間存在として接近するのであり、そして、それが超越論的（transcendental）にないし普遍的に必然的（universal necessary）な、格律（maxims）あるいは定言命法（categorical imperatives: kategorische Imperativen）を自由に立法し、それらを自分自身の意思にとっての自由の諸条件として自由に認識《リコグナイズ》（承認）するところで、自分を創造しているのである。人間存在は、それが「道徳的・実践的な理性の主体」であるところでのみ、真実に一個の「人格（person）」である。人間存在が、自己定立された（自分が自分に与えた）諸法 self-given *laws* に対して、自分の意思を透明《トランスペアレント》なものにするところ、[9]人間存在が「自己立法《セルフ・レジスレイト》（法を自己定立）している」ところ、[10]そして、人間存在が道徳的諸法（諸法則）の演繹を通じて自発的に自分を創造するところ、こうしたところでのみ、人間存在は自己自身を完全に陶冶（錬成）（elaborate）することになる。かくして、真実に人間的な存在は、その意思の起源が法の起源とまったく同じである、そういう人間存在である。したがって、真実に人間的な世界は、法（法則）的世界、すなわち、その意思が実践理性（practical reason: praktische Vernunft）の普遍的な諸法（諸法則）によって決定される、そういう世界である。だから、この完全に人間的な世界においては、各々の人格は、彼ないし彼女自身の自由の創作者《オーサー》本人であり、人間の（個人）人格（human person）の意思は、もっぱら普遍的な諸格律によってのみ決定されている。さらにいえば、この世界においては、各々の人格は、彼ないし彼女がこれらの普遍的な諸格律に従うかぎりにおいて、各々の他の人格を正当的には制限されえない権利や自由の担い手として認識（承認）し、そして、各々の人格が各々の他の人格を合理（理性）的に証明《デモンストレイト》（証示）しうる生得の威厳《ディグニティ》（尊厳、品位）を有するものとして認識（承認）する。①彼ないし彼女が〔自分の〕恣意的な諸目的を追求するために他の諸人格を〔手段として〕使用（利用）する権限（資格）を与えられていないこと、そして、②他の各人格が、一個の合理（理性）的に自己原因的な意思として、事実上、諸権利の一焦点としての承認《リコグニション》を要求する、そういう一個の実現された合理（理性）的目的を、構成すること、これら（①、②）のことを各人格は認識（承認）

する。それゆえに、この法的に人間化された世界〔人間が自ら定立した法によって形成した世界〕においては、主意《ヴォラン》主義《タリズム》と規範性《ノーマティヴィティ》との間の、すなわち、人間学と形而上学との間の、二律背反は停止《サスペンド》されている。真実に人間的な存在は、カントにとって、その意思を形而上学的な規範として、そして、その人間学的な自由を合理〔合理〕的に必然的で形而上学的な内容として、実現するのである。

【理性が叡智的格律に一致して意思を決定すること、叡智的格律を理性的に立法することを意思すること：道徳的人格の理性的自由】

人間存在についてのこうした分析において、カントは、人間の自由と自己立法〔自らが定立した法に自らが服すること〕（legislative self-authorship）とは形而上学に依存している、と論じた。はっきりいえば、とりわけカントが主張したのは、人間の自由が可能になるのは、理性があらゆる客体的な要因（objective elements）ないし利害関心《インタレスツ》——「意思の（あらゆる）要素《マター》」——を度外視するところ、そして、理性が理性の形而上学的諸理念に合致するように意志を決定《ディターミン》（限定）するところ、こうしたところにおいてのみである、ということである。[11] したがって、人間の自由はひとつの叡智的条件（*intelligible* condition）〔能動知性の条件〕である。というのも、この叡智的条件は、いかなる実質（物質）的ないし経験的な源泉からも演繹されえず、普遍的に予め規定（指示）（prescribe）された——それゆえに必然的な——行為《アクション》について、〔その原因・根拠の〕理念的な弁明《アカウント》（説明）を構築する、そういう実践理性（practical reason）による、形而上学的な拘束力を有する諸立法（legislations）からのみ、帰結するからである。はっきりいえば、純粋に自由な人間存在という主体《サブジェクト》は、カントにとって、実体的《サブスタンシャル》ないし実質的《マテリアル》な意志としてではなく、叡智人（*homo noumenon*）として——すなわち、その諸行為《アクションズ》が、実践理性（practical reason）の必然的な諸格律（maxims）によって決定される、そういう人格として、そして、〔その諸行為が〕実質的意思《ヴォリション》のあらゆる内容とは異なる、定立《インスティテュート》された必然性ないし義務《デューティ》という抽象化された実在性（現実性）（reality）を、形成する〔に、形相を付与する〕、そういう人格として――現存するのである。(12) かくして、自由の道徳的人格（moral person）は、〔いわば〕物質的、生理的、情動的、感覚的な諸利害関心によってなお駆り立てられている、そういう現象人（*homo phaenomenon*）に付き纏う、充分に義務を帯びることで自由な――あるいは形而上学的な――影である。道徳的人格の諸行為は、内面的な徳及び義務を帯びており、その自由ならざる（物質的、感覚的、情動的、歴史的）諸表現において、人類《ヒューマニティ》（人間性）の現象的諸活動《フェノメナ（ル）・オペレイションズ》の上に、必然性という第二の実在性（現実性）を構築する。はっきりいえば、自由であること（to be free）は（すなわち、真実に人間的であることは）また、形而上学的であること（to be metaphysical）であり、ということは、すなわち、合理（理性）的に必然的な諸格律を立法すること（to legislate rationally necessary maxims）、そして、これらの叡智的（能動知性的）な諸格律《マクシムズ》に合致するように意志を決定《ディターイン》（限定）すること(to determine the will in accordance with these noumenal maxims)である、とカントは示唆しているのである。

【自己原因（自己立法、自己創造）的意思の形而上学：自己原因としての神に比せられる、先験的・無条件的な法（法則）を演繹する理性的自己立法者としての人間】

しかしながら、同時に、形而上学についてのカントの説明は、古典的な形而上学的議論とは基本的に異なっていた。だから、人間の自由についてのかれの考え《ノーション》（見解）はまた、一組の決定的に反形而上学的な先決要件（postulates）を含んでいると見てよかろう。カントによれば、哲学的な啓蒙思想にとって基本的なことは、それが、いかにして人間の自由の諸条件が自分たちの生得の諸源泉のみを使用する人間存在自身によって自律的に立法（定立）されるか、これを説明することである。叡智（能動知性）的（intelligible）な自由の王国《レルム》は、物質的ないし感覚的な生活において基礎づけられていないにもかかわらず、人間存在の合理（理性）的諸能力によってのみ構成され、人間存在によってそれぞれ他者に対して理性《リーズン》の公的行使《パブリック・エクササイズ》（使用）を通じて正当化される、啓蒙された人間の王国である。それゆえに、カントの意思の形而上学はまた、意思についての完全に自律主義（autonomist）的な説明である。この説明が主張するところによれば、意思は、それが実践理性によって立法（定立）された諸法（諸法則）によって決定《ディターミン》（限定）されていないのであれば、非自由である。自由の王国においては、諸々の人間存在は、自分たちの意思された諸行為に対して合理（理性）的に証明《デモンストレイト》しうる原因性《コーザリティ》（因果律）を行使（使用）し、そして、外在（外因）的な、あるいは他律的《ヘテラナマス》な、形而上学的諸源泉から獲得された、諸法（諸法則）ないし（予めの）諸規定《プリスクリプションズ》（先決規定）の影響を終わらせるのである。実際それどころか、諸々の人間存在が自分たちを「アプリオリに、あるいは無条件的に」強いる諸法（諸法則）を演繹するところでは、人間の理性は、神に、すなわち、その「意思が万人にとっての法（法則）である」ところの「最高の立法者（legislator）」に、もともとは帰されていた役割を、独力で引き受ける、とカントはまったくあっさりと（ほとんど瀆神的（blasphemously）に）論じてのけたのである。[13] かくして、世界には必然的に――ないし神によって――定められた法（法則）（necessary or divinely ordained law）のすでに現存している統一性（unity）が存在する、あるいは、世界は理性だけがもっぱら観察しかつ解釈しなければならない統一的《ユニタリ》な法（法則）の下部構造を伴って創造されている、といったもともとスコラ学的な理念を、カントは否定したのである。人間存在は、カントにとって、「自分の義務を認識《リコグナイズ》（承認）する」ために、「自分自身の上位にある一存在（a being）という理念」をそもそもまったく《キャテゴリカリー》（無条件で）要求しないのである。[14] 一個の自己創造《セルフ・クリエイティング》的な道徳的人格（moral person）たる人間存在は、立法者（law-giver）たる神という理念を不要にするように、それは宇宙における一つの設立《インスティテュート》（定立）された秩序というあらゆる意味《センス》（感覚）を不要にし、そして、それ自身の不可侵の道徳的諸規定《プリスクリプションズ》（先決規定）を人間の世界の中心として設立（定立）する。かくして、自由な人間存在はまた、神からも自由であり、そして、事実、人間存在は、自発的原因《スポンティニアス・コーズ》かつ道徳的必然性の仲裁者《アービター》としての神に取って代わるのである。したがって、カントにとっては、道徳的自由は、自己原因的意思（self-causing will）の形而上学にかかっている。とはいえ、この形而上学はひとつの完璧に人間的な形而上学であり、これはあらゆる古典的な形而上学的諸理想ないし自然法の伝統的な諸構成（概念）に反対し、そして、人間たちによって（あるいは人間の理性によって）人間たちのために（あるいは人間の理性のために）立法（定立）された諸原理を中軸にして宇宙を組織化しようとするのである。

【形而上学の衰退を克服しようとする例外的形而上学：理性に対する意思の優位という意味のみでの自由を前提として法を捉えるのではなく、理性と意思の統一という意味での自由として法及びその定立主体（人間）を捉え返そうとするカント的超越論哲学の試み】

古典的な形而上学の中心にあるものが、その諸々の実践的含意において、被造世界には一つの必然的な規範的あるいは知性《インテレクチュアル》的な秩序が存在し、人間存在はこの秩序に忠実であるように拘束されている、という理念であったとすれば、カントは、他のプロテスタント理論家たちと同じく、この主張を逆説的なものとして経験した。かれは、世界には自由が存在し、神も人間も共に自分たちの必然的な秩序についての外からの説明に対して一定程度の自由を有している、というプロテスタント的信仰を受け入れ、そして、世界における必然的な規範的秩序はいまや人間たちによって立法（定立）されなければならず、この秩序はひとつの顕著に自律的かつ人間的な秩序でなければならない、と結論づけた。人間存在はいまや、「自分自身の意思の原因性《コーザリティ》（因果律）」を受け取り、かつては神に帰せられていた合理（理性）的・法的な創作者の諸機能を自分自身のものとして受け入れなければならない。[15] この点から見ると、カント哲学は、形而上学の衰退《ロス》（頽勢）と、形而上学の終焉を通じて経験された包括《オーヴァーアーキング》的な自然法の衰退（頽勢）とに対して、直接的に応答したのである。はっきりいえば、カントの実践哲学の基礎にあるものは、形而上学的な確実性《サートゥンティ》の衰退によって人間の理性は〔法定立という〕重大な構成的課題を負わされることになった、ということを示唆している。すなわち、理性は超越論的な例外性《イクセプショナリティ》（局外性）という一条件において現存し、そして、理性だけが人間の自由に必然的な構造を与える諸法（諸法則）を生み出す形而上学的権能《パワー》を有している、ということを理性はいまや認識（承認）しなければならないことになったのである。それゆえに、形而上学以後、理性はその尊厳《インテグリティ》（不可侵性・一体性）の自己原因的な創作者《セルフ・コージング・オーサー》とならなければならないし、そして、それ自身の骨の折れる（精力的な）演繹を通じて法（法則）〔必然性〕と自由を再統一しなければならない。すなわち、このように自分が創作者であるということを通じてのみ、理性は、形而上学も絶対的あるいは無条件的な諸法（諸法則）という外在（外因）的な地平（external horizon）もなしに経験された、ひとつの宇宙の〔究極的な原因・根拠の〕例外性（局外性）（exceptionality）を、克服しえる。かくして、カントの意思の形而上学は、形而上学の衰退（頽勢）のもっとも深遠な経験とその諸々の形而上学的な基礎づけを喪失したひとつの宇宙のもっとも深い意味《センス》（感覚）を記録している。それはプロテスタント的宇宙の形而上学である。すなわち、それは、近代世界の法（法則）の中核において形而上学が分解してしまったという事実を受け入れ、かつ反映し、そして、この世界における法（法則）的秩序を、神における理性と自由との再統一《リユニオン》を通じてではなく、人間の諸法（諸法則）における理性と自由との再統一を通じて、再建しようとする、ひとつの例外的（局外的）な形而上学 *exceptional metaphysics* である。それゆえに、そのもっとも深い衝動において、カント哲学は、スコラ学的な形而上学の衰退（頽勢）を、ひとつポスト形而上学的な形而上学へと、あるいは、法（法則）における必然性と意志の自由とを再統一するために人間の理性に自発的に活動させるひとつの人間的な形而上学へと、転換しようとしたのである。この形而上学は、諸法（法則）を、スコラ学におけるように、他律性《ヘテロノミー》というひとつの押し付けられた（負荷された）実在性（現実性）としてではなく、新しい諸法（新しい掟）（new law）という自発的に自律的な《スポンテイニアスリ・オートナマス》実在性（現実性）として、産出する。要するに、初期のプロテスタンティズムが、理性と意志のスコラ学的な統一性において生じつつあった逆説を、理性の上に自由〔意思〕を位置づけることによって解決したとするならば、カントは、理性と意志の統一は逆説的である必要はなく、自由〔意思〕は理性と統一されている以上、人間の諸法（諸法則）の下での一つの自由でありうる、ということを示そうとしたのである。したがって、カント哲学は、プロテスタンティズムのポスト形而上学的な実在性（現実性）を受け入れること、しかもまた、プロテスタンティズムを信頼しうる法（法則）的秩序のひとつの説明へと翻訳すること、この両方を果たそうとするもっとも体系的な企てなのである。

【カントにおける道徳的自己立法者という理念の基礎としてのプロテスタント信仰】

古典的な形而上学を一つの人間的あるいはプロテスタント的形而上学として再構築するに際して、宗教の諸要因《エレメンツ》は、人間性（人類）（humanity）にとって外在（外因）的なものとしてではなく、人間性（人類）そのものの統合《インテグレイト》された諸要因として見なされるべきである、とカントはまた論じた。実践理性とは、神という宗教的理念を「人間存在という（合理的・理性的）理念」あるいは「立法的理性（legislative reason）という理念」へと、[16]すなわち、人間の理性を有徳的な生活及び道徳的な自己創造（moral self-creation）へと高めていく、内面的な統制的機能（internal regulative function）へと、形式転換《トランスフォーム》する能力《ファカルティ》である、とかれは説明した。実際それどころか、この議論の中心に近いところでは、神が人間性（人類）と創造に上から係わる外在（外因）的な一立法者と見なされるならば、あるいは、神の理性と自由が人間の理性と自由にとって外在（外因）的なものとして感受されるならば、神は正当に評価されていないことになる、と示唆されている。そうではなく、人間存在が、自分たちの道徳的自律性（moral autonomy）や自己原因性（self-causality）を通じて、自分たち自身を神の理性と自由との顕在的な形式として実現するところで、神は正当に評価されることになるのである。倫理的な共同体《コミュニティ》は「神の民」との類比において現存する、とカントは明確に言明し、そして、かれは道徳的自己立法者たち（moral self-legislators）の共同体を、神の意思と客観的に類似した形で現存する共同体と見なした。[17] それゆえに、宗教の真実が獲得されるのは、形而上学的な立法においてではなく、宗教的な諸法（諸律法）が人間的諸法（諸法則）へと変換《トランスミュート》され、神の自由が人間の自由として再現《インアクト》されるところである。この理由のために、カントは、初期のプロテスタントたちと同じく、物神崇拝的《フェティシスティック》な――あるいは合理的には説明しえない――諸原理に基づく、とりわけ「制定法《スタテュート》で定められた命令、信仰規則と遵守」に基づく、宗教を攻撃した。[18] そして、人間存在による神の意思と自由との実現は、あらゆる実定的に定立《インスティテュート》（制度化）された、あるいは象徴的に宗教的な、諸形式によって妨げられている、とかれは見た。かくして、カントは、プロテスタンティズムだけが、自身の諸法（諸法則）の下における人間的な自恃（self-reliance）と実存とに関する教説を、そして、プロテスタンティズムだけが、人間的正義に向け換えられるべき神の正義を、考慮し、そしてまた、そうすることで、神に対して果されるべき正義を、考慮する、と指摘したのである。したがって、合理（理性）的に必然的な諸法（諸法則）は、人間の自由のみならず、また神の自由の純粋な実現であり、そして、この実現はプロテスタンティズムの下でのみ生起しうる。ここでは、諸法（諸律法）が、誤てる他律的ないし儀式化された諸法（諸律法）ではなく、新しい諸法（新しい掟）（new laws）ないし自身の諸法（諸法則）として認められるからである。それゆえに、プロテスタンティズムは最初に、古典的な形而上学の法的秩序を破壊する例外主義的《イクセプショナリスト》（特異な）信仰として現れたが、事実、これが人間的な形而上学の源泉と見なされるならば、信仰こそ、信頼しうる諸法（諸法則）ならびに理性と自由との完全に実現された統一性のために、完全な基礎づけを与えるのである。

2　新しい自然法と自由主義の自律性

【カント（3）】

【神の理性と人間の意思との統一としての法（自然法）の分解と再把握】

それゆえに、カントの道徳的宇宙の基礎にあるものは、スコラ主義〔スコラ哲学〕の道徳的宇宙を反省して逆転させたものである。スコラ学的な形而上学は、道徳的秩序を、神の意思に起源を有し、自然法と連続した秩序として判別しうる、そういう宇宙の中に置いていた。これに対して、カントは、世界〔そのもの〕にはいかなる実定的に顕在的な〔はっきり定立された〕法〔法則〕も存在しない、と論じていたし、そして、法〔法則〕は自然的・物質的な諸過程から引き出されうる、という示唆は、自己立法《セルフ・レジスレイション》のための人間の能力《キャパシティ》を軽視している、とも論じていた。したがって、宇宙の道徳的秩序は、予め定められた法（preordained law）からは分離されなければならないのである。しかしながら、これにもかかわらず、宇宙の中には道徳的秩序《モラル・オーダー》が存続している。この道徳的秩序は、自由に関する独立した絶対的に妥当する諸理念を合理〔理性〕的に生み出す、自らを恃みかつ自律した人間存在たちによって、自発的に立法《レジスレイト》〔定立〕される。はっきりいえば、プロテスタンティズムの法的かつ理論的な危機は、最初の福音派の神学者たちが、諸法〔諸法則〕において関連づけられている神の理性と人間の意思とを分断することによって自然法の信用を最初に貶めた、という事実から生起していたとするならば、カントは、人間の真正な自然本性を構成している理性と意思の統一性（unity of reason and will）を表現している諸法〔諸法則〕として自然法を捉えなおそうとする議論によって、この危機に応答したのである。

【古典的自然法論の批判：自然概念（自然状態、自然法、自然法則、自然権）の両義性：自己立法主体の自己完成の条件としての第二の自然状態】

カントがときおり法自然主義《ユース・ナチュラリズム》（自然法論）の諸々の古典的な範型に近づいていたことは明らかである。永続的かつ普遍的な道徳的諸原理の一つの倫理的秩序を定立（制度化）しようとする企てにおいて、かれは自然法理論の多くの共通の前提条件を共有していた。実践理性は道徳的諸原理を演繹するための——そして、それらについて同意するための——能力である、というカントの議論は、あきらかに、法の発見（law-finding）の源泉としての賢慮（*phronesis*）及び実践的合意《プラクティカル・アグリーメント》についてのアリストテレス的諸理念に負っていた。同様に、人間の歴史には一つの道徳的目的（moral *telos*）が備わっており、したがって、人間の行為《アクション》はより大きな普遍性とより大きな道徳的・政治的な自由の一状態に次第に向かっていく傾向にある、と主張することによって、カントはまた自然法のより古典的・形而上学的な諸理念を繰り返したのである。カントの同時代人たちの間では、自然法に関する非観念論的《ノン・アイデアリスト》理論家たちはなお、カール・フリードリヒ・バールト〔一七四一―一七九二〕のように、道徳的諸公理《モラル・アクシオムズ》を自然そのものから抽出しようと企てたが、[19] カントは、〔こうした〕積極的《ポジティヴ》に発露《ディスクローズ》された自然法への信仰を、人間の理性の外に起源を発しかつ他律性を負荷されている道徳的確信に固執している、ということの徴候と見なした。かくして、カントは自然法についてのまったく合理化された次のような分析を始めたのである。その分析によれば、人間の理性が妥当する法の根拠を説明するのは、それがそれ自身をあらゆる物質的自然と自然的決定因《ディターミナシー》から引き離し、法（法則）の必然性についてのその説明を理性《リーズン》の内面的諸原理《インターナル・プリンスプルズ》に集中させるところ、ここにおいてのみである。事実、カントが実際に法（法則）の必然性の基礎づけとして自然的諸条件に言及したかぎりで、自然法（法則）には二つのまったく異なるタイプがあり、あるいは、人間の自然本性には二つのタイプがあるが、これらはとことん異なる法（法則）的諸原理を産出する、とカントは論じたのである。カントの主張によれば、第一のあるいは物質的な自然の状態《ステイト》が存在し、その法（法則）はホッブズによって記述されたそれ〔自然状態〕、すなわち、私的特権（private prerogative）あるいは調停《リコンサイル》しえない敵対関係（antagonism）の、あるいは「各人の各人との戦争《ウォー》」〔bellum omnis contra omnes〕の、法（法則）である。[20] しかしながら、人間存在が第一の自然の状態を離れるにつれて、そして、自分たちの意思が普遍的格律によって規制《レギュレイト》されること、これを自分たち自身が許すにつれて、第二の自然の状態《ステイト》がすなわち、人間存在が自分自身をそこへ高めていくひとつの状態《コンディション》が、存在する、とカントはまた主張した。この〔第二の自然〕状態《コンディション》は、第二の自然の諸法（法則）によって、あるいは、そこにおいて人間存在が特殊的な自然的・物質的な利害関心や特権を停止《サスペンド》する、そういう合理化された（理性に基づく）自然的諸法（法則）によって、特徴づけられる。この第二の自然の状態《コンディション》（condition of second nature）において、人間存在は、自分自身のもっとも真正な自然本性を、一叡智人（*homo noumenon*）として、すなわち、合理（理性）的かつ自己立法的な行為主体（法・法則を理性に基づいて定立する能動的主体）（rational and self-legislating agent）として、完成させる。それゆえに、自然法（自然法則）の状態《コンディション》は、正確には、物理（生理）的ないし物質的な意味で自然的ではない。それ（自然法・自然法則の状態）が形成されるのは、人間の意思が、普遍的な諸格律をそれ自身に適用し、そして、このことを通じて、単なる自然以外のものになるときである。[21] 事実、自然法（自然法則）は自律性《オートノミー》の理念において具体化される。そして、自然法（自然法則）が実現されるのは、人間存在が、自分たちの行為《アクションズ》を利害関心と刺激の感覚的世界から断ち切り、そして、自分たちの行為が実践理性の普遍的な諸義務《デューティーズ》と純粋な諸法（諸法則）によってのみ決定《ディターミン》（限定）される叡智的王国（intelligible realm）を形成する、ということを保証するところ、ここにおいてである。[22] 要するに、真正の自然法（自然法則）は、事実、自然の法（法則）（law of nature）ではなく、自然に対抗する法（法則）（law *against* nature）である。というのは、人間たちが普遍的な拘束力を有する諸法（諸法則）を、自律性、第二の自然、あるいは「合理（理性）的自然」として定立《インスティテュート》するのは、人間たちが（第一の）自然（つまり、本能、衝動、刺激による影響）の「他律性《ヘテロノミー》」を脱ぎ捨てるところ、ここにおいてのみだからである。[23] したがって、カントは、古典的な法自然主義《ユース・ナチュラリズム》（自然法論）を、他律性の諸原理を人間の世界の中にこっそり導入して、そうすることで合理（理性）的な自律性の重要性を減少させてしまう、そういう教義、と見なしたのである。実在（現実）的な自然法（自然法則）は、自律性の法（法則）あるいは純粋な人間性（人類）の法（法則）である。それが獲得されるのは、自然の法（法則）と人間の法（法則）とが同一のものになるところ、そして、自律的な意思（autonomous will）が道徳的諸格律を実定法《ポジティヴ・ロー》（positive law）の諸要因として定立（制定、創発）（enact）するところ、こうしたところだけである。

【道徳（内面的格律）と（外面的形式）法（法律）との区別と相関：合理（理性）的普遍性】

カントの説明によれば、第二の自然の状態（条件）はまた、法的かつ政治的な組織化の状態（条件）でもある。そして、第二の自然についての教説はまた、政治的秩序を人間的基礎づけに基づいて正当化（正統化）する諸方途をも解明している。カントに関して学界には、かれが法（法則）の正当な規則（支配）（just rule of law）の諸条件を理性の道徳的諸格律から直接的に帰結するものと見なしたのかどうか、これについての多くの論争がある。[24] 一つのレヴェルでは、かれは道徳性と法（法則）とをはっきり区別した。そして、政治的に執行（施行、強要）（enforce）される法（法律）は拘束力を有する道徳的諸規範に起源を発しなければならないのか、そして、どの程度そうなのか、これらを考慮するに際して、カントは動揺《ヴァサレイト》していた。カントの論じたところによれば、〔一方では〕道徳性《モラリティ》は人間存在の内面的《インナー・》生活《ライフ》に係わり、そして、それは自分たちの完成《フルフィルメント》（自己完成、自己陶冶）のために人間の「自己強制《セルフ・コムパルション》」だけを要求する諸徳《ヴァーチューズ》を構成する、[25] すなわち、実践理性の内面的諸格律は、かくして、自己原因化（self-causation）の共通の諸能力《ファカルティーズ》によって統一《ユナイト》された有徳な民衆（人民）の一共同体を創出する。〔他方では〕これとは対照的に、法（法律）は人間存在の外面的生活と外面的自由に係わり、そして強要《エンフォース》されるべき「外からの強制《イクスターナル・コムパルション》」を要求する。[26] かくして、法（法律）的諸原理は、合理（理性）的立法に自分たちが忠実であることにおいて統一《ユナイト》された、法（法律）を甘受《アバイド》する市民たちの共同体を創出する。したがって、倫理的諸義務は内面的な法（法則）によって強制《エンフォース》されるから、それらは外面的な法（法律）によって保障されなければならない法（法律）的諸義務よりも高い地位を有するのである。[27] しかしながら、「法理的《ジュディカル》」立法《レジスレイション》と「倫理的《エシカル》」立法とのこうした区別にもかかわらず、カント哲学においては、徳の内面的格律と外面的に必然的な法（法律）との間に密接かつ必然的な相関関係が現存する。[28] 義務づけ《オブリゲイション》の権能《パワー》を伴う倫理的諸格律が、自分たちの理性の諸能力《ファカルティーズ》を行使する万人を拘束する諸義務《デューティーズ》を表現するとすれば、義務づけの権能を有している外面的諸法（法律）もまた、自分たちの合理（理性）的諸能力を適切に行使する万人が近づかなければならない普遍性《ユニヴァーサリティ》という属性を伴う諸義務を表現している。[29] それゆえに、正当化（正統化）される法的・政治的な条件においては、「最高の立法者」は、民衆（人民）全体の合理（理性）的かつ倫理的な意思を反映する倫理的諸格律から結果する「真実の義務《デューティーズ》」に一致して、[30] 法（法律）を承認《パス》（可決）することを強いられるわけである。これは、法（法律）や義務が合理（理性）的な普遍性という標識《シグナテュアー》を有するところでのみ可能である。[31] 要するに、無条件的《キャテゴリカル》な・妥当性《ヴァリディティ》を帰せられうる公的に強要（施行）される法（法律）は、一人格の自由が他者たちの自由を排除しないように、そして、あらゆる自由が一つの「一般法《ジェネラル・ロー》」に従うことにおいて現存するように、「各人の自由の制限」を惹き起す法（法律）である。[32] このような法（法律）は、実践理性の道徳的諸格律から抽出されざるをえないし、そして、このようなものとして実現された第二の自然の集合的な条件（状態）（collective condition）を反映しているのである。

【有徳的かつ政治的な共同体としての共和主義的憲政国家：普遍法に基づき、同時的かつ相互限定的に実現される、人格と国家の自律性】

それゆえに、カント哲学においては、道徳的諸格律の下にある有徳的共同体（virtuous community）と外面的な諸法（法律）の下にある政治的共同体（political community）との間の、類比《アナロジー》の関係と実体《サブスタンス》の関係、この両方が現存し、そして、両方の諸条件は普遍性《ユニヴァーサリティ》という基準によって測られる、と結論づけうる。したがって、理念的ないし正統的な政治的秩序という状態（国家）（state）においては、市民たちは、その権力行使が「法（法則）の概念の純粋な源泉」によって決定《ディターミン》（限定）される、そういう共和主義的憲政体制（republican constitution）の下で、現存するのである。[33] この状態（国家）においては、諸法（諸法則、諸法律）は、理性の絶対的諸原理によって決定される自然的な諸法であり、実践理性によって演繹された自由の叡智的諸条件《ヌーミナル・コンディションズ》に違反することはありえない。それゆえに、正統的国家の「共和主義的憲政体制」は、法（法則、法律）的な自律性ないし外面的な形式であり、この形式において、理性はその必然的な自由の理念に一般的に定立《ジェネラリ・イムポーズ》された構造を付与するのである。正統性を有する国家の下における憲政的な規則（支配）（constitutional rule）は、集合的生活を規制《レギュレイト》する客観的な法（法律）と実践理性の定言命法（categorical imperatives）との間の「最高の合致《アグリーメント》」の一条件である。一国家が憲政的な規則（支配）のこうした条件を実現するところでは、国家自身は「自律性」を獲得し、普遍化《ユニヴァーサライズ》しえない諸特権《プリロガティヴズ》の強制力から国家の諸法（諸法律）を解放する。かくして、正統性を有する国家は、自己立法的な（法を自ら定立する）人間存在（self-legislative human being）との直接的な類比《アナロジー》の関係において現存する。すなわち、それが自律的なものとなり、その諸作用《オペレイションズ》を形式的な「自由の諸法（諸法則）」と合致するように規制し、必然性の諸原理と相容れるものとして反映しえない諸目的を（その市民たちや他の諸国家に向けて）追求することを回避するところで、まさにここで、〔正統性を有する〕国家はそのようなものとして構成されるのである。[34] それゆえに、正当的な人格（legitimate person）と正統的な国家（legitimate state）とは、いずれも、道徳的人格性（*moral personality*）、あるいは自律的な諸法（諸法則、諸法律）、の下で形成される人格性の、自発的ないし自己原因的《セルフ・コージング》な諸条件《コンディションズ》である。こういうものとして、両者は実現された第二の自然の諸条件であり、この諸条件においては、人格なるものは私的利害関心ないし第一の自然からの諸動機によって駆り立てられず、そして、国家は内外の敵対関係《アンタゴニズム》によって形づくられず、両者〔個人人格（道徳的人格性）と国家人格（法的人格性）〕とともに、普遍的な必然性の形式的に構成された諸法（諸法則、諸法律）に対して透明《トランスペアレント》なものである〔第一の自然（意志）の闇が第二の自然（理性）の光で照明（透明化）されている〕。それゆえに、正当的人格と正統的国家の両方において、自由と理性とが統一《ユニファイ》され、そして、人格と国家はそれらの自由を合理（理性）的な自由として行使する。要するに、正当的人格の意思と正統的国家の意思は、いずれも、自由と理性の神による最初の統一《ユニオン》を、人間による統一《ユニオン》として、私的倫理と公的法の両方において再び明確化《アーティキュレイト》（分節化）（rearticulate）するのである。

【普遍化可能な法（法則、法律）に基づく法治国家としての正統的国家】

この理論が特殊政治的に示唆しているのは、①政治的秩序の正統性は、実践理性の諸理念に由来する普遍化《ユニヴァーサラ》可能《イザブル》な法〔道徳法則・法律〕にそれが従う程度によって計測可能であり、そして、②普遍的な諸法（法則・法律）を強要《エンフォース》（施行）している政治的組織体（polity）の合理（理性）的な市民たちは、自由についての自分たちの諸理念を、この政治的組織体の諸法によって含有されかつ保護されているものとして、認識（承認）するであろう、ということである。はっきりいえば、おそらく、カント哲学においてひとつの頂点に登りつめている〔西欧近代の啓蒙思想の基づく〕政治的主張は、理性と自由を再統一する国家だけがそれ自身を完全に正統的なものと説明しうるし、そして、何故にその法（法則、法律）が必然的（必要）なのか、これについての説得力（拘束力）のある説明を提供しうる、ということである。このような国家においては、法（法則・法律）は政治的正統性を先行して基礎づけているもの（prior foundation）であり、したがって、政治は法的に（法律によって）銘記《エンシュライン》されている権力の技術的ないし行政的な行使としてのみ正統化されるのである。これらの条件《タームズ》（限定、用語、表現形式）で、正統性を有する国家はいつも法的国家《リーガル・ステイト》ないし〔ドイツ語で謂う所の〕法治国家（*Rechtsstaat*）である、とカントは結論づけた。一国家が法治国家の資格《クォーリティ》を受け取るのは、①それ〔その法治国家〕がそれ自身を公的な法（公法）の下の一道徳的人格性（moral personality）として定義（規定）し、②それがそれ自身と他の道徳的諸人格を実践的かつ普遍的な諸規範によって拘束（制約）されるものとして認識《リコグナイズ》（承認）し、そして、③それがこの認識（承認）を一つの明確な憲政秩序において定式化するところにおいてである。とりわけ、家産制国家（patrimonial state）は、決して法治国家（*Rechtsstaat*）ではありえないし、そして、統治の手段は、決して王朝的ないし世襲的な私的利害関心に付属するものとして定義されえないのである。[35] はっきりいえば、カントの用語（表現形式）では、家産制国家はそもそも国家ではない。というのは、国家は、共通の「法（法則、法律）の諸原理」によって拘束（制約）されている公的権力ないし第二の自然の一機関であるからである。[36] さらにいえば、法治国家（*Rechtsstaat*）は、その臣民《サブジェクト》（主体）たちを市民《シティズン》（公民）として、すなわち、不可侵の権利と資格（entitlements）の担い手として扱うであろう。法治国家の市民（公民）たちは、①自分たちの生得の諸自由（innate freedoms）が侵害されるところでは他の市民（公民）たちに対する法的救済（矯正）（legal redress）の諸権利を有するものとして、②国家自身が犯しえない主体的な諸権利を有するものとして、そして、もっとも重要なことであるが、③人間存在としての自分たちの資格において、法（道徳法則、法律）の下にある自分たち自身において目的《エンズ》として扱われる権利を有するものとして、承認される。かくなるものとして、かれらは尊敬と尊厳を集め、そして、かれらが合理（理性）的には同意《アクシード》しない諸目的を実現するために国家や他の諸人格によって利用されえない不可譲渡的《インエイリアナブル》な権利を有している。[37] かくして、理念的に構成された法治国家の基礎にある、目的の形而上学（a metaphysics of the purpose）においては、法（道徳法則、法律）は、あらゆる道徳的意思がそれ自身の目的《パーパス》として承認《リコグナイズ》（認識）するであろう諸格律から演繹される諸権利の担い手としてその名宛人たちを反映しているのである。

【法（法律）の源泉としての人民の一般意思：理性の理念としての本源的契約：反民主制・反人民主権：自己原因的道徳的人格としての国家と人民のアプリオリな相互規定：国家と公民の二元論的分離：公民の政治的自己（権利）形成における構成的役割（参加）の消去】

しかしながら、カントの教説は、古典的な自然法理論の形而上学的な諸要因には反対していたにもかかわらず、少なくともその制度的構造においては、自然法の下の国家についての初期（啓蒙思想）の説明となんらかの形でパラレルなものを保持していた。法治国家《リーガル・ステイト》においては、人民の一般意志（general will: volonté générale）は、そして一般的《ジェネラリ》に意思《ウィル》された諸自由《フリーダムズ》は、法（道徳法則、法律）の源泉である、とカントは主張した。諸法（法則、法律）が妥当するのは、自分たちの合理（理性）的諸能力を適切に行使するすべての人民がそれら（法則、法律）を是認《アプルーヴ》するであろう、ということが想定されうるところ、すなわち、それら（法則、法律）が普遍的であるところである。それゆえに、憲政秩序に基づく法治国家（constitutional legal state）は、「本源的契約《オリジナル・コントラクト》」において基礎づけられ、ここにおいては、政治的組織体（polity）の諸法（法則、法律）の内容が合意《アグリー》され、かつ普遍的に受け入れられるのである。しかしながら、注意すべきは、この契約（contract）は、合意（consensus）の実践的契機を反映する実際の文書（document）の形をとっていないことである。そうではなく、この契約は、「理性の理念」にすぎず、国家はこれを前提にし、かつこれを代表（再現）（represent）し、そして、これによって国家の諸法（諸法律）が導かれることを許すのである。この契約は、政治組織体の合理（理性）的・倫理的な基礎づけを明確化《アーティキュレイト》（分節化）する。すなわち、この契約は、政治的組織体のすべての法（法律）に普遍的な基礎づけを与え、第一の自然から第二の自然への人間や社会の移行に含まれている諸々の倫理的必然性を記述している。[38] しかしながら、この契約は、人民の一般意思は、参加《パーティシペイション》を通じての、あるいは、それどころか事実上の同意《ファクテュアル・コンセント》を通じての、統治権《ガヴァメント》の行使の中に、反映されている、ということを正確には意味していない。事実、全人民が立法過程の中に統合《インテグレイト》されうるわけではないこと、そして、純粋な民主制や人民主権（popular sovereignty）が国家の法的機構《リーガル・ファブリック》を掘り崩し、「専制（despotism）」に導かれる傾向にあること、これらのことをカントははっきり確信していたのである。(39) それゆえに、かれは、人民の一般意思を（そして、この意思によって追求される諸自由を）、ひとつの形而上学的な意思あるいは純粋な意思と見なしたのである。すなわち、かれはそれを、人民が適切に自分たちの理性の諸能力《ファカルティーズ》を行使し、定言命法的地位（categorically imperative status）を有する諸法（法則、法律）を演繹するかぎりで、人民の意思と見なしたのである。そのとき、国家は、その諸法（諸法律）が普遍的諸原理を反映しているところではどこでも、この意思の諸規定《プリスクリプションズ》（先行指示）に従って活動する。要するに、人民の意思が統治《ガヴァメント》（政府）において再現（代表）されるのは、自己原因的な道徳的人格（self-causing moral person）としての国家が、まさに自己原因的な道徳的人格としての人民が当然独力で（自分自身のために）立法する法（法律）と合致する法（法律）を、規定《プリスクライブ》（先行指示）するところにおいてである。とりわけ、人民の意思が国家において再現（代表）されるのは、国家が人民の成員たちを、不変《インヴァリ》の諸権利《アブル・ライツ》への要求を伴う法的主体《リーガル・サブジェクツ》として認めるところ、そして、国家が市民（公民）たちに諸権利を割り当て、これらの権利が保護されることを保証するところ、こうしたところにおいてである。それゆえに、自然法の初期〔啓蒙思想〕の諸理論におけるように、国家を正統化する自然法は、国家によって創造されかつ適用される国家自身の法（法律）であり、したがって、国家は、それ自身の自己正当化《セルフ・ジャスティフィケーション》において、人民の意思《ポピュラー・ウィル》を内的引証基準《インターナル・リファランス》として前提にしているにすぎないのである。換言すれば、国家は、それ自身において、そしてそれが公布《プロミュルゲイト》する客観的に拘束力を有する法（法律）において、理性と自由を形式的に統一し、この統一性を諸権利の中に銘記《インシュライン》するのである。これらの諸権利は、その場合、いつも権力行使に対する形式的諸制限であり、国家の権威に対して不変の先行規定的な地位（prescriptive status）を有している。しかしながら、国家の市民（公民）たちは、諸権利の形成においてほとんど構成的役割《コンスティテューティヴ・ロール》を演じていない。事実、諸権利の承認は、二元論的に、市民（公民）たちを国家から切り離している。すなわち、国家は形而上学的な諸規範を軸にしてかれらの諸自由を安定化させ、市民（公民）たち〔自身〕が政治を形成するという意義《シグニフィキャンス》を消去している。それゆえに、諸権利は、国家の権威に対する消極的諸制限《ネガティヴ・リミッツ》を銘記《インシュライン》（保証）しているにもかかわらず、国家自身によって、それ自身の道徳的人格性の諸側面として生み出されるのである。

【共和主義的憲政秩序：権力分立制と代表制】

したがって、制度的には、人民の意思は、諸権力の〔機能〕分割に基づく共和主義的憲政秩序（republican constitution）の下で、もっとも効果的に表現される、とカントは結論づけた。このような立憲体制の下では、執行権《イグゼキューティヴ・パワー》が法的に責任を負いうる君主の掌中に残される。「主権」のアクチュアルな実質的焦点であり、かくして「人民の統一された意思」を顕現する、立法権《レジスレイティヴ・パワー》は、少数の代表者《デリゲイツ》（代理人）や立法者《レジスレイターズ》たちの掌中に授与《ヴェスト》される。これらの代表者や立法者たちは、市民団体《バディ・オブ・シティズンリ》を代表《リプレゼント》し、かれらの社会的かつ知的な地位及びかれらの実質（物質）的独立性のゆえに、立法的権威の資格が与えられる。[40] それゆえに、法治国家の構造的原理は、公的な参加あるいは共同して形づくられた自由ではなく、立法的権能《レジスレイティヴ・コムピテンス》を執行的権能《イグゼキューティヴ・コムピテンス》から分離すること、そして、立法を行なう選良《エリーツ》たちによって演繹された諸規範によって執行権を規制することである。はっきりいえば、カントの説明によれば、正統性を有する国家の本質は、特定の諸人格（諸個人）間の事実上の関係にあるのではなく、実践理性の諸理念あるいは「理性にアプリオリに由来する人民の意思」が共に具体的に適用される法的諸事実《リーガル・ファクツ》の配置《アレンジメント》にあるのである。[41]

【フランス革命をめぐる社会転換への応答：革命を回避する立憲主義改革：法に抵抗するための法外の手段への訴えは不可：K・F・バールト、K・H・ハイデンライヒ、T・シュマルツ：J・B・エアハルト】

それゆえに、国家における正統性の諸前提条件として基本的諸権利や立憲主義的（憲政）秩序を主張しているにもかかわらず、政治的側面から見られたカントの啓蒙思想は、あきらかに、急進的自由主義、革命的自然法、あるいは能動的人間解放の一モデルとして意図されてはいなかったのである。そうではなく、そのカントの啓蒙思想は、フランス革命をめぐる社会的転換の急速な諸過程に対する一つの応答として、その背景に照らして見るならば、国家装置《ステイト・アパラタス》についての可能なかぎりの合理化《ラショナライゼイション》を説明しようとしていたのである。そして、決定的なことであるが、カントの啓蒙思想が意図していたことは、国家が、それ自身を道徳的な一人格性として形づくることによって、そして、家産制的《パトリモニアル》なすべての要因をその憲政体制から一掃することによって、内政的な諸改革を通じて、その後に革命を回避することを可能にするであろう、憲政秩序を、いかにして採用しうるか、これを示すことであった。この点においては、革命に反対して、自然法を、道徳的一人格としての国家を安定化させ保持することに役立つ一教義と見なした、フランス革命以後のドイツにおける他の後期の自然法理論家たちに、カントの仕事は近づいていた。たとえば、バールト〔Karl Friedrich Bahrdt〕は、自然法によって統治された国家は、市民たちが尊重する道徳的性格を受け取り、かくして、現存する政治的権威に対する「服従と尊敬」を人民に染み込ませる、と論じた。(42) カール・ハインリヒ・ハイデンライヒ〔一七四四―一八〇三〕もまた、自然法理論が法秩序と自由との諸条件を促進する傾向にあることを強調し、自然法の下での国家に対する反抗の「道徳的可能性」を否定した。(43) テオドール・シュマルツ〔一七六〇―一八三一〕は、それどころか、より反動的な観点から、道徳的一人格としての国家を自然法に基づいて構築し、臣民たちの諸権利は国家によってのみ保障されうるし、あらゆる「行為や態度」は国家主権に従属するようにされなければならず、(44) 自然法の下での主権はあらゆる他の政治団体から「まったく独立している」、と論じた。[45] これらの自然法理論家たちの中で、ヨーハン・ベンヤミン・エアハルトだけが、市民たちの自然権が国家によって危うくされるならば、「革命は法に適う」、と曖昧さを残さず端的に論じた。[46] カント自身は、「最高の立法に対する抵抗」と「執行部権威に対する反抗」は道徳的に正当化しえない、と繰り返し説明した。[47] 人民の意思は、法的意思である以上、いつも法に服さなければならず、そしてそれは法に抵抗するために法外の諸手段《エクストラ・リーガル・ミーンズ》に訴えるわけにはいかない。[48] それゆえに、国家を人間的な国家として説明する際に、カントは、①自身の諸法（道徳法則、法律）の下で生活する条件は国家の中に集中され、国家によって管理されなければならない、②法（法則、法律）が国家から切り離されるところでは法の支配《ルール・オブ・ロー》はありそうもないことになる、そして、③国家は法（法則、法律）と自由との統一性の唯一の保障者である、と明確に指摘したのである。

【法の支配と所有財産（私法）制度】

法的秩序についてのカントの教説がもっとも密接に初期の自由主義的諸理念を反映したのは、おそらく私法の領域においてである。そして、もっとも強調しておくべきことは、カントは自分の歴史的地平を決定している社会的かつ経済的な自由化（解放）(liberalization) の過程の背後に自分自身を置いていた〔カントは、たとえばヘーゲルやマルクスのような形で、歴史的現実におけるブルジョア社会・資本制的な商品交換社会の形成過程という経験的事実を理論化したわけではなかった〕、ということである。〔いずれにしても〕この〔理論的に自由主義あるいは私法の〕観点において、普遍的に銘記された法の支配（rule of law）は、個々の占有《ポゼッション》ための安定性の諸条件と所有《オーナーシップ》と契約《コントラクト》の諸関係の諸条件を是認《サンクション》（裁可）し提供する、とカントは論じた。[49] はっきりいえば、法の支配は第一の自然〔自然状態〕から第二の自然〔社会状態〕への移行を標示しているが、その法の支配は同じくまた、自然状態における敵対関係と暴力的収奪とを通じて産出された諸々の占有《ポゼッション》を一つの普遍的かつ法的に（法律によって）平和状態にされた所有制度《オーナーシップ》システムに転換すること、これを標示しているのである。所有制度は、ひとたび法の支配の下で安定化されるならば、人間社会の道徳的に正当化された構成的要因であり、第二の自然の倫理的な憲政秩序に貢献する、とカントは論じた。それゆえに、一八世紀後半にドイツに現れていた所有《プロパティ》（財産）経済（property economy）についての注釈として、カントの著作は、私的な財の分割されない所有制度は、法（私法と公法の両方）の支配にとっての基本的な前提条件である、と論じた。事実、財産所有者《オーナー・オブ・プロパティ》として、人びとは法と合法的に秩序づけられた徳への必然的な利害関心を発展させる。というのは、かれらは、自分たちの物質的な財が安定化されるのはもっぱら法（法則、法律）を通じてのみである、ということを認識しているからである。かくして、所有制度《オーナーシップ》は「法（法則、法律）の一条件」であり、私法領域における相互行為《インターアクションズ》は、法の人間化（legal humanization）（法の根拠は、自然や神ではなく、人間のその定立行為にある、ということ）のより広い条件を形成する要因である。[50]

3 カント以後の法的形而上学

【カントの超越論哲学は形而上学を克服しえたのか？：カント的啓蒙思想における二元論的形式主義】

①政治的秩序は真正に人間的なものかつ完全に正統的なものでありうること、そして、②人間存在は外からの付加なしに自分たちの政治的組織体（polity）に不可欠の諸法（道徳法則、法律）を演繹し、自分たちを自分たちの客観的義務づけを構造化する諸法（法則と法律）の創作者《オーサーズ》として承認し、それどころか、自由の超越論的に妥当する諸理念と合致して生きうること——こうしたこと①、②を示そうとする企てとして、カントが自分の哲学的啓蒙思想を見ていたことは明らかである。人間の宇宙と人間の政治的組織体——これらの中心には、神の立法《ディヴァイン・レジスレイション》の諸条件を同時に置換《リプレイス》かつ充当《フルフィル》し、そして形而上学的諸法を人間的諸法と取り替える、立法者としての人間存在がい

るのであるが――を考慮するものとして、カントは自分の理論をイメージしていたのである。しかしながら、まさしくかれが記していたように、カント版の啓蒙思想は、その二元論的形式主義において、それは人間存在を世俗世界の立法的中心に位置づけることに確実に失敗し、そして法の形而上学的分析を超えてゆくことにも失敗し、人間存在を自分が有意味に自分自身のものとは同定できない諸法〔法則、法律〕によって事実上拘束されたままにしているのではないか、という嫌疑に陥った。はっきりいえば、カントが啓蒙思想を、人間の自由と説明しうる法との名において形而上学の破壊を惹き起すもの、と見なしていたとすれば、かれの同時代人たちや直接的後継者たちは、多くの仕方で、カントをまさしく形而上学者そのものと見なしたのである。カントの啓蒙思想は特殊な形では人間たちに関わっていないし、人間性《ヒューマニティ》と立法《レジスレイション》という叡智的行為(noumenal acts)とを、経験的には枯渇させられた〔無内容な〕形で、同等化することを通じて以外には、自由についての説明を提供しえないからである。それゆえに、以後カント〔の啓蒙思想〕はさまざまな形で修正されることになるが、これらの修正を動機づけていたのは、〔人間こそが〕法の合理〔理性〕的な創作者である、というカントによって提起されたテーゼは、スコラ主義の逆説的な神を、いまや形式的な人間的意思へと置きかえられた、自己原因《セルフ・カウサリティ》という擬制的《フィクシャス》に形而上学的な行為として、再定式化したものにすぎない、という嫌疑であった。

【カントにおける合理〔理性〕主義と形式的法自然主義の拒絶】

一般的にいえば、カントの啓蒙思想についての初期の諸批判は、人間の主体性についてのより実体的な説明を通じて、すなわち、人間の諸権利についてのより完全な説明を通じて、そして、人間の主体性がその自由を感知し形成する歴史的かつ経験的な諸過程に関するより決定的な分析を通じて、自由、法、政治についてそれらの説明を精緻化しようとした。以下で論じられるように、カントに対する初期の諸々の反発は、カント思想における合理主義と形式的法自然主義を完璧に拒絶する哲学的見解の形成を刺激したのである。しかしながら、カントの路線を直接的に踏襲した哲学者たちでさえも、主体性についてのその純粋主義的《ピューリスティック》な説明やその法の分析におけるその形而上学的形式主義を克服することによって、カントの著作を修正しようとした。

【フィヒテ】

【実践理性の優位：主体的自己原因（理性と意思の統一）の自己定立】

たとえば、ヨーハン・ゴットリープ・フィヒテ（一七六二―一八一四）の諸著作におけるカントの超越論(transcendentalism)に対する態度《リアクション》は、カントの著作に対する諸々の理論的修正を含んでいた。これらの修正は、自由の諸法（法則、法律）が包括的《インテグラリ》に人間的な諸法として反映されるように、カントの倫理的かつ政治的な諸理念をより具体的なあるいはより実体的に人間学的な諸々の基礎づけの上に置くことを意図していた。この目的のために、フィヒテは、カントによる純粋理性に対する実践理性のきわめて慎重な特権化《プリヴィリジング》を拡張し、理性の行使《エクササイズ》は、それを通じて人間存在が能動的かつ意識的な原因《コージズ》そのものとなる過程である、と論じた。フィヒテの主張によれば、人間主体は、それが理性を行使するとき、自由にかつ自発的に「自己自身を存在者《ビーイング》として定立《ポジット》し」、その自己定立《セルフ・ポジティング》（自己措定）の行為《アクト》を通じて「自己自身を意識する」ことになり、そうして、この同じ行為を通じて諸々の客体についての知識を獲得する。主体が知るあらゆることは、その「根拠《グラウンド》」を、主体的自己原因《サブジェクティヴ・セルフ・コーザリティ》の中に、あるいは、「〈私《アイ》（自我）〉の行為《アクション》」の中に有している。それゆえに、フィヒテにとって、人間主体は、事実と現象との世界に二元論的に対峙する静的・形而上学的に現前《プレゼント》するものではない。それはそれ自身とその客体との自律的、能動的、意思的な源泉であり、この主体の能動的な自己定立《セルフ・ポジティング》（自己措定）はすべての他の事物を構成する源泉である。[51]それゆえに、フィヒテの主体においては、理性と自由はいつも事実上統一されているし、超越論的演繹のいかなる行為も、この統一をもたらすために必要とされない。理性を行使するに際して、主体は自由にそれ自身が存在することを意思し、そして、自由にその意思を行使するに際して、主体はそれ自身、その諸内容、その諸自由についての合理（理性）的説明を提供する。それゆえに、理性と意思としてのその自己定立《セルフ・ポジティング》を通じて、主体は、そこにおいて諸々の人間存在が自分たちの思惟の全局面において自分たち自身の合理（理性）的自由を表現しかつ認識する、そういう人間世界を創造する。

【人間の自己実現の条件としての法：自己立法的諸主体の相互承認】

これらの根拠に基づいて、フィヒテもまた、能動的自己定立（あるいは思惟活動《スィンキング》）の過程は、いつも必然的な法（法則、法律）的次元を有し、意識《コンシャスニス》の合理（理性）的な自己定立は、いつも立法《レジスレイティング》及び法的承認《リーガル・リコグニション》の諸契機を含んでいる、と論じた。フィヒテが主張したところによれば、人間主体がその合理性（理性）(rationality:Vernunft)と自由とを行使《エクササイズ》しうるのは、人間主体が、他の諸主体もまた自己自身を等しく合理性（理性）と自由を有するものとして定立する、ということを認めるところ、人間主体が、その合理性（理性）と自由を他者たちによって形成されかつ制限されたものとして知るところ、したがって、人間主体が他の諸主体との法的に構成的な関係《リーガル・コンスティテューティヴ・リレイションシップ》に入るところ、こうしたところだけである。したがって、理性のすべての主要な行為《アクツ》は、立法的な構成要因《レジスレイティヴ・コンポネント》を、すなわち、包括（統括）的に規範的な構造を有している。法（法則、法律）の概念は一つの「純粋理性《ピュア・リーズン》の本源的《オリジナル・》概念《コンセプト》」あり、そして、自己定立のそのすべての行為において、理性は、法（法則、法律）を形成することによって、他の「自由な諸々の存在者《ビーイングズ》」とのその関係を認識《リコグナイズ》（承認）する、とフィヒテは結論づけた。[52] かくして、フィヒテは、法（法則、法律）を人間的自己実現《セルフ・リアライゼイション》の主要な条件《ターム》（表現形式）として端的に定義したのである。かれは、カントの実践哲学の語られざる示唆、すなわち、人間であること（to be human）は法的（法定立的）であること（to be legal）、あるいは自己立法的であること（to be self-legislating）である、ということをまさしく自分自身の哲学の中心に据えたのである。あらゆる合理（理性）的かつ意思的な行為は、法（法則、法律）を生み出し、そして人間主体は、他の諸主体との法的・合理（合理）的な承認《レコグニション》の相互的な諸過程において基礎づけられる諸法（法則、法律）を産出する一行為主体《エイジェンシー》としてのみ現存しうる、とかれは主張した。

【自己定立行為における他者との邂逅：相互承認過程から形成される分有された客観的行為領域としての共同体における理性と自由の具体的統一性】

法（法則、法律）と道徳的規範性についての人間学的に集約された説明を提供しようとするフィヒテの企ての中心には、人間主体は、多数によって形成された具体的な一共同体に意思的に関与する能動的な一成員としてのみ、自己定立しうるし、そのかぎりで諸法（法則、法律）を獲得しうる、という確信があった。[53] フィヒテによれば、諸法（法則、法律）が演繹しうるものであるのは、人格というもの（the person）は他者たちと共にある一人格であり、それはその自己定立の各行為において他者と邂逅する、という事実《ファクト》（行為結果）からであり、そして、それ自身の自由が完全に合理（理性）的であるのは、それが実定的（positive）に「他者の自由」を体現《インコーポレイト》するところにおいてのみである、という事実（行為結果）からである。[54] したがって、合理（理性）的な諸法（法則、法律）が生み出されるのは、形式的自律性ないし純粋意思という原理を通じてではなく、主体的自由は自由を追求している他の諸々の意思が客観的に現存していることによって規制されている、ということを能動的に承認することを通じてである。したがって、理性と自由の法（法則、法律）的な統一性は、カントにとってそうであるように、形式的意思に基づく主観的統一性ではなく、多くの現存する意思をしてそれぞれの他者を自由なものとして合理（理性）的に承認せしめる、客観的に現前する内容である。はっきりいえば、フィヒテは、自律性は法（法則、法律）の源泉である、というカントの主張を受け入れたが、かれは自律性を、静態的な一属性としてではなく、また自己原因の形式的一契機としてでもなく、そこに諸々の合理（理性）的な行為主体《エイジェンツ》が参加し、それをかれらが承認の動態的・規範的な過程を通じて前進的に（漸次）形成する、共有《シェア》された行為《アクション》の領域《スフィア》として定義したのである。さらにいえば、このことのゆえに、カントは人間存在を、自由の静態的に合理（理性）的な理念から演繹された形式的に主体（主観）的な権利の担い手と見なしたが、フィヒテは試行的《テンタティヴ》に、諸法（法則、法律）の下にある件《くだん》の人民は権利を客観的権利として――自由を追求している諸々の他の意思によってこれらの権利が合理（理性）的なものとして承認されることを通じて――獲得する、と指摘した。それゆえに、カントとは対照的に、フィヒテは「法（法則、法律）の概念《コンセプト》の客体《オブジェクト》（対象）」を、孤立した諸主体の自己立法としてではなく、「自由な存在者たちの間の共同体」と見なし、[55]そして、自己立法の主体の意思ではなく、客観的共同体の意思を、諸々の合理（理性）的な法（法則、法律）及び自由な意思を正統性を有する国家の下で統一せしめる条件と見なしたのである。

【相互行為の主体としての法人格が法（自己）の産出過程に参与する法と自由の統一としての国家】

フィヒテの自由についての見解《ノーション》（概念）は、その言明された諸用語（表現形式）においては、カントによって提起されたそれときわめて類似していた。カントと同じく、フィヒテは自由という最高の理念を道徳的命法《モラル・イムペラティヴ》と見なしたが、この道徳的命法は、自由は特定の自由としては行使されえない、という事実を自覚して、各人格は彼ないし彼女自身の自由を基礎づけるべきである、と言明する。[56]カントと同じく、フィヒテは自由という状態（state of freedom）を、次のような一条件《コンディション》と見なした。すなわち、そこにおいて諸々の人間存在が自分たちの客観的な諸法（法則、法律）を自分たち自身の自己省察《セルフ・リフレクション》を基礎づけているものを反映しているものとして認識（承認）し、したがって、そこにおいて諸々の人間の意思が合理（理性）的に普遍化可能《ユニヴァーサライザブル》な諸原理を成立《インアクト》させる、そのような一条件と見なしたのである。しかしながら、カントとは異なり、フィヒテは自由の道徳的理念と客観的現実とを、純粋意思ないし形式的意思に由来するものではなく、他の多数の意思と共に相互行為《インターアクト》し、他の多数の意思によって反省（反照）された、状況において成立する人格及び状況において成立する意思に、由来するものと見なした。このことはまた、カントとフィヒテとの間には諸々の重要な政治的差異があることを意味した。多くの点から見て、カントの人格概念は、法的・道徳的な一人格としての国家についての最小限の説明として鋳造《モウルド》されていた。そして、その国家の正統性は不変の普遍的諸法（法則、法律）の現存によって規定（定義）され、そして、その国家は、それ自身の機能としての法（法則、法律）と自由の統一性を、それが体現《インコーポレイト》しかつ再現（代表）する諸主体に対して相対的に閉じた形で成立させる。しかしながら、これとは対照的に、能動的に相互行為する行為主体《エイジェント》としての法的人格《リーガル・パーソン》というフィヒテの構成概念《コンストラクト》は、政治における正統性、法（法則、法律）の政治的内容、そして、法（法則、法律）が伝達する諸自由が精緻化《エラボレイト》されたもの、これらの法（法則、法律）の諸源泉についてのはるかに拡張された説明を軸にして構造化されていた。国家の各市民（公民）は国家の正統性にとって必要（不可欠）な諸法（法則、法律）の自由な産出に共同的《コミューナル》にかつ不可避的に関与《エンゲイジ》する、とかれは論じた。事実、各人格の実践的自己完成《セルフ・フルフィルメント》は、政治的集団の成員としての彼ないし彼女の関与《エンゲイジメント》に依存している。この関与の中で諸法（法則、法律）は能動的に構成され、かつ銘記《エンシュライン》（保証）されるからである。かくして、フィヒテは、法（法則、法律）、正統性、そして自由を、国家によって適用された包括的で予め同意された法（法則、法律）によって保護された諸主体の形式的な自律性から演繹しうるものと見なさなかった。そうではなく、かれは、法（法則、法律）、正統性、そして自由を、能動的に自律的な諸主体によって構成されるものと見なした。こうした諸主体は、諸法（法則、法律）を形づくり、国家を基礎づけることに参加する人たちであり、そして、こうした諸主体にとっては、形式的ないし純粋に主観的な自律性の中に引きこもることは不可能である。したがって、フィヒテは、その市民（公民）たちのために実質を欠き中身のない（thin stratum）諸権利と最大限の自律性を保障し、かくして国家の厳密に政治的な形成からその市民（公民）たちを切り離し、立法と執行の諸過程を脱政治化する、そうした制限された立憲主義的国家についての教説を、提供しなかったのである。逆に、かれは、国家を、諸々の具体的な相互行為から、そして多くの合理（理性）的な意思（rational wills）の間の権利への要求から、絶えず客観的に生成・発展するもの、そういうものと見なし、そして、一般意思（general will）を、立法と執行との間の密接な関係において現前し、そこに集約されたものと見る、国家についてのよりルソー的な教説を、提起したのである。

【社会契約に基づく「法の支配」：フィヒテにおける自由主義（私法）に対する共和主義（公法）の優位：新重商主義国家モデル】

フィヒテの政治的教説は、正統性を有する国家を、形式的・私的な利害関心を保護するものとしてではなく、あらゆる私的な相互行為を公的に同意《アクシード》された諸法（法則、法律）の下に従属させるものとして、そして、国家の政治的作用の外側にある私的ないし個人的な自律性の領域を制限するものとして、解釈した。[57] 公法レヴェルでは、フィヒテは、そこでは法の支配（rule of law）が絶対的に拘束力を有し、そしていかなる異論も認めない、そういう社会契約《ソーシャル・コントラクト》の概念に、賛意を表した。[58] かれの論じたところによれば、社会契約の下では、あらゆる法的判断は、合理（理性）的な市民（公民）たちの間の媒介《ミーディエイト》された諸合意《アグリーメンツ》よって形成される、「国家の判断《ジャジメント》」[59]の下に従属しなければならない。すなわち、国家の憲政秩序の基礎は、人民の「絶対的な全会一致《ユーナニミティ》」にあり、そして、それはその諸規定《プリスクリプションズ》（先行指示）からのいかなる逸脱も許さない。[60] 経済的あるいは私法的レヴェルでは、フィヒテは、たしかに、なお依然として自由な所有権《オーナーシップ》と財の自律的な処分《ディスポジション》（裁量）との概念を考慮した。すなわち、社会契約は一つの「保護契約《プロテクティヴ・コントラクト》」を構成し、これを通じて社会のすべての成員たちは他者たちの所有《プロパティ》（財産）を保護し尊重することに同意する、とかれは論じた。[61] これにもかかわらず、フィヒテは、あきらかに、所有権《オーナーシップ》、経済的自律性、そして競争《コムピティッション》の自由についての古典的自由主義と初期資本主義の説明に警戒心を抱いていた。カントとは異なり、フィヒテは、所有権を、法的秩序の一つの絶対的に優先的な要因としては認めず、自己定立的市民《セルフ・ポジティング・シティズン》（公民）たちの間の「相互承認《ミューチュアル・リコグニション》」という根拠に基づく、客観的な政治的合意《アグリーメンツ》によって正当化された権利として認めたのである。[62] 政治的な討議《ディスコース》と同意《コンセント》のより広い諸過程の外側に財産所有《プロパティ・オーイング》の自律性《オートノミー》の領域が現存すること、そして、私法の下では諸権利が公的秩序の構成に際して一つの不変の（その形態）形成的な役割《フォーマティヴ・ロール》を有するであろうこと、これらのことをかれは否定した。事実、後期の諸著作において、フィヒテは、競争によって正当化された不動産《スタティック・グッヅ》の所有権《オーナーシップ》としての所有財産《プロパティ》についてのより標準的な自由主義的概念を修正した。そして、かれは、その代わりに、所有《オーナーシップ》の諸権利は、国家によって政治的に管理・運営されるべき、集合的必要（collective needs）というより広い諸概念《コンセプションズ》（能動観念）から引き出されるべきである、と主張した。「合理（理性）的国家」を構成するものは、集合的な——あるいはとりわけ国民的な——生活のために必要な諸資源を分配するその能力であり、そして、市民社会において経済によって生み出された遠心的な諸力や諸利害が政治的秩序を不安定にさせない、ということを保証するその能力である、とかれは結論づけた。[63] それゆえに、かれは、国家に、経済的な介入及び規制のきわめて広範囲にわたる諸権力を帰し、そして、精神《スピリット》において新重商主義国家《ネオ・マーカンティリスト・ステイト》に近い政治的組織体の一モデルを支持したのである。

【カント的実践理性の形式性・抽象性・無媒介性・私秘性の批判】

カントとフィヒテは、いずれも、人間存在は、自分たちが実践的に普遍化可能《ユニヴァーサライザブル》の諸格律《マクシムズ》を生み出し、これらを自分たちの自由の諸内容として理解するところで、自分たちの生得《インネイト》の諸能力《キャパシティーズ》を完成する、と論じた。そして両者は、正統性を有する国家の憲政秩序《コンスティテューション》をこれらの格律や内容の具体化《エンバディメント》と見なした。かくして、両者は、法（法則、法律）の妥当する演繹や適用のための人間的一形式を見出そうとしたのである。両者は、憲政（立憲主義的）国家を一人格と見なし、政治的正統性の諸起源を、国家によって再現（代表）される、合理（理性）的で自己立法《セルフ・レジスレイティング》的な人間存在《ヒューマン・ビーイング》の特定の主要な諸資質《ディスポジションズ》（傾向性）にまで遡及した。しかしながら、カントが正統性を有する国家を、自由かつ合理（理性）的に自己立法を行なう道徳的人格という形式的に抽出（蒸留）されたものと見なしていたとすれば、フィヒテは正統性を有する国家を、道徳的人民（民衆）の自由かつ合理（理性）的な法的人格性の客観的・集合的な形式と見なした。なるほど、カントは国家を理性と自由の統一性を体現《エムバディ》するものと見なした。けだし国家は、この統一性をその市民（公民）たちの道徳的人格性から形式的諸権利として抽出（蒸留）し、そしてその際、この統一性を、これらの市民（公民）たちに対して、法（法則、法律）の下でのかれらの人格性を形而上学的に抽象化された形で反映するものとして表現（代表）するからである。しかし、これに対して、フィヒテは国家をその市民(公民)たちによって生産的に形成される理性と自由の統一性を体現するものとして解釈しはじめた。かくして、この市民（公民）たちは国家の諸法（法則、法律）を、形而上学的に形式化（形相を付与）される帰責（imputation）を通じてかれらに諸権利を帰属（帰責）（impute）させる諸法（法則、法律）としてではなく、かれら自身の諸法として完全に認識《アクナリッジ》することになる。それゆえに、フィヒテは、広義におけるカント的な諸範型において仕事をしてはいるが、国家の法的生活にその市民（公民）たちを反映させる諸方途、市民たちの法的生活を国家が規制（決定）する諸方途、そして、その下で諸法（法則、法律）が完全に人間的正当性を享受する諸条件、これらを客観的かつ人間学的に実体的な形で説明することを追求したのである。自由、自律性、普遍的法（法則、法律）に関するカントの教説の重要性をどれほど強調してもし過ぎることはないにしても、フィヒテは、正統性を有する国家についてのカント的理念を、充分には人間的でない国家と、すなわち、人間の自己立法と逆説的自己原因という形而上学的に充分展開されていない理念から抽出（蒸留）された、実践理性の無媒介に形而上学的な形式と、見なした。人間的自由の状態（国家）（state of human freedom）の基礎にあるものは、いつも他の現実的・能動的な諸人格と共にある現実的・能動的な人格である、とフィヒテは言明した。事実、「人格は、他の諸人格に伴ってのみ一人格になる」とフィヒテは主張したのである。(64)

【シェリング】

【絶対的自由の潜在能力としての絶対的自我：制度化された自由の条件としての絶対的自然法】

フリードリヒ・ヴィルヘルム・ヨーゼフ・フォン・シェリング（一七七五―一八五四）の初期の観念論的著作は、同じくまた、カントの超越論（transcendentalism）への応答を軸にして組織されていたが、試行的にカント的主体の静態的二元論を断念しようとし、そしてまたカント思想における法の諸要因についてのさまざまな問題を提起した。シェリングの観念論的な初期実践哲学の核心においては、カントが修正され、拘束力のある道徳的かつ法的な諸々の公準《ポステュレイツ》（先決要件）は、超越論的理性の行為を通じて獲得されるのではなく、人間的主体の基礎的あるいは絶対的な形式の中に、つまり〈絶対的自我〉（the absolute I）の中に、存在論的に埋め込まれている、と主張された。〈絶対的自我〉は、人間的主体における絶対的自由のための潜勢的能力《ポテンシャル》であり、そして、この潜勢的能力は主体の〈限定された自我〉（the finite I）をその日々の実践的諸行為において下から支えかつ動機づけている、とシェリングは説明した。〈絶対的自我〉が「絶対的に要求する」のは、「〈限定された自我〉はその〈絶対的自我〉と等しいものとなるべきこと」(65)、人間存在の「主体的諸形式」は「〈絶対的なもの〉の形式」まで高められるべきこと、そして、〈限定された自我〉は〈絶対的自我〉と同一のものになるべきこと、これらのことである。(66) したがって、〈絶対的自我〉はひとつの絶対法（法則）あるいは「自然法」を明示（分節化）（articulate）する。この自然法は人間の実存《イグジステンス》

（現存態）を通じて段階的に表出（process out）され、その強制力は人間生活のあらゆる側面《アスペクツ》を形づくり、そして、その実現は純粋に定立（制度化）された自由の条件を標示する。[67]

【自然法形成の基礎としての人間主体の存在論的構造：人間の自然本性としての合理的自由】

それゆえに、自然法についてのカントの純粋に合理（理性）的な説明とは対照的に、シェリングは自然法についての実体（基体）的な教説を設定したが、この教説は、人間的主体の存在論的《オントロジカル》構造を、自然的諸法を形成する（の形相を成す）下部構造（formative substructure）と見なした。〈絶対的自我〉は、人間の実存（現存）の、真実の自然本性あるいは第二の合理（理性）的な自然本性を体現《インコーポレイト》し、そして、人間的理性のあらゆる作用《オペレイション》は、自然本性的に顕現する実在性《リアリティ》（現実性）としてのこの第二の自然を実践的に精緻化《エラボレイト》し確固たるものにすることを志向する、とかれは論じた。かくして、真正《オーセンティック》な法（法則）は、事実上現実化された人間的自然本性の状態（条件）であると見なされるべきである、とかれは説明した。そこでは、人間の体質《コンスティテューション》（基礎構造）中に植えつけられた合理（理性）的な自然本性と合理（理性）的自由が顕在化する自然本性として形成され、人間存在はいまや自分自身の絶対的な自然本性と絶対的な自由の実質化《マティリアライズ》（物質化）された現実に居住《インハビット》するからである。第二の自然の状態（条件）においては、「自由がそれ自身自然であり、自然がそれ自身自由であり」、そして、あらゆる法（法則）は人間の自然本性の合理（理性）的な自由を完全に明示（分節化）するのである。[68]

【カント的形式的道徳法則（主観的観念論）の絶対的自我の自然法（客観的観念論）との置換：自然化され分有された客観性を有する自律性と法（第二の自然）】

カントが論じたところによれば、①人間の実存（現存態）（existence）はそっくり自己立法（self-legislation）に集約される、②そして、自由とは、人びと（人民）をして、自分自身こそ自分の実践理性の最高の諸理念を諸法（法則、法律）において成立《インアクト》させるものである、ということを認識せしめる、そういう状態（条件）である。初期のシェリングは、あるレヴェルで、こうしたカントの議論を強化した。はっきりいえば、シェリングは、第一の自然と第二の自然に関するカント自身の弁証法に直接言及して、こうした洞察についての自分自身の分析を明確化《アーティキュレイト》（分節化）したのである。カントと同じく、シェリングは、自律性《オートノミー》は実践哲学の至高の原理である、と見なし、そして、観念論《アイディアリズム》というものは自律性のさまざまな前提条件を解明《エルシデイト》し、人間というものは、合理（理性）的に自由な意思として例証《インスタンシエイト》することに、全身全霊でひたむきに打ち込むものである、と考えた。[69] またカントと同じく、シェリングは、主体的自律性の形成は定言命法（categorical imperative）において頂点を極め、この定言命法は、他の合理（理性）的諸存在（人間たち）の客体化（対象化）（objectification）を締め出し、「他の道徳的諸存在」に対して自分自身の自由を特権化する傾向を禁ずる、と考えた。[70] それにもかかわらず、カントとは異なり、シェリングは、自律性の状態《コンディション》（条件）とは、自己原因性《セルフ・コーザリティ》の自発的行為《アクト》を通じて演繹される叡智的な実在性《リアリティ》（intelligible reality）ではなく、主体あるいは主体の〈絶対的自我〉の具体的形成化《コンクリート・フォーメイション》を通じて獲得される状態《コンディション》（条件）のことである、と考えた。

このように見るならば、シェリングは、カント哲学の形式的な「道徳法（法則）」を「自我の自然法」で置き換えようと試みたのであり、そしてかれは、自律性とは、主観的自己立法《セルフ・レジスレイション》のことではなく、ひとつの分有（共有）された顕在的な状態《コンディション》（条件）であり、この状態において、人間主体は、その意識の絶対的な倫理的諸内容がその生活の客観的（そして客観的に自由な）秩序としてそれを囲繞していることを、自覚するようになる、と明察《インヴィシット》したのである。[71] 自律性の状態《ステイト》における〈絶対的自我〉の自己錬成（自己陶冶・自己精緻化）（self-elaboration）は、そこにおいて〈絶対的自我〉の「不可変の自己《アンチェンジャラブル・セルフ》」がそれ自身の自然本性的な諸法（法則）を実現しようとし、「すべての他律的力《ヘテロノマス・パワー》」（すなわち、すべての外からの自然）をそれ自身の法（法則）に従属させようとする、自然的・物質的過程である、とシェリングは主張した。[72] かくして、他律性《ヘテロノミー》が追放され、そして、自律的な諸法（法則）が客観的に展開されるにつれて、そこでは諸法（法則）は共有（分有）された諸法（法則）として現れ、合理（理性）的な諸法（法則）が等しくすべての意思によって認識（承認）され、そして、権利及び自由の共通の諸理念が実質的な形式として精緻化（錬成）されるような、そういう法（法則）の状態《ステイト》が、定立（制度化）されることになる。それゆえに、カントとは異なり、シェリングは、自然本性化され共有（分有）された客観性を、自律性と第二の自然との状態《コンディション》（条件）に帰したのである。客観的意思としての〈絶対的自我〉に埋め込まれたさまざまな潜勢的能力《ポテンシャルズ》を現実化する「絶対的意思」、そして、すべての意思に自己自身を合理（理性）的かつ絶対的に自由なものとして経験させる「絶対的意思」、こうした「絶対的意思」[73] の共通の法的表現において自律性は経験される、とシェリングは結論づけた。したがって、カントとは異なり、自由の合理（理性）的な諸理念が精緻化《エラボレイト》（錬成）されるにつれ、法（法則、法律）自身は余計なものとなる、ともシェリングはまた結論づけたのである。第二の自然が基礎づけられるところでは（すなわち、〈限定された自我〉と〈絶対的自我〉とが同一のものになったところでは）、法（法則、法律）は「必然的にそれ自身を破壊し」、そして、あらゆる強制的ないし他律的な強制力《フォース》を喪失する。〈絶対的自我〉が定立（制度化）されるところでは、法（法則、法律）はもはや社会構造の顕著な要因としては必要ではなく、そして、人間生活は、無条件的な自己服従《セルフ・オビーディエンス》、自己同一性《セルフ・アイデンティティ》あるいは内外の自律性、これらの諸関係において自然に秩序化される。[74] 要するに、人間の意識《コンシャスニス》の過程的生（processual life）の全体は、一定の秩序の形成を軸として、有機的に組織化されるが、その秩序においては、「第二のより高次の自然」が「第一の自然の上位に」置かれ、その結果、究極的に「自然法が普及する」ことになる。しかしながら、この自然法は、「可視的な自然におけるそれとはきわめて異なる」ものである。それは「自由に奉仕している自然法」[75] であり、そして、このようなものとして、それは、その名宛人の〈絶対的自我〉を形成する自由の合理（理性）的な諸理念を、完全に反映しかつ客観化し、かくして、究極的には、紛れもなく先行指示的な要因としてではなく、普遍的に形成される意識の内的な要因として、作用する。

【自然過程としての人間の主体性（自律性）・合理性の形而上学的進化：神の積極的現前としての内外の自然の自己同一性の自然法：カント的超越論的実践哲学における形而上学の過剰と過少】

きわめて直截的にいえば、シェリングは、伝統的形而上学を乗り越えようとしたカントの業績を、少なくとも部分的に、転倒させた思想家と見なされよう。自律性と自然法との説明において、シェリングは人間の主体性と合理性（理性）を形而上学的進化（metaphysical evolution）というより広い概念の中に統合する自然及び自然過程についての形而上学を再構成した。実のところ、それどころか、シェリングはまた、自律性の、あるいは内的自然と外的自然との間の自己同一性（selfidentity）の、自然法的状態《コンディション》（条件）は、カントの仕方におけるような神についての単なる理念によってではなく、人間の生活（生）における神の積極的現前（the positive *presence*）によって標示されるであろう、と論じたのである。自己同一性の自然法は、神の人格的な法、ひとつの新しい掟（法）（*new law*）であろう、そして、この「新しい掟」の下で運命の客観性は、自己服従《セルフ・オビーディエンス》と自己承認《セルフ・リコグニション》との共通の人間的経験としての自由の同一性《アイデンティティ》によって代替されるであろう、とシェリングは主張した。[76] しかしながら、これらのあきらかに〔啓蒙思想の観点からすれば〕退行的《リグレッシヴ》な諸契機にもかかわらず、シェリングはまた、その形而上学的形式主義（metaphysical formalism）ゆえに、カント哲学に反対したのである。シェリングが示唆したところによれば、カント哲学は、人間の自由の実在性（現実性）についての説明において、（キメラのような）奇怪な形で（chimerically）形而上学的な諸理念に訴え、そして、人間の自由を超越論的な自己原因性（transcendental self-causality）の一契機として分析することによって、自由を、客観的基礎づけから、そして、それを可能にする意識の客観的条件から、切り離したのである。〔たしかに〕カントと同じく、初期シェリングもまた、「法的憲政秩序（legal constitution）」が出現すること、そしてそれどころか「普遍的市民権（公共性）の憲政体制（constitution of universal citizenship）」を設立（制度化）すること、これらのことを見ることを希望し、そして、ときおり、法（法則、法律）は人間性（人類）を調和と完全性《パーフェクティヴィリティ》（自己完成可能性）の状態に向けて導き（舵を切り）うる、と示唆さえしていた。(77) しかしながら、自由と調和を保証する諸制度は、叡智的《ヌーミラル》なエーテル（noumenal air）〔のようなもの〕からは喚起《サモン》されえないし、人間の社会における物質（実質）的な諸形式において直接的には確立されえない、とシェリングは論じた。その代わり、法的諸形式は意識及び自然化された自由の適切な状態（条件）において基礎づけられ、そして、この意識はこれらの諸形式を支え、それらが開花することを許容し、そしてそれらの認識（承認）のための諸々の前提条件を生み出さなければならない、とかれは示唆した。この意識は、歴史的生活（生）が自然に「前進すること（progressivity）」からのみ結果しうるにすぎないであろう、そして、あらゆる意識の不可変的な所与の事実としては解釈されえないであろう、とシェリングは論じた。それゆえに、かれ自身の著作は、カント的観念論の形式的・主観的な形而上学に実体を与える哲学であり、したがって、合理（理性）的に妥当する法（法則、法律）を、自然的・歴史的な意識から超越論的にもぎ取られたものとして、あるいは単なる「可視的自然を補足するもの」として人間の生活（生）を横断して課されたものとして、解釈することを拒否する哲学である、とシェリングは考えたのである。(78) かくして、カントに対するシェリングの応答は、〔一方では〕カント哲学はあまりにも形而上学的である（だから、カント哲学は道徳的かつ法的な諸理念を純粋に規範的なレヴェルで安定化させ、そうすることで、何故に諸法（法則、法律）は客観的に正統的なものとして受け取られることになるのか、これを説明しようともがいているのである）、そして、「他方では」カント哲学は不十分に形而上学的である（だから、カント哲学は、自然的進化と客観的意識とのトータルな諸条件《コンディションズ》の内側で人間の諸法（法則、法律）の位置を説明しそこなっているのである）、という両方の認識（意味）を同時に標示していたのである。

4　ヘーゲル——国家と意思の客観性

【カント的観念論と初期法実証（実定）主義の揚棄：理性的意思（自由）の客観的概念の自己媒介・自己展開としての人格・法権利・国家】

【ヘーゲル（1）】

ゲオルク・ヴィルヘルム・フリードリヒ・ヘーゲル〔一七七〇—一八三一〕の法（法権利・法正義）〔Recht〕の哲学は、カントの啓蒙思想に関するこれら初期の〔フィヒテやシェリングなどの〕観念論的な諸批判の諸相《アスペクツ》を拡張した。そして、かれの法（法権利）の哲学が示そうとしたのは、カント的観念論《アイディアリズム》と初期法実証主義《ポジティヴィズム》はいずれも、人間の理性《リーズン》についての誤って構成された諸理念と人間の意思《ウィル》についての誤った形而上学的説明とにおいて基礎づけられている、ということである。初期の観念論者たちと同じく、ヘーゲルは、正当な法（法権利）〔legitimate law: Recht〕を、自由の本源的な諸理念が実定的《ポジティヴ》に顕在化《マニフェスト》することになる、そういう「実現《リアライズ》された自由の〔形而上学的〕王国《レルム》」[79]として、説明しようとした。さらにいえば、かれは、合理（理性的）的自然法〔Natrurrecht〕ないし第二の自然の状態《コンディション》（条件）としての正統的な政治秩序の状態（条件）に光を当てようとした。この第二の自然の状態（条件）においては、人々（人民）は自分自身を自分自身の諸法（道徳法則、法律）の自由かつ理念的《アイディアル》・合理（理性）的な創作者《オーサーズ》本人として認識し、そして、自分たちの自由の合理（理性）的・法的な形式を、他者たちのそれによって同時に制限され、かつ構成されているものとして認識する。しかしながら、この〔正統的政治秩序〕の状態（条件）は人間の意思の客観的な概念〔objektiver Begriff〕の、あるいは完全に媒介された概念〔voll vermittelter Begriff〕の、基礎づけに基づいてのみ現存しうる、とかれが論じた点では、ヘーゲルは初期の観念論者たちとは異なっていた。すなわち、法（法権利）の下での合理（理性）的自由は、単純なもしくは超越論的な諸人格によってではなく、人間の相互行為、認識、制限、これらの共有された諸過程を通じて精緻化《エラボレイト》（錬成・陶冶）され、これらの諸過程においては、意思は、次第に合理（理性）的な意思として形成（陶冶）され、そして、その自由を他の諸々の合理（理性）的意思を包含する自由として認識することを学習する、とヘーゲルは論じたのである。したがって、ヘーゲルの法（法権利）の哲学の基礎にあるのは、初期法実証主義と観念論との両方によって広められた法的人格の静態的な諸理念を打破し、法（法権利）と国家の両方を客観的に展開される合理（理性）的意思と客観的に展開される合理（理性）的人格との諸々の分節化（明確化）（articulations）として理解しようとする企てであった。この企てを導いたのは、カント的法治国家における理性と自由との統一性は、形而上学的な人格性《パーソナリティ》の形而上学的な諸行為から蒸留《ディスティル》（抽出）された誤てる統一性であり、したがって、カント的法治国家は、何故に正統性を有する国家の諸法が正統的なものとして認識《リコグナイズ》（承認）されるべきか、これを現実的《リアル》な（実在する）諸人格に客観的に説明しえない、という判断《センス》（感覚）である。国家が正統的であるためには、カント的国家とカント的主体は、その自由が基体（実体）的な法（法権利（substantial laws）において認識（承認）された基体（実体）的な人格性として再構築されなければならない〔とヘーゲルは考えたのである〕。

【法権利（自由・理性・意思）という理念（形相・概念）がさまざまに限定されて、さまざまな形姿で自己展開・自己現実化していく過程：法（自由・理性・意思）の三局面：第一レヴェルとしての「抽象的法権利」：抽象性・形式性・無媒介性・即自性：私法領域（人格、所有、契約）】

それゆえに、成熟した（後期の）政治哲学におけるヘーゲルの主張によれば、理性と自由意志は互いに結合して、法（法権利・法正義）（自由・意思・理性）〔Recht〕という理念〔Idee〕（〈概念〉〔Begriff〕）の〕形成化《フォーメイション》（形相付与運動）

〔Formation=Gestaltung〕の社会的に限定《ディターミン》〔bestimmen〕された諸過程を通じて展開されるのであり、そして、理性と自由は絶えず互いに協働して、客観的な法（法権利）（*objective law*）の一状態《コンディション》（条件）の形姿をとり、この状態（条件）において、合理性（理性）と自由は世俗世界の秩序の顕在的な諸内容として前進しながら結合されていくのである。理性と自由とが法（法権利）としての形姿を付与されていく過程において、理性と意思とは三つの異なる領域（terrains）〔（1）抽象的法権利、（2）道徳態、（3）習俗規範態〕において組織され、そのいくつかは合理（理性）的自由の自余のものよりより反省されより永続的な諸原理によって限定《ディターミン》される。そして、かの異なる諸タイプの法（法権利）は、いくつかは他のものよりより妥当性を有することになるが（より自然本性に適った、あるいはより合理的な（より理性に適った）ものとなるが）、意思の異なる諸形式と自由の異なる諸経験から現出する。(80) この理論の諸相《アスペクツ》は、自然法における自由の三層構造《トゥリアディク・ストラクチャー》に関するライプニッツの初期の分析〔ローマ法の原理、ウルピアーヌスの定式、①交換的正義（私法）、②配分的正義（公法）、③必然的・普遍的正義（道徳律）〕を正確に反映していた。自由〔理性・意志〕のもっとも未熟《クルード》なレヴェル〔（1）抽象的法権利〕は、ヘーゲルにとって、直接無媒介性《イミーディアシー》〔Unmittelbarkeit〕あるいは抽象的特殊性《アブストラクト・パティキュラリティ》〔abstrakte Besonderheit〕のレヴェルである。このレヴェルにおいて、人間存在は法的人格（*legal persons*）として行為《アクト》〔Handeln〕する。すなわち、ここにおいて、かれら人間存在は自己自身を諸権利と諸自由の原子化《アトマイズ》された担い手として解釈し、自分たちの意思を物件支配《ドミニオン・オーヴァー・スィングズ》〔Beherrschung der Sachen〕という単一的かつ排他的な要求を通じて主張する。自由のこのレヴェルは所有権法《ロー・オブ・プロパティ》あるいは抽象的権利（*abstract right*）〔abstraktes Recht〕によって特徴づけられる。そして、法（法権利）のこのレヴェルを限定する法的人格性《リーガル・パーソナリティ》〔Persönlichkeit〕は、諸個人の意思の権利を、所有権《オーナーシップ》〔Eigentum〕へのかれらの要求の中に、そして特殊的自由や主観的目的《パーパス》を追求するかれらの欲求《ディザイアー》の中に、銘記《エンシュライン》する。制限された一様式の法（法権利）の形成過程《フォーメーション》を省察しているにもかかわらず、ヘーゲルによれば、抽象的な権利（法権利）の法的人格性は、人びと（人民）が、占有する諸個人《プロプリアトリアル・インディヴィデュアル》としてのみならず、自分自身を所有する（*own themselves*）〔奴隷ではない〕諸個人として、自分自身の利害関心や目的を自由に処理《ディスポーズ》（裁量）し、占有《ポゼッション》〔Besitznahme〕に基づく自律性《オートノミー》や物質的な自己矜持〔経済的自活〕の法的権限《エンタイトルメンツ》（資格）を獲得する諸個人として、活動《オペレイト》（労働）することを許容する、という画期的でかつきわめて解放的な意義を有している。それにもかかわらず、ヘーゲルによれば、抽象的な権利（法権利）の下での法的人格性は、法の基体（実体）的かつ普遍的な諸形式を生み出すことはできないし、自由への一面的で認知的に《コグニティヴ》無定形な《アンフォームド》〔自己の存立根拠に無自覚な〕要求を超えることができない。初期の著作でヘーゲルがきわめて明確にしていたのは、ローマ法と初期法実証主義に由来する法的人格性の諸モデルに依拠する公的秩序のモデルは、形式的原子論《フォーマル・アトミズム》に基づく、つまり「精神《スピリット》なき自律性《アートノミー》」〔Autonimie ohne Geist〕と「空虚な《エムプティ》一般性《ジェネラリティ》」〔leere Allgemeinheit〕とに基づく、疎外《エイリネイト》された諸法〔entfremdete Gesetze〕を普及させているのであり、そして、法的人格として、法〔抽象的法権利〕の下の行為主体《エイジェンツ》は、自己自身とそれぞれの他者たちとに、非合理（理性）的に一般化された意思によって自分たちに課された「疎遠な内容」〔fremde Inhalte〕の担い手としてのみ、遭遇《エンカウンター》〔begegnen〕しているにすぎない、ということである。(81) 抽象的な権利（法権利）は、そのもっとも「形式的」かつ非普遍的な《ノン・ユニヴァーサル》構造における法（法権利）を基礎づけるものであり、そしてこれは理性と自由とのごく初発的な《インコウアト》統一性《ユニティ》を体現《インコーポレイト》しているにすぎない。そして、それ〔抽象的法権利〕は、法的普遍性〔法権利の一般態〕と合理的自由のより高次のあるいはより反省されたレヴェルでのみ調停されうる、基体（実体）〔Substanz〕に係わるディレンマを不可避的に引き起こす。(82) かくして、ヘーゲル哲学のこの相《アスペクト》〔抽象的法権利〕〔についての叙述〕の核心にあったのは、ライプニッツに従った、ローマ法の所有権法《プロパティ・ロー》から法的人格を抽出（蒸留）することが基体（実体）的な法的かつ政治的諸自由のための基礎を提供しうる、と想定した、より法実証主義的なタイプの初期自由主義、このタイプの初期自由主義に対する批判である。たしかに、ヘーゲルは自由な私的所有《プライヴェイト・プロパティ》〔privates Eigentum〕の権利を否定しなかった。

しかしながら、かれの論じたところによれば、この自由な私的所有の権利が、法（法権利）において諸々のより基体（実体）的な自由を反映しかつ産出するのは、人格の意思が占有（所有）の行為主体（possessive agent）としてのそれ自身が有する自由の諸制限を認識（承認）するところ、それがそれ自身の占有的《プロプリエタリ》〔排他的に独占的な〕特殊性《パーティキュラリティ》を度外視しはじめるところ、そして、それが、所有権《オーナーシップ》はより高次の道徳的裁可（是認）（moral sanction）を必要とする、ということを認識するところ、ここにおいてだけである。したがって、ローマ法の法的人格は、従属的な要因《エレメント》（境域）として、法的（法権利の）自由より高次のより媒介された諸領域《スフィアズ》〔②道徳態、③習俗規範態〕の中に運び込まれなければならないし、そして、所有権《オーナーシップ》がその正当化を獲得するのは、それがより一般的に媒介《メディエイト》され、より基体（実体）的に合理（理性）的な、共同意思（common will）の客観的形式における、必然的ではあるが副次的な構成要因として、銘記《エンシュライン》されるところ、ここにおいてだけである。それゆえに、ヘーゲルの著作を通じて、私法は人間の組織化のより低次のレヴェルに付随し、そして私法に特有の諸々の自由は、それらが自由のより高次の理念を含んでいる、より高次かつより合理（理性）的な集合的意思によって、つまり、国家によって、確保され、かつ適用されるところ、ここにおいてのみ完全に享受されうるのである。[83]

【法権利（自由・理性・意思）の第二レヴェル：「道徳態」、実践的自律性、義務、純粋意思に関するカント的倫理学】

次に、自由〔法権利〕の第二のレヴェル〔道徳態〕は、そこでは人間存在が、主体（*subjects*）として行為し、すなわち、自分たちの意思は、等しく正当な法〔法権利〕的要求を有する他の諸人格の意思によって制限《リストリクト》されていること、そして、人間的自由の王国は普遍的な道徳的基準《モラル・スタンダード》と義務《デューティーズ》によって規制されなければならないこと、これらのことを認識する、そういう状態《コンディション》（条件）である。自由のこのレヴェルの法的（法権利上の）表現が、道徳態（*morality*:

Moralität）、すなわち、「主体（主観）的意思の法権利」である。[84] 道徳的主体《モラル・サブジェクト》は、人間存在の特殊近代的な状態《コンディション》（条件）であり、この状態（条件）において個々人は自分たちの自由と義務とを限定《ディターミン》（決定）し、権利（正義）であるところのもの（何が正しいか）（what is right）についての自律的な諸理念を産出する理性《リーズン》を行使《エクササイズ》する。[85] この状態（条件）は、そのもっとも高次の表現を、実践的自律性《プラクティカル・オートノミー》、義務《デューティー》、純粋意思《ピュア・ウィル》についてのカント的諸教説の中に見出すが、それらにおいて人びとは自分たちの行為《アクション》を独立して定められた〔何ものにも依存することなく自ら取り決めた〕（independently stipulated）必然性に合致する形で限定《ディターミン》（決定）する〔自発的に定言命法に従って行為する〕。しかしながら、〔第一の〕抽象的法権利のレヴェルが、それが裁可《サンクション》（是認）する法的（法権利上の）諸目的の特殊性《パティキュラリティ》〔abstrakte Besonderheit: abstrakte Partikuralität〕によって標識《マーク》づけられ、制限《リミット》されているとすれば、〔第二の〕道徳態のレヴェルは、それが裁可（是認）する諸目的の一般性《ジェネラリティ》〔abstrakte Allgemeinheit〕によって標識づけられ、制限されている。道徳態の下では、人びとは道徳的諸行為を、義務的諸目的《デューティフル・パーパシーズ》として、すなわち、その価値が外から予め規定《プリスクライブ》（先行指示）され、究極的には自分たち自身の自由や理性にとって他律的である、諸行為として完遂《パーペットレイト》し、したがって、かれらの法的（法権利上の）生活は、抑圧的《オプレッシヴリ》な形で実体的《ヒュポスタティック》な道徳的諸規範《モラル・ノームズ》によって規制《レギュレイト》されている。[86] それゆえに、法（法権利）の発展におけるこの点において、ヘーゲルはカントの道徳的自由主義に対立することになったのである。というのは、ヘーゲルは、このカントの道徳的自由主義を、特殊的にも政治的にも、義務《デューティ》の叡智的諸理念（noumenal ideas）から倫理的生活の諸条件《タームズ》（諸術語）を演繹することに基づく空虚な意図、と見なしたからである。このような諸条件（諸術語）の下では、人間の自由は、倫理的な選択を外からの諸原理によって限定せしめる形式的他律性《フォーマル・ヘテロノミー》以外のものとして実現されえない、とヘーゲルは論じた。それゆえに、抽象的法権利と同じく道徳態もまた、一般性《ジェネラリティ》〔abstrakte Allgemeinheit〕のレヴェルでは解決ないし調停されえない諸々の法的《リーガル》（法権利上の）二律背反を生み出し、そして、この道徳態は自由の理念を必然化するが、この理念においては、意思は、その自由を、特殊化された諸目的の中にでも一般化された諸義務の中にでもなく、〔抽象的〕特殊態と〔抽象的〕一般態とを調停する自由の第三の条件（状態）〔具体的一般態（konkrete Allgemeinheit）としての習俗規範態〕の中に、見ることになる。法権利と国家とが純粋に人間的で純粋に自由な秩序となり、人間生活を規制する諸法〔法権利〕と諸目的とが、素朴に特殊化された、あるいは他律的に課された、形而上学的な諸規範以外の何かとなるのは、基体〔実体〕的に自由なそして客観的に合理（理性）的な意思によってそれらが強調《アンダースコア》されるところ、ここでのみである。

【法（自由・理性・意思）の第三レヴェル：「習俗規範態（人倫態）」：家族、ブルジョア社会、国家：①「抽象的法権利」（ローマ法、所有権法）、②「道徳態」（カント倫理学）は、具体的限定態としての③「習俗規範態」（人倫態）においてその諸契機として捉え返される】

したがって、自由〔法権利〕の最高のレヴェル〔習俗規範態（人倫態）〕は人間の意思の一状態《コンディション》（条件）であるが、この状態（条件）においては、意思が自発的に普遍的な諸目的を追求し、そして、それ自身の自由を、それを取り囲む客観的諸条件という一つの媒介された境域《エレメント》〔本領を発揮する場〕として認識する。(87) この自由の実現化過程《リアライゼイション》は多くの人びとの意思の前進的な媒介化《プログレッシヴ・メディエイション》〔fortschrittliche Vermittlung〕の結果《アウトカム》として生起する。それは、倫理的生活〔習俗規範態 *Sittlichkeit*〕の一状態（条件）であって、この状態（条件）において、いくつもの長き時代を越えて、多くの意思が、自己自身を、闘争《コンフリクト》と承認《リコグニション》〔Kampf und Anerkennung〕の複雑な諸過程を通じて、自由の普遍的な諸理念のための客観的裁可《サンクション》（是認）を含む包括的な《オーヴァーアーキング》（全てに先んじる）合理（理性）的意思へと、形づくってきたのである。自由な意思の他の諸概念——とりわけローマ法の占有的意思《プロプリエトリアル・ウィル》〔抽象的法権利〕や超越論的観念論の純粋意思〔道徳態〕——は、ヘーゲルにとっては、意思の自由をその客観的状況〔において媒介・限定された形に〕おいて反省することを完全には果たしえず、誤って法〔法権利〕の下における自由の諸理念を、理性と意思についての不完全《インコムプリート》なあるいは実体的《ヒュポスタティック》な説明から演繹しているのである。とりわけ、それらは、意思をその具体的な限定態《コンクリート・ディターミナシー》〔konkrete Bestimmtheit〕に先行する位置において——その意思が他の諸々の意思に関わるようになった以前に、そして、他の諸々の意思によって主張される自由の諸理念を体現《インコーポレイト》するようになった以前に——安定化（stabilize）させてしまっているのである。意思と自由に関する他の諸々の説明は、かくして、いまだなお形式的な形而上学の諸々の前提条件に囚われており、そして、（所有権《オーナーシップ》あるいは規範的自己規制《ノーマティヴ・セルフ・レギュレイション》としての）人間の自由についてのそれらの分析は、真実に合理（理性）的な自由を記述していないし、それらの名宛人たちによって完全にかつ包括的（全てに先んじる）に権威づけられた諸法（法権利）としての自由の諸法（法権利）を説明していない。したがって、意思と自由に関する他の諸々の説明に価値があるのは、分有（共有）された法（法権利）における自己反省《セルフ・リフレクション》として人間的自由を実体的《サブスタンシャル》に解釈するに際して、この解釈に従属する諸相《アスペクツ》としてのみである。

【国家：「抽象的法権利」（人格・所有・契約）と「道徳態」とをその諸契機として包括する基体的意思（自由・理性）の活動現実態としての国家：法権利（自由・理性・意思）の形相付与運動過程によって現実化されていく理性と自由の統一性】

人間の自由の理念は、客観的に形成された国家において最高の形式で実現される。すなわち、「国家の形式における一人民の連合体《アソシエーション》」を通じてのみ、客観的自由の諸条件は精緻化《エラボレイト》（錬成・陶冶）されうるし、自由の追求は純粋に合理的かつ普遍的な諸法（法権利）によって形づくられうる、とヘーゲルは論じた[88]。自由の基体的（基体において媒介された）諸経験はまた、家族や経済〔圏〕〔ブルジョア社会〕においても見出されるが、しかし、これらの経験は、究極的には、「主観的特殊性」との、そして、経済〔圏〕〔ブルジョア社会〕においては、一面的《ユニラテラル》な諸利害や諸目的の潜在的に敵対的《レイテントリ・アンタゴニスティック》な追求との、それらの内在的係わり《インヒアレント・コミットメント》によって、制限されている、とかれは説明した[89]。

したがって、完全に展開され基体的に（基体に基づいて媒介された）統合的《インテグレイティヴ》な国家は、普遍的な法（法権利）が社会を通じて適用されることを保証しうるし、そして、国家だけが、所有権《オーナーシップ》と道徳態《モラリティ》のレヴェルで見出される法的（法権利上の）認識《レコグニション》（承認）における諸々の不均衡《インバランシーズ》を、諸法（法権利）の内容としての自由のより高次かつより基体的な（基体に基づき媒介された）諸定義（限定）を伝達《トランスミット》することによって規制《レギュレイト》しうる、とヘーゲルは結論づけた。国家は「基体的意思の活動現実態」〔Wirklichkeit des substantiellen Willens〕であり、これは、法的（法権利上の）生活の他の諸領域〔抽象的法権利、道徳態〕をその包括的構造《オーバーアーキング・ストゥラクチャー》の中に統合すること、そして、すべての領域が普遍化可能《ユニヴァーサライザブル》な法的（法権利上の）諸理念によって決定されることを保証すること、これらのことに責任を負いうる。(90) 国家は自由な所有財産権《オーナーシップ・オブ・プロパティ》を許容し、普遍的な道徳的規準《モラル・コーズ》及び義務《デューティーズ》を支える。しかしながら、国家はまた、自由や義務が自由の普遍的自己意識《セルフ・コンシャスネス》〔Selbstbewusstsein〕あるいは自由の普遍的理念の副次的諸相として経験される、一地平を創出する。そして、国家は、——特定の諸条件の下では——活動《アクティヴィティ》の他の諸領域《スフィアーズ》に介入し、これらをそれが体現《エムバディ》する自由の理念に合致する形で限定《ディターミン》（決定）しさえするであろう。正統性を有する国家においては、カントにとってそうであるように、人びとは、自己自身を、自己自身を客観的に拘束する諸法（法律）の主体的創作者本人《サブジェクティヴ・オーサーズ》として反省し、そして、かれらの諸法（法権利）とかれらの自由は、同一のものとして合理（理性）的に認識（承認）される。しかしながら、正統性を有する国家は、ひとつの基体的（基体に基づいて媒介された）意思において、あるいは人間の自由の完全に客観化された理念において、基礎づけられる。こうした理念においては、すべての人びとは、自己自身を、主観（主体）的に、自由なものとして経験するが、しかし、そこでは、かれらはまた、自分たちの自由が他者たちの意思の中に合理（理性）的に反映されることを、客観的に自覚することになる。それゆえに、理性と自由との統一性は、市民（公民）あるいは国家の道徳的人格性における自己原因性の一契機としての純粋意思のレヴェル〔道徳態〕においては解決されえないこと、すなわち、理性と自由のこの統一性は歴史的かつ合理〔理性〕的な〔自由・理性・意思、法権利の〕形成過程〔形相付与運動〕の一つの長い行程を通じてのみ獲得されること、このことを、カントに反対して、ヘーゲルは示唆したのである。そして、この行程を通じて、多くの仕方で多くの意思によって分節化《アーティキュレイト》〔明示〕されかつ欲せられた自由は、合理〔理性〕的な法〔法権利〕の形式において次第に展開し、国家によって表現〔代表〕された自由の諸理念において頂点を極めることになるのである。

【自由主義の継受とイデオロギーとしての自由主義国家の批判〔相対化・揚棄〕：基体的・理性的かつ実定的な国家意思を前提にしてはじめて成立しうる人権・自然権】

法〔法権利〕と自由とに関する他の諸理念に関する注釈において、法〔法権利〕と国家とについての〔後期〕ヘーゲルの成熟した哲学は、初期自由主義を特徴づけている私的自由や道徳的規範性の些か既成化〔確立〕された理念を再構築し、そして、これらの諸理念を国家や国家によって実定的に〔実定法を通じて〕適用される諸法〔法権利〕の中に徹底的に集約〔凝縮〕される自由についての教説へと転換しようとする企てを示していた。私的自律性の制限《リミット》された諸権利、権力の規範的規制、ある程度の政治的代表制〔representation〕、こうした〔いわば自由主義的〕諸契機を受け入れているにもかかわらず、この〔後期ヘーゲルの〕教説は、消極的自由〔*negative freedom*〕が、占有的な利害関心あるいは道徳的な諸規範のいずれかの形で、それらに国家権力の正統性や市民《シティズン》〔ブルジョア〕たちの自由を定義〔規定〕せしめる諸原理を左右〔指令〕することを許すような、そういう状態《コンディション》〔条件〕を、回避することを目論んでいた。はっきりいえば、法〔法権利・法正義〕についてのヘーゲルの哲学は、次のような教説を暗示していると見なされよう。すなわち、①自由主義者たち(liberals)によって望まれた立憲主義的な権利や自由は、規範的な法治国家の特性〔legal statehood〕や消極的自由〔negative liberty〕についての脆弱な理想に賛意を示す自由主義者たちによっては適切に保護されえないこと、そして、②これらの自由が保護されうるのは、一組の特定の諸自由が他者たちに対する排他的優位を獲得することを防ぎうるほど強靭であり、しかも、法〔法権利〕における普遍性を、それ〔排他的優位〕への制限として制定された規範としてではなく、それ〔法権利〕自身の合理性〔理性〕の状態〔条件〕〔Vernünftigkeit des Rechts〕として、表現する、そういう合理〔理性〕的な国家においてのみであること、これら①、②のことを主張する教説こそ、〔後期〕ヘーゲルの法〔法権利〕の哲学と見なされよう。国家が正統的なものになるのは、ヘーゲルにとっては、それが、人間の意思の合理〔理性〕的な自由の具体的で、かつ生成・発展しつつある、諸関係において、憲政秩序〔Verfassung〕として基礎づけられている、そのかぎりにおいてである。こうした意思が形成されうるのは、国家の意思が完全に特殊化《パーティキュライズ》されたあるいは利己《セルフ・シーキング》的な諸目的を基軸にして安定化されるのではない場合、そして、それ〔国家の意思〕が抽象的に課された規範によって支配されない場合、こうした場合のみである。それゆえに、ヘーゲルは、初期自由主義と初期資本主義に関する注釈として、私的自由も道徳的規範も、政治的自由に先行する、あるいは不可変の、諸要因と、あるいは、政治的秩序に先行する、あるいは不可変の、諸条件と、見なされるわけにはいかないし、国家がこれらの自由ないしは規範の承認《リコグニション》を憲政体制において統合するからといって、国家が正統的なものになるわけではない、と論じたのである。事実、これらの自由や道徳的原理が可能になるのは、国家において基体的な政治的意思が先行して現存していることによってのみであり、そして、私的領域ないし道徳的義務を規制する権利や自由は、事実、いつも、あらゆる自由の実定的保障者《ポジティヴ・ギャランター》としての国家を前提にしているのである。それゆえに、自由や正統性についての自由主義的な諸理念に疑問を呈するに際して、ヘーゲルもまた、かれ以前のフィヒテと同じく、所有《プロパティ》〔Eigentum〕あるいは道徳態〔Moralität〕に基づく人権あるいは自然権は、政治的秩序に先行する諸要因であり、国家はこれらを前以て承認することから正統性を引き出す、という自由主義に共通する想定は、きわめて誤解を招きやすいものである、と示唆したのである。諸権利が是認《サンクション》〔裁可〕されるのは、それらが国家において集約される共通意思と自由の共通経験との副次的要因として反省されるときである、とかれは主張した。ヘーゲルの説明によれば、諸々の主体（主観）的権利を、国家形成に先行して決定《ディターミン》（限定）された法（法権利）ないし自由の不可変の一要因としてイメージすること、あるいは、諸権利を、国家の包括的《オーヴァーアーキング》（全てに先立つ）な合理（理性）的意思に反対する自由の形式的構成体《コンストラクツ》（構成概念）として分節化《アーティキュレイト》（明示）すること、こういうことは不可能である。とはいえ、ヘーゲルは国家を諸権利の保障を提供するものと見なすことを拒絶したわけでも、あるいは、かれは諸権利を諸々の個人的意思からまったく独立したものと見なしたわけでもない。逆に、すべての政治的関係は、権力や利害関心の極端な不均衡を反映するそれらでさえも、政治的組織体のすべての成員たちは、いかなる安定した政治的秩序も無視しえない社会的諸権利の承認《リコグナイズ》された領域を獲得する、という承認状態《アクナリッジメント》を体現《インコーポレイト》している、ということをヘーゲルは明確に強調した。(91) しかしながら、成熟した著作の中で、国家は、諸権利に客観的承認《オブジェクティヴ・リコグニション》を与える形成された意思であり、そして、諸権利が法的（法律上の）支え《パーチェイス》を得るのは、それらが国家によって承認されるときのみである、と〔後期〕ヘーゲルは論じた。かくして、諸権利をそれらの自由な行使を支えるより広い意思から切り離そうとする企ては、形而上学的還元主義《メタフィジカル・リダクティヴィズム》の一例であり、この還元主義は、事実、国家を弱体化し、国家が擁護する権利と自由を掘り崩しかねない。要するに、国家は第二の自然の状態《コンディション》（条件）であり、自由主義的理論家たちによって自然法の中に記入《インスクライブ》されている権利と自由の諸理念は、国家の客観的かつ統合的な秩序を通じてのみ実現され、かつ施行《エンフォース》されるのである。

【ヘーゲル的国家に内在する自由主義と立憲主義：社会・経済的多元主義と合理的代表制という要因を備えた憲政体制：ハラー的家産制国家に対する批判】

しかしながら、諸々の自由主義的な前提条件《プリコンディション》のあらゆる批判にもかかわらず、ヘーゲルは初期の自由主義的な政治の諸々の野心を放棄しなかった。このことに注意を凝らしておくことは重要である。かれはそれを放棄したのではなく、伝統的に形成された君主制国家の包括的《オーヴァーアーキング》な枠組みの中ではあっても、かれは権利（法権利）についての自分自身の哲学を、社会・経済的な自律性の生成・発展と政治的権威の立憲主義的規制とを許容するものと見なしたのである。ヘーゲルは、かれの著作を通じて、あらゆる反動的ないし復古的な理論家たち、とりわけカール・ルートヴィッヒ・フォン・ハラー〔一七六八―一八二二〕に決然と対抗した。ハラーは、あらゆる権力は家産制的《パトリモニアル・ス》構造《トラクチャー》と所有権《オーナーシップ》の人格的諸関係とにおいて基礎づけられ、権利と自由についての合理（理性）的説明は、憲政秩序の諸要件の精緻化《エラボレイション》においてなんら役割を演じていない、と主張したからである。[92] このような諸理念に反対して、ヘーゲルは、あらゆる政治的秩序は、権力に従属する人たちが社会的に付与された資格（権限）や自由を有することを権力の担当者たちが知っている、ということから生成・発展するのであり、そして、これらの資格（権限）や自由が権力行使を可能にする諸条件を形づくるのである、と主張した。[93] かくして、ヘーゲルの理論は、家産制的《パトリモニアル・》支配《ルール》に対するその敵愾心の点でカントと歩調をまったく一致させていたし、そして、ヘーゲルは、他の自由主義的諸理論と同じく、統治手段の私的支配の終焉を、合理（理性）的自由を保障する国家の本質的かつ不可譲渡的《インエイリアナブル》な属性と見なした。はっきりいえば、カントに従って、ヘーゲルの政治哲学全体は、とりわけまた、社会的・経済的な多元主義《プルーラリズム》及び合理（理性）的な代表《リプレゼンティション》制の諸要因をそれらの憲政秩序へと統合しない諸国家は転覆と革命を蒙ることになりかねない、ということを示そうとする企てであったのである。かくして、ヘーゲルは、フランス革命において宣言された自己所有《セルフ・オーナーシップ》及び自律性の諸権利を、近代的諸国家の立憲主義的諸構築物の中に組み込まれなければならない、近代的意識の不可欠の要因、と見なしたのである。[94] しかしながら、純粋に自由主義的な諸理念と純粋に家産制的な諸理念の両方に反対して、あらゆる自由（経済的それと政治的それとの両方）は、それが一つの共通の合理（理性）的意思によって反映されるところ、そして、それらが国家の合理（理性）的意思によって客観的に実施されるところ、これらのところでのみ妥当なものとして受け入れられる、とヘーゲルは論じたのである。国家の意思から切り離され、意思の特殊化された表現の中に静態的に集中された自由は、真実の自由を危険に晒すことになるからである。

5　新しい形而上学と自由の国家

【ヘーゲル（2）】

【形式主義的形而上学としてのカント主義と法実証主義：ヘーゲルにおける歴史過程の形而上学：大文字の理性（自由）の自己実現の過程としての世界史】

ヘーゲルの政治的議論においてとりわけ顕著な一つの論点は、かれは、カント主義者と法実証主義者、この両方とも形式主義的形而上学者（*formalist metaphysicians*）である、と考えたことである。ヘーゲルの示唆によると、これらの形而上学者たちは、いまだ形成されていない〔その形相が現実化・具体化されていない形姿の〕主観的意思を検討《イグザミン》することから実体的な諸自由を抽出（蒸留）しようとし、そして、抽象的でしかない範疇――あるいはむしろ無根拠《グラテューアタス》で逆説的な範疇――において合理性（理性）と自由《リバティ》との統一《ユニティ》性を説明しそこなったのである。このことを修正するものとして、ヘーゲルは、自分の哲学を、その形成化過程《フォーメーション》〔形相（理念）が自らに具体的な形姿を付与していく運動：理性・意志の自己陶冶過程〕の具体的な諸コンテクストにおける人間の意思に関するひとつの注釈として意図し、そして、かれは、いかにして立憲主義的な権利（法権利）や自由〔の抽象的理念〕の――次第に普遍化《ユニヴァーサライズ》〔具体化・現実化〕されていく――諸要因が人間の活動《アクティヴィティ》のさまざまな境域《ロケーション》において精緻化《エラボレイト》（錬成・陶冶）されていくか、これを解明《イルミネイト》しようとしたのである。この点から見れば、ヘーゲルの哲学は、自己立法的人格《セルフ・レジスレイティング・パーソン》や正統的国家についてのもともとはカント的な諸理念を人間学的に限定された基礎づけへと転換させようとする、そして、かくして、カント的形而上学の諸理念をより限定された構造において精緻化（錬成・陶冶）しようとする、そういうひとつの企てとして解釈されよう。しかしながら、同時に、形而上学的主観主義《サブジェクティズム》に対立しながらも、自律性についてのヘーゲルの教説もまた、歴史的過程についてのひとつの形而上学を提起している。この形而上学は、歴史的な基礎づけやその生成・発展を人間の自由の具体的な諸理念の洗練化《リファインメント》を構成する諸境域《エレメンツ》（要因）として解釈することによって、カント的実践理性の形式的理念化（formal ideation）を克服しようと試みている。それゆえに、初期自由主義に対するこうした態度において、ヘーゲルの思想は、かれ以前のシェリングの思想と同じく、自由主義的なカントの諸理念は、同時に、あまりに形而上学的であり、かつ不十分に形而上学的である、という見解によって形づくられたのである。第一の論点に関しては、自由主義的な諸理念は、歴史的活動《ヒストリカル・アクティヴィティ》と諸理念の社会的形成化《ソーシャル・フォーメーション》（理念の形式と社会のそれとの対応）とに対して無頓着であり、したがって、自由を、特定の主体及び特定の自己原因的諸意思《セルフ・コージング・ウィルズ》の形式的で抽象化された所有《プロパティ》（占有）として偽って（擬制的に）に捉え、このような諸意思から国家における自由な諸法（法権利）の条件を偽って（擬制的に）引き出している、とヘーゲルは示唆した。第二の論点に関しては、①自由主義者たちは、自由をその充全に媒介され精緻化（錬成・陶冶）された内容において了解しそこない、②いかにして自由の生成・発展が人間精神のより広い展開を表現するか、これを理解することなく、そして、③自由を、政治的秩序の現実総体に先行して、あるいは、この政治的秩序の現実総体に消極的に反対して、設定された立憲主義的形式において現存する、いくつかの制限された実定的な諸事実に、還元してしまう、とヘーゲルは論じた。それから、最終的分析においては、カント哲学は、ヘーゲルにとって、憲政体制の形で自由に関する薄弱な（実質を欠く）形而上学を安定化させるが、しかし、国家における純粋に合理（理性）的な自由を精緻化《エラボレイト》（錬成・陶冶）する過程や自己意識《セルフ・コンシャスニス》のより深い形而上学を掴み取る《グラースプ》ことのできない教説のように見えたのである。かれ以前のカントと同じく、ヘーゲルは、人間性（人類）の合理（理性）的自由を神の自由と見なし、そして、合理（理性）的に自由な諸法（法権利）の下での人間性（人類）の自己限定《セルフ・ディターミネイション》（自己決定）は、神の自己自身にとっての必然的な他者性《アザーニス》と同じく、神の自由にとって必然的な形式である、と示唆した。しかしながら、シェリングと同じく、人間の自由は、一連の自発的で合理（合理）的な諸行為《アクツ》において、それ自身を神の自由と似かよった形で創造することはできないが、しかし、歴史的生活と意識のあらゆる領域《エアリアズ》をこの自由の中で統合しなければならない、とヘーゲルは論じたのである。

【意思の主観的観念論的な形而上学からその客観的観念論的な形而上学への転換：理性と意思を合体する歴史的に合理（理性）的な国家】

したがって、ヘーゲルの法思想及び政治思想の中心にある考え方によれば、かれの主要な理論的なライヴァルたちの諸見解が合理（理性）的自由の諸条件（状態）を説明しそこねたのは、かれらが国家の役割の価値を貶めたからであり、そして、かれらが国家を法（法権利）と自由との統一が果されなければならない場所として十全には理解しそこねたからである。ヘーゲルの主張したところによれば、法治国家《リーガル・ステイト》についての自由主義的諸観念（概念）は、この国家における法（法律）的な（私法的それあるいは道徳法則的それのいずれかの）要因だけを記述し、自由国家における法（法権利）と自由との統一性を強調する、意思の客観的構造を、適切に反省することができず、国家における自由についてのそれらの理念は自由の諸法を偽った形で（擬制的に）しか説明できない。かくして、カントの理論は、普遍的規範性と主意主義との間の二律背反の望まれた解決を成就しそこねている、とヘーゲルは論じた。カントの理論は、事実、ヘーゲルにとっては、理性と自由の統一性を、純粋意思によって逆説的に自己産出された理念――この理念は法治国家の諸法の中にそのとき屈折して映し出される――から演繹しているのである。しかしながら、こうした〔カントの〕分析は、人間的自由と人間的意思についての逆説的に未確定《インコンクルーシヴ》な説明しか提供することができない。ヘーゲルが示唆したところによれば、理性と自由との真正な調停《リコンシリエイション》は、客観的意思についての教説の根拠に基づいてのみ、逆説を伴うことなく果されうるのである。この〔ヘーゲルの〕教説によれば、自由と必然の二律背反《アンティノミー》は、調停の客観的に媒介された諸過程を通じて次第に理性と意思を合体《コウアレス》する、歴史的に合理化《ラショナライズ》された〔理性を自己実現する〕国家において解消されるからである。それゆえに、ヘーゲルの著作は、カント主義における意思の主観的観念論的な形而上学が意思の客観的観念論的形而上学へ転換することを基軸にして組織されたのである。この転換を通じて、自己立法者《セルフ・レジスレイターズ》たちの共同体《コミュニティ》についてのもともとはカント的なヴィジョンは、ひとつの形而上学的に形成される国家として再構築されるからである。

【西欧政治文化史の遺産としての二つの自由理念：古代ギリシア思想とキリスト教】

このように見るならば、より一般的にいえば、倫理的〔習俗規範的・人倫的〕自由と合理〔理性〕的意思との王国としての国家についてのヘーゲルの教説は、ヨーロッパの政治的生活の歴史全体についての省察を含んでいることがわかる。この教説は、合理〔理性〕的国家を本質的に近代的な自由（modern liberty）の闘技場《アリーナ》として定義し、そして、その直接無媒介的な環境〔境域〕における自由《フリーダム》の諸理念〔抽象的法権利、道徳態〕の不十分さを解消する。しかしながら、同時に、ヘーゲルは、国家についてのかれの説明を、ヨーロッパの政治的形成〔自己陶冶〕過程のこれまでの全時期に染み込んでいる自由《フリーダム》の諸理念〔たとえば、ギリシア的自由、キリスト教的自由、カント的自由〕を修正しながら形式転換するもの、と考えていた。ヘーゲルの思想の基礎にあるのは、次のような判断〔理解〕である。すなわち、①ヨーロッパ的な政治文化の全体は共通する自由についての二つの異なる理念と経験〔古代ギリシア思想とキリスト教〕を統合してきた、②それは政治的闘技場において理性と自由とを統一しようとする二つの大きな企てによって形づくられてきた、そして、③これらの企てはいまや、現代の政治的推論の基礎づけ、知的構築物、形而上学的記憶を形成している、といった判断《センス》（理解）である。かくして、近代的自由は、古代ギリシアにおいて精緻化《エラボレイト》（錬成・陶冶）された自由の諸理念を回想《リコレクト》することにおいて、そして、キリスト教において反省された自由の諸理念を内面化《インターナライズ》することにおいて、基礎づけられている。近代的自由は、自由についてのこれら両方の先行する諸理念を、体現《インコーポレイト》し（組み込み）かつ凌駕《サーパス》していること、そして、合理（理性）的国家はこのことを成就する闘技場であること、これらのことを自分自身の著作が示すことを、ヘーゲルは意図したのである。

【古代ギリシア的自由：実体法の形成過程への自由な参加：ポリス的自由とその危機（主体性と内面性の台頭）】

第一に、ヘーゲルが論じたところによれば、古典的ギリシア社会は、自由の一般的理念に具体的な表現を与える法秩序を生み出し、そして、この秩序は、少なくとも部分的に、自身の法の下で合理（理性）的な共同体を実現した、と論じた。ギリシアの都市国家《シティ・ステイト》は、実体（基体）的な法を基軸にして人間の活動を秩序づけたが、この実体（基体）的な法の形成過程において、人間存在は自己自身を自由な参加者《フリー・パーティシパント》として自覚することになった。そして、これらの実体（基体）的諸法は、地域文化の直接的表現である以上、外的あるいは強制的な諸規範としては経験されなかった。しかしながら、ギリシア社会の実体（基体）的な法的自由は、究極的には、儚い《イフェミラル》ものであり、不十分に洗練化《リファイン》（錬成・陶冶）されたものであることが判明し、だから、それはまもなく踏み越えられた、とヘーゲルは主張した。この自由は、諸法における批判的《クリティカル》（危機的）要因としての近代的理性《モダン・リーズン》の登場によって、そして、より特殊的な自由への要求としての「内面生活《インナー・ライフ》」と「主体性《サブジェクティヴィティ》」とのポリスからの解放によって、危機にもたらされたのである。[95] ギリシア的な法〔Nomos〕の下で保障されていた自由〔Eleutheria〕は、究極的には、実定性（既成性）（*positivity*）〔Positivität〕を運命づけられていた。それは市民《シティズン》〔Politês〕たちの自由とのその不可欠な絆を喪い、それゆえに、最終的には、他律性（*heteronomy*）として経験された。ギリシア的自由は自由の理念に先駆的な表現を与えたが、この理念の危機的脈動《クリティカル・パルス》は、古代的都市国家の局地的文化において保障されえたものよりも主体的により洗練（錬成・陶冶）された新しい表現を必要とした。

【初期ヘーゲル神学論：ユダヤ教の実定（既成）性（神政政治的律法・形式的道徳性）に反抗して成立した原始キリスト教的共同体：信仰共同体における、自閉性、客観性・普遍性の欠如、没他律性の仮象】

次に、類比的にいえば、初期の諸著作〔神学関連草稿〕において、ヘーゲルはまた、初期キリスト教を、自由の理念と自身の諸法（掟）の下での共同体についての異なるヴィジョンを創始《インオーギュレイト》するものとして見ていた。かれは、最初のキリスト教徒の共同体を、人間主体が（ユダヤ教の神政政治的法《シオクラティック・ロー》と形式的道徳性《フォーマル・モラリティ》との両方として）誤って客体化《オブジェクティヴァイズ》された法（律法）に対して反抗し、そして、共同で形成された生活形式への参加者《パーティシパント》たちが情緒的《アフェクテュアル》な（感情に基づく）法的（掟に基づく）紐帯によって共に拘束される、そうした法的組織の諸例と見なしたのである。[96] それゆえに、イエス・キリストによって設立（制度化）された共同体は、法（掟、律法）における他律性を克服し、そして、法（掟、律法）とその名宛人たちとを愛を通じて自発的に調停《リコンサイル》した。[97] 情緒《アフェクション》（感情）による最初のキリスト教的共同体あるいは信仰共同体（*Gemeinde*）においては、人びとはすすんで他者たちを法的に（掟に従って）権限《タイトル》（資格）を与えられた平等のものと承認《リコグナイズ》し、他者たちの法的（法権利上の）地位を掘り崩すことになるような行為《アクション》を犯さず、かくして、かれらは諸法（掟、律法）の下での自由のひとつの状態（条件）を創出したのである。しかしながら、それが性向《インクリネイション》において基礎づけられた法（掟、律法）であったことは、初期キリスト教的な法（掟、律法）に特殊なことであり、かくして、キリスト教は、事実、法（掟、律法）なしに統合された共同体を生み出した。この共同体は他の法的に形成された諸共同体と並存したが、しかし、客観的に妥当する諸法（法律）を形成しなかった。[98] それゆえに、ギリシア社会は客観的な法に基づく法的自由の経験を生み出していたが、これに対して、ヘーゲルはキリスト教における自律性の経験をひとつの正反対の欠陥を蒙るものと見たのである。かれの結論づけによれば、キリスト教徒の共同体は「客観性」の欠如を含み、信仰共同体（*Gemeinde*）の新しい諸法（新しい掟）は人びとを自由の情緒的経験において共に拘束する諸法（掟）にすぎず、そして、これらの諸法（掟）は他律性を抹消するように見えたにすぎなかった。[99] 事実、初期キリスト教はそれ自身の諸法（掟）を構成するのに充分な客観性を欠いていた。[100] だから、それは現存する客観的諸法が「実定性《ポジティヴィティ》」〔Positivität〕〔背反を許さない既成性と他者性・他律性：自己疎外態〕の外的な現実性として存続することを許容したのである。[101]

【アテーナイ（ギリシア思想）の自由とイェルサレム（キリスト教）の自由のそれぞれにおける過剰と過少】

したがって、ヘーゲルにとっては、アテーナイとイェルサレムの両方は、最終的には、実在的かつ基体（実体）的な自由の永続的な諸条件を生み出しそこない、そして、これら両方の政治文化の精神は、異なる理由のために、客観的他律性《オブジェクティヴ・ヘテロノミー》の精神《スピリット》によって付き纏われ、かつ悩まされ続けた。ギリシアは、物質性《マティリアリティ》あるいは外面性《イクスターナリティ》の過剰《エクセス》に苦しみ、自由の内面的ないし合理的な諸々の特殊的な理念〔主体性・主観性〕により危機にもたらされた。キリスト教は物質性と外面性の欠如に苦しみ、自由を贖罪《リデムプション》の内面的なヴィジョンとして、法なしに（法権利を伴うことなく）提起（表明）しえたにすぎない。とはいえ、いずれも（ギリシアもキリスト教も）、自由の理念に、安定した、あるいは合理（理性）的に適切な、形姿を与えることができなかった。

【アリストテレス主義的共同体主義とキリスト教的な内面性及び終末論との結合】

かくして、ヘーゲルの政治哲学の基礎にあるのは、自由の理念の進化《エヴォリューション》（発展）は、異なる時代において、自身の諸法（法権利）の下での自由の一状態（条件）を経験した、と確信していた、異なる諸社会を生み出した、という示唆である。これらの社会はまた、きわめて永続的な形而上学的な諸教説を生み出し、ヨーロッパの認知的《コグニティヴ》記憶《・メモリ》と知的な形成（自己陶冶）（intellectual formation）をきわめて広範にわたって形づくった諸社会であった。それらは一方でアリストテレス主義的共同体主義《コミュニタリアニズム》を、他方でキリスト教的な内面性《インテリアリティ》と終末論《エスカトロジー》を生み出した。しかしながら、ヘーゲルの説明によれば、自由についてのこれらの経験はいずれも、自由の合理（理性）的理念については完全には適切なものではなかった。はっきりいえば、ヘーゲルの著作（仕事）は、正当にも、ギリシア的ポリスの共同で実現された統一性と、キリスト教の内面的生活、特殊性、未来志向的な贖罪《レデムプティヴ・》のヴィジョンとを、結びつけようとする、そして、内面的自由への特殊的な（特定の）要求を客観的な政治的組織体ないし国家の顕在的な道徳的生活及び法（法権利）と次第に調停《リコンサイル》（調和）していくような人間的政治《ヒューマン・ポリティクス》の前進的《プログレッシヴ》モデルの輪郭を描こうとする、そのような企てと見なされよう[102]。このように見れば、ヘーゲル哲学は、西欧の知的文化の核心における二つの本源的な形而上学的諸経験を構成する対立から、そして、これらヴィジョンの両方の真実をそれらを相互に融合することを通じて獲得しようとする企てから、生成・発展してきたもの、と見ることができる。

【二つの人間的自由を実現する西欧近代的法治国家】

しかしながら、近代的政治の諸々の形而上学的な基礎づけに関するヘーゲルの諸々の省察におけるもっとも重要な要因は、自由の二つの本源的文化は信頼しうる（近代的）国家の特性（statehood）の状態《コンディション》（条件）を生み出さず、そして人間の自由の必然的（必要不可欠）な諸内容の客観的な説明を提供する法的秩序を生み出さなかった、という主張である。それゆえに、ヘーゲルの成熟した（後期）哲学の主張によれば、自由の合理（理性）的な具体化《コンクリーション》と他律性の一般的な除去とは、一国家（*a state*）の現存を必要とする。すなわち、客観的諸権利のために立憲主義《コンスティテューショナル・》的裁可《サンクション》を与え、普遍的に制御された法的秩序を設立（制度化）する国家だけが、過去の形而上学の諸内容を救出し、自由の完全に適切な一理念を生み出しうる。かれの結論づけによれば、国家というものは、同時に、自由の共通の諸概念を受け入れる政治的共同体の基体（実体的）秩序であり、そして、個人的かつ内面的に反省された諸要求を表現し、承認する人間生活の合理（理性）的形式である。かくして、市民（公民）として〔西欧近代の〕法治国家の中に統合された人びとは、ギリシア人や初期キリスト教徒たちよりも、より信頼しうる形で、偽りの法を免れる。はっきりいえば、〔西欧近代の〕法治国家の中に統合された市民（公民）たちはギリシア的形而上学によって約束された自然的秩序とキリスト教的形而上学によって約束された内面的自由《インナー・フリーダム》との両方を経験するのである。要するに、〔西欧近代〕国家というものは、その下において人びとが実定的《ポジティヴ》に〔現実的自己立法を通じて〕、初期の哲学的かつ政治的な諸時代において形而上学的に示唆されていた自由を獲得する、実践的状態《プラクティカル・コンディション》（条件）である。〔西欧近代〕国家は形而上学の信頼しうる人間的形式である。はっきりいえば、〔西欧近代〕国家は自由が著しく人間的な自由になることを可能にする形式である。

【法的自由に関する四つの形而上学、①初期実証（実定）主義のローマ法的人格主義、②カント的主観的超越論主義、③ギリシア人の人間的自由、④キリスト教徒の人間的自由：これらを揚棄するヘーゲルの法権利の哲学・合理（理性）的自由国家の客観的形而上学】

これらの根拠に基づいて、ヘーゲルはかれの著作の中で、法的自由についての四つの誤った形而上学的諸教説を同定し、そして、それらのすべてを修正し、〔それらに内在する肯定的な側面を〕救い出そう（請け出そう）とした、と結論づけることができよう。ヘーゲル自身の知的〔個人的思想発展史的〕コンテクストに照らしていえば、ヘーゲルは、初期の法実証主義のローマ法的人格主義《パーソナリズム》とカント的観念論の主観的超越論主義《スブジェクティヴ・トランスセンデンタリズム》とを、自由と政治的秩序との人間的基礎づけについての、きわめて画期的かつ重要ではあるが、しかしまた決定的に制限された、説明と見なした。さらに広いコンテクストにおいて、ヘーゲルはまた、ギリシア人とキリスト教徒を、人間的自由についての対抗する諸理念を体現《エムバディ》するものと見なした。これらの諸理念は、近代的な政治的な生活と自由との発展において、それを集約的に形成する、しかしまた最終的には制限された、重要性を有している。ヘーゲルの示唆したところによれば、自由についてのこれらすべての理念におけるアポリアの解決は、合理（理性）的に人間的な国家において見出されることになったが、合理（理性）的国家の客観的な形而上学においてのみ、自由に関する他の諸分析の最高の諸含意は充分な形で認識することが可能である。

第四章

歴史主義とロマン主義――形而上学としての自由主義に抗して

【啓蒙思想における法的妥当性及び政治的正統性の基礎づけ問題：反形而上学的形而上学：初期自由主義（原子論的個人主義）における社会契約的法治国家、私法的自律性：理性法（自然法、抽象法、形式法）と政治的自由の齟齬：自己原因的立法主体の存在被拘束性】

上で論じたように、カントの啓蒙思想は、法的妥当性《ヴァリディティ》と政治的正統性《レジティマシー》の合理〔理性〕的な基礎づけを独自に導出しようとする企図において反形而上学的行程を辿る思想運動である、ということを自ら認めていた。ところが、その同時代人たちの多くには、また次世代の理論家たちには、カントの啓蒙思想は、まさにそれが再構築し反対する形而上学的な伝統のきわめて有害な諸要因を単に反復しているようにしか見えなかったのである。それゆえに、啓蒙思想以後のドイツ啓蒙思想においては、啓蒙思想における、〔社会〕契約によって拘束される合法的な〔近代〕国家の特性や私法的自律性といった初期自由主義の理想は、政治的生活を分析するに際して原子論によったためにその内容を貧弱なものにしてしまい、さらには〔消極的〕自由《リバティ》という当てにならない破壊的な理念をいわば国家という複雑な構造を有する機関（organ）に投影させることによって政治的自由《ポリティカル・フリーダムズ》を縮減してしまう、という信念が主流となったである。カントの啓蒙思想に対する反論の中核には、第一に、個々の人格から自由《リバティ》が演繹されても、いかにして諸人格は共同で構造化された歴史的諸状況において形成され、かつ完成されることになるのか、は理解できないし、第二に、形式的な諸規範から自由《フリーダム》が演繹されても、いかにして人々は次第に抽象的強制がなくとも発展する諸規範の下で自由に生きうるようになるのか、は認識できない、という見解があった。これら二つの批判はカント以降広まった次のような主張、すなわち、〔第一に〕初期の観念論における合理的〔理性〕法と政治的自由《ポリティカル・フリーダム》との統一は、あくまで逆説的なものにとどまり、〔第二に〕観念論が合理〔理性〕的自由についてのそうした概念を獲得するのは、まるで内容を欠く合理〔理性〕的主体を自由および法の自己原因的な起源としてそれとなく意味ありげに取り入れることによってのみである、という主張において最高潮に達した。事実、この合理〔理性〕的主体という概念は、きわめて慣習的に形成された諸社会においてすでに実定的に与えられている法の下の自由についての真実の諸経験を妨げる、と論じられたのである。

【歴史主義とロマン主義：理性法・抽象法・形式法と原子論的理性主体とを有機的・歴史的・社会的な現実〔活動現実態〕の中で捉え返そうとする試み】

したがって、自由主義と観念論の相貌を新しい基礎の上に再形成しようとするその後の理論的な試みには、性格を異にするさまざまな形があるが、そこには観念論の余波が見られる。こうした試みの核心には、法はあらゆる先行する〔先験的〕あるいは形而上学的な原理から切り離されるべきである、すなわち、私法は国家に対立する静態的ないし消極的な諸要因の一システムと見なされるべきではないし、そして公法は理性が自称する権威によって国家に課された一組の形式的《フォーマル》な規範と見なされるべきではない、という信念があった。法と権力を調和させ、正統性を有する国家の下で個人〔人格〕的自由の諸条件を獲得する、という啓蒙思想の試みはあきらかに破綻していた、と論じられた。啓蒙思想は、そうした自らの企図を果たすことなく、個々の人びとをかれらの自由が享受されるより広い環境（舞台装置）から二元論的に切り離して、国家を伝統、慣習、認められた特権の中にあるその有機的な起源との関連から断ち切ってしまい、そして逆説的に、法の下での自由を市民（公民）や国家における内発的な道徳的自己産出（auto-genesis）という行為（act）としてイメージしたのである。かくして、啓蒙思想に反対する諸理論は、法を、共同体を完全に体現した一要因《エレメント》として、すなわち、先行する（先験的な）規範ないし理性の原子化された断片を反映するのではなく、共同体そのものの現存する凝集的な歴史的精神を反映する、共同体のまさに生成・発展しつつある形態、この形態の生きた解釈として、検証しようとしたのである。これらの諸理念は、広く歴史主義とロマン主義として知られた諸々の運動の理論的な基礎を形成した。それらのいずれもが、一九世紀全体を通じて、それどころか、その後もまた、影響力のある知的な力であり続けた。

【反形而上学（反理性法論、反自然法論、反啓蒙思想）、としての歴史主義、実証主義、ロマン主義、有機体論】

ロマン主義と歴史主義の政治思想を定義することは、かならずしも容易ではない。事実、歴史主義は多くの共通する特徴をロマン主義と共有したが、歴史主義とロマン主義はいずれも共通する特徴を他の政治思想とも共有していたからである。たとえば、歴史主義（歴史法学）は法実証主義（概念法学、パンデクテン法学）からいつも確実に区別されうるわけではなく、そしてロマン主義の諸側面はしばしば有機体論と合流した。はっきりいえば、一定の思想家たちは、これらの〔ロマン主義と歴史主義との〕カテゴリーの狭間に落ち込み、そのどちらかにはっきりとは分類しえないのである。とりわけグスタフ・フーゴー（一七六四―一八四四）やフリードリヒ・カール・フォン・サヴィニー（一七七九―一八六一）がそうであり、これらの初期の歴史主義的な法思想家たちは、特定の観点からは、歴史主義と法実証主義の両方の先駆者と見なされよう。しかしながら、ここではカテゴリーの区別を複雑なものにしないために、次のように論じておくことにしよう。すなわち、歴史主義的思想が法的・政治的な論争において展開した見解は、妥当する法の起源は特定の国民的文化の歴史的形式であり、この文化は深層において諸々の宗教的衝動によって形づくられている、と主張することによって、啓蒙思想における法の妥当性についての普遍的ないし形而上学的に自然法的な説明に対して対抗することを望んだのである、と。同じく、ここではまた次のように論じておくことにしよう。すなわち、ロマン主義は、歴史主義と同様に、法的価値ないし法は信頼しうる形で普遍的な諸々の前提条件から演繹されうる、という想定を拒絶し、そうすることで歴史的に形成された共同体における法の経験的かつ宗教的な諸源泉を強調した、広範な理論的伝統であった、と。しかしながら、歴史主義とは異なり、ロマン主義者たちはしばしばキリスト教文化の普遍的な諸要因を強調した。歴史主義は国民的特殊性を強調し、自由の自由主義的理念を国民的文化の基礎の上に回復させようと望んだが、ロマン主義は、啓蒙思想の合理的普遍主義に反対するために、宗教から法における新しい普遍性を引き出そうとした。しかしながら、歴史主義とロマン主義は、合理（理性）的形而上学に対する対立において、そしてまた啓蒙思想の諸自由は誤った自由でしかありえないという信念において、一つの共通の起源を有したのである。

【ヘルダー】

【歴史主義の濫觴としてのヘルダー：政治的秩序の前提としての歴史的・文化的統一性・国民的凝集性：政治的かつ哲学的な思想としての歴史主義が三月革命（一八四八年）、ドイツ統一（一八七一年）前後に与えた広範な影響】

第二章において論じたように、初期啓蒙思想以降、法と政治の諸問題に関して試みられた歴史的ないし折衷的なアプローチが、ドイツの知的生活を一般的に特徴づけた。法と正統性（正当性）についての歴史主義的な諸概念は、歴史主義が簡潔に確定された世界観として確立される以前に、すでに強固なものにされていたのである。とはいえ、一つの広い思想的立場としての歴史主義の登場は、大抵、ヨーハン・ゴットフリート・フォン・ヘルダー〔一七四四―一八〇三〕の諸著作と結びつけられている。ヘルダーは、歴史的な特異性や多様性を、人間の社会形成における中心的要因として検証することによって、カント的啓蒙思想における普遍化を志向する倫理的アプローチに対して反抗した。そして、ヘルダーがあまりに単純化されたものとして、そして粗野な形而上学的なるものとして退けたのは、普遍的な道徳的及び法的な確実性を表現すると主張する、合理〔理性〕化された倫理的立場である。(1) ヘルダー以後、歴史主義は、はじめはドイツの諸大学における傑出した歴史家たちの間に集中していた、いくつかの普及した政治的かつ哲学的な思想として発展を遂げた。歴史主義思想は特定の政治的立場とは結びつかず、その代表者たちは、一九世紀に形姿を付与している諸事件、とりわけ、一八四八―四九年の挫折した自由主義諸革命や一八七〇年―七一年のビスマルクによるドイツ統一の期間中に、まったく異なる政治的な諸陣営に影響を及ぼした。ともあれ、歴史主義の政治を基礎づけたのは、〔第一に〕歴史的知識は政治的生活において構成的役割を演じる、〔第二に〕歴史的研究は歴史的かつ文化的な統一を強化し、この統一は、翻って、信頼しうる政治的秩序の前提条件として作用する、そして〔第三に〕国民《ネイション》は人間の組織化の決定的形態である、という想定である。それゆえに、すべての歴史家たちは、国民という観点から法的かつ政治的な諸問題を提起したのである。かれらのうちの誰もが、政治的問題の解決は国民的かつ文化的な一体性〔無欠性〕(integrity) についての考慮によって導かれるべきである、と論じようとし、国民に関わることを、あらゆる知的文化の最高の態度と見なし、さらには、倫理的かつ政治的分析における普遍主義的な諸見解に反対し、法的諸原理は、合理〔理性〕的必然性によってではなく、国民の凝集性《コウヒーシヴニス》に基づいて決定されるべきである、と論じた。このために、歴史主義は、そのさまざまな政治的諸分派において、通常は憲政秩序に関する古典的な自由主義的理念とは対立し、しかも、ともすれば自然法の観念〔概念〕を批判する、進歩的でもあるが保守的でもあるナショナリズムの態度を、生み出す傾向にあった。

1　フーゴー、サヴィニー、歴史学派

【フーゴー】

【経験的事実としての妥当する法：実定法の諸連関】

歴史主義的な方法論が法的諸問題にはじめて適用されたのは、グスタフ・フーゴーの著作においてであるといえよう。フーゴーの著作を形づくっているのは、法の妥当性についてのカント的・合理〔理性〕主義的な説明に対する批判的態度である。特定の民衆の「法的真実」は「純粋で一般的なもの、あるいは必然的なもの」としてアプリオリに引き出すことはできない、とフーゴーは論じた。かれの説明によれば、妥当している法は、事実から歴史的に学習されうるにすぎず、法は「経験的なもの」であり、「さまざまな形で時間と空間に依存している」[2]。それゆえに、フーゴーは法の「厳密な学問《ストゥリクト・サイエンス》」〔strenge Wissenschaft〕を退けたのである。かれによれば、法はいずれも「人間の制定法《スタテューツ》」[3]と「実定法《ポジティヴ・ロー》の精神《スピリット》」[4]にかかっており、法の実定的な構造〔人間の意思によって定立されたものであるという性格〕は、それが合理〔理性〕化された自然法的諸カテゴリーにおいて評価されるところではどこでも、歪められている。法的な諸決定は、カテゴリーとして妥当なあるいは不可変のいかなる諸原理においても基礎づけることはできない、とフーゴーは結論づけた。法の妥当性はいつも、この法が係わり関連づけられている他の諸法が存在している、ということを前提にしているのであり、法のディレンマは、ひとつの特定の法的伝統を通じて伝えられたひとつの形式上〔公認〕の「法的条件」がすでに現存するところでしか解決しえない〔事実、それらは定立さ

れうるにすぎないのである）[5]。さらにいえば、人間の自由そのものは、不変のあるいは超実定的な法的諸原理から引き出すことはできないが、しかし、実定法の「特定の憲政秩序《コンスティテューション》」にかかっているのである[6]。

【歴史主義と法実証主義の交差：初期資本制的交換経済の発展に対応するローマ私法の援用：法人（法的人格態）としての国家（立憲主義的国家体制）：道徳的人格性ではなく法的人格性】

法の妥当性は〔実定〕法にかかっており、〔実定〕法に付随する諸問題は他の〔実定〕法との係わりを通じてのみ解決しうる、とフーゴーは論じた。その際、かれはモーザーの初期の見解を足場にして、歴史主義的な理念と法実証主義的なそれとの間を動いていた。事実、フーゴーの著作は、〔一方の〕歴史主義と〔他方の〕法実証主義からより歴史主義的なものとして枝分かれしたものとが交差するいくつかの次元を含んでいる。たとえば、実定法（positive law）についてのかれの分析は、とりわけローマ私法（Roman private law）に集中しており、かれはローマ法を、所有《プロパティ》（財産）、交換《イクスチェインジ》、契約《コントラクト》を統括する諸法の組織化を容易にし、私的経済に従事する行為主体《エイジェント》のために法的な自律性《オートノミー》と人格性《パーソナリティ》との確実な諸原理を提供する、法の一体系と見なした。この点から見ると、フーゴーの著作は、一八〇〇年前後のドイツにおける国家支配（control of the state）の外側で生成・発展していた契約的自由の領域により体系的な法的構造を与えようとする、諸々の主要な企ての一つを形成し、初期の資本家的私的経済における法的交換を決定する法的諸原理を明確化しようとする、後期の法実証主義的な努力を先取りしていた。しかしながら、もっとも重要なのは、国家と国家の憲政秩序とについての教義を精緻化するためにローマ法の分析を使用し、そして、後の法実証主義者たち〔の見解〕を先取りして、立憲主義国家を生成・発展せしめ、国家の正統性の法的諸条件を決定する、そういう法的諸形態を、私法は提供する、とフーゴーもまた主張したことである。この教義の中で、国家は私法の下における個々人〔個人的人格〕に類比しうるものである、とかれは主張した[7]。個人〔自然人〕と同じく、国家は法的人格〔法人〕（legal person）あるいは法理学上の人格（*juridical person*）として解釈されるべきとされる。この法的人格は、特定の法（合法）的諸目的を追求する権限（資格）を付与され、特定の権利と付与された権限（資格）（entitlements）を有するが、しかしまた特定の法（合法）的束縛によって拘束される。これらの束縛は、私法の下の人格（個人、自然人）によって獲得された法（合法）的ないし法理学上の人格性（personality）を映し出す国家の憲政秩序《コンスティテューション》によって再現《リプレゼント》（表現）される。国家のこうした概念が提供したモデルは、国家が初期の資本主義的近代という変化しつつあった環境における法（合法）的な行為主体として作動し、この環境から発現する法（合法）的諸要求に対してある程度の信頼性を伴って積極的に責任を負い、契約の自律性（contractual autonomy）という私法的原理（privatist principle）によって次第に支配《ドミネイト》された社会・法的な〔契約法の〕領域（socio-legal terrain）の中で自己主張することを可能にした。しかしながら、法的人格性《リーガル・パーソナリティ》というこの理念にとって決定的だったのはまた、法的人格性を付与された国家は家産制国家《パトリモニアル・ステイト》ではなく、そしてそれは権力を一王朝の一私的属性として適用しえず、それ自身を他の諸人格の法的承認《リーガル・リコグニション》に拘束されたものとして認めなければならない、という含意である。それゆえに、フーゴーは、カント的啓蒙思想の形而上学的諸戦略に反対して、国家という憲政秩序上の人格性は、倫理的・普遍主義的な用語における道徳的人格性（*moral personality*）としてではなく、法実証主義的な用語における法的ないし法理学上の人格性（*legal or juridical personality*）として解釈されるべきである、と論じたのである。それゆえに、憲政秩序によって国家に課された諸々の束縛《コンストレインツ》は、〔実定〕法の歴史的形態から獲得されるべきであり、そして、人格性の諸理念は、国民的文化において体現《エンバディ》された「健全な理性《ヘルシー・リーズン》」を反映する〔実定〕法の中にすでに深くしみこんでいるのであり[8]、純粋な合理（理性）的立法の逆説的内容からは信頼しうる形で引き出しえないのである。

【サヴィニー】

【法学的歴史学派の創設者、サヴィニー：ローマ法の継受：自然的・歴史的な自己解釈過程としての「法の産出」】

フーゴーの著作が歴史主義と法実証主義との間の一領域に属していたとするならば、法学的歴史学派の創設者、サヴィニーは、歴史主義的諸理念を、さらにより確固とした形で理論的論争の前面に置き、とりわけ「法と民衆の本質や性格との有機的関連」を強調した。妥当する法、あるいは自由を保障する法は、「国民自身とその歴史の内奥から」[9]出てくる法である、とサヴィニーは主張した。かれは、ドイツ諸〔領邦〕国家におけるローマ法の継受の中にドイツ民衆の諸伝統や諸慣習が生き生きと有機的に反映しているのを見たのである。[10]したがって、かれは「法の産出」を自然的・歴史的な自己解釈の一過程として定義した。この過程において、民衆の「自然的全体」あるいは民衆の統合的精神は、その決定的諸性格とその特殊的合理性とを、法の形式において外在化《エクスターナライズ》するからである。[11]

【プロイセン改革をめぐる論争：ナポレオン民法典の影響下の画一的な政治的・経済的近代化に反対する漸進的・歴史的アプローチの擁護：ローマ法に倣った所有権法：占有意思からの所有権の正当化の演繹】

実践的レヴェルでは、サヴィニーの著作は、一九世紀初期の喫緊の諸問題に焦点を当てた。この著作は、プロイセンにおいて一八〇六年に始まる主要な政治的かつ農政的な諸改革——これらはナポレオンの立法〔法典〕の影響下に、この国家〔プロイセン〕における資本主義的な法律を漸次補完した——に先だって各方面で繰り広げられた論争の一部を形成した。この点から見るならば、サヴィニーは、自分の諸理念を、一七八九年以後の自由主義の理論的遺産に対する、政治的かつ経済的な改革のためのその諸要求に対する、そして、初期の自由主義が改革を擁護するために採用した法的かつ経済的な画一性（uniformity）の諸原理に対する、ひとつの応答として定式化したわけである。この点で、サヴィニーの著作はおそらく、ドイツ諸〔領邦〕国家はナポレオン民法典（*Code Civile*）のモデルに基づく画一的な民法典によって規制されるべきである、あるいはそれどころか、これらの諸〔領邦〕国家は統一的な憲政秩序に服すべきである、という次第に広範に普及してきた要求に対する応答として、そのきわめて顕著な特徴を帯びていた。この点で、かれはドイツ諸〔領邦〕国家における民法の断片（漸進）的（piecemeal）な形式を決然と擁護し、法的分析の機能を、法を画一的に法典化することの中にではなく、法の個々の論点を歴史的な諸源泉から——とりわけローマ法の諸源泉から——明確化することの中に見たのである。かくして、かれは、あらゆる法的適用を一気に近代化するよりも、むしろ法における漸進的な進化の行程を支持した。しかしながら、さらにいえば、自由に保有された財産の法的規制、契約の保障、改革の時代における階級的障害の解消、そして、一八〇七年以降、ドイツ諸〔領邦〕国家においてさまざまな段階で成就された農奴解放——これらのことに関連する諸問題についてのかれの幅広い諸著作においてもまた、サヴィニーの漸進主義的な歴史的アプローチは、あきらかに見てとれた。サヴィニーは、影響力のきわめて強かったかれの著作、『所有（占有）権』（*The Right of Possession*）（一八〇三年刊行）において、これらの諸問題に取りくみ、封建制の終焉と共同の資産（properties）や保有物（tenures）の結果的な廃止とを通じて出現する資本主義的経済における所有《オーナーシップ》（権）の諸関係を検証するための理論的基礎づけを提供しようとした。人間の意思は法的秩序の源泉であり、法的秩序はそれが人間の意思の諸目的を反映するにつれて発展し、法的に妥当な所有《オーナーシップ》（権）（ownership）は一客体（物件）への意思の行使によって構成される、とかれはローマ法の諸原理を援用して主張した。[12] それゆえに、自由な所有《オーナーシップ》の権利は、人間の意思そのものから演繹しうるのであり、占有取得（property:〔proprietas〕）を主張する人格の主体的意思——占有意思（animus possendi〔possidendi〕:〔animus domini〕）——は、所有《オーナーシップ》（権）を正当化するのに充分である、とかれは結論づけた。[13] したがって、所有《オーナーシップ》（権）は道徳的考慮には結びつけられない。すなわち、所有《オーナーシップ》（権）は実定的《ポジティヴ》な法的事実《リーガル・ファクト》であるが、この法的事実は諸々の実効的な人間の意思によって形成される現存する占有取得の諸関係（proprietorial relations）を通じて裁可《サンクション》されているのである。所有権《オーナーシップ》を行使する意思は常に明示されなければならず、したがって、所有された客体が無視されたり、あるいはそれが使用されないままにされたりしているところでは、所有権は失効しかねない、ということを承認することによって、かれはこの主張を制限《リストリクト》した。(14) しかしながら、この点で、かれの分析の中核をなしていたのは、①人間存在は変わらず占有取得を意思する行為主体（possessive volitional agent）として現存している、②ローマ法によって銘記されている占有取得・所有（権）（property）〔proprietas〕は、人間の人格性《ヒューマン・パーソナリティ》というこの本源的な実定的事実《ポジティヴ・ファクツ》〔物件の中に意思を定立すること、そして、このことが自余の他者たちから承認されること、これらの意思的行為結果によって成立する所有権の主体としての人格態〕によって妥当するものとされている、そして③所有《オーナーシップ》（権）の法的諸原理〔人格、所有、契約〕はすでに民法（civil law）の現存する諸源泉の中に植えつけられている、という見解であった。

【農制改革・隷農制廃止などに呼応するサヴィニーの二重の歴史的・実践的課題：貴族制及び資本制における所有権の法的正当化】

その歴史的背景に照らしてみると、こうした議論は二つの重要な実践的示唆を含んでいる。第一に、一八〇〇年代初頭における農制改革《アグラリアン・リフォームズ》及び農奴制《サーフダム》（世襲隷農制）廃止を省みて、封建的な資産保有（feudal tenure）の解消によって引き起こされた社会的諸関係及び相対的身分における諸変化は、必ずしも社会的秩序の完全な転換に帰結するわけではないし、そして、それらの諸変化は、封建的な資産保有に基づく貴族によって所有《オーン》された資産《プロパティ》は破棄されなければならない、ということを意味するとは限らない、とサヴィニーは主張した。逆に、かれが示唆したように、ローマ法は、占有《ポゼッション》（所有）の諸原理を明確化《クラリファイ》し、しかも基本的な不安定化《デスタビライゼイション》をなんら伴うことなく、社会的・経済的な諸変化を法的・政治的なレヴェルで統合させるような方策《ディヴァイス》を提供する、とサヴィニーは示唆した。事実、貴族が封建法の下で獲得された資産《プロパティ》を放棄《フォーフェイト》する必要はなかったのは、その資産《プロパティ》がいまやその諸々の基礎が解消されていた法的秩序の下で獲得《アクワイアー》〔占有取得・所有〕されていたからであるが、このことはこれらの諸問題にローマ法を適用することで示される。逆にいえば、サヴィニーの見解によれば、諸事物を所有《オーン》する意思が特定の民衆によって維持されかつ行使されるところではどこでも、占有取得（possession）〔Besitznahme〕は正当化されるのである。しかしながら、第二に、この分析はまた、封建的な資産保有を通じて獲得された所有権（rights of ownership）〔Eigentum〕は、これらが恒常的に再言明され、それらの使用価値が恒常的に再主張される場合にのみ保有可能《テナブル》であること、要するに、所有権《オーナーシップ》は廃絶（不使用）（desuetude）によって無効と（非妥当化）されうること、このことを示唆した。農制改革に関するこの見解の基礎にあったのは、第一に、反貴族制的な革命的顛覆を回避し、独立した一階級としての貴族層の安全性を正当化しようとする欲求である。とはいえ、第二に、サヴィニーはまた、交換《イクスチェインジ》、契約の自律性《コントラクチュアル・オートノミー》という資本主義的諸原理と諸階級の可能な有機的な形態転換《オーガニック・トランスフォーマイション》とを考慮するような法的システムが発展することを願った。サヴィニーが望んだのは、貴族制が懸案の諸改革を利用すべきであるのは、貴族そのものを、上層ブルジョワジーへと転換させ、かくして次第に、保有《テニュアー》された土地に基づくのではなく、かつて封建君主の法の下で保持《ホールド》された世襲資産の積極的利用に基づく、その身分《ステイタス》（地位）を伴う新しい選良秩序《エリート・オーダー》へと、発展させるためである、ということを示すことであった。それゆえに、サヴィニーは、ドイツ経済を緩やかに資本主義化すること、貴族制の直接的廃棄を決然と回避すること、それどころかまた、社会的かつ経済的な改革を慎重に漸進させること――これらのことを擁護する代弁者であったのである。

【封建法と近代法の穏やかな宥和】

これらの実践的諸問題において、サヴィニーが法の歴史的分析を用いたのは、かれの歴史的地平を特徴づける法と経済の改革の諸過程からの急進的な形態転換の諸相を除くためであり、同時にまた、いかにして社会のさまざまな部門が広範囲にわたる融和的かつ慎重に進められる行程に同化されうるか、これを示すためである。かれは、資本主義の発展とその結果としての受け継がれてきた社会的諸構造及び法的諸原理の変容とを不可避的なことと見なし、これらに特定の留保を付けて歓迎すべきものとした。しかしながら、かれがまた少なくとも大局的に願っていたのは、現存する社会秩序を保存することであり、そして、この状態の中に、既成の社会的かつ政治的なエリートたち〔旧貴族層〕の地位（身分）を甚だしく危険に晒すことなく、社会的に独立した人たち〔新興ブルジョアジー〕の新たに発展している諸様式を、統合することであった。サヴィニーの基本思想から見れば、義務（obligation）の純粋に形式契約的ないし画一的な諸様式においてその法的諸機能を明確化《アーティキュレイト》（分節化）することが許されるところでは、資本主義は〔歴史的に形成された社会の〕腐食と分解を進める力である。普遍的な法典の形式での資本主義的な法の施行は、サヴィニーにとって、歴史的に形成された社会（social formation）を無視し、あらゆる歴史的な諸形式を一つの標準的形姿に平準化しようとし、結果的に大きな無秩序と不幸をもたらす、形而上学的精神から、生みだされるのである。かくして、法典化された資本主義的な法は、古典的な自然法的理論に近づき、キメラ的（奇怪な）あるいは非実体的な法的諸源泉から、契約、人格性、義務といった普遍的な諸原理を――〔歴史的に形成された社会に〕分裂と崩壊をもたらしつつ――バラバラに抽出し、あらゆる文化的かつ国民的な諸区別を横断して、これらの諸原理を暴力的に強いる。しかしながら、資本主義的な法の諸々の前提条件が法的諸文化の歴史的発展の中に統合されうるところでは、このことは解放的、進歩的・動態的な、それどころか脅威を除く、諸結果をもたらす。このように、サヴィニーの思想の中心にあったのは、近代社会の諸法は現存する法の集成体（legal corpus）から形成されることが許されなければならないし、そして、事実、法の下の自由は新旧の諸法の緩やかな宥和にかかっている、という認識《センス》である。

【所有人格の意思：民衆（国民）の歴史的生活において構造的に実現される自由：理性法・形式法・抽象法の批判】

このことと関連して、サヴィニーの教義はまた、法は倫理的な定言命法から演繹することができない、と教えた。法の規範力は、慣習と有機的に形成された期待（expectations）とによって形づくられ、そして、その規範力の基礎は、歴史の中にあって能動的な人間の意思、とりわけ財産を所有する人格（property- owing person）の意思によって、支えられかつ構成される。したがって、妥当する法は、社会と民衆との歴史的発展においていかなる瞬間にも現存していているような、共通の意思の衝動が注ぎ込まれているような、民衆の歴史的自由を反映するような、そして、この民衆がその諸自由をその歴史的生活の構造において実現されたものとして解釈することを許すような、そのような法的諸関係が、組み合わさったものである。要するに、サヴィニーにとって、民衆はその生きた諸法において自分自身と自分の諸自由とに遭遇し、そして、国民の政治的形姿と未来は、法の現存する規範的装置の解釈を通じて形成される。しかしながら、法が理性の抽象的な諸規範を通じて定義されるところでは、法における自由の実体《サブスタンス》と内容とは損なわれ、曖昧にされる。それゆえに、合理（理性）的な法が自律性の諸条件を生み出す、という啓蒙主義的な主張は幻想である。それは、形而上学的な他律性（metaphysical heteronomy）を新たな形式で繰り返しているにすぎない。サヴィニーの主張によれば、自由な法は、客観的に経験され解釈された「民衆自身の生活」であり、そして、このような法は、いかなる理論的公準《ポステュレイト》（先決要件）からも、あるいは民衆の生活と自由とを規範的に永続的な指示において定式化するいかなる原理からも、抽出されえないのである。(15)

【国民的・歴史的な自己解釈の場としての法に基づく公共的秩序としての正統的国家：国家において実現され解釈された自由としての政治的自由：国家共同体の中に現前している法と自由の統一】

それゆえに、その政治理論的な内容に関していえば、サヴィニーの教義は啓蒙思想の初期自由主義において広められた国家や法についての諸理念とは対立するものであった。法というものは本質的には国民的ないし共同の自己解釈の場《ロウカス》であって、法に先行して形式的な指示を与えるもの（formal legal prescription）ではない、とかれは結論づけた。したがって、正統性を有する国家は、法の下で共同の自己解釈を通じて形成された公共秩序であり、そして、国家における自由は、法の下では共同の歴史的自己解釈の表出である。国家の正統性は、形而上学的な自由主義を特徴づけている、規範的かつ原子論的《アトミスティック》・個人（私）中心主義（privatist）的な法的原理からは、引き出せない。政治的自由は国家に対して規範的ないし消極的に確保された自由ではなく、国家において実現されかつ解釈された自由である。したがって、初期の自由主義的思想家たちが政治における正統性を、国家という道徳〔観念〕的人格性を内的に反映させたものとして演繹したのに対して、国家における正統性は、共同的かつ有機的な――個別的かつ理性（理性）的なそれらではなく――〔国家〕形成の諸過程、これらが進展した結果である、とサヴィニーは見なした。[16] このように見ると、サヴィニーが法的（合法的）な〔近代〕国家の特性（legal statehood）のすべての理念に反対したわけではないことは確かであり、かれは国家を法の外あるいは上にあるものとは見ていなかったのである。反対に、かれが見ていたところによれば、国家が正統性を有する国家であるのは、それが何らかの種類の憲政秩序を伴って形成されるか、あるいは少なくともそれが法的合意のコンテクストに植えつけられているところ、すなわち、それが歴史的に解釈された国民をそれ自身の法的集成体（legal corpus）として表出しているところである。国家は、歴史的に形成された「特殊な法的形式における民衆の外貌《アピアランス》」であり、[17] このようなものとして、国家はそれに服している民衆の「真実の人格性」である、とかれは説明した。[18] かくして、かれは国家を法の下の一人格として構成することを断念しなかったし、さらには国家権力についてのかれの概念は、（強い保守的な屈折を伴ってはいるが）法的な拘束《コンストレイント》と代表《リプレゼンテイション》との基本的な諸観念をやはり体現《インコーポレイト》しているのである。しかし、国家という法的団体《リーガル・バディ》は、いかなる抽象的原理――合理（理性）的・形而上学的なそれであれ、形式的・法理的なそれであれ――によっては、信頼しうる形で説明されない、とかれは主張した。真実の国家は、国民的共同体《ナショナル・コミュニティ》の生活——すなわち法における自己解釈《セルフ・インタプリテイション》——において基礎づけられたそれでなければならない。その際、国家が正統性を有する国家として説明責任や義務を負いうるのは、いかなる形式的・立憲主義的な枠組み、あるいはいかなる組み合わせの抽象的自由、に対してでもなく、この法的集成体に対してである。正統性を有する国家における法と自由の統一は、いつも共同体の生活の中に現前している。そして、この共同体の生活は、法と自由をもっぱら形而上学的な精神の作用の中において見る、そういう見解によっては、見過ごされ、かつ寸断されるのである。

【憲政秩序を表出する国家の人格性は私法の範型からは構成不能】

啓蒙思想や法自然主義（自然法論）（ius-naturalism）を批判したサヴィニーの歴史的方法論は、後に法実証主義的な憲政秩序的思惟を支配した理論的諸要因のいくつかとも対立するものであった。国家という憲政秩序を表出する人格性を私法の諸範型から構成しようとする法実証主義的企ては、最終的には、啓蒙思想そのものの観念論と同じく、法秩序という薄弱な（実質を欠く）理念を国家に課することに奉仕し、国家の実体的内容を説明しそこなっている、とかれは論じた。それゆえに、国家の憲政秩序形態の演繹を指向する私法的道筋を辿るのではなく、私法は国家に従属し、国家権力や国家の憲政秩序を法的に形成しえない、とかれは論じたのである。かれの主張したところによると、「たしかに」私法は個々の民衆に関わる法的諸関係を含んではいる。しかしながら、国法ないし公法は、私法の中に屈折して反映される純粋に原子論的ないし個人的な利害関心の上に屹立し、そして有機的民衆をそっくりその全体において体現して規制している。このような法（国法、公法）は、「精神的な民衆的共同体の自然的形姿」であり、この共同体をその歴史的な諸自由についてのより偉大な、それどころか平和的な、知識に向けて導く。[19]それゆえに、国家の法は、私法的な同意ないし契約から直接的に生み出されるものではないのである。[20]そして、国家は、〔所有〕人格関係（personhood）に関する私法的理念を公法的形式に翻訳する機関には、還元されえない。けだし、国家は、ユニークな歴史的民衆の多様な慣習と法的記録から生み出された実体的で歴史的な内容を有しているからである。

【国家の正統性（法と権力の統一）の源泉は道徳的・形而上学的な人格性ではなく有機的・伝統的に形成された共同体の中にある：法と権力の二律背反は存在しない】

結論的にいえば、初期の歴史法学者たち（legal-historicists）がかれらの著作において基本的に果たそうと努めたのは、国家権力を民衆の慣習法《カスタマリ・ローズ》において有機的に基礎づけられたものとして説明し、かくして、初期の自由主義を支えている法の妥当性についての、自然法的な、かつ形式的に私法的《フォーマリ・プライヴァティスト》（私中心主義的）な、説明に対する諸々の対案を提起することであった。初期の歴史法学（法歴史主義）（legal historicism）の核心には、法自然主義（自然法論）(ius-naturalism）や普遍的契約主義（universal contractualism）によって支配された政治的思惟は、人間の自由ないし政治的秩序における人間の自由の位置を適切に理解しえず、法（法律）の下で合理（理性）的自由の諸条件を虚構（擬制）としてのみ（もっぱら欺瞞的に）確保するにすぎない、という意見があった。はっきりいえば、歴史主義者たちにとっては、実定法的妥当性のための信頼しうる基礎づけを提起する、という法自然主義（自然法論）者たちの主張は誤りである。法自然主義（自然法論）的（ius-natural）な思惟は、諸法律がそうであるように、あらゆる文化的かつ歴史的な諸境界を横断して〔解釈を〕無理強いしよう（出しゃばろう）とすることによって、独立した共同体の自己解釈的な自由を破壊し、そして、諸々の自由な共同体の政治的秩序の正統性に、普遍的に抽出された規範的な諸原理の光に照らして疑問符を付すことによって、それを掘り崩してしまう。はっきりいえば、初期の歴史主義者たちは、フランス革命をこうした見解を裏づけるものと見なした。すなわち、かれらは、革命を、むしろ次第に展開されていく法的自由の諸経験に対する、自然法の悪しき勝利と、あるいはそれどころか合理化された形而上学の勝利と、見なしたのである。したがって、歴史法学（法歴史主義）は、啓蒙的自律性に対立する歴史的自由の概念に賛意を示し、自己立法的な道徳的・形而上学的な人格の中にではなく、有機的かつ伝統的に関連づけられた集合体（collective）の中に、正統性を有する〔近代〕国家の特性（statehood）を構成する人間的な諸源泉を開示することを望んだのである。啓蒙思想は、国家の正統性を、国家の義務から特定の永続的諸規範にまで蒸留（精製）され、それから自由の憲政秩序の中に銘記された、道徳的人格性として説明した。しかしながら、歴史主義が論じたところによれば、国家の正統性は、その諸々の構成要因の歴史的統一性に結びつけられており、法の下での自由を、この自由の歴史的形姿や国民的伝統を形成する基盤に引証することを通じてのみ提供しうるのである。啓蒙思想において正統性に関する理論が解決しようとした、法と権力の二律背反は、事実、少なくともサヴィニーにとっては、現存しない二律背反である。かれの指摘によれば、法と権力は、いつも事実上、歴史的伝統の共通の基盤において統一されており、そして、権力の正統性の問題は、単に理論そのものの問題にすぎない。すなわち、それは、理論家たちが理論を必要とするところ以外では提起される必要のない形而上学的問いである。

2　歴史主義、自由主義、法からの自由

【W・v・フンボルト】

【歴史主義と観念論の融合】

歴史主義的諸理念は、ヘルダー以後、それらの発展の第一段階において、しばしばより共通した観念論（理想主義）的な諸議論と融合し、より明確な――ないし初期の自由主義的な――観念論的な政治的諸教義と繰り返し連携する

ようになった。たとえば、ヴィルヘルム・フォン・フンボルト〔一七六七―一八三五〕の諸著作は、歴史主義の諸要因を観念論の諸相に結びつけ、自由主義的・人文主義的な教養形式の重要な再変貌を果たした。特定の諸観点において、フンボルトの教育的人文主義は、しばしばより観念論的な諸観点に近づいている。たとえば、人間教育は諸理念の形成を含んでいるが、これらの諸理念は歴史に還元することはできないし、あるいは何らかの自然的ないし物質的な法則に従って説明することもできない、とかれは論じた。(21) だから、人間性（humanity）は、歴史においてのみ「展開される」か、あるいは、歴史においてのみ「現実性を獲得する」、諸理念の担い手であり、歴史において実現されるにしても、しかし、それ自身が歴史に内在するわけではない。事実、あらゆる歴史は、究極的には、「一つの理念の完成」である。(22) しかしながら同時に、〔第一に〕観念論者というものは、人間存在をその歴史的コンテクストから分離することによって、人間の自己実現と人格性とについての実体的分析を提供できなくなること、そして、〔第二に〕純粋な観念論者たちは、人文主義者であると称してはいても、究極的には、人間性や自由な人間的性格についてのむしろ薄っぺらな見せかけの説明しか提供してこなかったこと――これらのことをフンボルトはまた批判的に考察していた。それゆえに、かれは歴史的生（historical life）の重要性を、人間の自発性、独自《ユニーク・》の自己完成《セルフ・フルフィルメント》のコンテクスト及び条件として強調したのである。(23) フンボルトによれば、人間性はひとつの歴史的状況においてのみ生成・発展しうるし、人間の自由は異なる客観的諸条件および生活地平の下で歴史的に局在化された人格性においてのみ実現されうる。(24) かくして、フンボルトの人文主義は、歴史的生と人間的完成《ヒューマン・アカムプリシュメント》との間の必然的な相互転換《インター・チェインジ》を明確に強調しているが、かれは歴史的創造性を「人間性の概念」の発展における重要な要因〔境域〕と見なしたのである。(25)

【歴史的に成長する共生体としての国民、共有された権利や自由の記憶：純粋な共和主義モデルに対する対案と

しての身分制及び自由主義的諸原理に基づく憲政秩序モデル】

歴史主義と観念論（理想主義）との間のかれの位置は、フンボルトの政治的理念が〔それらとは〕まったく異なる要因（境域）を含んでいる、ということを意味している。かれの政治思想のまさしく核心には、いくらかの歴史主義的モティーフがあった。たとえば、かれは、国民を還元不能の歴史的に成長する共生体（historical accretion）と定義し、すべてのドイツ〔領邦〕国家は一つの不可分の全体として互いに結びつけられている、と結論づけた。その際、全体性《ホールネス》という意味は、共通の言語と文学の両方にあるが、しかしまた、「共有された権利や自由の記憶」にもある。[26] かれは、その場合、この分析を形式的な憲政秩序システムに対して反駁するために採用し、永続的な政治的憲政秩序は、個々の時代、個々の文化、そして統一と秩序の個々の意味の表出である、と主張した。フンボルトが主張したところによれば、フランス革命の時代から直接的に流出している憲政秩序は、「貧困と脆弱性」によって特徴づけられていた、すなわち、歴史的妥当性の概念をほとんど伴わない、権利の不安定で抽象的な諸理念において、基礎づけられていた。[27] フランス革命に関する最初期の著作においてさえ、かれはまったく新しい国家を「理性の原理」に合致する形で構成しようとする企てを退けていた。国民が完全に合理（理性）的な憲政秩序に相応しく「充分に成熟する」ことはありえないし、合理（理性）的・法的な諸理想に完全に従って行為することもありえない、とかれは結論づけた。[28] かれの後期の憲政秩序に関する著作においては、こうした批判的衝動は強まった。そして、ヴィーン会議の前後には、フンボルトは身分制に基づく憲政秩序の形成を国法の純粋に共和主義的モデルに対する対案として是認《エンドーズ》した。それにもかかわらず、フンボルトの有機的な憲政秩序に関する理想は、なおそのコンテクストにおいては、やはりきわめて進歩的な提案であった。すなわち、それは重心を身分制議会の立法権の影響力と市民たちの主体的諸権利とに置き、法的普遍性とより標準的な自由主義的諸システムを特徴づける手続き遵守との理想を肯定した。[29] それゆえに、かれの周辺にいた他の理論家たちと同じく、フンボルトは、歴史主義的な諸理念を、自由主義的な原理や目標を修正し転換するために用いたが、しかし、それにもかかわらず、かれは初期自由主義的な政治の修正された形式に純粋に係わり続けたのである。

【ランケ】

【歴史家ランケ：保守的改革主義：過去と未来を必要とする現在】

ところが、歴史主義は、ひとつの際立った思想体系として次第にその輪郭が明確になるにつれ、法自然主義（自然法論）（ius-naturalism）や自由主義的な立憲主義（liberal constitutionalism）に対するその初期の反感を強め、観念論や初期自由主義の諸方法をはるかに批判的に再構成することを通じて、その目標とするところを定式化しはじめた。このことは、一九世紀ドイツのすぐれた歴史家、レオポルド・フォン・ランケ〔一七九五―一八八六〕のほとんど直接的には政治的ではない意見表明から見てとれる。政治的省察は実践的に実行可能な目標に集中すべきであり、個々の歴史的状況から有機的に成長しなかった諸理念の重要性には制限を設けるべきである、とランケは論じた。権利についての形而上学的諸理念は、「欺瞞であることが判明し」、騒乱を呼び起こしかねない、とかれは主張した。[30] 政治的共同体が「究極的に必要としていること」は、安全、権利、法を維持することであり、このことは社会の歴史的形姿及び伝統とが認められているところでのみ可能であるが、形而上学はこれを疎かにする。[31] かくして、かれの示唆によれば、過去を暴力的に転覆させようとする、民主制的統治《ガヴァナンス》に対して、ランケは反対する立場を取ったのである。しかしながら、かれもまた不必要に過去にしがみつく純粋に貴族制的な統治には反対した。その代わりに、「現在は過去と未来を必要としている」という知識に基づく政治的秩序が「規則正しく発展すること」こそが、大部分の民衆のための自由の条件を確保するもっとも高い蓋然性を有している、とランケは主張したのである。[32]

【国家における自由の条件としての歴史的統一性及び現存する国民の同一性：正統的支配の諸条件は歴史に先立つ形而上学的・合理的諸規定からは自由に展開されうる】

一九世紀初頭の日常的諸問題に応えて、ランケが必要と認めたのは、〔第一に〕国家におけるある種の手続き的・立憲主義的な秩序であり、〔第二に〕私的自律への増大する要求と国家の公的秩序とを合理的に媒介することである[33]。しかし、ランケは、サヴィニーと同じく、私法の諸原理を、公的権力の法的人格性を構成するための一モデルとして受け取ることに積極的ではなかった。かれは国家権力の行使のための立憲主義的基礎づけを提供しようとするあらゆる契約主義的な企てを撥ねつけ[34]。その代わりに、国家を、一つの国民的共同体の「本源的生活」の分節化された歴史的人格性として記述した[35]。それゆえに、〔ランケによれば〕自由の諸条件を一歩一歩前進的に提供する国家は、歴史的統一性《ユニティ》及び「現存する国民の同質性《ホモゲネイティ》」に基づいているであろう[36]、そして、この同質性は、立憲主義的な統治の下での私的独立性のいかなる立憲主義的な保障よりも、むしろ国家における自由の条件として作動するであろう。人間の理性だけでは、法や国家の基礎づけを、あらゆる歴史的環境から独立して、演繹することはできない、とかれが主張したとき、これらの概念〔観念〕はまた、ランケの著作における反合理〔理性〕主義の態度を反映している。人間の合理〔理性〕的意識は、それ自身歴史的に形成され、かつ前以て形成されているのであり、歴史的生の明示的な事実や伝統に対立する規範的ないし先行指示的（prescriptive）な威厳《ディグニティ》（至高性）を受け取りえない、とランケは論じた。「各民族〔民衆〕はそれ自身の政治を有し」、そして、個々の国民の有機的な内容が顧慮されることなく理想的秩序が押し付けられるならば、いつも無秩序が励起《スティミュレイト》されてしまう、とかれは説明した[37]。諸理念が歴史的生という繊細に編み上げられた織物に粗雑に押し付けられると、「理念の王国」は「闘争の場」となり、そして、こうした形而上学的な無秩序はいつも人間の社会と政治における現実の無秩序になりかねない[38]。かくして、ランケは法と国家の反理論的かつ完全に非形而上学的な定義を強く主張したのである。この定義においては、正統的支配（規則）（legimate rule）の諸条件は、普遍的な先行指示（priscription）から自由に、歴史的に生成・発展（進化）することが許される。きわめて明瞭なことに、フランス革命のテロルは、民衆が「理念の虜になる」ときに、そして「合理（理性）的な」〔概念〕構成が「合法性」の強制的な形式を先行指示（prescribe）するときに、起こりうる形而上学的闘争を、強く想起させた。[39]

【ドロイゼン】

【国民的自由主義：国民的統一性に基づく国家の統合的組織化としての憲政秩序】

ランケの思想は、反自由主義的であるにもかかわらず、その後に続くより明確に改革主義的で憲政秩序を擁護する諸々の運動に共鳴を呼び起こした。一八四八―四九年のフランクフルト国民会議における自由主義のすぐれた歴史家であり、かつその代理人（代表）であった、ヨーハン・グスタフ・ドロイゼン〔一八〇八―一八八四〕はまた、各国民は自由の異なる諸理念をそれぞれ含み、これらの諸理念は法普遍主義（普遍法）的（universalistic legal）な諸傾向によって危機に晒される、と主張した。ドロイゼンによれば、ドイツの政治的文化は、形式的ないし私中心主義的な（形式法ないし私法に基づく）立憲主義（formal or privatist constitutionalism）とは相容れない、[40] 法の下での自由の理念によって、特徴づけられていたが、この法の下での自由の理念は、〔近代〕国家の特性（statehood）の〔帝国や領邦国家の形式の〕伝統的組織体《エディフィス》という外套を脱ぎ捨てることなく、「ブルジョア的自由」の諸原理を体現しうる、統合しかつ発展する全体として、国家というものを定義した。[41] ドロイゼンは、自由主義への親近性にもかかわらず、国家を「契約」と結びつけ、「国家および国家の支配〔者の権利侵害〕に対抗する保障を民衆（人民）に」提供し、あるいは、憲政秩序（憲法）を、契約を介して表現された、国家に対する「組織された不信」と見なすような、政治的義務づけのあらゆる概念に対して、依然として敵意を抱いていた。[42] それゆえに、ランケと同じく、ドロイゼンは、国家の憲政秩序（憲法）を、国家の諸作用に対する法理的に安定化された抑制ではなく、国民的統一性という基礎に基づく国家の統合的自己組織化のしるしと見なした。かれの示唆によれば、国家は、自身の法の下にある非形而上学的な共同体の統合された形式である。

【トライチュケ】

【歴史主義と国民的統合の経験としての自由主義的諸理念】

国民的政治を誤てる（偽りの）法から解放しようとする試みは、ランケの保守的改革主義やドロイゼンのより自覚的な政治意識を伴う国民的自由主義（national liberalism）を性格づけたが、ビスマルク時代にもっとも影響力を与えた国民主義的（nationalistic）な歴史家、ハインリヒ・フォン・トライチュケ〔一八三四―一八九六〕の国民的自由主義の中で、とことん神格化されることになった。はっきりいえば、トライチュケの著作は、歴史主義的な理念や理想が一九世紀を通じてますます国民主義（国粋主義）的なものに形態転換していることを強調し、そして、いかにして歴史主義は、法の下での自由を定義するために、進歩的で（前進的に）自由主義的な価値や理念を、形式的権利の条件としてではなく、国民的統合の原理の経験として、再概念化（捉え返）したか、これを明示したのである。

【宗教的・経済的自由主義の擁護、政治的自由主義・純粋民主制に対する敵意：正統的国家は有機体でも「虚構の意思」でもなく、人格的自由を実現せしめうる国民的共同体の成員すべての「全体的人格性」である】

初期の歴史主義者たちと同じく、トライチュケは自由主義の多くの野心を共有した。かれはドイツにおける経済と社会の相対的自由化を支持し、国家という伝統的な国民政治的装置の過度の改革なしに資本主義の自由《フリーダムズ》を保障するような社会的・政治的な秩序の確立を是認した。それゆえに、より正統派的な自由主義者たちと同じく、かれは信教の自由および経済的活動の自由を擁護し、経済への「国家介入」の制限と国家制御なしの「労働の自由」の保障とを要求した[43]。しかしながら、他の歴史主義者と同じく、かれはまた純粋に民主制的な統治に対しては敵意を抱いていた。かれは古典的な立憲主義的諸原理を退け[44]、法治国家の形式的・自由主義的ないし消極的な諸理念に反対した[45]。このような諸理念に対する対案として、国家は独立し自由な状態にある民族（民衆）を具体的に表現するものであり、その下で市民たちが自分たちの自由を行使する諸条件を確定する、とかれは論じた。それゆえに、国家は、国民的自由の基礎であり、その憲政秩序は、この自由を制限したり、あるいは掘り崩したりする、諸法を含みえないのである。したがって、正統性を有する国家は、（ロマン主義的国家理論によって示唆される意味での）「有機体」でも、（法実証主義的な国家理論において示唆される意味での）「虚構の意思」でもない[46]。それは、国民的共同体の成員としてそれに帰属するすべての人びとの「全体的人格性」であり[47]、このようなものとして、そこにおいて人格的（個人の）自由が獲得され実現されうるところの地平を形成するのである。

【国民的意思：人間の自由の基礎にある具体的な歴史的経験：自由の具体的形式かつ保障者としての国民的国家の基礎にあるプロテスタンティズム】

国民の全体的人格性としての正統性を獲得するために、国家は一つの完全に自由な政治的意思を表現しなければならない、とトライチュケは論じた。正統性を有する国家は国民の内面的な諸内容によってのみ決定されなければならず、いかなる種類の自然法ないし啓示された法（revealed law）にも義務づけられない。正統性を有する国家の意思は、あらゆる残存する形而上学的な諸原理から切り離されなければならず、そして諸法を国民の人格性を表現するものとしてのみ生み出さなければならない。それゆえに、正統性を有する国家の意思は国民的意思であり、そして国民的意思である以上、あらゆる形而上学的な法に取って代わるものである。国民的意思は、国家の形式と秩序のための絶対的権力と絶対的責任とを受け取り、この意思の外側の源泉から由来する秩序原理を何ら含まない[48]。この議論の基礎にある理念によれば、第一に、人間の自由は具体的な歴史的諸形式において経験されるから、それはともすればその前提条件についてのあらゆる普遍的ないし形式的な説明によって堕落させられることになる。したがって、国民的国家《ナショナル・ステイト》は自由の具体的形式であり、その主要な保障者である。第二に、こうした主張は、強力な国民的国家はプロテスタンティズムにおいて基礎づけられ、プロテスタント文化だけが自由な国家を生み出うるし、そしてプロテスタンティズムだけが国家が自由な法において表明される自由意思の諸機関として自己形成を遂げることを許容する、という断言と結びつけられている。プロテスタント国家は、自由という顕著な質を持っている、とトライチュケは論じた。これらの国家は、外面的な法をすべて排除することによって自分たちの法を生み出す。そして、自分たちの法のための基礎は、統一性、統合、共有された国民的自由、これらの恒常的な経験である。それゆえに、プロテスタンティズムによって最初に拘束を解かれた歴史的な構成体（historical formation）や自由という諸資源がそれらのもっとも的確な表現および決定的な自己解釈を有することになるのは、この国民的国家という舞台（闘技場）であり、そして、人間的自由の至高の形式は、統一されたプロテスタント国家である。形式的な諸原理を伴う政治を強調しようとするあらゆる企ては、内的に、ローマ・カトリック的ないし自由主義的な法自然主義を通じてにせよ、あるいは、外的に普遍的な国際法を通じてにせよ、「この自由の世界」の破壊に導かれるだけである[49]。要するに、トライチュケにとって、国民はそれ自身の法の下で統合された民族（民衆）団体であり、そして、国民の自由は、それが自身のものではない法に従うところではどこでも、終わることになるのである。それゆえに、自由主義が自由、自己決定、そして自己実現の真正な経験を生み出すべきであるならば、自由主義は、国民的自由主義（national liberalism）でなければならず、そして、自由主義的な法は、国民の具体的な自由を表現する法でなければならないのである。

3　政治的ロマン主義

【政治的歴史主義：自由と自己実現の場としての国民的国家（国民的共同体）の政治：歴史主義とロマン主義の共通の敵としての啓蒙思想とフランス革命】

かくして、政治的な歴史主義は、その表現の大部分において、〔第一に〕国民的国家の政治を人間の自由と共有された自己実現との至高の場《ロウクス》として説明し、そして〔第二に〕その上で、あらゆる形式的に課された法から、すなわち形而上学において基礎づけられた法から、国家と人間的自由とを解放しようとする企てであった。もっとも重要な歴史主義的な理論家はすべて、それ自身の法の下にある共同体について説明しようとした。そうした共同体においては、国民という団体がそっくり、私中心的（privatist）ないし規範的な諸要因によって邪魔されることなく、法の起源となる人格としての役割を演じるからである。上述のように、歴史主義は、その発展の初期の段階では、ロマン主義と密接な関係を有していた。そして、政治的なロマン主義者たちの主な著名人たちもまた、共通の歴史主義的な観点において見られる議論を明確に表現していた。ロマン主義の源泉は、歴史主義と同じく、啓蒙思想とフランス革命とに対する批判的反応にあった。ロマン主義は、歴史主義と同じく、啓蒙思想を支える合理化された法自然主義（ius-naturalism）および形式的立憲主義（formal constitutionalism）を撤回しようとし、そして法と国家の生きた統合的かつ文化的・経験的な起源を解明しようとした。さらにいえば、ロマン主義者たちは、歴史主義者たちと同じく、社会的形態転換は有機的かつ漸進的に起こるべきである、そして、歴史的に現存する人間は、抽象的に形式化された諸理念によって規制されないならば、おそらく法的な習慣や慣習という形姿を自らに付与し、これらそのものにおいて、深く根づいた諸自由を省察し、保障しようとするものである、と論じたのである。

【ロマン主義とローマ・カトリックとの親近性：宗教改革、フランス革命以前の旧体制への感傷的回顧：歴史主義とロマン主義の差異――プロテスタンティズムとカトリシズム】

しかしながら、ロマン主義は、主要な点で歴史主義と著しく異なっていた。多くのロマン主義者たちは、すべてではないにしても、ローマ・カトリックであったし、あるいは、ローマ・カトリック的な政治的理念に一様な共感を抱いていた。多くの場合、かれらは、一七八九年以前の、あるいはそれどころか宗教改革以前の、ヨーロッパの制度的秩序および旧体制を、回顧的感傷をもって眺めていた。そして、かれらは、一般的にいって、国民的自由ではなく、宗教的普遍主義を、啓蒙思想を矯正しうるものとして喚起した。大部分の歴史主義者たちは、対照的に、ドイツ史を、特殊な形で展開されたプロテスタンティズムの表現と見なした。そして、かれらは、国民的自由を、プロテスタンティズムの世俗的帰結と見なし、そして、自然法あるいは啓蒙思想の法の下での歴史的自由の退化《アトロフィー》を、もともとローマ・カトリック主義の法的形而上学によって引き起こされたものと見なした。はっきりいえば、多くの歴史主義者たちは、啓蒙思想と自由主義を、ローマ・カトリック的な法至上主義《リーガリズム》と神政政治《シオクラシー》から派生したものを新たに再構成したものと見なす傾向を有していた。たとえば、ランケは、イエズス会の運動を、かれが対立した人民主権の自由主義的かつ急進的な理想の先駆者として記述した。[50]ドロイゼンは、まったく異なる理由のためであるが、宗教改革を国民的・歴史的な基礎固めの一契機と見なした。そこでは、「福音派的自由の覚醒の呼びかけ」が「ドイツの民衆の只中」から鳴り響いたからである。[51]トライチュケは、あらゆる自然法的な概念（観念）を「まったく非歴史的なもの」として否定した。[52]そして、かれはルターの宗教改革を、政治生活を法自然主義と神政政治から解放し、究極的な「ドイツ国家の統一性」を促進した運動として記述した。[53]トライチュケはまた、ローマ・カトリック主義の中に、形式的自由主義、あるいはそれどころか、社会主義の一先駆者を嗅ぎつけ、そして、カトリック主義を、すべての社会生活を、固定された道徳的諸法則によって支配された「確固として秩序づけられた統一性」の中に押し込め、その結果あらゆる国民的自由を抑圧することになるような信仰と見なした。[54] かくして、歴史主義は、外から演繹された宗教的な法が国家に課されることに激しく反発したのである。歴史主義は、文化的・宗教的な自由を、強力で独立した政治的組織体（polity）の前提条件として解釈し、プロテスタンティズムを、それが実定的かつ自由である法を生み出す、という事実によって〔カトリシズムとは〕正確に区別されるもの、と見なした。したがって、歴史主義は、そのもっとも深いレヴェルでは、世俗主義的な、あるいはそれどころか実証主義的な、一組の諸観点を含んでいたのである。この一組の諸観点は、宗教的文化を国民的凝集（national cohesion）の前提条件として受け入れたが、しかし、国民という法的に統一された団体を引き裂く懼れのある宗教のあらゆる側面を否定したからである。それゆえに、ロマン主義とのその近似性にもかかわらず、歴史主義は、中心的な哲学的論点において、それ自身をロマン主義から分離し、とりわけ、国民的国家は法の下での自由の源泉であり、法はそれが国民的自由を強化する程度に応じて正当化される、と論じたのである。

【メーザー】

【有機体論的君主制の擁護：カトリック的位階制、ギルド、コルポラツィオーンの評価：理性法と専制との繫がりの指摘：一九世紀後半のゲルマニスト的な有機体論的民主制論の先取】

ロマン主義は、一九世紀初頭までは〔歴史主義とは〕まったく異なる理論的志向としては現われなかった。にもかかわらず、ロマン主義の法的かつ政治的な理念は、いくつかの観点において、すでに一八世紀末には、とりわけユストゥス・メーザー〔一七二〇―一七九四〕の諸著作において、見きわめうるものとなった。有機体論的君主制の最初の支持者であったメーザーが論じたところによれば、「もっとも幸福な憲政秩序《コンスティテューション》（国制）」は、的確に等級づけられた階梯を王位から臣民に至るまで降りてくるそれであり、そこでは、この位階の各層が調和され、喜んでそれ自身の栄誉や名誉を受け入れる。(55) メーザーは、ギルド〔Gilde〕やコルポラツィオーン（職能共済団体）〔Korporationen〕に基づく、ドイツ諸都市の古い憲政秩序（国制）を、理想的な社会的・政治的な秩序と見なし、そして、絶対主義的な統治《ガヴァナンス》の「領邦高権（territorial supremacy）」と啓蒙思想の画一的な法や「コモン・ローの諸慣例（common law books）」との両方を、堕落しかつ二元論的に抽象化された統治モデルに結果的には係わるものと見なした。事実、メーザーによれば、啓蒙思想以前の絶対主義と啓蒙思想以後の法の画一性との両方は、〔一方の〕歴史的な法の源泉がますます放棄される趨勢、そして〔他方の〕法や国家の慣習的モデルから法的かつ政治的な権威の自然法的概念へ向かう一般的な動向、これらが密接に、しかもどちらかといえば悪しき形で、結びつけられて、生み出されたのである。(56) それゆえに、法的妥当性についてのあらゆる体系的説明に反対して、最大の自由を提供する社会は、法における「豊穣性（richness）」と「多様性（manifoldness）」とを受け入れる社会であり、法を君主大権（princely prerogatives）にもあるいは理論的に触発された形式的法典にも結びつけず、(57) 自由を保障する法を「経験の結果」(58) と見なすことになる、とメーザーは論じたのである。法の合理化の起源は、現実には、軍国主義的文化にあり、そして、合理（理性）的法は直接的に専制（despotism）へと導かれ、法が合理的で「単純で」あればあるほど、国家はそれだけ「専制的」かつ「貧困化されたもの」になるであろう、とかれは主張した。(59) メーザーの理論の諸要因（境位）は、有機体論的理論の後の社会的により進歩的な表現を先取りしていた。はっきりいえば、合理（理性）的な法の画一性は絶対主義へと導かれる、というかれの主張は、一九世紀後半のゲルマニストたちの有機体論的・民主制的な諸著作を先取りしていることが容易に見てとられよう。しかしながら、メーザーはまた、一定の猛烈に反動的な主張を行なった。法の下での権利は自然的ないし普遍的な資格賦与（entitlements）に由来するものと受け取られるべきではないし、法的保護と特権との享受は地域的帰属および公権（参政権）保有（enfranchisement）にかかっているはずである、とかれは主張した。[60]さらに、法的権利（legal rights）の完全な行使は利害関係の確保（stakeholding）ないし財産所有（property ownership）にかかっているはずである、ともかれは論じた。諸権利が一人格（ある個人）に発生するのは、単純にそれらが「人間性」という形式的な質（特性・属性）を有しているからではなく、人格（その個人）が社会の実質的な基礎と目的の一部を分担（hold a "share"）しているからである、とかれは結論づけたのである。[61]

【F・v・シュレーゲル】

【反啓蒙主義・反合理主義：キリスト教同盟としてのカロリング帝国への郷愁】

これらのこととかなり似かよった諸理念（考え方）はまた、影響力の大きい（新時代を画する）ロマン主義的哲学者、フリードリヒ・フォン・シュレーゲル（一七七二―一八二九）の諸著作の中に現われた。シュレーゲルは、かれの政治的な公刊書において、少なくともかれの後期のそれらにおいて、啓蒙思想の法的原理に対するきわめて批判的な態度を表現し、形式的な法に由来しない政治的秩序の諸条件をイメージすることを企てた。こうした批判は、かれの最初の諸著作では、政治的に急進的な形式をとった。というのは、かれは、カント的政治学が歴史や経験を欠いていることを慨嘆し、そして、よりフィヒテ的な「普遍的共和主義」だけが生粋な自由を確保しうるであろう、と論じたからである。[62]しかしながら、ナポレオンの占領期間には、シュレーゲルは、他の大部分のロマン主義者たちと同じく、はるかに先鋭に政治的合理主義に対抗し、ナポレオン以前のヨーロッパの諸制度へのノスタルジックな態度を示しはじめた。同時代のノヴァーリス（一七七二―一八〇一）の諸著作におけるように、[63]このノスタルジーは部分的には神聖ローマ帝国に焦点が結ばれた。かれは、カロリング朝に由来する帝国の起源を「すべての西欧諸国のキリスト教的同盟」として賛美した。そこでは、政治的生活は宗教的な諸理念で満ち溢れ、そして――かれが肯定的に注記したように――貴族制が「国家の基礎的な力《フォース》」であったからである。[64] したがって、かれはヨーロッパへのナポレオンの影響を、古きヨーロッパの歴史的、人格的、位階制的、地方的な諸制度に対する、「誤った理論」と「破壊的な諸原理」との「勝利」として、否定した。[65] 伝統的なものに対する合理的なものの専制は、法の浅薄な実定化をもたらし、そこでは、伝統的統治《ガヴァナンス》の豊饒に構造化された諸々の基礎づけは、合理的議論によって空洞化され、「事実的かつ粗野に物質的な実定性（既成性）」に縮減（形骸化）されてしまう、とかれは結論づけた。このような実定化（positivization）は、成文憲法、近代的スタイルの自由主義的法治国家、市民法の近代的な、すなわち、ナポレオン的な、法典化（codification）――これらの歴史的に使い古された諸形式において、とりわけ見てとれる。近代憲法は、国家あるいは国家に統治された人びとの現実的生活とはいかなる生きた関係も有さない諸々の「抽象化（abstractions）」と「形式性（formalities）」から成る、形式的な「一片の紙切れ」にすぎない、とかれは結論づけたのである。[66]

【有機体的・歴史的・平和的に構成された団体主義的君主制：潜在的に暴力的な政治形態を生む自由主義】

それゆえに、シュレーゲルが、法の実定化の合理的かつ自然法的な諸過程に反対して擁護したのは、「国家の諸関係」が歴史的段階を踏んで発展しうるような、近代社会への道筋である。国家の正統性の法的源泉は、「歴史的に実定的な」諸形式に、あるいは長い歴史的な伝統から成長している地域的な合意に、局在化されるべきである、とかれは示唆した。[67] このような法を反映させるような国家形態は、「有機的に秩序づけられ、生き生きと構成された君主制」であり、ここでは、国家は、家族と教会の間に置かれて、社会を生きた形で統合する中核を形成する。[68] この種の団体的な憲政秩序（国制）（corporate constitution）の下では、法的諸関係は有機的、歴史的、そしてとりわけ平和的に、発展するであろう。はっきりいえば、シュレーゲルがとりわけ主張したところによれば、宗教的な団体協調主義（corporatism）は平和を生み出すが、これに対して、自由主義は、形而上学が明確に合理化されたものである以上、それが神を喪失していることを、秩序と矯正の逆説的な諸条件を旧式に構成された歴史的諸形式に暴力的に強いることによって、埋め合わせようと企てる。それゆえに、あらゆる形而上学と同じく、自由主義は、平和と正義のために備えると主張するにもかかわらず、いつも潜在的に暴力的であり、爆発寸前の不安定な政治的形式を生み出しがちである。

【A・ミュラー】

【教会と国家の統一：有機体論的身分制的統治】

アーダム・〔ハインリヒ・フォン・〕ミュラー〔一七七九―一八二九〕の政治的な諸著作もまた、ロマン主義的政治思想の主要な諸傾向を例証している。一人の転向カトリック教徒として、ミュラーは「教会と国家の統一」の喪失を慨嘆し、政治的諸制度や諸法の世俗化を、近代政治における深刻な病弊の一源泉と見なした(69)。したがって、かれは啓蒙思想の立憲主義的諸理念を退け、立憲主義者たちは、法の歴史的に形成された性格を理解しそこね、法の実体が純粋なもの、機械論的なものであり、抽象的に規範的な諸概念に従うものであることを期待することによって、その法の実体を腐食させてしまった、と論じた(70)。かれはまた、一八〇六年以降の改革の時代における立憲主義的運動において表現された原・民主制的な諸衝動に反対し、有機的な――あるいは身分制に基づく――統治への復帰を熱心に説いた。こうした有機的統治においては民衆の論議の諸機関は「従属的重要性」を受け取りうるにすぎないからである(71)。同様に、ミュラーは、政治的な義務づけの契約主義的かつ形式的・立憲主義的な諸概念を否定し、社会契約は、私法の中に銘記（秘蔵）された諸利害を精製（抽出）したものである以上、真正に代表的な――統合的ないし政治的な――国家を基礎づけることはできない、と主張したのである(72)。

【自由主義的所有権論批判：あらゆる法の前提としての国家：貴族制・君主制の強化】

かくして、ミュラーは、政治的な力を有するものとしての私法の出現を、現代政治における急激（先鋭）な退廃《デゲネレイション》と世俗化（secularization）との一要因（境位）として解釈し、所有《プロパティ》についての標準的な自由主義の理念を、調和的な政治団体を腐食させる構成要因と見なした。所有《プロパティ》は、実のところ、いかなる国家においても必要かつ不可侵のことではあるが、しかし、所有が国家に先立って現存する、あるいは、所有権《オーナーシップ》は個々の人格（個人）に付随する抽象的な資格（権限）（entitlement）によって正当化される、という自由主義的な想定は、所有《プロパティ》と国家《ステイト》の間の関係を誤解させる、とかれは論じた。ミュラーによれば、所有《プロパティ》（財産）が不可侵であるのは、それがそういうものとして国家によって是認されるからであり、そして、財産《プロパティ》の所有権《オーナーシップ》を主張する主体が国家の一成員であるところでのみ、この主体は正当に財産を彼自身ないし彼女自身に結びつけうる。したがって、あらゆる法の前提条件は国家であり、そして、権利や資格（権限）（rights and entitlements）を主観的かつ私的・主観的な法として要求《ヴィンディケイト》しようと企てる法的原理は、このような資格（権限）をまさしく基礎づける諸制度を腐食させることになる。「市民生活の只中」においてさえ、人間存在は「あらゆる側面において国家に編み込まれて」いる、とミュラーは説明した。[73] それゆえに、市民的な諸自由を保護することを願う人たちは、これらの自由を国家から切り離すべきではなく、あるいはそれらを国家と対立して定義すべきではないのである。むしろ、かれらは、国家を強化し、国家権力を保持する諸階級を、すなわち、「国家《ステイト》における国法《ステイト・ロー》という唯一必要な制度」である貴族制を、そして君主という「支配する主権的人格」を、強化しようとすべきなのである。[74]

【ミュラーの国家観・政治観の機会原因論的諸相：政治の基礎にある社会的闘争過程】

この有機体論的ヴィジョンの中心にある、国家についての説明によれば、国家は終わりなく生成・発展する秩序であり、この秩序を衰弱させうるのは、静態的な立憲主義的形式、自然法の諸原理、あるいは私的諸権利――これらへの責任をその秩序に負わせようとする企てだけである。[75]政治的秩序の可動性及び動態の起源は、国家を構成するさまざまな機関と国家の成員たちとの間に生起しつつある闘争の中にある、ということをミュラーは強調した。かれの主張によれば、「自由の自由との闘争」は活力ある政治的生の基礎であり、闘争を通じてのみ政治的秩序の至高性（不可侵性）と力（integrity and strength）は再生産され、そして維持されうる。[76]しかしながら、自由主義的な政治思想の中に植え付けられている度し難い根っからの誤謬は、政治の自然的条件は「絶対的平和」であり、すべての社会は、変わらずに平和を求める行為主体としての人格という想像力によって構成されたものから演繹された法及び権利によって統治されうる、と想定する点にある。このような想定を行なうことにおいて、自由主義は、政治的秩序を誤った法に繋ぎとめ、政治的形成過程における創造的な諸要因（境位）を弱めてしまう。[77]ミュラーにとっては、社会的闘争の過程から分離されうるいかなる「人間存在の私的権利」もありえないのである。あらゆる権利や資格（権限）は、闘争と瞬間的な均衡とから生み出され、そして、社会の有機体的・闘争的な生成・発展における諸契機を表現する。[78]この社会における至高の機関として、国家は「人間事象の全体性」を表現し、社会のバラバラで敵対的な諸要因（境位）を一つの「生きている全体[79]」あるいは「永遠に生きている理念[80]」として統括し、統一する。国家の法が絶対的かつ永続的な範疇において明言されうる、と想定する法の諸理念は、とりわけ自由主義のそれらは、国家に誤った批判基準を課し、国家から、自由の有意味な諸理念を統合し、かつ明示（分節化）するその自発的能力を、奪い取ってしまうのである。

【バーダー】

【カトリック的政治理論：愛を基礎とする法と国家、権威と従属に基づき、諸身分、中世的諸団体によって秩序

づけられた位階制】

まさに同じ時代に、フランツ・フォン・バーダー〔一七六五—一八四一〕もまた、社会と政治の形成についてのあきらかにローマ・カトリック的な理論で自由主義に対抗しようとした。法に基づく国家の自由主義的理想をまったく退けてしまうのではなく、バーダーはむしろ、自由主義の誤謬は、それが法を個人主義的ないし合理主義的な原理から引き出そうとする点にあるが、真正な法治国家（legal state）の法は、あらゆる人間性の共通の経験から、とりわけ、人間存在をかれらが神に献身するかぎりで互いに結びつける愛や情緒の絆から、引き出されるべきである、と論じた。[81]愛は真正な法や〔近代的〕法治国家の特性（legal statehood）の唯一の根拠である、とかれは結論づけた。愛は形式的平等あるいは共有された資格（権限）を権利の基礎として要求しないこと、そして、単純に平等の法とあらかじめ規定された資格（権限）とに従うことを通じて、それらは正当なものとなる、と想定する諸国家は、法を形づくる諸々の感情（情動）的絆の複雑な自然本性を理解しそこなうこと、これらのことをバーダーは強調した。反対に、愛において根拠づけられた国家は、「権威と従属」[82]に基づく、そして諸身分、職能共済団体（コルポラツィオーン）、ギルドにおいて秩序づけられた、そういう「有機体的な位階制」の形式をとるであろう。[83]しかしながら、バーダーはまた、真実の権威は、人格的、家産制的な、あるいは絶対的な、権力の属性として行使されることはなく、むしろ、権力の正統的な行使は、共同体を拘束する愛の有機体的な絆に由来する法的束縛によって、いつも制限されている、とも主張した。それゆえに、愛の神学として、キリスト教は、「市民的自由の原理」を中核とした、調和のとれた有機体的に実体的な法治国家のために、基礎づけを提供する。[84]したがって、キリスト教的な政治的理念は、現存する社会的かつ政治的な諸関係を「暴力的に投げ捨てる」ことなく、その成員たちの間の「媒介と均衡」を表現する、平和的な憲政秩序において、頂点に達する。[85]かくして、純粋な法治国家は、「真実の神政政治」に近づく、とバーダーは結論づけたのである。[86]

【中・後期シェリング】

【中・後期シェリングにおける政治的ロマン主義：観念論からの移行期のシェリング：各人格の自由と尊厳が実現される、純粋な諸目的の有機的統一性としての正統的国家】

政治的ロマン主義の諸々の関心事についてもっとも包括的になされた定式化は、シェリング（一七七五―一八五四）の諸著作の中に、あるいは少なくともかれの経歴の中期と後期の諸著作の中に、すなわち、かれの初期思想を形づくっていたポスト・カント的な観念論的伝統を――少なくとも大部分――放棄して以後に、見出される。シェリングが最初にカント的理念から離れたとき、かれの著作は、いまやロマン主義的な衝動によって著しく彩られてはいたが、観念論哲学のいくつかの要因（境位）を失わず、そして、国家や法はそこで民衆（人民）が自己実現や完成を追求する諸領域である、というポスト・カント的主張を支持し続けた。それゆえに、ロマン主義へ向かうかれの最初のステップにおいて、シェリングは最初にカント的理念に基づくひとつの有機体論的変奏《ヴァリアント》を選び、国家に正統性が備わるのは、「個々の成員たち」各々が完全に承認された尊厳《ディグニティ》や道徳的自由を伴う「それ自身における目的《パーパス》」として行為することを、その国家が許容するときである、と説明した。[87] その成員たちがかれら自身における目的として承認される国家は、あらゆる社会を通じて有機体論的な自由と凝集力《コウヒージョン》を生み出し、そしてそれらの法は普遍的規範と個人的自由の両方の表現として正当化され、受け入れられる、とかれは説明した。この論点において、シェリングは、正統性を有する国家を純粋な諸目的の有機体論的な統一性として定義した。はっきりいえば、カントと同じく、正統性を有する国家は、「理念の世界についての独自な表象に従って形成され」、そして各人格が理想的な自由と尊厳において現存することを許容する国家である、とかれは論じたのである。[88]

【法や政治に対する宗教の優位：ブルジョア社会に由来する原子論、形式合理性の批判：本源的に神に由来する

絶対的有機体としての国家：自己利害関心と敵対関係に由来する自由主義的法理念】

しかしながら、かれがさらにカント的観念論から距離をとったとき、シェリングの哲学はまた、より一般的なロマン主義的理念の影響を反映しはじめていた。この時期には、シェリングは原子論と形式的合理性との自由主義的な原理を退け、法と政治を宗教的な関心事に従属させるような傾向を次第に示すようになった。かくして、シェリングは、〔第一に〕国家の成員たちは国家を正統化する条件を決定しうる、〔第二に〕国家は人間の自由の条件を適切に保障しうる、それどころか、〔第三に〕国家は特殊人間的な利害関心に奉仕することを意図する、というかれの初期の信念を撤回したのである。その代わりに、かれが論じたところによれば、政治の理想的秩序は、有機体論的な不可侵性《インテグリティ》（一体性）あるいは自己同一性《アイデンティティ》の一条件であり、そこでは民衆（人民）の統一性が絶対的な理念によって支えられる。すなわち、そこでは、民衆（人民）が自分たちの文化的かつ形而上学的な目的の最高の理念によって統一され、国家の法がこれらの外的な目的を表現する。かくして、完全無欠の政治的組織体（integral polity）の形をとった国家の中に反映された絶対的理念は、カント的スタイルで合理（理性）的に演繹された必然性の原理として獲得された理念ではない。むしろ、それらの絶対的理念は政治的組織体の形而上学的な目的《エンズ》であり、本源的には神に由来する。これらの理念は、文化的諸伝統とこれらの諸伝統のもっとも威厳のある代表者たちの最高の芸術家的努力とを通じて保存され、表現され、そして、政治組織体のすべての成員たちを一つの生きた、啓示された全体として統合することに奉仕する。近代社会は、物質化された、原子論的な「市民社会」〔ブルジョア社会〕[89]を中心にして秩序づけられ、政治的な理念や制度を「単に有用であるもの」という概念で基礎づける傾向によって支配されているので、政治的組織体を統一する形而上学的な理念を解体してしまう、とシェリングは主張した。[90]もっとも特殊な形において、個人主義の立場で「私的生活と私法」を公的な実存（現存）から分離することには、政治的組織体の理想的生活を深刻な形で腐食させる効果がある。公法と私法の分離の下で、個人の生活は、有機体論的全体の理念との関連を喪失し、限定された個々の価値しか有さない「機械的な」原理の追求に束縛される。[91] このような私化《プリヴァタイズ》された諸社会がそれら自身のものとして定義する自由は、決して有機体論的あるいは形而上学的に統一化する自由ではありえず、決して形而上学的に妥当する法を生み出しえない。事実、私法の下の自由は、抑圧的《オプレッシヴ》でかつ敵対的な形で功利主義的な特権ないし目的を裁可し、いきなり「自由と隷属の融合」へと導かれてしまうのである。[92] かくして、近代政治の現実は、①国家の有機体論的・形而上学的な秩序の断片化《フラグメンティション》によって、②統一する理念の不在によって、そして、③自由を保障する法の不可能性によって、特徴づけられている、とシェリングは結論づけた。要するに、自由主義の法的理念は、妥当する法を、私的レヴェルにおいても公的レヴェルにおいても、「自己利害関心と敵対関係《アンタゴニズム》」という「暗い源泉《マーキー・ソース》」から引き出している。[93] したがって、自由主義の法的理念は、真実の国家の「絶対的有機体（absolute organism）」に親和的ならざるもの（inimical）なのである。[94]

【宗教的人格主義：万物を駆動する「神の人格性」の自由（意思）の啓示に由来する人間の自由】

後期の経歴を通じて、シェリングはまた、次第に近代社会における宗教的かつ形而上学的な実体の消滅を慨嘆するようになり、これを宗教的人格主義（*personalism*）の哲学によって矯正しようとした。この点に関して、人間の歴史は神の人格性（God's personality）の積極（実定）的発露（positive disclosure）を〔人間が〕労苦して完遂（elaborate）していく過程であり、神の人格及び神の人格的意思（God's personal will）という諸要因（境位）は人間の歴史の諸段階を通じて顕在化する、とシェリングは論じた。「神の人格（位格）（God's person）」はすべての歴史の「一般的法則（法）（general law）」である、とシェリングは主張した。この法則（法）は有機体論的にあらゆる創造を覆い尽くし、かつ導いている。そして、積極的（実定的）な「神の人格性」は、自然的過程と人間的行為の両方の駆動力であり、人間の自由が次第に明示（分節）化されていく状態（条件）において開示される。[95] 事実、人間の歴史は神の人格性の自由であり、そして、すべての真正に人間的な自由はその起源をこの源泉の中に有する。第一に、これらの人格主義的な理念を政治的に敷衍することによって、統治《ガヴァメント》についての合理主義的な理想は、正統的秩序についての使い古された――あるいは薄弱で逆説的な――説明を反映しているのであり、そして、正統的政治は、人間的形式において神の人格的な意思（a divine/personal will）の啓示（revelation）を人間的自由の前提条件として表現しなければならない、ということを認識しそこねている、という結論にシェリングは導かれた。したがって、正統性を有する国家において獲得された権利や自由は、人格性から分離された――あるいは国家の人格性に対立して固定された――合理的ないし消極的な自由ではない。そうではなく、それらは個人の人格性と神の人格性との両方の積極（実定）的な表現であり、そして、それらは国家における自由の内容を積極（実定）的・形而上学的な意思（positive metaphysical will）の要因（境位）として表現しているのである。シェリングが結論づけたところによれば、宇宙の人格主義は、統治《ガヴァナンス》の人格的システムの中にもっとも適切に反映されているが、これらの人格的システムは、権威的な人格的意思において基礎づけられ、政治的理想に人格的な表現を与え、人間的自由の内容をそれ自身の意思において積極（実定）的に明示（分節）化する。第二に、これらの〔人格主義的〕理念はまた、政治的組織体を宗教的に基礎づけることを擁護する議論へとシェリングを導いた。かれは、公的生活から宗教的神秘への退却を、人間的実存（現存）における理想的・形而上学的な構成要因と客観的・自然的な構成要因との間の「統一性」の喪失の兆候と見なした[96]。はっきりいえば、国家は、宗教の「秘教的《エソテリック》」要因（境位）なしには正統的に現存しえず、それが人格的ないし形而上学的な理念との絆を失うところではどこでも、専制へと堕落しかねない「顕教的《エクソテリック》」秩序である、とシェリングは究極的に結論づけたのである[97]。「形而上学」だけが「国家を有機体論的なものに」し、「民衆（人民）が一つの集団としてかれらの心情《ハーツ》と精神《マインズ》において統一されること、すなわち、一つの民衆（人民）となること」を許容しうる、とシェリングは論じた。それゆえに、形而上学は、真実に有機体的で真実に自由な政治的組織体を必然的に基礎づけるのである。人格主義の形而上学は、人間の利害関心および人間の法のあらゆる原子論的ないし機械論的な構成に対する「反定立《アンチ・ティーシス》」である。「感じること、考えること、行為することの有機体論的な仕方」こそが、実体的な政治的秩序が生き生きとした統合を遂げるための基礎づけを提供する。[98] しかしながら、近代世界は「混合の世界《ミクスチャー》」である、とシェリングは主張した。近代世界においては、有機体論的な理念は原子論的ないし個人主義的な理念と共存するし、形而上学的な理念は物質主義（唯物論）的かつ功利主義的な観念《ノーションズ》によって弱められ、[99] 人格の積極的自由（positive freedom）と形成（陶冶）（formation）とは踏み越えられてしまう。したがって、自由主義についての私法的かつ合理主義的な教養の下での統治《ガヴァメント》は、「あらゆる形而上学の破壊」に他ならないのであり、そして、自由主義は、国家の「反形而上学的」、「機械論的」な、そして自由ならざる、秩序を、深刻な形で生み出すことになるのである。[100]

【いわばプラトン的哲人王を助言者とする絶対君主制モデル：人類が囚われた「呪い」としての国家】

それゆえに、後期の著作では、シェリングは、保守的な政治的スタンスをはっきりとって、政治は人間を構成する自由が法を通じて演じられ、解釈される、著しく――あるいはそれどころか至高の形で――人間的な場所である、という確信に対して異を唱えた。政治は、威厳ないし構成的自由へのいかなる独立した要求も伴わない、超越的で形而上学的な秩序における従属的要因である、と見なされなければならない、とシェリングは主張したのである。かれの〔思想の〕発展のこの段階において、かれが熱烈に擁護したのは、天才の哲学者や知識人たちが公的生活において助力する君主制国家である。[101] このような国家においては、歴史的発展と哲学者の助言とを通じて獲得された「国家の憲政秩序」が「理念の王国」のイメージを形成し、そして、絶対的理念が具体的形式をとるのは君主の絶対的人格においてである。[102] かれの主張によれば、この種の国家は、一九世紀のドイツに現れている政治的現実とは何ら共通するところがない。そこでは、「王たちは王であることを恥じてさえいる」し、哲学は「何の有用性も有さず」、そして、あらゆる形而上学的な内容は国家から追放されているからである。[103] 事実、このことと平行して、シェリングは次第に人間存在の形成と実現における国家の役割の価値を貶めるようになった。国家は決して、それを通じて民衆（人民）が自分たちの実存（現存）の無条件的な理念との自分たちの関係を反省する、「絶対的統一性」ではない。はっきりいえば、しばしば国家は「人間性（人類）にかかっている呪い《カース》」以外ではない。[104] したがって、もっとも真正な人間的理念は、政治と法の外側に、すなわち、「純粋な宗教」あるいは「国民の神話学、詩学、芸術」の中に、追求されなければならないことになるのである。[105]

【ゲールレス】

【ローマ・カトリック的かつ進歩的な立憲主義思想】

政治的ロマン主義のすべての代表者たちが君主制的保守主義に係わった、あるいは、そのすべてが一貫して政治的改革に反対した、といった印象を与えることは不適切であろう。たとえば、ヨーゼフ・ゲールレス（一七七六—一八四八）の政治的な著作がはっきり示しているところによれば、事態は正反対であり、そして、初期のロマン主義的意見もまた、啓蒙思想の合理主義に対するそのより広い批判の圏内において、より進歩的な理論的野心に同調していたのである。ゲールレスは、かれの理論的経歴を一七九〇年代の革命への熱狂者として始め、それを一八四〇年代のバイエルンの反動的なカトリック的風土で終えた。しかしながら、これらの時点の間では、ゲールレスのもっとも重要な政治的な諸著作は、教会の不可侵性を政治的秩序の一原理として要求するローマ・カトリック的見解を、ナポレオン的政策及びナポレオンとウィーン会議以後の反動的復古の過程との両方に対する批判と、結びつけようとする企て、こうした企てを中心にして、回転していた。そして、これらの著作において、〔近代〕国家の特性（statehood）についての標準的な自由主義的理念を批判する点で、かれはロマン主義的な理念に従ったのである。自由主義は、信頼しうる、あるいは統合的な、政治的秩序を構成しそこね、通常、ほとんど内面的な精神ないし凝集力を伴わない高度に形式化された国家を創出する、とゲールレスは論じた。なぜならば、自由主義的な政治的組織体（polity）は、あらゆる宗教的な要因（境位）を政治的生活から消去するからであり、しかも、それどころか、それは教会を世俗的装置の下に従属させようとするからである、とかれは説明した。しかしながら、大部分のロマン主義者たちとは異なり、効果的に統合された国家とは、安定的な主権的な統治《ガヴァメント》（政府）の「権威」と、国家と公論との諸制度を通じて水路づけられた民衆（人民）の「自由」とを、結びつける、バランスのとれた憲政秩序に基づく国家であろう、とかれは論じた[106]。かれはまた、ナポレオン時代のドイツ諸〔領邦〕国家における原立憲主義的諸改革（proto-constitutional reforms）の失敗を激しく悲嘆し、選挙された代表〔代理〕者たちの強力な議会を備えた、相対的に進歩的な憲政秩序の確立を擁護したのである[107]。

【政治的ロマン主義の共通項：啓蒙主義的形式法批判と有機体論的君主制モデル：歴史主義とロマン主義の共通項と差異：（共通項）啓蒙思想批判、実定的な人格的意思の現前としての法：（差異）国民の自己立法意思の肯定と否定、超越神の人格的意思の優位の強調度の高低】

このような事例にもかかわらず、ロマン主義の特徴的な諸見解の基礎にあるのは、啓蒙思想の形式的な法が世界における法と実体との統一性を腐食させてしまった、という悲嘆であり、そして、有機体論的君主制をこの喪失を解消するものと見なす傾向である。それゆえに、歴史主義者とロマン主義者の両者を結びつけたのは、啓蒙思想は、平和と正統性との信頼しうる諸条件を確保するどころではなく、自由の諸条件《タームズ》（用語）が人間中心的な人格（human person）という致命的に抽象化され、かつ逆説的な、構成概念によって指示されることを許容した、と主張するという点である。はっきりいえば、歴史主義とロマン主義の中心には、啓蒙思想の自由主義的な政治は、人間の社会からその自由の諸根拠を奪い、人間性を形式化され合理的に自己産出された一組の形而上学的な諸法や諸理念の中に封じ込めてしまう、という信念があったのである。したがって、歴史主義とロマン主義はどちらも、政治的自由を支える法を、人格的意思に対立する消極的な諸要因としてではなく、この人格的意思に植え付けられている内容として、説明しようとし、そして、国家の正統性の基礎にある法と権力との統一性を、共同体の法及び慣習の中に現前する積極（実定）的意思を反映するものとしてイメージしたのである。それゆえに、歴史主義者とロマン主義者のどちらにとっても、啓蒙思想は、国家における法と権力との統一性を生み出そうとしながら、この統一性の所与の形式を破壊し、それを逆説的かつ暴力的なものにしたのである。いずれにしても、歴史主義とロマン主義は多くの点で収斂（合致）するにもかかわらず、それらは形而上学の問題において根本的に袂を分かった。歴史主義の核心には、政治における形而上学についての激しい批判があり、この批判は啓蒙思想の諸理念をあまりにも形而上学的なものとして否定する。かくして、歴史主義は、国民という意思を有する団体を形而上学的な法から切り離そうとし、そして、国民が、その国民自身を、自由の共同体として、つまりその国民自身の法の下にある一つの意思として、形成することを、許容しようとしたのである。ロマン主義は、対照的に、他の諸々のモティーフゆえに啓蒙思想と対立し、超越的な諸力や諸理念を再現（代表）する形而上学的な政治的組織体や政治的秩序へのノスタルジーを表現した。事実、このような根拠に基づいて、ロマン主義と歴史主義はどちらも啓蒙思想に反対して緊密な連携関係を築いた反応を示したにもかかわらず、それらは、究極的には、それぞれ他方を、自由主義的理念の新たな明示（分節）化〔表現〕を反映するもの、したがって、啓蒙思想の合理主義に対する説得力のある対案を提起しえないもの、こうしたものと見なした。ロマン主義の暗黙の主張によれば、純粋な歴史主義は、しばしば自由主義的ないし共和主義的な理論と区別しえない、堕落を伴って世俗化しつつある著作の塊である。同時に、歴史主義の暗黙の意見によれば、ロマン主義は、キリスト教的自然法の形而上学的普遍主義を再構成し、そうすることによって自由主義と啓蒙思想との両方の神政政治的な知的諸源泉を再活性化しようとする努力である。〔たしかに〕歴史主義者たちは宗教と宗教的文化にはっきり共感を示した。すなわち、はっきりいえば、かれらはドイツ文化を神自身の文化的国民と見なし、ドイツ国民を神の自由の場所と見なした。しかしながら、かれらは宗教を国民文化の外側の理想的世界と見なすことを拒み、国民を宗教的自由の人間的形式と見なした。〔たしかに〕ロマン主義者たちは、同様に、文化と政治を神の自由の場所と見なした。しかしながら、かれらは、この自由を、ヘーゲルによって提起された意味での合理（理性）的自由でも、歴史主義的な意味での集合的自由でもなく、人格的自由と見なした。それゆえに、人間の自由の諸内容に対する神の相対的な独立性を強調し、そして、神の人格的意思によって覆われない自由と文化を堕落した文化と見なしたのである。このことの主要な理由をいえば、大抵の場合、ロマン主義者たちはローマ・カトリック主義の影響によって深甚に特徴づけられていたからであり、そして、かれらは、国民を基礎づけかつ解釈する拠点としての形而上学的人格性から、その当の国民を切り離してしまうことを、肯んじなかったからである。

4 シュライアーマッハー——歴史主義とロマン主義の間

【シュライアーマッハー】

【「感情の神学」、合理的演繹と神学的思弁の拒否：宗教的に霊化された情緒的共同体】

これらの差異もかかわらず、やはり結局は収斂することになる、歴史主義とロマン主義の法および政治の諸理念は、おそらく、フリードリヒ・ダニエル・エルンスト・シュライアーマッハー〔一七六八―一八三四〕の著作において、もっとも明確な形で明示されている。大部分の歴史主義者たちと同じく、シュライアーマッハーは、自然法が有する「抽象化（abstraction）」を退け[108]、法における形式的普遍性を正統的秩序の必然的な前提条件として受け入れることを拒んだ[109]。かれの著作は、国家は、法の適用（legal application）という前提条件に先立って、むしろこの前提条件として現存する、というより広い歴史主義的な主張を反映している。「国家の自然的な生成・発展」は、契約主義的《コントラクタリアン》あるいは自然法的な概念（観念）によっては完全には理解《コンプリヘンド》されえない、政治的な自由や正統性の諸様式を、生み出す。そして、「国家の基礎」は、形式的に演繹された法に存するのではなく、それが体現する民族（民衆）の「共通の特殊性」にある[110]。しかし、大部分のロマン主義者たちと同じく、シュライアーマッハーの政治的理想像《ヴィジョン》は、法においてではなく情動的《エモーショナル》、情緒的《アフェクティヴ》ないし宗教的に霊化《インスパイアー》された統一性において互いに拘束された、生き生きとして感情豊《リッチリ・センチエント》かな共同体《コミュニティ》という理念に、根拠づけられている。まさしくこの基礎づけの上に、シュライアーマッハーは、かれの「感情の神学（theology of feeling）」（*Gefühlstheologie*）を展開したのである。この教義は真実の共同体を「敬虔《パイアス》な共同体」として定義した。その成員たちは、敬虔《パイエティ》という外に向けて実現された感情によって互いに繋がれている。この共同体の「実定法（positive laws）」は、先立つ諸規範によって形成されるのではなく、実践的形式において共同体のあらゆる成員たちの魂を揺り動かす内的な「敬虔な感情」あるいは「依存の感情（feeling of dependence）」を表現する[111]。信仰を基礎づけ顕在化するものとして感情を定義するに際して、シュライアーマッハーは、あらゆる形而上学的な宗教的理念の強烈な批判を明確に吐露し、かくして、合理的演繹あるいは神学的思弁を宗教的にはどうでもよいものにした。しかしながら、それに加えて、世俗的共同体を統一化する源泉として感情を定義するに際して、かれはまたあらゆる形而上学的な法と政治の諸理念の強烈な批判を表現し、霊化された共同体の自由な統一性において基礎づけられた法や政治についての理想像を提起した。

【法の成文化、政治的束縛、形而上学的教義からの信仰共同体としてのプロテスタント教会の最終的解放】

シュライアーマッハーの著作の中核には、もっとも純粋な共同体《コミュニティ》は法を必要としないし、法はこのような共同体を拘束する有機体論的ないし情緒的な様式の結社《アソシエイション》をいわば石化《ペトリファイ》してしまう、という思い《ビリーフ》（信念）がある。これらの考え《アイディアズ》は、とりわけ宗教に関するかれの諸著作の――とりわけ、一八一七年にはじまり、シュライアーマッハーが強く奨励した、プロイセンにおける教会組織（church constitution）やルター派とカルヴァン派の教会連合組織（union）に係わる、諸著作の――論調を規定した。これらの諸問題を省みて、シュライアーマッハーは、「福音派教会の最高の理想」は、「あらゆることを何ら法がなくても自ずと生起させる」ような条件が制度化（設立）されることである、と論じた(112)。したがって、かれは統一されたプロイセン教会のために、教条的に規定されたあらゆる位階制的な方法に反対し、教会の法的かつ管理・運営上の側面を縮減しようとする長老派教会的（Presbyterian）なモデルに基づく組織体制《コンスティテューション》を提案した。このような組織体制の下では、牧師たちは「教区（commune）によって選挙され」、平信徒たちは「立法と審議の集会に参加し(113)」、教会は国家からほとんど独立し(114)、共同体は直接的に「聖書解釈の自由」において基礎づけられるであろう(115)。真実に宗教的な共同体は、宗教的規則《オブザーヴァンス》（儀礼）を解釈する活動によって形成かつ統一され、これを妨げるあらゆる組織体制的《コンスティテューショナル》あるいは法的な諸形式は、共同体の生活にとって有害である、とシュライアーマッハーは結論づけた。真実の教会は、「大権や主権の法(116)」によって拘束されないし、そして、それは「石化する制度(117)」としても、あるいは「裁可」の諸権力を伴う「固定された文字」としても、決して現存しえない、とかれは主張した(118)。それゆえに、ローマ・カトリシズムに対するプロテスタンティズムの明らかな長所は、その「教会組織体制の最小化」に、より一般的には、その「法のあらゆる制定法的《スタテュータリ》あるいは命令委任的《マンダトリ》な諸形式の最小化」にある(119)。真実の教会は、聖霊化《プニューマティカリ・インスパイアード》され内的に統一された、信者や解釈者たちの共同体としてのみ現存しうる。「それが法を有する」ということ、そしてそれが法を通じて神を知るということ、このことが、カトリック教会を構成するのであるが[120]、これに対して、それが神を伴う共同体を、「キリストにおいて打ち立てられたものをより正しく理解し、より完全に占有すること」を通じて「進歩し発展しうる」「可動的《モービル》全体《・ホール》」と見なすこと、これがプロテスタンティズムを構成するのである。したがって、プロテスタンティズムは、神についての内的な知識を持ち、これは法において固定化されえず、共同体を限りなく鼓舞し統一し、共同体の生活において限りなくそれ自身を形づくる[121]。こうした理由のために、シュライアーマッハーは、宗教改革が完全に独立した教会の形成に導かれず、なお宗教的規則《オブザーヴァンス》（儀礼）を世俗的あるいは政治的な支配の下に置いていた、という事実を慨嘆したのである[122]。はっきりいえば、かれは暗にかれ自身の感情の神学（theology of feeling）を、宗教改革において始められた仕事の結論と見なし、そして、法の成文化（legal codification）、政治的束縛あるいは形而上学的教義からの教会の最終的解放と見なしたのである。

【長老派教会の民主制的会議モデル：国家や法に先行する歴史的に形成された民族（民衆）の一体感】

シュライアーマッハーは、宗教的共同体を、政治的共同体へと直接的に転換しうるモデルとは見なさなかった。かれの説明によれば、市民《シヴィル》（世俗）的共同体は、宗教的共同体とは異なり、法や位階制的な組織化なしには形成されえない。というのは、「市民的諸状態《シヴィル・コンディションズ》（諸条件）は本質的に権威《オーソリティ》と従属《サブジェクト》（臣民）との間の対照に基づいている」からである[123]。したがって、宗教的生活と国家との間にはいつも一定の緊張があり、国家を直接的に有機体論的な「キリスト教的生活の産物」と見なすわけにはいかない[124]。しかしながら、かれの諸々の宗教的な理想は、僅かながらも、かれの政治思想に潜在的な影響力を及ぼし、かれのより広い政治的諸見解における中心的な衝動に彩を添えた。たとえば、かれは、教会組織（編成）と「市民的諸状態（諸条件）との間の有意味な「類比《アナロジー》」を強調し[125]、そして、一時期、長老派教会的体制《プレスビテリアン・コンスティテューション》のためにかれの草稿の中で目論まれた民主制的な宗教的会議《アッセンブリーズ》はまた、「市民（世俗）

的会議」の「諸例」を提供するだろう、と主張した[126]。より一般的な用語でいえば、かれが教会を形式的な法的制度としてではなく、信仰と敬虔において統一された民衆（民族、人民）として定義したとき、かれはまた政治的共同体を、「民衆（民族、人民）の一体感」と歴史的凝集性《ヒストリカル・コウヒージョン》とによって形成されたものと見なした[127]。かれは、国家を「民衆（民族、人民）の形式」と定義し、正統性を有する国家の法や義務を、民衆（民族、人民）の歴史的に解釈された「倫理や慣習」から直接的に生成・発展するものと見なした。かくして、民衆（民族、人民）はいつも国家や法以前に、歴史的な団体《バディ》として現存している、すなわち、「民衆（民族、人民）なしには国家はない」とかれは主張した[128]。あらゆる法に先立ち、諸個人をかれらの共同体に拘束し、国家に有機体論的な実体を与える「国民が何であるかを決定するもの[129]」の経験によって、民衆（民族、人民）は定義される。国家の現存は、歴史的に形成された民衆（民族、人民）の中の「全体の統一性についての意識」を前提にしている。そして、国家はその正統性を、この共同体の精神《スピリット》の明確な表出として獲得する[130]。それゆえに、より標準的な自由主義的な諸議論に反対して、シュライアーマッハーは、宗教と政治の両方に言及しながら、共同体は政治的秩序を鼓舞《インスパイアー》（霊化）する源泉であり、共同体がすでに内的凝集性《インアー・コウヒーヴニス》を有しているところでのみ、その法は正統的なものになりうる、と主張したのである。

【カント的な道徳論・法理論の批判：基礎づけの解釈学的転換：妥当する法を基礎づける道徳的命法を基礎づける、共同体の倫理的統合と言語学的解釈：倫理の基礎にある政治的解釈学：共同体の自己解釈としての倫理的承認と法の産出】

シュライアーマッハーは、精神（霊）的に統一された共同体というこの理念を、カント的啓蒙思想の倫理と法の理想との両方の批判のための基礎として精緻化した。かれがカント的な道徳的諸理念に反対するのは、それらが歴史的かつ自然的な経験を無視し、道徳的内容を、まったく合理（理性）的なものと見なし、かくして、歴史的かつ自然的な経験の王国（領域）に対置するからであり、そして、とりわけ、形式的な道徳的諸法則へのそれらの固定化は、倫理的生活の精神的かつ経験された起源を歪め、抑圧するからである。それゆえに、至高の道徳的規制としての定言命法というカントの概念に反対して、超越論的に普遍化された規則《プリーセプツ》（教示）は、自然的ないし歴史的な現実あるいは歴史的諸経験の中に植え付けられていないから、法（法則）の妥当性に対する見せかけの縮小された要求しか有さない、とシュライアーマッハーは主張した[131]。カントに反対して、道徳的主体性と道徳的人格性とは、非歴史的には決定されないし、道徳的共同体の合理的に先行する前提条件としては作動しない、とかれは主張したのである。そうではなく、道徳的主体性と道徳的人格性とは、「現存する共同体の中にすでに体現された道徳的内容の人格による占有」を通じてのみ形成され、そして、これらの道徳的内容によって構成された、主体（臣民）と国家の両方の道徳的人格は、歴史的に霊化《インスピリット》された法の能動的な解釈者《インタプリターズ》である。すなわち、かれらは、先行する不可視的に演繹された法（法則）的諸規範によって形づくられた単に形式的な行為主体ではない[132]。それゆえに、妥当する法（法則）を基礎づける道徳的命法は、抽象的主体性においてではなく、共同体的生活を構成する、倫理的な——重要なことには、言語学的（*linguistic*）な——統合と解釈の諸過程において、基礎づけられるのである。法（法則）が拘束力のある妥当性を獲得するのは、その合理（理性）的・普遍的な内容ゆえではなく、それが形成され霊化された共同体の倫理的実体を表現するからである。したがって、真実の倫理的生活が可能なのは、人格が一つの共同体に加入し、この共同体の実現された生活を内面化し、この生活に参加するところだけである[133]。それゆえに、これらの倫理の基礎にあるのは、一つの政治的解釈学（*political hermeneutics*）であり、これは倫理的承認と法の産出を、共同体の自己解釈における諸要因（境位）と見なすのである。

【宗教と政治のプロテスタント的解釈共同体】

それゆえに、これらの論点をまとめるならば、シュライアーマッハーの実践的・政治的な著作においては、プロテスタンティズムにおける自由な解釈の理念は――すなわち、人間の生活の精神（霊）的な内容は、永続的な法や教義の中に銘記（秘蔵）されているのではなく、解釈によって場所ごとに開示される、という主張は――自由な解釈と内面的かつ外面的な敬虔に基づく宗教生活という理想と、自由な共同性《コモナリティ》と国民的・歴史的統一性《ユニティ》に基づく政治生活という理想との、両方の端緒となる。それゆえに、宗教と政治との両方において、シュライアーマッハーの著作は、形而上学の批判を中心にして回転しているのである。かれは敬虔な生活と国民的な生活とを、定言的《キャテゴリカル》な教義あるいは包括的《オヴァーアーキング》な形而上学的諸原理に依存しない条件としてイメージした。かくして、かれは政治におけるのと同じく信仰における共同体を、形而上学的なそれではなく解釈学的な共同体と見なした。そして、この解釈学的な共同体は、ローマ・カトリシズムにおける、そして、ローマ・カトリシズムに関係づけられた諸教義における共同体に帰せられた形而上学的ないし法的な基礎に取って代る。プロテスタント的な共同体は、教義に係わる法によっても位階制的な法によっても拘束されず、言語的法則によって拘束される、とシュライアーマッハーは結論づけた。かれによれば、「人間存在の最高の関心」は、いつも「言語を通じて」形成され解釈され、そして、コミュニケーションは、倫理的かつ精神的な生活を外から形成するための主要な媒体である。[134] はっきりいえば、プロテスタント的共同体（宗教的それと政治的それとの両方）についてのシュライアーマッハーの理念は、自由な宗教は公的生活（public life: *Öffentlichkeit*）の洗練された諸経験を有する社会を創出する、という議論において頂点を極める。かれの説明によれば、真実のキリスト教は、いつも「言論を通じてのコミュニケーションに係って」いるし、そして自由で共通の聖書解釈（exegesis）に集約された宗教改革の神学は、その政治的コロラリーを公的生活と公的交換の中に有している。それらにおいては、敬虔の内容が論議によって顕在化するからである。したがって、正統的な「国家の形成」は、いつも言語学的に構成された要因（境位）を有し、そして、自由な国家は、いつも最大限にコミュニケーションを許容するのである。[135] ローマ・カトリック教徒たちだけが、信仰のための不可変の教条的形式を提起することによって、「宗教的コミュニケーションの自由を制限」しようとし、したがって、かれらは自由な国家を形成しえないのである。[136]

【国民的民主制、自由主義的法治国家の諸契機を内包した、契約主義的正統化を退ける立憲君主制】

シュライアーマッハーの著作は、初期の自由主義的思惟を、政治的共同体についての非形而上学的な説明へと転換しようとするきわめて精力的な努力として、ヘーゲル哲学に並び立っている。たしかに、シュライアーマッハーは民主派ではなかった。かれによれば、「統治《ガヴァメント》（政府）と従属《サブジェクト》（臣民）」との間の対照は、「国家の本質的な図式（配列）」であり、政治の基本的な規定要因である。[137] かれは、君主制的統治だけが大きな国家や社会を支配《ルール》しうる、と主張して、[138] 国家の完全に構成された形態を「国民的君主制」として記述した。[139] しかしながら、かれもまた、初期の自由主義的思想家たちによって抱かれた多くの見解を支持し、かれの共同体論的な倫理を、自由主義における本来的な諸理念を放棄するのではなく、新しい基礎づけに基づいて回復しようとする、そういう企てとして捉えた。したがって、あきらかに、かれは国家の家産制的《パトリモニアル》、私中心主義的《プライヴェイティスト》あるいは絶対主義的な、あらゆる諸概念（観念）に対して敵対的であった。かれによれば、純粋な「私的利害関心」によって影響されあるいは支配された国家は、安定性を生み出すことはできないし、革命によって廃止されかねない。[140] より重要なことであるが、かれは「もっとも完全な国家」を、「自由の束縛されない享受」を許容する国家と見なした。[141] こうした国家は、市民たちの社会的権利を尊重し、[142] かれらの私生活や私的経済活動への「ひどく嫌われた」介入を避け、普遍的な法と万人のための法的保護を維持し、[143] そしてまた、そのすべての市民たちの物質的生計を保障するからである。[144] それゆえに、正統性についての契約主義的《コントラクタリアン》かつ形式的・規範的な説明に反対したにもかかわらず、シュライアーマッハーは、法は国家の中心的要因〔境位〕である、と論じ、法は国家を条件づける、と主張した。かれによれば、国家における権力の〔機能〕分割は、独立した立法者たちが国家の執行権を制御し続けることを保証するために要求される。実のところ、それどころか、シュライアーマッハーは、政治は被治者と統治者の間の区別において基礎づけられる、と主張するにもかかわらず、被治者はいつも立法に関わっているし、[145]「法が悪しきものである」ときは反対を伝え、「より善き法」の確立のための推進力を提供する権限を与えられている、と論じた。[146] 事実、民衆〔民族、人民〕は法の一般的な起源であり、かれらの法的利害関心は、正しい支配（just rule）の諸条件を構成する。[147] それゆえに、あきらかに逆説的なことではあるが、シュライアーマッハーは、〔一方で〕（宗教におけるように）政治における形式的な法の役割を貶めておきながら、〔他方では〕それにもかかわらず、やはり政治権力の制限を規定し、そして、公共的論議の構成的役割を強調することを意図した、立憲主義的国家あるいは法治国家（*Rechtsstaat*）についての教義を提起したのである。かくして、「法のあるところ、国家あり（state is, where law is.）」、とかれは結論づけたのである。[148]

【歴史的・実体的な解釈共同体において解釈された自由として捉え返される理性法・形式法（所有権法）】

他の歴史主義者やロマン主義者たちと同じく、啓蒙思想の法治国家における形式的・形而上学的かつ合理〔理性〕主義的な諸要因は、共同体の中になんら源泉を有さない誤てる法を創出し、意味に溢れた自由の状態〔条件〕を確立しそこなう、とシュライアーマッハーは示唆した。かくして、合理〔理性〕的自律性は、自由な法の源泉ではなく、新たな他律性の源泉である。しかしながら、かれは共同体論的かつ有機体論的な範型を、法治国家と法の下での自由な共同体とに関するもう一つの理論を展開するために使用した。かれによれば、真実の国家は、いつも法と憲政秩序の下にある国家である。けれども、国家は憲政秩序を形式的な法令《ディクリー》や形式的な賦課《イムポジション》を通じて採用しない。むしろ、正統性を有する国家は、解釈しうる憲政秩序を有している。そして、その法は「形式的」でも「不可変」でもなく、実体的、「実質的」であり、そして、統一された民衆（民族、人民）の変化しつつある自己解釈を通じて、無際限に変わりうる。[149] したがって、シュライアーマッハーの著作においては、法以前のものとしての共同体に関する歴史主義的理想像は、近代国家の隅の首石としての、説明責任、参加、そして法的普遍性への初期の自由主義的な要求に結びつくことになる。総括すれば、これらの見解は、そこでは内的に統合された共同体が実体的かつ実定的（積極的）に現前し、国家の法の中に消極的ないし合理（理性）的には反映されない、法治国家に関する一つの理念を、明示している。この理論においては、所有《プロパティ》（財産）における立憲主義的な規範性や不可侵性についての諸々の自由主義的な理想は、憲政秩序の規範や所有権を、共同体の倫理的精神の自由な表現と見なし、国家に対立して疑わしい予めの指示が呈示されたものとは見なさない[150]、そして、国家の法を敬虔な共同体の解釈された自由と見なす、そういう教義へと、形式転換されているのである。

【小括】

結論的にいえば、カントの哲学は、おそらく宗教改革以降の政治的省察における画期的な理論的契機を標示しているであろう。このことの一つの理由は、カントの哲学が、不可視の共同体に関する本源的なプロテスタント的理念を、法（法則）の普遍性と（近代的）法治国家の特性をこうしたプロテスタント的理念に結びつける説明を加えることによって、戦略的に修正している、という点にある。この根拠に基づいて、カントの哲学は、プロテスタンティズムの例外的（特異な）自由を、自由主義の法的に秩序づけられた一システムに転換している。シュライアーマッハーの著作が、理論史において、反対の、しかし比較不能の、契機を標示しているのは、①それが必然的な法的秩序の一モデルを、福音派的思想の動態的基礎づけの内側から構成しようとしている点、②それが信仰共同体（*Gemeinde*）という霊化された共同体を法的・政治的な組織化の発生の場として捉えている点、そして、③それが信仰共同体を異なるタイプの自由主義や異なるタイプの法的秩序の源泉として解釈しようと企てている点、これらの点においてである。シュライアーマッハーにとっては、信仰共同体という共同体は――ここではそれは自由にその内面的な敬虔を解釈し、明示するのであるが――いつも、道徳的生活のあらゆる領域における自由の条件を生み出す、実定法の源泉である。しかしながら、これらの実定法は、それらが信仰共同体に対立して永続的に合理化された制度の形式で階層化されるところではどこでも、破壊されることになる。それゆえに、カントに対立して、シュライアーマッハーの著作は、自由、参加、法的保護を保証し、プロテスタント信者たちの非形而上学的な共同体においてのみ基礎づけられ、いかなる形而上学的ないし形式的・法的な依存性をも伴わない、進歩的・人間的な政治をイメージしようとする更新された企てである。他の歴史主義者たちと同じく、シュライアーマッハーは、啓蒙思想にとり憑いている、権力と法との二律背反を、偽りの逆説と見なした。この二律背反は、妥当する実定法の現存する源泉から注意を逸らすが、いかなるケースにおいても、いつも事実上、敬虔な共同体の道徳的生活において解消されるからである。

第五章

青年ヘーゲル主義者とカール・マルクス

1 シュタールと積極哲学

【フランス革命とナポレオン支配以後の復古反動思潮】

フランス革命以後の数十年間のドイツにおける思潮は、一般的にいえば、革命から生れた立憲主義的な理想に対するさまざまな批判的態度によって特徴づけられた。これらの態度はしばしば、自由主義的理念の完全な拒絶を表現していたが、しかし、より一般的にいえば、次第に発展する国家装置内にこれらの理念を具体化しようとする、手探りの形ではあるが、進歩的な企てによって、特徴づけられた。とはいえ、フランス革命の余波においてきわめて普遍的であったのは、形式的な法自然主義（自然法）に対する、そして自然法的な政治哲学から出現した合理的かつ個人主義的な概念に対する、広範な嫌悪であった。革命に対するこの一組の反応におけるより保守的な諸要因は、ウィーン会議終了後の政治的復古の時期に強化された。そして、この時期には、ナポレオンによって支配されていたドイツ諸領邦における君主制的統治が再強化され、それとともにナポレオン的理念によって刺激された改革が終結した。すでに論じたように、改革や革命に対するナポレオン以後の揺り戻しは、さまざまなロマン主義的見解の中に多様な形で表現されたが、しかしおそらく、それがもっとも典型的な姿をとったのは、シェリングの積極哲学（positive philosophy）の人格主義（*personalism*）においてであろう。

【F・J・シュタール】

【ヘーゲル政治思想における脱人格化の批判：ヘーゲルにおける神は人格的意思ではなく合理（理性）的実在であり、神の自由は絶対的意思ではなく合理（理性）的意思である：神の絶対的人格性を体現する君主制国家】

シェリングを別にすれば、政治的論争において積極哲学のもっとも重要な代表は、フリードリヒ・ユーリウス・シュタール〔一八〇二―一八六一〕であった。かれの著作は、一八二〇年と一八四八―四九年の革命期との間の反動的世論の精神をとらえただけでなく、それに広範な影響を与えた。他の保守主義者たちと同じく、シュタールは自然法に基づく政治的教説を批判し[1]、契約主義《コントラクタリアン》的な政治的概念（観念）を退け[2]、法に基づく資格賦与についての原子論的ないし個人主義的な理念に反対する論駁書を著し[3]、そして、君主たちの人格的権威を制限する制度的分析に反対する姿勢をとった[4]。とりわけ、シュタールは、正統性を有する〔近代〕国家の特性（statehood）についてのヘーゲル的理念に対するきわめて悪意に満ちた非難を保持していた。そして、シェリングと同じく、シュタールは、かれがヘーゲルの政治思想におけるいわゆる脱人格化（*depersonalizing*）傾向と見なしたもの、これを否定した。すなわち、かれは、社会の形成や発展の諸過程を、絶対的な人格的決定ないし絶対的な人格的意思の結果ではなく、包括的な合理主義によって形づくられたもの、と見なす傾向を、否定したのである[5]。こうした理由によって、シュタールは、政治的秩序の諸々の法的起源は、権力の人格的中心からよりも、むしろ社会に植え付けられた合理性（理性）から、あるいは「非人格的な実体的意思」から生成・発展する、というヘーゲルの主張を退け、自由についてのヘーゲルの合理主義的理念は国家における人格的権威の価値を貶めることに責任があると見なした。[6] 事実、シュタールの結論づけによれば、政治的な生成・発展についてのヘーゲルの誤解は、神は人格的意思ではなく合理（理性）的な実在《エンティティ》であり、神の自由は絶対的意思のそれではなく、合理（理性）的意思のそれである、というヘーゲルの主張に起因していたのである。ヘーゲルに反対して、シュタールは、人格的神は人間の生活と人間の政治を統一して基礎づけるものであり、正統的かつ永続的な政治的秩序の起源は神の理性ではなく、神の意思である、と論じた。換言すれば、シュタールにとっては、ヘーゲル的合理主義は、（世俗）世界の人格的・形而上学的な基礎を攪乱する。すなわち、その合理主義は、（世俗）世界の起源であり（世俗）世界の中に積極的に啓示される力《フォース》としての神をその立場から追放し、それゆえに、正統性を有する国家が依存する、意思、性格、人格性の安定した土台を腐食させているのである。シュタールが擁護したのは、神の人格的意思を再現（代表）する一人の君主を中心にして統一された人格的な政治的組織体（*personal polity*）である。「君主制的原理」は、「すべてのドイツ国法を基礎づけるもの」であり、[7] 君主は国家において神の意思の「人格化」を実現することによって正統性を獲得する、とかれは主張した。国家の「基礎的構造」は、その国家の「権威と民衆（人民）」への分割であり、そして、この位階制はキリスト教的教義の人格主義的原理において直接的に基礎づけられる。[8] すなわち、国家がその最大の正統性を有するのは、それが神の絶対的人格性を再現（代表）するところであり、そして、この人格性が国家の下で生きる臣民たちの自由の原因ないし起動者《ファースト・ムーヴァー》としての役割を演じるところである。[9] はっきりいえば、教会そのものは、君主が「教会に対する外からの支配権」を行使することを可能にし、[10] 宗教的代表制《リプレゼンティション》の中心に「専制的原理（autocratic principle）」を固定することを可能にする、監督体制（Episcopal constitution）おいて、組織されるべきである、とシュタールは論じたのである。[11]

【人格主義的君主主義と立憲主義的法治国家主義、人格的主意主義と普遍的規範主義とを結びつける制限君主制】

しかしながら、この権威主義的態度にもかかわらず、その同時代の背景に照らして見るならば、シュタールの著作もまた、君主制的支配についての意図的に穏健な説明を含んでいる。かれの思想の核には、慎重ではあるが、人格主義的な君主主義（personalist monarchism）を立憲主義的な法治国家主義（constitutional legal statism）と結びつけようとする、「制限君主制（limited monarchy）」[12]の理念がある。たとえば、ハラー周辺の超反動的な理論家たちとは異なり、人格を備えた国家はいつも必然的に、「家父長制的《パトリアーカル》、家産制的《パトリモニアル》」国家とは対照的な「法治国家」でなければならない、とシュタールは主張した。そして、純粋な絶対主義は信頼しうる国家形態を生み出しえない、ということにかれは固執した[13]。事実、シュタールの人格主義は、人格的主意主義《パーソナル・ヴォランタリズム》と普遍的規範主義《ユニヴァーサル・ノーマティヴィズム》とを融合し、そうすることで、国家における法を、人間理性の原理からではなく、国家を神の意思と類比することから引き出そうとする、古典的な福音派的な企てを反復するものを中心にして回転している。シュタールによれば、キリスト教的君主制の下で統一された人格を備えた諸国家は、必然的に道徳的人格性である神自身の人格性を代表（再現）するものである。その結果、このような諸国家はいつも、それらの臣民たちとそれら自身の行政管理者たちとの両方のために普遍的道徳法則によって支配を制度化する自然的性向を有し、そして、当然のことながら、それらの下で国家と臣民たちの両方が人格性として——意思、自由、資格（権限）を賦与された行為主体として——承認される、そうした諸法を制定する自然的傾向を有する[14]。事実、君主の人格性に集中された政治的組織体（polity）は、「人間の人格性（human personality）」の形成に貢献し、そして、「人間の共同体（human community）」を、一つの意思と一つの法の下で、人格的統一性と自由との状態に向かって高めていく[15]。それゆえに、君主は、神の人格性から演繹される法と、臣民たちの理想的な人格性から演繹される法とによって、同時に拘束される。すなわち、これらの法は、国家に普遍的な法的構築物《リーガル・ファブリック》を賦与するが、この起源は、弁証法的には、君主自身の代表的人格性（representative personality）にある。したがって、人格的支配《パーソナル・ルール》を行使する君主は、いかなる環境の下でも国家を自分自身のものとはしえないし、国家の法から独立して行為しえない。かれはもともと自分自身の人格性から演繹しうる法によって、「法を踏み外さないこと」(16)を、そして、法が手続き的に正しい仕方で伝達されることを保証することを(17)、義務づけられているのである。かれはまた、すべての臣民たちが社会的権利及び「確実に明示され確保された法的立場」を賦与された（人格として）法の前の平等者として扱われる条件を、考慮しておかなければならないのである(18)。

【人格的意思としての君主権力を構成する法的基礎としての自由の動態的要因：自然法と法的実定性の再動態化】

シュタールの著作は、それゆえに、疑いなく、教会と国家との両方においてフランス革命によって刺激された立憲的かつ解放的な運動に対する保守的な反応を形成してはいたのである。にもかかわらず、かれは、法的に保証された自由は正統性を有する〔近代〕国家の特性（statehood）の必要不可欠な要因（境位）である、ということを否定しなかったし、一七八九年以後の社会においてかれが同定した法の実定化（自己定立化）（positivization）や構造的解放の過程を差し控えることを無条件に願ったわけではなかった。反対に、シュタールの政治的神学の中に潜在しているのは、人格的に構成された国家の法的基礎はいつもすぐれた意味での自由であり、そして、政治における神の人格性は代表《リプレゼンテイション》（再現前化）の過程において顕在化し、この過程は「改革」、変革、そして法の形式転換を妨げない、という主張である(19)。はっきりいえば、まさしく人格的意思としての君主権力を構成するのは、神の意思と同じく、①それは積極（実定・自己定立）的に自由である、②それは秩序の新しい原理を実現する、そして、③それは不可変の制約によって拘束されえない、ということである。したがって、シュタールは君主の代表的《リプレゼンタティヴ》（再現前化する）人格性《パーソナリティ》を、不可変の形而上学的理念に結びつけられた神政政治的身体《シオクラティック・バディ》としては捉えなかった(20)。むしろ、かれは、人格性において基礎づけられた国家を、あらゆる安定的な基礎づけを放棄することなく、修正《モディフィケイション》及び法や国家への〔その〕流入《フラックス》を許容しうる、動態的に〔法人国家を〕代表（再現）する意思と見なした。かくして、法の基礎づけの積極（実定・自己定立）的な変更は不可避的かつ望ましいことであり、法における変更は政治組織体における自由の動態的な要因（境位）を構成する、とシュタールは結論づけたのである。しかしながら、法はまったく実定化されたものになるわけではないこと、そして、法は実体的原理におけるすべての基礎づけを失うわけではないこと、これらのことを保証することが必要である。換言すれば、法の継続的な再定式化《リフォーミュレイション》――その「実定的な形成《ポジティヴ・フォーメイション》」――があくまでも「神の世界」に関連づけられていること、そして、それが実体的理念から切断されないこと、これらのことを保証することが必要である。[21] 実定化《ポジティヴィゼイション》（自己定立化）と秩序の間のこの均衡は、シュタールにとって、法の起源が君主の意思にあることを通じてのみ保持されうる。すなわち、社会的変動と法の実定化との諸過程が、一定の指導的パラメーターの枠内で、そして秩序立った代表（再現）構造の枠内で、生起すること、このことを保証するのが君主の役割である。はっきりいえば、シュタールの著作が示唆していることの一つは、啓蒙思想、フランス革命、初期資本主義を通じて法の実定化（自己定立化）を刺激してきた形式的な自然法の諸原理は、自由な社会的・政治的な秩序のための信頼しうる基礎づけを構成せず、事実上、共同生活を非自由の静態的原理に結びつけている、ということである。しかしながら、人格を備える君主は、自然法のもう一つの理念を、すなわち、その起源である人格性が神と民衆（人民）の二つの方向において義務づけられている理念を、体現《エムバディ》している。そして、この理念は、人間の合理性（理性）の静態的でしかも扱いにくい予めの指示（prescriptions）よりも、より強力、より柔軟、そして究極的には、より永続的な、自然法及び法の実定性（自己定立性）（legal positivity）の理念を、含んでいる。要するに、国家における自由は、人間の意思の中で体現される神の絶対的自由を通じて獲得されるのであり、そして、〔君主の〕人格的意思はいつも神自身の自由における一つの要因（境位）なのである。

【自由な人格性の宗教としてのプロテスタンティズムの倫理の制度化】

こうした理由によって、事実ユダヤ教的起源を有していたシュタールは、プロテスタンティズムを、国家の内外における自由の近代的理念を生み出す、際立って近代的な神学的・政治的な教説と見なした。かれの主張によれば、プロテスタンティズムは、自由で自発的に創造的な人格としての神への信仰において基礎づけられた、自由な人格性の宗教であり[22]、そして、それは国家において人格性の純粋な倫理を制度化（設立）しうる。したがって、プロテスタンティズムだけが、積極（実定・自己定立）的に自由であるばかりでなく、構造化され秩序づけられている国家形態を確立することによって、近代政治の挑戦に対処しうるのである。シュタールの説明によれば、プロテスタント諸国家は、それらの君主たちが永続的な、法的ないし神政政治的な予めの指示（prescriptions）によって拘束されていない、という特定の利点を有している。すなわち、かれら君主たちは、かれらの人格的支配（個人的支配）を相対的に独立して発展させ、かれらの臣民たちのために統治《ガヴァナンス》の条件を自由に変更しうるが、しかしまた、かれらはあくまでも神法や自然法の包括的な理念を秩序正しく代表（再現）しなければならない[23]。それゆえに、プロテスタンティズムだけが、進歩的で保守的な国家に実体を与えうるのである。こうした国家を、シュタールは、過度の改革主義や革命的な熱狂に対する必要な解毒剤と見なした。

2　他律性と人格神

【神・国家の絶対的人格性の概念から帰結する、国家の外部に位置する絶対的人格としての実定的意思の個人的主体】

主としてシェリングやシュタールによって例証される、一八二〇―四八年の期間における反動的思想は、かくして、神の人格性は唯一的、特異的、超越的な形而上学的主体として現存する、という信念、そして、正統性を有する人間の政治的組織体はこの先行する形而上学的主体を法において積極〔実定・自己定立〕的に代表〔再現前化〕する人格的国家〔法人国家〕である、という信念によって形づくられていた。これらの反動的見解は、国家の正統的な意思を形而上学的ないし絶対的な意思と見なし、そして、政治的正統性を定義する法を、人間の意思ないし人間の必要にではなく、国家において代表〔再現〕された神の人格性に、由来するものと見なした。この神の人格性は、特定の権利や自由を、〔せいぜい〕外から課された形式的属性として市民たちに割り当てる。絶対的人格としての国家という形而上学的概念からは、個人的主体を、絶対的人格として、すなわち、実定〔自己定立〕的な意思の形式上〔公認〕の担い手として、構成することが帰結する。この担い手の権利や資格〔権限〕への要求は、国家という人格による承認に条件づけら〔制約さ〕れているが、しかし、この担い手は、変わることなく国家の外側に位置づけられている。したがって、これらの見解が支持した国家は、特定の最小限の立憲主義的な束縛〔制約〕と繋ぎ合わされた君主制的執行権をその中心に置き、諸主体を私的な権利や資格〔権限〕を自由に行使するものとして裁可する。

【青年ヘーゲル主義者たち〔ヘーゲル左派〕】

【神学的範疇で遂行された君主制的正統主義に対する抵抗：政治的人間解放の前提としての宗教的形而上学の批判】

こうした理由からして、ドイツにおける君主制的正統主義《モナーキカル・レジティミズム》についての批評家たちは、復興期における政府に対する自分たちの反対意見を神学的な諸カテゴリーを用いて表現し、そして、〔その政府に〕異議を唱える政治的見解は、人格主義についての形而上学的批判によって支えられていた。[24] はっきりいえば、君主制的反動に対してますます増大する大波のような敵意は、一八三〇年代に声高に叫ばれるようになり、最後には、一八四八年の革命めいた騒乱に導かれたが、その指導的諸理念の多くを反形而上学的議論の形式で明示し、その政治的内容を、政治、法、宗教において積極的（独断的）形而上学が現前することに対する反抗として説明した。こうしたことは、とりわけ青年ヘーゲル主義者たち〔ヘーゲル左派〕の著作の特徴をなしていた。この知識人たちの集団は、ヘーゲルの弁証法の解放的な解釈を、宗教や政治における絶対的人格主義を攻撃するための基礎として受けとめ、宗教における形而上学の批判的な形式転換を、政治における人間的自由の構成的な前提条件と見なしたのである。

【青年ヘーゲル主義：人間の自由に関する宗教批判と人間学的転回：積極哲学と宗教的人格主義に対する反抗：形而上学的人格性の絶対的意思に代わる人間の人格性の理性的自由】

主要な青年ヘーゲル主義者たち、ブルーノ・バウアー〔一八〇九―一八八二〕、ダーフィト・フリードリヒ・シュトラオス〔一八〇八―一八七四〕、ルートヴィッヒ・フォイエルバハ〔一八〇四―一八七二〕は、だれもが、かれらの著作において、きわめて多様な仕方ではあったが、人間学的なカテゴリーを通じて、人間的自由についての説明として宗教の内容を解明しようとした。この点で、だれもが積極哲学《ポジティヴ・フィロソフィ》（positive philosophy）の形而上学的な基礎づけを批判し、そして、人間存在は、自分たちの法を宗教的理念から解放し、法を絶対的ないし神的な人格性からの流出《エマネイション》としてではなく、人間的本質と人間的自由との表現として解釈する、ということを受け入れるような、宗教についての見解を、提供しようとした。要するに、青年ヘーゲル主義者たちすべての著作の中心には、積極哲学は法の実定化（自己定立化）と法の下での人間の自由の妨げになっている、という主張があったのである。事実、かれらの主張によれば、積極哲学は、完全に他律的な法の教説であり、その下では、法は人間の自由から切り離され、したがって、社会を貫く疎外〔alination: Entfremdung〕の条件を与えているのである。これらの観点を展開するために、青年ヘーゲル主義者たちは、ヘーゲルの理念についての概念を読み（組み）替えることを提起した。この概念を読み（組み）替えることにおいて、かれらはヘーゲル哲学における合理（理性）的自由の理念を、その形而上学的な下部構造から、そして政治的権威主義とのくされ縁から、切り離そうとした。事実、こうしたことの中心にあったのは、ヘーゲルが自分自身の哲学を急進的自由の教説として展開しなかったのは、かれの思想が形而上学から解放されていなかったからである、という主張である。しかしながら、ヘーゲルについてのかれらの形而上学的な嫌疑にもかかわらず、かれらは合理（理性）的国家についてのヘーゲルの理論を広く利用し、かれの宗教哲学にもまた広く訴えた。とりわけ、宗教における自由の理念は、「神の本性と人間のそれとの統一性」を表象する人間的自由の理念であり、そして、人間の理性はこれらの理念を完遂することにおいて作動する、とかれらは主張したからである。[25] こうした見解が与えた基礎づけに基づいて、青年ヘーゲル主義者たちは、宗教的な概念を人間の形成《ヒューマン・フォーメイション》（自己陶冶）と自己解放《セルフ・リベレイション》との行程における諸契機として解釈し、宗教的な物語を理性自身の自由を標識づけるもの（signifiers）へと転換《コンヴァート》することができたし、きわめて重要なことに、宗教的かつ政治的な思惟を、神の本質ないし人格性としての真実についての単子論的に実体的《モナディカリ・サブスタンシャル》な、あるいは純粋形而上学的な、説明から逸らすことができた。[26]

かくして、青年ヘーゲル主義者たちの哲学の中心に置かれたのは、積極哲学や宗教的人格主義に対する反抗であり、その主要な原理がとりわけ宗教に適用された哲学的人間学（philosophical *anthropology*）を志向する批判的運動であった。この人間学的転回を通じて、かれらは、形而上学的人格性の絶対的意思ではなく、人間の人格性の合理（理性）的自由が、宗教の分析の中心である、と論じ、そして、神の自由は、それが人間の自由の外ないし上にある意思として同定されるところではどこでも、誤って省察されている、と主張した。人間の自由は、神の自由そのものとのその必然的差異において、神の唯一可能な内容であり、人間の自由を客観的に妨げるものはすべて、神の自由を妨げるものである、とかれらは論じたのである。

【P・マールハイネケ、B・バウアー】

【宗教的省察から哲学的人間学的な分析へ形式転換：人間の自己意識の形成過程における諸契機としての宗教的諸内容】

たとえば、ブルーノ・バウアーの初期の諸著作は、宗教の分析、聖書の解釈、宗教的年代記を、積極哲学の基礎にある宗教、形而上学、政治に係わる権威主義的な理念の批判を開始するために、そして、人間の自由の理念についての宗教的省察をその人間学的分析へと形式転換するために、用いた。バウアーの最初期の著作はいまだなお、ヘーゲル以後の宗教哲学者や政治的哲学者たちのより保守的な、あるいは少なくとも穏健な、党派への近似性を示していた。バウアーの〔思想の〕形成期には、かれはもっぱら人間学的な用語で宗教的問題を定式化することはなかったし、宗教の記録は実際の歴史的内容を有している、という信念を保持していた。[27] いくつかの観点から見ると、かれの最初期の著作では、バウアーはフィリップ・マールハイネケ〔一七八〇―一八四六〕のポスト・ヘーゲル主義的な神学に近づいていた。マールハイネケは、宗教の研究におけるシェリングの静態的人格主義に反対した。[28] そして、人間の理性は宗教においてはどうでもよいことである、あるいは〔そうでなければ〕、「哲学と宗教の間に二元論」が現存するかもしれない、といった示唆を、マールハイネケは悉く否定した。[29] にもかかわらず、理性がその基礎づけについて説明するのは、それがその神への「依存性」を認識するときであり、神は人類〔人間性〕に先行する人格性を有する、そして、理性（reason: Vernunft: Verstand）ではなく啓示（revelation: Offenbarung）が真実の「本源（original source: Ursprung）」である、このようにも、マールハイネケは主張したのである。[30] しかしながら、マールハイネケはこのように主張したが、バウアーの〔見解〕は、初期の著作においてさえ、より正統派的なキリスト教的ヘーゲル主義者〔のそれ〕とは異なっていた。人間の「自己意識《セルフ・コンシャスニス》と世界意識《ワールドリ・コンシャスニス》」との真実の内容は、事実上、その人格性が人間のそれの上位にある「神の意識」である、というマールハイネケによって例証された主張を、バウアーは退けたのである。[31] 事実、初期の著作においてさえ、バウアーは宗教的な内容と啓示とを、そこにおいて理性が「自由」についてのそれ自身の理念を反省する、人間の自己意識〔Selbstbewusstsein〕の形成〔自己陶冶〕過程における諸契機として、記述した。[32] かくして、バウアーの初期の説明によれば、人間の宗教的省察は「神の自己自身との関係」であり、ここで人類（人間性）は前進的に神をその自由の根拠として認識する。[33] したがって、初期のバウアーは、宗教的省察を、そこで人類に対する神の形而上学的「疎外性（strangeness）」が――したがって人類（人間性）の自己自身の自由に対する「異他性（otherness）」が――克服される意識の形成（自己陶冶）過程と見なした。宗教的省察において、「神の自己意識」は人間存在において反省（反照）され、そして、このことを通じて、神の自由は人間の理念として、あるいは自己自身の理想的形式（形相）についての人類（人間性）の意識として、形成（自己陶冶）される。[34] したがって、バウアーは、神の諸々の啓示を、人間が自己を所有し実現する（人間の自己所有と自己実現という）特殊人間的な行程における諸段階と解釈し、聖書の諸内容を人間の自由が反省された諸理念と見なした。こうした基礎づけに基づき、バウアーは、最終的に、宗教的な解釈学と批判との戦略を提起し、キリスト教の聖書は、そこにおいて人間の精神が独力でその自己疎外《セルフ・エイリネイション》〔Selbst-Entfremdung〕――更新されかつ究極的に自由な自己成就（完成化）――のさまざまな諸段階を記述する、人間の自己意識の歴史的な諸形姿として、解釈されるべきである、と主張した。[35] かれは、新約聖書の諸々の物語を、旧約聖書の純粋に形而上学的ないし神政政治的な神によって象徴化された人間の自己意識の最初の疎外と未発展の諸状態（諸条件）に対する、人間の自己意識の反抗《リベリオン》を再現《エンアクト》するものとして、記述した。次に、新約聖書におけるキリストの啓示《レヴィレイション》と受肉《インカーネイション》は、そこにおいて「主体的精神《スブジェクティヴ・スピリット》」〔der subjektive Geist〕が「神性《ディヴィニティ》（divinity）」〔Gottheit〕と統一され、人間の自己意識と神のそれとが宥和《リコンサイル》〔versöhnen〕され、そして、人間の理性が自由についてのそれ自身の理念を具体的に反省（反照）させる、自己意識における宥和《リコンシリエイション》〔Versöhnung〕の一契機を標示している、とバウアーは説明した。[36] こうした批判的・

解釈学的なアプローチにおいて、バウアーは、宗教的な諸内容をそれらの理想的・人間学的な基礎づけのために解釈し、そして、これらの内容を、人間存在が、神に擬えて、自由なるものとして自己自身を実現することに向かう理想的な生成・発展における現実的な諸契機として解釈しはじめたのである。

【B・バウアー】

【法の下での人間的自由の形成（自己陶冶）過程：他律性を克服する自己立法の主体的精神】

さらにいえば、この点できわめて重要なのは、初期のバウアーもまた、宗教的な諸々の物語を、法（法定立）に係わる物語（*legal narratives*）として解釈し、人間の自己意識と神のそれとの間の理念上の関係における諸段階を、法の下での人間的自由の形成（自己陶冶）において明示（分節化）される諸段階と見なした、という事実である。[37]したがって、バウアーは、キリスト教を、純粋に形而上学的（神政政治的）な法（律法）の克服を上演（enact）してみせるもの、そして、そこでは自由が合理（理性）的にその法（律法）と宥和される、自己意識的な人間の自由を法的に〔法の自己定立によって〕実現することを、物語によって形象化するもの、と見なしたのである。この〔自由と法との〕宥和過程は、旧約聖書の神政政治の抑圧的な他律性を克服しようとする自己立法《セルフ・レジスレイション》の主体的精神の出現とともに始まった、とかれは説明した。[38]バウアーは、旧約聖書の法（律法）を絶対的「人格」の法（律法）と見なした。この法（律法）においては、法（律法）的資格（権限）は静態的かつ他律的に決定され、人間の意識は資格（権限）や義務の諸条件の基礎づけにおいては何ら役割を演じないからである。[39]その後、この〔自由と法との〕宥和過程は、新約聖書の「啓示宗教」において完成される。そこでは民衆が啓示された法（「新しい掟〔法〕」）に、かれら自身の法として、あるいはかれら自身の似姿の形をした法として、出会うからである。[40]かくの如く、聖書は、自己意識の形成（自己陶冶）過程を、他律的ないし純粋形而上学的な法（律法）の桎梏からの人間の解放《リベレイション》として記述している。はっきりいえば、キリストにおける神の啓示は、あらゆる客体的あるいは権威主義的な法と矛盾する。というのは、それは、そこにおいては人類（人間性）が反省的にその絶対的存在と宥和され、したがって、人類（人間性）がもはや外因的ないし他律的な命令《エディクト》としての法によって決定されない、そういう状態（条件）を、表現しているからである。[41] それゆえに、人間の自己意識のテロス（目的）は、旧約聖書の人格的ユダヤ的国家によって例証された、神政政治的ないし形而上学的な法（律法）秩序から、離れ去ることであり、自身の法の下で非形而上学的な自己意識の状態（条件）を錬成（精緻化）（elaborate）することである。[42]

【唯物論としての「自己意識の哲学」：自由な自己意識的理念を実現する共和主義的国家】

一八三〇年代の後半以降、バウアーは、神学者として自己自身を称（定義）することをやめ、「唯物論」だけが説得力のある「自己意識の哲学」を規定しうる、という結論に達した。[43] この点において、バウアーは、宗教は自由の理念を表現しえない、あるいは、他律性以後の状態（条件）を説明しえない、と断言した。すなわち、かれの主張によれば、あらゆる宗教は他律性《ヘテロノミー》であり、そして宗教は変わることなく人類（人間性）を「疎遠な専制的法《エイリアン・テュランニカル・ロー》」に従属させるからである。[44] この時期のかれの著作において、バウアーは、宗教を究極的に克服することだけが、かれがかつて宗教の機能と見なしていた偽りの法（律法）からの解放という行為《アクト》（作用）をもたらしうるであろう、と結論づけた。人間の自由は神の自由ではない、それはただ人間の自由であり、そして、それは、それがもっぱら人間の自由であるかぎりにおいてのみ、自由でありうる、とかれは結論づけたのである。かれの反宗教的転回後でさえも、バウアーは自分の初期の聖書解釈学をまったく放棄してしまったわけではない。そして、かれはなお、キリスト教における特定の諸契機は、偽りの法（律法）の否定——これは人間学にとって構成的なことであるが——を記述している、と論じていた。[45] しかしながら、宗教は「道徳的世界」を制度化（設立）するに際して何ら有意味な役割を演じえないし、人間存在に宗教的な理念という重荷を課することはすべて、人間の自由の実現をもっぱら妨げかねない、とかれは断言した。(46) 事実、宗教ではなく、国家こそ、「理性の無限性」が表現されうる「唯一の形式」であり、そして、宗教の諸制度は、国家の憲政秩序における従属的要因（境位）以上のものでは決してありえない、とかれは結論づけた。(47) いまや、宗教は国家の外側にいかなる「現存する法」も有さず、自由と資格（権限）賦与の信頼しうる諸状態（諸条件）を生み出しえない、とかれは論じた。(48) したがって、真正な法は、強力な共和主義的国家によってのみ制定（制度化）されうるし、そして、国家においてのみ、法の下の自由の完全に自己意識的な理念は実効化されうるのである。その際、フィヒテに近づいて、自由を保障する国家は、（宗教も含めて）知的交換のあらゆる領域を主権的意思に従属させ、そして、この国家は、権利と資格（権限）を、形而上学的規範としてではなく、共同で精緻化（錬成）された要求として生み出す、共和主義的憲政秩序によって形成される、とバウアーは論じたのである。

【三月革命挫折後、あらゆる形而上学的思惟からのラディカルな訣別】

バウアーは、初期の宗教的著作では、宗教的内容を神学的形而上学や積極哲学の要求から救出することを意図した。かれの後期の著作はこのアプローチを形式転換するとともに拡大し、人間の意識を宗教そのものも含めてあらゆる形而上学から救出しようとした。それゆえに、かれの後期の著作は、あらゆる形而上学的思惟――これをバウアーは政治、哲学、とりわけ法を衰弱させる力として解釈したが――に対する激しい嫌悪を明確に表現した。〔かれの〕精神のこうした変化を促したモティーフは、一八四八年―四九年の革命の挫折後、かれの後期の政治的著作においてきわめて明確に表現された。一八四九年以後、フランクフルト国民議会の自由主義的革命家たちが持続可能な憲政秩序を創出しえないことは、哲学における形而上学的理念への固執と「内面的に関連づけられ」ていた、とバウアーは論じた。[49] かれの主張によれば、この時期における形而上学的構成及び知的図式の持続的な影響力は、人間の政治に浸透した脆弱さを、そして、政治領域において合理（理性）的に自己主張する人間の諸能力の未発達を、証明するものであった。こうしたことが原因となって、人間の政治生活は、知的生活と政治的組織との両方において、絶対主義をきわめて容易に受け入れることになったのである。形而上学は、創造的かつ人格的な生活に対して手に負えない秩序を押し付け、自由と理性の局地的ないし内在的な表現の価値を貶め、現存する人間に、人格性の極度に切り詰められた理念に凝縮されたキメラ的（奇怪）で抽象化された権利概念の責任を負わせ、そして、社会をそれ自身の基礎づけについての絶対的かつ普遍的な記述に依存させたままの状態に放置する、という結論をバウアーは引き出した。それゆえに、形而上学的な普遍主義から完全には解放されていない、そして、それら自身の管理・運営のための合理的、人間学的、そして完全に実定（自己定立）的な基礎づけを、錬成（精緻化）してこなかった、そうした諸々の社会は、法と憲政秩序に係わる生活の抽象的に人格化された理念と、自由の純粋な実現のための機会をほとんど与えない、統治《ガヴァナンス》の抽象的に人格化されたモデルとを、促進する傾向を有しているのである。[50] とりわけ、バウアーの主張によれば、形而上学的態度が、政治的生活の価値を、実体を欠く、しかも抑圧的に適用された法から引き出すにつれ、形而上学は社会の全域において法の異常肥大《リーガル・ハイパートロフィー》を刺激する傾向を有している。一八四八年〔の革命期〕を通じて共和主義者たちや立憲主義者たちが自分たち自身を形而上学から解放しそこなったことは、とりわけ、かれらが法を自由と合理（理性）的意思の領域として解釈しえなかった点において露見した。それどころか、かれらは、「法の礼賛」に取り憑かれたままであった。これは、現存する政治的な事柄のあらゆる生きた局面を法律として条文化する《パラグラフィング》ことによって「初期絶対主義の妄執《マニア》」を繰り返し、そして「生活のあらゆる徴候を法律の規制によって支配する《ドミネイト》」こと以上のことをほとんどしなかったのである。[51] バウアーの指摘によれば、権利を単子論的《モナディック》人格に形式的に割り振られた付属物以上の何らかのものとして理解することができない権利概念、そして、人格性という虚構を形而上学的神から国家や臣民たちの人格性に単純に置き換える権利概念――こういう権利概念を普及させることに主として責任があったのは、立憲主義的理論における法実証主義的志向である。このことのゆえに、革命の背後にあった合理（理性）的意思は禁じられていたし、そして、この合理（理性）的意思は法的な人格性や自由の形而上学的理念と致命的な形で妥協していたのである。かくして、バウアーの後期の政治的な見解がその頂点に達したのは、強力な政治文化が生き残るために必要なのは、宗教や形而上学の不断の批判であり[52]。そして、欺瞞的な法――そして欺瞞的に形而上学的な法――による政治文化の支配から、政治的自由や合理（理性）的自発性を引き離そうとする、絶えざる努力である、という主張においてである。はっきりいえば、バウアーの著作を貫く一つの主導的衝迫は、人間の活動の支配的領域――宗教、政治、哲学――こそが形而上学をして人類（人間性）を圧倒することを許すのであるから、これらの領域のそれぞれにおいて、人類（人間性）はその自由を形而上学とは異なるものとして反省し、力説しなければならない、という主張である。こうしたことが成功すれば、合理（理性）的法の信頼しうる人間的システムが成立することになるであろう。

3　類的存在と法

【D・F・シュトラオス】
【人間の自己意識の自己投影としての徹底した聖書（福音書）解釈】

ダーフィト・フリードリヒ・シュトラオスは、政治や神学に関するかれの省察において、さらにより断固とした人間学的な観点を採用して、青年ヘーゲル主義者たちを取り巻く知的環境の左に自分自身を位置づけた[53]。初期のバウアーとは異なり、シュトラオスは、神の啓示の歴史的事実性を否定し[54]、そして、聖書をもっぱら、人間の自己意識の神話的形式としてのみ、あるいはその理念上の反省ないし投影としてのみ、見なす覚悟をして、[55]聖書の解明されるべき真実の内容のために、厳格な分析的批判を要求した。[56]キリストの誕生と復活の物語は、とりわけ、真実の歴史的物語としてではなく、人間の意識にそれ自身の本質とそれ自身の自由との一理念を構成させ、かつ表現させる、そういう神話として、アプローチされるべきである、とかれは主張した。それゆえに、キリストにおいて、人間の精神は、それ自身の「神的・人間的な生」を解釈し、したがって、それ自身の中の「人間性（人類）の理念」を鼓舞《インヴィゴレイト》するのである。キリストという形姿は、一つの掛替えのない歴史的人格性ではない。それは、歴史的形式の中に象徴的に植え付けられた「理念」である。これを通じて、人間精神は、類《スピシーズ》（*Gattung*）として、あらゆる人間存在に共通の人間性及び自由の可能性に、形姿を付与する。[57]キリストは、全人類の象徴的ないし理想的な包括的《エムカムパッシング》人格性（Allpersönlichkeit）であり、そして、キリストの性格は、一人格にではなく、無数の人格に、帰属するのである。[58]それゆえに、各人格は、人間性や自由というキリストの属性をすべての人格の属性として解釈すること、すなわち、すべての人格をすべての他の人格に結びつけること、この責任を課されているのである。

【人間の自己疎外としての宗教：批判的解釈学】

シュトラオスは、キリストの啓示を人間の本質の完成された実現とは見なさなかった。かれはむしろ、人類（史上）の（人間性を象徴する）宗教的人物（形姿）たちは、人間的実存とその最高の可能性との間の分裂をいつも反映している、と論じた。バウアーと同じく、シュトラオスはキリスト教の教義や教会の歴史を、人類の法（自己定立）的な自己意識や自由の状態への漸進的発展を記述するもの、そして同時に、「人間存在の自分自身の本質からの（複雑な）疎外《エイリネイション》」を永遠化するもの、こうしたものと見なしたのである。[59]宗教の内容は人間的内容に他ならず、これらの内容は、神のもの、ないし神聖なもの、としてそれらを構成することを通じて、疎外される。したがって、人間たちは、宗教の内容《コンテンツ》や命令《コマンズ》として客体化されていた人間の諸理念を再生《リクレーム》（reclaim）することを、あるいは「取り戻す《テイク・バック》」ことを要求されている。[60] 宗教的象徴を人間的自由に形式転換し、啓示された命令の外因性《エクスターナリティ》を人間の自己立法（self-legislation）の指標へと翻訳することこそ、理性的な宗教解釈の仕事である。宗教は、その内容が批判的解釈学を通じて、外在的ないし形而上学的な実体としてではなく、人類（人間性）の中に内在する自由の神話的形象化として、解釈されてきたところでのみ、完全に理解され完成される。したがって、「キリスト教の純粋な人間主義への発展」を通じてのみ、宗教の真実の諸含意は開示（請け出）（redeem）されうるのである。[61]

【L・フォイエルバハ】

【人間存在の自然本性の自己疎外態としての神】

青年ヘーゲル主義者たちの間で、ルートヴィッヒ・フォイエルバハの諸著作は、宗教のもっとも批判的な分析を含んでいる。一八四〇年代始めの諸著作の中で、フォイエルバハは、宗教と人類（human species）とに関するシュトラオスの見解をさらに徹底し、神性《ディヴィニティ》についての正統的概念は、人類（human species）を構成する必要《ニーズ》、欲求《ディザイアーズ》、自由の可能性の歪められた像に他ならない、と論じた。事実、神は人間性《ヒューマニティ》（人類）の理想的かつ構成的な諸属性が欺かれて疎外の形で客体化《オブジェクチヴァイズ》されたもの、つまり、その類的存在（species-being: Gattungswesen）、これ以外の何ものでもない。神は虚構の場所《サイト》である。そして、人間存在は、この虚構の場所に、自分自身の自然本性を基礎づける内容を、無理やり投影することを強いられる。そして、人間存在は、この虚構の場所において、自分たち自身の主要な理想的自然本性や理想的素質（傾向性）が外在的なものに形式転換（変容）された諸要因（境位）に他ならない諸属性を、称揚し、かつ畏怖する。だから、神は絶対的自由ないし「絶対的本質（absolute essence: absolutes Wesen）」として知覚されるのである。それどころか、この本質（essence: Wesen）は、事実上、人間性（人類）（humanity）の外側に歪められて変性された一人格性であり、しかも人間性（人類）からその人格的自由および自己所有《セルフ・ポゼッション》の可能性〔の実現〕を阻んでいる、そうした人間性（人類）「それ自身の本質存在（own essence）」、あるいは類的存在である。[62] それゆえに、フォイエルバハは、シュトラオスよりもより広い範囲において、宗教は人間の生（生活活動）とその本源的素質《オリジナリ・ディスポジションズ》（傾向性）とを侵害するものである、と結論づけたのである。宗教的な〔概念〕構成《コンストラクツ》は、人間存在が自分自身の基礎的素質（傾向性）を成就《アカムプリッシュ》し、完成《フルフィル》すること、これを妨げる。宗教は、人間存在が真実にそれであるところのものすべての「否定」であり、そして、人類（人間性）が宗教において邂逅する類的存在の諸々の象徴が支持される理由は、宗教において、人類（人間性）が、意思的かつ逆説的に、自己自身がその自己完成《セルフ・フルフィルメント》の諸条件（諸状態）から疎外されることを許容し、そして、疎遠なる神がその自由と自己立法の諸条件を肩代わりすることを許している、という点に存するにすぎないのである。[63] かくして、宗教を分析する〔フォイエルバハの〕仕事は、人間社会のために神学的諸理念を人間学的あるいは人間主義的に再領有《リアプロプリエイション》すること〔自らのものとして取り返すこと〕、宗教の象徴的諸形式を人間の本質、自由、可能性の外在的な、かつ欺かれた、指標として理解すること、神として客体化された人類（人間性）の諸要因（境位）を人類自身（人間性そのもの）の自己《セルフ・フォ》形成《ーメイション》（自己陶冶）のために取り戻すことである。[64] これらの理由のために、宗教についてのフォイエルバハの哲学は、神学的な人格主義（personalism）と神の形而上学的な人格性についての教義とに対するもっとも激しい攻撃を含んでいるのである。[65] フォイエルバハの主張によれば、神の絶対的人格性を表現しているのは、人類（人間性）の自己自身からの全面的疎外《トータル・エイリアネイション》〔totale Entfremdung〕に他ならない。すなわち、神の人格性は人類（人間性）の疎外された本質であり、この本質は、暴力的に「一人格に形式転換された」のであり、そして、虚構として投影された神性に付着する一組の形式的な述語として、人間性（人類）から移転（追放）されたのである。[66] それゆえに、神の人格性は、形而上学的一人格として歪められて反映された、人間の人格性の、つまり、類（species: Gattung）の人格性の、剥奪《エクスプロプリエイト》された形式である。その際、この〔神の〕形而上学的な人格性は、人間的宇宙の中心にある逆説である。すなわち、それは、人間的実存から抽象された、現実性を欠く人格性であるが、しかし、人間の意思を凌駕し、人間生活をその命令《コマンツ》とその道徳的自己抑圧《セルフ・サプレッション》の体制《レジーム》で統制する。神の形而上学的な人格性が逆説的なものとして認識されるところ、そして、それが一人の人間の人格性、あるいは多くの人間の人格性の残滓として解釈されるところ、ここにおいてのみ、宗教として生起している人類（human species）の自己疎外（self-alination: Selbstendfremdung）を終焉せしめうるのである。(67)

【宗教的自己疎外からの自由な人間の解放と政治的解放】

フォイエルバハもまた、反人格主義的な神学的省察の政治的含意を明確化した。人間の諸属性が宗教において纏ったそれらの形而上学的外在性から最終的に取り戻されることは、ユートピア的な政治的状態（条件）に帰着するであろう――このことを示唆するいわばプロメテウス的衝迫が、宗教についてのフォイエルバハの哲学には染みわたっている。この状態（条件）において、人間たちは自分たちの共通の本質存在《コモン・エッセンス》へと再統一され、かくして、形而上学や欺瞞的な人格主義の――生を否定する――専制から解放されるであろう。さらにいえば、この状態（条件）において、人々は自分自身の法の自由な原作者本人であり、かつその解釈者でもあり、自分たちの法は主要な人間的な志向及び必要を反映することになるであろう。この状態（条件）において、形而上学的な法は「〔人間が〕人格として〔自己定立した〕生きている法（personally living law）」に転換されるであろう。つまり、「法は受肉し、人間の法になる」わけである。(68) それゆえに、他の青年ヘーゲル主義者たちよりも一層明確に、宗教に関するフォイエルバハの見解は、人格主義的な形而上学を克服すること、これこそ、欺瞞的な法の終焉と、そして法の下で共有された自由の開始とを意味する、と捉えていた、そういう解放的《エマンシパトリ》な政治的ヴィジョンを、考慮に入れていたのである。

【人間の類性、共同性、共同主観（主体）性、互酬性、分有された共同の法、自由、意思：宗教批判における反人格主義と法批判における反人格主義の交差：解釈学的、言語行為論的、コミュニケーション行為論的パラダイム転換の先取り】

さらにいえば、フォイエルバハの哲学の核心には、かれの法的・政治的な理念にとって特異な含意を有する、いわば準解釈学的な理論的転回〔パラダイム転換〕が存する。かれの論じるところによれば、人間たちは、自分たちが一つの共通の類的存在（species-being: Gattungswesen）を有するがゆえに、互いに相手を理解する。人間存在が話すところではどこでも、彼あるいは彼女は類（species）の一成員としての他の人格と話を交わし、そして、これらの諸人格の間で交わされる言語行為《スピーチ・アクツ》はいつも、①諸主体相互間の錬成〔自己陶冶〕（inter-subjective elaboration）〔類そのものの対象化〕と、②すべての人々が類の成員として有している共同性《コモナリティ》及び分有された洞察《インサイツ》の諸能力《キャパシティーズ》の発露とを、標示している。[69] したがって、言語は、人間存在が、互いについて、自分自身について、そして同時に、類的存在の担い手としての理想的な自己自身について、より大きな理解を獲得していく、そういう過程である。これらの根拠に基づいて、絶対的な人間的人格（human person）――類的存在――は、それが一組の安定的かつ最終的には不可変の諸性質を体現《インコーポレイト》する孤立したあるいは単子論的《モナディック》な一人格であるところでは、欺瞞的に解釈されているのである、とフォイエルバハは指摘した。むしろ、真実の人間的人格は、自由な錬成《エラボレイション》と解釈《インタプリテイション》という分有された対話の諸過程（shared dialogical processes）において、すなわち発展と自己形成〔自己陶冶〕の恒常的過程において、基礎づけられた、集合的人格（collective person）である。それゆえに、この点から見て、人間の本質についてのフォイエルバハの説明は、基本的に、かれを取り巻いていた宗教的思想や宗教的政治の人格主義を否定し、そして同じく、このような思想から抽出された法的かつ政治的な前提条件を深く掘り崩している。この論点におけるかれの本質的モティーフは、人間の人格性はそれが形而上学的な神に投影されるところで歪められるだけではないこと、逆に、形而上学的な神は、いかにして人間たちが自己自身を人格性として考えるか、そして、いかにしてかれらは他の人間たちを人格性として考えるか、これらのことを歪曲してきたこと——これらのことを示す点にあった。人々は、習慣上、形而上学的な神という絶対的主体を、自己自身の中に留め置かれた、かつ他の諸主体とは異なる、真実の至高の場所《ロウカス》として、解釈し、かつ前提にするが、こうした習慣は、人々が、自己自身と他の諸主体を、完全に自己に留め置かれた、かつ永遠に他の諸主体とは異なる、絶対的諸主体として、考えることを、制約《コンディション》して（条件づけて）きた。こうしたことのゆえに、人間の諸主体は、他者たちとの自分たちの構成的関係を無視することになるのである。すなわち、かれらには、自分たち自身と他者たちとの両方を客体化したものと、この両方を目的とする表象とを構成《コンストラクト》し、そして、人格性という絶対的な形で構成されたものにおいて基礎づけられた社会的かつ政治的な構造を受け入れる傾向がある。それゆえに、宗教についてのフォイエルバハの批判的な読解は、きわめて明瞭に、神の形而上学的人格を人類（人間性）自身の人格として取り戻すことを意図していたのである。しかしながら、このアプローチの解釈学的な見地《アスペクト》はまた、絶対的主体として形而上学的に誑かされた形で自己を構成することから人間主体を請け戻《リディーム》（回収）すこと、そして、この人間主体を、社会的なもの、変化しうるもの、〈自己〉形成的な対話に依存するものとして再解釈すること、これらのことを許容することもまた意図していた。この理念の基礎にあるのは、神の絶対的人格に人間性（人類）が釘付けにされていることが終わることで、人々は自分たち自身の人格を、相互性《リサイプロシティ》（互酬性）、分有された自由、そして共同性《コモナリティ》の状態（条件）において見ることができるようになるであろう、という示唆である。換言すれば、人類（人間性）を形而上学的意思から解放《リベレイト》することは、ひとつの集合的解放（collective liberation）であり、そして、この解放《リベレイション》という条件においては、人々は孤立した諸主体の諸法の下で生きようとはしないであろうし、一人格の自由が他者たちの自由の条件として作用する共同の法《コモン・ロー》として法を形成することになろう。この点から見れば、宗教批判におけるフォイエルバハの反人格主義《アンチパーソナリズム》は、人格主義の廃棄《アブロゲイト》を一個人（人格）的意思においてではなく、共同意思（common will）において基礎づけられた、新しい法（新しい掟）（new law）として解釈する、法批判における反人格主義と、あきらかに交差《インターセクト》しているのである。

【積極哲学の形而上学的人格主義批判：公法の抽象的に人格化された国家（政治的国家）と私法の抽象的に人格化された行為主体（ブルジョア社会）との分裂と相互規定】

こうしたことを敷衍して、フォイエルバハはまた、積極哲学の形而上学的な人格主義は国家の二元論的あるいは権威主義的な概念を助長する、と主張した。バウアーと同じく、かれは人格主義を絶対主義の形而上学的基礎と見なした。宗教における人格主義が、創造者と被造者として分離される、神という絶対的主体と自己疎外された人々との絶対的諸主体、これらの間の分割を、引き起こすのと同じ仕方で、政治における人格主義は、立法者たちと法の名宛人たちとして分離される、国家という絶対的主体と市民社会（ブルジョア社会）の形式的に目的志向的な諸主体、これらの間の分割を引き起こす、とかれは論じた。かくして、人格主義が創出する知的傾向性（配置）（intellectual disposition）は、国家がその諸機能を社会の上に成層化し、社会と経済を、多数の敵対的で自己追求的な諸個人へと、すなわち、固定された所有権を付与され、絶対的諸人格として獲得と自己膨張との権利を行使することにのみ係わる、一組の競争する経済的行為主体《エイジェンツ》へと、分解してしまうことを許容する。[70] この論点において、後期の絶対主義的な政治的秩序と初期の資本主義的な経済を中心として構造化された、一八四八年以前のドイツの政治的現実は、両者間の代表制的ないし有機体論的な媒介をほとんど欠いていたが、これが形而上学的な人格主義の物質的基盤であったのである、とフォイエルバハは指摘した。私法と公法との同時代における基礎づけの起源は、神の人格性についての欺瞞的に形而上学的な見解と、そして、これが引き起こす合理（理性）的自由の撤回とにある、とかれは結論づけた。公法の抽象的に人格化された国家と私法の抽象的に人格化された行為主体との両方は、同じ尺度において、人格性についての不十分な人間理解に由来している。それゆえに、バウアーと同じく、フォイエルバハもまた、ドイツの政治生活の脆弱さや度し難い疎外は、自由かつ理性的な法の積極的産出を許容する政治文化の発展を妨げた形而上学の残存によって引き起こされたのである、という結論に達したのである。

4　左右のヘーゲル主義者たち——分裂する人格性

【ゲシェル、シャルラー】

【右派ヘーゲル主義：人間の反省においてではなく、キリストの啓示においてのみ発露する、神の絶対的人格性】

まさしく人格性と形而上学との諸問題をめぐって、一八三〇年代と一八四〇年代におけるヘーゲル主義的思想家たちの宗教的、政治的な教説はきわめて鮮明に分たれ、そして、これらの諸問題は、保守的なヘーゲル主義者たちをより急進的でより若い世代の理論家たちから分かつ断層線を形成した。初期のカール・フリードリヒ・ゲシェル〔一七八四―一八六二〕、後期のユーリウス・シャルラー〔一八〇七―一八六八〕のようなもっとも保守的なヘーゲル主義者たちは、神の人格性についてのあらゆる人間学的な理論に反対した。神は超越的な人格性ないし「最高の人格性」、あるいはヘーゲルの用語では、「絶対精神」の人格的形式、と見なされるべきである、とかれらは論じたのである。神の人格性は人類のあらゆるメンバーに対して絶対的に先行するものであり、そして、歴史的に唯一無二のキリストの啓示において顕在化する、とかれらは主張した。[71]とりわけ、ゲシェルは、「神の絶対的人格性」は「創造」と、あらゆる有限な存在者の「創造された人格性」との、恒常的かつ積極的な「条件」である、と主張した。[72]神の人格性を発露せしめうるのは人間の反省ではなく、啓示のみである。[73]類比的にいえば、シャルラーは、シュトラオスが先鞭をつけた神話解釈学的アプローチに対して抗議して、次のように主張した。キリストの形式（形相）

的人格性は歴史的に唯一無二の人物と見なされるべきであり、[74] そして、「絶対的人格性」の「現実（実在）的啓示」は絶対的な人間的自己知（human self-knowledge）の唯一無二の形式である、[75] と。

【マールハイネケ、K・L・ミシュレ、K・ローゼンクランツ、A・チェスコフスキ】
【穏健派的あるいは穏健保守派的なヘーゲル主義：人間の精神においてのみ実現される神の自己意識としての人格性：神の人格性の錬成過程としての人間の歴史】

マールハイネケ（一七八〇—一八四六）、カール・ルートヴィッヒ・ミシュレ（一八〇一—一八九三）、カール・ローゼンクランツ（一八〇五—一八七九）のような、より穏健《モデレイト》な——あるいは穏健保守的《モデレイト・コンサヴァティヴ》な——ヘーゲル主義者たちもまた、青年ヘーゲル主義者たちの左派の神話学的かつ人間学的な理念を退けた。マールハイネケは、神の歴史的啓示《ヒストリカル・レヴィレイション》は人間の意識における「神の理念」から部分的には結果すること、人間の意識が啓示に対して特殊な「受容能力（receptivity）」を有すること、かくして啓示は人間の意識の特異な出来事であること、これらのことを受け入れた。[76] しかしながら、かれもまた、キリストの受肉（incarnation）は、決して「人間学的な形」ではなく、もっぱら先行する人格性の受肉と見なされるべきである、と主張した。[77] ローゼンクランツもまた、神を——あくまでも世俗世界と人間の意識との中に現前し活動するものとしてではあれ——絶対的主体あるいは「超越的創造者」として定義した。[78] ミシュレはヘーゲル以後のさまざまな思想的諸傾向を媒介した。かれは、神の人格性は形而上学的本質としてではなく、神の形姿に造形された人間性（God's formative humanity）として見られるべきである、という確信を、バウアー、フォイエルバハ、シュトラオスと共有していた。[79] バウアーと同じく、ミシュレは、「精神の永遠の人格性」は人間性と創造から抽象された——あるいはそれらとは異なる——神ではなく、「人間の精神」においてのみ実現されうる「神の自己意識」である、と結論づけた。[80] それゆえに、ミシュレは神性と人間性の無条件的な区別《キャテゴリカル・ディスティンクション》を保存すると同時に、神的人格性を静態的本質としてではなく、人間性に、おける、そして人間性として、の神の生成・発展として解釈しようともしたのである。しかしながら、左派ヘーゲル主義者たちとは異なり、ミシュレは、神を共通の人間的属性を凝縮したものとして定義する人間学的な理論には反対した。かれはこれらの中に、第一に、「神的実体の絶対的客体性」(81)の否定、第二に、神的実体の特定の場所及び表現としての個々の人間的主体性の役割の価値の貶下、この両方を見たのである。(82)それゆえに、神は形而上学的に人類（人間性）に先行するものであり、人間の人格性は、個人的にも集合的にも、その最大の威厳《ディグニティ》を、「絶対的なるものの生」(83)においてーーあるいは「一般的な神的人格性」との「意識的統一性」という関係においてーー必然的な契機として受け取るだけである、(84)という主張を、ミシュレは決して否定しなかったのである。アウグスト・チェスコフスキ（一八一四ー一八九四）はまた、政治的にはミシュレよりもヘーゲル左派により近かったにもかかわらず、人間学的な人格主義的議論と超越的なそれとを媒介する立場をとった。チェスコフスキは、人間の歴史的過程を、神の「絶対的人格性」の神的・物質的な錬成（陶冶）(elaboraition) 過程と見なしたのである。(85)

【人格主義と立憲主義の関係をめぐる左右ヘーゲル主義者のさまざまな態度：立憲君主制、代表制的君主制、共和制】

ポスト・ヘーゲル主義的思想における神の人格性に関するさまざまな見解は、これらの哲学者たちのさまざまな政治的態度と密接に結びつけられていた。より保守的なヘーゲル主義者たちは、人格的執行者〔君主個人〕を国家的権威の焦点として定義する、権威主義的な政治的態度を是認《エンドーズ》するために、神の絶対的人格性を強調した。たとえば、ゲシェルはかれの人格主義から、君主制的諸システムは「現実的人格性」と人格的な自由や形成〔自己陶冶〕との思潮をもっとも促進することになろう、と主張した。(86)他の保守的な人たちは、理想的国家は、教会と密接に統合されている国家であるとともに、君主権力が神の裁可《サンクション》を享受している国家である、と論じた。[87] かくして、これらの理論家たちは、国家が独立した意思形成と自己実現との闘技場《アリーナ》（舞台）である、ということを否定する傾向を有し、そして、国家の人格性を、それを神自身の人格性と立憲主義的に（憲政秩序として）統一することによって基礎づけた。より穏健な人格主義者たちは、国家の人格性を社会的に責任を負いうる憲政秩序において表現する君主制的政治システムを、支持する傾向を有した。[88] これらの見解は憲政秩序を国家の人格性の人間的要因（境位）として解釈したのである。たとえば、ミシュレは、その穏健な人格主義ゆえに、個々の市民たちの「人格的自由」が「代表制的憲政秩序（representative constitution）」によって保証される、そうした立憲主義的国家を支持することになった。[89] かくして、かれは民主制的な諸制度を中心にした進歩的な「立憲君主制」を是認《エンドーズ》したのである。[90] さらにいえば、青年ヘーゲル主義者たちの左派に与する三人の主要な思想家〔バウアー、シュトラオス、フォイエルバハ〕は、かれらの反人格主義を発展させて、人類（人間性）の実体的かつ自己解釈的な人格性はあらゆる政治的権威の構成的基礎を形成するにちがいない、と主張した。シュトラオスは進歩的立憲主義的システムを支持した。バウアーは強力な代表制的君主制《リプレゼンタティヴ・モナキー》によって枠づけられた活動主義的共和主義《アクショニスティック・リパブリカニズム》〔能動的活動主体から成る共和制〕を選択した。[91] フォイエルバハは初期の社会主義的思想に接近し、神の形而上学的人格性からの解放を、解放的あるいは共和主義的政治のための前提条件と見なしたのである。

5　ポスト人格（主義）的国家

【左派青年ヘーゲル主義者と政治】

左派青年ヘーゲル主義者たちは、政治的領域《スフィア》を、人間存在が、人格性の欺瞞的理念から解放されるならば、自由の自分たちの理念を表現しうる、唯一の社会的領域《スフィア》として、解釈した。かれらは、宗教的理念による政治のあらゆる汚濁《コンタミネイション》を、人間の理性と人間の法によってのみ適切に決定される活動《アクティヴィティ》の領域《リージョン》における、欺瞞的形而上学の残存として非難した。したがって、かれらは、シュトラオスの場合のように、教会と国家は完全に分離されるべきである、と要求するか、[92] あるいは、より激しく、バウアーの場合のように、完全に世俗的国家だけが正統性を有する国家を形成しうるし、[93]「人間的自由の人格（個人）的現存（実存）」は国家によってのみ安全に保障されうる、と論じたのである。[94]

【ルーゲ】

【政治的解放は批判や理論ではなく実践によってのみ可能：理論に対する実践の優位：急進的民主制】

しかしながら、国家の世俗的・共和主義的かつ反形而上学的な理念は、一八四八年の国民議会における急進派代表、アーノルト・ルーゲ〔一八〇四―一八八〇〕の諸著作において、もっとも明確に表明された。かれは他の青年ヘーゲル主義者たちの政治的左派に対していくらか距離を取っていた。自由な「精神の展開」は国家においてのみ生起しうるが、[95] 現在、半神政政治的な諸々の影響によって、そしてとりわけプロイセン君主という姿をとった「政治的教皇」によって、妨げられている、とルーゲは論じた。[96] それゆえに、初期の青年ヘーゲル主義者たちと同じく、ルーゲは自分の課題を、国家および政治的自由の領域を欺瞞的な形而上学的理念から解放すること、と見なしたのである。しかしながら、他の青年ヘーゲル主義者たちは人類（人間性）の政治的解放を、批判的理論の、あるいは解釈の、過程と見なしたのに対し、ルーゲは、人間の自由は集合的活動（collective *action*）を通じてのみ確保されうるし、実践（*Praxis*）は解放の唯一の媒体である、と論じた。事実、他の青年ヘーゲル主義者たちは宗教の人間学的批判を、形而上学を越えていく道程として同定したのに対し、ルーゲはこれらのアプローチをいまだ形而上学的分析の罠に捕らえられているもの、そして実践の解放的優位性を評価しそこなっているもの、と見なしたのである。かくして、実践の理論は、「意識の急進的改革」を標識づけ、そして、このような改革だけが人類（人間性）を欺瞞的な決定論から解放しうる、とかれは論じた。(97) いまだ実践的になっていない、そして実践においてそれ自身の妥当性を証明しようとしない、そういう理論的省察は、形而上学の更新以外のものではないし、有意味な形で人間《ヒューマン》の解放《リベレイション》という仕事に貢献しえない。(98) これを敷衍すれば、その場合、ルーゲは、一八四八年の立憲主義的自由主義を、〔近代的〕法治国家（legal statehood）の抽象的に人格的な理念にいまだ焦点が置かれている、理論的に過重負担の、あるいはなお形而上学的な、政治的見解と、見なしたのである。こうした見解は、政治的基礎づけの活動的・実践的な局面を適切に認知しそこね、完全な人民主権と能動的参加とを正統的秩序の源泉として認識する代わりに、所有の法的諸権利と形式的規制との脆弱な構築物が持続的な政治的組織体（polity）のために充分な苗床を提供しうる、と欺瞞的に想定したのである。(99) その結果、自由主義が、活動によって参加権を付与された「公的領域」によって支えられる急進的民主制的見解によって、置き換えられるところでのみ、自由主義の形而上学的な形式主義と理論的な鈍重さは乗り越えられるであろう。(100) それゆえに、チェスコフスキと同じく、ルーゲは、能動的な〔活動による〕政治的基礎づけ——「ポスト理論的な実践」——を人間の自己実現の最高の条件と見なし、能動的に〔活動によって〕形成された政治的秩序は人間の人格性の至高の表現である、と論じたのである。(101)

【シュティルナー】

【自由主義と人間主義の普遍主義的抽象性の批判：急進的自己権威化と個人的自己立法の主意主義的実践】

より急進的な青年ヘーゲル主義者たちの諸著作におけるこうした反自由主義的要因〔境位〕は、マックス・シュティルナー〔一八〇六—一八五六〕の諸著作においてもまた明確に表現された。シュティルナーの著作の理論的中核を成しているのは、自由主義による宗教と形而上学の克服は欺瞞的であり、自由主義がその政治的理想を基礎づけたのは人間の人格性という欺瞞的な〔概念〕構成においてである、という主張であった。自由主義は、普遍的な人間主義に基づいているから、人間存在というカテゴリーを、そのポスト形而上学的な理論及び政治を基礎づけるものとして宣言し、その政治を人間の必要《ニーズ》と利害《インタレスツ》という普遍的理念への引証を通じて正当化しようとした。しかしながら、この自由主義の人間主義（humanism）は、宗教の欺瞞的な自由を、新たな、そして新たに歪められた、基礎づけの上で、再構築することによってのみ成功したにすぎない。自由主義は、単一の人間の人格性（unitary human personality）があらゆる政治の源泉として定立されうる、と想定して、「人間の宗教」を形成する。この「人間の宗教」においては、「神が人間存在のために道を譲らなければならなかった」が、しかし、個人としての――あるいは真正に人格的な――人間が必要とするものは、普遍的に人格化されたカテゴリーのもとに包摂されてしまい、充分な形では取り組まれていない[102]。さらにいえば、自由主義は、国家だけが〔多分、「人権」ないし「自然権」を個々の市民たちに付与することによって〕人間存在の普遍的利害関心を考慮しうる、と想定するので、人間の生活を、人格の欺瞞的に抽象化された理念に由来する欺瞞的に普遍化された法に繋ぎとめ、人間の自由を法の前での普遍的権利の一連の形式的保障に狭めてしまった。こうした自由は、結果として、あらゆる実体的内容を欠いているのである。要するに、人間主義と自由主義の宗教は、絶対的人格としての人間存在という、由来からしてそもそも形而上学的な概念において、そして、こうした人間存在に適合的な法についての形式化された説明において、基礎づけられている、そういう「国家宗教（state religion）」である[103]。こうした国家のあらゆる「現存する法」は、形而上学的な法でしかありえない。すなわち、それは「疎遠な〔疎外された〕法」である[104]。それゆえに、ルーゲは自由主義の形而上学を超える急進的・共和主義的な道程を提起したのであるが、シュティルナーは急進的な自己権威化《セルフ・オーソライゼイション》と個人的な自己立法との主意主義的《ヴォランタリスティック》な実践を支持した。かれによれば、真正な人格は、自己自身の法の創設者《オリジネイター》であり、この人格は自己自身を、「人間存在」という〔形而上学の〕名残を留めたカテゴリーにおいてではなく、徹底的に唯我独尊の個人（intensely particularized individual）として表現し、自己自身以外の「他のいかなる法の源泉」も認めない[105]。この分析の基礎には、あらゆる普遍化された見解は他律性あるいは欺瞞的自由を生み出してしまう、という信念があった。〔シュティルナーによれば〕、自由主義と人間主義は、抽象的な人格主義の新しい表現に他ならず、それらは純粋に実現された解放《エマンシペイション》ないし自己立法《セルフ・レジスレイション》の経験に導かれることはありえない〔からである〕。

【小括　青年ヘーゲル主義の課題：人類の自己解放：①形而上学（人格主義・絶対主義）からの解放、②自由主義・資本主義における合理性・形式法のイデオロギー暴露】

これらの差異にもかかわらず、これらの青年ヘーゲル主義者たちの見解は二つの中心的主張に収斂した。第一に、政治は人類（人間性）が自己自身を形而上学的形式から解放する適所《サイト》である、とかれらは論じた。しかしながら、現今の社会においては、政治的諸制度は、形而上学的省察の人格主義的ないし絶対主義的な残滓（これらの中で積極哲学はもっとも突出した例である）によって重荷を負わされていて、人間の自己解放の過程を減速させている。それゆえに、人類（人間性）は、政治において、人格主義や形而上学から自己自身を解放すること、そして、人間の利害関心や関与《コミットメンツ》を完全に反映する社会を形成すること、これらのことに対する責任を課されている。第二に、その際、理論的により洗練された青年ヘーゲル主義者たちはまた、形而上学もまた、自由主義の合理性と、初期資本主義及び初期資本主義的な法とを、縒り合わせ、そして、初期資本主義の合理性は形而上学の有害な幻想を拡張し、かつ悪化させている、と指摘した。この点で見ると、資本主義を支えている法的諸範型――すなわち、法の主体、所有する個人（possessive individual）と契約を形成する法理学上の行為主体（contract-forming juridical agent）――は、それら自身、本源的に神学的な形而上学に由来し、しかしあらゆる実体的ないし人間的な基礎づけを欠いている、人格性の欺瞞的かつ逆説的な構成〔概念〕を中心にして形成された精神的態度から派生しているのである。はっきりいえば、きわめて青年ヘーゲル主義的な教説の基礎にある法の理念によれば、社会を一組の目的志向的な法の諸主体へ分割することは、神の人格性の本源的逆説の散乱《ディスパーサル》を反映しているのであり、その結果、あらゆる社会は、それ自身を世俗的なものと解釈しているにもかかわらず、キメラのごとく奇怪に自己産出された、しかもまた普遍的に強制力を有する、権利や義務の諸原理、これらを中心にして、秩序づけられているのである。要するに、人格主義は、宗教的、政治的、法的なレヴェルにおいて、他律性《ヘテロノミー》を創出するのである。かくして、青年ヘーゲル主義者たちを統一する法的・政治的プロジェクトは、人間の生活及び人間的な行為主体を、あらゆる神政政治的《シオクラティック》ないし形而上学的な他律性から解放しようとし、そして、これと関連して、人間の生活及び人間の行為主体を、国家と法との下で形式的に目的志向的な占有主体《プロプリエトリアル・エイジェント》としてそれ自身を欺瞞的に形而上学的な形で限定（determine）することによって成立する、あらゆる支配《ドミネイションズ》から、解放しようとする、そういう企てであったのである。

6　マルクス、形而上学、資本主義

【左派ヘーゲル主義における形而上学批判や反人格主義の再形象化】

青年カール・マルクス〔一八一八―一八八三〕が一八三〇年代の後半と一八四〇年代の前半においてヘーゲル左派的思惟の一定の諸傾向によって大いに影響されたことは、広く引証されてきた。そして、かれはまた青年ヘーゲル主義的な思潮に対して距離をとろうと大いに心を砕いたことも、同じくよく知られている。以下の議論は、マルクスが領有したヘーゲル左派思想のすべての相を引証することを意図していないが、しかし、マルクスの理論の政治的諸原理は、とりわけかれの初期著作のそれらは、青年ヘーゲル主義者たちの反形而上学的諸批判と非連続であるわけではない、ということを示そうとしている。事実、マルクスは、青年ヘーゲル主義者たちの形而上学批判や反人格主義における特定の基礎にある衝迫を、再び明確化（分節化）し、かつ再び形象化したのである。

【初期マルクスにおける（人間の自由の前提条件としての）類的存在（社会性と共同性）という人間学的概念のフォイエルバハからの批判的継承：人間と自然との社会的物質代謝（内外の自然の自己交換）：社会的労働の分割と結合：社会的（共同的）存在としての人間の自己実現】

きわめて明瞭なことであるが、マルクスの初期著作は、フォイエルバハから、人間の本質ないし類的存在（species-being）〔Gattungswesen〕についての普遍的・人間学的な概念を借用し、かつ修正した。かれはこの概念を人間の自由の前提条件と見なしたからである。類的存在についてのマルクスの定義は、人類（human species）の本質は社会性《ソーシャリティ》と共同性《コモナリティ》とを志向することにある、という主張に集約された。人間存在は、その自然本性において本質的に社会的である。かれら人間存在は自己自身を他者たちとの共同性の諸関係において実現し、かれらが自然本性的に互いに相互行為《インターアクト》するところでは、かれらは分有された自由と相互的（互酬的）に条件づけ合う自己実現《セルフ・リアライゼイション》とに基づく社会を形成する。さらにいえば、人間存在が社会性と共同性の起動力《イムピタス》に従うところでは、かれら人間存在は歴史的に豊饒化し持続化する社会的諸条件を創出し、その結果、共同の諸活動《コモン・アクションズ》は、人々が自分自身のものとしてそれを認識し、そして、そこにおいてかれらの諸活動が時代を縦断して異なる諸世代の有用性や福祉に貢献する、より広い社会的・政治的な現実、こうした現実のための基礎を築き上げる。それゆえに、〔社会的・歴史的な労働を介して〕錬成《エラボレイト》〔自己陶冶〕された人類は、①人間存在の間の非道具的な相互行為《ノン・インストゥルメンタル・インターアクションズ》によって、②共有された自己実現への奉仕に際しての自然財の利用によって、そして③自由と歴史創作の主体そのものであること（historical authorship）との共通の諸経験によって、性格づけられた社会的諸秩序を、制度化（設立）するのである。〔社会的・

歴史的な労働を介して〕錬成〔自己陶冶〕された類的存在によって支えられた諸社会は、かくして、人類（human species）という第二の自然（*second nature*）において基礎づけられる。これらの社会は、人間主義と自然主義とが分離しえなくなった社会である。すなわち、これらの社会においては、人間の自然本性と類とを基礎づけている諸々の潜在力《ポテンシャルズ》は外的自然と統一されることになり、その結果、〔ここでは〕これらの潜在力は、自然が人間の必要に応じて造型《モウルド》され、人間の必要が基礎にある自然の諸々の傾向性《ディスポジションズ》を反映する、そういう包括的な状態（条件）を、構成することになるのである。(106)

【類的存在の外在化――労働・活動・実践の優位：社会的労働の分割と結合（生産と交通）によって歴史的に形成される人間世界：初期マルクスの自然主義＝人間主義：資本制社会における労働の疎外】

フォイエルバハをこのように修正して読解することで、類的存在は、道徳的自己回復《モラル・リキューペレイション》ないし宗教批判のさまざまな解釈過程を通じて解放《リベレイト》され完成《フルフィル》されうるような、あるいは類のそれぞれ個々の代表例《イグゼムプラール》〔個人〕に抽象的に内在するような、そのような客体（対象）ではない、と〔青年〕マルクスは論じた。事実、かれは、人間の本質を、類のすべての成員たちを自然本性的な形で統一し、明確に集合的な人間の実践において顕在化（manifestly enact）される、そういう活動的内容（active content）〔ensemble der gesellschaftlichen Verhältnisse〕と見なした。(107) したがって、類的存在の外在化（externalization）〔Entäusserung〕のための自然的媒体は、労働である。労働は、それを通じて人間存在が顕現し、自分たちの個別的かつ集合的な本質に関係し、共通の人間的自由に近づく、歴史的諸条件（諸状態）を、創出する活動《アクティヴィティ》である。自由な労働において、人間存在は、自然的世界の「非有機的身体」を形づくり、そして変更する。人間存在は、外的自然との相互作用によって〔自他の〕形態（形相）を転換していく、（きわめて重要な）生活〔再生産〕（vital）過程を、創発《エンアクト》する。そして人間存在は、「第一の自然」を人間によって実現された、居住しうる環境として形成する[108]。同じく、人間存在は、自由に労働することにおいて、有用な諸事物の「客体的世界」〔「第二の自然」〕を構成する。これは人間社会の発展に寄与し、共通に人間化された歴史的世界を生み出すが、この歴史的世界では、長期にわたる時代を縦断してさえ、ひとびとは互いを、平等で、かつ平等に参与する、類の成員として、邂逅し、かつ認識《リコグナイズ》（承認）しうる[109]。それゆえに、「労働の客体」は、「人類の類的生活の客体化」である。しかしながら、労働の資本制的組織化によって支配された諸社会においては、労働は妨げられ分断されたもの、あるいは非自由なものである。その結果、類的存在の自由な顕現は不可能であり、そして、類的存在において体現《インコーポレイト》された必要に社会的諸条件を適合させるためには、自己実現の他のより革命的な諸様式が必要になる[110]。

【自然発生的な社会的分業と労働の自己疎外：①労働生産物からの疎外、②労働そのものからの疎外、③他者からの疎外、④類からの疎外、⑤自然そのものからの疎外】

資本制社会においては、類的存在の実現は、多くの異なるファクターによって阻害《オブストラクト》されている、とマルクスは説明した。人間存在が自分たちの類的存在を〔社会的・歴史的な労働を介して〕錬成《エラボレイト》（自己陶冶）することを妨げられているのは、かれらの〔社会的〕労働が産業上の生産過程において分割されているから〔自然発生的な社会的分業ゆえ〕であり、そして、その労働が自分たちから収奪《エクスプロプリエイト》され疎外《エイリアネイト》〔endfremden〕され、形式的に交換価値に変換されているからである。この搾取を通じて、人間労働によって生産された諸商品は、個々の生産者が決定的な形で制御しえない、貨幣交換および技術的規制の諸々の結合体（nexi）の中へと統合《インテグレイト》される。そして、労働者たちは、自分たち〔自身〕の労働に、かれらの労働からまったく「独立した」、かれらにとっては「疎遠な〔疎外された〕」、内容として、邂逅することしか、許されない[111]。したがって、資本主義〔資本制社会〕の下では、人間の労働は、自己実現の媒体として遂行されず、人間社会の発展および便益に自由に寄与することはない。それどころか、個々の労働者たちは、そもそも自分たち自身を、いかなる形であれ、労働の生産物によって形成〔陶冶〕され表現されたものとして理解することから妨げられ、そして、自己形成〔陶冶〕の顕示的な諸経験は、かれらには否定されている。かれらの労働は、もともとの投下された労働とのいかなる統合的関連《インテグラル・コネクションズ》も有さない、交換あるいは価格という欺瞞的に外在化された、そういう媒体〔商品・貨幣・資本〕においてのみ、現われるにすぎないからである。結果的として、資本制社会は労働を通じて断片化され、そして、近代社会の成員たちは自分たちの労働の疎外を通じてそれぞれ互いに疎外されている。同じく、近代社会においては、労働者たちは、自然的世界とのあらゆる生きた〔きわめて重要な〕(vital) 関連を喪失する。〔たしかに〕かれらは労働によってこの世界を形態転換《トランスフォーム》しているが、〔しかし〕このことは、かれらが決定〔規定〕しえない諸目的《エンズ》を獲得するために、追求されているからである。自然を、かれら自身の「第二の自然」として、あるいは共有された社会の物質的基礎として、形成する自由は、予め閉ざされている。したがって、真正な社会の中心にある自然の人間化 (humanization of nature) は妨げられているのである。そして、社会は「人類と自然との本質的統一性」としてではなく[112]、疎外された諸形態の抽象的システムとして発展する。要するに、高度の資本主義〔資本制社会〕においては、労働は商品生産者から疎外され、そして生産者たちが住む社会は、一組の客体的に疎外された諸関係の中に形態転換《トランスフォーム》されている。それゆえに、あらゆる近代社会とこの社会におけるあらゆる社会的諸関係とは、労働の疎外によって構造的に決定され、そして、この疎外は個別的かつ集合的な自己実現ないし自由のためのあらゆる可能性を妨げるのである。その際また、〔一方の〕労働の疎外と〔他方の〕この疎外を利用する私的な利害関心とは、人間の活動を規制する客観的諸構造の基礎を形成する。すなわち、資本制社会における人間生活の客観的諸条件は、もっぱら私的な所有と交換という利害関心に奉仕し、そうすることで疎外の普遍的経験を合成《コムパウンド》する、まったく他律的かつ強制的な諸法によって、形づくられているのである。かくして、近代社会の物質的現実は、法の堕落〔腐敗〕した構築物〔解釈〕によって支えられ、これは人間生活の社会的、自然的、物質的な基礎の強力な疎外から発展し、同時に、それを永続化するのである(113)。

【人間の自己疎外の社会的・物質的な諸起源としての資本制社会の解明：左派ヘーゲル主義からの理論的脱却】

初期マルクスの分析の中心には、ヘーゲル左派的な人間学的諸批判を、疎外の現実や疎外の諸原因を「社会的に規定されたこと」として説明することに適用しようとする、そういう企てがあった。近代社会は「人間の本質をまさに構成するもの」の歪曲によって形成されている他律性において基礎づけられ、その結果、自由や自己邂逅《セルフ・エンカウンター》の諸経験はそっくり不可能にされている、というフォイエルバハの主張を、マルクスは改めて言明したのである。さらに、疎外の批判的分析は人間の自由と自己実現の前提条件であり、そして、人間の自由は、類的存在を〔社会的・歴史的な労働を介して〕錬成（自己陶冶）することを許す諸条件を回復することを通じて、獲得される、とマルクスもまた論じた。かくして、階級闘争と唯物論的弁証法との初期の説明は、真正な歴史は類的存在のダイナミックな発展によって駆動され、人間の活動の重心は類的存在の実現にある、という人間主義的理念に淵源していた。しかしながら、青年ヘーゲル主義者たちとは対照的に、マルクスは、宗教ではなく資本主義を人間疎外の源泉と見なし、そして、疎外を精神的ではなく物質的な主要な条件として、明確に解釈した。自明のことながら、マルクスは、青年ヘーゲル主義者たちがなお自分たちの著作を思弁的批判及び宗教研究を中心にして組織していたという事実を、人間疎外の社会的・物質的な諸起源と人間社会の社会的・物質的基礎がかれらには依然として隠されていたままであったことを示すもの、と見なした。同じく、青年ヘーゲル主義者たちは自分たちの理論を、人間の本質についての歴史的に不可変の説明と、人間の意識についての社会的に規定されない分析とを中心にして、構造化していた、という事実は、かれらの自然主義的ないし自然・人間学的な展開が不完全にしか成就されなかったこと、そして、かれらが自分たちの分析を決定的に人間的な条件と経験とに充分には集中させなかったこと——これらのことを証示している、とマルクスは考えた。さらにいえば、青年ヘーゲル主義者たちが近代社会の欺瞞的な法を、経済的諸過程からではなく、人格性についての普及した諸理念から演繹していた、という事実は、かれらが純粋に非形而上学的な諸用語で考えることができなかったこと、そして、かれらが過剰な因果的影響力を人間生活の理想的かつ知的な諸要因（境位）に帰したこと——これらのことを示唆している、とマルクスは考えたのである。

【青年ヘーゲル主義の形而上学的・人格主義的思惟の克服：類的存在としての人間の堕落・自己疎外を歴史的・物質的（経済的）・因果的に分析】

換言すれば、人間性（人類）や人間の自由についての青年ヘーゲル主義者たちが共有する諸理念は、依然としてなお形而上学的ないしイデオロギー的なレヴェルの精緻な思惟《リファインメント》に留まり、かれらが否定すると称した当の静態的人格主義の諸原理への執着に染まっていた、とマルクスは信じていたのである。人間存在をあらゆる社会的形成の不可変の人格的実体（基体）として定義するに際して、そして、人間存在の疎外はこの実体（基体）の単純な回復を通じて終わらせうるであろう、と前提するに際して、青年ヘーゲル主義者たちは、マルクスの説明によると、人間存在とその疎外とを、物質的かつ革命的な諸力によって規定された結果と見ることができず、いかにして人間の人格性とその疎外とが、決定的に物質的な因果関係の諸過程によって構成されているか、を認識しそこねたのである[114]。マルクスの結論づけによれば、人間疎外の純粋な分析は、物質的・歴史的な分析あるいは物質的・因果的な分析でなければならない。こうした分析は、人間の意識と自己経験とを経済的諸関係によって生み出されたものとして検証し、人間の本質の実体的《ハイポスタティック》な人間学的説明を退け、そして、人間生活に関係する物質的諸力における形態転換だけがその解放へと導かれうる、ということを認識する。それゆえに、資本主義的な経済的搾取の歴史を疎外の中心的原因として解釈するに際して、マルクスは、青年ヘーゲル主義者たちによって提起された類的存在の堕落の分析を、完全に物質的な、したがって断固としたポスト形而上学的かつポスト人格主義的な、分析に翻訳し〔置き換え〕ようとしたのである。この分析が目論んでいたのは、青年ヘーゲル主義者たちの分析の主要な対象（人間の自然本性）とこの対象〔資本主義的な生産と交換〕に関係する諸過程との両方を、完全にポスト形而上学的な内容として確定し、そうすることによって、説明可能な非形而上学的諸対象を中心にして類的存在の諸条件の批判を組織化することであった。

【資本制社会における生産と交換の諸過程を媒介する商品・貨幣が孕む物神性：資本制社会に構造的に内在する疎外と搾取に関するイデオロギー批判の武器としての形而上学批判及び批判的形而上学の語彙】

しかしながら、青年ヘーゲル主義者たちは形而上学的解釈を完全には乗り越えなかった、というかれの主張にもかかわらず、疎外についての〔青年〕マルクスの説明はいつもフォイエルバハや他の人たちによって開始された形而上学的批判におけるその諸起源を反映していた。資本制社会における疎外が物質的に〔経済構造によって〕規定されていること、そして、資本制社会の商品過程のあらゆる探究のためには〔史的〕唯物論が必要であること、これらのことの強調にもかかわらず、マルクスもまた、資本制的生産過程は形而上学に結びつけられた専制と抑圧の諸様式と類比しうるものとして作用する、ということを指摘した。資本制的生産過程は、人間の生活と労働を〔商品〕交換関係の抽象的なシステムへ同化する。このシステムにおいて、生産者たちは、かれらの労働の生産物とのあらゆる人間学的関連〔その使用価値〕をそっくり失い、そして、諸商品は、交換の諸対象〔交換価値・貨幣〕へのそれらの形態転換を通じて、呪縛されたが如く〔形姿を〕変えられ、歪められてしまう〔物神化される〕[115]。この結果として、資本主義によって生み出された社会的諸条件の下では、人間的実存〔現存在〕は、逆説的かつ形而上学的に「あるべき状態を狂わされた（dislocated）もの」としてのみ自分自身に邂逅しうるにすぎず、そして、形而上学的に不透明な諸過程によって決定されたものとしてのみ、自分自身とその生活の客観的諸形式とを経験しうるにすぎない、とマルクスは主張した。こうした理由のために、資本主義の下で生活する人間は、自分自身をその真実の自己実現を自立して成し遂げうるものとして認識しようと懸命に努めるのであるが、〔商品交換の〕行為主体としての人間は、他の人々も同じように人間の自己実現の過程に等しくかつ相互的（互酬的）に関与していることを認識することを〔いわば構造的に〕妨げられているのである。さらに、資本主義の下で生活する人間はまた、政治的に行為しえないし、あるいは、人間の自由をそれらの中心に置く法的・政治的な諸秩序を構築しえない。そして、かれは、自分の法や自然権を、非自然本性的な諸法としてしか見なしえない。なにしろ、かれは、人間的実存（現存在）を蒸留（抽出）してその自然本性上必要な形態について欺瞞的な説明を行い、しかも、人間存在を類的存在の中に記（秘蔵）された本源的・自然的な共同性から切り離してしまうからである。[116] かくして、資本主義の客観（客体）的ないし規範的な諸構造は、「イデオロギー（虚偽意識）的諸形態」であり、これらにおいて人間存在は自分たちの思想や自由についての反映を見出すと信じているが、しかし、それらは、事実、単に諸々の経済的な敵対関係を抽出（蒸留）し、屈折した形で反映しているにすぎない、とマルクスは説明したのである。[117] したがって、マルクスの思想の中心には、資本主義によって引き起こされた疎外は、同時に、物質的事実であるとともに形而上学的事実であり、この事実は、物質的な収奪《エクスプロプリエイション》の動態によって引き起こされるのであるが、そうだとしても、それにもかかわらず、国家と社会を通じて強制法を普及《ディスシミネイト》させることによって、そして、その起源と妥当性についてのきわめて欺瞞的かつ抽象化された説明をその拠り所に据えることによって、形而上学の旧秩序を（物質化された形式で）繰り返している、という主張があった。それゆえに、〔ヘーゲル左派の〕形而上学的批判の語彙（表現法）は、資本主義の現実的かつ物質的な諸条件についてのマルクスの分析にとってまったく疎遠というわけではなかったし、そして、物質的な諸々の逆説、イデオロギー的疎外、欺瞞的な諸法のシステムとしての資本主義、これについての〔青年〕マルクスの説明は、初期の批判的形而上学の注釈の伝統のまったく外側にあるわけではなかったのである。

【疎外と他律性を社会的再生産過程の下部構造から捉え返す観点：宗教批判から経済学批判へ：形而上学批判としての資本制社会批判】

それゆえに、青年ヘーゲル主義者たちの社会理論においてマルクスを悩ませたものは、必ずしも、かれらが疎外および他律性を形而上学的状態（条件）として非難したことではなく、むしろ、かれらが形而上学〔そのもの〕の他律性をその完全に物質化された下部構造において見そこねたことであった。こうした欺瞞的な分析ゆえに、かれらはまた、疎外および他律性を正しく物質的に取り除く解決策を同定しそこない、そして形而上学を超えて行く必然的に唯物論的な道程を同定しそこなったのである。マルクスにとっては、端的に、疎外（と形而上学）の形態は、宗教ではなく、資本主義である。マルクスの分析においては、資本主義が人間の貧困化の原因として形而上学に取って代っているのである。しかしながら、このことは、マルクスが資本主義を、形而上学的な諸特徴を獲得するものとして、あるいは本源的に形而上学に帰せられたニヒリズム的帰結を有するものとして、捉えなかった、ということを意味しない。逆に、かれの著作は、適切に近代的な形而上学批判は、資本主義批判でなければならないか、あるいは、あくまでも形而上学的であることに甘んじなければならないか、このいずれかである、という示唆にかかっている、と見られよう。

7　マルクス、法、形而上学

【ヘーゲル左派のモティーフ：ヘーゲル的国家論における、そして三月革命挫折の原因と目された、形而上学と

【人格主義の残滓の批判】

マルクスが青年ヘーゲル主義者たちに決定的に同意しかねた点は、政治と法についての見解であった。もっとも影響力を有していた青年ヘーゲル主義者たちは、法における形而上学的ないし人格主義的な理念の残存《パーシステンス》を、近代的政治生活のもっとも有害な問題と見なし、合理的に説明しえない法へのあらゆる拘束から自由にされた共和主義的な政治的秩序として国家を構成しようとした。主としてこの理由のために、かれらは自分たち自身をヘーゲル左派として位置づけたのである。すなわち、青年ヘーゲル主義者たちは、ヘーゲルが部分的に保守主義者であったことを、ヘーゲルが、国家を、人間の理性、活動、自由の場として充分には説明することなく、依然としてなお、逆説的かつ形而上学的に実現された自由の理念の具体化として省察していた、という事実の結果と見なしていた。事実、バウアーとルーゲの両人の意見は、一八四八年前後の政治的かつ法的な解放への実践な模索の蹉跌は、法における政治的形而上学の残滓の具体的な結果であった、と主張する点で、一致していたのである。

【ヘーゲル及びヘーゲル左派の国家観の政治的人格主義における形而上学的残滓に対する青年マルクスの批判：資本制社会が孕む構造的階級支配の道具としての政治権力とそのイデオロギーとしての理性法・形式法】

これとは対照的に、マルクスは、すくなくとも表向きには、政治と法が特別に解放的な意義を有する場所《ロケイションズ》である、ということを否定した[118]。はっきりいえば、青年ヘーゲル主義者たちがヘーゲル的な自由《フリーダム》の国家を逆説的な自由の国家と見なしたとき、青年マルクスは、政治的国家は人間の自由《リバティ》の特有のあるいは特権的な闘技場《アリーナ》である、というような主張はすべて、ナイーヴなあるいは形而上学的に出来そこないの分析の結果である、と嘲笑し、国家は実際に法の下で自由を保障しうる、というあらゆる主張を、錯覚と見なした。したがって、マルクスは、たとえば、ヘーゲルの国家哲学を、政治権力の事実上の物質的な起源を説明しえない「神秘的な抽象（観念）」と評したのである。[119] 自由の理念に現実化された法の形式を与えるのは国家である、という〔ヘーゲルの〕確信は、政治権力の基礎は官僚制的規制《ビュロクラティック・レギュレイション》や私的所有《プライヴェイト・プロパティ》に存する、という点を曖昧にし、そして、国家における法が強力な私的かつ経済的な目的によって規定されていること、そして、これらの目的によって狡猾な様式の社会的強制が行なわれていること、これらのことを覆い隠している、とマルクスは論じた。それゆえに、マルクスは、ヘーゲルの政治哲学を、国家における政治的自由を理想化してはいるが、しかし、これらの政治的自由についての説明を、国家やその法が代表しかつ解放しようと意図している当の人間存在が事実上は物質的にあるいは社会的に自由でない状態にあること、これには眼を閉ざしながら、それらの政治的自由を抽象的な〔特殊性と一般性、国家とブルジョア社会といった形の〕二元論の物神崇拝的（fetishistic）な関係の中に置くことによってのみ、支えているにすぎない、そういう教説として、非難したのである。その際、国家についてのこの抽象化されたあるいは欺瞞的に二元論的な説明は、マルクスにとっては、ヘーゲルに政治的に反対を宣言した理論家たちによって実効的な形では克服されなかったし、むしろ青年ヘーゲル主義者たちの間での政治的省察に固着した特徴であり続けたのである。たとえば、マルクスは、バウアーの共和主義を、ヘーゲル主義な政治的形而上学を否認するものとしてではなく、なお形而上学的誤謬の罠に捕らわれ、国家の法は市民の「自由な意思」において基礎づけられる、という「幻想《イリュージョン》（錯覚）」によって欺かれたもの、と見なした。かくして、バウアーの強力な国家《ストロング・ステイト》の共和主義《リパブリカニズム》は、バウアーが自分の初期の宗教的理念を完全には放棄しなかったこと、そして、かれが単純に「宗教的権威」への自分の元の信仰をこれとパラレルな「政治的権威」への信仰へと置き換えたこと、これらのことの証左である、とマルクスは考えたのである。[120] それゆえに、青年ヘーゲル主義者たちの国家主義的（statist）な傾向を強調して、マルクスは、〔そこに〕政治的な人格主義や形而上学が残存する痕跡を見きわめたのである。こうした〔バウアーの政治的〕人格主義は、概念的には合理的かつ世俗的なものとしての国家が、初期の異なる形の神の人格性を、〔まさしくその政治的〕人格主義に基づいて破棄することを許容したのであり、そして、それ〔そのバウアーの政治的人格主義〕は、宗教的人格主義の諸要因〔境位〕を、国家は人間の尊厳と自由との唯一無二の中心であり、その社会的かつ物質的な決定因から切り離されて、市民の自由な人格性を唯一代表（再現）しかつ完成させうる、という信仰へと、転移させたのである。[121]

【類的存在としての人間存在の自己疎外態（形而上学的虚構）としての神・国家・貨幣：政治的国家における理念的自由と経済的ブルジョア社会における現実的非自由との二元論的・逆説的な相互限定：資本制経済の機能的必要性を反映している近代国家の形式法・抽象法】

要するに、マルクスにとって、近代国家は、その中核を、それは「主権者」あるいは「最高存在」として定義された政治的に解放された人間存在に奉仕し、それを代表（再現）している、という形而上学的ないしイデオロギー的な神話の中に、有しているのである。[122] この神話は、青年ヘーゲル主義者たち——国家を自由の行為主体と見なす人たちも含めて——のあらゆる理論によって強化されている。しかしながら、事実上、近代国家は「現実化された疎外（realized alienation）」という状態（条件）において生きる「非自由な人格」において基礎づけられている。[123] そして、国家は、自由のその公的な（公然たる）逆説において、この非自由と疎外を変更するいかなることも為しえない。事実、疎外は国家の前提条件である。というのは、近代国家はいつも資本主義国家であり、そして、その法は、資本主義経済の主要な機能的必要性を屈折した形で反映しているからである。それゆえに、青年ヘーゲル主義者たちは疎外と逆説性を欺瞞的・形而上学的な神の支配《ドミニオン》の諸属性と見なしたが、これに対して、マルクスは、国家を、青年ヘーゲル主義者たち自身がそれに信憑性《クリーダンス》と実体性《サブスタンス》を与える手助けをしていた、新しい形而上学的虚構、と見なしたのである。事実、マルクスにとって、国家は欺瞞的な神の同時代的（現在の）形態である。国家は、欺瞞的な神として、人間の自由を裁可（承認）し、かつそれに一般的形式を与えることを、主張しているが、しかし、国家は、市民社会〔ブルジョア社会〕全体に顕在化している非自由の状態（条件）を押し付け、かつ容認することによってのみ、この主張を維持しているにすぎない。国家の中核には、国家が保証すると主張する明白な自由と、国家が強《し》いている事実上の非自由との、二元性があり、そして、この二元性において、国家は、神の自由と、神性の宗教的な人格主義的理念によって本源的に安定化される人間性の不完全性との、形而上学的な二元性を、直接的に模写（再現）しているのである。(124)

【疎外と搾取を潜在化させている商品交換契約における形式的等価性と実質的不等価性との乖離を、イデオロギー的に正当化する、ブルジョア（資本制）的形式法とブルジョア（資本制）的国家：資本制社会における自由、平等、自律性、人格性のイデオロギー（虚偽意識）性】

同時代（現今の）の社会における政治と法の役割を理解するためには、政治的装置は、完全に脱神話化されなければならないし、そして、この政治的装置と、これが奉仕しかつ安定化させる経済的な利害関心との、この両者の関係が暴露されなければならない、とマルクスは論じた。国家は、国家をそれらの道具として使用する市民社会〔ブルジョア社会〕における支配的諸集団の利害関心とは矛盾する自由を、決して提供しえない。そして、国家の主要な機能は、経済的基礎における契約の安定性《コントラクテュアル・スタビリティ》と相互行為《インター・アクションズ》とを法的に保障する諸条件を維持することである。出現しつつある自由主義的あるいは立憲主義的諸民主制の集権化された合理的国家でさえ、人間の完成と自由の諸条件を提供しない、とマルクスは主張した。見たところ合理的かつ正統的な近代国家の公法に含まれている、自由あるいは自律性を明白に保障するものは、事実、〔いわば近代国家に固着された〕きわめて幻想的あるいは形而上学的な装備《フィクスチャー》である。これ〔この装備〕は、国家に帰属する諸利害（利益）を保存するために形式（公式）的権利（formal rights）ないし所有権（possessive rights）として市民たちに割り当てられるが、しかし、完全な市民権（公民権）（full rights of citizenship）の達成《エラボレイション》（錬成）を妨げている。事実、これらの立憲主義的権利あるいは自然権の主要な機能は、諸商品の循環と労働の搾取的雇用関係（exploitative engagement）とを、契約に基づいて産出することである。そして、それらの権利は、端的に、私的エゴイズムの装置に他ならないのである。同様に、資本主義的な私法の中に記（秘蔵）された自由の諸定式、とりわけローマ法の法主体あるいは法人格性は、自由《リバティ》と自律性《オートノミー》の純粋な徴表《トウクンズ》ではない[125]。そうではなく、それらは、経済が人間の諸々の意思にそれらの自由の欺瞞的な形式として押し付けている、人格性の悪しき虚構である。すなわち、それらは、契約による相互行為、交換、貨幣による資源や労働の配置《ディスポジション》（処分）、これらの最小限に予め規定された自由（minimally prescribed liberties）に、人間の主体的生を集約させている、そういう法人格性の強圧的な構成（概念）である。それゆえに、近代国家の「法の性格」は、「無慈悲《クルーエルティ》」、「臆病《カウアディス》」、「非人間性《インヒューマニティ》」であり、そして、これらの法が自由と人格性の理念を生み出すのは、これらが、国家の法的装置によって支えられた経済的利害関心の図式上の担い手としての人格という理念を下支えするかぎりにおいてにすぎない、とマルクスは論じた[126]。したがって、法は、国家において自由な意思の行使を可能にする――あるいは市民権《シティズンシップ》と政治的参加権《ポリティカル・パーティシペイション》とを保証する――ように見えるにすぎない。法がこの見てくれを獲得するのは、それが所有《プロパティ》と搾取《エクスプロイテイション》との諸関係における「その現実的基礎から引き裂かれて」いるところ、そして、それが反事実的《カウンター・ファクテュアリ》にその名宛人たちに対して平等と正義との普遍的媒体として提示されているところである[127]。しかしながら、法の背後には、そしてその下には、いつも疎外《エストレインジメント》と脱自然化《デナチュレイション》の深刻な状態（条件）があり、そこでは、人間の実存は形而上学的な侵害を蒙り、その客観的生活形態を実質的な（真の）自由や実質的な（真の）人格性をまったく奪われたものとして経験するのである。

【初期マルクスの法思想：ブルジョア的法実証主義（形式法）批判：類的存在としての人間存在の共同労働に内

在する妥当する自然法】

しかしながら、法に対する〔初期マルクスの〕こうした批判的な態度は、マルクスが法そのものを退けたとか、かれが類的存在の完成を法には係わらない事柄と見なしたとか、あるいは、かれが法的批判を人間の解放の行程にとって周辺的なことと見なしたとか、こうしたことを意味しない。実のところは、事態は逆である。たとえば、最初期の著作において、マルクスは、妥当性に関する法実証主義的な概念にのみ基づいて法の妥当性を歴史主義的に演繹することを否定し[128]、そして、道徳的内容を法から排除することに対して、また法を純粋な「私的利害関心の物質的道具」として適用することに対して、長大な激しい罵詈雑言を書き連ねていた[129]。これらの初期の著作において、私的利害関心を安定化させるための仕掛け（devices）へと法を還元してしまう近代的法治国家はそもそも法治国家ではない、とマルクスは論じた。それらの法治国家は「法から除外されたもの（exception from the law）」において基礎づけられた強制的な諸機関にすぎず、それらはそれらの法のための妥当性を主張しえないからである[130]。かくして、マルクスは、国家と法を資本の形式的用具に還元することを、真実の法と法の普遍的潜在力とを例外的に裏切ることと見なし、そして、法は、真正に形成されるならば、共同の正義を保証するために作用しうるであろう、ということを明確に示唆した。より一般的にいえば、事実、類的存在についての初期マルクスの概念《コンセプト》もまた、かれの著作に一貫して影響を与え続けた、正義、法的人格性、共同（共通）の資格（権限）賦与についての一定の主要な諸観念《ノーションズ》を、含んでいた。マルクスが論じたところによれば、〔商品〕交換によって規制されない労働には、類的存在に法的表現を与え、あらゆる「一般法《ジェネラル・ロー》」よりも大きな道徳的妥当性を有する、実体法（substantial laws）を、生み出す傾向がある。自然に係わる共同の労働を通じて発展してきた、「貧困化された階級の（有機的）諸慣習」は、「本能的な法の感覚[131]」を示し、そして、それらは際立って正当的な（すなわち、人間学的に欠けるところのない）法的主張を生み出す、人間存在と自然的世界との関係を、明確に表現する、とマルクスは説明した。とりわけ、自然に係わる人間労働は、資格賦与と共同所有《コモン・プロパティ》の自然権を生み出し、人間的行為主体《エイジェンシー》を法的承認《リーガル・リコグニション》の集合的諸形式に形姿を賦与する。[132] 人間と自然との間の相互作用を通じて歴史的に確定された人間の慣習は、類的存在の法的表現を含み、そして、こうしたものとして、それは真正な自然法の源泉であり、これに照らすなら、抽象化された私的利害関心の法は、形而上学的あるいは例外的なものにすぎないのである。

【社会的有機的労働の一環を自覚的に担う労働の主体にして類的・社会的・歴史的存在としての人間諸個人（人間的実存）において成立する道徳及び法：私的所有にではなく、いわば個体的所有に基づく人間的実存（個人）の権利、自由、尊厳の再建】

これらの初期〔マルクス〕の法的議論においては、自然に投下される有機的労働《オーガニック・レイバー》——これを通じて類的存在は明示（分節化）されるのであるが——は、近代国家の司法（法律）的装置（juridical apparatus）によって抑圧されている法の志向性（legal orientation）を含んでいる、という見解が表現された。マルクスの主張によれば、資本主義国家に特殊なことは、それがその法秩序を、人間の威厳《インテグリティ》（不可侵性）という人間学的に使い古された理念から抽出された権利概念の中に見出したこと、そして、それが社会的かつ法的な行為主体の主体性《サブジェクティヴィティ》ないし人格性《パーソナリティ》を「孤立し引きこもったモナド（isolated and withdrawn monad）」を中心にして解釈すること、これらのことである。かくして、権利の近代的（あるいは資本主義的）基礎づけは、人間的実存（現存）のあらゆる間人格的《インターパーソナル》、集合的《コレクティヴ》——ないしすぐれて社会的——な諸相の排除に依存しているのである。すなわち、それは、権利を、他の人々とのいかなる関係をも欠いた（私的な目的のみを個人的に追求する）「制限された個人の権利」としてのみ定義するのである。[133] しかしながら、モナド的主体が主体性の欺瞞的形態であるならば、類的存在の活動的で真正な錬成《エラボレイション》〔広義の労働を介しての自己陶冶〕に関与する人間存在は、すぐれて「社会的な存在（social being）」として形成され、そして、その個人的あるいは主体的な生活は、人間の社会的自由のあらゆる条件（状態）の「全体性《トタリティ》」から切り離しえない。[134] かくして、類的存在の〔社会性・共同性という〕自然本性が強調されることで、人間的主体は社会の主体として、あるいはひとつの社会的主体として発展することになり、そして諸主体は、自分たちが他の諸々の人間存在を、自分たち自身の自然的な自己実現に不可欠の構成的な諸条件として必要とする、ということを認識するにつれて、社会的なものとして創出されることになるのである。[135] モナド的あるいは非社交的（asocial）主体が欺瞞的（あるいは資本主義的）な法の源泉や形式であるならば、その際、想定されうるのは、社交的主体は、資本主義的法の目的志向的ないしモナド的な法主体によって生み出されるのとはきわめて異なる、法的な要求、権限、期待を、生起させる、ということである。実のところ、それどころか、人間の諸主体が〔私的〕所有権《オーナーシップ》に固執することをやめるならば、そして、かれらが自然世界と、そして自然世界における他の人々と、自由に相互行為するならば、かれらは――マルクスに従えば――私法的主体が抱く占有への利害関心からではなく、人間の相互行為《インターアクト》と集合的必要のより共同体《コミューン》的な諸様式から、法を導き出す、そういう義務の理念に、到達するであろう、ということが前提されうるのである。マルクスが示唆したところによれば、諸個人が自己自身を類的存在と認識するところでは、そして、このことのゆえに、かれらが目的志向的かつ利己的な諸個人としての自分たちの立場を放棄するところでは、かれらは、単に抽象的ないし形式的な法に自分たちを自己投影することから、自己自身を解放《エマンシペイト》するであろう、そして、かれらは、物質的必要が共有されていることを実践的・道徳的に勘定に入れることによって基礎づけられた、完全に解放的《エマンシパトリ》な権利を、〔広義の労働を介して完全に〕達成《エラボレイト》するであろう。[136] この点から見ると、〔青年〕マルクスは、法に関する青年ヘーゲル主義的理念を最終的に反駁《コントラディクト》するというよりも、むしろ、近代の資本主義的な法（とりわけローマ法の私法）は、形而上学的な主体を創出し、しかも、共同の主体性を、権利、自由、尊厳《インテグリティ》についての、原子論化された、そして狭い目的に限られた、解釈（概念構成）（constructions）へと、断片化している、という青年ヘーゲル主義者たちの初期の理解《ノーション》を、強化していたのである。それゆえに、人間の自由は、そこでは法がいかなる役割も演じない状態（条件）ではなく、むしろ資本主義の形而上学的な法の破壊を通じて出現する状態（条件）である。

【エドゥアルト・ガンス：サヴィニーの法実証主義・法主意主義批判：広義の自己労働を基礎にした所有権：青年マルクスにおける占有的意思・占有的人格性を完全に脱却せしめる類的存在の広義の労働】

それゆえに、マルクスの著作は、法的妥当性《リーガル・ヴァリディティ》と法的人格性《リーガル・パーソナリティ》に関する新しい諸理念を明示（分節化）することに深く係わっていた。だから、法はかれの著作の中で、ときおり焦点がぶれたにせよ、中心的位置を占めていたのである。資本主義の法的人格性についてのかれの批判は、部分的にエドゥアルト・ガンス〔一七九七—一八三九〕によって影響を受けていた。ガンスもまた、法的妥当性と法的主体性についての——経済に由来する——概念《コンセプツ》の影響に反対するために、修正されたヘーゲル的理念を使用していたからである。ガンスはとりわけサヴィニーに対して激しく異を唱えた。法の基礎づけへのサヴィニーの法実証主義的かつ主意主義的なアプローチは、人間の法的同意《リーガル・アグリーメント》における倫理的次元を、とりわけ所有に付随する同意のそれを、無視するものである、とガンスは考えたからある。法の主体は、事実上現存する法の諸関係から構築されえず、また〔私的〕所有権《オーナーシップ》にとっての道徳的に中立的な基礎として前提されえず、歴史的に作用し社会的に承認《リコグナイズ》される道徳的意思の顕現として解釈されなければならない、とガンスは主張した(137)。それゆえに、妥当する法は、孤立した法的行為主体の占有権《ポゼッシヴ・ライツ》を保護する純粋に実定的な規範のシステムとしてではなく、社会的にかつ同意《コンセンサス》によって媒介された諸権利を銘記（秘蔵）するひとつの実体的秩序として見られるべきなのである。法のあらゆる形成は、自然の本源的に「非自由《アンフリー》かつ没法的《ローレス》な」王国《レルム》（領域）における人間的人格〔自然人〕の道徳的意思の自己錬成（self-elaboration）の結果である、とガンスは結論づけた(138)。道徳的意思の自己錬成は、自然権を世界において共同意思における契機として客観化することに、そして、法の主体を孤立した主体あるいは孤立した利己的な人格性としてではなく、普遍的に受容可能な道徳的法則の行為主体として形成することに、導かれる。したがって、法的権利（legal rights）の正当化は、一つの共有された意思が、この権利を人格（個人）的自由及び自己実現のより広い諸条件（諸状態）に必要不可欠で、しかも、それらに貢献するもの、と見なす、という事実《ファクト》（行為結果）に存する。それゆえに、ガンスは、財産《プロパティ》の自由な所有を権利として定義したのである。というのも、かれは財産《プロパティ》を人間の自由の本質的な前提条件かつ表現として解釈したからである。(139) マルクスはあきらかに、財産《プロパティ》は実体的な道徳的意思を拡張したものとして正当に保持されうる、というガンスの信念を共有しなかった。しかしながら、類的存在に関するマルクスの概念の法的諸要因（境位）は、法的人格は、先行するあるいは形式的な権利が実定的に帰せられている一人格としてではなく、権利の形成に能動的に（活動を介して）係わる一人格として、定義されなければならない、というガンスの見解を概念構成上自分のものとして取り入れた〔構成的に領有《アプロプリエイト》した〕ものを、体現《インコーポレイト》していた。はっきりいえば、他の青年ヘーゲル主義者たちに近づいて、ガンスは、錬成《エラボレイト》（労苦の末に達成）された自由を、共同で形成されかつ承認された自然権と見なしていたのである。しかしながら、マルクスにとっては、類的存在の完全な錬成《エラボレイション》は、資格賦与《エンタイトルメント》が占有の意思（possessive will）や占有の人格性（possessive personality）から完全に分離される一条件（状態）を必然的に創出するのである。

【資本制国家の法における理念的（政治的）自由（シトワイアン）と現実的（経済的）非自由（ブルジョア）の対立併存：ポスト人格的な共同労働に基づき発展する人間的・自然的本質存在が人間的実存の物質的構造を形づくる社会秩序】

近代法は、せいぜい自由と参政権付与（participatory enfranchisement）の幻想（錯覚）を提供しているだけである。

そして、近代法は、どこまで政治的現実が資本主義的生産過程における労働の疎外から結果している普遍的な非自由（universal unfreedom）に基礎を置いているのか、この範囲をイデオロギー的に曖昧にしている。結論的には、このように、マルクスは主張したのである。政治、法あるいは国家、これらは類的存在の自由を戦いとるための闘技場を提供するかもしれない、という〔ヘーゲル左派におけるような〕主張が結果的に示しているのは、その〔そうした闘技場の〕発展の物質的諸過程から強制装置〔構造的な疎外や搾取という現実〕を切り離し、そうしてから、それ〔そうした闘技場〕は人間の自己解放《セルフ・リベレイション》の一機関《オーガン》である、と宣言する、そういう理論的分析に、故意に《ウィルフィル》（片意地に）逆説的な形でアプローチしているということである。資本主義が依然として生産の普及した様式であり続けているところでは、マルクスにとって、政治的解放《ポリティカル・リベレイション》のあらゆる見てくれは、イデオロギー的あるいは形而上学的な性格を帯びざるをえない。国家は、資本主義の下では、そもそも、二元論的に引き裂かれた類的存在の表現でしかありえない。そこにおいては、自由な人間的人格〔個人、自然人〕は、市民〔シトワイアン〕として、形式的に無意味な経験としてその自由に邂逅するからであり、こうした経験には、経済的行為主体〔ブルジョア〕としてのその事実上の非自由（unfreedom）が、縮減しえない〔理念的（政治的）自由と現実的（経済的）非自由との〕「矛盾《コントラディクショ》」として現れるからである。資本主義国家の支配《ルール》の下で、市民たるもの（the citizen）〔シトワイアン〕は、法的には物質的かつ経済的な強制によって規定《ディターミン》（制約）されず、交換や搾取のさまざまな私法に従属しない、彼ないし彼女の生活の区画《セクション》、ここでのみ自分の自由を獲得するにすぎず、他方、市民たち〔ブルジョア〕（citizens）の物質的生活は、分業（divided labour）と経済的搾取（economic exploitation）の私法的合理性（private-legal rationality）を反映する法の下で、絶対的な他律性（heteronomy）の中に依然として留まっている[140]。かくして、〔シトワイアンとしての〕市民たちの自由を支持《アプホールド》（是認）しているという国家の主張は、〔ブルジョアとしての〕市民たちの事実上の非自由（unfreedom）を永続化し、かつ強化している、そういうイデオロギー的・形而上学的な形式だけを、反映しているにすぎない。それゆえに、青年ヘーゲル主義者たちとは異なり、修正された、あるいは立憲主義的に形成された、政治的装置は、共同（共通）の必要の実現《リアライゼイション》と自然的財の不当な希少性《スケアシティ》の廃棄《アボリション》とにおいて基礎づけられる、そういう社会・経済的な秩序を構築しうる、ということをマルクスは何ら信じなかったのである。マルクスの指摘によれば、真正かつ完全無欠《インテグラル》の自由の政治を獲得するためには、人間の思惟を形而上学的イデオロギーのあらゆる痕跡から解放することが必要である。事実、人間の思惟を、国家そのものから、そして国家の欺瞞的に形而上学的な法から、解放することが必要なのである。この場合、マルクスが目指した政治は、類的存在のまったくポスト人格的な錬成（post-personal elaboration）において基礎づけられたポスト国家的な政治（*post-state* politics）であるということになろう。この状態（条件）は、分有された有用性に基づく財の経済を統合《インテグレイト》する自然的共同性（natural commonality）の一状態（条件）であり、そして、こうした社会秩序においては、静態的に目的志向的ないし占有的《ポゼッシヴ》な人格から抽象（抽出）された規範や価値ではなく、共同で発展する自然的・人間的な本質（essence）が、人間的実存（現存）（existence）の物質的構造を形づくるのである。

【小括　青年マルクスの青年ヘーゲル主義的モティーフの批判的継受：他律性、疎外、形而上学に対する反抗】

しかしながら、錬成（自己陶冶）される類的存在（elaborated species-being）についてのマルクスの説明は、ポスト法的な状態（条件）（*post-legal* condition）と見なされる必要はない。逆に、類的存在の理念はいつも、青年ヘーゲル主義者たちの思想において間歇的に浮上した主張、すなわち、人間の実体《サブスタンス》（基体）の実現化は、人間の法が客体性、目的志向的強制、形而上学的力のあらゆる痕跡を失うことになるであろう状態（条件）を形成するであろう、という主張、こうした主張の反響を含んでいる。このような端的に普遍的な法は、マルクスにとって、国家の法ではなく、類生活の形成された自然的・人間的な現実としての社会の法である、ということになる。かくして、マルクスは、青年ヘーゲル主義者たちの宗教的ないし本質的に人間学的な諸概念（観念）から、あきらかにはるかに遠ざかったのである。とはいえ、人間の本質の錬成（自己陶冶）が生じうるのは、他律性《ヘテロノミー》に対する反抗として、現存するあらゆる法の形式とこれらに浸透する疎外《エイリアネイション》の痕跡とに対する反抗として、かくして、形而上学に対する反抗としてのみである、というかれらの議論における一定の相を、マルクスは再現したのである。

第六章　法実証主義と有機体論——初期ドイツ自由主義の二つの相貌

1　法実証主義——一つの定義

【法実証主義の両義性・多義性】

周知のごとく、法実証主義を定義すること、したがって、どの法理論家が法実証主義者として分類され、他はそうでないのか、これを厳密に決定することは困難である。これが困難であることは、部分的には、法実証主義〔という用語〕が多くのまったく異なる、しかもしばしば相対立する見解を含んでいる、という事実に起因するが、そしてまた部分的には、その法実証主義の方法と目的が一九世紀を通じて著しく変化した、という事実にも起因する。とはいっても、論議されてきたように、これが困難であることはまた、法と国家に関する法実証主義者の説明は、しばしば他の法理論の正統派と共通するところが多い、という事実からの結果でもある。

【私法分析の一方法としての法実証主義の四つの特徴：①法の妥当性の自己言及、②法体系の疑似・自然主義的

自己産出、③法と政治の切断、④国家の法的人格としての自己創出】

とはいえ、本章では、学問的整合性をはかる意味でも、法実証主義をおおむね——あるいは、少なくとも当初は——私法に関する法的諸関係を解明することに特殊化されている、そして、通常、以下の諸特徴によって標識づけられている、そういう法的分析の一方法である、と定義しておきたい。すなわち、①第一に、法実証主義的分析は、法の妥当性の問題はもっぱら法それ自身によって産出された準拠枠においてのみ提起されうるにすぎず、そして、（形而上学的ないしは法自然主義〔自然法〕的な理念のような）いかなる法外的な原理（extra-legal principles）も、法域（jurisdiction）をめぐる議論に決着をつけるために引証しえない、ということを前提とする傾向がある。②第二に、法実証主義者の主張によると、法の進化は、法の目的が原理ないしは規範に導かれて変容（形式転換）していくことを通じてではなく、法体系の擬似自然主義的な自己再生産を通じて生起する。いやしくも、法を外部から指示《プリスクライブ》するようなことが生起しうるとするならば、それは法源の、とりわけローマ私法の学説彙纂《パンデクツ》の、再解釈を通じてのみ生起しうるのであり、意図的介入を通じてではありえない。③第三に、法実証主義の想定によると、法と政治の関係は、法にとって主要な構成的重要性を有さない。したがって、法の進化は、その大部分が政治的な統制《コントロール》から独立して生起する。④第四に、しかしながら、また法実証主義の主張によると、私法の原則は国家の法的基礎を演繹するための根拠づけを提供し、そして、国家は、法的人格として行為することによって、そして、それが私法の下にある人格の法的性格と類比しうるそれ〔法的性格〕を想定することによって、正統的なものと定義される。このように、法実証主義が力説するところによれば、国家は法の下にある人格であり、形式的な法的人格態（legal personality）として識別され、そして、国家はまた、それが人格態《パーソナリティ》を有するが故に、ある種の〔定款のような文書、つまり〕憲法（constitution）を持たなくてはならないのである。すなわち、憲法は、国家という人格態の法的形態である。それゆえに、国家は、法によって目的を志向する人格として、広範な特権と権利を保有することが許されるであろうが、しかし、国家は絶対的にその法を超えるものではなく、そして、国家という法的人格態（その憲法）は、その権利を無視されえない、他の法人格を、何らかの形で承認することを、前提にしている。かくして、法秩序として国家を形成することは、国家それ自身の自己創出的行為（self-originating act）であり、こうした行為において、国家は、理性法（rational law）によって強要されている形態において、その自由を行使するために、それ自身に付与する憲法上の人格によって義務づけられているのである。しかしながら、法によって拘束されているとはいえ、国家はまた、法を制定し執行する責任を有し、したがって、社会全般にわたる法秩序の最終的な保障者でもある。要するに、ローマ法の人格《パーソン》に類比しうるものとして、国家は、法によって強要された目的志向的な行為主体として現存するが、しかしまた、自余の社会における他の法人格から離れて存立し、立法行為においてその特有の目的志向的な意志を行使する。はっきりいえば、国家という人格は、それが特殊な立法機能を含んでいる、という事実によって、正確に〔他のそれらから〕識別される。この立法機能は、国家の排他的占有物《プロパティ》であって、他の諸人格には譲渡されえないからである。

【一九世紀に成立した実証主義〔実証法学〕と歴史主義〔歴史法学〕の共通点：一八世紀的啓蒙主義に対する距離：ドイツ的法治国家・憲政秩序の形成：私法の範型からの国家法人の演繹：フーゴー、サヴィニー】

これらの観点から見ると、実証主義〔実証法学〕（positivism）は歴史主義〔歴史法学〕（historicism）とその成立基盤の多くを共有していた。そして、実証主義と歴史主義は、一九世紀のドイツにおける①法治国家の特性（legal statehood）と②憲政の確立（憲法の形成）（constitutional formation）とについて、同類の視点《パースペクティヴ》を形成していた。もちろん、これら〔①、②〕に関する一連の論争において、歴史主義と実証主義の間には、一定の調停し難い相違点が存在していた。そして、こうした相違点は、実証主義と歴史主義の理論家たちの間の論争において、ときおり表明されてもいた。歴史主義者たちとは違って実証主義者たちは、法的分析の中に文化的、国民的な目標を持ち込むことを不適切な法学的方法と見なし、したがってかれらは、国家は国民的・文化的統合の中心として構成されるという歴史主義者たちの断言を、共有しなかった。反対に実証主義者たちは、国家権力について内容の薄弱な概念構成を選択しがちであったから、国家という人格をより広い文化的ないしは人間学的な前提条件からではなく、形式法の分析から演繹した。この観点から見ると、正統性を有する国家の形態は、法によってのみ、すなわち、国家における自己原因的な行為（act of self-causality）を通じて、生み出されうるのであり、そしてまた、正統性はいかなる外部的源泉からも演繹されえない、と主張する点において、実証主義は、道徳的には切りつめられたカント的・形式主義的な諸理念の一変種《ヴァリアント》に、ときおり近づいていた。それゆえに、歴史主義者たちが国民的・歴史的進化を進化する法の下部構造（土台）として定義していたのに対して、実証主義者たちは、国家という法的人格態の恒常的な構成概念（constructs）から引き出された、法秩序の体系的で普遍的な法典化（codification）を支持した。それにもかかわらず、上記の法実証主義についての大まかな特徴づけが認められるならば、歴史主義と共通するところがより多い若干の法学者、とりわけフーゴーとサヴィニーは、初期の法実証主義者という範疇で括られることになろう[1]。歴史主義者たちと実証主義者たちは、法そのものは、それが現在一般的に適用されている以上、法的・政治的な問題の解決策を含んでいる、という決定的な確信を共有していた。かれらが論じたところによれば、その現存している形態における法にとって外在的な原理によって導かれた、法と政治のあらゆるラディカルな変換（形式転換）は避けられるべきであり、そして、法的に拘束されている憲政秩序の達成は、国家秩序の全面的な合理化（total rationalization）なしに、あるいは形而上学的に動機づけられた大変革《アプヒーヴァル》なしに、可能である。両者〔歴史主義者と実証主義者〕によれば、啓蒙思想と初期自由主義は正統性を有する国家の特性（legal statehood）を理性法と自然法によって説明しようと試みたが、こうした試みは、誤った前提条件の下で処理されていたから、非実体的あるいは均衡を欠く危うい国家を創出しがちであった。したがって、両者のアプローチが国家権力の基礎づけを記述した仕方は、断然反進歩であるわけではないにしても、法治国家の古典的な啓蒙主義モデルの対案を表出しようとする、そして正統性を有する国家の特性の起源を、形而上学的な法的価値を定立することなしに説明しようとする、そういう仕方であったのである。換言するなら、両者の運動は、ナポレオン以降のドイツ政治の広く普及した風潮において、究極的には対立しているにしても、重なり合っている視点を表明していた。こうした視点は、限定的ではあれ、法と国家を自由主義化すること、そして、経済的自由を国家の侵犯から保護すること、これらのことを支持していたが、しかし、一七八九年の諸理念によって引き起こされた、合理化がもたらした無秩序や法的大変動の記憶に対して、警戒の念を抱き続けていた。実証主義は、歴史主義よりもより大きな程度において、慎重な進歩主義《プログレッシヴィズム》の精神を表現し、そして、形式的な立憲主義の支配《ルール》に関与することを控えていた。この形式的な立憲主義の支配は、一九世紀の大半を通じて、いろいろ異なった変種《ヴァリアンツ》のドイツ的政治理論の既成路線を決定づけていたが、一八四八年頃には、とりわけ一八四八年〔の革命〕の余波の中では、立憲主義論争を形づくっていた。〔いずれにしても〕はっきりいえば、この時代において、法実証主義者による私法の範型からの国家という法人格態の演繹は、ドイツ国家がどのようにして決定的に立憲主義的な秩序として、あるいは法治国家（Rechtsstaat）として、形成されるべきなのか、これをめぐるさまざまな説明において、中心的あるいは合意された基礎を形成していたのである。

2　法実証主義——自由主義の擁護と自由主義に対する反駁

【一九世紀前半の自由主義論：W・v・フンボルト、P・J・Av・フォイエルバハ、K・S・ツァハリエ】

法実証主義理論は、あきらかに一九世紀の初期と中頃の数十年間、自由主義的な政治〔政治論〕の唯一の基礎というわけではなかった。あきらかに事実はその逆であった。一八四八年前後には実証主義とほとんど関係のない自由主義的教説が影響力を有しており、その例は多岐にわたるほど多い。〔すでに〕論じたように、フランス革命の余波の中で、ヴィルヘルム・フォン・フンボルト〔一七六七―一八三五〕は、初期の、かつ高く評価された自由主義的諸理念の一つの形象を示し、その中で、そもそも国家はいかに、そしてどの程度、立憲主義的国家として基礎づけられるべきなのか、という問題へのヒューマニスト的なアプローチをとっていた。国家権力〔の機能〕は、その市民の間に安全と「積極的な福祉」を保持することに、そして「法的自由」がすべての市民のために留保されることを保障することに、制限されねばならない、という主張がフンボルトの議論の中心をなしていた。(2) それゆえに国家は教育、論議、意見を規制するいかなる権能も有さない、とフンボルトは主張し、そして、私的自由権の政治的統制は、人間の〔自我の〕発展と人格性にとって、とりわけ有害である、とかれは論じたのである。(3) パウル・ヨーハン・アンセルム・フォン・フォイエルバハ〔一七七五―一八三三〕もまた、カントの理念を展開かつ変更して、国家権力の不可避的制限とその道徳的内容を主張し、そして、古典的な自然法の諸原理を国家の人格態と意志という実定的な概念に変換〔形式転換〕しようとした、そういう教説を提示した。(4) この教説においてフォイエルバハは、法の内容は道徳的法則の形而上学からは演繹されえないと論じ、そして、国家は法の源泉であり、国家の外部に、または国家に対立する、いかなる自然法も存在しないと主張した。(5) しかしながら、国家の代表者たちは、かれらが国家の契約上の起源の中に含意されている法を遵守するかぎりにおいて、社会を規制する権限を有するにすぎないのであり、そして、支配者《リージェント》たちが国家の法に違反するなら、かれらは法的制裁《サンクション》に服することになる、とフォイエルバハは論じた。(6) さらに、法の名宛人としての各人（人格）は、実定的（positive）な法主体であり、国家権力に対して形式的な制限を課している、そういう法の下での権利と尊厳を獲得する、とかれはまた論じた。(7) フォイエルバハが結論づけたところによれば、正統性を有する国家は、人民を法的資格付与《エンタイトルメント》の実定的中心点《センター》として承認し、そしてまた、私法上の相互行為の領域の不可侵性《インテグリティ》（一体性）を承認し、さらに市民間の相互に認められている自由《フリーダム》の諸条件を擁護する。(8) 同時期に、カール・ザーロモ・ツァハリエ〔一七六九—一八四二〕もまた、カントの考え方を敷衍して、厳密に構成された法治国家を擁護する議論を展開した。ツァハリエによれば、普遍的法典に記された、その法治国家の法は、理性の原則を再現し、(9) そして、法のすべての名宛人を道徳的自律性の領域（王国）に高める。(10)

【一八四八年三月革命に至るまでの時期における自由主義者たちの国家観：ロテック、ヴェルカー、ダールマン、モール、シュタイン】

その次に、一八四八年に至る数年間、カール・フォン・ロテック〔一七七五—一八四〇〕とカール・ヴェルカー〔一七九〇—一八六九〕は一種の政治的な百科事典を編纂していたが、それは西南ドイツのブルジョアジーの自由主義的で進歩的な構成分子にとって主要な話題となる読み物を提供した。この百科事典はまた、法的妥当性と政治的説明責任についての、常套的《コンヴェンショナル》ではあるが、カント的かつ自然法的な説明に近い、はっきり自由主義的な見解《アウトルック》を含んでいた。実証主義者とは違って、ロテックとヴェルカーは、実定法は理性法に照らして明快であるように制定されるべきである、と論じ、そして、理性法は社会的な権利と自由を保障する立憲主義的国家のもっとも信頼しうる基礎を提供する、(11) と主張した。それゆえに、ロテックとヴェルカーは、正統性を有する国家を、法の下の形式的な人格としてではなく、理性（合理）的に構成された主権の担い手として、すなわち、自由に構成された立憲主義的議会を伴う、「周知された憲法」によって統治される、「人民の自由な社会的結社（free social association）」として、定義した。(12) 同様に、一八四八年中には、そして、一八四八年以降には、法治国家《リーガル・ステート》の他のモデルもまた大いに重視されるようになった。たとえば、一八四八年の〔フランクフルト国民議会の〕自由主義派の代議士であったフリードリヒ・クリストフ・ダールマン〔一七八五—一八六〇〕は、有機体的な共和主義（organic republicanism）がドイツの立憲主義的政治にもっとも適する政治的見解《アウトルック》である、と主張した。この見解の中心をなしたのは、ドイツにおける身分〔等族〕に基礎に置く伝統的なシステムは、革命的大変動を伴うことなく、代理（delegation）と代表（representation）のより近代的な技術を採用する国家のための基礎づけを構成しうるであろうし、そして、立憲主義的国家は、ドイツの政治文化の基礎づけに基づいて有機的に形成されうるであろう、という主張であった。(13) このように、ダールマンは、君主制と〔身分〕代表団（delegation）との立憲主義的均衡にその基礎を置いた国家の確立を唱道したのである。そして、ダールマンが憲政秩序（国制、憲法）の君主制的側面の重要性を強調したのは、かれが、この君主制的側面を、全体の政治秩序に安定性を与えるのに役立つ、「慣習」ないしは「確信《コンヴィクション》」の一要因（境位）と、見なしていたからである。(14) 同様に、一八四八年において代議士であったロベルト・フォン・モール〔一七九九—一八七五〕もまた、台頭しつつあった実証主義者の先入見《プリコンセプションズ》に重要な諸要因を付加した。モールは、後期の著作では、法は国家における「命令する意志」に依存する、という法実証主義者の議論に追随する半面、国家を理念的《アイデアル》な人格態として構築（解釈）することを拒否し、君主の立法権に対して厳格な憲法上の（立憲主義的）制限が加えられるべきである、と主張した。(15) かれはまた、実証主義の特徴である、国家の特性に関する最小限主義（minimalist）的な理念、これをはるかに超える、広範囲に渡る社会的、配分的な責任を、国家に帰した。(16) 次に、一八四八年以降、ローレンツ・フォン・シュタイン〔一八一五—一八九〇〕は、ドイツの社会・経済的、政治的な状況を分析し、そして、福祉国家論的、保守主義的、自由主義的な政治的諸理念の融合だけが、政治秩序に長期的な安定をもたらしうる、と結論づけた。シュタインの著作は、より古典的な自由主義的な理念とは歩調を合わせてはいないが、そこでは、自由主義的・資本主義的な経済秩序が擁護され、永続化されうるのは、その受益者たちが国家的規制の必要性を受け入れるかぎりにおいて、そして、その潜在的な敵対関係が対症療法的な「社会改革」政策によって緩和されるかぎりにおいて、もっぱらこれらのかぎりにおいてのみである、と論じられていた。(17)

【一八四八年革命以後における自由主義者の体制順応への傾向】

ところで、非実証主義者たちの見解の影響を受けたにもかかわらず、自由主義的ないしは共和主義的な立憲主義的理念は、一九世紀が経過するにつれて次第に用心深いものとなり、そして、自由主義的理想についての表現は、広義の体制順応者（conformist）的な、あるいは、せいぜい、手続き主義者（proceduralist）的な、政治的態度の枠内で、次第に表明されるようになった。それゆえに、一八六六年から六七年、そして一八七〇年から七一年頃の憲政秩序の形成と国民の統一の時期を通じて、自由主義的な諸理念は、大抵、社会に順応する仕方で明示されていたが、それらはまた、この時期に安定化され、かつドイツ帝国の政治構造を支えていた、制限された憲政秩序システムに対する、黙認《アクイエセンス》を反映してもいたのである。それゆえに、こうした理由によって、実証主義的教説は、その大部分が、一八四八年以降の立憲主義に関して広く普及していた自由主義的論争にとっての規定要因《パラメーター》を設定し、結局のところ、その実証主義的教説は、ビスマルクの下で実現されていた政治秩序を論議し、正当化するための、主要な語彙を、提供したのである。

【ティボーとサヴィニーの法典編纂をめぐる論争：歴史主義と実証主義】

法実証主義は、一八〇四年以降、ナポレオン法典の導入に刺激された、法典編纂をめぐる論争中に、はっきりした正統派の形姿をとりはじめた。ナポレオン法典は、ドイツの指導的な法律家たちの間の論戦を刺激し、そして普遍法を制定することが必要か、そして、ドイツ市民を組織化するためにフランス法を借用することが適切かどうか、これらをめぐる激しい論争を引き起こした。他方において、ナポレオン法典は、きわめて特殊な形で、法の妥当性の起源についての、そして、その実定化の過程についての論争を生み出した。こうした一連の論戦の頂点をなしたのは、この問題をめぐる〔フリードリヒ・カール・〕サヴィニー〔一七七九―一八六一〕とアントン・フリードリヒ・

ユストゥス・ティボー〔一七七二—一八四〇〕の間の有名な論争《ポレミーク》である。この論争において、ティボーは、法の妥当性のもっとも信頼しうる源泉は完全に実定化された法典である、と論じて、ドイツの〔領邦〕諸国家のすべてに共通する一般化された法体系の設立（制度化）を申し立てた。これに対して、サヴィニーは、ドイツ各地に現存しているさまざまな諸法のパッチワークを擁護した。というのも、サヴィニーは、このパッチワークをドイツ民衆の民族精神（national spirit）の表出と見なしていたからである。ティボーは、サヴィニーの歴史主義のすべての側面を拒否したわけではなかった。サヴィニーと同様に、ティボーは、フランスの民法典をドイツにそのまま導入することには反対し、ドイツの法典はドイツの文化とドイツの法理想の「力と活力」を反映すべきである、と主張した[18]。とはいえティボーは、法典というものは「特定の政府の専横」から立法（legislation）と司法（jurisdiction）を遠ざけるために必要不可欠である、と主張することによって、普遍的な市民法典を創設すべきであるという自分の要求を正当化し[19]、そして、体系的に実定化された法典を、市民法の領域における自由主義的な政治的利益を保護するために作用する市民的憲法と見なしていた。したがって、ティボーの著作の中心をなすのは、法における画一性と安定化された実定性が君主の侵犯《エンクローチメント》から守られるべき進歩的政治の隅の首石である、という主張であった。ティボーの指摘によれば、純粋な法自然主義（自然法）と純粋な歴史主義はともに、政治的・経済的に自由化された社会の基礎づけを等しく提供しえないし、そうした社会は、信頼しうる形で組織された法的テクスト（法典）によってのみ、成就されうるのである。

【ティボー】

【ティボーと実証主義との関係：法実証主義とカント的法自然主義（理性主義）】

ティボーは、あらゆる点で初期の法実証主義の政治的熱望の典型的代表者と見なされうる、というわけではない。

とはいえ、法の体系的な純粋性及び画一性を主張した点で、ティボーの著作は、たしかに法実証主義的方法論の後の発展のための地平を切り開いていた。同じく、ティボーは、ドイツの〔領邦〕諸国家の間で通用していたさまざまな諸法を一つに収斂させるという目標のために大いに尽力したが、この目標こそは一九世紀を通じて一貫して法実証主義者の論争においてもっとも喫緊の諸領域のうちの一つであった。さらにいえば、市民法と私法を、準立憲主義的な権能を獲得しているものとして定義している点において、ティボーは、私法関係の明晰化が国家の大権的権力を制限するもっとも有効な方法である、という法実証主義の中心的信念を、強化していた。しかしながら、ティボーはまた、法実証主義的教説のより広く普及していた鋳型からは逸脱していた。第一に、ティボーは、あきらかに、ナポレオン後のドイツのより進歩的な自由主義的党派の近くにいたが、このことで、かれと後期法実証主義の思想家たちとの間には距離が生じていた。ティボーの私法分析を特徴づけていたのは、私法の下での人格の権利と義務は政治を構成する役割を有している、という正面切った主張である。すなわち、私法上の人格態（private-legal personality）の決定はまた公権力の行使にはっきりした制限を課し、そして、公権力を行使する者は誰でも、私的人格としては、いつでも「自分自身の法に服し」、かつ司法的手続きに従う責任を有する、とティボーは主張した。[20]このように、ティボーの著作は、①政治的理想の強力な伝導装置としての法、そして、②政治的権威に対する倫理的に影響力のある拘束力としての法、こうした法概念によって形づくられていた。そして、私法についてのティボーの概念構成（解釈）は、後期絶対主義に対する広範囲にわたる批判や近代的な法治国家（*Rechtsstaat*）についての進歩的な説明のための基礎づけを提供していた。第二に、さらにいえば、ティボーは、あらゆる法の必要不可欠の基層としての自然法に関するさらに強固なものにされたカント的理念に強く引き付けられていた。法の妥当性の前提条件としての法の実定性を主張したとはいえ、法解釈は道徳的考慮によって導かれなくてはならないし、妥当する実定法はひとえに「哲学的理性」によってのみ判断されうる、とティボーは論じていたのである。[21]

【ティボーの実定法解釈における道徳的理念の重視：歴史的知識と哲学的解釈】

ところが、ティボーは、後期啓蒙思想の論争に法自然主義（自然法）的観念を再導入したにもかかわらず、自然法的理想（ius-natural ideals）は法外的原理ではなく、むしろ法の実定的に進化した形態に内在する倫理的理念《アイディア》と見なされるべきである、と主張した。それゆえに、純粋な自然法的方法と徹底した歴史主義的方法の両方に反対して、実定法の正しい適用は、法の適用が、法がその実定的形姿においてすでに含んでいる道徳的内容によって導かれることを可能にしなければならない、そういう「哲学的解釈者」に託された、釈義（exegesis）に依存している、とティボーは論じた。[22] したがって、「形而上学的原理の無味乾燥な分析」は、それ自身に基づいて、「実定法の基礎づけ」を創出することはないであろう。そうではなくて、解釈者はいつも、「完全な歴史的知識」を示さなくてはならないし、そして、解釈は、もし「哲学的洞察」が法の歴史的内容と合致しないのであれば、そうした哲学的洞察を法に適用することを避けねばならない。[23] それゆえに、ティボーの法への道徳的・解釈学的なアプローチの根底にあるのは、いつも実定法と自然法の区別であった。[24] ティボーの主張によれば、実定法のみが、法の適用に有意性を有するのであり、そして、自然法は、法の所与の集大成から独立して、解釈の「必要不可欠な」諸規則を提供したりはしない。[25] とはいえ、法の哲学的解釈は、実定法全体を、それが解釈を通じて自然法の条件（状態）に次第に適合されうるように洗練化しうる、とティボーはまた指摘したのである。

【プフタ】

【プフタによって主張された法実証主義の特徴的な原則：法的人格としての法主体】

法実証主義を定義する諸原理がもっとも典型的な形式で明示（分節化）されたのは、ゲオルク・フリードリヒ・プフタ〔一七九八―一八四六〕の著作においてであった。プフタはその思想の形成期においてサヴィニーの方法論の強い影響を受けた。そして、プフタの著作においては、妥当する法は形式的理性から演繹されえない、という歴史法学派の確信が力強く表明されていた。「理性の概念に起因する（proceeding from the concept of reason）」方法、ないしは法の適用の一般的指針を生み出そうとする方法、こうした方法は法のための安定的な基礎づけを構成しえない、とプフタは論じていた。[26] そうではなくて、法は、伝統を通じて、そして解釈を通じて、有機的に発展することが可能にされなければならない。すなわち、妥当する法の基礎は民族《ネーション》の「民衆的《ポピュラー》な確信」にあり、そして、妥当する法は「民族全体の構成員」を統一するのに役立つのである。[27] ところが、プフタは、少なくともその後期の著作では、サヴィニーを凌ぐほどの調子で、法は本質的に一組の実定的諸規則であり、しかも〔法に関する〕文化的な理解（understanding）ではなく、専門家による学問的な解釈（interpretation）が法の指導概念を解明する鍵となる、と強調した。[28] 事実、この観点において、プフタは、法の起源に関する歴史法学派の見方を放棄しはじめていた。そして、かれは、法を純粋に実定的で概念的な根拠の上に基礎づけ、法原則の核心《ポイント》を法それ自身に内在する法理的な前提条件から演繹しようとした。この観点においては、プフタの著作の中心には、法全体を構成する諸規則は、法的必要性（必然性）のあらゆる想定の根底にある、ローマ法の私法に由来する法的主体ないしは法的人格という理念から演繹しうる、という主張があった。それゆえに、法秩序の中心には、法は法的人格ないしは法的主体を指示する一組の諸関係である、という理念がある。これらの諸人格はすべて、①同じ特性《クオリティーズ》（資格）を有し、②一定の目的（とりわけ財産所有）を達成する意志を自由に行使することに余念がなく、そして、③すべてこうした目的を追求する際に、客観的な法的保障を受ける資格が付与される。法がその準拠形態として法的人格を構築しうるところでは、法はその妥当性を首尾一貫した用語（表現形式）で説明し、法的苦情を解決する諸規則を提供し、そして社会の全面にわたって法による規制化を実現しうる。法的諸主体が諸人格として解釈されるところでは、諸人格は法が客観的に保護する特定の利害の担い手として構築され、そして、法システムによって客観的に提供される法的価値（財産所有）（legal goods）に対する請求者として法によって反映され、そして、特定の事案《ケース》に関する裁定《ルーリングズ》は、これらの諸主体が法的諸主体として保有する権利や付与された資格（entitlement）を考慮することによって、下される。この説明によると、法にとって中心的なことは、①法は人格に帰されること、そして、②法は、その法が主要な原因性としての作用（act of primary causality）において自由に構築していた諸人格によって要求される形で、裁判を遂行し、平等を保障すること、この二点である。法は、それ自身が構築（解釈）する目標（対象）を超えるいかなる内容を有さないし、そして、人間ないし民族（国民）の利害や資質を構成するものをそのまま反映しうるわけでもない。事実、法は、人々《ピープル》が法的主体として追求する自由や付与された資格のために実定的に一般化された形態を与える媒体に他ならない。プフタが結論づけたところによれば、法は「人間存在を一人格として」構築し、もっぱらこうした特性《クオリティ》（資格）においてのみ、人々《ピープル》に係わる（言及する）のであり、そして、法の分析は、親密な一体的な関係にあるか、あるいは文化的にまとまっているか、いずれかの意味における人々の間の法的関係ではなく、もっぱら、法理上の関係にある諸人格（juridified persons）の間の法的関係だけを、扱うべきなのである。[29]

【プフタの「人間の自由の社会的形態」としての法的人格（法人）論：意志の主体（法的人格）としての人間存在が獲得する自由の承認：法の自己産出形態としての自由と理性の統一】

このように、プフタの著作の中核には、法は法によって創出されたものとしての諸人格間の一組の関係である、という想定がある。プフタがこれらの諸人格には人間学的実体があると考える用意をしていたかぎりでは、法の下にある諸人格は、諸人格が意志を行使するという事実によって諸人格として規定される、とプフタは論じた。ローマ法に関するサヴィニーの説明における人格という構成概念《コンストラクト》から推論して、そもそも人々《ピープル》が法人格態という地位を獲得するのは、第一に、権利はかれらに帰属すべきであるというかれらの意志に基づく要求（volitional demand）

を通じてであり、第二に、かれらが他の対象物――すなわち、かれらが所有物として主張《アサート》する対象物〔物件〕――に対して所有権を主張すること（possessive claims）に承認が与えられるべきであるという意志に基づく要求《ディマンド》を通じてである、とプフタは主張した[30]。したがって、すべての法の本質は、人間存在が「意志の主体であることによって獲得する自由の承認にあり」、そして、あらゆる法的関係は、それらの構成的な源泉として、法的諸人格の意志によってなされる主張、そして、法に関係するものとして相互に了解される主張、これらの主張《クレイムズ》を有している[31]。それゆえに、法的人格は人間の自由の社会的形態である。すなわち、法的人格は、その下で人間の意志が適切な仕方で行使されうる、そして、その下で意志のこうした行使が保護されうる、そうした形態である。しかしながら、同時に、法的人格の諸自由が法によって認められているところでは、これらの諸自由はまた、意志の自由が普遍的自由として、すなわち、あらゆる意志が行使しうる普遍的自由として、もっぱら法的な是認《サンクション》を得るにつれて、一定の合理的な変換（形式転換）を遂げる。それゆえに、法的人格は、法によって、自由かつ合理的なものとして構築されるのである。そして、法的人格が法の下でその意志を行使するところでは、法的人格は必然的にその意志を合理的かつ必然的に是認された仕方で行使する。それゆえに、法的、政治的な正当化の核心における理性と自由の統一は、ここでは、法がそれ自身の内部で自発的に生み出す形態として反映されるのである。その結果、法の下での正当性（正統性）の本来的源泉は、自動的に、法によって、そして法のために、構成される。要するに、法的人格を合理（理性）的自由の焦点として推定することによって、法はいつも自らを合理性と自由を容認するものとして説明しうる引証基準（reference）を創出し、そうすることで、それ自身の実定的な妥当性の原作者となるのである。

【動態的に関係し合う法的諸事実から構成された「生きた有機体」としての法によって自動的に自己産出される法の妥当性の条件】

社会的・法的な現実をローマ法の主体に集約しようとするプフタの潜在的意図は、理論をさらに進展させることであったが、この進展はまた法実証主義におけるその後の理論的革新に影響を及ぼした。法を理性（合理）的な人間の自由の媒体として構築することによって、そして、法的主体ないしは法的人格態を理性的自由の具体的諸条件の担い手として構築することによって、プフタは、社会的事実は法を通じて現象するか、あるいは、法を通じて伝達されるのであるから、法的分析には、そして、おそらく、すべての社会的分析には、もっぱらこの社会的事実に関与する必要がある、ということを示唆した。プフタが主張したところによれば、法的事実の背後ないしはその裏にある事実、そして、法的人格の背後ないしはその裏にある人格、これらは法を理解するためには何ら重要でなく、そして、法的諸過程に転換（形態転換）されてこなかった、社会の形成のすべての諸過程は、第一義的に重要であるわけではない。このように、プフタは、法を、擬似自然主義的ないしは生物学的な仕方で、動態的に関係し合う法的諸事実から構成された「生きた有機体」として捉えていた。こうした法的諸事実は、継続して相互に浸透しながら、絶えず更新される法的諸事実を生み出し、これらの法的諸事実の各々は自動的にその妥当性の条件を生み出すからである[32]。こうした有機的な諸意志の複合体の外部にある社会的ないしは道徳的な諸事実は、法の妥当性の吟味には、あるいは人間の自由の諸条件の実定的な説明には、貢献しえない。はっきりいうなら、社会的ないしは道徳的な考慮を法の分析の中に統合しようとするあらゆる企ては、単に法の分析の基本単位の見方を曖昧にし、そして、法がそれ自身で保護する自由を制限することに役立っているだけである。

【プフタの立憲君主制的な法治国家法人説】

プフタは法の中心として純粋な人格に〔法理論的な〕焦点を合わせていたが、この点から見れば、プフタが、一八四八年以前のドイツ社会における原型的なデモクラシーの運動に反対していたことは驚くに当たらない。それよりむしろ、プフタが賛意を表していた君主制的形式の統治においては、政治的権威は、他の所有物と同じく、所有する人格態において、「一人格の権利」として、基礎づけられている。[33] この観点から見れば、法実証主義における人格態というローマ法の構成概念《コンストラクト》は、絶対的人格というシュタールの構成概念に含まれていた姿勢《スタンス》と類比されうる政治的姿勢を支持していた。シュタールと同じく、プフタは、国家という人格態は他の法的人格（法人）とは異なり、権威の公式的かつ静態的な中心として、これらの他の法的諸人格に対してその意志を行使する、と論じた。しかしながら、〔他方では〕他の法実証主義者たちと同様に、プフタは、君主制を法的人格（法人）として構築することは、必然的に、①権力の行使は、手続き的かつ立憲主義的に制限されていること、そして、②国家は決して家産制的範疇で見られてはならないこと、これらを意味している、と主張することによって、君主制に与する自分の姿勢を穏和にしていた。国家とその臣民たちはともに、公法の下では〔法的〕人格であり、そして、公法的な権威の担い手たちは、公的権力に対する「私法的」権利を不法にわがものにしえない。[34] この点において、あきらかに、プフタは、国家を、社会的に発展してきた制限ないしは制約によって拘束されているものとは見なしていなかった。事実、プフタは、国家という人格を、私法の下の諸人格と直接的に類比しうるものと、そして、人格的自由の公式的制裁《フォーマル・サンク》措置《ション》に含まれている、まさしく一般的な法によってのみ制限されているものと、見なしていた。プフタが主張したところによれば、国家という人格は、事実、法理上の人格ないしは法理上の「擬制《フィクション》」であり、法は、これを、公法の下の行為主体《エイジェンシー》（代理）と帰責《イムピューテイション》の安定した基点を一貫して構築するために、前提にしているが、[35] しかし、これは、国家という人格が体現し、代表する、社会的な行為主体（social agents）ないしは自然人（natural persons）とは、事実的にもまた法的にも無関係である。要するに、国家は、他のすべての諸人格人と同様に、法による構成概念（construct of law）以外の何物でもなく、そして、法によって承認された一人格としてのみ能動的《アクティヴ》に現存しうるにすぎず、法の外部から国家に帰しうるいかなる内容も有していないのである。しかしながら、こうしたことの故に、国家は、法治国家《リーガル・ステート》としてのみ、すなわち、その諸活動が法によって同時に規定され、統制されている、そして、その権力の限界が、国家が法的人格（法人）として必然的に獲得する、規範的ないしは手続き的な構造によって決定されている（法治）国家としてのみ、現存しなければならないのである。[36] それゆえに、国家は、それ自身の組織的装置を通じて法を執行する、法において、際立った、あるいは特権化されてさえいる要因（境位）として、あるいは法にとって「必要不可欠な補完物」としてさえ、現存することになろう。[37] しかしながら、国家は、例外なく、「法を前提にし」、そして、「法の意識」を前提にしている。そして、国家は、法がその権力の適用を枠づけているのであれば、法の制定においてのみ、その意志を行使しうるのである。[38] 換言するならば、国家は、他の法的諸人格（法人）の基本的承認を取り決めている、それ自身の法的人格態の諸条件に、違反しえないのである。

【法治国家における理性と自由の統一性を理論化したプフタの国家法人説の歴史的意義】

この観点から見るならば、プフタの著作は、国家における、理性と自由に関する、そして、合法性と正統性に関する、理論的反省史の中で、一つの分水嶺を形成している。プフタが結論づけたところによれば、国家という人格態は、ローマ法の法的人格（法人）と類比されるならば、それが法を制定し、施行するかぎりで、自由を行使する意志である。しかしながら、法的人格（法人）の意志として概念構成された意志として、この立法意志は、単に不確定的に連続する意志的な行為ないし決断ではなく、それ自身の諸法の諸要因（境位）によって拘束されているのであり、そして、その立法意志は、他の諸人格を法的権利や付与された資格の担い手として承認しなければならない。それゆえに、法の源泉は、立法者の自由な意志であると同時にまた合理（理性）的な規範的秩序でもある。すなわち、立法者の自由な意志は、逆説的に、包括的な規範体系においてのみ、そして、包括的な規範体系としてのみ、行使されうるのであり、そして、法を制定する自由が行使されうるのは、自由は他の諸自由によって拘束され、そして、それゆえに合理（理性）的である、という認識を伴うときのみなのである。したがって、法の自由な合理性が構築する国家においては、必然的に、国家は法治国家《リーガル・ステート》として成立しているのである。とはいえ、きわめて重要なことであるが、国家における合理性と自由の統一性は、国家が法の下での行為主体として、自己原因性の最初の行為において、独力で創出する一つの統一性である。すなわち、国家はいつも法の下にある国家として、自分自身の原作者である。プフタがこうした教説を用いたのは、この教説の実践的な諸含意に鑑みるならば、法は、それ自身に基づいて、より社会的に組織された、あるいは、規範的立場を明確にした組織的運動《キャムペイン》よりも、より実効的に、規則及び説明責任の諸条件を創出する、ということを示唆するためである。実のところ、それどころか、プフタが暗示したところによれば、国家のために立憲主義的基礎づけを提供しようとする自然法的ないしは倫理的な企ては、法と政治の関係に関するその解釈において深刻な自己欺瞞に陥っているのである。政治は、プフタにとって、決して法以上のものではありえない。すなわち、国家は、それ自身が自己産出した前提条件として法を有しているのであり、そして、国家は、法によって創出された人格としてのみ、理解されうるのである。したがって、国家の法の正確な解釈と適用は、いつも法治国家の特性（legal statehood）の諸条件を創出するであろう。

3　法実証主義と立憲主義的法治国家

【法実証主義的法治国家モデルにおけるローマ私法の人格態理念：啓蒙主義における理性的人格としての国家観及び歴史主義における実体的人格としての国家観の拒否：法の自己準拠】

プフタの例は、いかにして、初期実証主義者たちが、法治国家《リーガル・ステート》に関するモデルを構築するために、ローマ私法の人格態に関する諸理念を利用したか、これを示している。こうした国家と法に関する説明の根底にあったのは、

①啓蒙思想において国家に帰された道徳的・理性的な人格態、そして、②歴史主義者たちにおいて国家に帰された実体的な人格態、この両者を拒否することであった。法実証主義者たちは、この両方の説明を、法的に不十分であり、そしてそのことによって空想にとり憑かれ、適用の諸問題を誘発しかねないものとして、退けた。はっきりいえば、あきらかに、法実証主義者たちは、国家についてのかれら自身の法理的《ジュリディカル》な構成（解釈）を、国家を定義し、制限する手段として、ライヴァルの自然法的ないしは密かに形而上学的な教説《ドクトリン》よりも、究極的にはより有効なものと、見なしていた。かれらが論じたところによれば、法それ自身は法の源泉であり、そして、あらゆる形而上学的な添え物が取り除かれるならば、法は、法が国家によって合理的に適用されることを保障するのである。

【ゲルバー】

【ゲルバーの法実証主義的私法観：ローマ法とゲルマン法の生産的融合】

こうした諸理念が決定的に表現されたのは、一八四八年頃のカール・フリードリヒ・フォン・ゲルバー（一八二三―一八九一）の著作においてであった。ゲルバーの初期の主著は、きわめて大きな影響力を及ぼした私法の分析であった。この著作においてゲルバーが論じたところによれば、法学の主要な任務は、「私法の統一性」を確立し、そして、ローマ法に由来する方法を用いて、経済的諸関係を組織化するための法原則を演繹し、明らかにすることである。[39] ゲルバーは、自らを、少なくとも部分的には、ゲルマン法に特別の関心を持った法律家と、したがって、ローマ法のみを私法概念の源泉と見なしていた法実証主義者とは立場を異にする者と、見なしていた。[40] したがって、ゲルバーの主張によれば、ドイツはそれ自身の一体的な法文化を有し、そして、ドイツ法は、ローマ法の方法と生産的に融合しあって、[41] 統一的な国民的秩序を備えた国民国家へのドイツの漸次的な形態転換においてダイナミックな役割を演じなくてはならないのである。[42] ゲルバーはまた、法実証主義者が擬制《フィクション》と抽象化に基づいて法範型や人格の概念を排他的に構築していることに対して、異議を申し立てていた。すなわち、ゲルバーの主張によれば、私法は、いつも具体的な「法的事実」と社会を構成する諸関係とに根ざしているのであり、それゆえに、特定の法的・政治的な文化に埋め込まれているのである。[43] しかしながら、ゲルバーは、後期ゲルマニストたちとは異なり、法は社会に現存する「〔任意〕団体《アソシエーション》（結社）」によって自主的に形成されるという主張を退け、そして、法の探究はその諸研究からあらゆる法外的な原則（extra-legal principles）を排除し、そうすることで私法の「個々《パティキュラー》の法」の解明に限定されるべきである、[44] と論じた。このように、ゲルバーの思想は、純粋な法実証主義的分析と、法と権力の関係のより人間学的考察との間の紙一重のところで微妙な綱渡りをしていた。とはいえ、ゲルバーの著作は、どちらかといえば、やはり、①法の諸問題は法だけに関係している、そして、②こうした諸問題の学問的取り扱いは、規範的な、あるいは直接的に政治化された諸目標（対象）に対して、過度の負担を負うべきではない、と主張しているのである。

【ゲルバーの有機体論を加味した実証主義的公法観】

ゲルバーはまた、公法に関する著作の中でも、古典的法実証主義者の観点と、より典型的なゲルマニストの観点との間を、揺れ動いていた。他の法実証主義者と同様に、ゲルバーの教説は、一八四八年以降の広範に普及していた保守主義的見解を反映して、立憲主義的法治国家の限定されたモデルを考慮していたが、しかし、経済的自律性及び政治的代表の基本システムを要求する自由主義的主張に対しては全く敵対しているわけではなかった。かれの後期の政治的著作において、ゲルバーは、国家が必然的に君主制でなければならないのは、君主制においてのみ、国家という「抽象的人格態」は体現されうるからである、と論じた。しかしながら、ゲルバーはまた、君主制的権力の行使は立憲主義的制約に服さなければならない、すなわち、君主の権力は〔君主の〕「個人的な人間としての人格態の権利」としてではなく、むしろ「国家の意志の最高機関」として行使されうるのである、と主張する点では、初期法実証主義者に従っていた。さらにいえば、国家は私法的、経済的な諸問題《イッシュー》に「最小限の影響力」を保持しうるだけであり、そして、国家という人格態は、私法の下で責任を負っている他の人格態によって制限されているものとして、受け取られなければならない、とゲルバーは結論づけた。[46] しかしながら、同時に、ゲルバーは、国家の意志を、部分的には、有機体論的な用語で、すなわち、国家が体現している人たちとの国家の社会的かつ物質的（実質的）な諸関係を通じて構成されるものとして、解釈していたが、この点において、かれは在来の法実証主義者の見解に対して異議を唱えていた。ゲルバーが結論づけたところによれば、国家は、単に法理的に抽象化された人格として、ないしは単に「多くの個人的意思の機械的集約」として見なすわけにはいかない。国家はまた、ドイツ民族《ピープル》の「倫理的な有機体」を具現したものであるからである。[47] したがって、国家は他の法的諸人格のそれよりも高次の人格態を有し、そして、この人格態は多元的な人間の意志の有機的な統合を通じて形成されるのである。こうした主張の結果として、国家の中に具現された諸々の意志は、国家における法的諸要因（境位）となり、かくして、国家は、かれらの意志が国家を構成している人たちに対する一定程度限定された説明責任を伴うことなしには、決してその国家の意志を行使しえない、とゲルバーは論じた。[48] それゆえに、かれの基本的には法実証主義的志向にもかかわらず、公法の起源は国家の有機的に発展した意志にあり、そして、法の「抽象的規範」が妥当性を有するのは、〔それが〕こうした意志によって直接的に真正化されているときだけである、とゲルバーは論じたのである。[49]

【イェーリング】

【前期イェーリングの私法原理に基づく自己制限的な国家法人説】

また、ルドルフ・イェーリング〔一八一八―一八九二〕の法と国家に関する初期の著書もまた、最終的にはかなり異なった政治理論的な結論に辿り着いてはいるが、〔ゲルバーと〕類似した語彙と方法とを用いていた。イェーリングが初期に公刊した著書は、おそらく、法の超・実証主義的、準・生物学的な概念のもっとも極端な例を形成していた。これらの著作において、イェーリングは、法を「人間の自由の客観的な有機体」と定義した。[50]この「有機体」においては、法の形態と概念は、それらの現存する内的な統一性から新しい要因（境位）と原則を「概念把握（conceive）する」、自律的な「生産的」権能を有している。[51]そして、イェーリングは、法が外部からの指導を受け入れうる、というあらゆる想定を公然と非難した。初期の法実証主義者たちと同じく、イェーリングもまた、「人格態という理念」を、あらゆる法の発生源として受け取っていた。[52]そして、かれはまた、法を、「主観的意志」の中に、あるいは、法によって人間主体に帰された「個人の能動的な力」（personal active force）の中に含まれている目的志向的自由を、明示（分節化）かつ保護する媒体である、と解釈した。[53]これに基づいて、国家は、法理上の人格（juridical person）として、すなわち、①「自然人（natural persons）とは異なり、かつ自然人の上位にあり」[54]、②その人格態を構築する法によって拘束され、そして、③その自由を法の下の自由として実施する、そうした機関（器官）として形成される、という初期〔の法実証主義〕の議論を、イェーリングは繰り返したのである。とはいえ、最初の法実証主義者たちと比べると、その程度においてははるかに強く、イェーリングは、法的人格を私法から演繹することは、国家の公法的権威に対して明確な制限を課している、という事実を、強調した。かれの議論によれば、法を「個人の自律性」に淵源するものとして概念把握することは、政治的共同体についての国家を中心とするモデルをひとえに排除しているのである。そして、かれの主張によれば、私法を特徴づける契約上の義務は公法の基礎を提供し、そうすることによって、正統性を有する政治秩序の基礎を提供する。[55]契約はローマ法の下では私法の拘束原則であり、そして、まさにこの理念を通じて、「国家による法の保証」はようやく発展したのである。[56]それゆえに、国家は「私法の原則に従って構成され」、そして、私法は国家に対して「本源的独立性」を保持している、とかれ〔初期イェーリング」は結論づけたのである。[57]

【後期イェーリングにおける純粋法実証主義の放棄：妥当する法を決定する客観的利益（利害関心）と社会的効用：法に先立って存在する利害関心】

しかしながら、一八六〇年代までに、イェーリングは、かれの初期の著作の純粋な法実証主義的方法論の大部分を放棄していた。イェーリングは、後期の著述では、妥当する法は具体的・客観的な利益（利害関心）と社会的効用（societal utility）についての考慮とによって決定されていると見なすアプローチを採用していた。[58] イギリスの功利主義の強い影響下に、[59] 主観的意志ではなく、客観的な「利益（利害関心）の問題」（question）が法的妥当性の考察の基礎にある原則として受け取られるべきである、と後期イェーリングは力説した。[60] かれの説明によれば、このことのもっとも明確な例証は、所有（property）の問題である。かれが結論づけたところによれば、〔生得の〕財産所有の権利なるもの（the right of property）は現存しない。なぜならば、――サヴィニーが想像したように――主観的意志は、客体（対象）に対して排他的な要求をなし、そうすることによって、それ（主観的意思）だけで〔他者の承認を欠いて〕、主観的な自由と資格を生み出している〔にすぎない〕からである。また、なぜならば、――ヘーゲルやガンスが示唆したように――諸々の人間の意志は、所有権（property rights）を裁可《サンクション》する包括的な意志と倫理の秩序を生み出すために、〔まずはじめに〕相互に行為するからである。というよりも、むしろ、所有権が法の下に現存するのは、所有権（ownership）と財産所有（property）の経済的有用化とは、近代社会の実際的かつ客観的な利益（利害関心）に役立ち、したがって、法は財産所有への利害関心を保証しうる具体的な規範構造を提供するからである。それゆえに、法の土台は客観的利益（利害関心）である。すなわち、利益（利害関心）は法に先立って存在し、法の形成と適用の両方を条件づけているのである。[61]

【イェーリングによる利益法学の展開：客観的な目的、効用、必要を志向する活動的人格概念】

イェーリングの後期の方法論上の方向転換《ヴォルトファース》は、法の下にある人格の地位に関する根本的な再検討を反映している。後期イェーリングは、いまや、法の源泉が法的人格の主観的目的ないし主観的意志から抽出されうるという信念を拒否した。たしかに、法は目的志向的構造を有しており、いつも基礎にある意志を再現《エンアクト》している。しかし、妥当する法の基礎にある目的は、社会全体の利益（利害関心）を屈折して反映する共同的《コモン》な諸目的であり、そして、法を制定する意志は、社会を通じてこれらの諸目的を実現しようとする客観的意志である。[62] このように、法の起源は、人間の意識の倫理的かつ功利主義的な具体的目的に存するのであり、[63] 法の下にある人格は、法実証主義が主張するような形式的に自由な人格ではなく、その目的が他の諸人格の目的と共同的な結合関係にあり、効用と必要の共同的な諸観念を反映する、そうした能動的な目的志向的な人格である。[64] したがって、法は、社会的に抽象化された、あるいは想像上の、諸人格間の、一組の法的諸関係として発展するのではなく、むしろ、客観的に目的を追求するさまざまな法的諸行為主体間のさまざまな結合関係《アソシエーション》から生起し来っている具体的な利益（利害関心）の表現である。

【後期イェーリングの法実証主義からの離反】

後期イェーリングはまた、自己制限的な形式的・法理的な人格としての国家についての自分の初期の見方を否認した。もっとも、イェーリングは、初期に公刊した著作においてさえ、国家という人格態は広範囲にわたる社会的責任を体現している、という信念を強調していた。この時点でのかれの説明によれば、国家は、社会を通じてすべての諸人格の自由と改善のための諸条件を創出する「積極的意志」を、保有しているのである。[65] 実のところ、それどころか、国家は、社会の個々の成員の目的の完成を支援する「自由の有機体」としてさえ、見なされうるのである。[66] 後期の著作においては、イェーリングは、こうしたアプローチを敷衍して、これに、正統性を有する公的権威は、あらゆる共同的な社会的目的を「成就し」、「組織化する」ものとして定義されるべきである、という主張を含めた。(67) こういうわけで、正統性を有する国家は、共同の「社会の目的」を体現し、追求し、(68) そして、必須の「社会の生存条件」を確保し、支持する。(69) そういう「目的志向的主体」である。かれの初期の著作においてと同様に、イェーリングは、国家を法治国家（*Rechtsstaat*）として説明することにあくまでも固執していた。かれが説明したところによれば、国家は、いつも「自らが確立した規範によって」拘束されなければならない。そして、国家は、全社会を反映し、かつ全社会と共有することのない目的を、追求しえない。(70) しかしながら、イェーリングが結論づけたところによれば、法治国家《リーガル・ステート》としての国家の発展が生起するのは、国家という絶対的な法理上の人格態の故ではなく、国家がその目的を実現し確実なものにするために、法を必要としているが故である。すなわち、社会全体が共有する目的を追求するために法を用いる点で、国家は、規範構造に客観的に拘束されているのであり、そして、その権力を合法的に課された一組の道徳的目標において行使するのである。法治国家が設立されるのは、国家が法の「目的志向的主体」として行為するところ、そして、国家が法を共同的な目的と利益（利害関心）を反映させ、安定化させる媒体として用いるところ、こうしたところにおいてである。(71) このように、後期イェーリングの著作の中心にある判断力（sense）に従えば、法は、国家を同時に自由かつ理性的な人格として形成する媒体として、行使《インヴォウク》されうる、ということを示唆している点では、法実証主義は正しかったが、しかし、法治国家という正統性を有する人格は私法の形式的諸原則から演繹されうると考えている点では、法実証主義は見当違いであった。国家は実際に目的志向的人格態を有し、この人格態を通じて、自己自身を法治国家として形成する。とはいえ、この人格態は、客観的な、そして内在的に政治的な、人格態である。これは、客観的な法を通じて、社会的効用の最適な諸条件を導出し、実行《エンフォース》する、という国家の義務によって形成される。それゆえに、たとえ法実証主義者として出発したとはいえ、結局のところ、イェーリングは、目的を客観的に適用された社会的利益（利害関心）として概念構成したことによって、反・法実証主義的思惟の路線を踏み出すことになった。そして、この路線は、法治国家に関する法実証主義者のモデルや法治国家を、法治国家としての、国家の自己原因性の、外在化された逆説に根ざす、空虚で形而上学的な理念《アイディア》として、解釈したのである。かれが結論づけたところによれば、このように解釈された法実証主義者の理念は、実体的に発展する国家という団体《ボディ》や、あるいは、社会全体に伝わる法の有効妥当な内容、そのどちらをも説明しえない。要するに、法実証主義者たちは、いかにして権力は客観的に構成され、いかにして権力は客観的な法形態をとるのか、そして――きわめて重要なことであるのだが――何故に、そして何の目的のために、権力は現存するのか、これらのことを説明しえないのである。

4　後期法実証主義と公法

【法実証主義的立場からの憲法及び公法の体系化：ヴィントシャイトの概念法学、ラーバントの公法論】

一九世紀の後半に、私法に基づく法実証主義の基礎づけは、ベルンハルト・ヴィントシャイト〔一八一七―一八九二〕の著作において、もっとも洗練された水準に達した。ヴィントシャイトは、学識法（academic law）を、①ローマ法の原則を解明すること、そして、②立法と司法手続きにおいて役立つ信頼しうる諸範疇を提供すること、これらのことを任務とする、純然たる概念形成の学問（conceptual science）と、見なしていた。[72]ところが、まさに同時期に、他の後期の法実証主義者たちは――もっとも著名なのはパウル・ラーバント〔一八三八―一九一八〕であるが――法実証主義理論を改鋳し、鍛え直し始めていた。それは、イェーリングのような法実証主義を捨てた人たちが、法実証主義には国家を実体的に説明するのには方法論的に不備があった、と非難していたことに対抗するためであった。こうしてラーバントは、法実証主義的教説を公法ないしは憲法の首尾一貫した体系へと変換（形式転換）することに邁進し、そして、こうした体系を、ドイツ帝国の最初の二〇年間のビスマルク宰相時代の憲政装置（憲法機構）（constitutional apparatus）を明確にし、そして擁護するためのモデルとして用いたのである。

【ラーバント】

【ラーバントのドイツ帝国を弁護する法実証主義的公法論：法的人格態にして法治国家であるドイツ帝国における機関としての皇帝立法権の立憲主義的制約】

ラーバントの著作の中心にある主張によれば、私法と公法は、いずれも、「法理上の人格」ないしは法的人格（法人）という擬制に基礎を置き、そして、国家の法的地位は、最高の法的人格（法人）として、すなわち、「公法の法理上の人格」として、もっとも正確に解釈される。[73] このようにして、私法の核となっている範型（法的人格）は、国家の法的地位を明確化（分節化）する際に、中心的役割を演じることになる。一方において、ラーバントは、国家の人格態は個人（人格）的支配（personal rule）において最善の形で反映される、と主張する点では、初期法実証主義者に従っていた。はっきりいえば、帝国憲法では、皇帝《カイザー》は国家における人格的な権威ないしは主権の中心であり、[74] そして、新たな諸法を裁可する最終点である、[75] ということをラーバントはきわめて明確に自覚していた。さらにいえば、ラーバントはまた、国家はすべての法の前提条件であり、そして、法は国家の目的志向的な意志を反映する、という初期の（法実証主義の）見解を繰り返していた。それにもかかわらず、ラーバントはまた、法的人格（法人）として、国家は必然的に法治国家でなければならない、すなわち、国家は、他の法的人格（法人）と同じように法的制約に服し、そして、私権ないしは私的特権を主張するために利用されえない、[76] と論じていた。それゆえに、ラーバントは、帝政国家という人格態を、多くの異なる制度的諸機関を体現しているもの、そして、きわめて正確な憲法上の諸規範によって規定されているもの、こうしたものと見なしていた。すなわち、帝政国家の立法権は、皇帝と、帝政国家の行政府の外部にある機関、とりわけ帝国議会と連邦参議院（さまざまな連邦支分国の代表者たちの機関）との間で分有され、[77] そして、あらゆる立法諸過程において、手続き遵守の諸規則を認めることを余儀なくされていたのである。

【ラーバントの国家法人説：法に制約された法定立主体という国家法人の逆説の再演】

ラーバントの著作は、初期法実証主義の政治理論に内在する逆説的な主張をより集約した形で拡張したものを、含んでいる。ラーバントの理論の中心にある議論によれば、国家は、公法の下の一人格として、必然的に法治《リーガル》・国家《ステート》である。すなわち、国家は、例外なく、手続きの諸法及び諸規範によって拘束され、そして、例外なく、これらの諸規範が完遂されることを確保するために、それ自身に立憲主義的秩序を与えている。しかしながら、これらの諸法は国家それ自身に淵源している。すなわち、それらの諸法は、国家が、法的人格（法人）として、それ自身のために（独力で）制定する諸法である。こうした諸法において、国家はそれ自身が憲法によって拘束されていることを許容し、そして、それらの諸法を、ひとり国家のみは、公法上の最高の法的人格（法人）として施行し、必要な場合、変更する権威（権限）が付与されている。それゆえに、一面では、国家は意志的な立法者（volitional legislator）であり、そして、法に先立って現存している。すなわち、国家は法の制定の源泉（institutional source of law）である。したがって、国家という権威を付与しかつ強制する意志がなければ、いかなる法も存在しえないのである。それゆえに、国家は、法の制定において積極的に自由（*positively free*）である。しかしながら、同時に、国家が立法するところでは、国家は、それ自身のために（独力で）絶えず立憲主義的機構を定立するのであり、そうして、国家は、必然的に、それ自身の人格態において公表される諸法を承認することを余儀なくされる、立憲主義的に形成された法的人格（法人）となるのである。この点から見るならば、ラーバントの法実証主義は、国家における自由意志と理性法との間の二律背反を、もう一度再現（再分節化）していた。そして、この二律背反に関するラーバントの解決策も、もう一度逆説的であった。すなわち、国家の人格態は、自由かつ同時に超越的であるが、しかし、国家は、いつもその正統性を、法の下の自由として、自由に創出し、保持し、かつ明示（分節化）する、と国家は主張しなければならなかったのである。

【イェリネク】

【初期イェリネクの国家法人説：法実証主義的法治国家論からの出発：自余の法的諸人格を承認するかぎりで、自己を法的人格として自己創出する国家】

ラーバントの著作は、法実証主義の絶頂期《アポシオウシス》（神格化）とその分解の始まりの両方を示していた。というのは、ラーバント以降、法治国家に関する法実証主義者の逆説的な説明が次第に痛烈な批判に晒されるようになったからである。一九世紀の最後の一〇年間以降は、そのアプローチや理想が初めの内は法実証主義によって形づくられていた理論家たちでさえもまた、その中核的な原理に対する根本的な変更を企てるようになった。このもっとも際立った例がゲオルク・イェリネク（一八五一―一九一一）であった。イェリネクは、初期法実証主義者たちと同様に、法を具体的な人間の相互行為ないしは結合関係《アソシエーション》から発展するものと見なす、そうした法の起源に関するすべての説明に、反対した[78]。イェリネクはまた、ラーバントと同様に、公法はあらゆる法的適用の妥当性の前提条件であり、そして、社会における法的諸人格（法人）の法的地位や資格付与は、国家によって安定化されている諸法に淵源する、と主張した[79]。イェリネクが結論づけたところによれば、国家は人格態を「創出する」人格態であり、そして、国家がそうした人格態である理由は、ひとえに、人々が、その法的諸要求が追求され、権威づけられうる、そういう法的人格態を保有すること、このことを承認する法的秩序を、まさに国家が支持しているからである[80]。同様に、イェリネクはまた、近代国家という人格態は、法治国家の形態をとらなくてはならないし、そして、近代国家の主権は、いつも「法によって拘束されている」、「法的権力」としてのみ定義されうる、というかなり広く普及していた主張を、支持していた[81]。要するに、国家が法を制定・施行するところでは、国家は必ず諸法を受け入れ、そして諸法に拘束されるのである。すなわち、あらゆる制定法（legal statute）は、それ自身の法の下にある「国家が自分自身に服従すること」から生まれるのである[82]。したがって、近代的法体系の全体の安定性は、国家が自らを、「権力主体」としてではなく、「法主体」として、構築することに懸っているのである[83]。政治的権威の最高の担い手でさえ、それを個人（人格）的に体現するものとしてではなく、「国家の機関」として、あるいは、国家というより広い法的人格態の一要因として、存在するのである[84]。

【イェリネクの国家両面説：法的、社会的両側面から成る国家】

しかしながら、法実証主義のより広い人格主義的前提条件を共有する一方で、イェリネクはまた、法実証主義の政治的前提を全面的に批判的な修正に委ね、そして、国家についてのかれの解釈の中に重要な社会学的諸要因を導入した。国家の人格態に関する純粋に法実証主義的な諸概念に反対して、国家とはいつも二つの次元において、すなわち、「社会的現象《アピアランス》〔側面《アスペクト》〕」と「法的現象〔側面〕」の両方として現存する[85]、とイェリネクは主張した。したがって、国家は単に法的事実としてのみ解釈されえず、国家はまた「社会的諸現象」の客観的な集合体（objective aggregate of "social phenomena"）と見なされなくてはならない[86]。国家に関する純粋に法理学的な解釈は限定された妥当性を有するにすぎない。すなわち、そうした解釈は、国家権力のすべての側面《アスペクツ》を十分に把握しえないし、そして、とりわけ重要なことであるが、国家と法との間の形成的関係を充分には理解しえない。「国家の」純粋に「法理学的な知識」を獲得しようとする企ては、国家の「実在的本質」を認識しそこね、そして、その法的人格態の基礎を成す客観的な形成過程を理解しそこねている(87)。

【イェリネクによる国家の社会的側面の強調】

それゆえに、イェリネクが論じたところによれば、法的人格としての国家という法実証主義者の概念構成は――せいぜいのところ――好便かつ簡便な意味論的形式であり、この形式は、途方もなく複雑な国家の社会的諸起源を、国家の法的構造を表現するためには、有用であるが、しかし無限に逆説的な、そういう表現形式（術語）へと、押し込めてしまう。実のところ、国家は、人間の目標《オブジェクティヴ》や「人間の目的(88)」を追求し、かつ保護する客観的機関であり、そして、「人間の生活を連帯的に顕現させること(89)」に責任を有する客観的機関であり、まさにそうであるが故に、国家という法人格態は発展するのである。国家は、具体的な諸目的を追求するが故に、きわめて複雑な社会的諸関係に参与し、そしてこうした諸関係に実効的に係わるために、他の社会的な行為諸主体を諸人格として、あるいは法的諸人格として法的に承認することを体現しなくてはならないし、そして、その臣民たちを理性法の名宛人として、あるいは権利及び資格付与の担い手として認めなくてはならない。それゆえに、国家はすべての私法的・公法的な秩序の主要な具体的基礎であり、そして、社会のあらゆるところで適用される諸目的を設定するのである。しかしながら、国家が、他者たちを法的諸人格として認めることを余儀なくされる、一法的人格として、自己自身を反省しないならば、したがって、国家が、自己自身を法治国家として反省しないならば、国家はこうした〔上述の〕役割を完遂しえない(90)。したがって、国家という法的人格態は、たしかに、法理上の事実であり、そして、この事実は所与の社会におけるあらゆる法を基礎づける源泉である。しかしながら、この人格態はまた、社会的に構成され、錬成された事実でもある。こうした理由によって、国家の正統性は、その法的諸機能によってのみならず、その社会学的起源によってもまた規定されるのである。それゆえに、国家の正統性は、国家がその自己原因性から概念構成した諸範疇においてではなく、国家が追求し、達成する共同の「諸目的」の価値によって計測されうるのである。[91]

【イェリネクの「事実的なるものの規範力」としての国家観：事実的過程と規範的過程の相互作用を通じて現出する法と国家】

イェリネクの教説が主として哲学的に示唆しているのは、法実証主義は政治的秩序の立証可能な説明を提供しえなかった、という点である。法は限定された社会的諸過程とは無関係に現存すること、そして、国家という人格態が純粋な法原則から演繹されうること、これらのことを示唆する際に、法実証主義は、イェリネクにとっては、いかにして法と権力は形成されるか、これを説明しそこねている。そして、法実証主義は、いかにして法と権力は服従を命令するのか、あるいは、いかにして法と権力はそれらの立憲主義的諸形態において正統的なものとして説明されるのか、これらを具体的に説明しえない。このように、法実証主義は、それがもともと反対していた啓蒙思想の形而上学を乗り越えそこねている。そして、法実証主義は、国家と法の統一性を〔概念的に〕構築し、そして、国家における法の下の自由を、自己原因性の単なる擬制《フィクション》あるいは逆説として描いて見せている。このことは、ラーバントのケースにおいては、①国家の権力は一般化された法に淵源し、一般化された法は、国家の意志的強制力に淵源する、そして、②法と国家が同時的に発生する関係は、国家がそれ自身の人格態を憲法として不可避的に法典化する、という点において表現される――これら①、②という典型的に同義反復的な主張に帰着している。これに対して、イェリネクは、自分の仕事を、法と権力の統一性は、社会に埋め込まれていない法の諸理念からは演繹されえない、ということを示して見せる企てとして、捉えていた。むしろ、法と国家は、同時的に進行する事実的過程と規範的過程との相互作用（interplay of simultaneously factical[factual] and normative processes）を通じて現出し、こうした相互作用において、国家という社会学的に形成された団体は、次第に普遍的な規範秩序として一般化される。イェネリクが論じたところによれば、法が純粋な政治的な強制力に対する抑制と平衡錘として発展するのは、普及している社会的諸条件は、徐々にではあれ、正常な形において規範的特徴を帯びる傾向を有しているからであり、そして、「現存している諸制度」は、それら〔の諸制度〕を普及している社会的諸期待に順応させ、そして、それら〔の諸制度〕が普及している社会的諸期待によって構造化されるのを可能にさせる、そうした法的「合理化」（legal "rationalization"）の過程を、不可避的に辿るからである。[92] このように、法治国家の理念は、近代的社会秩序の本質的かつ決定的な構成要素である。実のところ、それどころか、あらゆる社会秩序は法治国家の形態に強く引き寄せられる傾向を有する。それにもかかわらず、イェネリクの説明によれば、法治国家における規範的な要因〔境位〕は抽象的な法や国家の抽象的な人格態から演繹しえない。すなわち、こうした規範的な要因〔境位〕は、（その発生と適用のどちらの場合でも）いつも事実的な規範にすぎず、したがって、それは国家を形成する機能的かつ進化的な動態を通じて国家に課されているのである。要するに、国家は、「事実的なるものの規範力[93]」であるが故に、とりわけ、法治国家として発展するのである。

5　形而上学としての法実証主義

【法実証主義を批判する自由法学派の台頭：司法活動への解釈学的アプローチ：エールリヒ、カントロヴィッチ、初期ラートブルフ】

イェリネクによる法実証主義の修正は、法実証主義はそれ自身を法治国家の特性（legal statehood）に関する反形而上学的教説として捉えているが、しかし国家権力を非形而上学的基礎の上に位置づけること、そして、形而上学的ないしは自然法的教説のアポリアを克服すること、これらのことに失敗していることを、顕著に示唆している。けれども、法実証主義の形而上学攻撃が不首尾に終わっていることを告発しているのは、イェリネクひとりではなかった。事実、二〇世紀初頭まで、法実証主義に反対する大多数の人たちは、同じような疑念や批判を示した。一九〇〇年以降、たとえば、主としてオイゲン・エールリヒ〔一八六二—一九二二〕、ヘルマン・カントロヴィッチ〔一八七七—一九四〇〕、そして（少なくとも、部分的には）若い時代のグスタフ・ラートブルフ〔一八七八—一九四七〕らの自由法運動の代表者たちは、すなわち、①法実証主義は、法へのより歴史的かつ内発的な解釈論的アプローチと、置き換えられるべきであること、そして、②法の適用〔に際して〕は、形式的な法的事実に〔のみ意識を〕集中すべきではなく、そこで裁判官の個人的な価値判断が構成的な役割を受け取ることになる、そういう「主観的に妥当する法的理想」[94]によって指導されるべきであること、これらのことを論じていた[95]自由法学者たちは、法的、政治的諸問題を解明するために、法実証主義によって用いられたローマ法の「融通の利かないドグマ」及び私法原則の「硬直した不動性」を非難した[96]。かれらが説明したところによれば、法実証主義は、一定不変の形式的諸原則を法の発見の基礎に据えた点では、依然として隠れた形而上学的教説である、そういう形式的な法自然主義（自然法）（ius-naturalism）の代用品である[97]。それゆえに、かれらがさまざまな仕方で論じたところによれば、司法活動《ジュリスディクション》への自由な解釈学的アプローチは、法をあらゆる形而上学的な固定観念から切り離しうるし[98]、そして、法の適用に際しては、正義や道徳的内容に関して、十分に、人間中心的な、あるいは、個人（人格）的事情を汲み取った、そういう説明を、果たしうる[99]。それゆえに、法を、正義を獲得し伝達するための実体的な媒体として用いる用意のある、解釈者たち、こういう解釈者たちの道徳的な責務《コミットメント》に基づく、法における創造的な道徳的人間主義《モラル・ヒューマニズム》に、法実証主義は、道を譲り渡すべきである[100]。

【ゲルマニストによるローマ法の人格主義批判】

しかし、一九〇〇年以降、批判を受けて急速に解体する以前に、法実証主義は、法実証主義者たちが法と国家についての形而上学的諸理念と密かに同盟を結んでいる、とこれまた告発していた、国家についての対抗する説明に、すでに直面していた。この近代国家の特性（statehood）に関するこの〔法実証主義のそれに代わる〕もう一つの説明は、法史学のゲルマニスト学派に基礎を置いていた。そして、このアプローチの主要な代表者たちが論じたところによれば、ローマ法の諸原則は、国家と法の起源に関して、使い古された形式的に逆説的な説明以外の何物をも提供しえない。ローマ法についての学問〔パンデクテン法学〕は、法を少数の非現実的な構成概念及び原則として検討しているが、法の社会的進化のきわめて具体的な多元性を、したがって、法が拘束力を伴って社会中に隈なく受け入れられ、そして承認されている理由を、理解するための理論的な問題解決能力を有していない。したがって、ローマ法の下では、法は、それ自身を、理性的で遵守に値するものとして、虚構化された形で説明しえるのみである。さらにいえば、これゆえに、ゲルマニストたちは、ローマ法の人格主義（personalism）を、〔近代〕国家の特性（statehood）についての権威主義的諸理念を助長する傾向を有するものと見なしていた。けだし、こうした諸理念においては、国家という人格態は、その臣民たちに形式的権利を授けるが、それにもかかわらず、市民社会において孤立した行為主体としてのそれらの臣民たちに対して、あくまでも固定化され、そして二元論的に対置されているからである。ゲルマニストたちが主張したところによれば、こうしたことの主要な原因は、①ローマ法は法の形成の、社会の深部にある結社的ないし有機的な源泉を、把握しえない、そして、②ローマ法には、いかにして法が出現し、その内容を〔社会の中に〕埋めこまれている、合意や結社間の同意の諸過程を獲得するのか、これを規定する術を備えていない、という事実に存する。このように、法理論のゲルマニスト学派に連なる理論家たちは、国家と法的人格（法人）とはより社会と一体的で相互形成的な関係にある、という概念を確立しようと努めることによって、そして、社会的交換のあらゆる領域を暗黙の立法作用として具体化《インコーポレイト》する法の分析を拡張することによって、法実証主義に対して応答したのである。

【ゲルマニストの法治国家論：ローマ法に対するゲルマン法の優位：ゲルマニスト的初期自由主義：ミッターマイヤー、J・グリム、アルブレヒト】

ゲルマニストの初期の代表者の一人に数えられているのは、自由主義的な政治家であり、かつ私法と刑法の学者であった、カール・ヨーゼフ・アントン・ミッターマイヤー（一七八七—一八六七）である。ミッターマイヤーは、ドイツには、「さまざまな不文法の統一体」が現存していたし、それらの不文法はローマ法よりも社会的自由のより持続可能な保障を与えてきた[101]、と論じた。ヤーコプ・グリム（一七八四—一八六三）もまたこの学派の一人に属していた。グリムは、「ローマ法の侵食」によって、ドイツにおける民衆の法的かつ政治的な文化が堕落（変性）を被ることになった、と論じた。そして、かれは、「ドイツ法史」に関する研究を（ドイツの）文化的かつ政治的な再生への不可欠の貢献と見なした[102]。ヴィルヘルム・エドゥアルト・アルブレヒト（一八〇〇—一八七六）によって企てられた、法治国家に関するもっとも説得力のある初期自由主義的な分析の一つが発表されたのも、まさしくこのゲルマニストたちの陣営内からであった。アルブレヒトは、著名な自由主義的立憲主義者であり、そして、グリムと共に、一八三七年において、一八三三年に制定されたハノーファー領邦国家の憲法の（国王による）廃止に抗議したために、ゲッティンゲン大学から追放された、七名の教授たち（ゲッティンゲン大学七教授）の一人であった。アルブレヒトが論じたところによれば、どのような形であれ、国家を「法理上の人格」として概念構成することは、国家は、それ自身の法によって、民衆の「全体的利益」に奉仕することが強く義務づけられている、公法上の責任を有する機関であり、そのことによって、君主の個人（人格）的意志とは範疇的に異なるものである、ということを含意している。アルブレヒトが結論づけたところによれば、人格態の担い手として解釈された国家は、ドイツの諸領邦国家の政治生活に影響をなお及ぼし続けていた、より旧式の家産制的ないしは等族に基づく政治的諸概念の有する「私法的色彩」との、決定的な断絶を標識づけている[103]。それゆえに、国家の法的分析は、国家はあらゆる私法的権利とは異なっている、ということを強調しなければならないし、そして、国家は、その諸法によって拘束されている人たちに対して具体的な説明責任を内包している、そういう実在的人格を有する、ということを認識しなくてはならないのである。

【ゲルマニスト派の創始者アイヒホルンのドイツ法文化論】

ところで、こうした伝統が育まれた土台は、歴史法学派の中のゲルマニスト派を最初に形成した、カール・フリードリヒ・アイヒホルン〔一七八一―一八五四〕によって、もともとは確立されていた。アイヒホルンの著作の中核にあったのは、サヴィニーに反対して、ドイツにおけるローマ法継受以前に、法と政治の特殊ゲルマン的な理想を表現する、ゲルマン法の統一された集積体《コルプス》が、すでに現存していた、という主張である。それゆえに、ローマ法の継受は、ゲルマン的法文化の自然のままの表現であったのではなく、実のところ、ただエリート的な学識法曹身分の利益のみを反映していたにすぎず、したがって、このことのために、〔ゲルマン〕法はその本来の文化的舞台装置から疎外されることになった[104]。またアイヒホルンが主張したところによれば、ローマ法導入以前のゲルマン社会は「真に有機的な全体[105]」として共に拘束されていたのであり、そして、ゲルマン法は社会のあらゆる諸要因を準団体的な統一体へと統合する包括的な一組の紐帯を形成していた。こうした理由から、アイヒホルンは、教会法（canon law）の中世ゲルマン法への影響について、とりわけ、痛烈な批判を行った。かれの見たてによれば、教会法は、ゲルマン社会において「位階制の体系」を普及させること、そして、〔ゲルマン〕固有法の複雑な有機的関係を引き裂いてしまうこと、これらのことの張本人であった[106]。アイヒホルンは、政治的主権の二元論的な諸理念をローマ法の副産物として非難し、そして、固有のゲルマン法思想は、共有された、あるいは統合された、主権のモデルを支持していた、と論じていた[107]。とりわけ、重要なことであるが、アイヒホルンはまた、中世の社会秩序が限定された私法の権利だけを前もって定めていたのは、すべての所有権が共有を旨とする封建的な権利付与に由来していたからである[108]、と主張していた。それゆえに、かれは、私法の下での法的人格（法人）の団体主義（corporatist）的ないしは有機的なモデルを、初期法実証主義者たちやローマ法史家たちによって提唱されたモデルの代案として示唆したのである。

【ベーゼラーの「協同体」的国家論】

アイヒホルン以降、歴史法学派のゲルマニストたちは政治化と概念の洗練化の過程を辿り、この過程を通じて、かれらの中のその主要な代表者たちは、とりわけ一八四八年以前の時期において、次第にドイツ社会における進歩的自由主義の傾向と、あるいは、少なくとも社会を志向する傾向と、結びつけられた。たとえば、フランクフルト〔国民〕議会の自由主義的代議員であったゲオルク・ベーゼラー〔一八〇九―一八八八〕は、ローマ法を、近代ドイツの文化的生活を貫通する抽象化と形式化の宿命的な過程の原因と見なしていた。ローマ法は、これを継受してきた年月の間、初期絶対主義的な政治的中央集権化及び法典化の趨勢を促進していた。この趨勢は、さらに、法的権力《リーガル》を、独立した司法官僚の手中に委ねていたが、こうした司法官僚は、以前において適用されていた「民衆法」を浸食し、法そのものを民衆の共同体に根ざしていたその源泉から切り離してしまっていた[109]。ベーゼラーはまた、法実証主義に異を唱えた他の人たちと同じく、「法理上の人格」という法実証主義者の概念は国家の起源とその法的形態を解明しえない、と論じた。ベーゼラーが説明したところによれば、国家とその憲法の「法的基盤」は、ローマ法の私法の形式的諸原則から抽出されえない。すなわち、このような分析は、主権の非実体的な説明や誤った二元論的な説明に導かれてしまう。国家という憲法（国制）上の人格態は、事実、法的実体を実在の政治的共同体の「団体（結社）的精神」から得ているものと、そして、一つの形式的な主体の意志としてではなく、多くの意志の生きた統一体として、形成されたものと、見なされるべきである。[110] それゆえに、ゲルマン法は、国家を、「協同体（fellowship）」（Genossenschaft）によって、すなわち地方および全国の諸々の団体の自治権を有する成員たちの間の相互行為によって、生み出された、法秩序として解釈する、とベーゼラーは、法実証主義に反対して、主張したのである。したがって、協同体《ゲノッセンシャフト》に基づく国家は、形式的擬制ではなく、社会的な諸結社《アソシエーションズ》の間で発展している諸合意《アグリーメンツ》の具体的形態であり、[111] したがって、こうした国家の諸法が、正統的ないし理性的なものとして承認されるのは、それらの諸法が多くの特殊的意志の具体的自由（concrete freedom）を反映しているからである。

【ローマ法に依拠する似非ポスト形而上学的法実証主義と絶対主義との共謀関係に対するゲルマニストの批判】

ベーゼラーは、こうした協同体（Genossenschaft）というモデルを確立したのであるが、国家の起源は私法の諸原則と私的諸人格（私人）の法的人格態にある、と主張するようになるにつれて、（たしかに）自由主義理論のきわめて標準的な側面に近づいた。しかしながら、同時に、ベーゼラーは、①ゲルマン私法の中心は所有と契約形成とに係わる目的志向的な法的主体という概念にはない、そして、②ゲルマン私法から発展している諸（領邦）国家は、形式的な法的人格態ではなく、統合的な法的人格態を獲得している、と論じるようになるにつれて、より標準的な自由主義的理念を全く改鋳し直した概念を提唱した。ベーゼラーが主張したところによると、ゲルマン私法の基礎は法的人格の社会的な概念の中にある。この社会的な概念は、私法の行為主体を、合意に基づいて相互に行為し、他の行為諸主体と法的な諸結社を形成するものと見なしている。すなわち、この社会的概念は、私法の妥当性は、狭く原子化された、あるいは所有に係わる、利益（利害関心）ではなく、自由と統一性という共通の経験から形成された資格付与に由来する、と結論づけている。このように、国家のゲルマン的諸理念の根底にある法的な主体性ないし人格態というモデルは、私法的自律性という古典的な諸理念を拒み、そしてまた、私法の主体と国家の主体とは、いずれも、有機体的諸結社の多元的な諸成員から構築された超人格的主体（*transpersonal subjects*）として解釈されるべきである、と主張している[112]。さらにまた、こうした理由に基づいて、ベーゼラーは、所有財産（property）に関する形式的なローマ私法は、有機的なゲルマン私法には疎遠なものである、と結論づけた。ローマ私法は、共有された自由（shared freedom）というゲルマン的諸理念を反映する法的諸原則を提供しそこねているし、おそらくは、いつも、政治的諸過程と経済的諸過程の両方において、絶対主義的な権力表出を促進しているのである[113]。事実、ベーゼラーが主張したところによれば、ローマ法は、人間の人格態というものを、絶対的人格（*absolute person*）として組成《ストラクチャー》しているのである。ローマ私法の下にある諸人格は、自分たちの諸活動から、他者たちや他者たちとの結合を有機的なものとして承認（認識）することを、排除している。すなわち、そうした諸人格は、他のすべての行為主体たちとは法的に絶対的に異なるものとして概念構成され、そして、法の下にある他の人格を、共同《コモン》の権利への参与者としてではなく、ただ、法的に保護された敵対者ないし競争者としてのみ同定しているにすぎない。同様に、ローマ法はまた、公法の下の人格（国家）を絶対人格として概念構成し、この絶対的人格は、その臣民たちから二元論的に分離され、その国制（憲政秩序）におけるこうした臣民たちを、形式的に資格付与された権利の担い手にすぎないものとして、あるいは、法的な保護ないし救済を求める申立人として、反映させている。こうしたローマ法のあり方と対照させて、ベーゼラーは法のゲルマン的解釈の概説を試みたのである。すなわち、こうしたゲルマン的解釈においては、私法の下で、法的な行為諸主体は、法の形成において有機的に協力し合い、公法の下で、国家は、その成員たる臣民たちを統合し、国家の法や国制（憲政秩序）をこうした臣民たちによって有機的に獲得された合意から引き出してくるのである、と。ベーゼラーが論じたところによれば、真正な国家は、多くの団体《コーポレーションズ》や結社《アソシエーションズ》をその国家の一般的な構造へと統合することによって発展し、そして、それ自身に形式的規範を課することによってでも、またそれ自身を原因としてそれ自身を形而上学的に法的装置として生じせしめることによってでもなく、これらの諸団体がすでに、組織だっていないものであるにせよ、含んでいる、そういう諸法を明確化（分節化）することによって、憲政秩序の（立憲主義的）形態を――すなわち、一法的人格態を――獲得するのである。それゆえに、ベーゼラーは、三月〔革命〕前期（Vormärz）のより急進的な他の理論家たちと同様に、ローマ法と法実証主義におけるその副産物とは、本質的に形而上学的な法体系である、と主張したのである。ローマ法は、法の下の人格を絶対的人格として概念構成するが故に、民衆と諸〔領邦〕国家を、前もって形成され、あらゆる社会的現実から法的に独立している、絶対的本質へと変換（形式転換）している。その結果、ローマ法は、これらの抽象化された本質にとって外在的なあらゆる現実を法から放逐している。それゆえに、ローマ法に基づく法実証主義は、統治《ガヴァメント》と法的妥当性について完全にポスト形而上学的な説明を提供している、と主張するかもしれないし、そして、そうした法実証主義は、法治国家の形態における法の下の統治を擁護する、と称するかもしれない。しかしながら、実のところ、ローマ法はいつも決まって形而上学的絶対主義と同盟しているのである。すなわち、ローマ法は、社会生活を一定不変の原則に基づいて秩序づけ、法の源泉を人間の諸共同体の生きた紐帯から切り離し、これらの共同体を破壊して、それを原子化された諸人格に還元し、そして、法を、仮想的かつ権威主義的な第二の現実として、社会的実在の上層に据える、そういう法の一体系である。要するに、ローマ法は、人格というものを、超越的神と法的に類比して、概念構成しているのであり、そして、ローマ法を強調することは、いつも形而上学と絶対主義との間の綿密かつ公正的な共謀である。

6　ゲルマン的憲政秩序《コンスティテューション》

【ブルンチュリの有機体論的立憲君主制論】

私法、法的人格〔法人〕、国家に関する〔ベーゼラーと〕類似した観点を、スイスの歴史家でかつ政治家であったヨーハン・カスパル・ブルンチュリ〔一八〇八―一八八一〕の諸著述は伝えていた。ブルンチュリはまた国家のための実体的で人間学的な基礎づけを精緻化するために、ドイツ法の解釈を用いていた。ブルンチュリは、公法ないしは国法に関する著述において、ドイツにおける完全に立憲主義的な君主制に与して、議論を展開していた。[114] 正統性を有する国家を、社会秩序のあらゆる構成要素を統合する有機的な法的諸関連によって生み出され、かつそれによって制約される、「人格における人間的な法的共同体」と定義することによって、ブルンチュリは、こうした議論を正当化した。[115] ブルンチュリはまた、かれが有機的な法の下で「人格態と自由」を保障するものと見なしていた、協同体についてのゲルマン法と対照させて、ローマ法を国家における「絶対権力」の形成と結びつけていた。[116] ブルンチュリが結論づけたところによると、ゲルマン的な法治国家《リーガル・ステート》は「道徳的・知的な有機体」あるいは「道徳的・有機的な人格態」であるが、こうした人格態は、それが統合する臣民たちによって産出され、そして、その諸法はこれらの臣民たちを、諸法を本源的に創出する原作者本人として認めている。[117]

【ヘネルの自由主義左派の立憲主義国家論】

さらにいえば、法についてのゲルマン的諸概念は、後期自由主義理論の発展において、立憲主義的教説の前提条件を形成し続けていた。このことが明らかになったのは、たとえば、アルベルト・ヘネル〔一八三三―一九一八〕

の諸著作においてである。ドイツ帝国の中期の有力な自由主義左派の政治家であったヘネルの立憲主義国家についての説明は、法実証主義的国家論の諸要因と有機体的国家論の諸要因を融合させていた。国家は、社会における「最高の指導的地位」を占め、「その共同目的」に合わせて法を形づくる責任を負っている、とヘネルは、法実証主義者たちに近づいて、論じていた。とはいえ、国家は「不変の法主体《ユニフォーム》」ないしは形式的な一人格に還元されうる、という法実証主義者の主張を、ヘネルは退けた。むしろ、ヘネルによれば、国家は、事実上その憲政秩序の基礎にあり、常にこの憲政秩序を再産出する「団体的結社（corporate association）」において基礎づけられているのである。(119) このように、たしかに、国家は、「法理上の人格態」を付与されてはいる。というのは、法理上の人格態は、国家の法的地位を決めるためには本質的なものであるからである。しかしながら、国家は、その社会学的諸起源から考察するならば、法という静態的な構成概念ではなく、一「有機組織的形態（organizational form）」である。けだし、そうした有機組織的形態の団体的な憲政秩序（corporate constitution）とその諸法において〔はじめて〕、社会の全体は臨在（現存）することになるからである。(120)

【ギールケ】

【ギールケの有機体的団体論における人間観】

ゲルマニストの法理論の諸原則は、オットー・フォン・ギールケ（一八四一―一九二一）の諸著作においてもっとも明確に表現されていた。法実証主義においてその絶頂に達している、ドイツにおけるローマ法の継受が生み出していたのは、自余の社会に対して二元論的に対置された国家を、法的人格態という形式的に「権威主義的な理念」として形成してきた、そういう〔近代〕国家の特性（statehood）についての伝統である、(121) とギールケは、他の有機体論者と同様に、主張していた。さらにいえば、ローマ法は、国家の外部に存する私的な行為主体の自由《リバティー》の強化を主張しているにもかかわらず、それが私的自由を確立することに成功しているのは、とことん見せかけの形態においてにすぎない。国家の外部に存する自律性の形式的領域においては、社会的な行為諸主体は、競争者や敵対者として相互に行為し、そして、法と国家の形成における構成的役割が否定されているからである。この結果、ギールケによれば、一九世紀におけるドイツの文化的生活は、私的現存と公的現存との分解によって標識づけられていたのであり、そして、各領域において、社会的な行為諸主体は、自由と自己充溢（self-enrichment）のための機会が大いに削がれていることを経験したのである。私法の形式的自由と国家の抽象的権威との間のこうした二元論の根本原因はどこにあったのか。それは、ローマ法は、その法的人格と法的主体という概念を、人格性（personhood）の実体的ないしは有機的な諸理念から引き出すことができず、したがって、公法と私法の両方の下での諸人格を、絶対的に原子化された法的諸形態として安定化させている、という事実にあったのである。[122] ギールケによれば、ローマ法の下での人格は、法的地位、法的に付与された資格、法の形成の複合を狭い「同型《ユニフォーム》の概念」に還元（縮減）する、そうした形而上学的な「抽象化」の過程に、依存している。[123] こうした概念はあらゆる内容を欠き、そして法の下の行為主体を不変のものとして予め規定された（statically prescribed）一連の孤立した、目的志向的な権利と自由に制限しているのである。しかしながら、モナドの如き法的主体ないし法的人格という観念は、ゲルマン的法文化にとってまったくなじみのないものであり、そして、原子化された孤立的な諸主体から共同《コモン》の義務を推論することは、〔上から〕強要された（imposed）法的、政治的伝統に属している。[124] ゲルマン法の下では、法が淵源する人格は、「意思の無制限な絶対的権力」を付与された主体、あるいは「〔一切の〕諸関係を欠く意志」としては解釈されていない。反対に、ゲルマン法は、私法及び公法の諸人格を、結合し団体を成す諸人格（associational or corporate persons）と見なしている。すなわち、①他の諸人格との相互行為を通じて法と法の下での資格付与とを形成し、②この同じ相互行為を通じて諸人格として自分たちの意志を自由に行使し、その結果、③自分たちの主体的自由を純粋に私的動機には囚われないものとして強固なものとする、そうした諸人格と見なしているのである。[125]

事実、この点におけるギールケの思惟の核心を成しているのは、人間がそのもっとも真なる形態をとり、その最高度の自由を実現するのは、人間が形式的に自己立法する主体ないしは法理上の主体としてではなく、その意志の自由が他の法的諸主体によって拘束され、かつ構成される、そういう団体的な法主体（corporate legal subjects）としてである、という人間学的な議論である。ギールケが説明したところによれば、「人間存在である、ということの根拠は、もっぱら一人格と他の人格との結合（association）にあるのである」[126]。静態的かつ絶対的な諸属性を中心にして諸主体の自由を石化《ペトリファイ》する、そういう法の諸理念は、絶対的人格態という形而上学的な諸理念を人間の行為諸主体に単に投影しているにすぎず、そして、人間の経験の形成的かつ関係的な諸側面（formative and relational aspects）を自由についての諸概念の中に体現《インコーポレイト》させそこねている。それゆえに、「協同体（fellowship）〔Genossenschaft〕の構成員であるということ」は、純正なる人間的自由の条件であり、そして、人間の自由を保障するいかなる法秩序も、協同体という有機体的に概念構成された人格態に基づかなければならないのである。[127] 要するに、協同体《フェローシップ》（*Genossenschaft*）は、ゲルマン法の下の法的人格態のそれ以上還元不能の源泉である。[128] ローマ法の下の主体という奇怪な幻想（chimera）と違って、この主体は、「単にでっち上げられた人格ではなく、現実的《アクチュアル》に存在する人格」である。[129]

【ギールケによる法実証主義者の私法と公法の区別論批判】

それゆえに、ギールケは、法と国家を、主として団体的人格（corporate person）に基づいて説明する際に、ゲルマン法が公法と私法を十分には区別していない、という点を指摘した。協同体《フェローシップ》の成員たちによって追求される私的な権利や自由は、いかなる厳密な意味においても「私的」ではない。というのは、かれらは、共同性《コモナリティ》において基礎づけられている〔団体構成員として現存している〕のであり、そして、協同体《フェローシップ》における自由の追求は、目的志向的ないし個人的な利益（利害関心）に一方的に役立つことに、ではなく、共有された自由を強化し、かつ人民（民衆）の「有機的共同体」に活力を与えることに、貢献するのであるからである。[130] それゆえに、協同体《フェローシップ》に基づく社会においては、一人格の自由は、いつも他の人格を構成し、そして、自由の私的行使は、自由の共同的ないしは公的な行使とは切り離しえないのである。こうした理由に基づいて、近代資本主義の私法形成の全過程は、①人格を利己的意志として抽象化すること、そして、②法秩序を、結果的に、個体的諸人格だけに関係する法（私法）と国家だけに関係する法（公法）に分断すること、これらのことに依存しているので、社会的、政治的な現存態をその深部から腐食させるような影響力を行使したのである、とギールケは示唆した。事実、こうした過程を通じて、人間生活は、社会的自由（social liberty）という抽象化された有害（致命的）な構成概念に故意に自らを縛りつけ、そして、純正に私的かつ公的な自由のための資源を使い果たしてしまった。[131] 純粋な資本主義の私法は、人間存在から、真に結社的な行為主体（associational agents）として、人間存在の人間学的運命である、そうした共同性《コモナリティ》と社会性《ソーシャリティ》（社交性）の十全な経験を、奪っている。このようにして、ギールケが示唆したところによれば、近代経済によって必要とされている所有（財産）の権利とその保障は、自然本性的〔生得的〕な占有意志（possessive will）としての人格という抽象的な構成概念から、ではなく、道徳的に構成された「人格態の領域」から、演繹されるべきである。けだし、こうした「人格態の領域」は、所有権《プロパティ》（proprietary rights）を主観的な利益（利害関心）からではなく、結社的《アソシエーショナル》な生活と結社的な自由の形成と強化における所有の機能から、演繹するからである。[132]

【ギールケによる法実証主義者の法治国家論批判】

ギールケの著作の政治的諸含意の中でもっとも重要な核心は、法実証主義によってその典型が示された人格態というローマ法的な構成概念は、正統性を有する〔近代〕国家の特性（statehood）の条件を理解していない、という主張である。〔たしかに〕一面では、ギールケは、法実証主義が国家を法治国家として、すなわち法原則によって規定《ディファイン》された装置として、解釈しようと企てている点について、それを賞賛した。[133] しかしながら、ギールケによれば、法実証主義は、国家を法の下における自由の十二分に精緻化された実体的な秩序として解釈する機会を捉えそこない、そして、その法原則を形式的な私法的方法を通じて引き出すことによって、国家の法の社会的諸起源、あるいは、法の事実的な正統性の条件、これらのいずれのことも説明しそこねている。[134] ローマ法の理論は、ギールケの主張によれば、法を抽象的媒体として定義することによってのみ、法治国家の説明に辿り着いているにすぎない。この抽象的媒体は、権力行使のために擬制的な立憲主義的形態を私法から抽出するが、しかし、この憲政秩序の形成や必要不可欠な内容については、ただ最小限度に規定しているにすぎない。[135] それゆえに、法治国家についての法実証主義者の理念は、社会と国家を相互に二つの形式的かつ静態的な量として二元的に分断し、そして、憲政秩序が擬制的に社会の多層的かつ具体的なあらゆる利益（利害関心）の代役を務めることを可能にしている。[136] そうすることで、ローマ法は単に国家の上に私法的秩序（人格）という薄い表皮を被せているにすぎないが、しかし、これは、社会的な相互行為ないしは合意に何ら基づいていない。そして、ローマ法は、自由のために、何故にこの自由が〔国家と法の〕正統性を構成するのか、これを釈明ないし説明しえない。こうした〔ギールケ〕の議論の根底にあるのは、法実証主義は国家を実定的に構成された公的な（*public*）意志あるいは真正に政治的な意志として説明しそこねているし、そして、一組の無反省的で、無媒介的な私的特権を中心にして、政治秩序を単純に固定化しているにすぎない、という主張である。さらにいえば、こうした議論の根底にあるのは、ローマ法の国家は形而上学的な国家であり、こうした形而上学的な国家は、その法を、法の下の自由の秩序としての自己創出という、純然たる無から（*ex nihilo*）の行為を通じて、自由を保障するものとして説明する必要を逃れている、という、さらに一層深刻な断言である。

【ギールケにおけるゲルマン法に基づく「全体的人格」としての有機体的国家】

〔ローマ法下での国家のそれとは〕対照的に、ゲルマン法の下での国家の憲政秩序は、社会の中に埋め込まれた有機的な諸人格態の拡張として発展している。公的権威は、そのあらゆる構成要素《コムポネント》を統合することによって、そして、これらの構成要素間の法的な諸合意をその内的構造の強固にされた諸要因《エレメント》（境位）として反映することによって、法的・立憲主義的な人格態を獲得する。そうすることで、国家は、「一般的な人格態」（*Allgemeinpersönlichkeit*）[137]ないしは多数の同意された意志や同意された法によって構成された「生きている全体的人格態」（*lebendige Gesamtpersönlichkeit*）[138]の性格を帯びる。このような公的人格（a public person）の一例は、ギールケによれば、ゲルマン法がもっとも純化され、したがって、もっとも堕落していなかった、後期中世ドイツの統治秩序である。この時代には、神聖ローマ帝国は、帝国等族（imperial estates）という法的諸人格を統合することによって、一つの法的人格として現存していた。そしてこの水準の下では、諸都市もまた、自治権を付与された都市住民（burghers）やギルドの諸成員の法的諸人格を統合することによって、法的諸人格として形成されていた。[139]要するに、ゲルマン法的な伝統だけが、純正に民主制的・憲政秩序的な観点において、社会的かつ政治的な現実を理解しうるのである。すなわち、ゲルマン法的な伝統のみが、自然発生的に発展する法的形態としての法治国家（*Rechtsstaat*）を促進する基本的傾向を有し、この法治国家においては、諸自由が明確化（分節化）され、そして、この法治国家は、自然発生的同意と道理に基づく遵法を獲得する。[140]国家は、全体的人格態として統合的に構築されるところでは、その有機的な構成要素間に現存する、法的に拘束力を有する諸合意《アグリーメンツ》を同化し、そして、これらの諸合意をそれ自身の憲政秩序的な構築物のそれ以上還元（縮減）しえない諸要因（境位）として受け入れる。はっきりいえば、国家は、これらの諸合意——これらの諸合意こそが国家の憲政秩序である——と区別されるような、いかなる憲政秩序的な実在性も有さないのである。このように、法実証主義におけるローマ法の諸理念が、国家を、法の純粋な形式を通じて、その権力に課される制約として、消極的ないしは外在的な憲法を採用するように導くのに対して、有機体論におけるゲルマン法の諸理念は、立憲主義的国家を、その諸成員たちの法を構成する諸行為（legally constitutive acts）によって、実定的に形成され、そして内在的に拘束されるもの、こうしたものと見なしている。したがって、ゲルマン的な法治国家《リーガル・ステート》は、多数の意志が自由において生きることを可能にする、そういう信頼しうる永続的な立憲主義的法治国家である。そして、このような国家の諸法は、それらの本源的形成において、市民たち自身によって権威づけられているが故に、正統性を有するものとして受け入れられるのである。これとは対照的に、ローマ法に基づく諸国家は、不安定で、二元的であり、かつ一つの擬制的意志において基礎づけられている。その結果、そうした諸国家はいつも新しい絶対主義的な諸形態に落ち込みやすい。

【ヨーロッパ政治思想の共通の前提条件に対するギールケの批判】

ギールケの著作は、そのより深甚な理論的帰結として、ヨーロッパ政治思想の共通の前提条件の核心に触れる三重の理論的批判を含んでいる。第一に、そして、きわめて明白に、ギールケは、ローマ法の下の人格という概念構成に、そして、この概念構成から帰結した事実に、すなわち、近代法（公法と私法）は、いかにして人民（民衆）は互いに共存しているか、そして、いかにして権威の公的な体系は生み出され、再生産されているか、これらのことに関する抽象化された諸理念から引き出されている、という事実に、反対した。かれ以前の他の人々と同じく、ギールケがローマ法を退けたのは、ローマ法は、法的人格という形而上学的理念を促進し、そうすることで、あらゆる社会的な現実性（実在性）を、人間の自由に関する、潜在的に権威主義的で、人間学的には中身のない、そうした説明に、鉄鎖をもって繋ぎ止めてしまった、とギールケは考えていたからである。この点において、ギールケは、私的自律性、法的主体性、〔近代〕法治国家の特性（legal statehood）というローマ法的な理念から帰結する自由主義的政治の諸類型を、非実体的、不安定的、極度に逆説的なものとして嘲笑した。第二に、ギールケはまた、カント以降、国家を道徳的人格（*moral person*）として定義する、〔近代〕国家の特性（statehood）に関するあらゆる陳腐な説明を、退けた。ギールケが断言しているところによれば、このような諸観点は、抽象的な国家の特性というローマ法のモデルの二元論的「図式」にいまなお陥っている。[141] すなわち、それらの諸観点は、国家に対して外部からの諸規範を押しつけることによって、国家における正統性が設立（制度化）されうる、と想定している。そしてまた、それらの観点は、形而上学的逆説の場合を除いては、国家と法が有機的に同時に成立する、という点を理解しえないのである。実のところ、それどころか、ギールケの議論によれば、自然法的な諸理念は、団体《コーポレーション》に基づく国家の諸理念に死をもたらすとして、部分的には、非難されるべきなのである。というのは、自然法的な諸理念は、それらが最初に出現したとき、この〔団体に基づく〕国家に対して抽象的・二元論的な諸規範と制裁（裁可）を押し付け、そうすることによって、その国家の自己再産出的な持続性を掘り崩してしまったからである。[142] それゆえに、自然法と法実証主義は、政治的秩序についての分析において、密接に関連し合っているのであり、そして、表面的にのみ敵対しているにすぎないのである。第三に、これら両論点の根底にはまた、すべての非有機体論は、不可避的に国家に関する主意主義的説明と規範的説明との間の二律背反にとらわれていて、そして、この二律背反を、法と権力の逆説的な投影を通じてのみ、克服しうるにすぎない、という主張があった。しかしながら、法治国家を有機的人格と見なす教説として、有機体論は、この二律背反を、実体的、人間学的な下部構造の上において、調停しうるのである。

【ギールケの法と国家に関する団体協調的な教説の意義】

これらすべてのことを考慮するならば、ギールケの批判は、かれが法と国家の形而上学的観念と見なしていたことに対して、そして、人間の道徳的自由ないし完全性《インテグリティ》（不可侵性）という二元論的ないしは形式化されたすべての構成概念（解釈）に対して、先鋭化されることになる。したがって、ギールケは、法の源泉として協同体《フェローシップ》という非二元論的、非原子論的な概念を提案することによって、近代の政治的思惟を新しい基礎の上に置こうと努めたのである。ギールケが主張したところによれば、こうした新しい基礎づけに由来する政治的教説は、自然法的議論のあらゆる諸要因（境位）を最終的に退けることにはならないであろう。少なくとも、それ〔その教説〕は、道徳的な「法の理念」を堅持するであろうし、そして、「効用と権力」(143)の特権を通じて法が「解体されてしまう」可能性から、法を保護するであろう。しかしながら、法と国家に関する団体主義者（corporatist）の教説は、法の道徳的な権能は、人格であれ原理であれ、そのどれか一つの源泉からも抽出されえず、全社会の至る所に存在する多種多様な諸結社によって内包され、生み出される、そうした有機体的な資源と見なされなければならない、と主張するであろう。法の源泉と在処に関する有機体論的に多元化された説明は、法から二元論者の抽象と逆説のあらゆる痕跡を取り除くことを可能にする。すなわち、そうした説明は、法の具体的で社会的な形成過程を強調し、そして——その法実証主義的変種ないしは自然法的変種のいずれかの——自由主義の慣例となっている形而上学的諸前提条件を最終的に放棄する、そういう立憲主義国家に関する明確な政治的確信に基づいた自由主義的モデルを、提唱する。

7　有機体論の第二段階——フーゴー・プロイスとヴァイマール憲法

【プロイス】

【ローマ法に基づく法と国家の理論を批判するプロイスの五つの論点】

法と権力の有機体論的な社会的諸起源を説明しようとするゲルマニストの企てが政治的にそのもっとも影響力のある仕方で表現されたのは、フーゴー・プロイス〔一八六〇—一九二五〕の著作においてである。プロイスは、一九一八年末から一九一九年の冬期にヴァイマール共和国の臨時憲法草案の起草に当たって、その主導的役割を演じた憲法学者であった。プロイスの著作には、あらゆる有機体論に特有の一連の議論が含まれていたが、それらの議論はかれが民主制により積極的に係わることに伴って表明された。プロイスが論じたところによれば、第一に、近代の絶対主義的ないしは権威主義的な国家は、ローマ法の「絶対的人格」という概念構成と密接な相関的関係にあり、そして、こうした国家の絶対的主権は、ローマ私法の形式的・法的な主体という擬制に基づく法的規則性（legal regularity）という架空の基礎づけを生み出すことによって維持されている。[144] 第二に、プロイスの主張によれば、ローマ法における人格の概念に由来する法的・政治的な理念は、国家や諸法の社会的諸起源を説明しえないし、そして、共同《コモン》で錬成《エラボレイト》された有機体的意志——これはこれらの法的、政治的な諸制度を構成する——から形成された「実在する諸人格」を理解しえない。[145] 第三に、プロイスの言明によれば、ローマ法の諸原則は国家の政治的ないしは公的な性格を真に説明しえず、権力の行使を私的動機や私的目的を果てしなく追求する一人格の諸作用に還元してしまう。[146] 第四に、プロイスの断言したところによれば、ローマ法は法治国家《リーガル・ステート》の信頼に値する概念を提供しえないし、民主制的・政治的な文化を衰退させ、そして、法治国家の法を人間の自由の正統性を有する表現として説明しえない。第五に、プロイスが結論づけたところによれば、法的主体ないしは法的人格を、個人の自己実現のために法的権威と保護を要求する、目的志向的な行為主体として、抽出する（抽象的に純化する）ことは、複雑な人間の社会的な相互行為を単純化し、かつ破壊し、そして、公私両レヴェルにおける人間の自由の諸内容を排他的かつ還元的な専門用語《ターム》で吟味している。[147] したがって、プロイスの議論によれば、権力と法との密接で相互に構成的な関係を理解しうるのは、そして、法が純正かつ包括的な自由を明確化（分節化）しうるのは、もっぱら国家が具体的に相互行為する諸人格（個人）によって形成された団体ないしは有機体的人格態と見なされるところのみである。[148] このように、プロイスは、他のゲルマニストと同じく、原子化された法的・政治的な人格の理念から法的かつ人間学的な範型への転換を唱導したのである。プロイスの説明によれば、人格（the person）を「個人（the individual）と同一化すること」は、嘆かわしい「私法の奇妙な特異性」である。[149] 正統性を有する法治国家の人格態を説明しようと努めるいかなる教説も、「擬制化された個人[150]」というロマニスト〔ローマ法学者〕の範型なしに済まさなければならないし、そして、この範型を、共同的な相互行為を通じて法を産出する「全体的人格態の生き生きとした現実[151]」と置き換えなければならない。

【プロイスの有機体論的憲法論】

とはいえ、プロイスは、初期の有機体論者たちよりもその程度においてより大きく、これらの諸観点を、明確な政治的確信に基づく民主制的憲法論議の諸要因として、表明していた。そして、プロイスは、ゲルマン法の諸理念から必然的に帰結するのは、有機体的・民主制的で、かつ立法的に包括的な法治国家である、と主張したのである。プロイスの説明によれば、ゲルマン法の下で形成された国家は、その法的構造を法的人格の虚構の意志からではなく、市民社会の多くの団体的な意志から、引き出すであろう。この種の国家は、成文憲法の実定的形式を受け入れるであろうし、しかも、それどころか、こうした国家は、市民社会（civil society）における市民たちの諸グループ間の「自主（自己）管理（self-administration）」の諸機関に最大限の立法権を与え、そして、その法的形態が社会的生産のさまざまな異なった領域における相互行為の関係にある諸結社によって形成されることを可能にするであろう。[152] こうした議論において、プロイスは、有機体論のかれの先駆者たちよりも政党政治的にはその立場をはるかに左へと移していた。そして、有機体論的な憲政秩序（国制、憲法）は、ローマ私法と資本主義的法におけるその派生物の「純粋に個人主義的な法」の破棄を容認（裁可）するであろう、とプロイスは論じたのである。諸権利を個々の目的志向的な意志ないしは絶対的主体が法的に所有するもの（所有権）として銘記する（公式に文章に記す）代わりに、有機体論的な憲政秩序（国制、憲法）は、諸権利の担い手として、集合的《コレクティヴ》な主体（たとえば、市民グループ、労働組合、または他の労働者代表団）を重視し、そして、権利というものを集合的な人格〔法人〕の利益（利害関心）――それは有機体論的な憲政秩序（国制、憲法）において安定した形態をとる――の発展的な表現として解釈するであろう。したがって、プロイスが結論づけたところによれば、真の法治国家というものは、単に、所有、契約、意見、労働の形式的に平等な諸権利を公認（裁可）する法の国家ではないであろう。そうではなくて、正統性を有する法治国家は、「有機体的な社会法」において基礎づけられなければならない。というのは、この「有機体的な社会法」において、市民たちの諸権利について、実質的な資格付与や配分の権利を具体化《インコーポレート》するために、交渉が行なわれうるからである。[153] したがって、プロイスは、他のゲルマニストたちと同じく、ゲルマン法を、私法と公法の二元論を克服するものと、そして、公的な拘束力を有する法的諸原則が経済における集合的な相互行為から形成されることを可能にするものと、見なしていたのである。プロイスが示唆したところによれば、ゲルマン法の諸制度は、法の形而上学的な逆説ないしは形式性の最終的な破棄を標示しているし、そして、法が国家における実質的人格態（material personality）を形成する媒体として発展することを可能にしている。この国家における実質的人格は、社会全体において実質的な市民権（material citizenship）の諸条件を構成し、そうすることで市民たちが自分たちを人間の活動のあらゆる領域における法の本源的な原作者本人として認めることを可能にするのである。

【プロイスのヴァイマール憲法草案に見られるウェーバーの政治論の影響】

プロイスは、かれの晩年の著作では、法的統合と民主制の形成との理想としての有機体論的な自主管理を積極的に唱導することをためらうこともあった。同時代の大抵の自由主義的な理論家たちと同じく、プロイスは、周期的にマックス・ウェーバーの影響を受け、その結果、プロイスの理論は、最終的には、民主政治を、政治的エリートを産出する技術として捉える、ウェーバーのより明白に法実証主義的な概念に同調《アコモデイト》するようになった。[154]したがって、プロイスのヴァイマール憲法草案の諸要因は、その一部がプロイスの有機体論的観点とは本来的には疎遠な、ウェーバーの理想によって彩られていた。とはいえ、ヴァイマール共和国成立後、プロイスは、民主制的法治国家を、権威が「仲間や市民の共同体」に由来する、そうした市民たちの諸結社間の相互作用に基づく有機体的統一体として説明したのであるが、[155]こうしたプロイスの説明は、あくまでも、ヴァイマール共和国の分裂した政治的状況の中で階級横断的な協力と集合的な意志形成とのモデルを提供しようとする、もっとも洗練された企ての一つであったのである。このモデルの中心には、法治国家の憲政秩序（国制、憲法）が正統性を有するのは、それがあらゆる階級的背景を有する人民（民衆）と経済的諸グループとの間の統合的で政治的に構成的な関係を可能にし、[156]そして、「協同体《フェローシップ》に基づく共同体《コミュニティ》」がこうした国家の基礎の上で発展することを可能にするところである、という議論があった。このような憲政秩序（国制、憲法）は、民主制的な法治国家にとって、とりわけ、経済的不況や政治的暴動に対して自己自身を安定化させようともがき苦闘しているヴァイマール共和国のような国家にとって、永続的な基礎を提供する、とプロイスは結論づけたのである。[157]

8　形而上学的国家に対する二つの応答

【法実証主義と有機体論の対立する国家観】

一九世紀後半期のドイツの法と政治に関する論争における二つの相対立する正統派学説として、法実証主義と有機体論は、互いに関係し合う目標をめぐって競い合っていた。両者は、近代社会における私的自由と公的秩序の関係を分析し、そして、ドイツにおける〔近代〕国家の特性（statehood）を後期絶対主義的な代表制秩序（representative order）から自由主義的・資本主義的な代表制秩序へ変換（形式転換）しようとしていた。さらにいえば、両理論は、①法治国家の発展とこれが必要とする立憲主義的形式を説明すること、②法と権力の人格的・人間学的な諸起源を説明すること、そして、③歴史主義と同じく、しばしば異種のものから構成され、そのために矛盾する、ドイツ的自由主義というイデオロギーに相対的に矛盾のない基礎づけを与えること、これらのことを企てていた。この後者の観点から見るならば、両方〔法実証主義と有機体論〕の教説は、①国家を法の下にある一人格として説明し、②権力と法の間の相互的に制約し合う状況依存性（contingency）の関係を解明し、しかも、それどころか、③啓蒙思想と初期自由主義の形而上学的な自然法理論に反対して、正統性を有する権力の法的形態は外在的な規範的指示（external normative prescription）からは結果しないこと、そして、正統性を有する国家は法的形態の完全に内在的な諸過程を通じて法の形式を取ること、これらのことを証示しようとする企てとしては、一点に収束していた。法は一連の純粋な諸規範の連続であり、そして、国家は、法の形式の中にすでに内在している人格的な構造を採用することによって、法治国家《リーガル・ステート》になる、という法実証主義者の議論は、国家における正統性は普遍的な合理的原則に由来する、という前提に終止符を打つことを目論んでいた。国家は無限に発展しつつある自然的・有機体的な法的人格である、という有機体論者の説明もまた、権力の理論的な正統化についての形而上学的ないしは合理化された記述に取って代わることを意図していた。それにもかかわらず、二つの教説〔法実証主義と有機体論〕はまた、国家の憲政秩序（国制、憲法）に関するそれぞれの概念構成の点では根本的に異なっていた。法実証主義者が主張したところによれば、国家という人格態は、私法の法的人格（法人）に類似するものとして自己を形式的に定義することから結果する。すなわち、この〔人格態という〕形態において、国家はそれ自身の外部にある諸人格を法的人格（法人）として承認し、そして、この承認を、その国家がこれらの他の諸人格との関連において使用《ディプロイ》（配置）しうる諸権力を抑制《コンストレイン》する憲法（憲政秩序、国制）の中に、銘記する。これとは対照的に、有機体論者にとって、国家は、市民社会の諸団体《コーポレーションズ》間のあらゆる法的な諸合意《アグリーメンツ》を統合する、具体的な全体的一人格（a total person）として発展し、そして、こうした一連の諸合意に実定的で、しかも変容可能な、形式を与える憲法（憲政秩序、国制）において、頂点に達する。換言するならば、法実証主義は、社会において法が関連する領域（sphere of legal relevance）を最小限化することによって、そして、法（私法と憲法）をローマ法に由来する一組の形式的ないしは手続き的な法典に限定することによって、自然法的な諸理念を乗り越えようとしたのである。このように、法実証主義の根底には、権力制限的な憲法を必要なものとして受け入れながらも、法を国家権力に対する限られた一組の拘束に限定する、薄弱な法理論があった。これと対照的に、有機体論は、法が関連する領域を最大限化することによって、自然法理論を乗り越えようとし、法（私法と憲法）を社会におけるあらゆる相互行為によって実質的に産出されるものと見なしていた。このように、有機体論の根底には、社会のあらゆる諸要因を憲政秩序の形成に含意されているものと見なす、そういう法の拡張があった。

【法実証主義者と有機体論者間の相互批判】

法実証主義と有機体論との論争〔の帰趨〕は、そのもっとも基本的なレヴェルでは、形而上学の問題にかかっていた。両方の教説は、国家の法的人格態を自然法の純粋な規範的分析とは異なる諸用語で理解することを試みた。しかも同時に、両者は、国家をあらゆる規範的制限から独立したものと見なすことを退けた。そして、観念論者（idealist）は、正統性を、諸法が理性的自由を銘記《エンシュライン》することになる条件として定義しているが、こうした観念論者の正統性の定義は、堅持されるべきである、と両者は主張した。それゆえに、両者は、国家の諸起源を、外在的な付加物ないしは合理化された下部構造を一切伴うことなく、偶然（状況依存的）的、実定的な諸根拠に基づいて説明しようとしたが、しかしまた、国家は、理性と意志の間のいかなる直接的な矛盾・対立をも許さない法治国家でなければならない、とも主張しようとしたのである。法実証主義は、理性と意志を、法的人格としての国家の自己産出において調停《リコンサイル》されるもの、と見なした。有機体論は、理性と意志を、包括的な一人格態における多くの意志の調整《アコモディション》を通じて、国家の発展過程において調停されるもの、と見なした。とはいえ、両方の教説を互いに最終的に分離させたのは、各々が相手を、①やはりなお形而上学的である、②国家という法の集大成《コルプス》の記述の中に容認し難い諸原則を導入している、そして、③形而上学的資源を通じる以外には、自由な意志と理性的な法との二律背反を解消しそこなっている、として非難した、という事実である。有機体論は、最初に法実証主義を非難したとき、次のように主張した。すなわち、法的主体性と法理上の人格態という法実証主義の擬制は、法実証主義が拒否すると主張する自然法的な普遍性についての教説を実効的には修正していないし、それはまた、もう一度、国家がそれ自身の法に服することに関する説得力を欠く形而上学的ないしは擬似超越論的な説明を中心にして、政治的秩序を安定化させている、と。しかしながら、同時に、法実証主義もまた、次のように示唆していた。すなわち、有機体論は、やはりなお権力と法の形成に関してロマン主義的幻想の下で議論をしているのであり、そして、それは、①あらゆる人間の相互行為は合意を志向していること、②これらの諸合意は（なんらかの明示されない過程を通じて）法として記されうるということ、そして、③社会のすべてがある単一の人格態の下に統合されていること、これらのことを、ただ反事実的に前提することによってのみ、その法治国家《リーガル・ステート》という包括的モデルを概念構成している、と。それゆえに、法実証主義者にとっては、有機体論は、結局のところ、人間の相互行為の審美化された構成概念において基礎づけられた、空想的に全体化する、あるいは形而上学的な、社会理論に他ならなかったのであり、こうした社会理論は、論争の勘所に照らしてみるならば、法の解釈と権力の適用を規制する信頼しうる諸規範を産出しえなかったのである。有機体論者は、法実証主義者について、かれらは国家の形式的な憲法（憲政秩序、国制）において法と権力の逆説的な構成概念を安定化させようとしている、と見なしていた。これに対して、法実証主義者は、有機体論者について、かれらはこの逆説を、ただ社会の形成のあらゆる領域を通じて、無邪気にも、そして、およそありそうもないことなのであるが、立法権を普及《ディスセミネイト》（伝播）させること、このことによってのみ解消しようとしている、と見なしたのである。

第七章　生気論者の幕間劇——脱人格化と法

【一九世紀の哲学・社会学における反形而上学】

〔一六～一八世紀の〕啓蒙思想における〔近代〕自然法論が掲げた形而上学的理想に対する批判的な反発は、一九世紀のドイツの法や政治に関する正統派学説の背景だけを形成したわけではない。事実、法学的〔自然法論的〕形而上学に対する敵意は、かならずしも法を主題にしていたわけではない哲学的論争の領域を含めて、知的探求の多くの領域において、さらに、初期の社会科学においてさえ、広範にわたる知的刺激として作用していたのである。法と政治の諸問題は哲学や社会学という他の領域においても論じられるようになっていたが、このことは、フリードリヒ・ニーチェ〔一八四四—一九〇〇〕とヴィルヘルム・ディルタイ〔一八三三—一九一一〕の著作において、そして、ニーチェの思想がゲオルク・ジンメルやマックス・ウェーバーの著作の中で惹起した概念構成上の変容によって、もっとも明白に看取された。

1　ニーチェ——法、形而上学、暴力

【ニーチェ】

【人間の生を軽視し毀損する形而上学】

近代西欧思想はその全体において形而上学によって損なわれている、というのがニーチェ哲学の根底にある想定である。ニーチェの判断によると、形而上学は包括的な知的態度であるが、その態度の特徴を示しているのは、存在者（being）の真理は、自然的ないしは現世的《テンポラル》な存在者そのものに存するのではなく、むしろ、元来、存在者の外部かつ上部に超然としていると考えられている絶対的で永続的な本質《エッセンス》ないしは価値に存する、という確信である。ニーチェの説明によると、これらの価値をめぐっては、長期にわたる理論的発展において、競合や論争があったかもしれないし、そして、さまざまな見解《アウトルックス》や哲学がそれぞれ一組の諸価値の優劣をめぐって競ったかもしれない。とはいえ、抽象化され、そして合理的に規定され、かつ擁護された、そういう諸価値が現存する、ということは、「形而上学の根幹にある信念である」(1)。その結果、形而上学的な思想のパターンは必然的に規範的で、説明的である。なぜなら、そのパターンを基礎づけるのは、価値こそが自然的でかつ現世的な現存在を評価し、解明し、規則づけることのできる判断基準を提供する、という主張であるからである。それゆえに、あらゆる形而上学的見解《ヴューズ》に共通するのは、①存在者ないし生《ライフ》そのものの軽視（depreciation）であり、そして、②存在者が有意味なものとなるのは、それが超越的な規範に合致して現存する場合か、あるいは、その存在者が根底にある叡知的法則ないし規則性（regularity）のパターンに対して透明化〔によって透視〕される場合のみである、という想定である。こうした理由によって、ニーチェにとっては、あらゆる形而上学的見解は、明白な法理的《ジュリディカル》な基本要素を有しているのである。すなわち、すべての形而上学的見解は、①存在者の多様な現象の上位にある規範ないしは価値を演繹することが可能であること、そして、②こうした規範は、存在者の事実的な現実性（実在性）を説明し、判断することを可能にする基盤《マトリクス》を提供すること、これら①、②を想定するのである。[2] したがって、すべての形而上学的見解は、自然的、現世的《テンポラル》な世界の諸対象のそれらによる理解が因果的ならびに規範的な配列《スキームズ》によって妨げられることを、許容することになる。つまり、形而上学的見解がその知性（悟性）によって世界を概念構成するとき、自然事象のアクチュアルな内容は抑圧され、支配されてしまうことになり、その結果、人間の生はその想像力とエネルギーの生気《ヴァイタル》に満ちた自然のままの源泉から切り離されてしまうのである。

【プラトンに発する形而上学の変種としてのキリスト教、啓蒙思想、自然科学、歴史主義】

ニーチェが論じたところによれば、形而上学的態度は人間の思想の中に普及していったが、その元凶はプラトンにあった。とはいえ、ニーチェによれば、西欧的思惟における激しい変遷――キリスト教の展開、中世スコラ哲学、啓蒙思想の道徳的な教説、自然科学の出現、そして一九世紀のドイツにおける分析的学問としての歴史研究――のすべては、新たな布置状況における形而上学の本来の態度と前提条件との再定式化に他ならない。それゆえに、プラトン主義的な形而上学は、自然と歴史の世界とは異なる絶対的本質の現存をそれとなくほのめかすことによって、存在者をもともと低く評価していたが、キリスト教は、世俗世界を、外部の創造主の所産として、そして、この創造主によって外部から定められた法秩序に服するものとして、吟味したことによって、このプラトン主義的な形而上学のアプローチを強化することになった。このように、「あらゆる現実性（実在性）に対する本能的な憎悪」[3] において基礎づけられているキリスト教は、こうした憎悪から、「抽象的」な一組の道徳律（moral code）を導き出した。キリスト教は、憤怒に駆られて、この道徳律を、「生に矛盾（反）〔生を否定〕するもの」の中に置き、この道徳律を通じて、人間生活におけるあらゆる生気横溢した相を統制しようと努めている。[4] 次に、自らを世俗化した、あるいは反キリスト教的な、一組の哲学として、もっぱら誤って解釈していた啓蒙思想は、社会の発展を計測し、かつ指導する、この両方のことために、人間理性をあらゆる現実の立法的中心かつ決定者として同定することによって、そして、理性から（真偽の程はともかく）揺るぎない（と主張された）規範を演繹することによって、形而上学が有する本能的に反自然的傾向を継続させていた。[5] それに続いて、自然科学と一九世紀の技術革新によって、現実（実在）は「原因と結果」という実証的に演繹しうる法則《ロー》を通じて説明可能であり、またあらゆる現象はこうした法則と一致して作用するものとして説明可能である、という形而上学的原理が、再び確立されることになった。[6] 同様に、一九世紀の歴史主義の正統派学説もまた、最初は不変の《ユニフォーム》（画一的な）道徳規範の専制への反発と思われていたけれども、ニーチェから見ると、歴史という事実に基づく現実（実在）は合理化された分析を通じて説明可能であり、そして歴史的現象の真理は必然的にこうした現象それ自体の外部に存在する、という形而上学的確信を再び主張したのである。[7] さらにまた、ニーチェによれば、近代の民主制的な法治国家《リーガル・ステート》における平等や平等な資格付与に関する普遍的な法律《ロー》の根拠となっているのは、形而上学的遺産であり、こうした諸価値というものは、形而上学によって引き起こされた人間存在の「劣化の形態」を表現しているのである。[8]

【形而上学の起源としての理性：①超越的世界秩序、②これを解釈する人間の能力】

ヨーロッパ的思想の発展におけるこうした諸段階の間のあらゆる相違にもかかわらず、ニーチェによれば、その諸段階すべてが共有する——それらは重なり合ってはいるが——信念は、①不変の秩序が、世界を下から支えている、あるいは世界に内在している、②この秩序は、生《ライフ》という単に偶然的《コンティンジェント》（状況依存的）な（自然的、現世的な）事実にとっては外部のものである、そして③人間理性は世界における秩序の諸条件を予測《ディヴァイン》し、法（法則）定立(legislate) する、どちらの特権的能力も有している、という信念である。このように、形而上学の血脈《リニエイジ》は、理性ないしは「科学《サイエンス》」を、世界や世界の真理との間の構成的連結環として構成する。そして、この血脈が頂点に達するのは、啓蒙思想の自律主義的（autonomist）な主張、すなわち、理性それ自身が世界秩序の起源であり、そして世界はその最高の実在（現実）をそれ自身においてではなく、理性において有する、という主張においてである。それゆえに、形而上学の血脈においては、理性《リーズン》は、初めは人間理性を超える法（法則）ないしは実体（entities）によって創出された世界の秩序を解釈する能力として生成・発展していった。ところが、啓蒙思想においては、理性は、世界秩序を創造する能力《キャパシティー》として、またすべての事象を導き、かつ説明することを可能にする、拘束力を有する法（法則）を、規定《スティピュレイト》する能力として、鋳直された。しかしながら、形而上学は、どのような現れ方をしようとも、固定された法的秩序（juridical order）を現象する現実（実在）に負わせる（impute）態度である。そして、形而上学は、例外なく、理性を、こうした秩序を人間存在が捉えることを許す、人間存在の属性として、解釈するのである。

【本源的自然からの自己疎外（本能と欲求の合理的自己抑圧）の帰結としての理性的行為主体の形成】

ニーチェが論じたところによれば、人間の思惟における形而上学が辿ってきた足跡が実際に到達したところでは、行為主体としての人間たちは、かれらが世界に現存していると信じている、あるいは、かれらが世界秩序の前提条件として予め規定している、そういう秩序原理を、かれら自身の現存《エクジステンス》の境位《エレメンツ》（基本要素）として内面化している。したがって、形而上学の影響下においては、人間存在は、道徳的計算の合理化（rationalize）ないし統制化（*regularize*）された中心として、自己構築する。すなわち、人間存在は、①自らが永続的規範に対して責任を有していること、そして②包括的な道徳の目標（対象）と先行的規範指示（prescriptions）を完遂しなければならないこと、これらのことを自覚する。次に、こうした形而上学の内面化の過程を通じて、人間存在は、自らの生《ライフ》の自発的な側面《アスペクト》や自然のままに創造的な側面から疎外され、そして、自らの統制《レギュレイト》されていない自然のままの諸傾向を抑圧し、自らの行動《ビヘイヴィア》に普遍化された戒律《プリーセプツ》ないしは抽象化された目的《パーパシーズ》と一致するような形姿を付与する規範を基準として、自らの活動《アクションズ》（行為）を組織する。それゆえに、人間存在は、形而上学的に自己構築された行為主体としては、自然本性からして自ら自身のものではない、あるいは完全無欠には自ら自身のものではない、そういう法、価値、目的に対して、自らの義務を果たすことに専念する、たしかに信頼しうるものではあるが、しかし発育を抑制され、経験（試練に耐える）という点では劣化させられた、そういう社会的存在として、形成（陶冶）されるのである。それゆえに、形而上学は、存在者に対して理性を優位に置く認知的態度というだけではなく、社会構成体（societal formation）の必要不可欠な前提条件でもある。人間の心の中に画一性（uniformity）を徐々にしみ込ませて、首尾一貫した法を中心にして人間の価値と目的に形姿を付与する、そういう知（能動知性）的秩序として、形而上学は、人間の本能と欲求の社会化（socialization）を促進し、かつ社会をその全体において法則的に秩序づけられた統一体《ユニティ》として組織化するに至るのである。(9)

【人間の弱さと恐怖に淵源する形而上学（法則）は、現存するものを有意味化し、機能的安全性と不可逆的時間を創出し、目的志向的行為主体を形成する】

ニーチェは、形而上学についてのかれの批判的分析を近代社会の価値構造の疑似心理学的分析に結びつけた。この擬似心理学的分析の中では、近代社会における法則への従順、合理的な規則性、〔直接的〕経験の抑圧という形而上学的態度は、本源的な人間の弱さと不安の所産である、とニーチェは論じた。ニーチェの主張によれば、形而上学的心性（mentality）の心理学的原因は、人間存在が自らの本源的自然性（naturalness）あるいは虚無性（nothingness）に直面するときに自らが感受した恐怖《テロル》に存する。すなわち、形而上学は、人間の心（mind）が生と死の自然の循環に自らが縛られていることを感受するときに、その人間の心に生じる、空虚（真空）への恐怖（horror vacui）〔虚無感〕に、発しているのである。人間存在は、こうした原初的な虚無への恐怖（nihilistic terror）に対して、①自らを長期的な目的（*purposes*）に従属させることによって、そして、②自らはより高次の法則や原理あるいは理想によって決定されている存在である、と想像することによって自らを自然の上位に高めることによって、こうした恐怖に反応した。[10] それゆえに、恐怖《フィアー》は法則の形成を促進する。すなわち、恐怖は、①自然のままの世界に、その仕組みを説明する体系《スキームズ》〔図式〕を覆い被せる〔無理強いする〕ことによって、②一定の選別された人間の行為に絶対的価値を与える価値体系を形成することによって、そして、③かくして、人間たちが、自らの自然性（naturalness）から逸らされるために追求する、合理的ないしは道徳的な目的（purposes）に法則を定立することによって、現存〔実存〕するもの（existence）に、意味（meaning）を授けるのである。このようにして産出された法則と価値は、世界を人間的なものにする（*humanize*）こと〔世界の人間化〕に役立つことになる。こうした法則は、人間存在が住む世界において「機能的安全性」（functional security）を創出する。[11] すなわち、こうした法則によって、世界における自らの行為は人間が構成した目標に有意味に役立っている、ということを人間存在が感受することが可能となる。そしてまた、そうした法則によって、人間存在が、少なくとも人間の正当化と道徳的目的という幻想の中で生きることも可能となる。とりわけ、ニーチェの論じたところによると、法則は、時間を創出することに役立っている。すなわち、人間の心は、それ自身に道徳的ないしは法的な目的を課することで、自らが一連の一般化された義務に拘束されている、と解釈するようになる。こうした義務の連鎖は、人間の生活を、周期的で一時的な〔儚い〕単なる自然の過程から、あるいは、歴史的な偶然性（状況依存性）（contingency）の混沌とした一時的な〔儚い〕出来事から、区別する。その結果、道徳的ないしは合理的な法則は、人間の時間――過去、現在、未来という〔不可逆的な〕時間――を自然の構造化されていない恐ろしい〔永劫回帰する〕時間とは区別せしめるメカニズムであり、そして、このメカニズムによって、人間存在は、自らの行為を、規則的な連鎖の中で生起し、妥当性を有する合目的的な目標（対象）を志向するものとして、心に描くようになるのである。[12]

【形而上学、理性、法則（法）、これらの起源にあるのは、本源的自然の偶然性・虚無性・無目的性・無意味性を恐怖する弱者の「力への意志」である：内外の自然支配への関心】

しかしながら、理性によって創出された法則は、〔一方では〕人々に自己自身の自然性を知らせないままにしておく、明白な心理的効用を有するが、ニーチェによれば、〔他方では〕恐怖を抑えつけようとしながら、人間理性を権力の獲得に病的なほど執着させる、高度に強制的かつ支配志向的な知性の構造を形成する。自然のままの世界を嫌悪する人間の態度は、世界を厳格に管理《レジメント》しようとする欲求においてのみならず、世界を支配し、かつ世界における自然性の痕跡が有する脅威を抑えつけようとする欲求においてもまた、表現される。それゆえに、近代社会の法則（法）の起源には、権力への意志が存在する。すなわち、〔そこには〕自然を抑圧し、組織化しようとするのみならず、また自然を占有し、それを無害なものに変えようとする、そういう欲求が存在するのである。形而上学的思惟は、道徳性ないしは規則性の法則を演繹し、そして、説明と制御のメカニズムとしてこれらの法則（法）を先行して指示しようとする。なぜならば、形而上学的思惟は、理性自身の中の自然の残基を含めて、何であれ残留する自然的なもの、こうしたものの根絶を通じてのみ確保されうる権力、こうした権力を獲得しようとする、恐怖に発する意志を、反映しているからである。しかしながら、ニーチェによれば、恐怖の産物である以上、こうした権力〔または力〕への意志は、例外なく弱者たちの「権力への意志」である。①生《ライフ》の自然性や無益な自生性を甘受しえない人たち、②自分の価値を自ら確信するために秩序と克己を必要とする人たち、そして、③虚無主義的でない、より強い自然本性を有する人たち、こうした人たちとは異なり、義務的な、それどころか究極的には幻想的な、法則（法）や目的、これらを追い求めることによってしか、自分の生《ライフ》を実感しえない人たち、まさにこうした人々こそ、敵意を抱いて権力を欲するのである。[13]要するに、形而上学的な心の法とは、弱者の権力への意志に由来する法である。

【理性、自然、法（法則）に関するニーチェの省察からの示唆：①法の支配は暴力と例外状態の上に築かれている】

理性、自然、法則（法）に関するニーチェの省察は、法則（法）的思惟にとって、とりわけ重要な次の二つの言外の意味を含んでいる。第一に、ニーチェが示唆したところによれば、法とは価値をめぐる係争や論争を屈折して映し出す一連の規範である。そして法的、合理的あるいは道徳的に拘束力を有するものと宣言される価値は、策略（subterfuge）と不安の制御という心理的戦略に由来する。それゆえに、法（法則）にいかなる中立的ないし自立的な価値もないし、一定の法（法則）は絶対的に正当化されている、あるいは、一定の目的は他のものよりも合理的に裁可された優位性を有しているに違いない、といった主張はすべて、法（法則）が明示（分節化）する権力を求める潜在的な〔隠れた〕本能や闘争《ストラッグル》の虚構的表現である。要するに、法〔または法則〕秩序はいつも例外状況（exceptionality）の境位《エレメント》（要因）を含み、かつそれを抑圧している。というのは、すべての秩序は、「輻輳した権力闘争《コンフリクト》」を通じてのみ現出するからである。この権力闘争においては、一つの意思は必然性についての理想的な説明を提起しようとするが、この一つの意思が他の説明や意思に対して支配力《ドミニオン》を行使することを可能にするのは、まさにこの権力闘争である。[14] こうした理由に基づいて、ドイツ自由主義を支持する思想家や政治家の進歩的な理想像《ヴィジョン》や法に関する解放的な理想像に反対して、法治国家（*Rechtsstaat*）の下での「法の支配（rule of law）」は、近代社会における進歩の条件ないし理路に適う和解（reasoned pacification）の条件を反映していない、とニーチェはまた論じたのである。そうではなくて、法と権力の秩序化された（整然とした）関係は、いつも法秩序の規範的中心において例外状況（exceptionality）を露出させ、そして、もっとも自由主義的で洗練された法の装置でさえ、かろうじて抑えつけられている暴力の境位（要因）を社会の隅々にまで伝達する。したがって、「法の国家《ステート》（状態）」は、いつも「例外の国家（状態）」である。相対的に平穏な《パシファイド》（和解が成立した）「法の支配」とは、特別な意志によって警戒心を凝らして人間の現存（実存）を支配かつ制約する、そういう手段によってのみ、獲得されているにすぎないのであり、そして、「法の支配（rule of law）」として行使された「法律による支配」（legal domination）の規範的な諸条件は、最終的ないしは究極的に制度化《インスティテュート》されたものと見なすわけには決していかないのである。[15] このように、権力を法によって組織化することは、なお権力をめぐる白熱の闘争《コンテスト》を顕在化させ、そして、権力が法によらずに顕在化すれば、いつでも法秩序の構造は壊滅しかねない。したがって、善き政治的組織体（polity）のための実定法の形態を提案することによって、権力の例外状況を回避し、かつその度合いを弱めるべきである、と主張する思想家たちは、やはりなお、かれら自身、例外状況を絶えず想定する理論家なのである。こうした理論家たちは、自然のままの生の強烈な複合性と恣意性に規範と秩序を押し付け、かつ同時に、かれら自身の意志を法的構造の必要欠くべからざる基礎として主張しようと努める。要するに、一見したところ理性《ラショナル》に基づく国家の法は、権力の例外状況を消去することも、あるいは中立化することもない。すなわち、そうした法は、法は暴力と例外の上に築かれている、という事実を単にはぐらかし、そして永続させているのにすぎないのである。

【理性、自然、法（法則）に関するニーチェの省察からの示唆：②自然本来の人間性を抑圧する法と理性：法と理性による自己抑圧を通じて自己構築される主体性及び人格性】

第二に、ニーチェがまた主張したところによれば、社会の中に規則性を徐々に染込ませるための仕組みとして、法は、人間の人格性や社会の最深奥の潜在力を深刻に堕落させている。そして、法は自然的かつ社会的に現存するものを明らかに人間的なものにしているが、まさにこのことによって、人間の自由は〔実のところ〕きわめて惨めたらしく〔法に〕屈従しているという事実が曖昧にされ、かつ誤魔化されている。法の惨めたらしさは、とりわけ人間の記憶という事実においては屈折して反映されている。ニーチェによれば、社会的な行為主体に自分の行為を法と一致するように秩序づけさせる、そういう規範的地平の形成にとって、記憶はとりわけ重要である。①法がその名宛人たちにかれらが過去に果たした誓約あるいは約束を安定的に想起させるところ、②法の名宛人たちはこれらの誓約と約束によってかれらの未来の行為を拘束する、と法が期待しかつ主張しうるところ、そして③時代をこえて相対的に静態的で首尾一貫している主体、すなわち、道徳的記憶の能力を通じて自分自身と自分の行為を秩序づける主体、こうした主体の現存を法が前提にしうるところ、こうしたところにおいてのみ、法は発展しうる。このように、法とは、①人間の過去と現在を結びつけ、②法の名宛人（人間主体）に、さもなければ途切れ途切れになっている人間の生《ライフ》の歴史〔生涯〕の諸契機〔瞬間〕の間の画一性という一貫した経験を押し付け、そして、③諸主体を安定性と予測できる自己制御〔自制〕との秩序づけられた中心として構築する、そういう媒体である。[16] しかしながら、ニーチェの主張によると、人間の心が現在の外側で生き、物事を記憶し、あるいは〔過去における〕記憶を〔未来に向けた〕目的ないしは法的義務を含むものとして受けとめること、こうしたことは自然のままのことではない。その反対に、〔人間の〕自然のままの心は、「大抵のことはまったく忘却してしまう」。自然のままの心は内発的かつ能動的なものであるが、記憶がそうした自然のままの心の中で制度化されるのは、厳格な管理によってのみであり、そして、その自然のままの心が約束を明言し、その行為を通じて規則性の条件を維持する、ということを確実なものにするために、その自然のままの心に対して、暴力的制裁を用いることによってのみである。[17] 記憶が発展するのは、約束を守りそこねた主体が蒙った処罰がその主体に刻印されることを通じてである。その主体は、約束を守りそこねたとき、かれが以前に行った約束を忘却し、そうすることによって、法によってかれに課された規則性を減少させるという社会の根幹に係わる罪過を犯していたのである。そのとき、人間主体に対して法によって予め指示される目的《パーパシーズ》は、記憶という客観的形式の強制力であり、そして、時間を超えて一連の義務を創出することによって、これらの目的は、人間主体が記憶の属性として経験した暴力と処罰を絶え間なく想起させるものとして作用し、そして、社会的「責任」がその人間主体の中に叩き込まれる。要するに、法が遵守されるのは、法が真正に合理（理性）的であるからではなく、法が人々に〔それが遵守されないとき受けることになる〕惨めたらしさを想起させるからである。そして、近代国家における法の人間性とは、禁止及び暴力によって人々〔の心〕の中に徐々に教え込まれた人間性である。したがって、近代人の主体性の最深奥には、いつも法及び〔処罰の〕記憶から構築された心の形態が存在し、この心の形態は、理性という形而上学的形態の中に沈澱されて、さもなければ不安（恐怖）を呼び起こす時間及び自然の偶然《コンティンジェント》的な諸現実に均一的な意味《センス》を押し付け、人間存在を法的に自ら義務を負う行為主体へと形態転換させるのである。[18] 事実、人間主体あるいは人《パーソン》（人格）は、それ自身、近代的な社会的生の恐ろしく非自然的な側面（unnatural aspect）――「想像上の観念（Einbildung）」――であり、[19] これは、その行為を統制し、それ自身を蒸留するためにのみ、悪辣な捏造を凝らして、一主体として、すなわち、あらゆる自然のままの存在者と一時的（儚い）存在者とを制御する中枢として、それ自身を個体化するのである。それゆえに、人間主体というものは、それ自身、法によって構成されたもの（*legal construct*）であり、そして、この法的構成体は、苦痛に満ちた思い出、自然の抑圧、命令された目的（mandatory purposiveness）といった諸経験（試練）――これらは社会の形成を可能にする――から現出するのである。それゆえに、人間主体とは、また形而上学的に構成されたもの（*metaphysical construct*）でもあり、これは、時間及び法則（法）を欠く内外の自然に法則（法）を押し付けることによって、そして、合理（理性）的な必然性の法則（法）の下にある行為主体としてそれ自身を表象することによって、それ自身を一絶対的人格として組織化するのである。しかしながら、こうした自己構築過程において、主体はまた、単なる人格態の虚構（fiction of personality）にすぎず、これは、社会的・法的な制御の緊急性を通じて生み出され、人間の生《ライフ》の真正な諸自由《リバティーズ》に対立して成層化される諸目的《パーパシーズ》に拘束されている。それゆえに、青年ヘーゲル主義者やカール・マルクスのように、ニーチェは、人格性の近代的形態を、偽りの法の目的から抽出（蒸留）されたものと見なし、こうした目的志向的な人格態によって課された法を、逆説的な法と見なしたのである。近代社会において、人間の生《ライフ》は、それが合理的かつ必然的（必要）なものとして受け入れている法に服従するが、しかし、こうした法の事実上の源泉は、形而上学的な策略《ディシート》と合理的な自己産出《オートゲネシス》の中に存するのである。

【法の形而上学的形態と貨幣を介する契約という法制度との不可分の関係】

こうした主張において、ニーチェはまた、法の形而上学的形態が貨幣を介する契約（monetary contract）という法制度と不可分の関係にある、と断定した。事実、ニーチェによれば、記憶によって苦しめられ（重荷を負わされ）るもの、そして長期的な道徳的目的に義務づけられているもの、こうしたものとしての近代的主体の発展は、①近代社会が契約に依存していること、そして、②契約が時処を問わず安定的に維持されうる、ということを保証することを近代社会が必要としていること、これらのことと深く結びつけられている。義務と良心という「道徳上の概念世界」の主要な起源の一つは、所有と契約の「債権債務関係の諸権利」であり、そしてこの「債権債務関係の諸権利」というものは、所有〔権〕の予測可能性の関係が社会を通じて作用することを保証するために、数世紀にわたって定立されてきたのである、とニーチェは主張した。[20] それゆえに、法的かつ規範的な目的を予め規定（prescribe）し、そして受け入れる能力を有するものとしての人間主体は、安定的な道徳的な行為主体としてのみならず、安定的で経済的な行為主体としてもまた、形成されているのである。けだし、この経済的な行為主体は、契約上の予測可能性と貨幣を介する交換の信頼しうる諸条件を生み出すからである。はっきりいえば、人間主体というものは、実際には、最初に外面的な貨幣を介する〔交換〕関係を内面的に再生産するものとして現出したのである。ニーチェが主張したところによれば、〔値をつける、価値を量る、等価物を案出し、交換するという〕貨幣による計算は、「人間存在の最初の思惟を先占していた」。そしてその程度たるや、人間の思惟が貨幣《マネー》経済の論理から十二分には区別されえないほどである。すなわち、その社会的形態における人間存在は、貨幣を介する交換と債権債務関係

（obligation）という「契約関係」によって創出され、そして、この関係の合理性の中身を満たしているのは、「売買」の必要性である。[21] したがって、理性が理性的かつ順法的なものになるために受けてきた罰はまた、主体が交換、投資、利潤〔獲得〕の基礎にある契約関係を支えるために要求された罰でもある。近代的な社会秩序が法的人格（*legal person*）ないしは法的主体（*legal subject*）という範型に基づいて形成されているのは、まさに以上のような理由からである。近代的な法的主体ないし法的人格とは、人間存在が他の人格に人格として向かい合い、そして共通の法的・道徳的な世界においては他の人格が尊厳を保持することや、共生することを認め、さらに意志の自由な行使や目的の自由な追求のための法的な是認と保護を獲得する、そうした主体性の一条件である。とはいえ、またこうした法人格態（legal personality）の諸条件を全面的に規定しているのは、「価格」、「価値」、「等価物」が中心に据えられた合理性である。そして、人格がそれ自身を人格として、そして、他の人々を人格として概念構成するのは、こうした概念構成が経済の業績を効果的に達成させうる法秩序を形成するからにすぎない。[22] それゆえに、法の主体ないしは法の人格として、人間存在は、カント主義者や法実証主義者が論じるような、自由の社会的形態ではないのである。すなわち、そうした人間存在は、法則（法律）が反映し、永続化させている、より広い経済的な力学《ダイナミクス》が集中された偽りの焦点であり、そして、そうした人間存在は、すべての社会的交換（societal exchange）に浸透し尽くしている、債務弁済を可能にする資格付与、規則性、予測可能性という逆説的な諸価値を、体現しているのである。さらにいえば、こうした人格とは、その経験上の拠り所の点では、いつも金銭取引上〔貨幣〕の機能から逆説的に抽象化され、脱人格化された人格である。要するに、法則（法律）とは、人間の自由の否定であって、その合理的な前提条件ではないのであり、そして、人間性そのものの否定なのである。

【カント的な啓蒙思想の法に関する主張は人間の生《ライフ》の死活に係わる諸相の形而上学的な隷属化や疎外を標示して

いる】

この最後の点に関して、ニーチェは、啓蒙思想や自由主義の――その異なる形態における――前提条件に対して辛辣な皮肉を込めて立ち向かった。啓蒙思想によって是認された「非人格性〔特定の個人に係わらないこと〕（impersonality）と一般的妥当性」を有する法則〔法律〕は、真正な人間の自然本性の完全な実現〔陶冶〕（elaboration）ではなく、むしろその抑圧を標示している、つまり、法〔法律〕は「生の究極的な無力化〔弱化〕」[23]を標示している、と論じることによって、カント的な啓蒙思想、その後の自由主義や歴史主義の法に関する主張に対して、ニーチェは応答したのである。同様に、〔ニーチェによれば〕カント倫理学の道徳的普遍主義や法実証主義の法的主体性は、人間性の解放と人間の意志を標示しているのではなく、人間性が逆説的な法〔法律〕と権力への悪意のある意志とに従属していることを標示している。したがって、啓蒙思想の形而上学は、自由の条件に関する十分に独立した探求を構成していない。こうした形而上学は、より広範囲にわたる〔近代〕社会の形成と経済的変化を凝縮し、反映し、そして、人間の生《ライフ》の死活にかかわる諸相の形而上学的な隷属化に献身している、より広い知的系譜学における一契機を形成している。それゆえに、他の形而上学的見解と同様に、こうした〔啓蒙思想の〕形而上学は、合理的自由と不可侵の法という擬制《フィクション》を中心にして人間の現実性〔実在性〕を脚色《アレンジ》してみせるが、しかし、こうした自由や法は、人間の実存の深刻な疎外（alienation）及び脱自然化（denaturation）という犠牲の上に購われた自由、すなわち、自ら生み出した逆説に他ならないのである。

【小括――ニーチェの近代社会観は形而上学と資本主義との共謀（結託）による人間疎外に関するマルクスの主張を確証している】

要するに、ニーチェの近代社会に関する解釈の中核にあるものは、数十年前にマルクスによって提示された説明と同様に、多くの異なったレベルにおける人間の生《ライフ》に影響を及ぼしている、形而上学と資本主義との間の深刻な共謀（結託）を同定〔確証〕している、人間の主体性についての説明である。ニーチェの示唆したところによると、ある水準でいえば、合理（理性）的・法的主体として近代的な人間主体が自己組織化されることが顕示《マニフェスト》しているのは、理性は形而上学の遺産によって全面的に規定されていること、そして、理性の中には、それ自身の自発的な経験の外部にある形而上学的諸法則の中に慰めを求めることによって、自然的世界におけるその居場所に反抗しようとする不変の傾向があること、これらのことである。しかしながら、異なる水準でいえば、人間の理性及び主体性の法的形態はまた、社会的規則性（societal regularity）をまったく決定する諸条件を支えている。はっきりいえば、その法的形態は、社会的な現実性（実在性）を殊更に資本主義的なそれとして保持することに役立っていて、そして、契約と交換の主要な保障者である以上、主体が法的主体として目的志向的な形姿をとることは、社会が資本主義社会として持続的に自己再生産するための基礎として作用するのである。それゆえに、社会の中核にある形而上学的擬制《フィクション》は、資本主義によって、あるいは少なくとも資本主義との密接な相互関係の中で、生み出されているのである。すなわち、擬制《フィクション》的人格としての人間主体は、資本主義から抽出（蒸留）された形態であり、そして、こうした主体が考案し施行する法律は、本源的に資本主義の緊急性（急務）（exigency）から演繹可能である。しかしながら、資本主義と形而上学の両方を屈折して反映するものとして、人間主体の法的形態は、①人間の経験における深刻な不安（不快）感（malaise）、②人間的世界の中心にある深刻な逆説、③人間の生《ライフ》の死活に係わる、自然のままの創造的な起源からの当の人間の生の深刻な疎外、これらを顕示している。人間の主体性は、もしそれが社会的規則性の旗の下でその上に課された法的・主体（主観）的形態を打ち壊すならば、そのときにのみ、より真正な仕方で、それ自身を経験することになろう、とニーチェは推断した。こうしたことは、それはそれで、もし主体が自発的かつ英雄的にそれ自身の自然性を受け入れうるか、あるいは、それがその人間性の自然的な始原《ソース》を想起するならば、そのときにのみ起こりうるであろう。再び〔本源的〕自然本性を取り戻した主体性のみが、人間主体が共通して晒されている〔人間の生《ライフ》〕を弱化させる形而上学的な作用を逆転させ、そうすることによって、人間性を、それ自身の新しい活力を与えられた目的として——すなわち、それ自身の内発的ないし非形而上学的な法〔または法則〕として、生きることを可能にすることになろう、とニーチェは〔再度、マルクスに同調して〕示唆した。〔ニーチェによれば〕非形而上学的主体として、人間存在は、それ自身の法を案出し、唯一それ自身の現在の本能によってのみ規定される、「それ自身の徳（卓越性）（virtue）やそれ自身の定言命法（categorical imperative）」に合致する形で生きることになろう。[24] しかしながら、マルクスに関して言うならば、〔ニーチェと違って〕主体が〔人間本来の〕自然を想起し、それを再統合〔再活性化〕することは、人間の経験にとっては、まったく異なった客観的構造と、まったく異なった客観的法則（法）を必然に伴うことであろう。

2　ディルタイ——形而上学と歴史的理性

【ディルタイ】

【歴史主義の観点からのニーチェの形而上学批判の継続的な展開】

形而上学についての〔上述のニーチェと〕類似した、そして時には〔ニーチェと〕重なる批判は、ヴィルヘルム・ディルタイの諸著作において表現された、歴史主義的伝統の頂点を極めつつあった諸理論を、性格づけていた。ニーチェは、形而上学を、人間の生《ライフ》におけるあらゆる自発性や創造的自然性（*naturality*）を抑圧する、合理化された法理学的《ジュリディカル》上部構造を形成するもの、と見なした。これに対して、ディルタイが形而上学に反対したのは、かれが、形而上学的概念を、人間の歴史性（*historicality*）が有する自発性や活気溢れる自由を堕落させ妨害するもの、と見なしていたからである。それゆえに、ニーチェと同様に、ディルタイの思惟の中心にあった議論は、近代的な理性や社会の発展は、形而上学が人間の思想を堕落させることによって大いに苦しめられてきた、ということである。形而上学の遺産の影響下に、近代の人間の理性は、人間の経験を検証するために抽象的で一般的な法則を仮定《ポステュレイト》することによって、それ自身（人間の理性）とそれが住まう社会とを説明しようとする。(25) その際、その人間の理性がこうした法則を用いるのは、それ自身とその社会的環境についての還元的説明モデルを、単純な——あるいはモナド的な——基礎的（潜在的）原因や普遍的範疇において知性によって理解される原因によって規定された、そういう規則化され計算可能な一つの全体として、構築するためである。それゆえに、①思想（思惟活動）はそれ自身を法則的諸機能を融合《アマルガメイト》するものとして思惟すること、そして、②思想（思惟活動）は、それ自身を説明あるいは指示する法則の源泉として構築すること、これらの事実が近代的思惟を構成するのである。すなわち、このように理性がそれ自身を法理的に普遍的立法者として構築することは、形而上学的原則が人間の知性に対して遍く影響を及ぼしていることの結果である。ニーチェにとってそうであったように、ディルタイにとって、形而上学による理性と社会の支配《ドミネイション》は、この世の生《ライフ》の外部に永遠なるイデアなるものが現存する、と主張したプラトンに由来する。こうしたイデアなるものから、この世における出来事に関する理念的な法則が抽出（蒸留）されることが可能になった。この世の経験へ縮減（転化）されたこうした形而上学的アプローチは、その後、スコラ哲学の自然法によって、そして次に、カントの啓蒙思想によって、永続化された。ディルタイは、このカントの啓蒙思想の合理主義的普遍主義と形式的法自然主義（自然法）を初期の形而上学的衝動の再現と見なした。(26) もっとも、ディルタイはまた、一九世紀における自然諸科学の因果体系を新しい形態の形而上学と見なしたのであるが。かれは、これらの自然諸科学を、すべての形而上学と同様に、説明科学として記述した。これらの諸科学は、もっぱら歴史的・文化的な出来事の多様性と任意性（自由）を一連の容易に説明される狭い因果関係に還元することによってのみ、人間の経験と実存を理解（make sense）する、高度に一般化された「知性的な生の法則」を演繹するからである。[27] こうした諸科学は、とりわけ、文化に内在する人間の自由を把握《コムプリヘンド》しえないし、そして、それらの諸科学が歴史的現象に一般化された法則を押し付けることは、文化的活動の特殊人間的な領域に埋め込まれている内発的潜在力を掘り崩してしまう。型にはまった形而上学の遺産によって、人間存在は自分自身、自分の社会、自分の文化政策的な可能性、これらに関する知識を獲得することを妨げられている、とディルタイは結論づけた。何故にかくなることになるのか。ディルタイによれば、形而上学によって規定される理性は、社会的・歴史的世界を分析するための還元論的な説明技術しか提案しえないからである。こうした説明技術ゆえに、理性は、規範的《ノーマティヴ》ないしは因果的な用語で説明しえない、人間存在の実存領域について、人間存在が獲得できるかもしれない、そういう認識力と理解力、これらを制限し、そして、理性は、人間の生《ライフ》からあらゆる創造性と自由を排除している。すなわち、理性は、人間の生《ライフ》が十二分かつ自由に人間的であることを妨げている。このように、形而上学が世界に負わせている基礎的（潜在的）な因果的統一性（underlying causal unity）は、理論的に支持しえないものであるだけでなく、人間の実存に深刻なダメージを負わせ、人間の生がそれ自身をそれを構成する人間の自由において理解しようとすることを妨げているのである。

【人間は「歴史によって形成された性格」を有するが故に、人間の本来の姿を正しく捉えることができるのは歴史主義的アプローチのみである：歴史によって形成され、歴史を形成する、歴史的自己解釈主体としての人間存在】

こうしたことの矯正策として、ディルタイは、その初期の著作では、ともかく、古典的〔な意味で〕形而上学的な分析あるいは合理的な分析は、「精神的事実（spiritual facts）の形而上学」へと形式転換されるべきである、と提唱した。このように主張することで、ディルタイは次のように指摘した。すなわち、純正な人間的理解《アンダスタンディング》力が生じるのは、人々が自分自身や自分の歴史的世界について法則に拘束されたイメージを構成しようとするところではなく、真正の文化や人格を形成する経験を表現する、そしてそのことによって、人間の自由について内面世界の形而上学を開示《ディスクローズ》する、そういう歴史的現実を構成する文化的な諸形態に、人々がアプローチするところである、と(28)。その後、後期ディルタイは、こうした人格的経験の形而上学を、歴史的理性と歴史的経験の教説によって支えられた記述的方法によって置き換えたが、この記述的方法はまた、形式的・合理的ないしは自然科学的な方法とは対置される(29)。人と事象の両方から成る人間の世界は十二分に内在的な歴史的解釈を通じてのみ理解されうる。この歴史的解釈は、解釈された諸形態を解釈者の歴史的経験に引証せしめる（帰す）ことによって、そして、解釈する人たちと解釈された形態や人々を結びつける共有された経験の基礎を想定することによって、解釈された諸形態の歴史的本質を把捉する(30)。ディルタイが主張したところによれば、人間存在が自分自身、他の人間存在、他の人間存在によって創出された事象を解釈しうるのは、それらすべてが歴史的な（に形成された）ものであり、そして、すべての人間存在は、歴史的な行為主体として、一定の共通の経験――それは人々と対象の知識を獲得を可能にする解釈的構造を提供する――を共有しているからである。このようにして、ディルタイは、人間の知識を、形式的ないし法則的な指示や演繹を通じてではなく、解釈、自己解釈、文化的回復（cultural retrieval）という歴史の中に埋め込まれた過程から生起するものとして、説明することによって、啓蒙思想の諸々の合理主義的な（概念的）構築物を克服しようと願ったのである。人間存在は、自分自身と他の人々を共通の歴史的経験を土台にして解釈するところでは、自分自身を完全に自分自身の歴史の中に置く。すなわち、人間存在は、自分自身を創り出す歴史の形成に自分自身が自由にかつ自発的に貢献することを可能にし、そして、このような仕方で、人間存在は自分自身を人間的なものとして十分に確証するのである。このようにして、人間性（humanity）と歴史性（historicality）とは、ディルタイの著作の中では、完全に不可分の関係に置かれていた。しかしながら、人間存在は、かれらが相互に形而上学的あるいは法則定立的にアプローチするところでは、歴史的な自発性や自由に対して、自分の想像力を塞いでしまい、歴史の原作者本人である（historical self-authorship）という自由を失い、人間性という自分自身の資源を掘り崩してしまうのである。

【ディルタイの歴史的理性の概念がもたらした二つの政治的影響：形而上学的に歴史の外部から演繹された法則を歴史的伝統に押し付けることは人間の自由の破壊である：人格的自由と政治的自由の創出主体：カント的な自己立法の主体に対するディルタイ的な歴史的自己解釈の主体】

ディルタイの歴史的理性の概念は、二つの決定的な――直接的に政治的な――含意を有している。第一に、ディルタイは、決然として、人間の社会――とその自己解明――（の問題）を、人間の自由――すなわち、自由なポスト形而上学的な行為主体としての人間存在――（の問題）に集約させようとした。こうした行為主体の自由は、形而上学的範疇で量化あるいは測定されえないものであり、文化的、社会的、政治的な諸形態において歴史的に自己解釈するものである。はっきりいえば、ディルタイの歴史的理性という観念は、カントの啓蒙思想における形式的自律性と概念構築を矯正する手段として捉えられていた。すでに論じたように、カントは、人間存在を、実践的な自己立法の瞬間において自由を獲得するもの、そして、この自由の政治的外在化を通じて正統的な政治的形態を創出するもの、こうしたものと見なしていた。これとは対照的に、ディルタイが示唆したところによれば、人間存在が自由で、かつ真に人間的であるのは、それが自分の歴史性を認め、自分自身を歴史的な行為主体ないしは主体として自由に解釈するところだけである。次に、歴史的主体として、人間存在は、自分がその中で生存する歴史的伝統に参与し、この歴史的伝統の形姿を生産的に変容させる。そして、人間存在は、自分がすでに伝統の中で与えられている諸々の自由に形姿を付与し再賦活するにつれて、人格的自由と政治的自由の両方を創出するのである。しかしながら、それらの自由が外部から演繹された法則として伝統に押し付けられるならば、あるいはそれらの自由が抽象的に普遍的な内容として表出されるならば、それらの自由は、伝統を、そして究極的には自由そのものを、共に破壊することになる。こうした理由に基づいて、ディルタイは自然法のあらゆる理想に強く反対したのである。これらの理想を、かれは「社会の形而上学」として非難し、妥当する法を解釈する自由の共通の経験によって創出されるものとイメージしたからである。[31]それゆえに、第二に、初期の歴史主義者と同様に、ディルタイもまた、自由主義は、自由の教説として、権利と合法性《リーガリティ》という形而上学的な概念構築にその確かな根拠を置くことはできない、と示唆した。かれの説明によれば、自由主義が純正に人間の自由と人間の自己実現の教説であるならば、この教説は歴史的な生《ライフ》の解釈学的理論としてのみ定式化されうるであろう。こうした解釈学的理論は、自由をその歴史的に内在する形姿（shape）において解釈し、かつ強化し、そして、あらゆる歴史的な生を単純な合法則的《リーガル》形態に凝縮しようとする企てを自制するからである。それゆえに、初期の歴史主義者と同様に、ディルタイは、黙示的に、国家における正統性を、立法的条件ではなく解釈的条件と見なしていたのであり、そして、かれは信頼しうる政治を、文化の中に内在する自己実現と自己創造のための脆弱な諸能力が発展し具体的な形姿をとることを可能にする、解釈的文化の最高の表現と見なしていたのである。以上挙げた二つの点からして、ディルタイは、自由とは必然的にポスト形而上学である、すなわち、自由はいかなる抽象的な基準ないしは法則によっても規定されえないし、自由が根拠づけられるのは解釈された文化的知識の遺産の中においてのみである、と指摘したのである。

3　ジンメル――法則、合理性、脱人格化

【ジンメル】

【ニーチェの自然主義的なラディカルな形而上学批判とディルタイの歴史主義的それを、政治的・社会学的分析においてさらに展開したジンメル】

多くの観点から見て、ニーチェとディルタイの両者の著作において理論的焦点となっていたのは、歴史主義が遂行した、形而上学と合理的法則に対する批判を、ラディカルなものにすることであった。ディルタイのケースにおいては、こうした形而上学批判のラディカル化は、人間性と人間の自由とを、歴史的な生《ライフ》を形而上学的法則へ隷属させせることを拒否する解釈上の歴史的条件として、完全に解釈学的に説明する、ということに帰結した。ニーチェのケースにおいては、そうした形而上学批判のラディカル化は、人間の真正性（authenticity）を、自然性（naturality）を積極的に受け入れることとして、そして、自然を形而上学的法則の下に隷属させることを拒否することとして、自然主義的に説明する、ということに帰結した。こうした両人の見解においては、人間性は形而上学と形而上学的法則という逆説的なキメラの如き妄想によって危機的に引き裂かれている、と見られていた。これらの議論は、ニーチェとディルタイ以後、より正面切って政治的な論争において共鳴を見出し始めていた。そして、ゲオルク・ジンメル〔一八五八―一九一八〕の社会学は、より明確に政治的かつ社会科学的な分析のために、生気論の哲学を、とりわけニーチェのそれを、再構成することに向かう道程において、主要な第一歩を標示していた。

【ジンメルにおけるカント的認識論の部分的継受とニーチェ思想の若干の軌道修正：分化と合理化の両義性】

ジンメルの著作は、カントの反省の特定の諸要因を含んでいる。こうした諸要因は、ジンメルの諸観念を、より標準的な生気論者のそれらとはかけ離れたものにしていた。ジンメルは、カント的啓蒙思想の遺産の一定の諸要因を保持しようと決心していたので、ニーチェの自然主義に対抗して、カント的な認識論（epistemology）の決定的な想定を、すなわち、人間主体は、認識（cognition）の合理（理性）的で独立した中心であり、そして、自己立法（self-legislation）及び責任ある自由（responsible liberty）のための一定の能力を備えている、という想定を、受け入れていた。加えて、ジンメルは、社会の合理的な自己構築については、ニーチェよりも、はるかに懐疑的ではなかった。事実、ジンメルは、近代社会を、分化（differentiation）と合理化（rationalization）の発展（進化）的趨勢によって駆り立てられているものと見なしていた。というのも、この発展的趨勢は、一定の観点から見れば、さまざまな社会的な諸領域における人間の自由の新しい経験を保障しているのであり、ニーチェ的意味において、生を活気《ヴァイタル》づける可能性と経験を侵食する一過程としてのみ見なすわけにはいかないからである。

【資本主義社会の合理化過程の進展に伴い、貨幣媒体の全面化した社会は人間の自由度の拡大をもたらす一方で、脱人格化と自己疎外の経験の拡散をもたらしている】

しかしながら、他の点では、ジンメルもまた、ニーチェの思想の磁場の中に留まっていた。第一に、近代社会が目にするのは、広範囲に及ぶ形而上学的な形式化（formalization）と主知化（intellectualization）の過程であり、その帰結として、人間の人格性と経験の真正かつ示差的な境位《エレメンツ》（要因）が減少させられてきたし、他方では、より画一的ないしは象徴的な社会的自己同一性が顕著なものとなってきた、というニーチェの見解にジンメルは同調していた。はっきりいえば、近代社会においては、人間の意識は貨幣化（貨幣による社会的諸関係の全面的支配）（*manetarization*）の過程に従属してきた、と議論する点において、ジンメルはニーチェと同意見であった。ジンメルが主張したところによれば、近代社会の出現をその根底において規定しているのは、合理化の過程である。この合理化の帰結として、人間の心は、次第に限定された内容を抽象化し、そして、それ自身を、それ自身との、またその反省の対象や内容との、より一般化された関係の中に置く。こうした合理化の過程は、①社会的交換の画一的かつ支配的な媒体として貨幣が抽出（蒸留）されること、そして、②貨幣の影響が普及した結果として人間の相互行為が次第に形式化したこと、これらのことと密接な相関関係にある。ジンメルが説明したところによれば、貨幣に基づく交換に支配される社会は、広範囲に及ぶ一定の自由の経験を生み出す。そうした社会は、高レヴェルの特に社会的かつ地理的な可動性を可能にし、さまざまな生活領域において個人的選択の自由を拡張し、社会的交換が地理的にも時間的にも広域に及ぶことを可能にし、ますます多くの人々を社会的コミュニケーションの中に統合し、そして、各人が大いに拡大された見通しのもとに目的を追求し、きわめて広範囲の諸対象を自分自身の意志の対象として構築することを可能にする。[32] しかしながら、貨幣に基づく交換によって支配される社会はまた、それが具体化する活動や自由に一般性を押し付け、そして、人間関係、所有、自己形成という本来的に独特な諸経験を相対的に画一的な諸類型へと均質化（homogenize）してしまう。[33] はっきりいえば、人間の心がその対象、その活動、それが一時的に占めている場所に対して次第に無関心となり、個人（人格）がもはやその目的ないしその活動を自分自身の必要《ニーズ》や性格と決定的に不可分の関係にあるものとして評価しなくなるのは、貨幣による全面的支配を受ける社会の特徴でもある。[34] たとえば、一個人は貨幣を所有することで、一つの商品を購入することが可能となる。その商品は、そのとき、一定額の貨幣と引き換えに取引きされ、その一定額の貨幣は、そのとき、異なる商品の購入を容易にし、異なる商品は、翻って、違った額の貨幣と引き換えに取引きされうるのであり、その結果、他の対象と他の目的が追求され、購入されうることになる。それゆえに、原理的にいえば、貨幣によって容易にされた活動は、無限に再演されうるし、そして、各活動は、目的、活動、取引の意図されない連鎖における一環としてのみ演じられるにすぎず、この連鎖の中では、活動によって追求される対象は、その対象を追求し、その活動を遂行する個人（人格）及び希薄化された関係しか有さないことになる。したがって、貨幣が創出する社会秩序においては、人間存在は、ほとんど無数の目的を考慮（表象）しうるし、そして、ほとんど無数の対象を追求して行為しうる。しかしながら、人々が追求しうる目的の数や人々が獲得しうる対象の数に鑑みるならば、それらの追求において遂行される、目的、対象、活動は、それらの特有な性格を失い、そして、その目的、対象、活動への人間の心からの愛着は解消されてしまう。それゆえに、ニーチェ同様に、ジンメルは、資本主義経済を、形式的に目的志向的な行為主体（formally purposive agent）としての人間存在の最終的勝利を画するものと見なし、また資本主義の合目的的な合理性（purposive rationality）を、人々とかれらの占有の目的ないしは対象との間の関係を、それどころか、人々とかれら自身の活動との間の関係を、弱めるかあるいは中立化するものと見なしたのである。それゆえに、資本主義の一般化された合理性の下では、経済的に構築された諸人格の諸目的は、人間の生そのものに対して他律的な優位性（heteronomous primacy）を確立することになるのである。法実証主義やローマ法が、目的志向的な人間存在を、その本質的な社会的自由と合致するように行為する自由な人間存在と見なしたのに対して、ジンメルは、貨幣によって全面的に支配されている近代的諸主体（modern monetary subjects）の構造の中に埋め込まれている目的志向性（purposiveness）を、近代社会における疎外を生み出す源泉と見なした。ジンメルの論じたところによれば、近代的主体なるものは、目的を追求する行為主体として、純粋な主体性の経験的な諸源泉から自己を疎外（alinate）しており、そして、希薄に中立化された一組の内容を対象として、自己を構築している。そうして、人間主体は、貨幣の全面的支配を受けて、自分の目的や活動から疎外され、こうして、人々と他の人々との関係は、衰弱あるいは消失し[35]、ついには、人格そのものもまた衰弱あるいは消失することになる。すなわち、「魂の中心における決定的な実体」の欠落ないしは脱人格化（*depersonalization*）の経験の拡散が引き起こされる。要するに、資本主義の下での社会の合理化は、〔たしかに〕自由の増大と人間経験の領域と目的の決定的拡張とを可能にしている。とはいえ、この合理化はまた、それが可能にする自由の度合いや質を弱め、そして、本来的生に関わる愛着心（originally vital attachment）を「貨幣によって得られる満足」ないしは上滑りな「感動（sensations）」の経験へと平板化しているのである[36]。

【一般化過程における主体性と法（法則）との相関的生成：近代的法治国家における法人格化・法制化によって一般化された非実在（キメラ）的法人格】

こうしたことに加えて、ジンメルはまた、近代的人間の経験における諸変化は、人間の主体性と人間の法（法則）との間の関係と連結されている、というニーチェの主張にも同意した。ジンメルが論じるところによれば、近代社会において、法は、貨幣との相応関係（homology）において生成・発展し、貨幣においてもっとも顕著に反映される一般化（generalization）のより広範囲に及ぶ過程を辿る。事実、近代法は完全に実定的ないしは「自律的な規範」の体系を構成し、この体系は、法的諸主体間の「個別的な性格に対する無関心」によって標識（特徴）づけられ、そして、社会関係を人格性、義務、資格付与という普遍化された理念《アイディア》へと凝縮させる。[37] こうしたことの結果として、近代法の下での主体は、一定の基本権と一般化された様式の法的承認を疑いもなく享有している。とはいえ、諸主体はまた、自分たちの生を構造化している〔道徳〕法則的命法（legal imperative）との結びつきを失い、そして、かれらの活動は、一連の現実離れした不透明な法的な（法律上の）期待を通じて秩序づけられている。ジンメルは、こうした議論を発展させ、かれが脱人格化の政治的表現と見なした、近代の法治国家《リーガル・ステート》と自由主義的な諸制度に対する適度の批判を具体化した。ジンメルが論じたところによれば、近代の民主制（政）においては、法と国家の下にますます多くの人々が統合され、そして、権力と法は、平等と公民権（参政権）とを付与する（equalizing and enfranchising）媒体として社会的交換のあらゆる領域に伝達されている。しかしながら、こうしたことは単に解放の過程を標示しているだけではない。「法における平等」の原則を中心にして社会を組織することはまた、匿名性（anonymity）と〔生との結びつきからの〕逸脱（disengagement）とのより広い現実を反映している。というのは、法の平等と普遍性が維持されるのは、法が個々の〔個人的〕事実、事例、人格に対して無関心となり、そして、法が、人々を普遍的人格性という還元論的な理念《アイディア》に同化することによってのみ、人々を平等なものとして構築するからにすぎない㊳。したがって、近代法の下では、人格なるものと法の関係は、尊厳性（integrity）と唯一無二性（singularity）とを喪失し、そして法の妥当性の根拠が受け入れられるのは、その一般的で相対的に無関心さを示す形式《マナー》においてにすぎないのである。換言するならば、法の下の人格なるものは、自分自身を、法の下において自由にして、しかも決定的に義務を負っているもの（free and vitally obligated under law）、と認識する現実（実在）的な人格ではなく、一般的人格（general person）、すなわち現実（実在）的人格（real person）のキメラ的妄想の影である。

【近代資本制社会における形而上学、貨幣、法の構成的連関とその弁証法】

かくして、ジンメルが結論づけたところによれば、近代法を支える人格性の一般化された理念《アイディア》は、疑いもなく、社会的自由を増大させた源泉であった。というのは、この理念は、法が均一的（画一的）に普及することを可能にし、そして、あらゆる活動と交換が法的な（法律上の）是認と保護を享受することを可能にするからである。しかしながら、こうした人格性は、意識のより広範囲にわたる貨幣化が誘発している、真正の目的、実体的経験、現実（実在）的人格性（real personality）の稀薄化、この稀薄化によって作り上げられた極端な一般性、この極端な一般性の条件の下にある、そういう人格性（general personality）である。近代法の下での人格（個人）の人格性なるものは、完全には自分自身のものではない目的を追求し、平等ではあるが、不完全な（威厳を備えていない）（not integral）自由を享有し、対象と他の人格を相対的にとるに足らない意味しか有さない事象（物件）として処理し、そうすることによって、それ自身の本質的構造において空疎かつ脆弱な、そういう人格性なのである。要するに、近代的な法秩序の中核にあるのは、人間の生《ライフ》を純正に構成する諸関係から、そして、自己形成（自己陶冶）の真正な経験から、疎外されている、そういう形而上学的な退化の状態における人格性なのである。したがって、民主制的法治国家とその法を根拠づけているのは、人格的（個人的）な自由と自己立法（self-legislation）の経験ではなく、そこでは完全な（威厳を備えた）人格性（integral personality）が（ほとんど気づかずに）否定されてしまっている、そういう空虚さ（vacuity）である。それゆえに、ジンメルは、ニーチェにほとんど同調して、カント的啓蒙思想から帰結する、法に関する普遍主義化された自律主義的（autonomist）な教説は、資本主義下の人間の経験の脱人格化を、屈折した形で密接に反映している、と結論づけたのである。ジンメルが指摘したところによると、近代社会の根底にあるのは、形而上学、貨幣、法の間の構成的な関連であり、カントによって推進された法の形而上学的な普遍化は、この過程の外側に位置するものではない。すなわち、それは、こうした諸要因（境位）〔形而上学、貨幣、法〕の間の広範囲に及ぶ弁証法における一契機にすぎないのである。

【法の内容と主体性に関するジンメルの決断主義的な観点：死活に係わる実存的経験に基づく歴史創造の主体にして法定立の主体としての人格性の再賦活化】

法の形而上学的状態に対するジンメルの反応は、法の内容と主体性の問題に対する疑似・実存主義的ないしは決断主義的な観点を切り開くものであった。ジンメルの議論によると、人間諸主体は、法や法に反映された目的を人間主体の歴史的かつ決定的な（生に係わる）経験によって形づくられた衝動から引き出すことによって、自分の一般的な形式化を打ち壊すことが可能であり、またそうすることによって、自分たちの活動の正当性を個々人の〔死活に係わる経験に基づく〕法（*individual law*）を根拠にして宣言することが可能である。[39] このような議論において、ジンメルは、法を単純な相関性に委ねることなく、真正の法の源泉を、ポスト啓蒙思想の形而上学と資本主義的脱人格化の抽象化から、①決定的な（生に係わる）人間の経験、そして②歴史創造の自己主体化（historical authorization）、これらの方向へと置き換えようとしたのである。こうした〔ジンメルの〕構想の中核には、個々人の人格性（*particular personality*）〔かけがえのない個人の人格〕の形而上学が存在する。この形而上学は、一定の人格（個人）を、自分自身の性格と経験を絶対的に妥当する〔道徳的〕命法（impertives）へと凝縮させうるもの、かつそうすることによって、自分自身の人格性を法の必要不可欠の起源として宣言しうるもの、こうしたものと見なしているのである。

4　ウェーバー――資本主義の形而上学

【ニーチェとテンニエースから影響を受けたウェーバーにおける近代社会の合理化論：近代社会における実定化、合理化、分化：ゲマインシャフトからゲゼルシャフトへ】

【ウェーバー】

ニーチェの洞察がもっとも影響力を及ぼす政治的役割を演じることになったのは、マックス・ウェーバー〔一八六四―一九二〇〕の法理論においてである。ウェーバーの著作の中心的テーゼは、合理化（rationalization）の理論である。この理論においてウェーバーが説明したところによれば、近代社会は、実定化（positivization）ないしは合理的分化（rational differentiation）の過程を通じて発展してきたが、この過程においては、社会的実践のさまざまな領域〔経済、政治、法、文化等々〕が独立した異なる諸機能に合うように規則化され、そして、社会的実践の各分野の枠内におけるあらゆる活動は明記《スティピュレイト》された目的を達成する手段として合理化されてきた。ウェーバーが結論づけたところによれば、近代社会における人間の生《ライフ》は、こうした合理化の過程を通じて、生それ自体に対する相対的な優位性を益々獲得している目的を志向しているが、この目的の妥当性について、人間はもはやなくてはならないものとして説明しえないのである。こうした事態が生起している経済と法という事例においては、人間の活動は、それがそれを取り巻いている一般化された様式の実践から内面化している目的を中心にして、日常的に組織化されている。こうした分析において、ウェーバーは、ニーチェのみならず、フェルディナント・テンニエース〔一八五九—一九三六〕からもまた、影響も受けている。テンニエースによれば、前近代的共同体とは異なる近代社会の発展は、原子化（atomization）の過程によって支えられているが、この過程を通じて、共同体的実存の有機的全体は、合理的、目的志向的〔目的合理的（zweckrational）〕、利己主義的な諸人格（*persons*）の間の交換のはっきり識別しうる諸領域へと分解されていく。[40] テンニエースの主張によれば、こうした諸人格は、もともと、ローマ法の諸原理から抽出（蒸留）されているのである。ローマ法は、自己利害（self-interest）という一方的《ユニラテラル》な目的の追求によって規定されている「抽象的な人間存在」という理念を生み出し、こうした原理を社会的、法的な相互行為の基礎として全社会に伝達しているからである。[41] このことの結果として、近代社会は、形式的に目的志向的な行為主体によって支配される、一連の独立した機能的諸領域へと分解される。たとえば、近代社会が展開している法体系においては、あらゆる「個人は各々互いに完全に独立し」、またあらゆる有機的ないしは共同的に発展してきた目的は根絶されている。[42] 近代社会は、所有主体（proprietorial agents）の形式的に目的志向的な相互行為を基礎にした経済を形成している。同様に、近代社会はまた、二元論的に形成されている国家という「絶対人格」を中心にして組織されている政治秩序を制度化（設立）している。この国家は、その構成部分から分離されているので、きわだって形式的なそれ自身の目的に準拠するだけで、その正統性を説明するにすぎない。[43] かくして、近代社会は、あらゆる有機的な凝集力を喪失し、人々を結びつける紐帯はその統合的性格を失い、人間という行為主体は孤立した活動の無限な束に転換されているのである。

【近代的理性の目的合理的形態としての資本主義経済と近代法の関係】

それゆえに、ウェーバーは、ニーチェとテンニエースの両人の考え方にきわめて近づいて、近代社会はその全体において目的合理性（*Zweckrationalität*）の構造によって規定されている、と主張したのである。こうした合理性は、長期的な、一般化された、客観的ないしは合理的な諸目的に、人間の活動を適合（均衡）させる、そういう精神的態度において顕現する。それゆえに、この〔目的〕合理性は、人間の活動（human action）に対する情緒的《アフェクショナル》ないしは伝統的な影響を限界づけ、そして、「価値合理性」——すなわち、価値への倫理的に調整《モジュレイト》された考慮——のインパクトを、人間の行動（human behavior）へと制限してしまう。[44] 周知のように、ウェーバーが論じたところによれば、目的合理性は、ウェーバーがカルヴァン派ピューリタニズムから現出するものとして同定した、自己否定的で「体系的な自制」[45]、敬神的で「禁欲的な行為（ascetic conduct）」の倫理、この倫理によって、当初、条件づけられていた。[46] ウェーバーの主張によれば、近代的理性の目的志向〔目的合理〕的形式は、本源的には宗教的なものであった諸見解の世俗化あるいは実定化を通じて生み出され、こうした世俗化ないし実定化を通じて、宗教的精神の形式は、世俗世界の必要に適応され、世俗世界に普及していく態度と制度の基礎を形成するようになった。そして、カルヴァン主義によって形姿を付与されたこうした態度は、資本主義の精神的装置の起源を、そして、資本主義が経済的実践の支配的様式として発展することを可能にしてきた態度の起源を、形成したのである。[47] 目的合理性は、人間の行動《ビヘイヴィアー》に対して予測可能性の厳密な秩序を課している。すなわち、目的合理性は、資本主義の下で発生する、貨幣（金銭）的な義務、投資、契約という目的を中心にして、人間の活動を秩序づけ、そして、究極的には、人間の合理性の中に、対象や他の人々に対する、それ以上縮減不能な（もとに戻せない）形で（irreducibly）目的志向〔目的合理〕的かつ道具的な態度を、植え付けている。こうした態度は、経済において集中的に表れてはいるが、とはいえ、他の社会的諸領域をも条件づけている。とりわけ、法は、このような合理化（rationalization）が決定的に普及している現場《サイト》であり、この合理化は目的志向〔目的合理〕的規律化（regimentation）の精神を直に内面化させる。ウェーバーの主張によれば、近代社会は、ダイナミックな分化の展開によって駆り立てられ、その結果、法と経済とは、余すところなく連結されていると見なすわけにはいかない。それにもかかわらず、ウェーバーがまた論じたところによれば、法は経済において発展しつつある合理性と密接に結びつけられているし、そして、その法に「合理的な規則」と「計算可能な機能化」の枠組みを生み出す責任が負わされているのは、資本主義的な生産、循環、とりわけ「契約の自由」、これらの自律的な過程を安定化させるためである。[48] 近代法は、「個人主義的な自由」の形式的保障が付与されている、目的志向〔目的合理〕的行為主体として、人間存在を構成〔解釈〕すること、このことにおいて基礎づけられているから、経済における機能的活動（operations）のために、規範的な基礎づけを提供しているのである。すなわち、近代法は、経済がその機能を説明し正当化することを可能にする妥当性の諸原則を明示〔分節化〕し、そして、あらゆる社会的相互行為を、資本主義にとって必要不可欠な目的志向〔目的合理〕的な傾向性〔最終処分権〕（dispositions）を中心にして、組織化するのに役立っているのである。[49]

【合理化、法制化、貨幣化が因果的に結びついた一連の過程としての近代社会：資本制社会において、自律性としてではなく、他律性として現象する法的人格】

ウェーバーが結論づけたところによれば、近代社会は、合理化（rationalization）、法制化（juridification）、貨幣化（manetarization）が因果的に結びつけられた一連の諸過程を中心にして、組織化されており、そして、こうした一連の諸過程は、互いに絡み合いながら、世俗的な近代性の疎外された諸条件を生み出し、かつ規定している。世俗的な近代性においては、人間の思惟と活動《アクション》を支配するのは、合理的・法的な規制の趨勢であり、これを通じて法は経済的動機を一般化された規範の形式的・強制的秩序へと形式転換する。人々は、このような法を遵守して行動するにつれて、自分たちの事実上の社会的諸関係から疎外されていく。すなわち、人々は、自分たち自身の自然のままの生き方を享受することを断念することを強いられ、かれらが自分たち自身のものとして責任をもって規定しうるあらゆる目的を、放棄することになる。こうして、近代法、すなわち「その内容においてあらゆる神聖さを欠き」、その妥当性を「もっぱら目的合理的な仕方で」説明する、「合理的で、技術的な装置」は、近代的人間性の上に、その形而上学的「運命」として重くのしかかっている。[50] それゆえに、目的志向的な自律性というカントのポスト形而上学的夢は悪夢のように反転されていて、目的の王国として形成されてきた近代社会においては、個々の社会的、法的な行為主体は、自分自身の意向（性向）（inclinations）を提示することも、追求することもなしえず、自分たちが機能的に活動する包括的な行為の枠組みによって生み出された諸目的を強制的に遵守することを強いられている。人格についての目的志向（目的合理）的な構成（解釈）は、人間の自由の領域をスケッチするどころか、人格を、逆説的に、人格自身に対して、そして人格を構成する自由に対して、敵対させてきた。人格はいまや、偽りの、しかも普遍的に押し付けられた、そういう諸目的を追求するものとして、そして、不可視の、しかも強制的な、一組の法的・経済的な指令の枠内において自己疎外を反映するものとして、現象している。要するに、資本主義の下では、法的人格なるものは、それ自身の自律性ではなく、それ自身の他律性なのである。

【ウェーバーの業績——マルクス、ニーチェ、テンニエースの形而上学批判の総括】

こうした理由によって、ウェーバーの著作は、マルクスの分析の諸要因（境位）と、ニーチェとテンニエースが提示した社会的・文化的、形而上学的な批判の諸要因とを、集成している、と見なしうる。近代的・世俗的な社会に関するウェーバーの説明の根底にあるのは、法を通じての社会的な諸形態及び諸実践との実定化は、近代社会をポスト形而上学的な法的自由の場所として形成してきていないし、また無責任な権力ないしは非合理的な強制のインパクトを減少させてきてもいない、という主張である。その反対に、社会的な生活形態の合理的な実定化は、資本主義の目的志向（目的合理）的な論理によって駆り立てられており、そして、無際限にこの論理を屈折して反映している。したがって、実定化の過程は、ひたすら他律性と法のパラドックスという新しい経験を生み出すのに奉仕してきたのである。そして、人間の生は、いまなお、客観的現実性（実在性）において、形而上学的な罠にはめられたままである。人間の生は、この客観的現実性（実在性）を制御できていないし、この客観的現実性（実在性）の前提条件を形づくりえてもいないのであるが、ところが、この客観的現実性（実在性）の方は、それ自身（人間の生そのもの）を内面的に合理的で自由であると宣言しているからである。

5　権力および法の例外状況

【ニーチェの影響を受けたウェーバーの自由主義的法治国家観批判——法治国家の権力の基礎は暴力であり、それは例外状況において顕現する】

この観点において、ウェーバーはまた、自由主義的な法治国家（Rechtsstaat）は形而上学的ないしは逆説的な国家である、というニーチェの議論の諸要因（境位）に同調していた。たしかに、ウェーバーは自分自身を自由主義者と考えていた。かれは生涯を通じてドイツ中産階級の政治的代表者であり[51]、帝政ドイツ後期の政治的風景では左派自由主義政党の主要な大義を支持していた。そして、かれは、とりわけ、帝政国家においてより民主制的な憲政秩序の実現を目指す制度改革や議会の権威の拡大を求める自由主義的諸党派の要求を支援していた。はっきりいえば、ウェーバーの著作は、一九〇〇年頃に自由主義理論が再強化されていた趨勢の中で決定的な地位の一つを形成していた。というのは、法治国家《リーガル・ステート》や国家と経済の関係に関するウェーバーの諸理念は純粋な法実証主義に対する主要な対案の一つを提供していたし、また、この時期の殊更ドイツ的で強力な国家を目指す自由主義の展開に決定的な仕方で寄与していたからである。にもかかわらず、ウェーバーは、啓蒙思想以降の自由主義の主要な政治的業績

——すなわち、権力に法を遵守させ、そして権力の拡大に抑制をかけるなら、正統な秩序が実現されるであろう、という自由主義の主張を体現した「法治国家」——を誤った、しばしば自己欺瞞的な成果であると規定している点で、ニーチェに従っていた。ウェーバーは、法治国家、とりわけ法実証主義者が定式化した法治国家を、そこにおいて権力が合意された規範によって制約されるか、あるいは、自由の合理化された理念《アイデア》が全社会に拡がる、そういう制度としてではなく、特別に有害な統治《ガヴァナンス》の様式として、すなわち「形式的合法性」の「非人格的秩序」[52]として、捉えていたのである。この「非人格的秩序」の抽象的規則の「コスモス（秩序宇宙）」は、法が適用される人格と対象の際立った特徴を減少させ[53]、そして、その「非人格的秩序」の規則正しさの外見は、法治国家の諸法が人間存在を匿名の法原則に縛りつけ、かつ人間存在を自分自身の真正な目的から疎外しているという事実を、覆い隠している。したがって、ウェーバーが断言したところによれば、法治国家の法なるものは目的合理性の媒体であり、この目的合理性の本質的な内容は、人間の活動と経験を取り決められた（明記された）諸目的（stipulated purposes）を中心にして安定化させる、という法の形式的な機能にとっては、副次的なものである。すなわち、これらの取り決められた（明記された）諸目的は、少なくともある程度は、経済に起源を発していて、そして、人間の生に対する経済の専制という体制《レジーム》を維持している。こうした理由によって、法治国家《リーガル・ステート》は、例外なく高度に官僚制的である。いうまでもなく、官僚制は、法治国家の「最も純粋な類型」である[54]。はっきりいえば、法治国家がまさしく官僚制的であるのは、それが経済的な目的によって規定されているからである。官僚制は、経済的至上命令（economic imperatives）に法的形式を付与し、そして、経済に由来する諸目的を普遍的に妥当する原則として社会全体に伝える、そういう変圧器（形式転換器）として作用している。要するに、官僚制は、法治国家を基礎づけている、法と権力の逆説的な統一性が、明示（分節化）される、そういう場所であり、そして、合理的に構築された、規則への順応と手続き的正確性、これらの外見を法が獲得する、そういう場所である。しかしながら、官僚制的な規制《レギュレイション》の法的に指示《プリスクライブ》された目的は、誤った目的であり、誤った目的は、人間存在を騙して誤った方向へと誘導し、かれらをかれらの自由の条件から疎外する、とウェーバーはいつも確信していた。法治国家は、主として、技術的に規則によって規定される統治システムである。この統治システムは、第一に、法が経済を安定化させる機能を有する、という想定から、第二に、近代的諸制度は、規則の遵守（rule-compliance）と目的志向〔目的合理〕的秩序との保障を促進することによって、承認と正統性を獲得する傾向を有する、という事実から発展している。それゆえに、法治国家は逆説的な国家である。というのも、その法治国家は、普遍法と手続き遵守の印象を喧伝しているが、しかし、その実体は、事実上、高度に抑圧的で脱人格された目的や至上命令に由来するからである。ウェーバーが結論づけたところによれば、他の国家においてと同様に、法治国家においては、権力は、あくまでも暴力にその基礎を置き、常に例外状況において表面化するのである。(55) 法的な正常性（normalcy）と合理性との外見は、権力の例外的性格（exceptionality）を何ら根絶しない。法治国家《リーガル・ステート》における法は、事実、合理的自由の形而上学的な幻想であり、こうした幻想は、実のところ、非人間的な目的と規範による人間の生の支配を永続化させているのである。

【支配の正統性信仰の事実性の三類型論（①伝統的、②合法的、③カリスマ的）：とりわけ変革期、移行期におけるカリスマ的正統性信仰】

ウェーバーの有名な正統性の類型論もまた、法の例外状況に関する以上述べた言説と係わっている。かれが論じたところによれば、政治システムは、三つの仕方のうちの一つにおいて正統化される傾向を有する。①ある政治システムが正統性を獲得するのは、それが長期間存続し、社会の歴史的な構築物に埋め込まれているからである。すなわち、この政治システムは、伝統的な正統性を享受し、その政治システムの法は、慣習的動機ゆえに受け入れられている。②ある政治システムが正統性を獲得するのは、そのシステムが規則によって決められた指示《プリスクリプション》を遵守すべきもの、並びに長期的目標の追求に役立つものとして受け止められているからである。すなわち、この政治システムは合理的正統性を享受し、その政治システムの法は、それが合理的で信頼できる規範であると見られているがゆえに受け入れられている。ウェーバーは、この正統性の類型を、圧倒的に官僚制的レジームと、そして、そうすることによってまた、先進資本主義の下の国家の議会主義的法治国家とも、結びつけた。それから、③ある政治システムが正統性を獲得するのは、それがほとんど形式化された法を有さないからである。すなわち、この政治システムを規定するのは、直接的な経済的合理性ではない。この政治システムを支えるのは表看板となる人物の著しく個人的な——あるいは「非凡な」——資質である。すなわち、このシステムは、カリスマ的な正統性を享受し、この政治システムの法は情動的理由ゆえに受け入れられている。[56]ウェーバーは、また、この類型の正統性を革命的正統性として特徴づけ、そして、かれはこの類型を異常事態ないしは暴力を伴う〔政治体制の〕移行期ないしは変革期において政治システムを安定化させるのに役立つ正統性の類型と見なしていた。[57]この〔正統性の類型の〕各々の事例において、ウェーバーは、ある政治システムが正当性を有しているのは、それが人間の理想に奉仕するために権力を行使するから、あるいは、その法が普遍的妥当性の質を相当程度保有しているから、といった理由によるのではない、という自分の確信を強調した。むしろ、正統性とは、服従ないしは「法令遵守」（compliance）の動機を産み出す政治システムの能力以外の何ものでもないのである。[58]

【現代大衆民主政におけるカリスマ的要素の重要性】

ウェーバーは、以上に挙げた〔①伝統的、②合法的、③カリスマ的〕様式の正統性のどれも純粋型ないし理念型どおりには存在しないこと、そして、ほとんどの政治システムはこれらの様式のすべての要因を結合していること、これらの点を力説した。しかしながら、ウェーバーの指摘によれば、もっぱら合理的〔合法的〕正統性だけに依拠する〔政治〕体制《レジーム》が、高度に多様な階級構造や相対立する社会的利害関心、そして変動極まりない有権者を擁する現代の大衆民主政において、〔近代〕国家の特性（statehood）が有する統合的課題を完遂することは困難でもある。かれの示唆によれば、現代の大衆民主政においては、政治秩序の基礎は、不可避的に不安定であり、対立・紛争を孕んでいて、伝統的ないしは継承された強固さを欠いている。したがって、官僚制的装置の掌中に集中されている、法の支配だけが、こうした社会の本質的に異なるすべての構成要素を一つの凝集力のある統一体にまとめ上げ、そして、すべての人々に、かれらの生を規定している諸法は妥当である、と信じさせうるほどに十二分に強力なものとなるであろう、と想定するのは、いかにもナイーヴである。それゆえに、ウェーバーの議論によれば、カリスマという一要因〔境位〕が大衆民主政における政治的安定性のためには欠くべからざるものである。事実、大衆民主政は、明確な政治的意志の行使によって社会に対して秩序、規律、共同の目的を課する、そうした強力な指導者によって、統一されなければならない。この指導者の個人〔人格〕的な意志は、官僚制と形式法の技術的合理性を超越し、技術的ないしは形式的・目的志向〔目的合理〕的な動機には還元されえない。このような意志を行使する政治家は、それはデマゴーグ〔民衆煽動家〕的ないしはカエサル主義的な属性によって見分けられよう。(59)

【ウェーバーの人民投票的大統領制構想に見られるグナイストとゾームの影響】

このような理由に基づいて、ウェーバーは、一九一八年〔末〕のホーエンツォレルン家の君主制の崩壊と一九一九年〔初め〕のヴァイマール共和国成立に先立つ期間において、憲政秩序に関する論議にかれが果たした寄与〔＝政治論〕において、普通選挙で選ばれた議員から構成される議会主義的議会と人民投票によって選出される大統領を含む、混合的民主制の制度を支持した。(60) この時期にウェーバーが願望していた目標の中心は、帝政国家の評判の悪い無責任な執行部ないしは政府官僚制に法に基づく統制を加え、そして議会の権限を拡大し、そうすることによって、選挙された議会の議員が閣僚の地位を占めうるようになることであったが、こうしたかれの願望は、ルドルフ・フォン・グナイスト〔一八一六―一八九五〕の初期の影響力のある諸理念に同調するものであった。[61] このように、ウェーバーは、政治的権威が技術的な官僚制的機構ではなく、真正の民主制的な政治意志にその根拠を置きうる統合的な法治国家を、ドイツのために立案しようと努めたのである。とはいえ、同時に、かれはまた、議会は無制限な立法主権の担い手として活動することは許されるべきではなく、そして、議会制定法は国家における秩序と正統性を強化するのには十分ではない、とも論じていた。ウェーバーによれば、結局、議会は、社会全体に統合力を行使しえない、そして、政策の決定的な点では、あくまでも大統領に従属する、そういう政治システムの官僚制的な構成要素である。国民の中の本質的に異なるあらゆる階級と政党を統一し、したがって、国益を擁護し、国民の活力を強化する、そういう政策を法案化する能力を有するのは、カリスマ的権威を体現する大統領のみである。ウェーバーが結論づけたところによれば、民主政における議会の本質的な役割は、潜在的なエリート候補者たち、すなわち、初めに議会において〔未来の国政を担う最高の政治指導者として〕訓練され、大統領職という最高の地位の獲得を求めて互いに競い合い、最終的には、そのカリスマ的魅力《アッピール》によって国民を結束させうるであろう、そういうカリスマの担い手を産出する、養成所を提供することである。[62] こうした主張の理論的根拠に関しては、ウェーバーは、帝政ドイツの教会法の歴史家であり、著名な自由主義的知識人であった、ルードルフ・ゾーム〔一八四一―一九一七〕によって提起された、法や法の人格性についての分析から、多大な影響を受けていた。ゾームは、以前に、初期〔キリスト〕教会の霊的（pneumatic）ないしはカリスマ的な共同体は、人間のもっとも神聖な共同体を表現している、と論じていた。ゾームが主張したところによれば、初期キリスト教の共同体は、法によって拘束されたり、あるいは法において統合されたりすることなく、[63] 精神的教師の直接的なカリスマ的権威によって結合されていたのであり、[64] 共同体を横断する位階制的、形而上学的あるいは合理的な法秩序を階層化するあらゆる企ては、その〔初期キリスト教〕本来の精神と矛盾している。(65) ウェーバーは、こうしたゾームの説明から、生きた活力ある共同体としての国民に関する理念《アイデア》を引き出した。こうした理念は、その精神が統一性と尊厳性を帯びた真剣な諸経験によって表出されないところでは、とかく統御し難い革命的な権力要求として噴出しがちである。かくして、ウェーバーは、ゾームに従って、規則に拘束される法秩序あるいは純粋な法秩序は、近代社会を安定させないであろうし、あるいは、近代社会の正統性を反映しないであろう、と結論づけた。それ自身を、正統的なもの、そして、服従を正当化するもの、こうしたものとして構築しようとする政治システムもまた、カリスマという付加物を必要としている。とりわけ、近代社会は法によっては完全な形で統合されえないから、それはまたカリスマによって統合されねばならない。そして、近代社会が法に応答し、法によって指示された目的を遵守するようにされうるのは　それがカリスマ的な尊厳性を獲得するところにおいてのみである。要するに、法は、その完全な妥当性の前提条件として、より統合された形式の自己同一性と統一性とを前提にしている、そういう形而上学的な秩序形式である。

【カリスマ的指導者の責任倫理と法との関係】

このことは、ウェーバーが心に描いていたのは、カリスマ的指導者が無制限な権威を行使すること、あるいは、まったく法なしに権力を適用すること、これらのことが許される、そういう憲政秩序である、ということを意味しない。その反対に、ウェーバーは、カリスマ的指導者を、共同体に活力のある生きた法形式を授与し、法を手続きないし官僚制の非人格的な合理性によって裁可された目的よりもより真正な目的に奉仕するものにしうる、そういう人物と見なしていた。ウェーバーの議論によれば、このように、カリスマ的指導者は性格のユニークな属性によってのみならず、深みのある倫理的卓越性によってもまた、定義されるのである。純正の指導者は、形式的な道徳的考慮あるいは恣意的な個人的目標のどちらによってでもなく、「責任倫理」(Verantwortungsethik) によって、動機づけられている。[66] この責任倫理は、その活動が断固とした個人の決断力に凝縮している政治家、そして、政治秩序のための目的を提示し、その目的に絶対的に献身することを個人的責任として自覚している政治家、そうした政治家の態度である。そうした〔目的を実現するための〕決断に伴う責任（decisive responsibility）は、ウェーバーにとっては、一般化された道徳的関心を排除する必要はない。反対に、責任倫理と、それと相関関係にあるもの――信念倫理（Gesinnungsethik）――とは、必ずしも「絶対的に矛盾」するわけではない。とはいえ、責任倫理は、他の道徳的形態や態度の間では、独特の特質を有している。すなわち、それは、拘束性と道徳的な妥当性とを有する目的を形成する態度であり、本質的に異なる社会集団をこうした目的の追求において統合するが、この目的を形式的ないしは超越的な前提条件に何ら訴えることなしに確立する、そうした態度である。このように、責任倫理は、その歴史的、世俗的な在処《ロケーション》における人間の人格性の最高の態度である。責任は「人間的に純粋な」倫理を顕現し、「純正な人格」の倫理的形式を構成する。そして、このような合理性の担い手によって生み出される政治的決断は、正統性を有する統治《ガヴァナンス》を究極的に根拠づけるものである。議会と法治国家《リーガル・ステート》は、それ自体ではこのような責任を生み出しえない。そして、法治国家の法が純正なもの、実体的なもの、統合力のあるもの、こうしたものであるのは、もっぱら法治国家の装置が責任によって導かれているところだけである。

【小括――ドイツの自由主義的法治国家を革新させる起爆剤としてのカリスマ的指導者の責任倫理へのウェーバーの熱き期待】

人間による政治と法の根拠づけを提供しうるのは、そして、法の下にある政府を否応なしに形而上学的であらざるをえない逆説という疑念から解放しうるのは、責任〔倫理〕以外にない。このように、ウェーバーは最終的に断定した。すでに論じたように、ウェーバーによれば、すべての政治は暴力という手段をめぐる争いにその基礎を有し、そして、普遍的な法の支配をその特徴とする政治秩序は、こうした〔政治の〕特性を免れない。というよりむしろ、そうした政治秩序は、社会全体に権力と暴力を新たな仕方で水路づけ、規則に基づく画一性というそうした政治秩序の外見は、経済的大権（economic prerogatives）を公的命令（public dictates）へと変換〔形式転換〕しているにすぎず、そして、そうした政治秩序は、人間の人格性にもっとも不可欠な資源の侵食によって維持されている。このような〔政治〕システムにおける権力の有する法を人間的なものにするなどということは、そもそも脱人格された逆説的な妄想にすぎないし、したがって、このような法の普遍性は疑わしい不安定な妥当性を獲得しうるにすぎない。とはいえ、合理的・カリスマ的な指導者によって果たされる責任は、実体を欠く法の一般化（insubstantial generalization of law）を相殺する態度であり、そして、権力がもっとも正統的であるのは、その権力が共同の目標に拘束され、安定性、統一性、秩序という共有された目的を表現しているところである、ということを認める態度である。かくして、責任〔倫理〕は、人間本来の法（*human law*）の――自由と理性の人間による統一の――唯一の源泉であり、そして、責任〔倫理〕によって結合された社会だけが、その価値が人間の関与に明確な形で由来する法を獲得するのである。実践的なレベルにおいては、こうしたカリスマ的な責任〔倫理〕という理念は、政治的見解としてのドイツ自由主義のために、そしてまたドイツにおける自由主義的な政治社会のために、新たな根拠づけを与えることを意図していた。この理念は、完全な普通選挙制度、議会の独立性、憲法による社会的自由と経済的ダイナミズムの保障、これらを享受する社会のためのモデルを提供しようとした。それどころか、ウェーバーの自由主義はまた、自由主義の伝統的な制度や理論を基礎づけているものを人格〔個人〕的にも国民的にも劣化させているものとしてウェーバーが感じ取っていたものを、矯正するとともに、これを克服しようとしたのである。ウェーバーは、こうした矯正と克服を、次のことによって、すなわち、法の起源を――法実証主義者に従って――法それ自身において省察することによってでも、――ロマン主義者ないしは有機体論者に従って――市民社会の諸団体（corporations）において省察することによってでもなく、まさしく人格（個人）の責任〔倫理〕において省察することによって、達成することを望んでいた。事実、ウェーバーは、政治と法の中心に責任を担いうる純正に人格（個人）的な意志を据えることによって、形而上学を用いることなく、自由主義の発展可能なモデルを構築しようと企てたのである。(67)

第八章

新カント主義とその余波

1　カント哲学の復興

【二つの新カント派：マールブルク学派と西南学派】

一九世紀後半、カント理論の形而上学的な諸要因《エレメンツ》（境位）に反感を示したのは、厳密な意味においてカント哲学に反対する立場だけに限られてはいなかった。むしろ逆に、この時期には、自ら正面切って新カント派と名のりながら、しかし、カント哲学から形而上学的な諸要因を取り除き、人間の究極的な決定因《ディターミナシー》や人間の政治を完全にポスト形而上学的に解明しようとした、そういう政治哲学の一学派も登場していた。この時期のカント理論の復興の例は、フリードリヒ・アドルフ・トゥレンデレンブルク（一八〇二―一八七二）において見られた。国家における正統性を人民（民衆）の理性的かつ倫理的な資質《ディスポジションズ》（傾向性）の自然法的な「実現」に寄与する「理性（合理）的立法」の一条件として定義している点では、トゥレンデレンブルクはカントの政治理念に従っていた。(1) ほとんど同じ時期に、カール・アウグスト・ダーフィト・レーダー（一八〇六―一八七九）もまた、カントの法自然主義（自然法〕を敷衍して、正当（正統）な法は「人間の運命《ディスティニー》」と集合的な道徳的生の完成を可能にする諸条件を創出する、と論じた。[2] ともあれ、一八九〇年代には、新カント主義は、すでにドイツ講壇哲学の主流となっていたが、二〇世紀初頭には、歴史主義とともに、大部分の政治理論における知性の背景を成していた。新カント主義を主導したのは、ヘルマン・コーエン〔一八四二―一九一八〕、ハインリヒ・リッカート〔一八六三―一九三六〕である。コーエンを中心とする人たちは、マールブルク大学の教授であったので、マールブルク学派と称され、リッカートを中心とする人たちは、ハイデルベルク大学とフライブルク大学の教授であったので、西南ドイツ学派と称された。

【カント哲学の人間学的読解：自己立法作用としての意識：純粋理性に対する実践理性の優位：自己原因的かつ自己正当化的な作用因としての理性：認識的判断の前提としての自律的な倫理的意志の現存：コーエン、ナトルプ、リッカート】

新カント主義の運動の主要な理論家たちは、カントの著作から形而上学的省察のあらゆる痕跡を取り除き、そして、カント倫理学を、人間の理性に基づく自律性、自己実現、法治国家の特性（legal statehood）に関する、厳密に人間学的教説として、再構築しようと努めた。マールブルク学派の新カント主義的理論の中心においては、カント自身の著作の中ではどちらかといえばむしろ捉えにくい形で表現されている哲学的・人間学的な議論が、増幅《アムプリファイ》（敷衍）されている。すなわち、こうした議論によれば、人間存在が真に人間的であるのは、それが自律的（*autonomous*）であるときのみである、すなわち、外部から何かが付加されることなく、人間存在が自分の認識と実践の作用《オペレーションズ》を意識の内在的に首尾一貫した必然的統一性《ユニティ》として説明しうるとき、そして、人間存在が独立してこれらの認識と実践の作用を統御《ガヴァーン》する必然的諸法則を産出しうるときのみである。〔新カント主義による〕こうしたカントの人間学的読解を導いていたのは、カントの思想のあらゆる諸要因《エレメンツ》（境位）は、意識を完全に独立した自己立法（自己定立）〔作用〕(self-legislation)として分析すること、このことに寄与している、と説明しようとする意図であった。したがって、こうした人間学的読解は、形而上学的ないし二元論《デュアリスト》的な諸概念に残滓として付着しているように見えるカント主義のあらゆる側面《アスペクツ》を変換《トランスフォーム》(形式転換)することを目指し、そして、実践理性に関する自律主義(autonomist)の主張を、カントが理論的に対象としたものの中核を構成するものとして、解釈したのである。たとえば、①カントは純粋理性に対して実践理性を「優位」に置いたこと、そして、②内面世界の倫理的な生活を統制《レギュレイト》することがカント哲学の主要な意図であること、これらのことをコーエンは強く主張した。[3] それゆえに、コーエンは、物自体(thing in itself)〔Ding an sich〕に関するカントの教説を退け、純粋理性という超越論的諸理念(transcendental ideas)を、理性の形而上学的限界としてではなく、理性がその自律性の範囲を決定する企てを標示する、理性における道徳的な諸要因(境位)として、再構築したのである。[4] 純粋理性に対する実践理性のこうした特権化(privileging)は、コーエンの初期の理論的な同僚であったパオル・ナトルプ〔一八五四―一九二四〕によって、もっとも明確に表現された。ナトルプの主張によると、人間のあらゆる意識の「基本法則《ベイシック・ロー》」は、不可譲渡《インエイリアナブル》的な統一性《ユニティ》への「傾向《テンデンシー》」を含み、そして、実践的、認識的な生の多様な諸現象を組織化するための普遍的に必然的な理性の諸法則を産出することを志向している。[5] 意識がこうした統一性《ユニティ》及び普遍性《ユニヴァーサリティ》を獲得しているところでは、これら〔統一性と普遍性〕が獲得されることによって、倫理的不可侵性《エシカル・インテグリティ》(完全性)という意識の状態《コンシャス・コンディション》(条件)――ここにおいて人間の理性は自己原因的かつ自己正当化的な作用因(self-causing and self-justifying agency)として説明される――のための基礎が形成される。このように、人間存在の最高の状態(条件)は自律性の状態(条件)であり、この自律性の状態(条件)において、理性は、いかなる外部からの指令《ディレクティヴズ》も受けずに、それ自身の諸限定(条件)(terms)を立法(定立)し、そして、理性の知識と行為《アクション》(活動)は、普遍的な妥当性の特質《クオリティ》を獲得する。リッカートもまた、人間の理性を主に導くのは実践的衝動である、と論じた。すなわち、リッカートもまた、カントの体系においては実践的理性が「優位」

にある、と断言した。そして、リッカートの主張によれば、純粋に認識上の（認知的な《コグニティヴ》）過程でさえも、一つの評価的・規範的な要因（境位）（evaluative-normative element）を含んでいて、そして、この要因（境位）は、諸対象を「規範的・一般的な諸価値」[6]に関係づけ、そうすることで、「理論的行動《ビヘイヴィア》を倫理的行動に近づける」[7]。それゆえに、純粋な知識は、主体が自己自身を倫理的に自律的なものとして構成することに「平行（随伴）して」生起（run "parallel"）し、そして、認識上の判断の正確な各行為《アクション》（作用）は、自律的な倫理的意志（autonomous ethical will）の現存を前提としているのである。[8]

【H・コーエン】

【マールブルク学派における法的人間主義：法（法則）の定立主体としての人間の自律性：法の自己定立によって人間化された世界と形而上学的世界との間の深淵：コーエン】

新カント主義者たち、とりわけマールブルクに拠点を置いた人たちは、実践理性を強調して、かれらの著作活動を法的人間主義（*legal humanism*）の諸原理を中心に組織していた。そして、かれらは、自律性《オートノミー》を、人間を構成する自己原因性《セルフ・コーザリティ》と理性的自由《ラショナル・フリーダム》の状態《ステイト》として、そしてまた、妥当する――かつ真正に人間的な――諸法（法則）の下での社会的、政治的な生のための実践的な前提条件として、定義していた。たとえば、コーエンは、自分の哲学は人間学的な自己実現という主要な問いに集約される、と述べ、そして、本質的な「人間存在に関する教説」を提供しようと意図していた。[9] さらにいえば、コーエンは、人間存在に関する教説は必然的に法（法則）に関する教説でなければならない、と付け加えた。コーエンの議論によれば、人間の理性がその諸能力の範囲と限界を図表化《チャート》し、そして、それ自身の真正な自由の諸条件についてそれ自身に説明を与えるのは、法（法則）という媒体においてである。したがって、法（法則）は「自我を基礎づけるもの（the foundation of the self）」であり、そして、人間存在が十二分に人間的となるのは、人間存在が、自分の自由を、理性（合理）的に正当化された諸法（法則）を自律的に演繹することを通じて、説明するところにおいてである。[10] コーエンにとっては、人間存在は、自分たちが法（法則）という形で裁量する媒体において、（コーエンが「病理学」と定義した）他律性《ヘテロノミー》のあらゆる痕跡から逃れうるのであり、そして、自分たち自身を、自由において、純粋な意志として、あるいは、純粋に自己立法する意志（self-legislating wills）として、形成しうる。こうした純粋な意志は、自分たちが理性（合理）的に自分たち自身に指示する、そういう目的以外によっては、「いかなる他の内容」によっても衝き動かされない。[11] まさしく普遍的に妥当する一定の権利、自由、義務の担い手としての「法（法則）の主体（legal subject）」の形式において、人間存在はもっとも人間的となり、そして、理性（合理）的人間存在の諸能力はそれらのもっとも完全な統一性と自律性を獲得する、という主張において、コーエンの法的人間主義（legal humanism）は頂点に達した。[12] それゆえに、法的主体は、法（法則）がそれ自身のために（独力で）構成した、そういう自由の社会形式である、と法実証主義者たち（positivists）は論じたが、これに対して、新カント主義の人たち（neo-Kantians）は、法的主体に関するはるかに充全な説明を提示した。この説明は、法的主体性を、主体それ自身によって産出される状態（条件）――ここでは主体が、法（法則）の人間的な諸前提条件を自律的に演繹し、その自由に関する欠けるところのない説明（integral account）を法の中に移入《トランスミット》する――として明らかにしている。[13] この説明によれば、まさに法的主体性という状態（条件）において、人間存在は、その理性（合理）的諸能力を完全に錬成《エラボレイト》（陶冶）し、理性（合理）的には説明不能である諸動機に起因する決定因から自分自身を解放してきたのである。法的主体は、自律的かつ理性（合理）的に自由となった主体であり、それ自身の法となったのである。したがって、その法的主体は、理性的、普遍的な裁可《サンクション》によって保護された、完全にそれ自身である、そういう諸目的を、追求する。法的主体として、主体は、普遍的な諸法を産出すると同時に受け入れ、そして、完全に人間化された世界の中心として、すなわち、普遍的な拘束力を有し、かつ非道具的な、人間の諸規範を反映する、そういう諸法（法則）によって拘束される、世界の支柱《フルクラム》として、それ自身を構築する。このように、法的諸主体の自律性は、人間の道徳的な自己及び自己立法の諸能力から世界を発展させることを可能にし、そして、主観（主体）的な諸法（法則）と客観（客体）的な諸法（法則）の両方の妥当性を決定する拘束力のある批判基準を生み出すのである。コーエンが結論づけたところによれば、自律性についてのカントの諸観念《ノーションズ》は、法（法則）によって欠けるところなく人間化された（*integrally humanized*）世界と形而上学の非人間的な世界との間の深淵を標識づけている。そして、人間存在が世界を自分自身の世界として創造するのは、（自由《フリーダム》ではなく）もっぱら自己立法《セルフ・レジスレイション》という純粋な行為《アクト》を通じてなのである。[14]

【シュタムラー】

【統制的理念としての意識の統一性：倫理・道徳と法（法則）との差異性と関係性：コーエンとシュタムラーの差異性と同一性：法の自己定立における客観性・一般性・普遍性・統一性と必然性・強制性：法の事実性と妥当性】

ルドルフ・シュタムラー（一八五六―一九三八）は、その初期においては、マールブルク学派のどちらかと言えば周辺部に属していたが、これらの〔コーエンの〕議論にやや異なる強調点を与えた。[15]「無条件的な統一性」という理想は、人間の意識にとって基本的なものであり、そして、意識がそれ自身のために統一性を産出するのは、それが特殊化された利害関心ないしは性向を抽象（度外視）するところにおいてである、と主張する点で、シュタムラーはカントに従っていた。[16] 同様に、シュタムラーが議論したところによれば、内在的に首尾一貫して自律的である意識は、それ自身を、意志の純粋性として、すなわち、社会のあらゆる理性的成員たちによってその内容が是認《サンクション》（裁可）されうる、そういう実践的諸目的を志向するものとして、反省する。その際、意志のこうした純粋性は、カントの「目的の王国《レルム》」のように、人間の意識を調和的な共存と協働の状態へと導く、統制的《レギュラティヴ》理念を形成する。[17] しかしながら、この点において、法（法則）は、人間の意識の内面的統一性ないしは人間の意志の純粋性を直接的に表現する、あるいは、倫理的自律性の諸条件は客観的な法（法則）として十二分に適用されうる、というコーエンの主張を、シュタムラーは完全に共有したわけではなかった。反対に、シュタムラーはあくまでもカント哲学における倫理と法（法則）との初めの分離《イニシャル・セパレイション》により近いところに留まっていた。そして、シュタムラーは、法（法則）を「人間の意志を秩序づけるための形式」[18]として作用《アクト》し、理性的に裁可《サンクション》された諸目的の追求において外面的生活を組織化する、そういう客観（客体）的媒体として、解釈した。[19]事実、こうしたことは、マールブルク学派における主要な争点であった。コーエンは、倫理と法（法則）は相同的《ホモロガス》であり〔ロゴスを同じくし〕、道徳的に自律的な人々は普遍的で客観的な法（法則）を自発的に形成し、かつそれに固執する、と論じた。[20]これとは対照的に、法（法則）に客観的ないしは強制的な必然的機能を帰したシュタムラーは、「道徳性と外面的法」[21]との間には必然的な「対照《コントラスト》」が現存する、と論じた。そして、シュタムラーは、理性という最高規範を「社会的に遵守する」ための条件としての「法的強制」の必要性を力説した。[22]それゆえに、シュタムラーが結論づけたところによれば、法（法則）における妥当性は、法（法則）の客観的な統一性や必然性によって、決定されるのであり、したがって、それ〔法（法則）における妥当性〕は、この法（法則）は意志の特殊な状態（条件）ないしは実体的な道徳的資質に起源を発している、という事実によってではなく、法（法則）が社会的調和の諸条件を客観的に確保しうることによって、決定されるのである。ナトルプはまた、最終的にはコーエンの見解を支持していたが、この論争においては調停的立場をとり、そして、客観的に妥当する法（法則）は、いかなる形式の「他律性」からも、あるいは、服従へのいかなる客観的な要求からも結果しないものと見なされうるし、そして、それゆえに、その自己立法という主要な行為に起源を発するものと見なされなければならない、という点を否定した。[23]ナトルプが結論づけたところによれば、「他律的な法（法則）」は「正しくない（unrichtiges）法（法則）」であり、したがって、妥当する法（法則）は、人間の倫理的自律性の状態（条件）において直接的に基礎づけられていなくてはならないのである。[24] しかしながら、シュタムラーもやはり、こうした意見の不一致にもかかわらず、客観的な法（法則）は、意識の創設的《ファウンディング》な「統制的理念」を反映しなくてはならないし、そして、法（法則）の適用は、人間社会を、必然的な集合的な非道具性（collective non instrumentality）という状態（条件）〔法的諸人格が相互に手段としてのみならず目的として関係しうる状態〕に導きうる、というコーエンの主張になお共鳴していた。[25] それゆえに、シュタムラーにとっては、妥当する法（法則）は、あくまでも人間の意識の「形式的統一性」に明確な形式を与える法（法則）であり、[26] 人間の現存と共存のもっとも内面的な可能性に自己表現の形式を与える。正しい法（法則）は、その規範が人間行為を目的の客観的統一性という「社会的理想」との一致へ向けて導く、そういう法（法則）である。[27] さらにいえば、シュタムラーの理論はまた、法的主体の観念《コンセプション》の中にもしっかりと根を下ろしていた。かれは、法的人格を、①純粋意志の客観的形態と、あるいは、②不可侵の諸権利の保有と、他人が保有するそうした諸権利の承認とによって規定される、そういう「目的それ自体」と、見なした。シュタムラーの主張によれば、法的共同体の全体を下から支える諸原則は、こうした主体から演繹されうるのである。[28]

2　人間の国家としての法治国家（*Rechtsstaat*）

【マールブルク学派の法治国家モデル：自律的意志としての人間理性を実現可能にする法治国家】

マールブルク学派の理論家たちがまたとりわけ強調しているのは、①自律的意志としての人間理性の適切な行使は、理性的な法的自由や理性的な主観的権利の諸条件をすべての市民に保証する法治国家《リーガル・ステート》の発展に導かれること、そして、②法治国家（*Rechtsstaat*）は人間の自律性の世界に相応しい客観的秩序であること、これらのカントに発する主張である。事実、こうした哲学者たちは、カント自身よりもより強く、国家という普遍的・人間学的な人格態を強調し、また、正統性を有する国家、つまり法治国家を、理想的で自律的な人間存在の客観的に形成された団体《コルプス》として定義した。

【ナトルプ、シュタムラー、コーエンの法治国家論】

たとえば、ナトルプの人格的自律性に関する教説はまた、正統性を有する社会・政治的な諸形態についての説明を含んで〔体現化して《インコーポレイト》〕いる。したがって、ナトルプは、人間存在の特殊な自律性を、①集合的自律性、②自己実現、③非強制的な〔他律的な外からの強制を帯びない〕法（non-coercive law）、これらに基づく社会にとっての土台〔下部構造〕と見なしていた。[29] この点に関して、ナトルプが論じたところによれば、正統性を有する法的秩序は、法的主体としての完全に自律的な人間的人格（human person）によって支えられ、そして、この〔意味での〕人間的人格に〔これを引証基準として〕常に準拠する。すなわち、法治国家は、法的主体の理想的な実質的形態であり、したがって、国家が法的主体と相関するところではどこでも、国家は人間的諸法の下での統治《ガヴァナンス》を保障する。シュタムラーがまた論じたところによれば、正統性を有する国家は、法から何ら独立していないし、したがって、そうした国家は、それがその構成諸要素《コンスティトゥエンツ》を理性的に統一する諸特徴を法の中に移入するにつれて、発展し、そして、それがこれらの諸法の主体として活動するかぎりで、その正統性を維持する。[30] それゆえに、国家は、理想的で、客観的に調和のとれた人格の集合的形態を代表〔再現〕し、そして、それが純粋な意志の諸法に違反して活動するところではどこでも、この代表〔再現〕機能を喪失する。コーエンがまた結論づけていたところによれば、実現化された法治国家《リーガル・ステート》は「倫理的人格態の直接的モデル」を代表〔再現〕する。[31] コーエンは、「国家の統一性」を、そこにおいて人間存在が客観的にその意識の統一性と首尾一貫性を反映させ、[32] そして、純粋な意志としての人間の自我に明示的な形態を付与する、そういう形態と見なしていた。[33] したがって、正統性を有する国家は、倫理的自律性という人間の決定的な特質を完全に顕在化するものである。けだし、ここでは、各人はいかなる強制法にも服することなく、完全に実現された目的として認識されるからである。[34]

【マールブルク学派（コーエン、ナトルプ、シュタムラー）によるマルクス主義のカント主義的解釈：社会民主党（SPD）の修正主義（ベルンシュタイン）との共通の方向性】

一九世紀末の傑出した知識人たちの間では例外的とも言えることではあったが、マールブルク学派と関係を有する多くの哲学者たちは、初期の社会主義運動が原則として非合法化されていた時でさえ、この運動の諸側面に理論的な共感を示す傾向があった。かれらの法治国家モデルは、多くの点で、一九〇〇年前後のSPD〔ドイツ社会民主党〕右派の修正主義運動の政治的綱領を倫理的かつ法哲学的に補完するものとして作用した。エドアルト・ベルンシュタイン〔一八五〇―一九三二〕を指導者とするSPDの修正主義運動は、マルクス主義から〔経済〕決定論的、実証主義的、革命的な構成要因《コムポネンツ》を削ぎ落とし、マルクス主義理論を進歩的な法的、倫理的な人間中心主義《ヒューマニズム》として純化しようとしていた。[35] たとえば、コーエンは、①マルクス主義理論の中にカント的な法の人間中心主義の諸要因（境位）を導入すること、そして、②法と法治国家《リーガル・ステート》とを、社会的和解と自己実現を構成する諸形態としてだけでなく、倫理的に完全な状態として規定する、そういう法を通じての集合的な自己実現の道徳的・平等主義的な教説を、発展させること、これらのことを企てた。こうした教説は、解放の進展と人間の平等の増大は人間の歴史の必然的で不可避的な諸要因（境位）である、という社会主義者の見解を、共有していた。とはいえ、その教説は、社会的な進歩と改善を、階級闘争ないしは物質的な必要の充足としてではなく、①人間的諸関係の法的な合理化と、②法の下での人間の潜在的諸能力の実現の増大との帰結として、捉えていた。コーエンの主張によれば、社会主義社会は、カント的法治国家を実質的に拡大させたものと見なされるべきである。というのも、そこでは「各人格は彼ないし彼女において目的として定義され」、そして、諸法は、倫理的かつ実質的な平等と自由を含む、道徳的に自律的な共同体の諸理念を代表〔再現〕し、保護するからである。[36] 同様に、シュタムラーはまた、社会主義者の理想に対しては〔コーエンよりは〕はるかに共感するところが少なかったにせよ、マルクス主義的理論を反決定論的《アンチ・デターミニスト》に修正することを目指していた。平等を「追求する社会的な努力」を人間社会の動態的な一構成要因《コムポネント》として認める一方で、シュタムラーは、公正で、自由で平等な社会が出現しうるのは、「意志の純粋性」という統制的《レギュラティヴ》な理念によって導かれ、そうすることによって、道徳によって指導された立法を通じて正義を確立する、そういう「意志のあらゆる内容の調和」において、基礎づけられた法治国家、こうした法治国家を基礎にしてのみである、と論じた。[37] 生産手段の共同所有（collective ownership）に基づく社会に関するマルクス主義者の理想は、社会主義社会の永続性は一定の倫理的、法的な前提条件なしには確保されえない、ということを洞察しそこねているし、そして、社会正義の諸条件を形づくるに際しての法の構成的役割を評価しそこねている、とシュタムラーは論じた。[38] ナトルプはまた、弁証法的唯物論の決定論的な諸要因（境位）に疑問符を付し、そして、社会正義を保障する社会の進化を、もっぱら「法理学的《ジュリディカル》な仕方」においてのみ達成されうる人間の自己実現の過程と見なしていた。[39] こうしたマルクス主義を再構築しようとする企図の中心には、マルクス主義は、その法の機能に関する決定論的な説明の故に、一般的にその保守的敵対者たちと比べても、真に人間中心的な国家の解釈において成功していないし、そして、自らが宣言した人間の解放という目標を達成できないままでいる、という批判的主張があった。事実、マルクス主義は、その共通の決定論的形態においては、人間存在が第二義的地位に沈み込むことを許し、そして、人間存在や人間存在によって演繹された法よりも、物質的で他律的な因果の法則を優先させている。マルクス主義が含意する実体的に人間《ヒュー》主義的《マニスト》な内容が完全に実現（錬成《エラボレイト》）されうるのは、マルクス主義が、普遍的立法者としての、そして、それ自身及びそれ自身の歴史的、物質的諸条件の理性的な原作者としての人間存在、こういう人間存在の理念に集約される、倫理的・法的な教説として、再構築されるところにおいてのみである。とするならば、このことが生起しうるのは、法治国家においてのみである。

【マールブルク学派の社会主義観：シュタオディンガー、フォアレンダー：オーストリア・マルクス主義、アドラー：正統派カウツキーの反論】

マールブルク学派のむしろその周辺部にいた多くの思想家たちは、新カント派的な法治国家論（legal statism）と社会主義との間に存在する必然的な連結環をなお一層強調していた。たとえば、フランツ・シュタオディンガー〔一八四九―一九二一〕は、純粋意志を共同的に実現することが社会主義的政治の本質的な基礎であり、その理想である、と論じ、(40) そして、階級闘争は、階級の優位のための闘争ではなく、「道徳的解放」のための闘争として、再定義されるべきである、と主張した。(41) カール・フォアレンダー〔一八六〇―一九二八〕もまた、カント倫理学と社会主義的理想との融合を提案した。(42) 主要なオーストリア・マルクス主義の理論家たちは、なかでもマックス・アドラー(43)〔一八七三―一九三七〕は、マルクス主義理論は倫理的に規範指示的《プリスクリプティヴ》な教説として解釈し直されるべきである、と主張した。そして、かれらは進化と社会の形態転換についてのマルクス主義的な説明における規範的内容を強調した。こうした考え方は、社会民主主義の主流のより正統派寄りの理論家たちから、もっとも顕著な形ではカール・カウツキー〔一八五三―一九三八〕から、痛烈な批判を呼び起こした。カウツキーは、自由の抽象的ないしは普遍主義的な概念を拒否し、そして、道徳的原則は、その歴史的な階級的決定因から切り離されうるし、そして、「独立した現存態」に伴って、普遍的に妥当する目標へ向けて社会を操舵しうる、法的諸命令として提示されうる、というポスト・カント的主張に根本的に反対した。(44)

3　形而上学以後のカント

【カントの法治国家観における形而上学的残滓の批判とその克服の試み】

法治国家《リーガル・ステート》を自律的な人間本来の人（人格）（human person）あるいはその意識の客観（客体）化された形態として定義することで、マールブルクの新カント派の理論家たちもまた、法治国家を非形而上学的国家として定義することがきわめて重要である点を強調した。けだし、①この非形而上学的国家の前提諸条件は、諸理念に何ら頼ることなく演繹されうるし、そして、②こうした国家の進化は、人間の人格態の基礎にある実体の形成化《フォーメイション》を反映しているからである。このこと〔かれらのこうした主張〕は、カント哲学の中に残存する形而上学的な超越論主義（metaphysical transcendentalism）や自然法の諸要因（境位）に対する批判を決定的な形で含み、したがって、カントと法実証主義者たちの両方に反対して、法的人格や法の起源としての人間主体の形成化《フォーメイション》についての人間学的な分析を強化することを要求していた。したがって、こうした分析に含意されているのは、①法治国家に関するカントの説明は、依然として逆説的であること、そして、②カントは、妥当する法を、国家に集中されたものとして、そして法の名宛人たちには相対的に無関係なものとして省察することで、国家と法を真正に人間的な前提諸条件の上に基礎づけることや、法の下での自由を人間の自由として説明することに、結局は失敗していたこと、これらの示唆であった。

【先決要件（公理）としての理性の否定：法を諸目的の客観的調和と合致せしめる統制原理を産出する理性：シュタムラー、ナトルプ、コーエン：リッカート、ラスク】

たとえば、シュタムラーは、自分の法哲学の中心において、カントの諸理念に関する教説を反超越論的に再構築することを試みていた。シュタムラーは、①理念化された（ideated）道徳的格律《マクシム》は実践に向けた統制的《レギュラティヴ》役割を受け入れるべきである、そして、②倫理的行為は理性（合理）的・法的な理念化（ideation）に依存している、というカントの議論を受け入れていた。とはいえ、シュタムラーが論じたところによれば、人間の諸行為を導く諸理念は「超越的なもの」としてではなく、「特定の知識に内在するもの」として、そして人間の倫理的生活の客観的な諸過程において実践的に明示（分節化）されるものとして、把捉（概念把握）されるべきである。[45] 実のところ、それどころか、シュタムラーは、いかなる理性的あるいは法的な演繹も、「あらゆる経験を度外視した」理性の先決要件（公理）（postulate）によって、その正当性が確証されうる、という点を否定した。したがって、シュタムラーは、正義に適う法（right law）を生み出す際の理性の役割を、法（法則）を客観的に調和のとれた諸目的の王国（領域）と合致させる「統制的原理（regulative principles）」を産み出すことに制限されているものとして定義したのである。[46] シュタムラーが結論づけたところによれば、倫理的な法が規範的に必要なのは、それが超越論的理念と一致するときである。[47] したがって、理念的必然性の標識は、思想（思惟範疇）そのものの外側にあるいかなる理念的根拠にもなく、理性の首尾一貫した統一性と秩序にあるのである。シュタムラーは、法治国家についての自分の教説を敷衍して、必然的自由についてのカントの理念を客観的な「純粋な共同体の理念」に変換（形式転換）し、[48] そして、客観的に妥当する法は、それが国家の形態において客観的自由、統一性、秩序を促進する程度に従って、そのようなものとして定義される、と論じた。[49] このように、シュタムラーは、客観的統一性の理念を、人間の理性の鍵となる統制的なものと見なし、そして、こうした理念によって統制された法を、法治国家において強固にされるものと見なした。ナトルプもまた、理性の自律性が、諸理念を演繹することにおいて、そして、そうすることで、カントの諸法（法則）をそれらの超越論的な外在性から切り離すことにおいて、あらゆる「形而上学主義（metaphysicism）」の批判に依存している、と論じた。[50] コーエンは、「理性の正当化（justifications）以外の正当化に依存する真理に対する克服し難い疑念」[51] をより強く表現していた。それゆえに、コーエンの議論によれば、倫理的な諸理念は、意識の外在的ないしはアプリオリな諸要因《エレメンツ》（境位）として解釈されえず、市民たちの倫理的な自己立法において顕在化する諸要因（境位）と見なされるべきであり、またそうしたものとして明示（分節化）されるべきである。[52]それゆえに、これらのすべての説明に基づいていえば、真実の法（法則）は、人間が構成する法（法則）である。すなわち、この真実の法は、再帰的にも、また客観的にも、形而上学から切断されていなくてはならないのであり、そして、法の下にある国家は、その法的人格態が自律的な市民たちのそれを客観的に反映している、国家である。マールブルクの外では、リッカートは、形而上学が学問論（認識論）（epistemology）や倫理学において「何らかの場所」をうることを否定した。[53]新カント主義の西南ドイツ学派の主要な法哲学者、エミール・ラスク（一八七五―一九一五）もまた、「あらゆる形而上学」が理性の規範的諸機能を妨げ、かつ信頼に値する立法上の演繹を妨げている、と主張していた。[54]

【H・コーエン】

【シュタムラー、コーエンによるカントの法治国家観の批判的克服の試み：人間学的主体の客観的形式としての法治国家：純粋意志あるいは自律的法主体に帰される相互主観的構造：他我による自我の制限と構成】

新カント派によるカントの法治国家論における形而上学的残滓についての以上のような批判は、カントの諸理念を自律的な人間主体についての純粋にモナド的諸概念から引き離そうとするその企てに理論的に大いに共鳴する意見を生み出していた。はっきりいえば、あらゆる新カント派の思想は、カントは孤立した人間主体を認知的、政治的な正統性の排他的源泉として純化することによって社会的現実を切り詰めてしまい、そして、そう自称されるところの人間的な立法〔の根拠〕を、もっぱら形而上学的ないしは二元論的に抽象化された源泉に求める傾向を有する、という（そのさまざまな強度で表明された）疑念を明示（分節化）していた。この点において、主要な新カント派の人たちすべては、カントによって要請された理性と意志——法と権力——の統一性の基礎にある形而上学的逆説が解決されていないことを示唆し、そして、法治国家の中心において完全に〔理性の〕発達を遂げた人格が不在であることを密かに歎じていた。こうした理由から、新カント派の人たちは、①妥当する法を人間学的に確実に定礎された人格から帰結するものとして説明し、②国家における理性的自由を理性の客観的に錬成《エラボレイト》された形態から発展するものと見なし、そして、③法治国家を人間学的に欠けるところのない人間主体の客観的形態と見なそうとしたのである。こうしたことは、あきらかに、必要不可欠な法を自由な共同体という客観的理念から演繹しようとしたシュタムラーの動機であった。[55] とはいえ、より意味深長なことであるが、コーエンもまた、カントの思惟を、それを原子化された主体に集中させることから、そして、それを自律的なものとしての主体の自己形成についての抽象化された説明に集中させることから切り離そうとしていた。このことをコーエンが果たしたのは、相互主観的構造（inter-subjective structure）を純粋な意志ないしは自律的な法的主体の概念に帰することによってであり、そして、理性的に妥当する法の内容を多くの理性的に人間的な諸意志の間の相互作用からの決定的な帰結として説明することによってである。このように、コーエンの説明によれば、純粋な意志の自律性が明示（分節化）されるのは、一方の人間の意識は他方の人間の意識なしには人間の実践的自由の諸条件を構築しえないこと、したがって、一方の人格の自由、そして、この自由を表現し保護する諸法、これらは必然的に他者たちの自由を体現《インコーポレイト》（包含）しなくてはならないこと、これらのことを一理性的主体が承認することにおいてである。それゆえに、意志が純粋な目的ないしは純粋な規範として、したがって、真正な人格の意志として、それ自身を反省しうるのは、意志がそれ自身を他の諸々の意志の諸目的や諸規範と自己同一化するところ、すなわち、意志が諸目的の調和した共同体の一部となるところ、こうしたところにおいてのみである。その結果、コーエンが結論づけたところによれば、「他者、他我（*alter ego*）は自我（the I）の起源であり」、そして自我の理想的形態は、他我による自我の制限と構成なしには表象されえないのである。[56] このように、純粋意志は、「汝と我を統一する」コミュニケーション的構造（communicative structure）として錬成され、そして、この統一性を確立することにおいて、純粋意志は、自己意識の必然的な諸規範に完全に客観的な形式を付与するのである。[57] それゆえに、（倫理と政治の両方において）本質的に人間的な性格を表現し、拘束的義務を要求する諸法（法則）は、多数の意志によって理性的（合理的）かつ必然的なものとして反省された諸法（法則）である。けだし、多数の意志は、人格というものを共有された諸法の下にある人格として形成し、したがって、形而上学的に単純化された諸原因に還元されえないからである。諸法が完全に人間的な諸法となり、そして、人間の諸意志がそれら自身をそれら自身によって必然的あるいは理性的に拘束されたものとして承認するのは、諸法が多くの諸意志の統一性を反映しているところにおいてのみである。さらにいえば、このような諸法を適用する諸国家のみが、純正に人間的かつ正統的な諸国家として認められるのである。

【コーエンのギールケの団体法論に基づく法治国家論への傾斜】

こうした理論において、コーエンは、法的人格についての自分の理論をギールケ〔の主張〕を中心とする法の団体理論（corporate theory of law）に結びつけ、そして、国家の形態は、それ自身に基づくその理性的諸原則からも、あるいは社会に浸透している孤立した心の理性的原則からも演繹されえない、と論じた。法的人格（法人）についての形式的・モナド的な諸観念よりも、むしろ団体的な諸観念において基礎づけられた法治国家のみが、一般的に自由な法を備えた正統的な〔近代〕国家の特性（legitimate statehood）が前提とする、そういう「意志の」相互主観的な内容と「意志の純正な統一性」を提供する。[58] それゆえに、コーエンは、先人のカントと同じく、正統性を有する国家を、それが法の主体としてそれ自身が必然的に構成したもの（憲政秩序、国制）として明確に反省するかぎりで、人間の意識の実質的形式と見なしたのである。[59] とはいえ、コーエンは、カントに反対して、この明確な反省は、一方の法的主体と他方の法的諸主体との間の包括的な対話に基づいてのみ生起しうるのであり、そして、政治的正統性の普遍的基礎は理性の独白的行使を通じては獲得されえない、と論じた。コーエンが結論づけたところでは、もし法治国家が純正に人間的な国家であるべきであるなら、それは、その人格態が一つの形式的な意志によってではなく、多くの人間の意志によって客観的に形成された、そうした国家でなければならないし、そして、こうした国家はこれらの人間たちの諸意志の間の相互作用において理性的に自由な法の人間学的生成を反映しなければならないのである。[60]

4　新カント主義以後——形而上学と法的形式主義の終焉

【ヴァイマール共和国初期における実証主義と新カント学派の形式主義とに対する反発の動き】

新カント主義は、人間主義的分析や道徳的平等主義に与している点で法実証主義とは異なるにもかかわらず、しばしばその反対者たちによって法実証主義と関係していると見られていた。というのは、新カント主義における分析的形式主義や形而上学の体系的拒否は、しばしば、新カント主義と法実証主義との間の方法論的な近さの徴候として、受けとられていたからである。それゆえに、新カント主義は、法実証主義と同様に、第一次世界大戦前後の時期には、次第に理論的な敵意の対象となっていた。はっきりいえば、戦中と一九一八年以後、新カント主義と法実証主義のいずれも、新たに影響力を及ぼしはじめていたいくつかの分析の路線によって広範にわたり攻撃されるようになっていた。したがって、ヴァイマール共和国初期の哲学的趨勢の輪郭を形成していたのは、法実証主義と新カント派の形式主義の両方に対する批判的な反発の動きである。

【新ヘーゲル主義のビンダーや後期歴史主義のマイネッケによるカント主義的法治国家観批判】

ドイツ帝国後期とヴァイマール共和国初期の反カント主義的な諸見解は、多くの理論的な背景から表明され、そして、それらは多くの異なった理論的諸関心を反映していた。たとえば、ユーリウス・ビンダー〔一八七〇―一九三三〕は、新ヘーゲル主義的理念に依拠して、法の起源は自律的主体の形式的意志にではなく、むしろ国民的・歴史的な共同体の客観的に形成された意志に求められるべきである、と論じた。ビンダーの主張によれば、法の妥当性の前提条件は、形式的な法的主体にではなく、国民生活の客観的地平に置かれるべきであり、そして、カント主義的理論が法（法則）に先行する主観的な諸内容と見なした法の正しさ（諸権利）や法の諸原理（legal rights and principles）は、歴史的に豊饒化された法的秩序の現存に基づく偶然的《コンティンジェント》（状況依存的）なものと見なされるべきである。[61] ビンダーが結論づけたところによれば、カント主義的諸理念は依然として「形而上学」や自然法の形式的に規範的な諸理念において基礎づけられていたのである。[62] 同時期に、反カント主義的な見解はまた、後期歴史主義的な観点からも表明された。たとえば、フリードリヒ・マイネッケ〔一八六二―一九五四〕は、ヴァイマール期のその著作においては、民主制的な文化は、豊かに形成された国民的性格（人格性）と強力な政治文化とによって支えられた、国民国家の「力強い生の共同体」[63] に、必然的に存している、というかれの初期の主張を展開させていた。正統性を有する民主制的な国家は、道徳教育や歴史的文化によって強固にされた、解釈可能な形で構造化された歴史的基盤を、必要とする、とマイネッケは結論づけていた。けだし、この種の国家は、永続的な民主制を支えるに際して、「他律的道徳性」やカント主義的政治論に由来する専門技術的な文化よりも、はるかに効果的であるからである。[64]

【E・カウフマンの新カント主義における抽象的形式主義と超越論的合理主義の批判：形而上学的理念と国家の

復興】

法哲学者のエーリヒ・カウフマン〔一八八〇―一九七二〕の諸著作は、おそらく、一九一八年以降における政治思想や法思想が新たに見直される中で、こうしたより広範にわたる傾向のより典型的な例であり、そしてまた、形而上学に対する改まった、やや肯定的なアプローチを、屈折した形で映し出していた。そして、このアプローチは、新カント主義が断片化される中で、政治理論に影響を及ぼした。カウフマンは、新カント主義の法思想について、それが「抽象的形式主義と超越論的合理主義」である点を批判した。(65)新カント主義は、このような諸性格を有するが故に、法の解釈を「純粋に静態的な」法的形式や認知的形式の分析に還元し、(66)諸法が「法的共同体」によっていかに生み出されてきたのか、そして、それらがそうした共同体を組織するのに具体的にいかに貢献してきたのか、これらを評価しえない、とカウフマンは結論づけた。(67)その際、カウフマンは、こうした議論に付け加えて、法における自律性という新カント主義の概念は、自律性についての純正な理解を提供していない、と主張した。カウフマンの主張によれば、理性や理性に基づく自己立法を個人的諸主体の特殊的諸行為に絞り込むことによって、カント主義的思想は、自律性を、法からすべての現実（実在）的な内容が取り除かれている、そうした形式的な自己規制という抽象化された経験に、狭めているのである。こうした経験は、カウフマンにとっては、いつも究極的には「他律的なもの」である。すなわち、純正な自律性は、孤立的な経験ではなく、共同体の諸法や生活諸形式の下で生活するという経験であり、この経験においては、諸法が拘束力を有するのは、それらがそれぞれの特殊な共同体において形成された自由の理念を統合しているからである。(68)こうした批判において、カウフマンは、法的論争の中に形而上学的諸内容を再導入しようとすることによって、そして、自律性についてのカント主義的旗印の下で、法から排除された形而上学的諸理念や国家を復興させることに、より好意的な姿勢を示すことによって、他の反カント主義的諸見解と自分のそれとの違いを明示（分節化）した。事実、カウフマンは、カント主義的諸理念が自由の実体的諸条件を想像《エンヴィジョン》しえないことを、カント主義の形而上学への執着から帰結することではなく、それが「すべての形而上学を根本的に峻拒している」という事実、そして、人間の諸共同体からすべての生命躍如たる超越的な諸内容を根絶している、という事実、これらの事実からの帰結と見なしたのである。(69) 新カント派によって犯された「カントの脱形而上学化と形式主義化」は、密度の高い層を成す共同の政治的生活の活力を絶えず奪い取っており、そして、それが生み出しうるのは政治的秩序のきわめて不毛な形式のみである、とカウフマンは結論づけた。(70) このことのために、きわめて重要なことであるが、新カント主義は、その自律性への執着により、自由の実体的基盤を侵食する。人間の法や人間の政治から形而上学を排除することは、カウフマンにとっては、法的、政治的実存の地平からあらゆる生き生きと生成・発展する内容の排除を伴い、そして、政治における自由の自然内発的で、局地的《ローカル》な根拠づけを破壊する。その結果、政治がその源泉と内容としての自由を提供しうるのは、理性がその立法的自律性の夢を放棄するところにおいてのみである。

【M・シェーラー】

【M・シェーラーのカントと新カント主義批判（1）：超個人（人格）的諸価値の王国：連帯と共苦に基づく愛の経験：団体協調的組織】

類似した諸理念はまた、マックス・シェーラー（一八七四―一九二八）の法や政治に係わる諸著作に形姿を与えていた。シェーラーもまた、カントや新カント主義者たちに反対して、形式的主体と形式的意志は、倫理と判断を基礎づけるものとして定立されうる、という自律主義者の想定を攻撃した。こうした想定に代えて、シェーラーは、真正な倫理的諸判断は、共有される理念ないしは「価値の諸様態」の存在論的な領域（王国《レルム》）を形成し、そして、あらゆる社会的諸形式や共同体の特殊な個人（人格）的諸行為において含意され、認識される、そういう共同の存在と人格態という基体（substratum）において、すなわち、全体的人格（total person）において、基礎づけられる、と主張した。(71)「自我（the "I"）の領域《スフィア》」は共同の現存や諸属性の領域（王国）に由来し、そして、他の諸形式や他の諸人格とはまったく異なっている、モナド的形式あるいは絶対的人格としては現存していない、とシェーラーは説明した。(72) はっきりいえば、人間的な人格はそもそも静態的な人格としては現存しないし、いかなる意識の先行する絶対的統一性も、いかなる先行する人格的構造も有さない。それとは反対に、人間存在は「諸行為の秩序づけられた構造」以外の何物でもないのであり、この構造は、現象学的地平の内で「恒常的に再現（enact）され(73)」、そして、その〔構造から成立する〕道徳的諸態度は、基礎にある超〔個人〕人格的諸価値（transpersonal values）の領域（王国）によって形姿を付与された諸経験〔から帰結するの〕である。(74) 人間の社会生活の最高の諸形式は、結局、人格的共同性を十二分に表現する諸形式である。それゆえに、シェーラーは、「大衆」ないしは単なる「社会」のような原子化された諸秩序よりも、共有された人格態に基づく、あるいは「連帯」と共感（共苦）という愛の諸経験に基づく、社会秩序を支持したのである。(75) 事実、初期のロマン主義的理論家たちと同じく、シェーラーが結論づけたところによれば、愛があらゆる真実の共同体の起源であり、(76) そして、愛の共同体は、形式的な法治国家においてではなく、「諸身分の決定的位階制」をその中心とする団体協調的組織（corporate organizations）において、もっとも信頼しうる形で、実現されるのである。(77)

【M・シェーラーのカントと新カント主義批判（2）：あらゆる意味と生の源泉としての共同体】

シェーラーをカントの理論の自律主義（autonomism）に対する激しい非難へと駆り立てたのは、カントは、自由の経験を形づくる共同体から自由を切り離すことで、自由を理解しえないことを証示していた、という信念であった。シェーラーは、人間が真正に人間的である際に共同体が演じる構成的な役割を力説した。すなわち、シェーラーは、特殊的な自己立法行為者としての人間存在に関するあらゆるカント主義的・人間学的な諸観念から人間の自由を切り離し、そして、人格の自由はそれが統合される共同体という有機的身体（団体）の内における自由である、と主張した。[78] 要するに、主体的な生は、ある主体の「私的占有物」ではなく、共同の有機的・歴史的な生から成長し来るものである。そして、こうした生の自由は、それが、合理的に境界づけられた――あるいは法的に規制された――実在性としての自己自身を選択する自由として、あるいは、そういうものとして自分自身のために立法する自由として、誤認されるところではどこでも、直接的に妨げられてしまう。さらにいえば、カウフマンと同様に、シェーラーが論じたところによれば、共同体はそれに基づいて自分たちの生を解釈する人たちのために生きた地平とあらゆる意味の源泉を構成するから、「共同体の（純正な）形態」は、いつも形而上学的経験の諸要因（境位）を体現している。このように、共同体とは、あらゆる意味とあらゆる生の形而上学的源泉である。[79] ところが、カント主義的哲学は、こうした形而上学的源泉をその形式的な主観主義に伴って破壊し、そして、あらゆる生きた自由と経験を石化している。

【カント哲学における形而上学的側面を復活させる形でのカントの再読解の試み：H・ハイムゼートとK・ヤスパース】

このような一九一八年以降の形而上学に対してむしろ共感を示す態度は、反カント主義的な理論的観点に特有のものではなかった。この時期に、ハインツ・ハイムゼート（一八八六―一九七五）は、新カント主義の解釈に代わる対案を提示し、カント哲学を形式的自律性に関する合理化された説明として読解するような新カント主義の標準的な解釈を退けた。ハイムゼートは、カント的思惟の純形而上学的で二元論的な側面《アスペクツ》を再び強調し、[80] そして、カント哲学を人格や人格の自己経験の形而上学のための基礎として精緻化しようとした。[81] カール・ヤスパース（一八八三―一九六九）もまた、〔カントに〕共感しながら、カントの再構築を提供し、新カント主義者たちの主流の間に広まっていたカントの著作の反形而上学的ないしは法理学的《ジュリディカル》な読解に強く反対していた。ヤスパースが論じたところによれば、〔命題への〕綜合的遡及（synthetic regress）や無条件的なもの（the unconditioned）に関するカントの説明は形而上学的な自由（metaphysical liberty）の教説あるいは「自己実現の活動（an activity of self-realization）」として改鋳（読み直）されるべきである。[82] このようにして、その自律的統一性を基礎にしてその認識と実践の作用を規制するにすぎない人間の意識は、きわめて生命躍如たる諸経験を無効にし、かつ排除し、そして、その真正な〔自己〕形成（陶冶）や自由の可能性に反対して自らを閉ざしてしまっている、とヤスパースは断言した。[83] その政治的な関わり方から見るなら、ヤスパースは、自分の哲学を自由・保守主義的見解のための基礎として受け取っていた。こうした立場から、ヤスパースは、議会主義的な統治《ガヴァナンス》の形式的・技術的な性格を嘆き、ウェーバー流に、決定に伴う責任、文化的自由、実存的な自己解釈の政治を支持する論を展開していた。[84]

【後期ナトルプ】

【新カント学派の中心人物の理論的変貌：後期ナトルプの天才の決断的意志に基づく「ドイツ的なるもの」の理念を実現する政治秩序論の提唱】

ところで、おそらく、一九一八年以降の新カント主義のもっとも際立った変貌は、新カント主義正統派そのものの中核にいたパオル・ナトルプの後期の著作から生じていた。すでに論じたように、一九一四年以前には、ナトルプはマールブルク学派の自律主義的、反形而上学的な主張を支持していた。しかし、一九一八年以降、かれの著作は根本的に修正された。ナトルプは、理性に基づく自律性は活気溢れる政治的組織体（polity）と拘束力を有する法治国家の「隅の首石」である、という自分自身の初期の確信を放棄したのである。この点について、ナトルプは、真正な政治秩序を決定する諸理念は理性に由来するだけでなく、政治的諸現実や共有された国民的、文化的な諸経験においてもまた顕現される、という諸理念を主張した。たとえば、後期ナトルプが論じたところによれば、「ドイツ的なるもの」（Germanness）は一つの理念であり、この理念は政治的実践を左右する生きた指針として作用しうる。同様に、「民族（*Volk*）」と「指導力」は、政治的現実を形成し、この現実を通じて完全な精緻化《エラボレイション》（錬成）を求めて奮闘する、具体化《インカーネイト》（受肉）された諸理念である。このように、ナトルプは、政治的存在の実存的・形而上学的な概念を提起し、この概念によって、①真実の政治は文化的に生み出された生きた諸理念によって駆動される、②このような理念化（ideation）は局地的《ローカル》で実存的にはっきり見極めうる地平において生起する、そして③これらの諸理念は理性に基づく自律性や意志の純粋性という普遍的な理念よりもより大きな政治的妥当性を有する、と主張した。それゆえに、真実の政治の諸理念は、「単なる理性的なものにすべての支えを求めること」を断念し、とりわけ一九二〇年代のドイツにおいては、神与の秩序としての国家に関する最初期の形而上学的諸観念を実現《インスティテュート》（制度化）することを目指さなければならない。[85] ナトルプは、ヴァイマール・ドイツのために、国家の憲政秩序《コンスティテューション》は、①経済の規制、②法の普遍性、そして——最も重要なことであるが——③その市民たちの教育という三つの理念的支柱の上に、基礎づけられるべきである、と提案した。[86] しかしながら、理想的・文化的な豊饒性や実体性を欠く法的秩序や法的普遍性は、活力溢れる統合的な政治秩序を形成しえない、とナトルプは力説した。かれが結論づけたところによれば、それ自身に依拠する法は、「他律性」ないしは「空虚な自律性」であり、[87] そうした法が政治生活を支えうるのは、それが理想的な文化的、教育的な諸経験によって活性化されているところだけである。こうした理由によって、正統性を有する諸国家はそれらの権力行使に際して「暴力の基本的否認」を示さなければならない、という主張を決して放棄することはなかったにせよ、[88] 一九二〇年代において、ナトルプはヴァイマール共和国の民主制システムの制度的形態に反対し、[89] 経済活動の「団体協調的《コーポレート》な秩序づけ」に基づく政府を推奨した。[90] ナトルプはまた、民主制の純粋に法治国家的諸モデルに異を唱え、そして、政治は、法とは異なり、しかも国民的意志の唯一無二の表現形式を創出する、そういう生命力溢れる、あるいは自然発露的な要因（境位）を、保有しなければならない、と主張した。(91) それゆえに、真実の政治は、形式的な自己立法ないしは自律性の政治ではなく、人間的政治を創設する諸理念を導き、かつそれに内容を与える、天才の決断する意志を通じて出現する、自発的な創造、自己創造、そして「自己作出（autopoiesis）」の政治である。(92) ナトルプの主張によれば、共同体に関する生きた形而上学を基礎にしてのみ、政治秩序は、専門技術的・科学技術的な装置ないしは形式的規範という貧弱な秩序の下での事実上非自由な生とは異なる何かとして発展しうるのである。

5　新カント主義以後——形而上学の終焉と新しい法の誕生

【ヴァイマール期におけるカントと新カント主義に対する批判の焦点：人間の生・局地性・歴史性の無視】

ヴァイマール期の新カント主義の理論家たちと反カント主義理論家たちとの間のこれらの論争の焦点は、形而上学、人間主義、法との間の特殊な関係であった。新カント主義者たちが論じたところでは、人間たちが人間的になるのは、かれらが自律的であり、自分自身を自然的ないしは形而上学的な他律性の痕跡から切り離すかぎりにおいてである。しかしながら、新カント主義の後期の批判家たちは、自律性を中心にして人間存在を純化《ディスティレイト》することは、人間の自由を偽造《ファルシファイ》し、人間の自己経験を生きた歴史的な諸内容に対して遮断してしまう、と反論した。さらにいえば、こうした批判家たちもまた、新カント主義は、形而上学を克服するその企図において、生のさまざまな活気溢れる活動舞台を横断して必ず成層化されている形式的な諸法に関する貧弱にされた第二次的な形而上学を作出（制度化）している、と主張した。こうした法の形而上学に反対して、かれらが提起したところによれば、①政治秩序は、共有された生《ライフ》の自発的な経験において再度基礎づけられるべきであり、そして、②こうした共同の生は、現世的諸理念と局地的《ローカル》に拘束力を有する諸法の発生源となっている適地《サイト》と見なされるべきである。

【保守主義者M・ハイデガーと共産主義者G・ルカーチによる新カント主義批判：人間の生（生活）を構成する歴史性】

新カント主義哲学における形而上学、人間主義、法に関するこうした論争はまた、一九二〇年代のもっとも影響力のあった哲学的プロジェクト、すなわち、マルティン・ハイデガー〔一八八九―一九七六〕とゲオルク・ルカーチ〔一八八五―一九七一〕との初期の著作の背景を形成していた。かれら周辺の他の理論家たちと同じく、共産主義者のルカーチと超保守主義者のハイデガーはともに、新カント主義哲学の形式主義的かつ二律背反的な構造に対して反発し、そして、かれらがカント思想における歴史の空白（historical vacuity）と感じ取ったものの訂正を中心にして、かれらの研究成果を組織した。さらに、両者は人間の生（生活）を構成する歴史性（historicality）に注意を払いながら、人間の〔自己〕形成（陶冶）と自由について新しい解釈を提供しようとし、人間という行為主体の抽象的な法的諸主体としてのその特性《クオリティ》における行為としての人間の自由についての聊か形式化された諸理念を〔新しい諸理念と〕取り替えようと試みた。しかしながら、一九一八年以降、他のポスト・カント主義的理論家たちが新カント主義的形式主義を修正するために、文化あるいは人格的経験に関する形而上学を提唱したのに対して、ルカーチとハイデガーは、カント主義的哲学の弱点は、それがポスト・形而上学的な範疇で思惟しようとする企図において十分厳格ではない、という事実に起因していたのであり、そして、それが自由を理解できないことは、それがあらゆる形而上学を排除した、という事実にではなく、その内的構造においてその形而上学が引き続き存在し続けていた、という点に起因していた、という確信を共有していた。とりわけ、ルカーチとハイデガーが論じたところによれば、カント主義は、人間の主体性を立法する行為主体として構築することで、形而上学を克服しそこねたのである。すなわち、カント主義は、このようにして、人間的な自由を一連の空疎に抽象化された規範的諸機能へと圧縮したにすぎない。つまり、それは、立法する人格態という空っぽの〔実体を欠いた〕領域《スフィア》を中心にして、人間の生〔生活〕を純化〔蒸留〕し、そして、あらゆる形而上学がそうであるのと同じく、真理は法〔法則〕であり、そして法〔法則〕の源泉はあらゆる歴史的な決定要因や自由から自己生成的に切り離される、という自己言及的で逆説的な主張を通じてのみ、真理と妥当性へのその要求を生み出してきたにすぎない。このように、ルカーチとハイデガーはともに、人間の自由は、形而上学の終焉を基点として発展する、というもともとのカント主義と新カント主義の信念を共有していたのである。だがしかし、両者は、等しく、カント主義と新カント主義は、形而上学を超えて方向を示しえなかったし、その自律性の礼賛《カルト》は、法〔法則〕の新しい、そして新たに逆説的な形而上学にあっさり帰結してしまった、と主張したのである。

【ハイデガー】

【思惟範疇を限定する時間性：時間的事実性と歴史的世界内存在者〔現存在〕：カントにおける現象界と叡知界の分離とハイデガーにおける現存在と存在の分離の対応】

カントに反対したとはいえ、ルカーチとハイデガーは、カント主義的観念論のあらゆる意図を無効化しようとしたわけではなかった。事実、特定の諸観点においては、とりわけハイデガーは、自分の哲学をカントの本来の立場と連携させていたのであり、そして、おそらくは、自分自身の哲学を、カントの諸提案の幾つかを訂正し、かつ急進化し、しかもまた継続した哲学として、解釈していたのである。明示的にハイデガーが自分の全哲学を集約していたのは、次のような主張である。すなわち、①時間性（*temporality*）は、あらゆる存在（者）〔現存在〕（being）の地平である、そして、②西欧哲学の形而上学的に構成された諸体系が存在（者）（being）の真実にアプローチしそこねたのは、それらの諸体系が、そこにおいて人間の思想（思惟範疇）が時間的な事実性（temporal factuality）と歴史的な世界内存在（者）〔現存在〕（being-in-the-world）とを通じて存在論的に構造化されている、そういう諸々の道筋（方法）を、理解しえないことが判明したからである——これら①、②の主張である。[93] こうした中心となる主張に基づき、ハイデガーは、すべての思想（思惟範疇）は時間性（temporality）によって規定され、かつ構成されている、というカントの議論に直接的に自分の主張を結びつけた。同様に、人間の認識と実践の諸作用を、何らかの外からの付加なしに、あるいは、形而上学的諸原理に頼ることなく、〔議論や行為の〕妥当性を生み出すものとして説明しようとするハイデガーの現象学的な企ては、カントの本源的には反形而上学的な反省《リフレックス》〔反省哲学〕を〔ハイデガーが〕戦略的に肯定していることを標示していた。実のところ、それどころか、実践的かつ間人格的《インター・パーソナル》な意味（有意味性）の王国（領域《レルム》）としての現存在（*Dasein*）と、非悟性的な内容の王国（領域《レルム》）としての存在そのもの（Being itself [*Sein*]）とのハイデガーによる分離は、修正された形で、現象界と叡知界とのカントによる分離を再現し、そして、人間の知識の領域は、形而上学の王国（領域）とは異なっているものとして定義され、そして、実践的に知りうる実定的諸事実に集中されている、というカントの洞察を、拡張していたのである。[94]

【ハイデガーによるカント主義批判：人間の倫理的生の真実を時間の外に置いてしまうカント主義：あらゆる存在者（現存在）に論理的に先行する道徳的な自我と法則の外挿】

しかしながら、多くの基本的観点において、ハイデガーの哲学はまた、その全体から見てさえ、カントに対する激しい批判、とりわけ形式的、法理的な法主体というカント主義的なモデルに対する激しい批判によって、枠づけられている。こうした批判の中心には、カントは、デカルト以後の主観的存在論に執着することで、哲学をポスト形而上学的ないしは完全に時間的《テムポラル》に基礎づけるという自分の意図を首尾よく果たしえなかった、という主張がある。決定的なことは、カントは、現存在の世界内的な言語的・解釈的な主体の代わりに、一つの主体（one subject）の自己立法的な諸行為を中心にして倫理的諸機能を組織化したために、人間の実存と権威を全体として時間的な諸内容として理解しえなかった、とハイデガーは信じていたことである。したがって、カント主義的思想（思惟範疇）は、真理を時間の外側に（*outside time*）置いた、古代の形而上学の遺産に、依然として囚われたままであり、[95] 逆説的あるいは形而上学的な用語でしか人間の倫理的生《ライフ》の法（法則）を把捉しえなかったのである。こうした理由によって、カントは、真実に人間的な人格や国家のために人間的な法（法則）を演繹するという自分の主要な目標を達成しえなかったのである、とハイデガーは主張した。その代わりに、ハイデガーの結論づけによれば、カント主義的倫理学は、「道徳的な自我」（the 'moral I'）あるいは「道徳的な法（法則）の理念」という合理化された概念を、あらゆる存在（者）（being）とは異なるものとして、存在論的にあらゆる存在（者）に先行するものとして、要請（postulate）することによって、そして、その際に、こうした構成概念から真正な人格についての説明を外挿（推論）（extrapolate）することによって、人間的な人格というその理念を強固なものにしていたのである。その際、ハイデガーの示唆によれば、カント主義的な倫理的思想（思惟範疇）は、こうした絶対的に先行する理性的な人格態を法（法則）の始原に置き、すべての世界内存在（者）（being）を自己立法と自己原因性という本源的に理性的な諸行為を通じて、人間的な人格によってそれ自身から引き出された法（法則）によって規制されたものとして解釈していた。このように、こうした人格は、人間の自己経験からあらゆる決定的な内容や自由を排除することによってのみ、そして、いかなる人間も有意味に自分自身のものとして認識しえない世界を通じて法（法則）を伝達することによってのみ、その諸法（法則）を立法したのである。[96] 換言すれば、ハイデガーにとっては、カント主義的倫理学は、それが自己立法という理性に基づく行為に参加するところでのみ、そして、それがそれ自身として構築した叡知的な倫理的王国（領域）へと自分自身を移し変えるところでのみ、人間存在を人間的なものとして定義したのである。そのような人間性は、ハイデガーの説明によれば、いまだ真正に人間的なものではない。すなわち、それは、主観的な時間と客観的な時間、普遍的な真理と世界内的事実性、倫理的自律性と世界内的非自由、これらの間の二元性に立ちすくむ（石化された）人間性の状態（条件）である。したがって、こうした人間性の諸法（法則）は、人間的な諸法（法則）ではなく、形而上学的な諸法（法則）であり、自律性ではなく、衣装を新たにした古代の形而上学の他律性を反映している。このように、カント哲学は、ハイデガーにとっては、人間性をポスト形而上学的な自律性と立法の合理的条件と見なそうとする努力において、人間性を構成する時間性を慢性的に理解しそこね、このことの結果として、それは第二次的な他律性の状態の中にある第二次的な形而上学的な諸法（法則）を中心にして誤って人間存在を結晶化したのである。ハイデガーにとっては、合理的・主観的な法は、いつも偽りの人間性の徴標《トークン》であり、そして、そのような法によって人間化された世界は、事実、いつも非人間的なるものが残滓として漂っている世界である。

【ハイデガーによるカント哲学批判：カントにおける法（法則）と法（法則）定立主体との間の基礎づけ関係の循環（逆説）の指摘：反形而上学的形而上学】

このように、ハイデガーの指摘によれば、カントの哲学は、法や倫理を非形而上学的な用語で解釈しようとするきわめてすぐれた企てであったにせよ、カントの哲学が成功していたのは、法を人間的な基礎の上に置くことでも、妥当する法を理性と自由との統一性として説明することでもなく、法の形而上学的逆説を置き換えること、そして、形而上学の本源的な法的秩序を人間の主体性の先行する構造（prior structure）の中に再統合することにすぎない。ハイデガーが遂行したカントとの論争の核心にあったのは、カントが、人間的主体を、自己自身を構成するもの（constituting itself）、主体になるもの（becoming a subject）と見なすのは、「自己服従（self-obedience）」ないしは「自己隷属（self-subjugation）」という本源的行為を通じてのみである、[97]すなわち、主体が、その本源的自己原因性において、演繹しかつ明確に表現し、そして、その際、自己自身の意志を基礎づける規範として受け取る、そういう諸法（法則）や諸命令に、その当の主体が自己自身を従わせる、そういう行為を通じてのみである、という説得力のある主張である。それゆえに、人間的な人格というカントの概念[98]がそっくり依存しているのは、ハイデガーにとっては、人間存在は、人間としてのその特質において、つまり本源的な理念化（originary ideation）の諸行為において、人間存在を人間的にする当の法（法則）を産出しうる、という同義反復（tautology）である。とはいえ、この同義反復は、カントによって定立された人間性という理念は、法は生《ライフ》に先行する、という形而上学的仮定にやはりなお依存している、という事実を、曖昧にしているにすぎない。そして、逆説的なことに、この同義反復は、人間の自律性こそが、法を、それが自己原因的なものであるにもかかわらず、人格態と人間の自己生成を必然的に先行して基礎づけるものにする、条件である、と捉えているのである。こうした理由によって、ハイデガーが指摘したところによれば、カントの思想（思惟範疇）における理性と自由の統一性は維持されえないのである。すなわち、理性的に純粋な意志によって立法された法（法則）としての法（法則）という理念は、この法（法則）は、実際には、それ自身を自由の純正な法（法則）として説明しえない、形而上学的に先行する法（法則）である、という事実を反映しているのである。こうした〔カントの思想における理性と自由の〕統一性は、一方では、法的・主体的な自己生成（legal-subjective autogenesis）という逆説的な行為を通じて、他方では、形而上学的な法という先行する秩序に対する永続的義務を通じて、購われているのである。それゆえに、ハイデガーにとっては、カントは人間の自由という問題に直面する完全な勇気を持っていなかったのである。すなわち、カントは人間の自由ないしは自律性の時間的な偶然性（temporal contingency）を認めるに十分なポスト形而上学的決意を持って人間の自由について考えていなかったのであり、そして、自律性を倫理的な自己原因性として考える瞬間において、カントは懼れをなして自由から退却し、この自律性を不変の（そして疑わしい形で人間化された）諸法（法則）の中に秘蔵《エンシュライン》しようとしたのである。このようにして、ハイデガーが結論づけたところによれば、人間性や人間的人格という法的に構築された諸理念は、①静態的な諸規範に拘束され、これらによって産出されたものとしての、②形而上学的な人格としての、そして、このようにして、③時間的存在（者）（temporal being）に対する形而上学の古代的専制を再演するものとしての、人間存在という理念にようやく辿り着けたのである。はっきりいえば、ハイデガーのカント批判の核心には、カントの著作は、かれの法（法則）への執着の故に、形而上学を「人間学」として再編成したにすぎない、という主張があった。この主張において、ハイデガーは、人間的人格の第一義的かつ本質的な諸性格についての諸問題としての形而上学の本源的な諸問題に再び焦点を定め、人間存在の諸特徴を、諸法（法則）を産出し、承認するための、その不変の能力として、同定したのである。[99] いずれにしても、ハイデガーにとっては、カントは形而上学を克服しそこねていたし、そして、カントの哲学は、法（法則）の人間主義としての形而上学の復活を目撃したにすぎなかった。けだし、この法（法則）の人間主義は、人間性の構成《コムポジション》を絶対的な諸法（法則）から引き出し、そして、逆説的に、諸法（法則）を、人間性の永遠の構成《コムポジション》から引き出していたからである。

【ハイデガーにおけるポスト形而上学的倫理の可能性：歴史的に構造化された時間性に基づき意味を産出するコミュニケーション行為者たちの間に成立する実践的開示過程としての意味（認識と倫理）の妥当性】

結局のところ、ハイデガーは自分自身の仕事を、カント以後における完全にポスト形而上学的な省察と完全にポスト形而上学的な倫理の可能性を再び構想する企図と見なしていたのである。ハイデガーの哲学の中心にあったのは、次のような企図である。すなわち、それは、認識の妥当性と倫理の妥当性を、それらをモナド的に思惟する主体と同一化してしまうことから解き放そうとする企図であり、そして、意味の妥当性（valid meaning）を、次のような過程として、すなわち、時間の多元的な「共在」（co-being）の中に完全に定位《シテュエイト》され、そして、この歴史的に構造化された時間性（temporality）に基づいて、コミュニケーションと解釈に関する諸々の意味を産出する、コミュニケーションを遂行する行為者たち、こうした行為者たちの間に成立する実践的な開示（practical disclosure）〔Erschliessung〕の過程として、解釈しようとする企図である。[100]ハイデガーは、その最初期の諸著作においては、いまだなお人間の経験における形而上学的な要因（境位）を認めていた。〔たしかに〕ハイデガーは、そのような形而上学を、その歴史的局地性《ロケーション》における人間存在の具体的な解釈学に、つまり「実践的現存在（*Dasein*）の形而上学」に、制限《リストリクト》し、そして、自分の哲学的分析を、理論的な諸々の先決要件《ポステュレイツ》（公理）にではなく、人間の実存と自己解釈の存在論的ないしは前形而上学的な諸条件に、つまり、存在（者）（being）それ自身の時間性《テムポラリティ》に、集中させようと努めていた。しかしながら、ハイデガーは、形而上学を、人間存在の「事実的実存（factic existence）〔faktische Existenz〕」を不可避的に構成するものと見なし、そして、すべての実存的な真理の探究は形而上学的次元を含んでいる、と論じていたのである。[101]とはいえ、ハイデガーは、一九三〇年代を通じて、形而上学的遺産とは以前にもまして決定的に袂を分かつことになった。そして、爾来、かれは、あらゆる合理（理性）主義的な、倫理的ないしは学問（科学）的な、形而上学を、人間の実存とその諸々の時間的、歴史的な基礎づけとの統一性《ユニティ》を引き裂くものとして、[102]そして、真理――あるいは「存在（者）の開示態（openness）〔Erschlossenheit〕」――と、合理的演繹、帰納、そして自己権能化（self-empowerment）のよりモナド的な諸過程とを、誤って合体《コンフレイト》させてしまうものとして、批判した。[103]さらに、ハイデガーが最終的に結論づけたところによれば、形而上学は、人間の精神によって存在（者）に対して遂行された本源的に道具的な暴力の標識《インシグニア》である。すなわち、形而上学は、人間存在が、自然的世界と時間的世界の他の諸対象と共に、存在（者）の中に、その故郷（home）〔Heimat〕を見出すことを、妨げているのである。それゆえに、ハイデガーは、カント的伝統に抗して、人間的なるものの王国《レルム》（領域）を、法（法則）の王国（領域）

としてではなく、歴史的なるものないしは完全に時間的なるものの王国（領域）として解釈したのである。けだし、この王国（領域）においては、人間の生は、自由において、歴史的諸形式を伴い、そして、規範的意識ないしは非時間的（atemporal）な道徳的先決要件（公理）によって歴史的な生から逸らされていないからである。ハイデガーの示唆したところによれば、真実に人間的な王国（領域）は、人間の意識が、それ自身を、形而上学を超えて、そして、その存在（者）の諸々の歴史的現実によって多元的かつ偶然（状況依存）的に（contingently）形成されたものとして、受け入れる王国（領域）である。したがって、生がその真正な存在（者）とその真正な諸法（法則）の開示《ディスクローズ》された理解を獲得するのは、生がその存在（者）の完全な偶然性（状況依存性）（contingency）を受け入れ、そして、道徳的な必然性に関する逆説的ないしは合理化された説明において、その偶然性を覆い隠そうとする欲求を強く否定するところだけである。

【理性的・意志的な法（法則）の自己定立主体としての自由ではなく、（形而上学的であれ超越論的であれ、論理的であれ時間的であれ、先行する）法（法則）と人格態、理性と意志から解放されて、歴史的・時間的な偶然（状況依存）性を引き受けるところに成立する人間存在の自由】

こうした理由に基づいて、人間の自由のポスト形而上学的条件は普遍的法（法則）ないしは法的人格態という理念においては表現されえない、とハイデガーは結論づけた。事実、人間存在の自由は、法（法則）が終わるところで生起する。自由とは、人間存在が集合的に形づくられた歴史的現実を基礎にして互いに相互行為することを可能にする条件（状態）である。こうした自由という条件（状態）においては、諸法（法則）は理性的な先決条件（公理）の設定（postulation）を通じて演繹されないし、そして、ここで諸人格が自分自身のために（独力で）妥当性を生み出すのは、立法という孤立的な諸行為を通じてではなく、伝統への参加や日常的な歴史的諸状況における実際的な出会いを通じてである。はっきりいえば、ハイデガーにとっては、自由に関する古典的な説明のどれ一つも適切ではない。自由とは意志を行使する自由でも、理性を行使し法（法則）に従う自由でもない。この両方の自由の概念は、自由を人格の特性（personhood）という形而上学的に原子化された諸理念と結びつけている。だが、実際には、自由とは、時間的な存在（者）（temporal being）と一体の歴史的なものである、という自由である。こうした理由のために、ハイデガーは、ポスト形而上学的な自由についての自分の理念を、ポスト人間主義的な自由についての理念として捉えていた。ハイデガーの著作の基礎にあるのは、①形而上学的遺産において、人間存在に押し付けられた法理学的《ジュリディカル》な装置や意志の装置から、人間存在を切り離そうとする企図であり、そして、②自由と人間性を、自由の内容が必然的な法（法則）によって演繹されるのではなく、あるいは、諸々の特定の意志によって再現（制定）されるのでもなく、歴史的に偶然（状況依存）的な世界の賜物として経験されることを可能にする、そういう条件（状態）として説明しようとする企図である。ハイデガーがとりわけ論じたところによれば、カントの人間主義は、通例、その人間性の諸観念を先行する諸法（法則）の分析を通じて引き出し、そして、人間性や人間の自由を逆説的な法（法則）的諸原理から演繹された人格態という条件（状態）として表象しているにすぎない。しかしながら、このような人間主義は人間的ではなく、そして、その諸自由は人間的な諸自由ではない。それらは形而上学的諸自由である。すなわち、人間主義は、カント主義的伝統では、「形而上学において基礎づけられているか、あるいは、それ自身を、形而上学を基礎づけるものに仕立て上げているか、そのいずれかである」[104]。このように見るならば、ポスト形而上学的な自由とは、①人間存在があらゆる規範的な自己把捉（自己による自己の概念把握）（self-conceptions）から自己自身を切り離し、②人間存在がその歴史的存在（者）の客観的現実に完全に引き渡されているものとしての自己を受け入れ、そして③人間存在が一組の特殊な立法諸機能としてその人間性というあらゆる意味付け（感覚）を放棄することを可能にする、そういう条件（状態）なのである。はっきりいえば、人間性の自由とは、ハイデガーにとっては、事実上、人間性からの、つまり理性と意志の両者からの自由であり、そして、こうした条件が生起するのは、人間存在が人間的なものとして自己を特殊に構築する諸原理を放棄するかぎりにおいてにすぎないのである。

【民族の諸成員が宿命によって偶然的に共有する歴史的存在（者）の表出としてのポスト形而上学的法（法則）】

それゆえに、法的・政治的な先行指示《プリスクリプション》の要因（境位）がハイデガーの実践哲学から演繹されうるかぎりでいえば、（おそらく諸法（法則）として表現されている）真正な諸義務は、人民の中の一人格ないしは一集団《グループ》の推論能力（reasoning powers）を通じて発展することはない。すなわち、はっきりいえば、人間理性が妥当するあるいは必然的な諸法（法則）を作成することを可能にするような、そうした人間理性の遊離化された立法のいかなる側面も存在しない。このようにハイデガーは指摘した。同様に、逆説的な諸々の引証基準を通じてそれ自身を安定化させることなく、法的に不変の仕方で、それ自身を正統化しうるいかなる国家の形態も存在しない。それゆえに、法（法則）における必然性は、単なる逆説ではないにしても、ある民族《ピープル》ないしは国民が引き受けた歴史的形態の散発的な表現としてのみ出現するのであり、そして、こうした法（法則）がその拘束力を有するのは、それがこの民族ないしは国民の成員たちを一つの客観的共同体に結びつけているかぎりにおいてのみである、とハイデガーは論じた。このような法（法則）は、いつも超越論的に偶然的でかつ基礎づけられないものである。すなわち、そのような法（法則）は自己分析と正当化を欠く法（法則）であり、何故にそれが承認されるべきなのか、についての合理的な説明を提供しえない。そうした法（法則）は、その偶然性において、歴史的存在（者）の表出として現われるかもしれないし、あるいは、恩寵ないしは啓示の一契機として、あるいは、宿命《フェイト》がこの共同体をその共有された運命《ディスティニー》に晒すかぎりでは、宿命の歴史的な形姿として現われるかもしれない。しかしながら、法（法則）における必然性の起源は、決して立法という単一で形式的ないしは普遍的な行為ではありえない。すなわち、法（法則）は、歴史的に宿命的な出来事でしかありえない。けだし、こうした出来事において、ある民族は、宿命によって、ある特定の仕方で行為することを余儀なくされ、そして、その民族は、この宿命を決然としてかつ断固として受け取るからである。[105] ルターと聖パウロの両者を引き合いに出して、このような法（法則）は、ある共同体にそれ自身がまごうことなく宿命によって呼びかけられていることを知らしめる、新しい法（掟）(*the new law*) として現存する、とハイデガーは示唆した。[106] このように、ハイデガーはまた、形而上学の終焉を自身の諸法（法則）の下での生へと導くものと見なした。しかしながら、ハイデガーにとっては、自身の諸法（法則）の下にある共同体とは、人間存在を法の原作者本人ないしは名宛人としてはもはや認めない、そして、単に人間的ないかなる法よりもはるかに重い義務の負担を人間の共同体に課す、そうした諸法（法則）の下における共同体である。それゆえに、ポスト形而上学的な諸法（法則）の下にある共同体は、ポスト人間的な諸法（法則）の下にある共同体である。

【ルカーチ】

【政治的右翼のハイデガーにおける歴史的意識と政治的左翼のルカーチにおける階級意識：観念論ないし新カント主義における虚偽意識としての主観的意識：ブルジョア意識における二律背反と観照的二元論：資本制社会の物質的諸過程における物化（物件化）を克服するプロレタリアート的意識】

ハイデガーが、政治的右翼にあって、人間存在の真正な形式を歴史的意識のポスト法的、ポスト主体的な条件と見なしていたとするならば、ルカーチは、政治的左翼にあって、真正な人間存在を階級意識のポスト法的、ポスト主体的な形式と見なしていた。事実、ルカーチは、ハイデガーとは同調すると同時に深く敵対しながら、人間の意識は、観念論や新カント主義の諸伝統において定義されるかぎりでは、二律背反的な条件（状態）あるいは「観照（傍観）的二元性（contemplative duality）」において現存し、ここでは、その人間の意識は、その歴史的存在（者）の諸文脈から抽象化され、一連の主観的範疇の諸機能に還元されてしまう、と論じた。その際、主体と客体はいずれも、それらの抽象化された形式において、相互に無関係な異なる諸モナドへと分割され[107]、そして、主体はそれを囲繞する客観（客体）的諸条件の真実の知識を獲得するその能力を失う[108]。こうした理由によって、ルカーチは、人間の意識は、カント主義の下で形成されるかぎりでは、そもそも虚無について（of nothing）の意識でしかありえない、と論じた。主観的意識は虚偽意識である。すなわち、その意識は、その範疇的統一性とその歴史的不可変性を通じて絶対的な真実を保持するものとしてそれ自身を定立するが、しかし、実際には、その真実をそれ自身の形式の空虚な反映として保持し、そして歴史的な生と時間的過程の客観的諸真実へのその接近を妨げている。それゆえに、ハイデガーと同じく、ルカーチは、人間の意識は、とりわけポスト・カント主義的観念論の二元論的形式においては、形而上学の遺産によって習慣的に苛まれている、と論じた。虚偽意識は形而上学的意識であり、この意識は、主体と客体、真実と歴史、諸規範と事実性、これらの間の二元性の枠内で、それ自身を構築し、そして、その諸々の認知的な真理要求（cognitive truth-claims）を、時間から、そして、歴史の客観的現実から切り離すことによってのみ、それらの真理要求を確実なものにしているにすぎない。しかしながら、ハイデガーとは異なり、ルカーチは、虚偽意識の諸条件は因果的に資本主義とかみ合わされている、と論じ、そして、理性の二律背反的ないし形而上学的な構造をブルジョア的理性の特殊形式として説明した。ルカーチの主張によれば、理性が、それ自身とその諸対象を静態的な諸モナドとして規定するのは、特定のまったく特殊な戦略的な諸理由のためである。すなわち、理性が、それ自身とその諸対象の物質的諸条件の両方を不変のままに止めて置きたいと望み、そして、客観的現実を自然性（naturalness）や永続的な秩序ないしは必然性という外見において確定しようと欲するためである。理性がこうすることを望むのは、それがその現実と出会う毎に、この現実を安定させ、保存することを望むが故であり、そして、とりわけ、この現実を特徴づけている所有関係（property relations）を保存することを望むが故である。このように、形而上学ないしは虚偽意識の合理的形式は、イデオロギーとして形成された意識である。イデオロギーは、その〔意識の秩序の〕諸真実を、歴史的・物質的な現存態とは異なるものとして、そして、この現存態と比較して永続的なものとして、限定《ディターミン》し、そして、それ自身やそれが思惟する物質的な諸対象及び諸過程に、不変の、物化（物件化、物象化）された形式ないしは擬似・自然的な形式を与える、そうした意識の秩序である。[109] それゆえに、ルカーチは、かれ以前にマルクスが論じたように、形而上学と資本主義は近代社会においては構成的に関係している、と論じたのである。しかしながら、マルクスが形而上学と資本主義の関係を唯一物質的、自然的な疎外の条件（状態）の中にのみ沈殿したものと見なしたのに対して、ルカーチは資本主義の形而上学を、ひとつの抽象化された認知的条件へと――〔すなわち〕抽象的な所有制と物質的支配の諸関係を通じて屈折して反映された理性が、あらゆる真実の源泉としてのそれ自身についての自己疎外された逆説的擬制《フィクション》から、その知識を抽出（蒸留）することを可能にする、そういう条件（状態）へと、導かれていくものと見なした。したがって、二律背反的意識の虚偽性は、意識の明確にプロレタリアート的な形式に基づいてのみ克服されうるのである。けだし、このプロレタリアート的形式の意識は、①その諸対象を物質的に生産され、そして規定されたものとして認識し、②それ自身を社会における客観的な歴史的諸条件の総体性《トータリティ》を通じて媒介されたものとして反省し、そして、③いかにして物質的な過程における諸変化は主観的意識を規定するか、そして、いかにして主観的意識における諸変化は物質的諸過程を変えうるか、これらのことを把握《コムプリヘンド》するからである。このように、プロレタリアート的意識は、非形而上学的意識の唯一の形式である。主体と客体の両方の物質的な決定要因を認識する意識は、物質的な諸内容と諸過程に関してその物化（物件化、物象化）(*reification*) を克服し、その帰結として、それ自身とその諸対象の両方とのその関係においてある程度の構成的自由を獲得するのである。[110]

【脱人間化をもたらす法理学的構造を有するブルジョア的意識（実証主義とカント主義）と資本主義の客観的現実との共謀関係：強制の外的現実を不可変の内的必然に形式転換する虚偽意識】

ルカーチのブルジョア的理性に対する攻撃はまた、形而上学的思惟の、倫理的基礎づけや法理学的《ジュリディカル》・政治的な基礎づけ――とりわけ、それらのカント主義的定式化におけるそれ――に対する攻撃を含んでいた。こうした攻撃において、ブルジョア的虚偽意識は特殊な法理学的な構造を有し、そして、この構造は資本主義の客観的現実ときわめて巧妙な共謀関係にある、とルカーチは論じた。ルカーチによれば、資本主義諸社会はそれらの成員たちによって他律的諸法則の総体性《トータリティ》として経験され、そして、その擬似・自然的な諸現象は総体的に客観的な強制という状態（条件）を見えなくさせている。交換と生産の循環において表出される資本主義の諸法則は、徹底的に人間性を奪い続けている。すなわち、それらは個々の人間存在を「占有する」のである。それらは、各々の人間存在が「人格になること」を妨げ、人格というものを物質的搾取の諸戦略に奉仕する奴隷に変えてしまう(11)。ところが、ブルジョア的意識は、その内面的な認知的諸形式において、資本主義世界の他律性を直接的に支える精神的な装置を創出する。ブルジョア的意識は、その物質的、社会的な諸現象を説明するに際して、とりわけ実証主義ないしは新カント主義として、普遍化された因果性の諸法則を通じて、世界をそれ自身に説明している。すなわち、ブルジョア的意識は、社会的諸過程を規定している諸法則は自然的かつ必然的である、と仮定し、そして、人間的諸現象を不可変の道徳的諸規範の側面《アスペクト》の下で検証する。これらの観点のすべてにおいて、虚偽意識は、それが強制性の外的現実を必然性の内的現実に変容（形式転換）させる機能を果たし、そして、そうすることで、外的現実を、それ〔その虚偽意識〕自身の内的な形而上学的表象において、一定不変のものとして運命づけられたものとして、そして、不可変のものとして、安定させている。その際、虚偽意識は、その倫理的諸形式においても、類似した機能を遂行する。すなわち、虚偽意識は、道徳的必然性と必然的秩序についての形式的ないし擬似・自然化された構成概念に基づく、不可変的でかつ形式主義的な諸原理から法（法則）の妥当性を演繹するのである。したがって、虚偽意識は、いかにして諸法（法則）は客観的な諸過程によって産出されるか、あるいは、いかにして普遍的妥当性を主張する諸法（法則）は特殊な経済的諸利害関心を反映しているか、を認識させないようにし、そして、再度、強制性の客観的諸型を形而上学的な必然性の体系へと変換（形式転換）する。法（法則）的必然性についてまったく形式主義化された説明を提供する、カント主義や実証主義における傾向は、格別顕著であるが、外的必然性を内面化し、そうすることで、内的現実と外的現実の両方を永続的で自然的なものとして正当化することに奉仕する精神的態度の一例である。虚偽意識の諸法（法則）は、「ブルジョア社会の知的諸形式」を無際限に再生産し、かつ強化している[112]。絶対的人格という範型を中心にした、カント主義的意識とブルジョア的法（法則）の優位性とは、このように、いずれも一つの共通の原因によって、すなわち、次のような生産様式によってそれらが規定されていることによって、連結されている。この生産様式は、①人間存在をアトム（原子）化し、②こうした諸々の人間存在をかれらの統一性と真実の知識を物質的・歴史的に基礎づけることから切り離し、そして、③かれらが、かれらの諸々の生（生活）において他律性を制度化している諸法（法則）を具体的に変更することをかれらに可能にさせる、認知的構造ないしは法（法則）的構造のいずれをも、発展させることを、妨げている。それゆえに、ブルジョア的意識の認知的諸条件を克服することはまた、ルカーチにとっては、ブルジョア的意識から発展している法（法則）的諸関係を克服することを含んでいなければならず、そして、これらの認知的かつ法（法則）的な変換（形式転換）の諸過程は、集合的なプロレタリア的意識によって、すなわち、それ自身が物質的諸力によって完全に規定されていることを自覚し、そして、こうした規定されている状態に終止符を打つために客観的な革命的諸手段を展開する覚悟ができている、そういう意識によってのみ、引き起こされうるのである。ルカーチが結論づけたところによれば、プロレタリア的意識は、究極的には、社会・政治的ないしは純正に人間的な条件を創出するであろう。この条件においては、法（法則）

的諸原理は、不可変のものとして、あるいは、人間的、歴史的な必要《ニーズ》に対立して見せかけの自然性に固定化されたものとして、解釈されず、その客観的諸条件と媒介された意識は、それ自身の理想的性格の物質的に形成された表現としての法（新しい法〔掟〕）（*a new law*）を創出するであろう。(113)

【ハイデガーとルカーチに見られる、人間の人格と共同体の疎外と連結する近代的理性の批判の共通性とその克服の方向性における相違：前者は国民共同体、後者は階級共同体：形式主義と二律背反を克服した、共通の歴史意識を反映するポスト形而上学的法（法則）】

このように、戦間期ドイツの政治的論議において極左と極右とを分かつ大きな境界線を横断する形で、ルカーチとハイデガーの哲学は、近代的理性は形而上学の歴史からそれ自身を解き放すことに失敗した、という議論にそれらの見解を収斂させていた。このことの故に、人間の理性は、人間の諸人格や諸共同体を、歪んだ諸形式や誤って人格化された諸形式において形づくっている。その結果、ルカーチとハイデガーの両人は、人間の諸人格や人間の諸共同体は、誤って形成されたそれらの認知的構造から直接的に帰結する、深刻かつトラウマ的な疎外の刻印を帯びている、ということを受けとめていたのである。ハイデガーにとっては、この疎外は存在（者）（being）そのものの歴史的諸源泉からの人間性の疎外であったし、そして、この疎外はただ国民的・集合的な統一体、あるいは国民の共同体（*community of the nation*）を基礎にしてのみ克服することが可能であった。ルカーチにとっては、この疎外は人間の自己実現の物質的かつ認知的な土台からの人間性の疎外であったし、そして、この疎外はただ経済的・集合的な統一体、あるいは階級の共同体（*community of the class*）を基礎にしてのみ克服することが可能であった。ルカーチの示唆によれば、資本主義における人間存在に対して行使された専制《テュラニー》は、唯一労働に対する資本の専制だけではない。それはまた、人間性に対する形而上学の専制であり、そして、人間性がその歴史的実存の中核を形成すること、そして、虚偽意識の諸要因（境位）によって狂わされないこと、これらを可能にする真実の人間性は、形而上学の終焉においてのみ出現しうるにすぎない。それゆえに、形而上学の終焉はまた、資本主義の終焉である。さらにいえば、ルカーチとハイデガーの両者は、形而上学の終焉はまた、法（法則）の再形姿化（reconfiguration）をもたらすに違いない、と結論づけた。両者の指摘によれば、ポスト形而上学的な生（生活）は、いかなる形式的ないし二律背反的な意味での法（法則）によっても特徴づけられないであろう。というのは、ポスト形而上学的な理性は、歴史と対立する普遍的妥当性あるいは虚偽の規範性を保持している法（法則）の諸要点を明言《エナンシエイト》するために、もはやそれ自身を歴史的過程から切り離すことはないであろうからである。形而上学以後においては、法（法則）は、歴史において、適切にその客観的形式へと形づくられた（国民あるいは階級の）共通の歴史的意識を反映するものとして発展するであろう。

第九章　ヴァイマール共和国における国家の諸理論

【法理論・憲政（憲法）理論における二つの戦線――法実証主義と反法実証主義】

帝政ドイツ末期からヴァイマール共和国初期にかけての期間の哲学的論争の基調をなした、反形式主義的傾向はまた、哲学の分野を超えて広がり、一九二〇年代の法理論的、憲政理論的な主要な論戦の規定要因〔媒介変数〕を設定していた。それゆえに、〔反形式主義を前提にして〕ヴァイマール共和国初期の期間には、法理論・政治理論の正統派は、分析に関する対抗する二つの戦線《ライン》へと、くっきりと分けられていた。一方の陣営には、後期法実証主義者や新カント主義的理論家たちがいたが、その中で、とりわけ注目に値するのは、オーストリアの憲法学者にして、一九二〇年の民主制オーストリア憲法の主要な起草者、ハンス・ケルゼン〔一八八七―一九七三〕であった。他方の陣営には、カール・シュミット〔一八八八―一九八五〕、ヘルマン・ヘラー〔一八九一―一九三三〕、ルドルフ・スメント〔一八八二―一九七五〕を含む、法実証主義に対する著名な反対者たちがいたが、かれらの間でも見解は大きく分かれていた。法実証主義者とその反対論者たちとの諸議論は、ヴァイマール期の多くの法学的討議の主調音と文脈とを設定し、法学の分析の多数はこの対立軸を中心にして位置づけられていた。

1　ハンス・ケルゼン——人格主義以後の政治論《ポリティクス》

【正統性を有する国家としての、法と権力を統一している法治国家：国家、権力、政治、人格、意志に対する客観的な法的事実としての法の優位】

【ケルゼン】

他の法実証主義者たち〔におけるの〕と同様に、ケルゼンの理論に含まれているのは、①正統性を有する国家は、法から独立していかなる現存態を有することはない、②国家の「秩序」は、例外なく「法秩序」の形式をとる、[1]そして、③権力は、必然的に、憲法に秘蔵《エンシュライン》（銘記）されている「合法的権力（*legal power*）」として伝達される、という中心的主張である。それゆえに、国家が法を作成することはないし、したがって、国家は、法に先行するいかなる実質的ないしは人格的《パーソナル》な行為主体《エイジェンシー》を有していない。すなわち、国家は多くの他の法的諸事実の中の一つの客観的な法的事実にすぎない。したがって、ケルゼンは、国家を主権が決定的に局在しているところと見なす、あるいは、主権を人格（個人）的ないしは排他的な属性と見なす、そういうあらゆる法学説に反対した。ケルゼンによれば、主権を基礎づけるのは、国家の主体（観）的意志でも、あるいは国家を代表する個々の人格の主体（観）的意志でもない。むしろ、主権は、法に、すなわち、国家の憲法（憲政秩序）に含まれている本源的規範（*original norm*）に、存するのであり、そして、憲法（憲政秩序）は、国家におけるあらゆる合法的《リーガル》権力の「最終的源泉」であり、[2]そして、政治的意志決定のあらゆる側面《アスペクツ》は、憲法が法典化している、法の最高諸規範によって規制されている。[3]したがって、正統性を有する国家は、そもそも合法的国家《リーガル・ステート》〔つまり法治国家〕以外の何ものでもありえないのであり、したがって、憲法において公式に成文化され、憲法裁判所によって適用される、そういう法規範とは、二元論的に区別されうる、人格態や独立した意志の諸属性を何ら有していない。要するに、正統性を有する国家は、法と権力を完全に統一している国家であり、したがって、法によって規定されない、国家による、あるいは、法の他の諸主体による、意志のいかなる行使をも是認しない、そういう国家である。

【法実証主義理論の極致としてのケルゼンの法と国家の理論：存在と当為、法と政治の分離：純粋規範としての法の法的事実としての自己構築：ケルゼンにおける法実証主義とカント主義】

一つのレヴェルでは、ケルゼンの〔法と国家の〕理論は、法実証主義的な政治的諸理念の洗練された極致を標示していた。ケルゼンの理論が明確に強調していたのは、法の諸起源の社会的、人格的、歴史的な分析は、法の妥当性と政治の正統性に関する諸問題には何ら関係しない、という古典的な法実証主義の主張である。法は、単純に、純粋な法にすぎない。すなわち、法は「論理的に閉じられた諸規範の複合体」であり、この諸規範は外部からのいかなる指令《ディレクション》も受けずに、法的な諸々の問題やディレンマを規制する。[4] したがって、ケルゼンの説明によれば、「法理学的な知識」には、「法規範」にのみ関わる必要があり、その他の何ものにも関わる必要がない。[5] それゆえに、初期の法実証主義者たちと同じく、ケルゼンは、法を完全に脱政治化し、法を厳密に客観的な規範秩序として定義しようとしたのである。ケルゼン主張によれば、憲法の諸条文《タームズ》でさえ、国家の秩序についての、価値合理的諸原理として、あるいは、意志に基づく決断（volitionally committed decisions）として、解釈されるべきではない。むしろ、憲法は、たとえそれが法を権威づけるとしても、それ自身（逆説的に）法がそれ自身のために（独力で）創設する法の客観的な事実ないしは準拠基準《リファランス》に他ならない。すなわち、憲法は本源的規範ないしは「手続きのための出発点」であり、その唯一の機能は、準拠基準の規範的な枠組みを創出することである。けだし、この枠組みにおいて、法的諸問題は、形式的に処理しうるし、そして、法は、権力の行使を規制するために、客観的諸原則を参照《リファー》しうるからである。(6) このように、諸法は、一組の純粋な諸規範として、社会生活の諸現象に適用され、そして、諸現象とこれらに適用される諸規範とは、いずれも、外部的な諸原理ないしは権利についてのより広い諸問題に何ら考慮を払うことなしに、単純に、法的諸事実として、法によって構築されるのである。この観点から見れば、ケルゼンもまた、自分の法実証主義に、明確にカント主義的な屈折《インフレクション》を与えていたのである。ケルゼンによれば、法は、法的諸問題を規範的に解決することに奉仕する単一的《ユニタリ》かつ仮想的《ヴァーチャル》な領域を形成する。この領域は、自然的諸事実によって、そして、自主的意志を実行する行為主体者たちの間の諸関係によって、特徴づけられる、「存在（者）の世界」とは範疇的に異なっている。(7)

【法的人格（法人）概念の放棄：意志や権力の行為主体としての人格からの法の演繹の不可能性：法の客観的秩序ないし法的諸事実の包括的統一性の部分としての国家】

しかしながら、同時に、ケルゼンはまた、法実証主義の主要な諸原則のいくつかを捨てていた。たとえば、法実証主義の中心となる前提条件、すなわち、私法の下の人格と公法の下の国家の両方を法理上の人格として構築すること、これは幻想的な〔実体がない〕ことである、とケルゼンは論じた。たしかに、法理上の人格ないしは法的人格（法人）は、法的諸規範の適用に首尾一貫性《コンシステンシー》と〔論理的〕凝集性《コウヒージョン》を与えるのに必要な虚構であるかもしれない、ということをケルゼンは認めてはいた。(8) 実は、それどころか、国家が法的人格（法人）として省察されること（self-reflection of state）は、国家は、すべての他の法の名宛人たちが法の下で現存するのと同様な仕方で、法に服している、ということを示している点で、便宜的価値を有するかもしれない、とケルゼンは示唆していたのである。(9) それにもかかわらず、ケルゼンは、私法と公法との中に法理上の人格概念を導入することを、法の起源についての偽りの主観主義的ないしは擬人的な説明を創始することに奉仕すること、と見なしていた。けだし、こうした説明は、法の適用を偽って主観的・個人（人格）的な目的ないしは必要の諸概念と結びつけているからである。ケルゼンの議論によれば、法は、諸意志ないしは諸人格によって演繹されないし、それらに結びつけられもしない。すなわち、権力の形式で上から法を適用する主権的な諸人格（個人）にも、諸権利ないしは諸資格付与の承認を獲得あるいは追求するために下から法を利用する私的な諸人格（個人）にも、結びつけられないのである。[10] 法は、憲法（憲政秩序）において法によって確立された、法の客観的秩序に、由来し、したがって、この客観的秩序は、法の妥当性の普遍的源泉である。それゆえに、国家は明確な人格態を有さないのである。すなわち、国家の法的性格は、国家はあらゆる法的諸事実の包括的「統一性」の部分である、という事実によって規定され、したがって、それは、この統一性における他のどのような要因（境位）に対しても、法的な意志ないしは適用の源泉ないしは焦点として、特権ないし相違《ディスティクション》を有していないのである。[11] こうした主張において、ケルゼンは、法実証主義者の人格主義を、国家を中性的な法的根拠の上に置こうとして、それを果たせなかった、そういう企図として、したがって、一般的な二元論者は、法学的思惟において適切に、法と国家には相違がない（indistinctness of law and state）ことを把握しえない、ということのさらなる例証として、非難したのである。

【ケルゼンによる法と国家の人格主義化批判の理由――人格主義の主意主義への転化の危険性に対する警戒心：自由と民主制の前提としての法の脱人格化】

何故にケルゼンは法と国家の人格化を攻撃したのか。その主要な理由は、人格主義は、不可避的に主意主義《ヴォランタリズム》に近いものであり、したがって、人格主義は、法的分析を、法の適用は意志によって形づくられる、という概念で、歪めてしまう、とケルゼンが考えていた点にある。ケルゼンの主張によれば、法を人格化して概念把握すること

（personalizing conceptions of law）は、法と国家を、他律的な制度として、すなわち、権力の普遍的でない諸概念に起源を有し、特殊な社会的諸目的の実現を目指す限定された諸主体ないしは社会的諸集団の諸意志によって独占された、そういう諸制度として、理解《パーシーヴ》することしかできない。[12] 法的な（そして、もっとも蓋然性が高いのは、民主制的な）秩序の信頼しうる諸条件が確立されうるのは、そして、法がその大抵の機能を効果的に完遂するのは、すなわち、法が法的安定性、平和創設、理性的自由を求める広範な社会的必要を充たすのは、法が、意志であれ人格であれ、一箇所に集中〔特化〕されない、包括的な規範体系と、見なされるところのみである。それゆえに、逆説的にいえば、法が際立って人間的な社会に適するようになるのは、法が完全に脱人格化（depersonalize）されるところのみである。換言するならば、近代的諸社会を特徴づけ、通常、これらの諸社会の成員たちによって望まれている、自律性と包摂性《インクルーシヴニス》の諸条件を、法が反映しうるのは、法が諸規範の内的に首尾一貫し、完全に自律的な秩序として解釈されるところのみである。したがって、対抗する法の諸理論が法の脱人格化を法の疎外の徴標《トークン》と捉えているのに対して、ケルゼンは、法における人格態の消滅を、人間的諸人格（個人）のための、社会的自由（societal freedom）と民主制的支配《ルール》の前提条件と見なしていたのである。

【法自身の首尾一貫した自己言及性：法の妥当性の根拠を、法そのものにではなく、法外の主観的な目的や価値に求める、人格主義的主意主義の批判】

こうした人格主義的主意主義の批判の根底には、より広い哲学的企てが伏在していた。意志を賦与された諸人格（個人）から、あるいは、意志によって構築された社会的諸現象から、法を演繹すること、これを拒否するに当たって、ケルゼンの主要な批判が向けられた対象は、法の妥当性を、法自身の諸規範の外部にある諸源泉から法に持ち込まれた諸目的に、依存（make contingent on）させる、そういう法の諸教説であった。ケルゼンは、法には主観的・目的志向的な起源が存在するかもしれない、あるいは、法は主観的に言明（分節化）された諸々の主張や要求に応答するであろう、という想定を、法自身の自己言及性の首尾一貫性を歪めてしまうもの、したがって、法の濫用を引き起こしかねないもの、こうしたものと見なした。それゆえに、ケルゼンはまた、法的人格主義についての自分の批判に加えて、正当化のあらゆる自然法的な諸様式、法の形成のあらゆる価値合理的な諸モデル、法の起源のあらゆる契約説的な諸説明、これらを非難していた(13)。ケルゼンの主張によれば、法を外部の規範から捉えるあらゆる諸観点は、法の妥当性の根拠は二元論的に法そのものから切り離されうる、という根本的に誤った信念を（さまざまな仕方で）共有し、したがって、法を法が制御しえない諸干渉に晒してしまう。たとえば、自然法の諸議論は、法を存在論的諸事実ないしは主観的諸価値の領域（王国）に結びつけようとしている。このように、自然法の諸議論の起源は、「独我論的な学問（認識）論」にあり、これは、諸々の特殊的価値演繹は客観的な法的諸規範のための信頼しうる基礎づけを形成しうる、と誤って信じているのである(14)。同様に、法は原則の諸合意《アグリーメンツ》を形成し、これらの諸合意は、その際、「国家の正統化」のための枠組《スキーム》みを提供する、という契約説的な諸主張は、法と国家の両方を、法が産出ないし規制しえない、外部の諸価値ないしは道徳的諸観念に、依存させる(15)。法的安全性が、法と国家の両方において、信頼できる形で獲得されるのは、もっぱら、法が実体的な先行指示《プリスクリプションズ》によって決定されるのではなく、法が客観的統一性の中立（中性）的条件（状態）と見なされるかぎりにおいてである。

【法を形而上学と合体させ、主権国家を法の起源に仕立て上げ、民主制に敵対し、専制を擁護する、法の主意主義的観念】

要約するならば、ケルゼンは、それゆえに、①法を完全に自律的な学問として定義する、法への方法論的アプローチを、そして、②法を完全に客観的な規範秩序として解釈する、法への実践的アプローチを、擁護したのである。

法の由来についてのあらゆる社会学的、倫理学的、ないしは主意主義的な諸観念は、法の中に容認しがたい諸内容を導入する、とケルゼンは結論づけた。事実、これらの諸観念は、法を形而上学と合体《コンフレイト》させてしまう。すなわち、それらは、①法を内的に法的《リーガル》ではない意志と主観主義的諸原則とに依存させ、②法的論争や手続きの諸限界を誤解し、そして、③法が自律的秩序としてそれ自身のために設立《インスティテュート》（制度化）する、客観的な規範秩序の土台を、掘り崩してしまう。とはいえ、きわめて注目すべきことであるが、これらの諸見解が形而上学的諸理念と結合《アタッチ》することになるのは、それらの諸見解は、①諸法は、諸人格ないし諸意志によって創出され、②これらの諸人格や諸意志は、しばしば、国家において代表《リプレゼント》（再現）され、③この国家は、法の部分ではなく、〔逆に〕法の起源であり、法を権威づける、こうしたことを想定しているからである。それゆえに、このような形而上学による法の転訛《コラプション》（堕落）のもっとも致命的結果は、国家は「法を超越する」、したがって、国家は自由に法の内容を決定する、と主張する、そうした国家の「メタ法的（meta-legal）」な観念へと、その法の転訛（堕落）が導かれてしまうことである。[16] それゆえに、ケルゼンは、合法的権力の行使における「排他性」を主張する主権国家を、形而上学的ないしは主観主義的な諸概念の残滓によって影響された法の構成概念《コンストラクツ》の悪しき副産物《マリグナント・アウトグロース》と見なしたのである。[17]「あらゆる偉大な形而上学者たちは民主制に反対し、専制を擁護した」、とケルゼンは論じた。ケルゼンの主張によれば、形而上学が民主制に反対するのは、それが権威のある絶対的な政治秩序において神という絶対的人格態を再創出しようとするからであり、だからこそ、形而上学的諸見解は、民主制的法が依存する法の客観的な中立性を受け入れまいともがくのである。[18] ケルゼンの主張によれば、あらゆる形而上学の中心にあるのは、①すべての現実は、通常、絶対的諸人格に帰される絶対的諸原因によって、説明されうる、そして、②これらの絶対的諸原因は、絶対的諸法（法則）の内容を決定する、という信仰である。この信仰は、法、国家、法の下での自由という民主制的諸理念に例外なく敵対している。

【人格主義的法理念における、法学と神学、国家と神との概念的類比性】

ケルゼンは、こうした政治的形而上学の批判を敷衍して、国家と法の二元論的あるいは人格主義的な諸理念は、それら自身のために（独力で）実定的基礎づけをいまだ十二分に構築してこなかったのであり、したがって、やはりなお、それらの議論を支えるために疑似・神学的な範型に依存している、と論じた。ケルゼンの説明によれば、法の起源は国家ないしは主権者の主観（主体）的意志に存する、という主張は、超越的神が被造物の上に君臨し、諸法において、被造物に対する目的志向的な自由ないしは意志的な権力を行使する、という理念に由来する、宗教的イデオロギーの世俗化された痕跡に他ならない。それゆえに、かれの後のカール・シュミットと同じく、ケルゼンは、①法的思惟は神学と「類比」の関係にあり、②「神の概念と国家の概念との論理的構造」の間には「著しい関連性」がある、と主張していた。[19] とはいえ、シュミットとは違って、ケルゼンは、国家の諸理論はそれらの神学的な前提諸条件を決然と捨てるべきである、と主張した。このことが可能なのは、①国家理論が、人格主義の「体系的二元論」を放棄し、②法と国家は客観的・民主制的に同じ起源を有することを受け入れ、[20] そして、③国家を法の他の事実に対していかなる優位性も有さない法の一事実として分析するところのみである。本源的に「メタ法的」国家は、法に「それ自身を従属させ」、そして、法によって拘束される「法的主体」として活動する、ということを古典的な法実証主義者たちは請け合おうとしていたが、そのかれらさえ、やはりなお神の自由や創造者の超越性という神学的神話によって苛まれていたのであり、したがって、法的人格の特性（legal personhood）に関するかれらの諸理念は、意志は法の起源である、という信念を暴露していたのである。まさしくこうした理由によって、かれらは、純粋な規範的秩序としての国家に関する信頼できる説明を提供しそこねたのである。[21]

【神とは異なる実定法そのものにおける理性と意志の統一性の再制度化】

このように、ケルゼンは、あきらかに、自分の純粋法の理論を、法と国家の形而上学的説明を超える決定的な第一歩を画するものと、そして、国家を、実定的かつ純正にポスト形而上学的な基礎づけの上で、法と権力の民主制的統一性として構築することを独自に果たしうるものと、見なしていたのである。しかしながら、ケルゼンは、形而上学の終焉を際立って人間的な政治的現実と見なすよりは、むしろ、法と権力がポスト形而上学的に理解されうるのは、それらがポスト人格的なものと見なされ、あらゆる人間学的な諸原理や諸対象から切り離されるかぎりにおいてのみである、と論じていた。ケルゼンの示唆によれば、法と国家における人格態の理念は、いつも神の本源的に権威ある諸目的や形而上学的人格態を法の中へ悪しき形で置き入れ、そして、この人格態の自由は、法の下にある人間的諸人格の現実的な社会的自由を妨げる。ケルゼン自身の理論は、純然たる法治国家《リーガル・ステート》のモデルを擁護し、法の適用をまったくの法理学内部の過程として捉えているから、権力は外部から基礎づける起源を有さないこと、そして、権力はいかなる「絶対的価値」ないしは絶対的人格によっても性格づけられないこと、これらのことを示そうとしていた。[22] ケルゼンが結論づけたところによれば、権力が諸人格（個人）から切り離されるところでは、権力は普遍的なものとなり、少なくとも、傾向としては民主制的なものとなる。というのは、権力とは、権力と法との統一性によってのみ形づくられるからであり、そして、権力は、権力をその目的ないしはその派生物の一枚岩的ないしは排他的な諸概念と結びつける、いかなる形而上学的な源泉ないしは原因をも、有さないからである。こうした観点から、ケルゼンは、ポスト形而上学的議論における法的逆説の追放《ディスプレイスメント》（転移）にもっとも進んだ表現を与えた。ケルゼンの説明によれば、法の起源は神にない、ということを認める人たちは、あらゆる形而上学的信仰に関する自分たちの諸見解を拭いさらなくてはならないし、したがって、①法の起源は単に法であること、そして、②法は、その逆説性を、法と国家の根拠を、それらが単に法にすぎない、という事実に帰する、そういう憲法（憲政秩序）の中に隠していること、これらのことを認めなくてはならない。要するに、まさしく法が完全に実定的であるところでのみ、法は、法が実定化されはじめたときに、はじめ失っていた、理性と意志の統一性を、神以外のものとして再制度化しうるのである。

2　ヴァイマール憲法——法実証主義と実質的市民の狭間で

【反法実証主義者によるケルゼンの純粋法学批判】

ヴァイマール時代におけるケルゼンと同時代の人々は、自分の著作《ワーク》は政治的形而上学を超える道を指し示している、というケルゼンの信念を共有しなかった。事実、ケルゼンの批判者たちの多くは、ケルゼンの著作とは正反対の見解をとり、それを新しいタイプの法理学的形而上学以外の何物でもないと見なしたのである[23]。事実、ケルゼンの純粋法学は、かれの同時代人たちには、形式的に抽象化された規範的原則を中心にして、あらゆる社会的現実を組織化しようとし、そして、法的、政治的な基礎づけにおいて人間的な行為主体や自由の決定的役割を消去しようとする、そういう教説として映っていた。それゆえに、それは、そのもっとも正面切った諸意図とは逆に、その反人格主義が形式的な自然法的思惟と法実証主義との両方の誤りを繰り返し、悪化させた教説として、すなわち、①法と国家の起源を不確定の超人格的源泉の中に局在化し、②法と国家における正当（統）性をもっぱら法の自己原因性の逆説的作用としてのみ表象し、その結果、③国家の法的秩序をエーテルのような形而上学的諸規範から演繹する、そうした教説として映っていた。それゆえに、ケルゼンの著作に批判的に応答した人々は、ケルゼンの法理論の形式性を非難した。かれらは、強力な民主制の必然的に意志による基礎づけを再び強調し、したがって、かれらは、一般的には、意志による、あるいは人間学的な、基礎づけを欠く諸国家は、形而上学的国家である、と断言した。さらにいえば、もっとも影響力を及ぼしたケルゼンの反対者たちに共通していたのは、純粋に規範的かつ擬似形而上学的な国家諸理論は、第一次大戦後の政治生〔生活〕の具体的諸課題に対応しえず、戦間期ヨーロッパの脆弱な政治的民主制の自由を信頼できる形で守りえない、という信念である。

【法実証主義と反法実証主義の妥協の産物としてのヴァイマール憲法：法実証主義の代表的学者と見なされたケルゼンの反実証主義者による批判：ウェーバーのエリート民主制論と大統領制的人格統合主義：プロイスの有機体論：ハルナック、トレルチ、ナウマンのドイツ自由主義的・国民主義的なプロテスタンティズム】

一九二〇年のオーストリア憲法草案の起草にケルゼンは主導的に関わったのであるが、この草案には、完全に法実証主義的な文書《ドキュメント》の多くの特徴が含まれていた。しかしながら、ケルゼンの著作に対するドイツにおける反論は、また、ヴァイマール憲法についての諸論争とも結びつけられていた。したがって、ケルゼンを批判的に論じることは、一九二〇年代を通じて、ヴァイマール憲法の法実証主義的な——あるいは、言い立てられたところでは、形式主義的な——諸側面を批判し、ヴァイマール国家の法的秩序の修正を示唆する際に、その前提となる枠組みとなった。こうした事例は、とりわけ一九一九年～二三年、一九三〇年～三三年、政治的不安定性がもっとも高まった時期に見られた。いくつかの観点から見れば、ケルゼンに対する批判とヴァイマール憲法に対する批判が同時的に湧き起こったことは、偶然の一致ではなかった。ヴァイマール共和国憲法の生みの親たちは、ドイツの民主制のための文書《ドキュメント》を創出したが、この文書は部分的に通説として広く認められていた法実証主義的諸理念の刻印を帯びていた。たとえば、この〔ヴァイマール〕憲法は、権力分立制を伴う中央集権的国家とその権限が制限された議会とを確立していた。すなわち、この憲法は、①その諸法を、国家の権威を制約する命令委任《マンダトリ》的な体系として定義し、②諸権利の〔他とは異なる〕際立ったカタログを組み入れ、そして、③憲法〔憲政秩序〕を、その全体において、国家に対して、いかにしてその諸機能が完遂されるべきか、これを指令《ディクテイト》する手続き的・行政的秩序として、解釈したのである。それゆえに、この〔ヴァイマール〕憲法は、国家を、古典的な法実証主義の方式で、その諸権能《コムピテンシーズ》が法の先行指示《プリスクリプションズ》と一致するように行使されねばならない、法の下での行為主体と見なしていた。しかしながら、こうしたことにもかかわらず、ヴァイマールにおける一九一九年の憲法の生みの親たちはまた、さまざまな反法実証主義的な理論的諸源泉に頼っていた。すなわち、ヴァイマール憲法の特定の諸側面は、より標準的な法実証主義の諸理想からの逸脱し、実際には、オーストリア第一共和国のために起草されたケルゼンの純法実証主義的な文書に対立する憲法（counter constitution）を反映していたのである。たとえば、憲法の生みの親たちの間では、ウェーバー〔一八六四—一九二〇〕はエリート民主制的諸理想を求め、そして、大統領を長とする行政府を中心とした人格的統合主義の憲政装置〔の確立〕に与していた。フーゴー・プロイス〔一八六〇—一九二五〕によって起草された憲法草案は、有機体論の諸理想によって形づくられ、〔近代〕国家の特性（statehood）に関する静態的で純粋に規範的な説明を退けていた。この憲法における諸々の基本権のカタログ〔の導入〕に責任を有する委員会を主宰したフリードリヒ・ナウマン〔一八六〇—一九一九〕の理論的諸起源がどこにあるかといえば、それは、「文化的プロテスタンティズム」の広い土壌に、すなわち、ドイツの文化と政治は、ルター主義に内在している、忠誠心、内省、反革命的進歩主義といった際立った諸価値によって形成され、統一されている、と主張したアドルフ・フォン・ハルナック〔一八五一—一九三〇〕とエルンスト・トレルチ〔一八六五—一九二三〕を中心とする、自由・国民主義的なプロテスタントの運動（liberal nationalist Protestant movement）にあった。[24] ナウマンは、その初期の著作において、ドイツ的民主制理論を歴史的に形成されたプロテスタントの諸価値によって支えられた「宗教的自由主義」として構築し直そうと試みていた。[25] こうした基礎づけに基づいて、ナウマンは、自由主義の形式的諸原則を受け入れるが、しかしまた、福祉政策と強力な執行部の指導力を結合するような、そうした社会的に統合的な政治秩序が、発展することを可能にする、憲法（憲政秩序）の体系の確立を熱心に進めていた。[26] さらに、ヴァイマール憲法にさまざまな形で寄与する際に、ナウマンがこうした見解を用い提案した諸々の基本権のカタログは、古典的な自由主義的あるいは法実証主義的な様式で、個人の自由と人格《パーソナル》の法的尊厳性《サンクティティ》を国家から守る、保障装置として、意図されていたのではなく、それらを中心にして階級横断的な統一性という包括的《コーヒーシヴ》な諸理念が広められうる、〔ドイツ国民の〕アイデンティティと統合の綱領的な諸原則として、意図されていた。事実、一九一八年から一九年にかけてナウマンが好んで擁護した課題《プロジェクト》は、新しい共和国の民主制的アイデンティティを補強するために、諸々の基本権を日常語で表された問答式教本（vernacular catechism）の中に書き込むことであった。(27)

【ヴァイマール憲法に導入されたもう一つの構成要素――H・ジンツハイマーの労使協調体制の法制化】

このように、ヴァイマール共和国における憲政秩序的現実の中心には、明白に、純粋な法実証主義に対する反論と、憲法を社会統合の焦点として構築しようとする企図があった。また、ヴァイマール憲法の形態に関する論議においてきわめて重要であったのは、フーゴー・ジンツハイマー〔一八七五―一九四五〕の左翼志向の有機体論的諸モデルであった。ジンツハイマーは、カール・レンナー〔一八七〇―一九五〇〕によって提起されたオーストロ・マルクス主義的な法理論における団体協調的《コーポレート》な諸要因を採用して、法的人格態と法治国家の特性（legal statehood）の形式的・法実証主義的な説明と激しく対立する憲法の基礎づけに関する理念を提案した。(28) ジンツハイマーが論じたところによれば、法と国家の起源は、排他的な法的諸用語で同定されるべきではなく、市民社会の多元的諸結社、とりわけ労働運動の実質的《マテリアル》・政治的な利害関心を代表する諸結社に存するものと見なされるべきである。このように、かれが提案したところによれば、後期資本制諸社会において、組合代表（代理）と実業代表は、法的に完全に自律して、労働、雇用、分配の諸条件について話し合うことが許容されるべきであり、そして、これら事柄に関して話し合う当事者間の協約《アグリーメント》は法的拘束力を獲得すべきである。労働代表（代理）（delegates of labour）と実業代表

(representatives of bessiness) は、もし立法機関として活動することが許されるならば、社会の法的な管理・運営の有機的な基礎を産み出すように思われるし、したがって、長期にわたって、両方の代表は、社会的・経済的な管理・運営の全部門を、有機的に形成された階級横断的な合意《コンセンサス》の管轄権の下に置くことになるであろう、とジンツハイマーは想定していた。このように、労働者と経営者の間で協約を伝達する労働法は、社会的紛争を解決する強力な媒体としての役を演じうるし、国家それ自身の法的な前提諸条件の形成においても、主役を担いうる。ジンツハイマーは、とりわけ、集団的な賃金協約《ウェイジ・アグリーメント》(Tarifvertrag) を有機体的な法 (organic law) の要因 (境位) として同定した。けだし、有機体的な法は、階級横断的な「自己組織化の精神」を反映して、市民社会の中心から合意に基づく法的協約を産出しうるし、そして、政治秩序の中に配分的市民秩序 (distributive citizenship) という理念を統合しうるからである。[29] ジンツハイマーは、国家の憲法は、市民社会の諸集団に対して、またそれに抗しても、一定の至高性《ディグニティ》(威厳) を保持すべきである、という観念をまったく捨てたわけではなかった。[30] それにもかかわらず、ジンツハイマーは、労使関係を、自律的な有機体的な意志形成の源泉として同定していた。というのも、おそらく、この労使関係は、究極的には、国家とその憲法 (憲政秩序) を、より平等主義的ないしは共同経済的な政治秩序へ向けて、導くことになるからである。そして、かれは、理想的国家を、形式的諸人格ではなく、経済的取引の特権を有する有機体的諸人格を中心とする国家と見なしていた。こうした理由によって、ジンツハイマーは、ヴァイマール憲法に関する審議に際して、団体交渉と――原則として――経済の合意に基づく集団的組織化との諸権利を規定する、第一六五条の協議会《レーテ》条文を、その憲法に盛り込むことに尽力し、このことを果たしたのである。

【ヴァイマール憲法の目指した方向性:(形式的な諸権利ではなく) 実質的 (社会経済的) な諸権利を実現しうる、(形式 (虚構) 的人格ではなく) 積極的 (能動的・活動的) 市民 (公民) の範型に基づいて、基礎づけられる憲法】

それゆえに、ヴァイマール憲法は、多種多様の、しかもしばしば相矛盾する、法的な理念や理想を反映していた。ヴァイマール憲法は、法実証主義の諸原理との完全な断絶を標示してはいなかった。とはいえ、ヴァイマール憲法は、国家における憲法の正統性についてのその理念を、国家と国家権力についての、通常、法実証主義によって是認《カウンテナンス》されているよりも、より完全かつ統合的な概念に基づいて、基礎づけていた。したがって、ヴァイマール憲法は、国家が社会的な統一、協働、共同体の行為主体として活動することを可能にする綱領的文章として、明示《ディファイン》（定義）されたのである。ヴァイマール憲法の下では、国家は、①経済的な分配と争議の過程に介入し、②所有権の諸問題を規制し、③取引（交渉）過程ないしは国民投票に際して、社会の異種の諸部門を結びつけ、④民衆の諸権利のカタログを通じて市民たちを憲政秩序的（憲法上の）アイデンティティの経験の中へと統合すること、これらのことを可能にする、諸権力を獲得していた。はっきりいえば、この憲法は、それが形式的諸権利としてではなく、綱領的諸権利として正式に謳っていた、諸権利を明言《エナンシエイト》（宣言）していた。したがって、これらの諸権利は、積極的《アクティヴ》（有効）な社会・経済的な条項《プロヴィジョンス》と先行指示《プリスクリプションズ》を含んでいた。これらの諸観点から見れば、ヴァイマール憲法が明確に望んでいたことは、むしろ混乱し、かつて試行的な（手探りの）仕方であったにせよ、（ケルゼンが言う意味で）法の下における虚構の人格としてではなく、また（ラーバントの言う意味で）法の下における形式的人格としてではなく、市民社会と国家の両方において、積極（活動）的にこれらを構成する行為主体としての、統合された市民たちの範型に基づいて、それ自身を基礎づけることであった。

3　ヘラー——国家の実質的意志

【ヘラー】

【ケルゼン的法実証主義の批判という形をとったヴァイマール憲法に対する攻撃】

しかしながら、ヴァイマール憲法は、これらの野心的試みにもかかわらず、まもなくさまざまな政治的諸見地から集中砲火を浴びることになり、そして、この憲法は法実証主義者の政治的諸概念から完全には断絶していない、と広く論じられた。当然のことながら、ヴァイマール共和国において影響力を及ぼした政治理論家たちのすべてが、共和国の憲政秩序（憲法）を、打倒しようとか、あるいは、根本的に改変しようとか、努めていたわけではなかった。ヴァイマール憲法（憲政秩序）の創案者たちは、予測されることではあるが、あくまでその擁護を誓っていた。もっとも、ナウマンとウェーバーは、この憲法が創出した諸問題を見とどけるほど長くは生きてはいなかったし、そして、フーゴー・プロイスもまた、一九二五年に、共和国とその憲政装置の最後の危機が訪れるはるか以前に逝去していたのであるが。ゲールハルト・アンシュッツ〔一八六四―一九四八〕のような傑出した自由主義的法律家（法律学者）たちもまた、ドイツにおける〔近代〕国家の特性（statehood）のより広い発展におけるこの憲法の重要性について好意的に文章を認《したた》め、そうすることで、この憲法の広範にわたる受容を促進していた。[31]ところが、一九一九年の憲法公布以降、左右両陣営の政治理論家たちは、この憲法を、新しい政治秩序に効果的な基礎づけと至高性《インテグリティ》（不可侵性）を与えそこね、そして、依然として形式法の支配という時代遅れの観念と結びついている、妥協の文書《ドキュメント》として、急速に非難し始めていた。ヴァイマール憲法は、当然ながら、法実証主義の――とりわけケルゼンの憲法（憲政秩序）論の――より一般的な前提諸条件に対するより広い批判という側面から、攻撃されていたのである。

【法実証主義を批判する代表的有機体論としてのヘラーの人間学的国家理論：国民の文化、歴史、経験の統一性と市民社会の自発的諸結社とに基づく有機的組織体としての国家】

法実証主義に対するもっとも支持《サステイン》された有機体論による攻撃は、ドイツ系ユダヤ人で社会民主党員であったヘルマン・ヘラーから広められた。ヘラーは、修正主義的マルクス主義の社会分析を有機体的に構造化された生（生活）の形態としての国家という概念と連関《リンク》させている点で、ジンツハイマーに従っている。ヘラーの有機体論（organicism）は、法の産出に関する文化的・人間学的な理論によって支えられていたので、左翼系の団体協調主義《コーポラティズム》のより月並みな路線とは、まったく異なっていた。後期歴史主義者の諸著作やディルタイとテオドール・リットの初期の現象学的諸著作に従って[32]、ヘラーが論じたところによれば、近代社会の法や政治の諸制度は、国民的ないし文化的な秩序のすべての成員たちを統一にする「経験の現実」から形成され、そして、文化に埋め込まれた生気溢れる諸経験を新たに明示化（分節化）するものとして無際限に再生される[33]。とはいえ、より一般的にいえば、こうした著作の中心にあるのは、有機体論に共通する人間学的主張、すなわち、人間存在は、自然に（有機的に）組織化する被造物であり、他の人間たちと共に結社や組織を形成することによって、その生得の諸資質を完成させる、という主張である。したがって、国家は最高の組織であり、かつこうした本来の人間的傾向性の最高の表現である。したがって、ヘラーの説明によれば、国家は、文化と経験の国民的・歴史的な統一体を基礎にして、市民社会における諸人格（個人）の自発的な諸組織の間において確立された諸協約《アグリーメンツ》に対して主権的な法的表現を与える、「有機的に組織された」――そして、必要であれば「権威（主義）的な」――「生活形態」である[34]。

【ケルゼン的法実証主義における、不可変の法秩序の現存という仮定に基づく「脱人格化された法治国家」に対する批判：法実証主義論と自然法論の両者に反対し、法の中心にあるのは「拘束的決定」を遂行する主権的意志である、という決断主義的法理論の展開】

ヘラーの理論を形づくっていたのは、次のような確信である。すなわち、とりわけ、ケルゼンによって提起されたような法実証主義が構築しているのは、社会的進化の複合的《コムプレックス》、創発的《エマージェント》、ときには敵対的《アンタゴニスティック》な、現実に対して、中立的に押し付けられうる、不可変の法の秩序が現存している、という誤った仮定から、その権威を引き出している、そういう純粋に「脱人格化された」法治国家《リーガル・ステート》である、という確信である。[35] 印象的なことに、ヘラーは、このような理論の中に、社会学的に分割されている複合的諸社会においては維持しえない「ブルジョア的な安全の理想」を反映している、流行遅れの自由主義的な法自然主義（ius-naturalism）の残滓を、見てとっていた。それゆえに、ヘラーは、法の支配（legal rule）の諸条件を、一般化された諸規範ないしは法的諸事実から引き出す、政治的な正統性や秩序に関するあらゆる説明に対して異を唱え、そして、国家の正統性は、いかなる意志的な内容ないしは目的も有さない憲法の諸法律から、引き出されうる、という主張を、十分に承知された逆説的なもの（wittingly paradoxical）として、公然と非難したのである。[36] 政治や法の説得力のある分析は、政治的な憲政や秩序の縮減不可能な焦点としての人間の意志から手続きを進めなければならないし、そして、いつも、国家の意志を、主権の形式における法秩序の保障者として、同定しなくてはならない、とヘラーは主張した。ヘラーが断言したところによれば、自然法と法実証主義的分析は、両方とも、人間の意志を二の次にしてしまう、という致命的《コラプティング》な弱点を有し、そして、秩序形成の源泉としての、指導者と市民の両方の決断に伴う「責任」（decisive 'responsibility'）を貶価している。[37] ヘラーが結論づけたところによれば、必然的に法の中心にあるのは、「拘束的命令を下し」、かつ「拘束的決定を果たす」諸々の主権的意志である。[38] したがって、法は、いつも「人間の意志の諸過程によって、確定され、支持され、そして破壊される」し、[39] そして、「法の確立」の起源は、いつも「国家の命令」に存する。[40] さらにいえば、人間の意志に基づく国家は、いつも主権国家の形式をとる。けだし、主権国家の諸決断は、いかなる他の高次の権力ないしは普遍的な法規制にも服さないからである。[41] はっきりいえば、法の実定化（positivization of law）が生起するのは、近代諸国家の発展を通じて、政治的な行政府（political excutives）が立法の権威（legislative authority）を受け取り、そうすることで、法をその本源的な宗教的基礎づけから切り離したからにすぎない、とヘラーは繰り返し主張した。それゆえに、人間の意志は、法の実定性（positivity）の起源であり、そして、人間の意志から独立したいかなる諸法も存在しないのである。すなわち、「法体系の統一性」の起源は、もっぱら「支配権《ドミネイション》を行使する諸々の意志の統一性」に存するのである。(42)

【人民の有機的に構造化された一般意志の最高の統合的な代表組織としての国家：市民社会の諸結社間の諸協約から発展する国家意志の人格態】

こうしたことを根拠にして、ヘラーの国家理論は、〔人格主義を否定した〕ケルゼンの後に、国家を再人格主義化（*repersonalize*）し、そして、もう一度、国家を意志と決断の自由の人間学的基礎づけの上に位置づけようと意図していた。とはいえ、この点において、ヘラーは、まったく主意主義的な統治《ガヴァナンス》モデルを提供したわけではなかった。すなわち、ヘラーは、政治権力の行使には道徳的ないしは超実定的な諸制約が適用される、という理念を破棄していなかったし、そして、正統性を有する〔近代〕国家の特性（statehood）は、法治国家の形態において発展しなくてはならない、と明確に主張したからである。ヘラーの主張によれば、国家を、全能の主権的行政府（sovereign executive）において結晶化された、そして、法的制約なしに活動する、そうした一人の孤独な人格（個人）の意志ないしは「単一の主体」と見なすことは、幻想である。そうではなくて、主権的国家の人格態は、市民社会における諸結社《アソシエイションズ》間の自発的な諸協約《アグリーメンツ》から発展するものと、したがって、これらの諸結社によって追求された諸自由が最高度に発揮される形態と、見なされるべきである。国家は、このように解釈されるならば、有機的に「諸々の意志を統一化すること」において基礎づけられているのである。(43) すなわち、そうした国家は、これらの諸意志を調停し、それらの諸自由を社会的に適切な仕方で表現する組織である。このように、こうした国家は、社会全体を通じて諸々の結社の中に体現《インコーポレイト》（組み入れ）されている多くの意志や多くの人格（個人）を統合することによって、発展するのである。こうした国家は、これらの諸結社の融合体《アマルガメイション》として一度形成されると、その国家が体現する（組み入れる）すべての人たちに対して至高《シュープリーム》の人格的《パーソナル》権力を行使する。それにもかかわらず、この国家は、一統合機関（integrative organ）としては、その国家がそこから発展している当の諸結社に対して、いかなる抽象的至高性も有さない、という点をヘラーは強調した。裏を返せば、この国家が現存するのは、ひとえに、国家は他の諸結社を統合するからであり、そして、この国家は、そこにおいてこれらの諸結社によって追求される諸自由が反映され、保護され、かつ広められうる、そうした構造を、提供するからである。それゆえに、この国家は、その権力の行使において、これらの諸結社からそれ自身を分離しえないのである。すなわち、この国家は、これらの諸結社によって追求され、かつ調整《モデレイト》された諸自由に内在する規範的な諸要因に対して内的に責任を負っている。そして——決定的に重要なことには——その国家がその国家を内包する諸自由を蔑《ないがしろ》にするときはいつでも、その国家の至高性《インテグリティ》（不可侵性）は脅かされるのである。このように、それらの諸自由が国家において秩序づけられている諸結社は、国家の憲政秩序を形成し、そして、国家の基礎にある意志的な統一性は、国家によって行使される客観的権力と、そこにおいてこうした権力が行使されうる、そうした法の形式とを、同時に構成している。領土的主権の中心としての国家の具体的な発展が生起するのは、こうした国家は、ある特定の場所に居住する人民《ピープル》の特定の集団間に現存する、主に規範に基づいた諸々の相互作用《インターアクション》から——すなわち、「意志の規範的な諸結合」から——成長するからである。そして、こうした諸々の相互作用は、必然的に権利と自由に関する諸協約《アグリーメンツ》へと導かれるが、これらの諸協約は、国家におけるある程度の憲政秩序的な普遍性を帯びることになり、そうなることで、それらの下で国家が諸法律を通過させる、そういう諸条件を決定する。[44] こうした理由によって、①権力の形成は、いつも法の形成と不可分に結びつけられている、そして、②国家は、それが統合する人民の有機的に構造化された一般意志の最高の統合的な代表（再現）（integrative representative）としてのみ、その正統性を獲得する、とヘラーは結論づけた。したがって、「法を実定化（positivize）する国家の意志的権力」は、いつも「諸規範に依存」し、そして、国家は、「法の権力形成的性格」と区別された形では作用《オペレイト》しえない。したがって、たしかに、法は国家の意志によって実定化されるが、——しかし、法はまた、それが実定化されるかぎり、「その妥当性の超実定的基礎づけ」を産みだし、そして国家をそれ自身の内部の憲法に拘束する、とヘラーは結論づけたのである。(45) はっきりいえば、国家は、高度に多様化した社会的・経済的な生活の諸コンテクストの中に、市民たちを統合することによって、発展し、それ自身を再生させている。したがって、国家がこうした機能を完遂しうるのは、その市民たちのすべてが、自由に同意《フリーリーアクシード》するように思われる、そうした権利と自由とを、そして、それらにおいて、かれらが、カント主義的な仕方で、かれら自身の自由、至高性《インテグリティ》、原作者性《オーサーシップ》という要因（境位）を認識（承認）する、そうした権利と自由とを、生み出すことによってのみである。

【法と自由、理性と意志を統一する有機体論的な憲政秩序国家】

これらの諸分析において、ヘラーが設定したのは、正統性を有する国家は、法と自由、あるいは、理性と意志、これらを統一し、そして、その諸法を合理（理性）的自由の諸法として伝える、そういう国家である、というカント主義的の諸教説に、その起源を発する、より広い主張に基づく新しい変種《ヴァリアント》である。ヘラーが論じたところによれば、有機体的国家は、そこでは国家権力が内部において形成され、そして、憲法（憲政秩序）の中に一般的に受け入れられている諸規範によって拘束されている、そういう法治国家でなければならない。この点において、憲法（憲政秩序）は国家にとって外部的なものでもありうる、憲法は国家への（市民の）服従の手続き上の諸条件《タームズ》を規定《プリスクライブ》（予め指示）しなくてはならない、あるいは、憲法は国家に反抗する諸規範ないしは諸権利を銘記することもありうる、といった見解《アイディア》を、ヘラーは退けた。そのかわりに、国家の憲法（憲政秩序）は、市民社会において相互作用し、それらの自由のために共通の諸形式を創出する諸々の意志の、法的形式を、いまだなお展開し、このようにして、諸規範や諸権利を、法や政治の形成〔過程〕へのそれらの参加〔過程〕の諸局面《アスペクツ》として、明示化（分節化）している、そうした統合された〔憲政秩序〕状態である、とヘラーは論じた。このようなものとして、憲法は、成文化ないしは法典化された形式（構造）をとりうるが、しかし、権利の規範的ないし手続き的な先行指示ないしは普遍化された諸原理を、国家権力の行使に対する諸制限として、固定化することによって、その本質的な機能を完遂するわけではない。(46) むしろ、憲法のもっとも真正な機能は、人民の複合的に形成された意志を統合し、かつ表現すること、この意志によって追求され、かつ錬成《エラボレイト》された自由を承認し、安定させること、そして、とりわけ、この意志を国家自身の意志として確固としたものにすることである。

【有機体的憲法（憲政秩序）において、二律背反的関係ではなく、構成的な相互性の関係にある、自由と理性、権力と法（権利）】

このように、有機体的憲法は、国家の意志を、消極的に制約するのではなく、積極的に強化する、合意に基づく諸法を、産出することによって、そして、国家において実定的意志の諸要因（境位）として完全に制定《エンアクト》（実現）される諸権利を、裁可することによって、国家において、権力と法を、そして、自由と理性を、統一する。換言するならば、有機体的憲法は、諸権利を〔国家の実定的〕意志に反するそれらの規範的ないしは形而上学的な均衡（対立）状態（stasis）から外し、そして、諸法を、社会全体において締結されるが、しかし、国家において極まる〔最終的に確定される〕、諸結社間の諸協約（associate agreements）の安定化された諸条項として、産出することによって、国家において自由と理性を融合《フューズ》する、そうした人間的な憲法である。(47) 真正なる憲法とは、社会の活動的、経験的な一構成要素《コムポネント》であり、この中に、社会のすべての構成員たちは、自分自身が構成的に包含されているのを感じ、そして自覚する。[48]とはいえ、そのようなものとして、真正なる憲法は、また普遍的に規範的な構造を含んでいて、したがって、その諸法に違反する、あるいは、諸権利を無視する、そうした国家は、不可避的にその法的人格態を弱め、そうすることで、また権力の喪失を被ることになる。要するに、強力な国家はいつも法治国家《リーガル・ステート》ある。つまり、国家が強力であればあるほど、その諸法は、それだけ、より強力、かつより普遍的であり、そして、その市民たちに帰属する諸権利は、それだけ、より強力、かつより参加を促すものとなる。この点において、ヘラーは、①自由と理性、権力と法の間の関係についての二律背反的な概念は、〔両項の配置について〕誤っているのであり、そして、②法と権力は、事実、相互に前提し合い、かつ支え合っている、というより広い有機体論的な確信に、おそらく、もっとも模範的な表現を与えた。ヘラーにとっては、法と法治国家についての形而上学的に抽象化された分析だけが、法と権力の間の構成的な相互性（constitutive reciprocity）を理解しそこねているのである。

【社会的法治国家論】

こうした主張に加えて、ヘラーは、市民社会における拘束的諸規範の有機体的な産出は、また、実質的《マテリアル》（物質的）ないしは唯物論的（materialist）次元を含んでいることを力説した。ジンツハイマーと同様に、ヘラーは、大衆デモクラシーにおける国家の形成は、必然的に法治国家の形成のみならず、社会的法治国家の形成へと導かれる、と主張した。多元化された大衆社会における有機体的な諸協約《アグリーメンツ》は、不可避的に、形式的・政治的な諸法によって規制された相互作用の諸領域《エアリアズ》だけに焦点を合わせているのではなく、生産と経済的な管理・運営《アドミニストレーション》の諸問題にもまた取りかかるのである。このように、有機体的国家は、分配と雇用の諸問題を合意に基づいて規制する諸法を体現して（組み入れて）いる。したがって、大衆デモクラシー社会に適合する憲法においては、通常、私法と関連しているように見られている、産業的生産の諸関係が、国家の公法的意志の下にもたらされ、そして、経済が公的な法の支配の下で、普遍的な実質的（物質的）諸規範を遵守するように規制される。(49) こうした実質的・有機的憲法の観念の基礎にあるのは、形式的・法実証主義的な諸憲法は、国家を生きた人格態として構成しそこねているのみならず、それらの諸憲法はまた、国家の憲法が、資本主義の規制されない私法によって、そして、このような法の下で自律性が保障されている諸団体によって、制限されていること、そして、しばしば侵食されていること、このことを可能にしている、という信念である。ヘラーの指摘によれば、法実証主義的教説の〔提示している〕劣弱な諸憲法は、とりわけ、経済的に強力な諸集団が合法的権力（legally relevant power）を受け取ることを可能にすること、そして、私法や私人の自律性の諸原則が政治的決定や国家という公的人格態に対して優位にあることを許容すること、これらのことを目論んでいる。こうしたことの故に、法実証主義的な憲法の下では、市民たちは、社会的交換のもっとも決定的《ヴァイタル》な諸領域《エアリアズ》（すなわち、生産・雇用および実質的な資格付与《エンタイトルメント》と関連する諸領域）への参加から法的に排除され、そして、市民たちの諸権利はすっかり形骸化されて、ついには単なる形式的な私的所有権、選挙権、契約遵守と化している。その市民たちを経済において私法的諸自由が〔市民の諸権利を〕侵食する影響力から保護し、そうすることで、真正の普遍的な法治国家《リーガル・ステート》を安定化させうるのは、生産に対する法的諸規制を政治が構成すること（politically constitutive）として解釈し、そして、これらの諸規制を、社会を通じて強要《エンフォース》しうるほど十二分に強力である、そうした有機体的憲法のみである。私法の形式的自律性を承認する法実証主義的な諸憲法は、政治秩序に対して外からの形而上学的諸理念の押し付けを――新しい形式で――繰り返している、とヘラーは結論づけた。すなわち、それらの諸憲法は、有機体的に構築された憲政秩序的な国家の結合力《コーヒージョン》（凝集性）と正統性から〔人々の注意を〕逸らし、そして、人間の生活の基盤を形成する諸々の結社を徐々に破壊する諸原則を中心にして、政治的生活を秩序づけている。要するに、経済の統制は、いつも「政治的〔に喫緊の〕問題（political matter）」であり、したがって、政治的に正統性を有する国家は、社会的かつ経済的な交換のあらゆる諸領域が、多元性を許容しながらも統一的形式をとる主権的意志によって、必ず規制されるように、しておかなければならないのである。(50)

4　人間学と宗教の狭間にある統合理論

【法実証主義と法自然主義をともに退ける社会的法治国家論における文化統合論：文化的に統一された民族を統一かつ代表する正統的国家】

ヘラーの理論の基礎を成す一つの含意は、正統性を有する国家は、文化的に統一された人民（民族）を統合《インテグレイト》するとともに、代表《リプレゼント》（再現）し、そして、人民（民族）という団体を、絶え間なく水準を高めていく実質的かつ法的な統合と自由へと嚮導する、ということである。こうした教説においては、国家が代表（再現）する法的諸原則は、国家が統合する実体的な諸現実と一致する。すなわち、国家の代表的性格と統合的性格とを分かつあらゆる区別は破棄されているのである。正統性を有する国家の実定的ないしは経験的な下部構造は、国民文化であり、そして、文化は、国家を法的形態において組織する、諸結社の関係の中に埋め込まれた諸規範や諸協約《アグリーメンツ》、これらの包括的な前提条件を形成する。信頼しうる秩序の形成は、純粋法実証主義的であれ、純私法的であれ、古典的法自然主義的であれ、あるいは合理的法自然主義的であれ、とにかく、それらのあらゆる様式の法的分析によって、直接的に阻害されている。けだし、これらの法的分析は、国家を空虚な形而上学的な「諸規範の学問（科学）」というプロクルステスのベッドに無理やりに押し込め、そうすることで、有機体的な結社の、そして、国家と社会との間の文化的伝達の、生気溢れる諸過程を解体させているのである。(51)

【ラートブルフ】

【ラートブルフの法理論：民主制の前提としての統合的文化や客観的価値に基づいて形成される法の人格的起源：ゲルマン法によって形成された政治文化とローマ法によって形成されたそれとの差異】

特定の諸観点から見るならば、一九二〇年代のデモクラシー思想において転回を見せていた文化論や統合論は、宗教的論争と深く結びつけられて、効果的な統合をプロテスタント諸国家の特殊な特徴と見なす傾向を有していた。たとえば、ヘラー以前に、ラートブルフが論じたところによれば、民主制は、単に法的ないしは政治的な条件とのみ見なされるべきではなく、そこにおいて市民たちの人格態が、純粋な「個人主義」や「任意性」から切り離され、かつ客観的に統合的な諸価値を中心にして形成される、そういう文化的統一性の条件ともまた見なされるべきである[52]。この主張において、ラートブルフは、「自由法運動」の代表者たちの間の法の形式性に対する初期の敵愾心を広げていた。すなわち、ラートブルフが論じたところによれば、ゲルマン法やとりわけドイツの宗教的な諸見解には、集合主義的《コレクティヴィスティック》で統合された政治文化を創出する傾向があるのに対して、ローマ法によって形成された政治的諸文化は統合的な諸価値を促進しない[53]。ラートブルフは、最終的に、こうした主張を精緻化させて、妥当する法に関する近代的諸概念の基礎にある法的人格態や法的主体性の諸理念は、新しい人間学的前提の上に置かれるべきであり、そして、より広い客観的諸価値と関連づけられるべきである、と結論づけていた。ラートブルフの説明によれば、法の人格的起源は、「自由、自己利害、如才なさ《クレヴァーニス》（小利口さ）の抽象的な配列《スキーム》」と対応する原子化された個人《インディビジュアル》として捉えられるべきではない[54]。それとは逆に、法は客観的文化に埋め込まれた一連の諸価値と諸義務と見なされるべきであり、そして、原子化された法主体において基礎づけられた立憲主義国家は、法的に「組織された共同体」を代表（再現）する国家によって取って代わられるべきである[55]。こうした主張において、ラートブルフは、真正な法の「超人格的諸価値《トランスパーソナル》」は宗教的諸価値と密接に関連づけられている、と力説し、そして、こうした法的共同体を構成するに際して、そして、その統一性がその根拠にしている諸価値を強化するに際して、宗教的に形成された文化に、主要な役割を帰したのである。[56]

【スメント】

【スメントの「統合としての国家」論】

次に、政治的に〔ラートブルフよりも〕はるかに右に位置していた、ルドルフ・スメントは、プロテスタント諸国家が統合の実定的な諸過程（*positive* processes of integration）に依拠するのはそれらの特徴である、と論じた。このような諸国家は、それらの正統性や法的至高性《ディグニティ》に関して実定（実証）化（positivize）された説明を提供することを強いられていて、そして――ローマ・カトリック諸国とは異なり――権力行使のための揺るぎない基礎づけを前提にしえない。こうした理由によって、スメントの主張によれば、プロテスタント諸国家の正統性は、経験の文化的、解釈的な統一性《ユニティ》を前提にする、という傾向を、すなわち、変化しやすいものであり、絶えざる発展（進化）に服する、という傾向を有し、そして、もっとも重要なことであるが、内部（内面）的な統合（*integration*）の諸過程を通じて間断なく再現《エンアクト》（実現）されている。はっきりいえば、ローマ・カトリック諸国は、そこにおいて国家がその権力を一連の不可変の法的諸規範に準拠させる、そういう代表（再現）（*representation*）という外部（外面）的・形而上学的な属性を通じて、その正統性を獲得するのであるが、これに対して、プロテスタント諸国は、こうした本源的な準拠基準を内部（内面）化し、そして、そこにおいてそれら（のプロテスタント諸国家）が自由や文化的統一性《ユニティ》の経験を内部（内面）的に明示（分節化）する、そうした統合《インテグレイション》を通じて、その正統性を引き出すのである。[57] ルター派の諸国家は、とりわけ顕著なことには、いかなる外部的ないしは永続的な法の構造も有さず、そして、それらの諸国家は、文化を統一する諸々の統合メカニズムを通じて、支えられている。[58] スメントが断言したところによれば、外部（外面）的な代表（再現）による基礎づけを欠く諸国家は、主として文化的な団結力《コーヒージョン》（凝集力）をもたらす諸価値に準拠することによって、それら自身を正統化し、そして、そうすることにおいて、そこにおいておそらく諸法と諸決断が遵守され、正統なものとして認められる、そうした客観的アイデンティティの経験を、生み出すのである。それゆえに、スメントの結論づけたところによれば、プロテスタント国家が正統的であるのは、それが共通の「客観的価値」によって統一された支持層《コンスティテュエンシー》（選挙民）を前提しうる場合であり、またその立法においてこうした価値を解釈し、反映しうる場合である。[59]

【スメントの憲法論：市民生活を組織化する価値やアイデンティティに公的形姿を付与する「統合する現実」ないし「生きている現実」としての憲法：統合的な人民投票的権威としての国家】

こうしたことに基づき、スメントはまた、憲法と国家という人格態とについての独特な理論を提示していた。スメントの主張によれば、憲法の役割は、国家に対抗して、あるいは、日常的な人間の現存とは異なる形で、一組の諸権利ないしは諸規範を確保することではない。そうではなく、正統性を有する国家の憲法は、それらを中心にして市民たちが自分たちの生活を組織化する、そうした諸価値や諸アイデンティティに、公的な形姿を付与する、国家の「統合している現実（integrating reality）」ないしは「生きている現実（living reality）」である。憲法が一定の客観的に保持された諸価値を表現するところでは、市民たちは、自分たち自身が人格（個人）的かつ客観的に国家に拘束されていると感じ、そして、憲法は、国家を支える市民たちを統合する。このようにして、スメントが結論づけたところによれば、憲法の中に銘記《エンシュライン》されている諸権利は、国家を形式的に拘束し、あるいは国家という構築物《ファブリック》に外部から資格付与を押し付ける、形式的で法自然主義的ないしは不可侵の諸規範ではない。それとは逆に、憲法上の諸権利は、解釈された文化と憲法を中心にして形成された客観的な価値秩序とにおける能動的・客観的な諸要因《エレメンツ》（境位）であり、そして、それらの諸権利は、「国家の秩序と法の秩序」のために正統性を提供する手助けする。なぜならば、それらの諸権利は、市民たちが国家と共有している、そして、市民をして国家との相互作用に関与せしめている、そうした価値概念を、枠づけているからである。[60] このように、国家は、その正統性を、そこにおいて、国家のあらゆる諸機能が全市民（住民）の多様な諸部門を統合する、という不断の課題に参加する、そうした「全体的な出来事」ないしは「日々の人民投票（everyday plebiscite）」として、獲得する。したがって、憲法の基本権と他の諸要因（境位）とは、国家の統合的な人民投票的権威（integrative plebiscitary authority）に制限を課す、形而上学的諸原則ではない。それとは逆に、それらは、国家の動態的な諸構成部分《コムポネンツ》であり、そして、日々の人民投票が成功するであろう、ということを請け合うことに、直接的に寄与している。[61]

【市民統合に際しての憲法の客観的役割：文化的統一性の経験と解釈：国家の正統性と法の妥当性を調達するのに最適の君主制的プロテスタント国家】

スメントの統合理論とヘラーによって提示されたそれとは、スメントが市民たちを統合するに際して、憲法の客観的役割を強調した、という点において異なっていた。そして、スメントは、憲法は人民（民族）をすでに形成された国家装置へと拘束している、と主張していた。実のところ、この点では、スメントは、どのような価値がより広い社会的承認を獲得し、国家の正統性に寄与しうるのか、これについてのかれの解釈に関して、高度の自由を許していた。スメントの理論がその中核において含意しているのは、統合的な諸価値の内容は明記《スティピュレイト》（規定）されえず、共通の解釈の進行中の諸過程を通じて引き出され、吟味される、ということである。こうした理由によって、スメントは、君主制から共和制までの多くの異なった政治体制《システム》が政治的な団結力（凝集力）の諸条件を提供しうることを認めることに吝かではなかった。それにもかかわらず、同時期のシュミットと同じく、スメントは、純粋に自由主義的ないしは議会主義的な諸体制は団結力（凝集力）をもたらす文化的な統一性《ユニティ》を促進する象徴的な仕組み《デヴァイス》を欠いている、と示唆していた。したがって、そうした諸体制は強力な統合メカニズムを錬成しようともがいており、そして、大抵、正統性の欠如に苦しんでいる。[62] 君主制と純粋な民主制は、ともすれば、支持と至高性《インテグリティ》とを一括して宣言することを奨励することになろう。というのは、これらの体制（君主制と民主制）が、合意を獲得しようと企図するとき、象徴的な諸資源を配置し、そして、法の名宛人たちを統一性《ユニティ》の包括的な諸経験に委ねることは、このような諸体制に特有のことであるからである。[63] しかしながら、スメントが結論づけたところによれば、君主制をとるプロテスタント諸国家は、近代社会において政治的な至高性《インテグリティ》を維持する最大のチャンスに恵まれた諸国家である。このような諸国家は、法の妥当性を基礎づける根拠が争われるようになってきた、社会・政治的条件の下においては、統合の客観的価値と客観的源泉を産出することに、とりわけ適しているからである。[64]

【スメントの国家論とゲルバーの反動的な法理論との交差：宗教的価値に根差す国家】

このような〔スメントの理論的〕位置取り《スターシーズ》はまた、ヴァイマール共和国における法理論の極端に反動的な周辺部に影響力を有していた諸立場と交差していた。たとえば、ハンス・ゲルバーは、ヴァイマール憲法を、「合法性（legality）という形式的原則」に執着することを通じて、「その正統性（legitimacy）の力」を掘り崩し、そして、結局のところ、文化的・政治的アイデンティティという統合的な倫理ないしは感覚を維持しえない、文書《ドキュメント》である、と公然と非難した。それゆえに、スメントに従って、ゲルバーは、立憲主義的かつ議会主義的な秩序の弱点である統合力の欠如は、ドイツ民族《ピープル》のもっとも根本的な宗教的諸価値を根拠とする強力な国家によってのみ克服されうる、と結論づけた。[65] すなわち、ゲルバーの説明によれば、「権威（Auctoritas）」はひとえに信仰にのみ由来しうるのである。このように、ゲルバーは、特殊な「福音主義的国家論」を基礎づけるための綱領的計画を公表し、法を歴史的民族《ピープル》の客観的な法的諸共同体から生まれた「無条件的な義務」として定義し、そうすることで、「いかなる形態の自然法も拒否した」のである。[66] 後の著名な「国民社会主義（National Socialist）」（いわゆるナチ）の法理論家、オットー・ケルロイター（一八八三―一九七二）もまた、その若い時代に、「キリスト教国家の理念」を、近代の政治秩序の「生きた」諸要因（境位）の一つとして定義していた。[67]

5　カール・シュミット――例外主義、代表〔再現〕、統合

【シュミット】

【左右に通底する法実証主義批判：その典型としてのシュミットの著作】

要するに、法実証主義に対する批判は、多くの政治的境界線と交差し、そして、多くの異なった政治的態度において反映されていた。この法実証主義批判は、ヴァイマール共和国の政治的に左派的立場に身を置く社会・統合主義者の諸理念の中核を占めていたが、ところがまた、プロテスタントの政治的な実体（本旨）についての極端に保守的な教説とも明らかに通底し合うものであった。しかしながら、法実証主義を拒否するということがそのもっとも劇的かつ影響力を有する形で表現されたのは、カール・シュミットの著作においてであった。

【第二帝国崩壊後のシュミットの理論的態度の転換：政治的秩序の安定に寄与しえない法実証主義、新カント主義、自由主義からの離反】

ヴァイマール共和国が成立する以前の、シュミットの最初の諸著作は、新カント主義の諸理念に近いもので

あった。シュミットは、その思想の初期の段階において、国家の権力に対する「法の優位」に与する議論をしていたし、そして、あらゆる法的枠組みに適用され、かつ権力のあらゆる行使を評価するために用いられてきた、超実定法的《スープラ・ポジティヴ・リーガル》な諸規範の存在を説明するために、ローマ・カトリック教の教えを、引き合いに出していた。(68) しかしながら、一九一八年のホーエンツォレルン王朝崩壊後、シュミットは政治秩序の規範的分析を放棄し、そして、より戦略的な術語で著された自分の著作の目的を、その下で自分が生きている政治的諸秩序の安定性を確固としたものにしようとする企図として、同定していた。(69) それゆえに、時局にもっとも影響力を及ぼしたシュミットの理論的活動の大部分は、ヴァイマール共和国の政治秩序に実体を付与しようとする、そして、かれがそれに降りかかっているものと見なしていた多様な脅威〔ボルシェヴィズム、外国による〔ドイツ領土の〕併合、国内におけるサボタージュ〔反国家勢力の破壊活動〕〕に対して、いかにして国家は防御されうるか、これを具体的な術語で説明しようとする、そうした欲求によって形づくられていた。それゆえに、一九一九年以降、シュミットは、法実証主義や新カント主義、これらの諸教説によって影響されたあらゆるタイプの自由主義に背を向けたのである。したがって、シュミットは、とりわけドイツにおける脆弱な民主制的伝統という文脈の中で、かれが政治諸制度の安定に寄与しえないと考えた、あらゆる立場に、反対する姿勢を取ることになったのである。

【自由主義と法実証主義によって弱体化されたドイツ国家再建の道：理性の神ではなく意志する神に準拠する主権者の啓示ないし奇跡としての決断】

一九二〇年代を通じてシュミットの著作の中心にあったのは、自由主義と法実証主義における脱人格化の精神（spirit of depersonalization）によって、ドイツにおける国家は次第に脆弱化し、国内では分裂が溢れ、〔国民を〕団結〔凝集〕させる基礎が失われて、極端な不決断の傾向が現れた、という主張である。とりわけ、シュミットは、法は政治的干渉に服さない社会的コミュニケーションの中立的ないしは純粋に規範的な媒体であり、そして正統性を有する国家は中立的な法によって拘束される国家である、という法実証主義者の想定を、自由主義的な政治思想の不条理かつ危険な誤謬と見なした。けだし、この誤謬がドイツにもたらした諸結果は、ヴァイマール共和国の統治システムの深刻な不安定性において、あまりにも明白に見て取れるからである。おそらく、他の誰よりも、シュミットが強調したところによれば、こうした〔法実証主義者の〕想定は、何故に自由主義的な政治的諸教説が強力な国家を形成しようともがいているのか、そして、何故にそれらの教説が内外の不安定要因に傷つきやすいものであるのか、これらのことの理由である。事実、法と権力の関係は、政治的利害関心の対抗し合う諸機関の間の〔習慣的に〕確立《エントレンチ》された紛争の所在地《サイト》として検討されるべきであり、そして、正統性を有する政治的体制は、主意主義的に権力を行使しうる、そして、法を通じて諸々の具体的な諸利害関心〔のそれぞれ〕に〔それぞれにしかるべき実現の〕道筋をつけうる、そういう政治的体制である。それゆえに、正統性を有する政治秩序は、同形的、主権的、しばしば人格的な、一つの意志において、基礎づけられなければならないし、そして、この意志は、国家のあらゆる決定〔決断〕と国家のあらゆる法の前提条件を提供しなければならない。この点では、「神学と法学」の間には、いつも「方法論的な関係」が現存する、というケルゼンの主張と、同意見であった[70]。シュミットは、政治理論のすべての諸側面は、「世俗化された神学的諸概念」である、と断定していた[71]。事実、ケルゼンと同じく、シュミットはまた、秩序に関する聖的《セイクラル》な構成概念《コンストラクツ》から世俗的《セキュラー》なそれへの移行は、近代の政治的生活の必然的かつ不可避的な側面である、と論じていた。しかし、ケルゼンとは異なり、シュミットは、正統性を、法による権力の規制に存するものとしてではなく、主権者の決断する意志（decisive will）としての国家において存するものとして、捉えていた。このようにして、主権者の決定は、神の意志の根源的な自由あるいは神の意志の根源的な啓示ないしは「奇跡」との類比において、その正統性を受け取る、と主張する点で、シュミットはホッブズに従っていたのである。その正統性の理念を理性によって制約される有神論（theism）の神から引き出す（演繹する）自由主義的な法治国家（*Rechtsstaat*）とは異なり、真なる主権的国家は、その形式を、理知的な神（intellectual God）あるいは理性の神にではなく、意志する神（willing God）ないしは自由の神に、それが準拠していることから、引き出す（演繹する）[72]。主権的意志の命令《エディクツ》は、それに先行する制約ないしは規範によって悪しき影響を受けないし、そして、神の本源的《オリジナル》意志の世俗的に反映したものとして現象する。はっきりいえば、諸国家が合理的であるとともに自由でもあろうとするところでは、あるいは、諸国家が自由の諸条件を普遍的な理性の諸理念によって規定《スティピュレイト》されることを許しているところでは、それらの諸国家は、それらの合理性と自由の両方を失う差し迫る危険を犯しているのである。

【人格主義と主意主義を退ける法実証主義における形式的・中立的な法は、正統的国家の基礎づけを構成しえない：自由主義における妥協と合意の諸条件を形成するための政治的な管理・運営の媒体としての法は、それが自己目的とされるかぎり、国家秩序を崩壊させかねない：合法性と正統性、実効性と妥当性、これらの分離そのものからは、法の妥当性と国家の正統性は帰結しない】

したがって、シュミットは、形式的諸規範の中立的体系として定義される法は、それ自身にもとづいて国家の正統的基礎づけを決して構成しえない、と結論づけた。国家はいつも決まって非人格的な憲法秩序によって拘束されている、という法実証主義者ないしは新カント主義の主張は、ただ国家の権力を分解させるのに役立つだけであり、権力の必然的に主意主義的な起源を省察しそこなう。同様に、法は、社会的な敵対的《アンタゴニズム》関係を一時的に和らげ、対抗し合う社会的諸集団の間の妥協を作り出し、そうすることによって、国家にとって有効な合意の諸条件を創出するために用いられうる、そうした政治的な管理・運営の媒体である、という標準的な自由主義的想定は、ただ国家にとってきわめて非現実的《キメリカル》な形式の正統性を確保しうるだけである。これらの議論は、シュミットにとって、法と権力の間の関係や法と正統性の間の関係を、まったく誤解していたのである。シュミットにとっては、自然的調和と中立性《ニュートラリティ》を法の譲渡しえない前提条件として帰属計算《イムピュート》している、「自由主義の形而上学的体系」は、現代社会を規定する社会的多元性と極度の物質的な敵対的関係の諸条件の下での国家諸形態を分析することには適していない。(73) このような諸社会においては、正統性の単一的《ユニタリー》基礎づけは、法が適用される以前に、確立されていなくてはならないし、そして、法は、こうした正統性を本源的に構成する諸原則を、決然として伝達しなければならない。もしそうでないならば、そして、もし法が中立的ないしは普遍的な媒体として適用されるならば、法は国家の正統性を徐々に破壊する諸原則を国家にそれとなく染込ませ、そして、このようにして、国家を基礎づけている秩序の土台を破壊してしまう。

【多元的政党政治に立脚する議会制的統治に対する批判：一般意思の出現を妨げる政党制と議会制に基づく統治：純正の民主制ではありえない議会制（政党制）的民主制】

法の中立性（legal neutrality）という法実証主義者の諸理念に対する批判に加えて、シュミットはまた、現代国家における諸政党の役割に対して強い敵意を示した。はっきりいえば、シュミットは、政党民主制（party democracy）を法実証主義と密接に関連づけられているものと見なしていた。シュミットによれば、政府《ガヴァメント》〔統治〕が諸政党、そして、通常、異なった（しばしば当然ながら敵対関係にある）諸政党間の連立《コアリジョン》によって指導《コンダクト》（運営）されているという事実は、権力の行使が同形的あるいは同質的な政治的意志によってではなく、異なった諸結社間の技術的な「妥協と連立」によって処理される、ということを意味している。(74) 諸政党は、民主制が、断片化された、あるいは、物質的に細分化された、一組の諸利益（利害関心）〔の確執状態〕へと、陥没《サブサイド》してしまうことを許容し、そして、そのさまざまな支持基盤《コンスティトゥエンシーズ》（選挙基盤）の間の諸均衡を調停しようとして、実際には、政府〔統治〕に凝集性のある下部構造を与えうる実体的な一般意志の出現を妨げてしまう。(75) さらにいえば、現代の大衆民主制は、いかなる政党にも、この政党が民主制的支配の諸原則を支持するかどうかに関わりなく、権力に接近《アクセス》することを許している、という事実は、明らかに、このような政党民主制の弱点を際立たせ、そして、これらの諸システムが明確な秩序の諸原則を表現しえないことを、――あるいは明らかに「国家の形態」を定義しえないことさえも――示している。(76) その結果、政党民主制は、政治システムを、統制されない政党政治的多元主義や統制されない多元的な分散した諸利益（利害関心）――それらの多くは現実的あるいは潜在的に、現存している政治秩序に反対している――と結びつけている。このようにして、政党民主制的な多元主義に対するシュミットの批判の中心にあるのは、議会制的民主制はその通例の諸形式においては、純正に民主制的ではありえない、という確信である。(77) 諸政党の代表者（代理者）たちに基づく議会は、人民《ポピュラー》による民主制（popular democracy）を可能にするというよりは、むしろ、あらゆる民主制が必要としている、まさしく、かの統一促進的な一般意志の出現を、妨げるのである。こうした理由によって、「独裁」それ自身は、議会主義的統治《ガヴァナンス》もより民主制的でありうる、とシュミットは主張したのである。

【多元的社会集団の利害関心を反映する現代国家の構造的脆弱性：①政治の主意主義的境位の消滅、②政治の中性化、③正統性資源の断片化：自由主義、自然法、私法的法実証主義：自由主義的民主制から大衆民主制・福祉民主制への転換：敵対関係にある諸特権の調停ではなく混合：物質化過程と物質化されたコマンドの諸システムとしての政治】

シュミットがきわめて大まかな用語で主張したところによれば、現代の政治的諸システムの発展は、①政治の形式（形相）付与的（form-giving）ないし主意主義的《ヴォランタリスティック》な要因《エレメント》（境位）の消滅《ディマイズ》をもたらし、そして、その結果、②政治の基本的な中立化（中性化）（neutralization）と③政治における正統性に係わる本源的な諸資源の断片化

（fragmentation）とに導かれた。シュミットによれば、こうした中立化（中性化）は、一九世紀における自由主義的政治運動の形成とそれに続く初期の議会制的民主制の諸システムの確立とに伴って始まった。自由主義やその自然法の教説と私法的法実証主義とを通じて、さまざまな私的な諸利益（利害関心）〔私法問題〕が――「個人的自由」の「組織化」として――国家という構築物《ファブリック》〔公法問題〕の中に混入することが許容されることになった。[79] 国家は、その際、異なった社会的諸集団の諸目的を反映する多くの異なった法的諸原則によって規定《ディターミン》されるようになり、国家が一つの同形的意志（one uniform will）あるいは一組の諸大権《プリロガティヴズ》に合わせて活動することは困難となった。それにもかかわらず、初期自由主義は独特の力（particular strength）を有していたので、その信奉者たちは、財産所有者（property owners）として、小さな活動的公共圏（active public sphere）を伴う相対的に閉じられた特権（選挙権者層）（franchise）を形成していた。このようにして、かれら（自由主義の信奉者たち）は物質的諸利益（利害関心）の相対的に同質的《ホモジーニアス》な集団によって統一《ユニファイ》され、首尾一貫した諸利益（利害関心）を国家の中に注ぎ込み〔国家によって自己利益を実現しようとし〕、国家に〔国家が〕果たしえない規制負担《レギュラトリ・バードゥン》を課することを回避したのである。しかしながら、その後、直接的に対立する階級的利害関心を伴う〔自由主義の信奉者たちとは〕異なる諸階級にまで選挙権《フランチャイズ》が拡張することを通じて、そして、次に、二〇世紀において十分に発展することになった大衆民主制と福祉民主制とが結果的に制度化されることを通じて、国家は、激しい敵対的関係にある諸特権《プレロガティヴ》の混合（融合）（amalgamation）を内在化《インターナライズ》することを次第に強いられることになった。けだし、これらの諸特権の調停(reconciliation)は、一つの統治する意志の形式においては不可能であるからである。結果として、そこでは〔議会の内外の〕諸々の利益集団《インタレスト・グループ》がかろうじて静穏化《パシファイ》された仕方で政治権力の割り当て《ポーション》と物財の分け前《シェア》をめぐって競い合う、そういう戦場として、国家は装いを新たにされることになった。このようにして、現代国家は、必然的に、「社会的・政治的な技術《テクノロジー》の道具」の機能を受け取ることになったが、この機能が立法に際して主として対象（目的）にするのは、端的にいえば、この機能に関して〔すでに〕利害関係を獲得していた、そして、権力の増大を求めて絶えまなく相争う、そういう多元化された諸結社を、一時的に鎮静化《パリエイト》することである。[80] シュミットの主張によると、この種の国家は、政府の現実的《アクテュアル》で（現下の）具体的な諸原則ないしその市民のための諸法の内容を決定しえない。そして、妥協やかろうじて曖昧にされている敵対的関係――ここにおいてこの種の国家は基礎づけられているのであるが――の故に、この種の国家は、正統性の長期的な諸条件を維持しえない。要するに、この種の国家は、決して政治的ではありえないのである。すなわち、現代国家の変容（形式転換）の基礎にあるのは、物質化（materialization）の過程が存在し、そして、この過程を通じて、公的意志のすべての諸要因（境位）は、危ういながらも均衡のとれた物質的利益によって代替され、そして、政治は高度に技術的で物質化された命令《コマンド》の諸システムによって置き換えられたのである。[81] シュミットが結論づけたところによれば、自由主義の自然法的合理主義と法実証主義の私法的規範主義は、このようにして、現代史の進路において、新たに強力となった社会的諸集団の貪欲な自己利益を隠すための――政治を衰弱《ディビィリテイト》させる――仮面の役目を果たしてきたのである。はっきりいえば、自由主義的諸理念は、公的秩序の装置に一組の高度に道具的で私的な諸目的を押し付けるために、そして、政治的安定を保障《アンダーライト》するのに必要な決意《リゾルヴ》を国家から失わせるために、形而上学的普遍性という影法師《シャドウ》を用いてきたのである。したがって、自由主義的諸教説は、無力《ヘルプレス》な国家の創出に寄与してきたのである。こうした国家を構成する人（選挙区住民）たちは、かれらが国家をもっとも必要とするところでさえ、保護のために――かれら自身からの、そして、かれら自身の自己利益の致命的な帰結からの、保護のためにさえ――国家に依存しえない。[82] 正統性を有する国家の構造的な前提条件は、①国家は社会における利益諸集団と異なったものでなくてはならない、そして、②国家は社会のあらゆる異なった部門を横断する秩序の諸原理を課しえなければならない、ということである。

【シュミットにおけるヴァイマール共和国の相対的安定期と末期との憲政秩序に関する大統領独裁の役割についての評価の差異：実定法的意志の表現としての憲法：委任独裁から主権独裁へ：大統領大権の集中強化、争点毎の人民投票・喝采による権力の正統化】

シュミットは、ヴァイマール共和国に関する診断《ディアグノスティック》的な著作を多く著わしているが、こうした著述を特徴づけているのは、①民主制的政府《ガヴァメント》（統治）は、それが延命《サーヴァイヴ》すべきであるとするなら、ケルゼンの法の中立性という擬制《フィクション》と、利益（利害関心）に基づく法の多元主義、すなわち、その多頭支配（*polyarchy*）との両者〔の装い〕を、〔脱ぎ〕捨てなくてはならない、そして、②民主制的政府（統治）は、統一した決断力を有する意志（uniform and decisive will）を具体化している憲法の中に再定位され（再度基礎づけられ）なくてはならない、という（ときおり意図的な自己矛盾を呈す）主張であった。ところで、この時期の主要な諸著作においては、憲政秩序が維持されるのは、憲法が一つの実定的意志の表現として言明されるところ、そして、この意志が、自由主義によって促進された、そして、「憲法に対する敬意を破壊し」、民主制的秩序という構築物《ファブリック》を腐食させる、そうした「多元的な合法性の概念」に対して、強固にされているところ、こうしたところのみである、と主張して、シュミットは自分を憲法の保守的な擁護者として位置づけていた。(83) 憲法に具現された統一した意志の現実的《アクチュアル》な本性と起源は、シュミットにとって、歴史的文脈次第で、時期が異なる毎に異なった仕方で現れていた。共和国創設後のかれの最初の著作では、とりわけ『独裁』では、少なくとも危機の時代には委任独裁（commissarial dictatorship）が国家の憲法的意志をもっとも効果的に「守る」ことのできる政府（統治）形態であろう、とシュミットは論じていた。(84) 一九二〇年代と一九三〇年代初期の異なる時期《ジャンクチャーズ》には、シュミットはまた、大統領の大権的《プリロガティヴ》権能による政府（統治）の擁護に着手し、そして、ヴァイマール憲法に埋め込まれていた非常大権（exceptional powers）――とりわけ悪名高い第四八条の中に体現された（組み込まれた）諸権限――は、共和国の基本的な憲政構造を保持するために、大統領ないしは大統領指導下の行政府に権力が集中するように利用されるべきである、と論じていた。これらの諸著作において、シュミットは、①議会制統治《ガヴァナンス》の立法手続きを無力化することと、そして、かれの主張によると、②争点毎の人民投票(one-issue plebiscites)において人民の喝采(*acclamation*)を得る《ガーナリング》ことによって統一《ユナイト》された意志においてその基礎づけを明示《デモンストレイト》しうる、〔その点で〕半分有責的である(semi-accountable)、そうした大統領制的行政府に、あらゆる権力を集中させること、これらのことに大いに熱意を示した。[85] このようなシュミットの主張は、とりわけヴァイマール共和国末期の事例を念頭においたものであった。この時期のドイツは、議会の支持をほとんど受けずに、そして、第四八条において大統領に与えられた諸権限の下に大統領によって任命され、その職務に就けられていた、ハインリヒ・ブリューニング、フランツ・フォン・パーペン、クルト・フォン・シュライヒャーといった歴代の首相《チャンセラー》たちによって、統治されていた。しかしながら、シュミットは、ヴァイマール期の他の時点では、より広い基盤を有する立憲主義的支配を支持する用意を断続的に示し、この立憲主義的支配が共和国の民主制的に形成された憲法を守るのに役立っているかぎりにおいてのみ、大統領権力と行政府権力の増大を擁護していた。この後者の見解は、ヴァイマール共和国の相対的安定期の一九二四年から二八年の間の時期のシュミットの諸著作において、とりわけ顕著であった。この時期には、シュミットは、共和国の憲政的実態《リアリティ》は、事実、ある程度の国内的な安定性と正統性を有しており、そして、ドイツ人民の統一化された意志に実際に形態を与えるであろう、という見解をとり始めていた。[86] その結果、この時期に、シュミットは、国家をより信頼しうる基礎づけの上に置くために、いかにして憲法は改正ないしは修正されうるか、これを示すという課題に取り組んでいたのである。このようにして、シュミットは、自由主義的ないしは法実証主義的な政治的諸理想から発展している憲法の諸形式——すなわち、立法府、行政府、司法府の分立の保障、国家の権限を制限し、国家外の社会的・経済的な期待を充足させる諸々の基本権のカタログ——は、もっぱら「国家権力の相対化」へと導かれ、そして国家の構造的統一性を弱めてしまう、と論じていた[87]。それゆえに、シュミットが主張したところによれば、ヴァイマール憲法における自由主義から生じる軋轢《ディヴィジヴニス》のこのような諸事例は、廃絶されるべきであり、そして、そこでは国家のあらゆる制度的な構成要素《コムポネンツ》が一つの決断力を有する実定的意志の統合化された諸要因（境位）である、そうした憲法形態に置き換えられるべきである。はっきりいえば、ヴァイマール期の終焉時でさえ、シュミットは、最終的に共和国の完全な転覆を扇動する者たちに諸手を挙げて与したりはしなかった。大統領体制《リジーム》の時期を通じて、シュミットは大統領の権力を共和国の崩壊を食い止める最後の拠り所と見なし[88]、そしてまた、共和国の完全な破壊を意図していた諸党（とりわけ国民社会主義労働者党［ＮＳＤＡＰ］（ナチ党））を権力から排除することを確実にするために、憲法上の別の規定を設けようと努めていたのである[89]。

【シュミットと保守革命家たち、ユンガー、シュペングラーとの関係：決断と闘争としての政治】

シュミットは、ヴァイマール後期の大統領体制《システム》との結びつきから、しばしばヴァイマール共和国のいわゆる保守革命家たちと結びついていた。これらの人たちは、ヴァイマール民主制を権威主義的な非議会主義的統治《ガヴァメント》（政府）に取って代えることを奨励し、そして、理想的な政治秩序を、国民的な統一と秩序の神秘的な象徴によって統合され、かつ科学技術《テクノロジー》によって強化された貴族によって統治《ガヴァン》される、軍事化された社会に基づく政治秩序と見なしていた。エルンスト・ユンガー〔一八九五―一九九八〕やオスヴァルト・シュペングラー〔一八八〇―一九三六〕の周辺に集まった文人哲学者たちの集団であった[90]。とはいえ、シュミットのこの集団との結びつきは、シュミットの思惟の全域を捕えてはいないが、ときおり、シュミットを、かれ自身の見解とは直接的には対立する見解と提携させている。シュミットは、議会主義的秩序に対するきわめて懐疑的なアプローチをユンガーやシュペングラーと共有したにもかかわらず、かれらの科学技術への極端な肩入れを明確に支持しなかったし、かれらの激しい反キリスト教的態度、ポスト・ニーチェ的な自然主義、あるいは、人間の真正性に関する空想（神話）癖に由来する（mythomanic）概念構成に、共感を示さなかった。にもかかわらず、シュミットは、保守的革命者たちと同様に、正統性を有する政府〔統治〕は決断に基づき、そして、この決断は、通常、政治的強制の手段をめぐる敵対的な闘争を伴うものである、とシュミットが主張する点では、これらの諸理論に近づく動きを示した。

【普遍的秩序規範の脱統合、多元的社会的諸集団間の敵対関係から帰結する、国家の正統性の危機：例外状態において露出する国家の正統性：政治的正統性の源泉としての無から自己創出する意志】

したがって、シュミットの理論の一つの鍵となる側面は、①自由主義的な諸政府〔統治〕は、平和は人間の共存の自然的条件である、と間違って想定している、そして、②それらは、法の規範的な基礎づけは、政治的組織体（polity）のすべての成員たちの間の自明の――、あるいは容易に調整される――妥協から引き出されうる、と素朴にも前提している、という主張である。しかしながら、シュミットの見解によれば、事実は逆であって、「社会的調和」に対する自由主義的信仰は、実際、自由主義的形而上学の一要因〔境位〕である。[91]現代の政治的組織体を特徴づけているのは、事実、きわめて多元主義的な社会的諸集団間のきわめて高い水準の敵対関係《アンタゴニズム》であり、そして、国家は、それ自身のために〔独力で〕、これらの集団間の協定《アグリーメンツ》から規範的基礎づけを産出しえない。それゆえに、結局のところ、国家は、その権力を規範的ではなく、例外的に（*exceptionally*）〔つまり非常事態を宣言した中で〕断言しなければならない。シュミットの主張によれば、「例外状態（state of exception）」のみが「国家の核をその具体的性格において暴露する」[92]。そして、ある国家が正統的であることを主張しうるのは、それが深刻に不安定な社会的状況において秩序を統一する諸原則を産出しうることを明示《デモンストレイト》するところのみである。[93]それゆえに、この観点から、シュミットは、現代国家を基礎づけることの本源的逆説を劇的に誇張して表現していたのであり、そして、シュミットは、かれの理論を、普遍的秩序の崩壊（脱統合）後の政治を定義する問題に固定していたのである。シュミットによれば、政治的正統性の源泉は、本源的には、偶然的（状況依存的）な意志（contingent will）である。すなわち、これは、いかなる先行する――必然的な、あるいは、知性化〔知性によって処理〕された――法の境界もなく、そして、いかなる基礎にある自然的ないしは社会的な諸資質《ディスポジションズ》（傾向）もなく、無から（*ex nihilo*）自己創出する意志である。シュミットによれば、正統性の源泉は、「規範的な観点から考察されるならば」、「無から生まれたのである」(94)。さらに、一度創出されたならば、この意志は政治的正統性の唯一の保障者である。――意志の行使なしには、国家における正統性は存在しないし、そして、国家はその正統性を保障する意志の外部に存在する諸原則に何ら頼っていない。とはいえ、諸々の議会制的な法治国家《リーガル・ステート》は、とりわけ法実証主義的ないし新カント主義的な諸憲法によって規制されるそうした諸国家は、正統性を支持《アプホールド》する意志を確立しえない。そして、正統性をそれらの本質的規範性から引き出す、というそれらの〔諸国家の〕主張は、これらの諸国家の内部には正統性が欠如していること、そして、これらの諸国家が規範的調和という偽善的な擬制に依存していること、これらのことを示す指標であり続けている。権力と法を相互に構成的なものと見なす、ケルゼンによって試みられた、政治秩序についての説明は、相変わらず形而上学的思惟の欺瞞の罠にかかっている。そして、それらの説明は、普遍的自然法という本源的に形而上学的観念を国家の世俗的な形態に移し入れるために、逆説的な見せかけ《フェイント》を利用している。とはいえ、このような見解《アウトルックス》は、現代政治の次のような基本的な諸事実を把握しそこねている。すなわち、それらは、①人間学的であれ、形而上学的であれ、ひょっとすると政府〔統治〕を支えてくれるかもしれないような、そんな都合のよい法的力《リーガル・パワー》は森羅万象の中に存在しない、②政府〔統治〕はそれ自身の安定性の諸条件を産出し、強化することに現実的な責任を果たしうる、③それ自身に基づく法は、国家を守らないであろう、これらの基本的諸事実を、把握しそこねているのである。古典的な自然法の諸理論は、国家が準拠しなければならない神によって創出され、かつ統括されている、そうした包括的な規範秩序を、信じていたかもしれない。しかしながら、神が歴史における行為主体ではない世俗社会では、法の支配は、いかなる外部的な下部構造も有さないし、主権的意志の実効的な現前とその存亡を共にするのである。

【決断主義に基づくケルゼンの規範主義的法理論の批判：人格主義の中に形而上学を見るケルゼンと規範主義の中に形而上学を見るシュミット：ケルゼンにおける規範的合法性と自然的合法則性の同一視：規範ではなく決断に基づく国家の正統性：ラディカルな偶然性（状況依存性）を引き受ける主意主義的決断】

このように、ヴァイマール期のシュミットの諸著作を互いに関連づけている哲学的モティーフは、形而上学と人格主義とのケルゼンの等置の仕方を逆転することであった。ケルゼンが人格主義の中に形而上学の影響の残存を見たのに対して、シュミットは、純粋な規範主義の中に形而上学の影響の残存を見たのである。シュミットにとって、国家が正統性を有するのは、国家が規範ではなく決断において基礎づけられているところである。そして――その帰結として――国家が形而上学的ではなく人格的なものであるところ、すなわち、国家がその基礎づけのラディカルな偶然性《コンティンジェンシー》（状況依存性）を受け入れ、そして、この偶然性《コンティンジェンシー》を、法と権力との失われた形而上学的統一性を逆説的に再び引き合いに出して、曖昧なものにしてしまうことを退けるところである。シュミットが結論づけたところによれば、「法的秩序は、規範ではなく決断に基づいている」のであり、そして、法の規範力はそれを支えている決断と不可分である[95]。それゆえに、政治秩序を下から支えている主意主義的な決断は、政治における形而上学的な残滓の証憑《トークン》では断じてない。決断は神自身の自由な創造意志との類比において現存するであろうし、そして形而上学への準拠を暗示しているかもしれない。しかしながら、決断は、事実上、ある政治的組織体が、実定的に決断し、特定の仕方で現存し、そして、特定の憲法的形式を採り、そうすることによって、形而上学的な形式以外のものであり、そして、偶然性と可変性の逆説を受け入れる、そうした自由である。この決断は、そこにおいて国家の秩序がその偶然性と絶対的な実定性とを反映し、そして、それ自身の外部にあるものに一切準拠せずに、それ自身のために（独力で）信頼しうる基礎づけを産出する、そういう契機である。それ自身のために（独力で）決断力《ディサイシヴ》のある主意主義的な基礎づけを設立（制度化）しえない国家は、必然的に形而上学的である。すなわち、そうした国家は、それがそれ自身のために（独力で）実定的に構成しなかった諸原則に準拠することを通じて正統化されるのである。換言するなら、そうした国家は、それ自身の意志の外部に役に立つ法的諸規範を前提にし、したがって、それ自身の生存《サーヴァイヴァル》の諸々の前提条件を引き受けることができないし、異質なイデオロギー的な構成要素による侵入に晒されることになる。シュミットの主張によれば、こうしたことは、とりわけ、ケルゼンの理論に当てはまるが、しかし、シュミットは、自由主義のあらゆる事例を苛んでいる同種の形而上学的痕跡を見ていたのである。シュミットによれば、ケルゼンの理論は、偽りの「形而上学」において基礎づけられている。というのも、それは「規範的合法性《リガリティ》と自然的合法則性《リガリティ》」とを同一視し、そして、権力は不可避的に――自然的根拠あるいは形而上学的根拠のいずれかによって――法（法則）の形式をとらなければならない、という誤った結論を下しているからである。[96] それゆえに、ケルゼンが自分自身を法実証主義者と見なし、そして、法の実定化（positivization of law）を、法の適用の中立的で抽象的に規範的な諸過程として捉えていたのに対して、シュミットは、ケルゼンが法の実定性の意味を理解していないことを、示唆していたのである。事実、ケルゼンは、（シュミットの説明によると）法が、有力な大企業（potent social interests）が法を操作し、国家の政治的形態を徐々に破壊してしまうことを可能にする、一組の形而上学的逆説として、作動することを許容していたのである。結果として、法が強制しうる〔確実に実定的な〕地位を受け取りうるのは、法が一つの意志の偶然的な決断において基礎づけられるときのみである。

【政治的秩序（権力と権威）の諸原理を伝達する統一性と完全性の境位としての決断：純粋に自己起源的な権威を主張する意志によって基礎づけられる政治】

シュミットは、法的・政治的な秩序を支える決断が独裁的な主権の表現でなければならない、とは主張しなかった。決断は、歴史的に統一された人民〔民族〕の決断、あるいは、立憲主義的なそれ、同じく、大統領ないしは委任独裁者のそれ、これらのいずれでもありうることを、シュミットは認めていた。とはいえ、決断は、その源泉が何であれ、政治システムを通じて秩序——「権力と権威」——の諸原則を伝達する統一性《ユニティ》と完全性《インテグリティ》（不可侵性）の要因（境位）である。[97] 政治秩序のすべての側面が決断によって告知《インフォーム》され、かつ規定《ディターミン》されるところでは、政治は、非実体的に、抽象化され、普遍化された——ないしは超越論的な——諸法から切り離され、そして、それが課す諸原則ために純粋に自己起源的な権威（undiluted self-originating authority）を主張する、そうした意志において、基礎づけを獲得するのである。決断力を有する意志（decisive will）によって秩序づけられた政治的組織体（polity）は、いつも例外的な政治的組織体であり、そして、例外的な政治的組織体は、絶対的に実定的な諸手段によってそれ自身を正当化しなければならないのである。

6　プロテスタンティズムとローマ・カトリックの狭間にあったシュミット

【カトリック教徒のシュミットによるプロテスタントの政治的教説の展開：両教説の諸理念の弁証法的入れ替え】

主権的決断は秩序の源泉かつその保障者である、と断定している点において、シュミットは、一定の諸観点から見ると、プロテスタントの政治的教説の歴史におけるまったく標準的立場へと向かっているように見えた。実のところ、大仰な反形而上学的例外主義に与して普遍的な法や政治的形而上学の諸理念に反対した点では、シュミットは、もちろん慎重にではあったが、自分の著作をプロテスタントの政治論《ポリティクス》の古典的土壌の上に置いていた。しかしながら、こうした点にも関わらず、シュミットは、背教徒ではあったが、カトリック教徒であったのであり、そして、シュミットの著作の多くは、政治形態に関するプロテスタントとカトリックとの諸理念の間での弁証法的な入れ替え《インターチェインジ》を軸にして組織立てられていた。

【ローマ・カトリックのシュミットの思想への影響——代表論】

ローマ・カトリックの諸理念のシュミットの思想への影響は明白である。すなわち、第一に、シュミットは、代表（再現）（representation）に関わるすべての諸要因（境位）を国家から消去することを拒んだこと、そして〔第二に〕かれは、正統性を有する国家は、市民社会の諸々の物質的利害関心と交換に対して、そして、それらに抗して、一定の構造的な至高性《ディグニティ》（威厳）を有すると主張したこと、これらの事実から見て、そうした影響関係は明白である。たしかに、シュミットは、（ごく初期の著述を除いて）国家は特定の社会ないしは特定の歴史から独立した超実定的ないしは形而上学的な諸原則を代表（再現）しなければならない、と論じたことはなかったし、そして、国家における正統性の諸条件は一つの排他的な規範的ないしは歴史的モデルに従わなくてはならない、と信じてはいなかった。こうした理由から、一九二〇年代の特定の超保守的なカトリック教徒の同時代人たちとは異なり、シュミットは、多くの異なった国家形態を、正統性を有するものとして受け入れることに、吝かではなかった。したがって、ヴァイマール時代の政治的論議の文脈においては、シュミットは、コンラート・バイヤーレ〔一八七二―一九三三〕、ヨーゼフ・マウスバハ〔一八六一―一九三一〕、ペーター・ティッシュレーダー〔一八九一―一九四七〕のような穏健なカトリック教徒の思想家により近い立場にあった。かれらは、非君主制的共和国でさえ代表（再現）という至高性（威厳）（representative dignity）を獲得しうる、ということを否定した、フランツ・クサーヴェル・キーフル〔一八六九―一九二八）のようなカトリック教徒の思想家たちよりも、ヴァイマール共和国憲法に対するローマ・カトリック教徒の支持を促進しようと企図していたのである。[98] しかしながら、シュミットは、自分の著作を通じて、国家は統合の単純な形態には還元されえないであろうこと、そして、正統性の実定的諸起源は非物質的ないしは超越的な付属物なしには理解されえないこと、これらのことに固執していたのである。

【『憲法学』における「代表」と「同一性」という政治的原理：近代国家の「同一性」的民主制の原理によってのみならず、前近代国家の「代表」制的位階制の原理によって、はじめて可能となる現代の大衆民主制の存立】

シュミットは、その理論的な主著の『憲法学』（一九二八年）において、政治的代表〔＝再現〕の概念に着手していた。この概念は、複雑かつ故意（慎重）に逆説的な仕方でプロテスタントの政治思想の古典的諸見解の外側に置かれ、そして、通常のカトリックの政治的諸理念をより特徴づける諸概念と標準的な福音主義理論の諸要因（境位）とを戦略的に融合していた。この著作の中心にあるのは、「代表（再現）（*representation*）」と「同一性（*identity*）」という政治的諸原理の分析である。シュミットは、これらの政治的諸原理を、国家のきわめて多様な諸形態を成立せしめ、かつ特徴づける、政治的構造の二つの主要かつ本源的な諸原理として記述した。シュミットの説明によると、「代表（再現）」と「同一性」の原則は、典型的に、二律背反としてのみ現存する。シュミットによれば、「代表（再現）」は前民主制的諸原理の構造的原理である。それは、位階制（階層制）に、すなわち、超実定的ないしは超越的な諸規範に基づく諸国家の原理である。この原理において基礎づけられた諸国家は、国家それ自身よりもより高次の、そして位階制ないしは権威の形態の中に反映されている「何か実存的なるもの」ないしは「不可視的存在」の形而上学的な「代表（再現）」を通じて、正統性を獲得する、と主張する。[99] シュミットは、事実、その初期の著述では、代表（再現）はローマ・カトリック教会の構造原理である点を強調していた。すなわち、教会は「本質的に代表（再現）的態度」によって規定され、そして、「代表（再現）」は教皇制度の「代表（再現）」に基づく位階制を内在化している国家を特徴づけている。[100] それゆえに、「代表（再現）」は形而上学的諸国家の構造原理であり、その正統性の源泉は、それらの統合的に実定的な法的構造の外部に存在する。しかしながら、シュミットによれば、近代社会は、「代表（再現）」の衰退によって、そして、「同一性」の現実的ないしは架空の諸条件のどちらかにおいて基礎づけられた国家諸形態の出現によって、標識づけられている。これらは、その正統性がそれら自身の秩序に内在する源泉から引き出される、したがって、それによってそれらがそれら自身を正統的なものとして説明しうる、外部にある準拠基準を、何ら有さない、そうした国家諸形態である。したがって、「同一性」は、民主制的諸国家の、そしてまた——おそらく——プロテスタント諸国家の、原理である。けだし、プロテスタント諸国家は、しばしば、例外的諸状況の下で、それら自身の正統性の諸条件を産出することを強いられているからである。しかしながら、現代の大衆民主制には、「同一性」と「代表（再現）」の間の構造的区別がはっきりしなくなる傾向があり、そして、多くの現代諸国家はそれらの安定性と正統性を確保するために両原理の諸要因（境位）を必要としている。諸々の大衆民主制の正統性は、事実、「同一性」だけによっては産出されえず、「代表（再現）」に依存している。すなわち、その正統性は、国家行政府によって、そして、自余の社会に対する、そして、自余の社会の上位にある、そうした国家に位階制的な至高性（威厳）を投影することによって、象徴的諸資源を活用することに依存している。それゆえに、大衆民主制は、それが「代表（再現）」的な位階制ないしは非同一性（non-identity）の明確な要因（境位）を含まないならば、正統的なものとして、構成あるいは維持されえない。すなわち、この「代表（再現）」的要因（境位）は、国家において同一化の焦点を創出し、そして、市民たちの深刻に二極化された多元化的な諸集団の間でさえ統一性《ユニティ》と同一性《アイデンティティ》を徐々に染み込ませる。このようにして、諸々の大衆民主制は、それら自身を民主制的「同一性」において基礎づけられたものとして永続化させるために、「代表（再現）的」ないしは「非民主制的」な要因（境位）

を前提としているのである。はっきりいえば、こうした非民主制的な要因（境位）だけが、これらの大衆民主制が民主制として作動することを可能にしているのである[101]。

【カトリックとプロテスタントの政治原理、「代表（再現）」と「同一性」、超越性と内在性（実定性）、主知主義と主意主義の生産的ないし逆説的な融合】

シュミットの著作のこの側面の中心にあるのは、ローマ・カトリックの政治（論）の諸原理と福音主義の政治的教説の諸原理との生産的な融合である。あるレヴェルでは、シュミットは、正統性を有する国家は、秩序の位階制的ないしは形而上学的な源泉を必要とし、そして、正統性を有する秩序は、完全に――そして余すところなく――実定的でありえるわけではないが、しかし、それは、それ自身の実定的形態にとって起源的に外部にある象徴的ないしは主知的な諸原理を「代表（再現）」しなくてはならない、というローマ・カトリックの政治的な正統派〔の主張〕を忠実に反響させて（鸚鵡返しにして）主張していた。しかしながら、別のレヴェルでは、シュミットはまた、福音主義の政治思想の構造的原理に近づいて、秩序は、政治的意志の自由において、歴史的統一性において、そして、実定的な――あるいは例外的でさえある――諸決断において、基礎づけられる、と主張していた。それゆえに、シュミットにとっては、国家が正統的であるのは、①それが自由であるとき、②国家が実定的かつ例外的にその諸法の内在的基礎づけを権威づけるとき、そして、③国家が形而上学的法の中に何ら源泉を有さない実定的な決断を通じてその市民たちを統合するとき、これらのときである。しかしながら、国家の決断の自由と実定的自由は、逆説的に、国家が含んでいない主知的諸実体ないしは形而上学的諸規範への準拠を、それ自身の内部において反省し、そうすることによって、それ自身を「代表（再現）」的国家として構築する能力に、依存している。シュミットが力説したところによれば、「代表（再現）」的国家であるかぎりで、国家は、事実上、超実定的ないしは超越的な法的諸理念を「代表（再現）」する必要がない。実のところ、それどころか、国家はいかなる特定の内容を「代表（再現）」する必要はないのである。それにもかかわらず、シュミットにとって、「代表（再現）」は、依然として、そこにおいて国家が形式的にその内容と至高性（威厳）の形而上学的な理念をおぼろげに示す、そうした国家において必要な象徴的痕跡である。そして、国家がその立法機能において現実的《アクテュアル》に自由になり、そして自己権威づけをするようになるのは、国家がこの「代表（再現）」的機能を劇的に表現しうるところだけである。それゆえに、「代表（再現）」は、国家における必要な逆説である。というのも、この逆説は、国家がそれ自身を本源的に形而上学的な本質と統一されているものとして明示することを可能にし、それどころか、いつでも国家の実定的な立法的自由に奉仕しているからである。シュミットは、あきらかに、こうした逆説の使用を推奨し、そして、形而上学的な準拠基準を巧みに活用することを、国家が実定的自由や偶然的（状況依存的）権力の追求に際して有用な道具と見なしていた。

【主権的国家形態を構成しえない合理主義的形而上学と法実証主義的形而上学の批判：同一性、自由な実定化、例外的偶然性（状況依存性）の政治としてのポスト形而上学的政治とカトリック的超越性の痕跡としての代表（再現）理念の弁証法的相互補完性】

要するに、シュミットの著作の中心では、啓蒙思想の合理化された形而上学や法実証主義の形式化された形而上学が信頼しうる主権的な国家形態を構成しえない、という主張を絶えず繰り返されている。こうした理由によって、信頼しうる正統的な国家諸形態は、それらのポスト形而上学的な例外性を受け止め、そうすることによって、それら自身の意志的ないしは機能的な構築物《ファブリック》の外部にあるすべての法的・規範的前提条件を放棄する、とシュミットは論じた。シュミットの理論の表層に近いところには、近代的なポスト形而上学的政治は、全体の構成の点ではプロテスタント的である、すなわち、それは、同一性、自由な実定化、例外的な偶然性（状況依存性）の政治である、という暗示がある。しかしながら、シュミットは、「代表（再現）」についての自分の弁証法的な理論において、故意（慎重）にカトリック的理念を用いて、プロテスタント的大義《コーズ》を促進していた。正統性を実定的事実として構築することは、やはりなおローマ・カトリック的政治（論）の世俗的痕跡――すなわち、「代表（再現）」――に依存している、とシュミットは指摘した。事実、世俗的（プロテスタント的）諸国家が、それら自身が世俗的国家として活動することを可能にする単一的《ユニタリ》な正統性を獲得するのは、それが（カトリック的な）超越性の痕跡に準拠するところのみである。このように、ポスト形而上学的な政治（論）と正統性の条件は、やはりなお形而上学的な弁証法を必要としているのである。

7　ヒトラーの法律学者たち――形而上学としての国家

【決断主義を放棄し、具体的秩序論を展開したナチ時代初期のシュミット】

シュミットは、一九三八年までにその地盤を固めつつあった初期のナチ（ＮＳＤＡＰ）体制《リジーム》の異彩を放つ代弁人となったが、このことはシュミットを知る者たちやかれの教えを受けた者たちを驚かせ、絶望させた。この時期、シュミットは、その初期の教説の例外主義的かつ「代表（再現）」的な多くの諸要因（境位）を捨て、そして、その代わりに、ヒトラー独裁を支えるために具体的秩序についての後期歴史主義的な教説に着手していた。シュミットの著作におけるこの時期は、政治システムは、それが、民族の客観的な発展の中にあって、所与の瞬間における民族の具体的秩序を、確固としたものにしうるときはいつでも、正統であり、そして、服従を命令しうる、という信念によって、形づくられていた。それゆえに、シュミットは、ヒトラーを、具体的秩序の諸条件を維持するであろう諸法を施行する最高に優れた資質を備えた人物として記述し、そして、法の起源はナチ党の指導者たちによって解釈された民族的《ポピュラー》な国民的共同体《ナショナル・コミュニティ》にある、と見ていた[102]。それゆえに、この段階においては、シュミットの初期の決断主義のラディカルに主意主義的な側面は、かれの思惟の背景に消えて見えなくなり、そして、国家主義的《スティティスト》あるいは「代表（再現）」的な要因（境位）は、妥当する法を歴史的民族の解釈可能な意志として解釈する、法に対するかなり明白な法実証主義的アプローチによって——少なくとも部分的に——取って代られていた。

【ケルロイターのシュミット批判：国家ではなく国民的共同体における基礎づけ：福音主義的政治神学：プロテスタント的国民文化：「代表（再現）」的国家に代わる統合的党】

しかしながら、シュミットは、自分のスタンスを変更して、新しい体制《リジーム》に適合しようとしたが、長期間にわたる引き立てを確保することには成功しなかった。他の理論家たちもまた、ナチ・エリートに取り入ろうとしていたし、そして、これらの理論家たちは、たちまち、シュミットの立場における弱点——この弱点故にシュミットはダメージを与える〔名誉を毀損する〕危険な批判に敏感になっていたが——を同定した。たとえば、ケルロイターは、シュミットが政治をもっぱら国家に集中させていることを批判し、法と国家を客観的な国民的共同体における基礎づけによって正当化（正統化）されるものとして定義した、そうした憲法理論を提起していた。それゆえに、ケルロイターは、ヒトラー指導下の政治的装置を、そこにおいて「国家の理念」と「法の理念」とが基礎にある同じ意志の諸表現として完全に統一されている、そうした「合法的国家《ザ・リーガル・ステート》」の、もっとも完全な例証として、記述していた[103]。ケルロイターは、国民的な合法的国家のこの理念を際立って福音主義的な政治神学と結びつけていた。ケルロイターの主張によれば、たとえば、プロテスタントの国民的文化は、いつも「政治的かつ宗教的な諸価値の担い手」であり、そして、政治的秩序は、この文化に根ざした諸価値とその団結力（凝集力）とを通じて、正統性を獲得する[104]。この主張において、ケルロイターは、とりわけ、ローマ・カトリシズムにおける「代表（再現）」(representation)

の原理を打ち負かすために、プロテスタンティズムにおける統合（integration）の原理を擁護し、そうすることによって、シュミットの評判を落とすために、自分の神学的な観点を利用しようとした。ケルロイターの主張によると、ローマ・カトリック的政治神学は、それが、民族《ピープル》とは異なる「代表（再現）」を主張し、普遍主義的原則を、国民という統一された団体《ポリティ》に導入しようとする、そうした諸理念や諸制度に、政治生活を集中させるに従って、必然的に、国民的「同一性」と政治的権威の国民的源泉を損なってしまう。その帰結として、ケルロイターが結論づけたところによれば、政治神学におけるすべての「代表（再現）」的な諸要因（境位）は、「国民社会主義によってなされた全体性への要求とは折り合わない[105]」。事実、政治秩序が客観的に統一された国民の構成要素とは切り離された、制度的ないしは「代表（再現）」的な位階制として思い描かれているところでは、それは常に誤って解釈されている、とケルロイターは論じた。それゆえに、国家それ自身が「代表（再現）」的である、という理念は、国民的共同体《ナショナル・コレクティヴ》の有機的な生活における非正統的な人格的位階制の要因（境位）を構成し、そして、こうしたことは、共同体の団結力（凝集力）と合法的国家としてのその生活を脅かす。事実、国家ではなく、（ナチ）党がドイツ社会における正統性を有する調整機関であり、そして（民族の）「代表（再現）」ではなく、統一が、有効な政治権力の絶対的な前提条件である。換言するならば、国家とは国民的共同体の生活を腐敗させる政治的形而上学の、よそよそしい上にさらに有害な残滓である。そして、真のドイツ的共同体においては、「代表（再現）」的な国家（representative state）は統合的党（integrative party）に取って代えられなくてはならないのである。

【新ヘーゲル主義者ビンダーとラーレンツの法理論：それ自身の内にその妥当性の根拠を包含する集合的意志の客観的形式としての法：国民的秩序の構成要素としての法】

ナチ党の他の法学的・政治的な信奉者たちないしは護教論者たちもまた、国家とそれと法との関係についての歴史主義的ないしは客観的・解釈学的な説明を持ち出す傾向があった。たとえば、一九三〇年代の初めに、ユーリウス・ビンダー（一八七九―一九三九）は、かれの初期の保守主義的・ヘーゲル主義的なアプローチを一層強めて、法は集合的（共同体的）意志の客観的な形式として見なされるべきであり、したがって、法はそれ自身の内に「その妥当性の根拠」を完全に含んでいて、法の客観的な支配域《ドミニオン》の外部にあるいかなる「法の理念」によっても批判されえないし、あるいは、方向づけられえない、と主張した。[106] ビンダーと同様に、カール・ラーレンツ（一九〇三―一九九三）もまた、妥当する法は、国民的共同体の「内在的構造と秩序」から帰結し、そして、「共同体と法は互いに決して切り離されえない」、と主張した。[107] ラーレンツは、かれの一九三三年以前の諸著作においては、国民主義的なヘーゲル主義的諸理念の抑揚を帯びた「正しい法（掟）（right law）」（Recht）の解釈学的概念を信奉していた。このようにして、ラーレンツは、法の正しい適用は法の発見における裁判官の創造的役割にかかっていて、そして、裁判官は法の疑念を必然的に正さずにはおかない客観的な法秩序の内において活動する、と主張した。[108] この理論は、法の担い手の諸権利と諸資格付与は、普遍的諸原理から引き出されるべきではなく、政治的共同体のより広い客観的な急務《エクシジェンシーズ》（緊急事態）から引き出されるべきである、ということを暗示していた。それゆえに、諸権利が法の下において裁可されるのは、これらの諸権利の行使が国民的統一性の強化に寄与するからであって、これらの諸権利が人間の尊厳性《ディグニティ》の中立的ないしは不可変の顕現として前提されているからではない。こうした理由からして、法は、人間生活における非政治的ないしは抽象的な要因（境位）とは決して見なされえない。そうではなくて、法は国民的秩序の強化における積極的な構成要素として常に構築されなければならない。その後、一九三三年以降には、ラーレンツは、このアプローチを拡大して、法的な資格付与や主体性という自由主義的な諸理念の全面的な修正を追求することになった。ラーレンツによれば、法の主体という自由主義的・主体的ないしは普遍主義的な構成概念は、諸権利と法的諸要求の担い手としての「法的仲間（legal comrade）」（*Rechtsgenosse*）という国民的・客観的ないしは歴史主義的な構成概念に取って代えられねばならない。法によって許容された諸権利への参加は、こうした観点から見れば、普遍的ないしは擬似自然的な資格付与と見なされてはならず、人格（個人）が「民族《ピープル》共同体」の具体的諸目的に帰依し、そして、それに奉仕しているかどうか、これにかかっているものと見なされなければならない[109]。それゆえに、法の下にある人格（個人）は「主観的意志」ではなく、「共同体の倫理的かつ宗教的な生活」[110]と結合された「客観法の、共同体の秩序の、凝結体《コンクリーション》（具体化）」であり、そして、こうした人格（個人）の諸権利はこうした共同体の必要によって完全に規定され、かつ制限される[111]。それゆえに、ラーレンツの諸著作においては、共同体の客観的に実質化された秩序は、法的かつ政治的な人格態に関するすべての形而上学的・普遍的な諸理念に取って代わり、法的妥当性の諸問題を統制する唯一の根拠となっていた。こうした法的な資格付与と目的の再定義は、ヒトラー時代の司法実務の中にさえ流れ込んでいた。というのも、ヒトラーの下で最後の最高裁判所長官であったローラント・フライスラー（一八九三―一九四五）もまた、法の適用は、もっぱら「ドイツの「国民社会主義（National Socialist）的」な道徳的秩序」によってのみ、性格づけられるべきである（should be informed）、と論じていたからである。フライスラーが結論づけたところによれば、「国民社会主義」体制《リジーム》の裁判は、（正義としての）法《ジャスティス》を執行《ディスペンス》するためではなく、体制《リジーム》の安定性に奉仕し、この具体的秩序の諸原理を支えるために、法を適用すべきである[112]。

【フーバーの法理論：「国民的同志愛」によって形成された法機関としての国家：国家主義と国民共同体、ローマ法とゲルマン法の二律背反を克服するNSDAPの法執行】

エルンスト・ルドルフ・フーバー（一九〇三―一九九〇）もまた、この時代に「国民社会主義」的法の有力な理論家として登場した。フーバーは、元来、シュミット周辺の非公式的に組織された法思想家集団《スクール》の一員であった。

そして、国家と法の関係に関するフーバーの初期の説明は「代表（再現）」と教会法に関するシュミットの諸理念によって強い影響を受けていた。フーバーは、かれの最初の公刊書の中で、国家に対する教会の法的至高性《インテグリティ》を強調し、国家と教会の両者は、「一つの普遍的な原理における超個人的な正当化（supra-individual justification）」を通じて、法的尊厳性《ディグニティ》（威厳）を獲得する、と主張していた。[113] 一九三三年以降、フーバーの法学的教義《ティーチング》は、なお、NSDAP（ナチ党）の他の理論家とかれを区別していた国家主義《スティティズム》の要因（境位）を保持していたが、この体制《リジーム》の下で、国家は、国民的共同体ないしは党によってあっさり包括されてしまったわけではない、と主張していた。しかしながら、フーバーはまた、国家は、そこにおいて「主権（rights of sovereignty）」が、共同体の民族的《ポピュラー》な法的形式から分離《ディヴォース》された、制度的な位階制の中に蒸留《ディスティル》されている、そうした場所《ロケーション》とは見なされえない、と結論づけた。国家は、事実、共同体自身の法として諸法を適用する、「国民的同志愛（national comradeship）」において形成された」法の機関と見なされるべきである。[114] このようにして、フーバーは、NSDAP（ナチ党）の法の執行（legal administration）を、合法的国家《リーガル・ステート》を法的権力の紛れもない中心として解釈する、ローマ法の下で発展している強力な国家絶対主義と、国家を歴史的に秩序だった民衆《ピープル》の有機的「形姿」と見なした、ゲルマン的慣習法（Germanic common law）として形成された法のより有機的な諸形式との間の、二律背反を最終的に克服するものと見なしたのである。[115]

【シュミットの弟子フォルストホフの法理論：不可視の共同体に基づく法秩序を構成するルター主義と「国民社会主義」：国民的自己解釈あるいは文化と言語の形成としての創造過程としての妥当する法の発見】

同様に、カール・シュミットの弟子であったエルンスト・フォルストホフ（一九〇二―一九七四）もまた、「国民社会主義」運動は、それは法の起源を「民族《ピープル》の成員たちの秩序づけられた生（活）の諸関係」に求め、そうすることによって、法からその純粋な形式性と、その形式的・制度的な位階制への——すなわち、国家への——集中とを、取り除いた、という法的利点を有している、と論じていた[116]。フォルストホフの主張によれば、「国民社会主義」は、ルター主義の中にその直接的な基礎づけを有していた。というのも、ルター主義と「国民社会主義」はいずれも、形式的な法治国家の「規範的安全性」においては安定化されえない、「不可視の共同体」に基づく法秩序を構成していたからである[117]。それゆえに、NSDAP〔ナチ党〕の他の理論家たち同様に、フォルストホフは、妥当する法の発見は国民的な自己解釈の過程ないしは文化や言語の形成の「創造的」過程である、と主張したのである[118]。フォルストホフが結論づけたところによれば、この過程は、法の発見や牧師の活動が、原典への、すなわち、国民の法や聖書への、構築的アプローチに依存しているように、宗教的教義との方法論的類比と見なされるべきである[119]。

【国家を捨象したドイツの極端な保守主義的イデオロギーの産物としてのナチ法思想：国家の外部にある立法的自由や自律性という自由主義的諸理念を用いた暴力的保守主義】

それゆえに、「国民社会主義」者たちの法的諸教義は、ヴァイマール期の法思想一般に特色を与え、そして、ヴァイマール期の政治理論のより保守主義的な軸に特別の（とはいえ排他的ではない）影響を及ぼしていた、反形而上学的な諸観点を、敷衍していた。NSDAP〔ナチ党〕の法学的代弁人たちは、非形而上学的な法という夢が、客観的に異なる法的ないしは制度の諸形式へと分離することなく、党という装置によって調整された、完全にかつ内的に統一された機関、こうした機関としての国民的共同体という観念において、頂点を極めることを可能にしていた。はっきりいえば、NSDAP〔ナチ党〕の諸教説が広範に人々の心を奪うイデオロギーとして作用するのを可能にした一つの理論的な要因（境位）は、それ（NSDAP）は、実際には伝統的には極端な保守主義のイデオロギー的な中心的部分であったものを、すなわち、国家を、捨て去っていながら、極端に保守主義的なイデオロギーを構築していた、という事実であった。それ以前の保守主義的諸見解には、人格を備えた国家（the personal state）を法と秩序の源泉と見なす傾向があったのに対して、「国民社会主義」の思想家たちは、法の起源に関するこうした観念を、政治的形而上学の擬似・超越論的例証として嘲笑した。それどころか、究極的には力が支配する、とシュミットが警告していたように、こうした理論家たちは、そこでは国家と法のいずれも別々に国民的・人種的共同体から外挿（推論）されえない、そうしたラディカルに新しい型の暴力的な保守主義を構築するために、国家の外部にある立法的自由や自律性という本来は自由主義的な諸理念を用いたのである。

第一〇章　「批判理論」と法

1　「批判理論」における法〔観念〕の分裂

【フランクフルト学派「社会研究所」のヒトラー体制分析――「権威主義的国家資本主義」としての「国民社会主義」：競争的・自由主義的な資本主義の終焉】

「批判理論」における法に関する諸観点《パースペクティヴズ》は、主として、一九三〇年代においてニューヨークの社会〔調査〕研究所（Institute for Social Research: Institut für Sozialforschung）の所員たちの間で戦わされた、ファシズムの本性と形成に関する一連の諸論争を通じて、展開された。これらの論争は、研究所のメンバーたちの間の一定の〔法理解の〕差異を明らかにし、そして、政治と法についてのかれらの理解の基本的な区別を例解していた。ヒトラーの下で展開していた政治的装置に関するかれらの分析では、たとえば、フランクフルト学派のもっとも著名なメンバー、マックス・ホルクハイマー〔一八九五―一九七三〕、テオドール・W・アドルノ〔一九〇三―一九六九〕、フリードリヒ・ポロック〔一八九四―一九七〇〕は、いずれも、「国民社会主義」は、もっとも正確には、権威主義的国家資本主義

(*authoritarian state capitalism*) と類別《キャテゴライズ》されるべきである、と結論づけていた。かれらは、ヒトラー体制《リジーム》を、そこでは、①自由主義的資本主義 (liberal capitalism) の利己志向的 (privatist) な諸特徴が経済から根絶され、②私的経済の自律的な経済諸集団が国家に支えられた経済の調整者《コーディネイター》たちによって取って代えられ、そして、③国家が、商品、交換、貨幣循環、分配といった、もともと私的な諸過程を、直接的な政治的制御《コントロール》の下に置き始めている、そうしたシステムと見なしていた。この観点においては、ポロックの解釈がもっとも正鵠を射ていた。ポロックは、オーストリア・マルクス主義者のルドルフ・ヒルファーディング（一八七七―一九四一）によって着手されていた後期資本主義に関する初期の諸分析に理論的に依拠して、主観的にも客観的にも自由な (free or liberal) 市場システムでは、通常、私的経済に関連しているあらゆる諸機能を、中央で統制する責任を引き受けていた強制的装置として、ＮＳＤＡＰ（ナチ党）の政治秩序を記述していた。[1] その結果、国家は、銀行を介しての信用供給の制御、私的経済における商品の供給と需要の統制、価格設定、過剰資本の配分《アロケイション》（割り当て）に責任を負うようになった。ＮＳＤＡＰ（ナチ党）の国家においては、政治権力と経済権力が不可分なものとなり、それ以前の経済的相互作用のすべては、いまや、委任命令的《マンダトリ》な強制に服し、[2] そして、国家は、集権化された官僚主義的な計画と統制の領域を伴って、（国家の外にある経済的交換のシステムという従来の意味での）市場に効果的に取って代わっている。要するに、国家は、競争的あるいは自由主義的な資本主義の「終焉」をもたらしたのである。[3]

【ポロック】

【ＮＳＤＡＰ支配体制下における「経済的なるもの」に対する「政治的なるもの」の優位】

こうした分析に基づいて、ポロックは、「国民社会主義」の下では、新種の国家が、すなわち、①その諸機能が正統性を有する国家の活動のあらゆる自由主義的な諸概念をはるかに超えるところまで拡大し、②自由主義的な諸憲法の中に銘記された諸権利や諸自由を保護するというような考え方をすべて捨て去り、そして、③そこでは政治的エリートと経済的エリートが単一のヘゲモニー的装置において一体化される、そうした新種の国家が出現した、と結論づけたのである。ポロックは、こうした国家を、自由主義的国家の初期の諸形態から直接的に発展してきたものと見なしていた。はっきりいえば、ポロックは、「私的資本主義（private capitalism）の独占的諸制度」、そして、とりわけ、ヴァイマール共和国の経済の高度にカルテル化された組織化、これらをＮＳＤＡＰ〔ナチ党〕の政治的装置の形成の前提条件として、同定していたのである。[4] それにもかかわらず、ポロックはまた、国家資本主義（state capitalism）の国家は、自由主義的な〔近代〕国家の特性（statehood）の初期の諸形態とは対照的な質的飛躍を標識づけているもの、と見なしていた。こうした新種の国家の際立った特徴は、政治的指令を発する諸機関が社会全体にわたる組織化において経済的諸要素に対する全面的な優位性を獲得してきた、という事実に存する。すなわち、ＮＳＤＡＰ〔ナチ党〕の下の国家と社会は、このように政治的なるものの優位性によって標識づけられているのである。したがって、このシステムの下では、経済的自律性は消滅し、そして、あらゆる法的区分や国家権力に対する伝統的な抑制もまた侵食されていた。法はいまや、生産を統制し、服従の諸条件を維持し、政治的指導部の選好の実現を確保するための、大権的媒体としてのみ、作動していたのである。

【国家資本主義論のさまざまな変奏：権威主義国家論：マルクーゼ、ホルクハイマー】

研究所の他の所員の中で、ヘルベルト・マルクーゼ〔一八九八—一九七九〕もまた、国家資本主義としての「国民社会主義」というポロックの解釈のすべての諸側面を受け入れていたわけではないが、一九三〇年代の権威主義《オーソリタリアン》的諸体制《リジームズ》を、そこにおいて国家が「社会の政治的統合」の責任を引き受け、そして、社会全体を通じて先例のない水準の「政治的組織化」を制度化した、そうした政治システムと見なしていた。[5] 同様に、ホルクハイマーもまた、

「現在の権威主義的国家」を、そこでは、自由な市場の自発的な反射的諸行動（reflexes）は、広範囲に及ぶ統制に服し、そして、「私的資本家」——すなわち生産を組織し、需要を規制するために、国家装置を利用しない資本家——は、「根絶され」、私的資本を代表する諸組織の政治的インパクトは、大いに縮小されていた[6]、そういう「国家資本主義」[7]の一例と見なしていた。国家資本主義理論に関するさまざまな異論の基礎にあったのは、二つの基礎的な想定である。第一に、この理論の代表者たちは、①その国家は、事実上、市場をその政治的機能に同化しうること、そして、②全体的なその国家の制御を通じて出現している拡張された公的経済は、なお際立って資本主義的な経済として機能していること、これらのことを単純に想定していた。第二に、かれらはまた、①その国家には、経済的諸過程に照らして、何ら際立ったところがないこと、そして、②非ファシズム的諸社会においてさえ、その国家は、少なくとも潜在的には、強力な経済的諸集団の諸特権と密接に融合された、強制の集権化された機関ないしは「支配の道具」であること、これらのことを想定していた[8]。

【国家資本主義論をめぐる研究所内の政治的見解の断層線：法と政治を経済的利害関心の付属物と見なすことの拒否：国家資本主義論の修正】

国家資本主義に関する理論には、ポロックとホルクハイマーによって正統派理論として奨励されていたとはいえ、社会調査研究所の他の所員たちによって強力な反論が呈されていた。はっきりいえば、この理論をめぐる論争は、「批判理論」の初期の発展におけるもっとも重要な政治的な断層線《フォールト・ライン》〔見解の相違点〕の一つとなっていたのである。そして、この論争は、政治、法、国家に関して純粋に道具的な見解をとった人たちを、フランツ・ノイマン〔一九〇〇—一九五四〕やオットー・キルヒハイマー〔一九〇五—一九六五〕のように、法と政治をもっぱら経済的利害関心《インタレスト》の付属物《アドジャンクト》と見なすことを拒否した人たちから分離したのである。その結果、これらの理論家たちは、ヒトラー体制《リジーム》に関するかれらの解釈において、ポロックの「政治的なるものの優位性」の概念に抵抗し、国家資本主義という些か確立された概念を修正しようとしたのである。

【キルヒハイマー、ノイマン】

【キルヒハイマー、ノイマンによるポロックの国家資本主義論に対する批判：ＮＳＤＡＰ支配体制においては、政治が経済に対して優位に立っているのではなく、経済的利害が行政機関に無造作に転入し、むしろ政治は消滅している】

キルヒハイマーは、「国民社会主義」を、一つの権威主義的秩序として説明していた。この権威主義的秩序においては、絶え間なく収縮しつつある「独占権所有者階級《プロプリエタリ》」は、政治的制御の諸機関に対して、絶え間なく増大しつつある影響力《レバリッジ》を獲得していたが、国家は、高水準の経済的諸集団に対するあらゆる自律性を、喪失してしまっていた。[9] この権威主義的秩序の法に関する諸帰結についていえば、キルヒハイマーによれば、この過程は、立憲主義国家の構造的諸要因（境位）の分解によって標識づけられる。すなわち、標準的な法的資格付与《エンタイトルメンツ》は、さまざまな「支配する諸集団」との——そして、これらの集団の内側での——個人（人格）的な諸関係に依存することになり、そして、個々人の諸権利はまったく消去されるか、あるいはそうでなければ、「集団の諸権利」——これらは、個人的な愛顧に、あるいは、体制《リジーム》によって支持された結社のメンバーシップに、依存している——の下に包括されるか、このいずれかとなった。[10] こうした説明の中心にあったのは、ヒトラー体制《リジーム》の統治装置は、あらゆる自律的な法的構造を、それを管理・運営する経済的階級に明け渡してしまったのであり、その結果、その統治装置は、もはや国家として適切に記述されえない、という議論である。このようにして、キルヒハイマーの分析には、ポロックの国家資本主義概念に対する強力な批判が含まれていた。はっきりいえば、こうしたキルヒハイマーの批判は、①国家資本主義という理念は、用語として矛盾していること、②国家は、それ自身を経済の諸急務《エクシジェンシーズ》に従属させることなくして、資本主義経済を支配しえないこと、そして、③経済的諸集団の利害関心《インタレスト》によって全面的に支配されている国家は、〔近代〕国家の特性（statehood）の法的諸特徴を放棄していること、これらのことを示唆していた。ポロックの〔国家資本主義論についての〕テーゼに対するフランツ・ノイマンの応答は、より高い水準の異論によって標識づけられていた。ノイマンの著作『ビヒモス』（*Behemoth*）において着手された、ヒトラー体制《リジーム》についてのかれの分析の基礎を成すのは、①この〔ヒトラー〕体制《リジーム》は、そもそもまったく政治的ではない、そして、②この体制は、支配的な経済的諸集団の利害関心に奉仕する、ＮＳＤＡＰ〔ナチ党〕の「党階層（位階）制」の調整下の、緩く相互に関係づけられている一組の諸制度を、単に構成して〔継合せて〕いるにすぎない、という主張《アサーション》である。[11] ノイマンにとって、〔近代〕国家の特性（statehood）を形成する前提条件は、経済と社会の多元主義的で利己主義的な諸々の利害関心に対して、それ自身を安定させる権力を掌握した、権威の公的に構成された中心の現存である。しかしながら、ＮＳＤＡＰ〔ナチ党〕体制《リジーム》下においては、国家は、その制度的な特質《ディスティンクション》を喪失し、そして、それらの主要な機能が紛れもなく経済的な諸特権を執行部の政策に変換（形式転換）させることである、そうした多くの諸機関に分解されてしまっていた。[12]

【キルヒハイマーとノイマンにおける、ＮＳＤＡＰ体制の進展に抵抗するための自由主義的自然法理念の意義の再評価】

〔キルヒハイマーとノイマンの〕これらの両分析に含意されていたのは、①自由主義諸社会の法的に形成された国家は、純粋な道具的ないし強制的な諸戦略には還元されえない、理想的かつ規範的な諸要因（境位）含んでいる、そして、②まさしく〔近代〕国家の特性のこれらの諸要因（境位）こそ、ＮＳＤＡＰ〔ナチ党〕体制《リジーム》によって停止されていた、という主張である。ノイマンとキルヒハイマーは、かれらの〔思想〕経歴において、時期は異なるが、自由主義がその実際において具体化されている形状については大いに批判的であったことは確かであるにもかかわらず、〔ナチ党体制出現後は〕自分たちの分析を法の支配や国家の形成に関する倫理的かつ自然法的な諸理念に合うように調整する用意さえしていた。キルヒハイマーは、自由主義的法思想の基礎にある最高の正義という倫理的理念への傾倒を暗々裏に表明し、そして、ヒトラー体制《システム》を、そこでは個々人の諸権利が全面的に損なわれ、そして、深刻な「法と道徳の間の疎外関係」の諸条件が拡げられていた、そういう体制《システム》として、解釈した⒀。同様に、ノイマンもまた、卑俗な自然法理念をイデオロギー的抽象として嘲笑していたにもかかわらず、①自然法の諸理想は、「権威主義的な理論と実践」を批判するために、喚起されなければならない⒁、そして、②自然法は、実定法と妥当する法との間の区別についてのその主張において、「批判理論」の規範的基礎を基礎づけうる、とさえ結論づけていた⒂。

2　自由主義と合理化

【法、権力、国家に関する自由主義的見解についてのフランクフルト学派メンバーの共通認識：自由主義は、ファシズム批判の契機を含意するのみならず、むしろ、まさしくファシズムの展開に際して、その理論的かつ実践的な前提条件を助長した、という認識：自由主義の両義性ないし逆説性】

しかしながら、これらの基本的な相違にもかかわらず、フランクフルト学派内には、さまざまな理論的諸分派によって着手されていた、法、権力、〔近代〕国家の特性（statehood）に関する説明において、強度の継続性もまた存在していた。これらの説明における類似性は、一般的には、それらの自由主義批判において見出される。フランクフルト学派と結びつけられていたすべての理論家たちを関連づけていたのは、自由主義は、それに基づいて、結局のところ、ファシズムが発展することになった、そういう経済的かつ認知的な諸々の前提条件を、配置していた、という議論であった。かてて加えて、さらにいえば、これらの理論家たちは、その発展が、自由主義が促進する、法の諸構造、法の諸概念、法的合理性の諸原則によって、支援されていた、そうした体制として、ファシズムを、見ていたのである。

【自由貿易と私法の自律性という自由主義の理念と資本集中と独占形成というその現実との間の齟齬：自由主義的経済の帰結は、自由主義的民主制ではなく、ファシズムである】

たとえば、ポロックの議論によれば、資本主義の「自由主義的位相（段階）」は、自由貿易と私法の自律性というレトリック的な理念《アイデア》によって支えられていたにもかかわらず、事実上、資本集中と独占形成を強化する過程によって支配されていた。こうしたことの故に、自由主義時代は、カルテルを中心に高度に組織された経済的秩序の出現への道を切り開いていたが、こうした経済的秩序においては、政治や経済の制御《コントロール》（支配）は、民主制的支配にほとんど係わることのなかった少数の独占資本やカルテルのメンバーたちの間で分割されていた。それゆえに、初期の自由主義的な私法の下での自由という幻想は、事実上、権威主義的な国家資本主義の複雑な前史《プリヒストリ》における重要な段階であったのである。(16) マルクーゼもまた、ファシズム体制《システム》の起源は、自由主義的資本主義に、とりわけ、自由主義的資本主義が依拠していた私法の自律的な体系にあった、と主張していた。(17) ホルクハイマーもまた、独占資本主義と国家資本主義の起源を、自由主義的な資本主義の法的かつ経済的な装置において同定していた、資本主義についての発展理論に賛意を表していた。(18) ホルクハイマーによれば、「自由主義的な経済の現実的帰結」は、自由主義的な民主制ではなく、「国家の全体主義的概念」であって、自由主義的な利害関心《インタレスト》のほんの束の間の表現にすぎない、自由主義的な民主制ではなく、「国家の全体主義的概念」であった。(19)

【キルヒハイマー】

【自由民主制（リベラル・デモクラシー）から大衆民主制（マス・デモクラシー）を経てファシズムへの展開：政治的装置と経済的ロビー代表との間の技術的妥協と物質的取引：自由主義的な資本主義国家に構造的に内在する自己破壊的契機としての私法の自律的法領域：ファシズム経済へ導く自由民主制の技術的「合法性」の作用】

キルヒハイマーは、類似した用語で、資本主義の発展は、はじめは、自由（主義的）民主制（リベラル・デモクラシー）の国家から大衆民主制（マス・デモクラシー）の国家への、そして、最終的には、大衆民主制国家からファシズム国家への進展によって、標識づけられてきた、と論じた。これらの諸位相（段階）の各々は、政治的装置（国家）と強力な経済的ロビーの諸代表との間の一組の際立った技術的妥協と物質的取引によって特徴づけられる。ファシズムは、それを通じて政府が基礎を置く諸取引が次第に制限されたものや道具的なものとなってきた、そうした過程の最終段階であり、この過程の結果として、国民の統治《ガヴァナンス》の諸道具は、最終的に、境界をくっきり明示された一つのヘゲモニー・ブロックの掌中に握られる。ファシズムを、政治的指令《ディレクション》のそれ以前の諸様式からはっきり区別するのは、ファシズムの下においては、経済的諸集団は、国家に対して指令を発する完全な諸権力を獲得し、国家の独立した法的構造を排除する、という事実である。[20] とはいえ、資本主義の発展の異なる諸段階の間には、いつも連続性が存在し、したがって、ファシズムは先行する諸段階の分析なしには説明されえない。実のところ、キルヒハイマーによれば、自由主義を標榜する資本主義的な諸国家には、いつも自己倒壊を受けやすくさせる法の諸体系を展開させる傾向があるのである。なぜならば、自由主義を標榜する立憲主義的な諸国家は、私法に対して、そして、私法の法的諸主体に埋め込まれている、所有権と自律性についての諸理念に対して、不可侵の地位を例外なく前提とし、そして、その地位を授与しているからである。すなわち、自由（主義的）民主制（リベラル・デモクラシー）の国家の規範的な憲政秩序（立憲主義的）形態は、いつも私法の下で保護された独立した経済的な諸々の利害関心に提供された諸々の安全措置によって掘り崩され、そして、民主制の立憲主義的な基盤は、諸々の強力な経済的利益〔代表〕がそれらの利害関心に奉仕する諸法の導入を願うところでは、覆されかねないし、あるいは、それどころか、破棄されてしまいかねないのである。(21) はっきりいえば、自由（主義的）民主制（リベラル・デモクラシー）においては、私法は自律的な法領域として認められている、という事実そのものこそ、自由（主義的）民主制はいつも不安定である、ということを意味しているのである。というのは、民主制的に基礎づけられた諸法や諸制度は、強力でかつ狭い範囲において私化（privatize）されている諸々の利害関心に奉仕している諸法と連携して現存している、ということは、自由（主義的）民主制にとっては、構造的なことだからである。したがって、自由（主義的）民主制においては、社会的交換のもっとも重要な諸分野は、民主制的に基礎づけられた法によって規制されていないし、そして、憲法の中で明言《エナンシエイト》された民主制的な支配《ルール》の諸条件に対して無関心かあるいは敵対的かのいずれかの利害関心には、自由な支配力（影響力）（free reign）が与えられているのである。(22) このようにして、自由（主義的）民主制にとって根本的なのは、それが正統性の実体的な基礎づけを欠いている、という事実である。すなわち、自由（主義的）民主制は、その正統性を、非実体的な妥協に、そして、平等と自由という浅薄な常套句に由来する、技術的な「合法性の形式」において、基礎づけているのである。したがって、自由（主義的）民主制は、とりわけ経済的景気後退期には、経済的ヘゲモニーの道具へと、容易に変換（形式転換）されうるのである。(23) はっきりいえば、キルヒハイマーの分析の中心には、自由（主義的）民主制は、普遍的な法による、そして、合意《コンセンサス》ないし正統性に基づく協定《アグリーメント》による、統治《ガヴァメント》（政府）を約束しているにすぎない、という主張がある。しかしながら、事実上、自由（主義的）民主制は、①政治秩序が、合意に基づく協定を、ほとんど、あるいは、まったく、土台にしないこと、そして、②政府が、合意に基づく正統性なしに運営されうること、これらのことを保証するメカニズムとして作用する。この観点から見るならば、とりわけ、自由主義は、その私法の〔狂信的〕礼賛《カルト》に伴って、合意にまったく基づかない型の権威の形成を、容易にしている。要するに、ファシズムは、前ファシズム的な政治的経済〔国民経済〕に内在する法的かつ政治的な諸制度を、同時に体現《インコーポレイト》し（組み入れ）、保持し、そして強化する。そして、いまや高度に権威主義的な党装置と結合されているファシズム的経済は、自由主義が最初に提唱した、契約的かつ私法的な自律性という同じ諸原則によって、支えられているのである。

【ノイマン(1)】

【契約における形式的な自由と平等によって実質的な非自由と不平等、強制と収奪を隠蔽（正当化）するイデオロギー的キメラとしての自由主義的形式（抽象）法：国家主権、民主制を破壊する、法の形式性によって促進される社会的・経済的利害の多元性：法の妥当性・正統性を合法性に帰着させる自由主義的法観念は没規範的権力闘争状況を招来する：自由主義と民主制との間の原理的矛盾：シュミットの見解に類比しうるノイマン、キルヒハイマーの自由主義批判】

類比しうる形で、ノイマンもまた、自由主義的法の本質的機能は、経済的敵対諸関係の中にある法の起源をわかりにくくさせる、一連のごまかし《マスク》（仮面）ないしはイデオロギー的な妄想《キメラ》を、生み出すことである、と断言した。ノイマンは、自由主義的法を、賃金労働者と企業家との関係に潜在する強制と収奪のパターンを蒸留したもの（distillation）と見なし、そして、自由主義下の国家と法の主要な機能は、契約の締結を容易にし、そうすることで「生産手段の所有」に基づく現存の政治・経済的な秩序を安定化させることである、と論じていた。[24] ノイマンの主張によれば、一つの水準において、自由主義的法は、社会的平等と自由に関する諸概念を保護すると称している。すなわち、自由主義的法は、社会全体を通じて、あらゆる利害関心やあらゆる法的主張に平等かつ普遍的に適用される、特定の法的諸原則――権利や資格付与の基本的保障、適法手続き、法の前の平等――を含んでいる。とはいえ、まさしくその普遍性の事実は、自由主義的法が政治秩序の中に見せかけの多元主義を徐々に染み込ませている、ということを意味しているのである。すなわち、自由主義的法の下では、国家は、あらゆる法的主張を、均しく妥当なものとして、また均しく法的過程によって保護されるものとして、反映させることを強いられ、その結果、社会全体を通じて、実体的な諸規範を課することもできないし、あるいは、特定の法的ないし経済的な利害関心が、他のそれよりも、より大きな保護を正統化するかどうか、これを選択することもできない。それゆえに、自由主義国家は、その法的装置によって、民主制を支持《フェイヴァー》する社会的諸集団が保護されることを確保すること、あるいは、民主制の転覆を追求する諸集団に平等の承認を拒むこと、これらのことを妨げられるのである。法それ自身の形式的に公平な扱い（formal even-handedness）によって促進《フォースター》（育成）された多元主義は、結局のところ、民主制国家に対してきわめて有害な影響《リパーカッション》を及ぼす。こうした多元主義は国家の主権を破壊する。すなわち、この多元主義は、①立憲主義によって制限《サーカムスクライブ》された諸議会は、例外なく、社会全体を通じて、それらの立憲主義的秩序の諸原則を実施しようと懸命に努力すること、②社会活動の多くの分野は、憲法の適用からあっさり免れていること、そして、③強力な経済的諸集団は、それら自身の地位を強化するために、そして、国家に影響力を及ぼすためにさえ、自由に法を利用しうること、これらのことを意味しているのである[25]。ノイマンが結論づけたところによれば、この多元主義から帰結することは、現代の諸民主制は多くの危機的諸傾向に晒されている、ということである。こうした危機的諸傾向が含んでいるのは、①議会周辺に屯《たむろ》する多元主義的ないしは準・団体協調的《コーポレート》な諸ロビーが議会を掘り崩してしまうこと、②司法部《ジュディシャリ》が政治的意志決定権を制限《リストリクト》すること、③国家の制度的秩序における遠心的ないしは連邦主義的な諸傾向の出現、④憲法の民主制的諸原則に敵対する国家行政の相対的自律性、そして、⑤立法という決定的に重要な領域における議会の権威の縮減、これらのことである[26]。それゆえに、ノイマンは、シュミットと同様に、自由主義的な憲政的諸秩序は、その多元主義的な諸概念の生贄《ヴィクトゥムズ》であり、そして、それら自身を、必要な民主制的秩序という一つの理念に無条件的かつ決定的にそれらの運命を委ねるものとして定義（規定）しえない、と結論づけた。事実、ノイマンとキルヒハイマーはいずれも、最終的には、民主制は、あらゆる市民社会に綱領的に適用され、そして、社会全体を通じて、一つの意志と一組の同形的な理想や目的とを伝達しうる、そういう憲政的秩序の現存を、前提にしている、というシュミットの議論を受け入れていた。ノイマンとキルヒハイマーが論じたところによれば、きわめて特異なことであるが、純正な民主制を支える憲政的秩序は、私法と契約法の公認《フォーマル》の自律性を、根絶あるいは少なくとも厳格に制限しなければならない。かれらが示唆したところによれば、立憲主義的な民主制の自由主義的な理想像《ヴィジョン》が実現されうるのは、①自由主義が私法の神聖さ《サンクティティ》に固執することをやめるとき、そして、②憲法が社会における法的秩序の唯一の源泉として作用することが可能とされるとき、これらのときのみである。殊にノイマンが明確にしていたのは、①自由主義的法における普遍性、法的人格態、適法手続き《デュー・プロセス》の諸原則は、たしかに、自由の特定の基本的諸条件を保持することに奉仕すること、そして、②立憲主義的体制を伴わない民主制は考えられないこと、これらのことであった。とはいえ、ノイマンとキルヒハイマーのいずれもがまた強調したところによれば、①純粋に自由主義的な諸社会は、決して民主制的でありえないし、そして、それによって自由主義者たちが民主制を支えようと努めている、そうした法の諸原則はまた、民主制の特殊自由主義的な制度形式においては、民主制を危うくする。

3　法の主体と偽りの世俗性

【自由主義的資本主義のイデオロギー的中心としての（ローマ私法における所有権の主体としての「人格」概念

に由来する）「法の主体」という理念：平等と搾取の諸経験を永続化する自由主義的法】

「批判理論」に結びついたすべての政治的・社会学的分析が主張したところによると、自由主義は、そのもっとも基本的な諸原則においていえば、契約に基づき、そして、潜在的には搾取を志向する、自己利害と自己満足の諸計算――これらは民主制的統治（政府）の崩壊を引き起こす懼れがある――によって支えられている政治的装置を、設立（制度化）する。さらにいえば、これらの分析のすべては、自由主義の搾取的な資質〔傾向〕（exploitative disposition）を、法の主体（*legal subject*）の形式においてきわめて完璧に結晶化されているもの、と見なしていた。はっきりいえば、これらの分析は、こうした〔自由主義の搾取的〕資質〔傾向〕を、とりわけ、法実証主義者によるローマ私法の読解から引き出された法の主体という理念の中に、すなわち、各人格は、①自由と所有の諸権利の担い手である、②各人格は形式法的な自律性の領域によって囲繞されている、③人格の諸権利は原子化された単位としての社会的行為主体に付随する、そして、④政治秩序は、法治国家《リーガル・ステート》として、これらの自律的諸権利を形式的に承認し、保護しなければならない、これらのことを承認する、法の主体という理念の中に、反映されているものと、見なしていた。フランクフルト学派の理論家たちはすべて、法の主体という理念を、自由主義的な資本主義のイデオロギー的中心点《センター》と、そして、自由主義的な資本主義をより権威主義的な諸類型の資本主義へと連結するイデオロギー的橋梁と、見なしていた。かれらの論じるところによると、法の主体という範型に準拠することによって、自由主義的法は、①その市民たちを法の前において平等に取り扱い、個人の自由や資格付与を裁可する、完全に妥当する規範的体系として、合理化されうるし、そして、②各人格（個人）を、いかなる他の法的行為主体も正当には犯しえない自由権《リバティー》の領域が付与されている、法の合理的に説明された目的《パーパス》として、普遍的に承認すると称しうる。さらにいえば、法の主体に準拠することによって、自由主義的法はまた、諸々の法治国家を構築しうるが、これらの法治国家は、自由、財産、賠償《リートレス》の諸権利を備える法の諸主体としてのそれらの諸主体に、合理的な承認を与えることによって、それら自身を正統化するのであり、そして、社会全体を通じて、調和、平等、正義の諸条件を保証するように思われる。しかしながら、合理的な承認のこうした過程は、自由主義が、法の下で、きわめて明白な平等と搾取の諸経験を永続化することを可能にするのである。①すべての人格（個人）は、法の下で、法の主体として自分たちの形式的な諸権利を平等に利用できるようにされている、②すべての法の主体は、同一の所有の権利と同一の所有の自由のための保護を必要としている、そして、③すべての法の主体は所有に係わる法の主体として自分たちの形式的な自律性の中に刻印されている諸権利を所有することだけを願っている――これらのことを、普遍的合理性の諸原理として想定して、自由主義的法は、ようやく法からあらゆる実質的自由を追放することに成功しているのである。自由主義的法は、事実、法の下の自由が、高度に縮小された、そして、非合理的でさえある、構成概念として――自律以外の何ものでもないものとしての自由を追求し、かつ所有権以外の何ものでもないものとしての自己富裕化を追求する一人格（個人）の自由として――出現することを可能にしている。同様に、自由主義的諸国家が正統的であるのは、それらが法的な諸主体を承認するところである、と想定して、自由主義は、実際にはきわめて表面的な正統性しか有さない、さまざまな国家諸形態を、正統的なものとして受け入れている。すなわち、自由主義は、法や政治が係わる領域から、より実体的な正統性の諸理念を排除し、そして、いつもより権威主義的《オーソタリアン・》な統治《ガヴァナンス》の種子を取り入れている。要するに、「批判理論」の主唱者たちにとっては、法の主体という範型は、①古典的自由主義は、法と権力の偽りの統一にもとづいていたこと、②古典的自由主義は、それ自身を理性的自由の諸条件を保障する体系として偽って説明したこと、そして、③古典的自由主義は、事実上、権力を合意や正統性に依拠する完全な基礎づけの上に置きえなかったこと、これらのことを証示しているのである。それゆえに、かれらは、法の主体を、自由主義の形而上学的逆説と見なしたのである。けだし、自由主義的な法と国家は、いずれも、それら自身を正しいものかつ正統的なものとして合理的に自己説明するために、この〔自由主義という〕語句（用語）に準拠しているのであるが、しかし、この語句（用語）は、事実上は、技術的な二枚舌《デュープリシティ》や虚偽の反省を通じてのみ、維持されているにすぎないからである。

【自由主義的法治国家の下での「法の主体」は、それが形式法の経済的主体である以上、その自由、平等、自律性、合理性は、自他を道具化する非自由、不平等、他律性、非合理性に転化する：ノイマン、キルヒハイマー、マルクーゼ、アドルノ、ホルクハイマーによる自由主義的「法の主体」の批判】

このような分析の例として、ノイマンは、自由主義的な資本主義の下では、法の主体に付属する法的権利は、個人の自由を、私経済における行為主体ないしは「経済的主体」によってもっぱら行使されうるにすぎない、権利と資格付与という空疎な領域に、制限してしまう、と主張した。[27] それゆえに、自由主義の法的主体性の核心には、①契約の自律性や財産処分の周辺への法の集中、そして、②その帰結としての、私的人格としての法的行為主体という使い古された構成概念から自由の諸理念の抽出、これらのことがある。[28] こうした諸権利は、人間的諸人格（人間諸個人）(human persons) を互いに「閉ざされた」関係にある法の諸主体として構築し、そして、他の諸自由の上位に経済的諸自由を特権化することによって、自由主義的と称される諸社会においてさえ、道具的で、潜在的に権威主義的な態度への傾向を、創出している。[29] 法と民主制的国家がそれらの純粋に自由主義的な形式性から逃れうるのは、そして、法と国家の基礎をなす合理性がその狭い範囲内における目的志向的ないしは私的な構造から解放されうるのは、法が、政治的な投企《エンゲイジメント》の「活動主義的要因《エレメント》（境位）」を、認めるところのみである。けだし、この活動主義的要因は、より標準的な自由主義的諸モデルの民主制を強調する、諸々の空疎な権利や法的保障を洗練化し、そして、それらに強化された実体を与えるからである。[30] ノイマンと同様に、キルヒハイマーもまた、自由主義的な法治国家 (*Rechtsstaat*) の下における法の主体の諸権利を、人間的自由を一組の脱政治化された自由や他律的に裁可された諸目的《パーパシーズ》に制限している、そうした諸権利と見なしていた。[31] 同じく、キルヒハイマーはまた、正統性を有する国家は、実体的かつ意志的に統一された秩序を創設するための、形式民主制的《フォーマル・デモクラティック》な国家装置を効果的に使いこなす市民たちの意欲にかかっている、と論じた。とりわけ、完全に正統性を有する国家にとって根本的なのは、市民たちが自由主義的憲法の中に銘記されている諸権利の内容を拡張し、そして、これらの諸権利を人民民主制的《ポピュラー・デモクラティック》な活動の諸要因《エレメンツ》（境位）として能動的に明確化《アーティキュレイト》（分節化）する、ということである。このようにして、キルヒハイマーが説明したところによれば、正統性を有する民主制的な憲法（憲政秩序）は、能動的に再主張され、行使された、人間の政治的自由の内容を、注入《インフューズ》されなければならないし、そして、人間の生《ライフ》（生活）を、法の主体及び法治国家という自由主義的な諸定式の中に、すなわち、政治的統一及び「無制限な意志の形成」の条件の中に、圧縮されている、そういう非政治的な自由という実体を欠く諸理念の上に、決定的な形で高めなければならない。[32] こうした〔キルヒハイマーの〕主張と並行して、マルクーゼもまた、自由主義とファシズムとの間の連続性に関する分析に際して、法の主体の概念に焦点を絞っていた。マルクーゼによれば、自由主義的な法の主体は、人間の生《ライフ》（生活）と活動を、人間存在に法の形式を付与することによって合理化し、その結果、それら〔人間の生（生活）と活動〕は、自律性と資格付与された利害関心の安定的かつ計算可能な中心点として同定しうるものとなっている。このようにして、法の主体は、人間の自由を縮減する形式転換を成立させ、そして、諸々の権利と自由を、個人的人格を「経済的主体」として固定化し、そうすることで、包括的な「経済の指令《ディレクション》」に奉仕する、そういう法の諸形式に、制限《リミット》してしまうのである。[33] その後、「批判理論」の発展における後期の段階で、アドルノが論じたところによれば、初期自由主義の法の主体は、「ブルジョア社会の〔に原初から固着している〕暗鬱な〔うしろめたい〕秘密〔dunkeles Geheimnis〕」に他ならない。この秘密こそ、人間の自由は「規則性の機能」であると偽って示唆し、そうすることによって、社会全体を通じて、自由と資格付与についての偽って合理化された諸理念を、普及させているのである。

法の主体のこうした暗鬱な秘密が標識づけている現実においては、自由主義的資本主義の下で、諸法の下での諸人格の「形式的な自由」は、強制的な経済の趨勢《クライミット》を創出し、そして、結局のところ、孤立した経済的行為主体と自己を保存しようとする財産所有権者の偽りの自由を中心にして、人間の主体性をモデル化しているのである[34]。アドルノが論じたところによれば、法の主体という理念は、元来、合理的自律性と自己解放という啓蒙思想的諸理念によって形づくられていたにもかかわらず、自由主義の下で法の主体に帰されている諸自由は、非自由（unfreedom）の「他律的かつ権威主義的」な現実を隠蔽し[35]、そして、あらゆる人間関係の中に、敵意を抱いた目的志向性（embittered purposiveness）の精神を、徐々に染み込ませたのである[36]。ホルクハイマーもまた、形式法的な自律性という理念を中心にして近代的主体を構築することを、近代の「ブルジョア的」理性を本質的に基礎づけることとして記述し、そして、この主体の主要な機能は、一連の経済的に予め指示《プリスクライブ》された諸目的を中心にして主体が理性を規則づけることに存する、と考えていた[37]。したがって、アドルノとホルクハイマーは、いずれも、自由主義を、搾取的主体（exploitative subject）によって基本的に規定されているものと見なしていたのである。けだし、この搾取的主体は、①自由を、提供すると同時に撤回し、②社会全体を通じて平等の表面的かつ逆説的な諸理想を伝え、そして、社会的交換のあらゆる領域を通じて、原子化された道具性（atomized instrumentality）の態度を促進するからである。

【啓蒙思想における理性の世俗化・主観化・道具化：自由を約束した啓蒙的理性の抑圧・搾取の道具への転化】

法の主体の形成に関するこれらの探究は、近代社会や近代的合理性を支える世俗化の過程に関する探究と密接に結びつけられていた。「批判理論」に結びつけられていたすべての分析は、その形姿はさまざまであったが、近代社会の諸条件は、理性の特殊世俗的な諸形式（主観的理性、道具的理性、形式的理性、計算理性等）の出現によって形づくられてきた、と主張していた。理性のこれらの諸形式は、はじめは、人間の生（生活）や人間の思想を自然的、宗教的、形而上学的な決定因《ディターミナシー》から解放しようと努めていたが、しかし、それらは、啓蒙思想として、今やそれ自身を近代の社会的現実が支配する中心点として安定化されることになってしまったのである。その際、「批判理論」の内部の各々の観点はまた、法の主体を、こうした世俗的合理化の諸過程の支点《フルクラム》として確認し、そして、法の主体の範型を使って、世俗的理性の啓蒙思想は、それが最初に約束した自由を、生み出さなかったし、結局のところ、偽りの啓蒙思想となってしまった、と論じていた。

【ノイマン⑵】

【法実証主義における理性の世俗化（形式化、主観化）から帰結する、あらゆる実定法外の内容を排除された、自己言及的な諸規則の体系としての法：こうした形式法に対応する世俗化された道具的理性の担い手としての逆説的立法主体：ノイマンの自由主義批判】

たとえば、純粋な法学的観点から、ノイマンは、法の主体や法治国家における法の主体の政治的な帰結《コロラリー》は、法実証主義と不可分の形で関連づけられていた形式主義的合理化（formalistic rationalization）の特定の過程を通じて、発展してきた、と論じた。ノイマンによれば、法の主体と法治国家とに関する法実証主義（者）の構成概念は、法の下での妥当性と資格付与を演繹する際に、あらゆる外部的な道徳的ないしは社会学的な内容を排除してしまった、そうした形式上「内在的」かつ自己言及的な諸規則の体系に、法を還元してしまった。こうしたことの結果、自由主義的法は、統治（政府）と経済の諸機能を中心にして形式的な規則性の趨勢を創出するために作用してきたのであるが、いまや、あらゆる生（生活）を、規則によって規定されている秩序（rule-determined order）と事実上の非自由との諸条件の下で、安定させている。法実証主義の法の主体は、世俗的理性のより広い文化の中における中心点を表現しているのであるが、こうした中心点は、人間の生（生活）を、その自由と正当性に関する高度に技術的で縮約された説明の中に集約させ、そして、形式的秩序の諸条件（用語）の枠内では提示されえない、そうした自由や批判のあらゆる可能性を締め出している。[38] このように、法実証主義の下で強固にされた自由主義の経験は、ノイマンには、実定化の特定の無益でイデオロギー的な行程の結果と思われていたのである。ノイマンの示唆によれば、近代的思惟は、はじめは、合理（理性）的な自己立法や啓蒙思想の偉大なる夢――この夢は、法の主体として、人間存在は、そこにおいて自分たちの生（生活）を構造化している国家の諸法が自分たち自身の諸法になるであろう、そうした諸条件を、立法化するかもしれない、と想像していたのであるが――によって、駆動されていたのだとすれば、私法として組織化された強力な経済的諸特権によって直接的に強められた自由主義的な法実証主義の到来と勝利は、この〔夢の実現の〕過程を致命的に退廃させてしまった。法実証主義によって導かれた法の実定化の行程は、事実上、ただ単に法的かつ政治的な自由の極端に空虚な諸経験へと導かれたにすぎない。そして、この行程は、自由と正統性の諸条件は何であったのか、これについてはきわめて紋切り型で切りつめられた説明を提供していた。はっきりいえば、法実証主義は、啓蒙された人間的な人格を、妄想的《キメラ》な自由の抽象的な定式《フォーミュラ》（常套句）として、すなわち、〔あらゆる内容を欠く立法主体が〕社会全体を通じて秩序の最小限の諸条件を立法化する、という逆説として、再構築していたのであるが、しかし、真正な自由や真正な正統性の諸条件を設定しえなかったのである。要するに、法の主体の法実証主義的な範型における理性の世俗化は、単純に人間の自由を二次的な形而上学においてデザインし直していたのである。――〔すなわち〕その理性の世俗化は、あらゆる社会的現実を、経済的行為主体としての法的人格という中身の無い逆説的形式に集約させていたが、しかし、そうすることで、啓蒙思想の諸法が取って代わろうと努めていた、他律性のもともとの秩序よりも、より実体を欠いた自由を提供していたのである。

【マルクーゼ】

【自由主義的な法の主体における合理性の私化：全体主義の起源としての自由主義の私法的合理性：マルクーゼの自由主義批判】

ノイマンと同様に、マルクーゼもまた、自由主義的・資本主義的な法の主体を強化する合理性とは、人間の理性の真正な範囲《スコウプ》と内容が著しく縮減した状態を表現しているきわめて貧困化された合理性である、と主張していた。このような合理性は、事実、合理性の広範な私化（*privatization*）を反映している。すなわち、私的な利害関心と交換という狭い諸領域にその合理的分析の焦点を絞ることで、法の諸主体の合理性は、諸主体が、そこにおいてそれらがそれらのもっとも純粋な自由を、明示化（分節化）し、経験しうるであろう、そうした社会的な諸々の布置《コンステ》状況《レイション》を熟考（再考）することを妨げ、そして、理性の現実的に構成的な諸々の基礎づけを切り詰めているのである。マルクーゼによれば、自由主義的な法の諸主体の私的合理性にとって基本的なのは、①自由主義的な法の主体は、いまだなお十二分には合理的になっていない、②自由主義的な法の主体は、必要性（necessity）という自己中心的な構成概念にそれ自身を制限している、③自由主義的な法の主体は、そこで自分が作用する、より広い社会・経済的な諸条件の合理的な説明を自分に与えることができない、これらのことなのである。事実、自由主義の合理性は、最終的には、非合理的であり、そして、政治的かつ経済的な統治《ガヴァナンス》のイデオロギー的で抑圧的な諸様式の永続化に直接的に寄与しているのである。まさにこうした理由によって、自由主義の私法的な合理性は、全体主義を発生させた源泉なのである(39)。

【ホルクハイマー、アドルノ】

【自然（対象）支配のための道具に転化した啓蒙的理性の主体と法定立主体との類比：ホルクハイマーとアドル

ノの『啓蒙の弁証法』】

アドルノとホルクハイマーは、自分たちに共鳴しながらも、どちらかといえば制度的思惟により傾いている（more institutionally minded）人たちに比べると、はっきりとは法の諸問題に係わらなかったにもかかわらず、かれらもまた、近代法の形式は近代理性の核心部にある病理の兆候（malaise）を反映している、という見解を表明し、そして、流産した合理化や法実証主義的な法の形成は、近代社会の病理学的諸傾向と密接に結びつけられた原因である、と論じていた。たとえば、〔かれらの著書〕『啓蒙の弁証法』（一九四四）において、アドルノとホルクハイマーは、①近代理性と近代法は、同時的かつ相互に密接に関係しながら、出現した、②各々は、近代社会における経済的諸関係を強固にすることにおいて、決定的な役割を演じている、そして、③各々は、あらゆる社会的な相互行為《インターアクション》の中心部分において、きわめて有害な道具態度を安定化させている、と論じていた。アドルノとホルクハイマーが主張したところによれば、近代理性は、啓蒙《エンライトゥンメント》〔Aufklärung〕と脱神話化《デミュスティフケイション》〔Entmythologisierung〕の行程を通じて自己形成を遂げてきたのであるが、この行程において、人間の思惟は、自然的、神話的ないしは形而上学的・神学的な決定因《ディターミナンシー》から、それ〔人間の思惟〕を解放し、そして、それ〔人間の思惟〕が、社会的現実を組織する中心としてそれ自身の地位を、引き受ける《アンダーライト》ことを可能にする、そうした説明能力のある諸概念〔Begriffe〕を、自らのために（独力で）徐々に生み出してきたのである。しかしながら、理性は、自己を宇宙の自由な中心として断定することを通じて、その諸対象の純正な知識を獲得する能力を喪失《フォーフィット》してしまった。すなわち、理性は、それ自身の中身である、有機的な、自然的な、あるいは感覚的なあらゆる内容を、空《から》にしてしまい、そして、いまや、偽りの分類法（taxonomy）を駆使して諸対象を支配しながら、諸対象についての知識を獲得している。〔対象に対して〕こうした道具的態度をとることで、偽りの自由な知識活動を営む啓蒙の主体は、後期資本主義的経済が、交換の形式的諸対象として世人や財貨を管理する際に、近代理性の認知的な処理《ディスポジションズ》を繰り返すにつれて、後期資本主義の発展と組織化のための認知的な基礎づけを構成している。すなわち、〔資本主義的〕経済なるものは、事実上、人間の主体性に刻印された〔対象の〕道具的な処理《ディスポジションズ》に起源を有しながら、しかも、究極的にはまた、この道具的な処理を上貼りしている、そうした超主体《スープラ・サブジェクト》を構成している。しかしながら、付言するならば、世俗的理性〔道具的・主観的な理性〕の偽りの知識活動を営む主体はまた、それ自身を特殊な法的主体として自己形成し、そして、この法的主体は、資本主義的抑圧のより広い諸動態を、内面化するとともに永続化させる、そういう法理学的《ジュディカル》な諸要因《エレメンツ》〔境位〕を含んでいる。このようにして、アドルノとホルクハイマーが論じたところによれば、偽りの知識活動の主体は、いつも、法理学上の、あるいは、法を定立する主体（legislator）であるが、この主体が、諸対象についての知識を獲得しうるのは、①諸対象について知性によって理解しうる諸条件をそれ自身のために〔独力で〕定立し、そして、それらの諸対象を整理・分類すること、そして、②それらの諸対象を一列に並べ、そして、これらを、その主体がそれ自身の支配《ドミニオン》の諸目的《パーパシーズ》に奉仕させるべく、それ自身のために〔独力で〕自律的に形成した、そうした諸範疇と、一致させること、これらのことによってであるにすぎない。このようにして、その主体は、知識活動の諸対象の上に、「法〔則〕の見出し（legal titles）」ないしは諸範疇を押し付け、そして、これらの諸対象を、認知的には、諸組の「抽象的素材《マテリアル》」として処理するのである。[40]

【啓蒙的理性の主体における自律性と他律性の弁証法】

それゆえに、他の「批判理論」の主唱者と同様に、アドルノとホルクハイマーが断言したところによれば、人間の精神は、合理化と啓蒙の行程を通じて、法理学的形式へと形づくられてきたのであり、そして、こうした形式において、①他の諸対象や他の人々に対して権力を行使し、②資本主義を支える支配の諸過程に貢献し、そして、③社会全体を通じて、偽りの諸法〔法則〕を普及させている。アドルノが後に説明したところによれば、こうした主体の法理学的形式が維持されるのは、自律性を要求することによって、すなわち、あらゆる社会にとって必要な諸法を提供する、自己立法の中心《フォーカス》として作用することを要求することによってである。[41] しかしながら、この主体の自律性は、事実上、いつも逆説的である。この主体は、①自己構成（self-constitution）という幻想的（実体のない）諸作用（活動）を通じて、その自律性を生み出し、②あらゆる社会的交換において、先行指示的《プリスクリプティヴ》かつ規範的な中心的地位を占めながら、他方では、事実上、その内容を一連の形式的な抽象化と自己規制へと縮減し、そして、③それ自身を自由の源泉として合理化しながら、他方では、完全な他律性の現実を支えている。換言するなら、近代的合理性の自律性は、そもそもなんらまったく自律性ではなく、他律性なのである。すなわち、近代の理性的主体は、それ自身を、形而上学的主体に転化させているのである。けだし、この主体は、社会的現実を、抽象化された諸法及び諸原因を中心にして蒸留し、そうすることによって、それ自身を、その自由と純正な自己実現の土台から完全に疎外させているからである。[42] その際、近代的主体が逆説的仕組み《ディヴァイス》としての形姿をとることを通じて、合理的な人間主体の形成をもともとは刺激していた、自由の衝動は失われている。主体なるものは、いまや、それ自身を自己立法の行為主体として形而上学的に作為的な形で説明することに近づき、そして、啓蒙を追求する際に、その主体が当初対抗していた、当の抑圧の現実を、悪化された形で、永続化させているのである。

【対象（内外の自然）の（科学技術的）支配を本質とする啓蒙的（自由主義的）理性とその主体の自己批判の現実的可能性：理性と自然の敵対関係（二律背反）の揚棄：自然（対象）に対する理性（主体）の自発的自己解放（開放）】

これらの根拠にもとづいて、アドルノが結論づけたところによれば、理性が、そこにおいて理性が法的主体として自己構築している、そうした「形而上学的な絶望」ないしは「ラディカルに形而上学的な疎外」を克服しうるのは、その形式的な自己確実性に挑みかかり、そして、理性が、法理学的権威の中心として、それ自身のために〔独力で〕産みださない、諸内容を含んでいる、そうした諸対象に対して、理性がそれ自身を開くときだけである。[43] 同様に、ホルクハイマーが結論づけたところによれば、人間主体が、形式主義や法実証主義の偽りの合理性を乗り越えうるのは、その人間主体が、それ自身の形式的な構造から引き出さない、そして、あらゆる事物に対する理性の支配権《ジュリスディクション》への要求を転覆《サブヴァート》させる、そういう諸対象に対して、人間主体がそれ自身を曝け出すときだけである。[44]
それゆえに、アドルノとホルクハイマーの両者にとっては、自由主義の偽りの形而上学を克服することは、人間の理性が、理性が啓蒙としてはじめに抑圧していた、本源的な形而上学的遺産に、新しい仕方でそれ自身を配置《ディスポーズ》〔対処〕すること、これを要求するであろう。[45] ポスト啓蒙的な自由主義によって要求され、同時に徐々に掘り崩されてしまった、そうした人間性の夢が、唯一請け出《リディーム》〔einlösen〕されうるのは、以上述べた理由によって、理性が、世界における絶対的支配へのその要求を放棄し、そして、理性が、自律性へのその本源的探求において理性によって追放された諸内容を、少なくとも弁証法的に、取り戻《リキューペレイト》しはじめるときだけである。

第一二章　再建の弁証法――人間主義と反人間主義の政治論

1　自然法の復活

【戦後ドイツにおける、法と道徳の法実証主義的分離についての反省に基づく、自然法的思惟と人間主義の再活性化】

第二次世界大戦と「国民社会主義」の崩壊との直接的な余波として、〔戦後〕ドイツにおいては、政治的な人間主義（humanism）の広範にわたる再活性化《リジューヴィネイション》――これは、しばしば、実存主義的な語調を強く帯びていた――が見られた。こうした人間主義的思惟の再出現はまた、法学論争にも見られ、自然法理論の再生を促した。一九四五年以降の〔法〕理論の自然法的諸原理は、通常、ヒトラー体制《リジーム》下における法からの道徳の駆逐に〔実際そうであったのか、それとも、そう申し立てられているにすぎないのか、はともかく〕寄与した、あらゆる諸要因〔境位〕から、法学的思惟を浄化し、そして、とりわけ、法学的言説《ディスコース》から法実証主義の痕跡を消し去ろうとする企ての一部分として、明確化〔分節化〕されたのである。(1) それゆえに、戦後ドイツにおけるこうした法学的思惟の変換〔形式転換〕

の根底にあったのは、法学理論と人間主義とを結びつけ、そして、法における正統性を、理想的な人間の諸属性と理想的な人間の諸価値とに統合的に《インテグラル》（不可欠なものとして）関連づけられたもの、として解釈しようとする新たな企図であった。

【戦後ドイツにおいて人間主義的ないし法自然主義的な法思想への転換を主導した理論家たち：J・エビングハウス、G・フッサール、W・マイホーファー、E・ブロッホ】

人間主義的な法思想に向かったこうした転換は、とりわけ一九四五年以降、再び登場し、そして、「国民社会主義」政党〔ナチ党〕との係わりによって実際に汚染されていなかった理論家たちを特徴づけていた。このような思惟〔思想家〕の一つの重要な例証はユーリウス・エビングハウス〔一八八五—一九八一〕であり、かれはカントの実践理性の諸理念を賦活することで、ドイツ連邦共和国〔西独〕における政治理論の発展に持続的な影響を与えた[2]。ゲールハルト・フッサール〔一八九三—一九七三〕もまた、より現象学的な伝統から、少し後の段階で、人間主義的な法の諸理念の再生に貢献した。G・フッサールは、とりわけ、正義の法を、特定の一組の法的諸事実や特定の法的共同体の中に埋め込まれている、形而上学的ではなく歴史的な妥当性の諸原則として、構築しようと企図していた。このようにして、G・フッサールによれば、真正の法は、時間的《テンポラル》かつ歴史的な人間存在と存在論的にぴったりと噛み合わされ、そして、人間存在が平和的共存と安定性の諸条件を確固としたものにするにつれて、その自然本性あるいは妥当性を標示する[3]。これらの議論はまた、初期のヴェルナー・マイホーファー〔一九一八—二〇〇九〕によって反響を呼び起こされた。というのも、マイホーファーは、自然法は、決して形而上学的に抽象化された諸規範から発展するのではなく、歴史的に必然的な現象であり、こうした現象の中で、人間存在は、その歴史的生《ライフ》（生活）において自分たちのもっとも真正な「自己存在（者）（self-being）」の諸条件を明確化（分節化）する、と論じていたからである。[4]その後、エルンスト・ブロッホ〔一八八五—一九七七〕は、マルクス主義的観点から、自然法に関する諸論争に寄与し、マルクス主義的分析は、それ自身をイデオロギー的ないしはシステム的な分析と合体《コンフレイト》させるべきではなく、マルクス主義理論における規範的人間主義やラディカルな法自然主義（ius-naturalism）〔自然法論〕の諸側面をも認識すべきである、と主張していた。[5]

【ヤスパース】

【ファシズム体験以後のヤスパースの政治的意志表明：ドイツ連邦共和国（西独）の民主制（共和制）の至高性の擁護者としてのヤスパース】

この時期の自然法に関する諸理論の間でもっとも影響力のある立場は、おそらく、カール・ヤスパース〔一八八三—一九六九〕の諸著作の中で、表明されていた。上述したように、ヤスパースは、一九二〇年代に新カント学派が崩壊していく中で〔実存哲学の創始者として〕重要な人物であったが、ヴァイマール共和国における民主制に関する論議においては、保守派の周辺に位置を占めていた。しかしながら、一九四五年以降、そして、一九五〇年代に入って、ヤスパースは、短期間ではあるが、ドイツ連邦共和国（西独）における民主制の基礎づけに係わった、もっとも影響力のあるその擁護者《アドヴォセイト》として、そして、新しい共和国の民主制の至高性《インテグリティ》を弁護する主要な代弁人《スポークスマン》として、登場したのである。

【後期ヤスパースの政治秩序論における①アーレント的（人間学的）な公共性論やコミュニケーション的自由（権力）論と②カント的な自由主義（立憲主義）的共和制論の諸要因（境位）】

ヤスパースは、思いもよらないことであったが、一九四九年に連邦共和国で実現された民主制的システムを擁護する知識人の表看板になった。一九四五年以降のドイツの変化した布置状況《コンフィギュレイションズ》においてさえ、ヤスパースは、ヴァイマール時代においてかれの思想を標識づけていた、より保守的な政治的諸偏向《プリディレクションズ》の多くを、保持していた。すなわち、ヤスパースは、エリート民主制的な諸見解に依然として帰依し、公的意志の形成における諸政党の役割には懐疑的であり、そして、完全な人民主権や純粋民主制という「野蛮で暗愚で狂信的な」理念にアプローチする際には、周到に慎重な態度を崩さなかった。[6] それにもかかわらず、ヤスパースはまた、時折はカントに、また時折はハンナ・アーレント〔一九〇六―一九七五〕に、依拠しながら、戦争直後の時期に解決が迫られていたもっとも緊急な優先課題を明確に定式化《クリスタライズ》し、同時に、政治理論におけるその後のさまざまな革新の規定要因《パラメーターズ》を設定する一連の諸理念を用意していた。きわめて重要なことであるが、この時期の諸著作において、ヤスパースは、アーレントの諸議論を用いて、「無制限な公共的討論《パブリック・ディスカッション》」ないしは「相互的コミュニケーションの自由」に基づいて共和制的秩序をドイツにおいて基礎づけることを要求し、そして、市民たちの間のコミュニケーションは、行政府の諸特権《プリロガティヴズ》による技術的規制に服さない、あるいは、それらによって制御されない、そうした公共圏においてのみ、生起しうる、と論じていた。[7] このようにして、ヤスパースは、政治的基礎づけへのアーレントの人間学的なアプローチに共鳴し、正統的な政治秩序は、その下部構造を、人間存在の本質的な活動的な資源《アクティヴ・リソーシーズ》において、有していなければならない、と主張した。ところが、こうした主張に加えて、ヤスパースは、よりカント的な精神に基づいて、民主制的生活は、権力の行使を規制し、人民の一般意志に形姿を与えるために、法的に保護された諸々の基本権と、普遍法ないしは自然法の法典化された諸原則とを体現した（組み入れた）、そうした立憲主義的な体制《システム》の確立に、かかっている、と主張した。[8] それゆえに、ヤスパースは、〔いわゆる〕憲法愛国主義（constitutional patriotism）についての後の諸教説を先取りして、倫理的諸決断を明確化（分節化）し、諸々の基本権を裁可している憲法は、あらゆる正統的な政治秩序の前提条件である、と結論づけたのである。すなわち、ヤスパースが結論づけたところによれば、憲法は、①政治的アイデンティティを形成する地平として作用しなくてはならないのであり、そして、②憲法の中に銘記された諸原則は、活動的な民主制的生活と共同の「自己教育」との基礎を形成しなくてはならないのである(9)。それゆえに、ヤスパースは、カントと同様に、国家の憲法を、市民たちの理想的ないしは自然的な人格態を反映している文書《ドキュメント》と、そして、理想的な人間の自己実現の「内面的」な倫理的諸条件を宣言《エナンシエイト》しているものと、見なしたのである(10)。とはいえ、ヤスパースはまた、アーレントと同様に、政治における正統性は形式的な規範的諸公理（先決要件）においては安定化されえないのであり、政治的コミュニケーションの統合的《インテグラル》な（不可欠の）諸過程において実現《エンアクト》されなければならない、とも論じていたのである。

2　科学技術《テクノロジー》に反対する政治論

【ヤスパースの科学技術批判：全体主義体制の成立を促す傾向を有する科学技術的関心に基づく政治：科学技術（形式合理性・目的合理性）による人間疎外：「技術的なるものの限界」としての人間性】

それゆえに、ヤスパースが、アーレントに従って、自分の戦後の著作の中心に据えていたのは、現存する正統的な政治秩序は、科学技術（*technology*）の諸機能によって引き裂かれてしまう、という信条、そして、②完全に人間的な国家は、人々を、技術的、機能的、あるいは形式的に目的志向的な、諸考慮の上に高める、そういう政治的諸理想に、法的形式を与える、そういう国家である、という信条であった。ヤスパースの主張によれば、国家が主として技術的ないしは科学技術的な行為主体となるところでは、その国家は、技術的な規制、管理、計画化（*planning*）にその権力を集中させ、そして、完全に《インテグラル》（欠くべからざる）人間的な諸関心を実現《エンアクト》かつ再現《リプレゼント》する際に、その基礎づけを腐食《イロウド》させてしまう。したがって、ヤスパースは、計画化の諸活動を中心にして公的権力を組織化することを、人間存在を「技術的」処理の対象に還元してしまうこと、そして、人間存在を統合的には（欠くべからざるものとしては）自分自身のものではない諸目的に結びつけて、政治的生（生活）の自然本性を奪ってしまうこと（脱自然本性化）(*denaturation*)、こうしたことと見なしていたのである。(11) はっきりいえば、ヤスパースが結論づけたところによれば、科学技術《テクノロジー》が人間の社会において支配的で独立した力となるところでは、そして、技術的諸関心が憲法の諸法を形づくるところでは、こうした事態には、強制的で、潜在的には暴力的な、政治体制《レジーム》を産み出す傾向がある。(12) 科学技術《テクノロジー》に基づく統治は、全体主義の不可変の特徴であり、そして、政治的組織体《ポリティ》の諸々の基礎づけから科学技術を一掃しようとする企ては、新たなる圧制への転落を防ぐもっとも強力かつ必要な堡塁《ブルワーク》である。科学技術は、ヤスパースにとっては、目的志向的（end-oriented）ないしは形而上学的な合理性の明白な形式であり、こうした合理性の形式は、それ自身を人間的な諸関心から切り離し、そして、人間的な生《ライフ》（生活）の源泉に対する有害な他律的支配の中で、それ自身を確固としたものにするのである。したがって、人間性は、「技術的なるものの限界」である。(13) 人間性は、それ自身以外のいかなる他の目的にも奉仕しえない、そして、諸目的の追求において絶えることなくそれ自身から注意をそらすことのない、そうした実存の質である。

【初期ハイデガーによる形而上学としての科学技術（形式的・道具的合理性）批判】

科学技術についてのこうした批判においては、ヤスパースは、人間理性に関する初期の解釈学的な説明に訴えていたが、ヤスパースのこうした科学技術批判には、ハイデガーもまた歩調を合わせていた。ハイデガーもまた、その思想遍歴のこの段階では、ディルタイを端緒とする解釈学的な教説の諸要因《エレメンツ》（境位）を精緻化して、現代社会の技術的上部構造は、理性の形而上学的な諸形式から形づくられてきた、そして、この上部構造は、人間の生の真正な諸自由の上に、そして、これらの自由に敵対して、堆積《セディメント》されてきた、と論じていた。それゆえに、ハイデガーは、科学技術《テクノロジー》——あるいは*Technik*——を、人間的合理性における〔これ以上〕還元しえない道具な質を反映し、[14] 人間の意志の抽象的な先行指示を完遂するために物質的《マテリアル》事物や人間存在に対して専制的な諸目的を押し付けるものとして、したがって、「自由の本質」と両立しえないものとして、記述したのである。[15] ハイデガーが結論づけたところによれば、科学技術は、「完璧な形而上学（perfected metaphysics）」を代表〔再現〕している。というのも、こうした形而上学においては、世俗的な諸現象についての形式的かつ道具的な説明に向かう近代的理性の性向《ディスポジション》がその「最高の形式」に到達しているからである。[16] その結果、科学技術の形而上学的支配の下では、「存在（者）の真理」は、人間の精神《マインド》から締め出され、そして、精神《マインド》は、それが住む世界をそれが支配ないし所有する関係の中に、それ自身を封じ込めて固定化《セメント》してしまうのである。それゆえに、ハイデガーは、ヤスパースと同様に、二〇世紀はじめに経験された「地球の荒廃」は「形而上学から帰結する」出来事である、と論じたのである。[17]

【対象を手段として支配することを目的として意志する疎外され人間主体の道具としての形而上学的科学技術に基づく統治による人間性と自由の破壊：ヤスパース、ハイデガー、アーレントに共通する科学技術に基づく統治の批判】

ヤスパース、ハイデガー、アーレントのすべては、目的（*purposes*）からあるいは意志の投企（projections of *the will*）から意味や価値を演繹することは、暴力的に自由を堕落《コラプト》させることを標識づけている、という点で意見の一致を見ていたが、形而上学を、とりわけ、科学技術において具体化されている形而上学を、目的志向的《パーパシヴ》な意志の合理的ないしは物質的《マテリアル》な形式と見なしていた。ヤスパースが科学技術を批判した理由は、とりわけ、かれが科学技術を偽りの目的志向的な秩序と見なした、という点に存する。というのも、この偽りの目的志向的な秩序においては、人間生活の「諸手段」（すなわち、人間生活を支える物質的装置）は、人間生活の「目的（end）」として呈示され、そして、すべての実存は、誤って押し付けられた諸目的《パーパシーズ》の下に従属させられているからである。[18] 三人の示唆するところによると、人間の生（生活）の真実の条件は、いつも、意志によって、そして、この意志から流出《エマネイト》している形而上学的な諸構造によって、見えなく《オブスキュア》されている。こうした議論は、その政治的な諸含意においては、真実の政治を、科学技術のない政治や合理主義的形而上学のない政治として表象し、そして、真実の政治的実存を、人間の生（生活）が抑制されることなく、それ自身の歴史的な場所に住まいすること、そして、この歴史的本質から、技術的、ないしは抽象化された諸原則や諸目的によって、切り離されることがないこと、これらのことを可能にする条件と見なしていた。したがって、これらの理論は、科学技術に基づいて統治するあらゆるタイプの政府に対して、徹底的な敵意を示していたのである。というのも、それらの理論は、科学技術に基づいて統治する政府を、人間の自由の適地《サイト》を消し去り、そして、意志の偽りの投企によって人間性を抑圧する、そういう偽りの諸目的に基づいて統治する政府と見なしていたからである。

【形而上学批判におけるヤスパース、アーレント、ハイデガー間の見解の差異：技術的であれ倫理的であれ、形而上学的究極目的を完全に払拭しようとしているハイデガーとアーレント：アーレントにおける活動（行為）・自発性を基礎にした完全に自己創造的な政治的組織体という理念像：ヤスパースにおける超歴史的・超政治的な理性、人間性、自然法という形而上学的境位の残存】

しかしながら、政治における形而上学に対する足並みをそろえた攻撃において、ヤスパース、アーレント、ハイデガーのそれぞれの間には、特定のはっきりした差異が現れていた。はっきりいえば、ハイデガーとアーレントは、自由の政治はまた自然法に対する非難をも伴うものでなくてはならない、と指摘していた。ハイデガーとアーレントは、自然法を、科学技術と同じく、偽って自己を権威づける道徳的意志の拡大《ディステンション》と見なしていたのである。

上述したように、ハイデガーの存在論は、あきらかに諸権利に関するあらゆる非歴史的な諸理念に反対していた。アーレントもまた、真実の政治の条件を、法においてではなく、活動（*actions*）、約束（*promises*）、回想（*remembrance*）の中において、すなわち、政治的行為者たち間の自発的で、しかも拘束力のある諸協約《アグリーメンツ》において、そして、それ以前に発せられた言葉、実存、活動の想起《リコレクション》において、基礎づけられているもの、と見なしていた。[19] ハイデガーと同様に、アーレントが結論づけたところによれば、純正な政治は形而上学を伴わない政治である。すなわち、政治においてこそ、人間の自発性は（技術的であれ、倫理的であれ）究極目的への直接的な従属関係（direct end-subordination）から分離《セグリゲイト》され、そして、自由の世界の諸条件を自発的に実現《エンアクト》するのである。それゆえに、アーレントは、政治秩序からあらゆる普遍的ないしは永続的な諸目的を取り除き、そして、自由の秩序を、ラディカルかつ自発的に再形成された活動《アクション》（行為）の地平と見なしたのである。ヤスパースは、ハイデガーやアーレントとは違って、〔この二人の〕完全に自己創造的な人間的な政治的組織体の理想像《ヴィジョン》を完全には共有していなかった。したがって、ヤスパースは、すべての超越論的ないしは自然法的な諸原理から解放《リベレイト》された人間存在を、政治の創造的起源として同定することに躊躇したのである。はっきりいえば、ヤスパースの科学技術批判は、いつも、科学技術によって浸食され劣化される人間性という諸理念は、事実、人間存在の形而上学的な要因（境位）である、という想定によって導かれていたのである。すなわち、ヤスパースは、真正に人間的な政治的組織体は、まったく形而上学を欠いて、あるいは、まったく「超越性」を欠いて、基礎づけられない、と示唆していたのである。[20] ヤスパースが結論づけたところによれば、政治的組織体の正統性は、究極的には、そこにおいて市民たちが自分たちの至高性《インテグリティ》（不可侵性）や信頼性の理念化された形式に直面することになる、そういう理性の超政治的（super-political）な諸原理を政治的組織体が代表〔再現〕するかどうか、これにかかっているのである。[21] こうした代表〔再現〕は、道徳的かつ自然的な正しさ《コレクトネス》という拘束力を有する諸理念を投企する、理性的な政治家（経世家）たちによって、そして、憲政秩序の中に埋め込まれている倫理的諸指針によって、これらによってのみ完遂される。それゆえに、憲法とは、この両者〔理性的な経世家や倫理的指針〕が、政治的組織体を、倫理的な約束《コミットメント》という形而上学的理念――しかも、この理念はまた、人間存在を、活動的な政治的討議や客観的に形成されたアイデンティティに係わらせる――に縛り付ける文書である。

【戦後ドイツの連邦共和国成立期の功利主義的な科学技術還元主義に対する、いわばいずれも非形而上学的な、①存在論的、②〔哲学的〕人間学的、③形而上学的立場からの批判】

それゆえに、一九四五年以降のドイツ政治の形成期を形づくっていた政治的諸見解は、政治的正統性の源泉に関する人間学的説明〔ハイデガー、アーレント〕と形而上学的説明〔ヤスパース〕との間を揺れ動いていたのであった。それにもかかわらず、すべての見解は、人間の生〔生活〕を「功利主義的諸機能」の対象に技術的に還元することから救出されるべきである、という要求に収斂していた。[22] さらにいえば、すべての見解は、真実の政治的組織体は、自発的に人間的な政治組織体であって、抽象化された、あるいは、形式的に形而上学的な、意志の諸対象〔目的〕によって支配される、そうした政治的組織体ではない、と指摘していたのである。

3　科学技術、法治国家、機能主義的国家

【一九五〇年代における福祉国家の形成と社会的市場経済の進展に伴う政治の物質化・私化の傾向の増大】

科学技術《テクノロジー》が政治的正統性の「人間学的前提条件」を腐食させている、という議論はまた、より主流の制度主義的な理論家や政治学者たちによって、とりわけ、連邦共和国の初期において法治国家の諸問題に取り組んだ人たちによって、広く取り上げられた。[23] この時期の科学技術に対する批判的省察は、きわめて顕著なことに、①急速に発展

している福祉国家と、②コンラート・アデナウアー〔一八七六―一九六七〕やルートヴィッヒ・エアハルト〔一八九七―一九九七〕に先導された社会的市場経済《ソーシャル・マーケットエコノミー》の進展に伴った統治の団体協調的《コーポレート》な技術、これらについての関心の幅広い発現と符合していた。福祉国家の下では、政治システムは、民主制的合意ではなく、諸政党と諸利益集団との間のプラグマティックな取引によって基礎づけられた、計画と規制の技術的装置へと、変換（形式転換）されてきた――このように、一九五〇年代には、広く論議されていた。この結果、国家は、その本来の《オリジナル》代表（再現）的な――あるいは真実に政治的な――性格を喪失している、すなわち、国家は、その市民たちの喫緊《ヴァイタル》（必須）の理想的な（あるいは人間的な）志向性《オリエンティションズ》との関連性を失い、そして、その正統性を技術的諸手段によって――社会全体における資源の戦略的配分や物質的不均衡の緩和を通じて――獲得している、と主張されていたのである。[24] このようにして、一九四九年以降の福祉国家の発展は、政治の物質化（*materialization*）ないし私化（*privatization*）へと導かれ、その結果、構成的な政治権力は、市民たちから民間《シヴィル》の結社ないしは経済的結社やロビーへと移され、その後、こうした結社やロビーは、正統化や立法の過程において支配的地位を占めるようになっている、とさまざまな政治的観点から主張されたのである。[25] 結果として、民主制の本来の《オリジナル》理念――すなわち、公共的権力は、統一された市民たちの公共的団体を代表（再現）し、そして、公法は、社会全体にわたって公共的利益を伝える〔という理念〕――は社会的経営《マネージメント》の技術的体系に取って代えられてしまい、そこでは政府《ガバメント》は対抗し合う私的利害《インタレスト》関心の囚われの身になっている――このように論じられたのである。こうしたことは、翻って、統治《ガヴァナンス》の諸問題や諸対象を基礎づける合意の出現を妨げ、そして、立法を一連の処置（disposition）と管理・運営（administration）の技術的ないしは科学技術的な諸過程へと変換（形式転換）してしまうことになった。

【法の物質的な適用や技術的手段によって正統性を調達する技術志向的政治システム：自己決定あるいは活動的

行為主体としての人格理念において法の妥当性と政治の正統性の根拠を持たなければならない民主制的国家】

一九五〇年代における福祉国家についてのこれらの分析の根底には、福祉民主制がまた、市民の役割と性格における、そして、政治生活の人格的な諸々の前提条件における、変換（形式転換）を引き起こしている、という主張があった。法と政策がますます物質的福祉に専念するようになることで、市民が、理念的にいえば、正統性を有する民主制的な権力と法の主体が、物質的な配分と管理の、そして、技術的な割り当ての、単なる受動的な対象へと退化してしまうことが可能にされていた。翻って、こうした主張の根底には、民主制的国家は、はっきりした人間学的な基礎づけを持たなければならない、というより根本的な議論があった。民主制的国家は、その法的起源を、人間的な「自己決定（self-determination）」において、持たなければならない。[26] すなわち、普遍的に適用される諸法における自己表現を要求する、そして、その必要《ニーズ》は、機能的な緊急事態《イクシジェンシーズ》（急務）に還元されることなく、純粋に技術的な管理・運営的な諸作動《オペレイションズ》によっては充足されない、そうした活動的な法的行為主体としての人格という理念において、民主制的国家は、その法的起源を持たなければならないのである。したがって、民主制は、こうした人間的な基礎づけを有するところでのみ、真実に正統的あるいは真実に政治的な秩序である。[27] 現代の統治システムの技術的な装置は、民主制的な法の完全な（欠けるところのない）起源を見えなくし、そして、政治過程において現前する人間性を、計画、配分、充足化という私的諸行為を通じて充足されうる、主要な物質的な必要の一単位としてのみ、認めるにすぎない。したがって、技術志向的な政治的諸システムは、人間的な人格の完全な性格を代表（再現）するに際して、それら自身あるいはそれらの諸法を基礎づけることができない。それゆえに、技術志向的な政治的諸システムは、それらの正統性を、法の物質的な適用を通じてのみ、したがって、見せかけの技術的諸手段を通じてのみ、贖いうるにすぎないのである。

【科学技術と人間主義的人間学は同一の形而上学的世界観を前提にし、目的志向的思惟を共有している、というハイデガーの見解】

しかしながら、ドイツ連邦共和国初期の哲学や政治学におけるこうした人間主義的志向にもかかわらず、この時期に理論的にもっとも影響力を及ぼした社会的かつ政治的な諸教説の多くは、民主制的生活における科学技術の影響に反対ではなかった。したがって、それらの教説は、民主制を自由主義的かつ左派自由主義的に検証するに際して、人間主義を力説することには大いに懐疑的であった。たとえば、科学技術に関する、そして、政治における科学技術の役割に関する、ハイデガー自身の見解は、特定の両義性を含んでいたが、この両義性は、時折、ハイデガーに、曖昧さを残さない形で科学技術を退けることから、距離をとらせていた。あきらかに、一つの水準では、人間の世俗世界性（worldliness）〔世界内存在〕という本源的な歴史的場《ヒストリカル・ロケーション》は、科学技術の道具的ないし形而上学的な命法《イムペラティヴズ》によって脅かされている、ということを指摘していた、人間の決定因に関する解釈学的ないし後期歴史主義的な観念に与して、ハイデガーは議論をしていた[28]。しかしながら、同時に、ハイデガーはまた、科学技術に敵意を示す理論的立場の人々によって用いられる人間主義的な諸概念を非難していた。したがって、ハイデガーは、人間主義における人間的行為主体についての規範的に屈折された諸構成（概念）を、科学技術を産み出した同一の形而上学的遺産の産物と見なしていたのである。その結果、ハイデガーは、科学技術の優勢《プリポンデランス》とその論敵の人間主義的人間学は、いずれも、あらゆる生《ライフ》を人間の諸目的《パーパシーズ》という中心に向けられているものとして解釈し、そして、あらゆる生をこれらの諸目的から演繹された諸規範や諸対象に応答しうるようにする、形而上学的な世界観に関連づけられた諸表現である、と論じていた。ハイデガーの結論づけたところによれば、人間主義は、科学技術に代わる対案としては受けとりえない。すなわち、人間主義的な思惟は、科学技術における形而上学の蔓延する影響力を阻止しえないのであり、したがって、形而上学の批判をもう一つ別の形而上学的態度へと再び方向づけうるにすぎないのである。[29]

【後期ハイデガーにおける歴史性の特定の客観的形式としての科学技術の受容：科学技術を道徳人間学的に批判することを退け、運命の近代的形姿として肯定する後期ハイデガー】

したがって、ハイデガーが指摘したところによれば、人間性《ヒューマニティ》と科学技術《テクノロジー》との間の〔相互に相手を形而上学ないしイデオロギーとして〕批判し合う関係は、同一の形而上学的布置状況《コンステレイション》（星位）内の二つの諸契機の間の議論である。だから、人間存在は、その人間存在の政治的組織体を、はっきり人間による基礎づけの上に、いきなり置いている、そういう諸価値ないしは諸法を演繹しうるであろう、という〔人間主義的〕信念を、ハイデガーは、科学技術の形而上学的なシステムに劣らず破壊的なものと見なしたのである。このような次第で、ハイデガーの示唆したところによれば、形而上学の現実的終焉が表象ないし経験されうるのは、まさしく、科学技術の下での存在（者）の客観的諸条件を、より謙虚に黙従する形で受け入れること、これを通じてのみである。こうした理由に基づいて、結局のところ、ハイデガーは、科学技術に無関心の態度を選択し、最終的には、科学技術を、そこにおいて現代の生《ライフ》の特殊歴史的な形式が客観的に表現されている、そうした現代の存在（者）の中立的条件に他ならないもの、と解釈したのである。事実、ハイデガーは、科学技術を、歴史的かつ日常的《クォウティディアン》な実存（現存態）と同様に、「真実が生起する（……）圏域《リージョン》」[30]として記述していた。それゆえに、ハイデガーは、科学技術は人間の歴史的な活動圏を妨害している、と主張していたにもかかわらず、科学技術の中に、歴史性（historicity）の特定の客観的形式を見て取り、そして、こうした形式に対する抵抗は、人間性《ヒューマニティ》を道徳的合意や立法的自律性に向かう普遍的な性向《プロペンシティ》を有するものとして、むしろ粗雑なほど図式的に説明することに頼ることなしには、提起されえない、と示唆していたのである。
それゆえに、ハイデガーの後期の著作においては、科学技術や自然科学としての形而上学に対する解釈学的批判は、次第にカントの道徳的普遍主義や素朴な人間主義としての形而上学に対するハイデガーのより幅の広い批判と融合していったのである。したがって、こうした批判は、テクネー（Techne）〔広義の技術を意味するギリシア語〕への適切なアプローチを〔その〕断固たる受容に基礎を置くアプローチと見なす、そうした見解を、産み出したのである。はっきりいえば、ハイデガーの著作はまた、形而上学に関する解釈学的註釈として始まっているにもかかわらず、科学技術に対する道徳人間学的《モラル・アンソロジカル》な批判を退け、そして、最終的には、科学技術を運命の近現代的な形姿として肯定する、そういうより機能主義的な態度に有利な地勢《テレイン》を明確にしていたのである。

【フライヤー】

【現代福祉国家を特徴づける「権力と法の脱人間主義化」：現代国家においては、人間存在は法や権力の主体ではなく、物財の科学技術的な給付、管理、配分の機能化された客体にすぎない：福祉国家の正統性は、人間個人の自由の実現にではなく、物質的資源の供給と配分の科学技術的な機能性・効率性にかかっている、というフライヤーの主張】

こうした〔科学技術に対する〕ハイデガーの両義性は、統治（政府）に関する諸理論の焦点を人間主義的諸範型に合わせようとするあらゆる企図を嘲笑している、ハンス・フライヤー〔一八七八—一九六九〕の諸著作において、強化されていた。フライヤーは、その一九三〇年代初期の諸著書においては、現代の政治的諸システムは、不可避的に官僚主義的決断ないしは計画を中心に構造化されているのであり、したがって、これらの諸決断の正統性は、人間的な性格ないし利害関心という人間学的諸事実において基礎づけられていない、と論じていた。[31]　一九四五年以降、フライヤーは、この初期の主張を敷衍して、現代社会の政治的諸制度は、人間存在の欠くべからざる必要《ニーズ》ないしは理性的な先行指示《プリスクリプションズ》に対応するものとは見なしえない、と力説した。フライヤーの主張によれば、正統性を有する政府を、人間の生《ライフ》（生活）を構成する必要を反映する「本質的秩序」として定義することは、現代の諸制度の定義としては適切ではない。そして、政治システムの諸制度は、人間存在が、自分の自然本性として強調されるものに従って、自分自身のために（独力で）先行指示ないし演繹しうるであろう、そうした諸法に、形式を与える、あるいは、それらの諸法によって、拘束されうるであろう、と予め想定することは、時代錯誤的である。[32] 要するに、人間存在は、現代社会における法と権力の主体的な源泉ではない。すなわち、人間存在は、事実上、全面的に「機能化」[33] されているのであり、そして、もっぱら科学技術的な管理・運営や物質的配分の高度に「縮減された」対象としてのみ、社会・政治的な制度にとって有意なものとなる。[34] フライヤーが結論づけたところによれば、権力と法のこうした脱人間主義化（*dehumanization*）は、とりわけ、現代の福祉国家に特徴的なことである。福祉国家は、人間存在を「規定しうる、図式化しうる、組織化しうる利害関心の担い手」に変換（形式転換）するシステムであり、[35] そして、福祉国家は、人間の自己立法の諸条件を促進《ファシリエイト》することによって、正統化されるのではなく、それが市民たちに財貨と物質的補償を提供するその科学技術的な諸資源を「個人の自由の代用的諸形式」として配置するとき、正統化されるのである。[36] フライヤーのアプローチの根底にあったのは、際立って人間的な下部構造を政治的諸制度に帰属させることは、社会秩序を、進歩と権利の道徳形而上学的ないしは目的論的な構成（概念）に対応しているものとして表象する、社会についての古めかしい解釈の名残である、というハイデガーに近似する確信である。[37] しかしながら、このような構成（概念）は、現代の複雑な諸社会に適用することができないのであり、したがって、現代の正統性の事実的かつ技術的な源泉を誤って解釈することに成功したにすぎないのである。

【ゲーレン】

【現代の社会の構造的決定因は、人間存在ではなく、諸制度である：諸制度の土台は、規制や管理のための科学

技術的道具である】

類似の諸理念はまた、フライヤーやハイデガーと同様に、「国民社会主義」〔ナチ党〕のイデオロギーの特定の諸側面との近い関係によって、ひどく汚染されてもいた、アーノルト・ゲーレン〔一九〇四—一九七六〕の諸著作においても、表れていた。ゲーレンは、現代の社会的諸制度は、主体的《サブジェクティヴ》な行為主体や道徳的な先行指示《プリスクリプション》の中心としての人間存在にとっては不透明なものである、というフライヤーの議論に共鳴していた。事実、ゲーレンは、この主張を敷衍して、現代の諸制度は、人間存在に反する秩序を次第に堆積していく沈着物（accretions）として形成し、そして、社会生活の構造的決定因として人間存在に取って代わっている、と明言した。[38] それゆえに、現代の諸社会においては、具体的な人間存在は、直接的に制度と関連する領域の外にある偶然的《コンティジェント》な区域へと退き、そして、政治的権力のための立法的基礎づけを提供しないし、提供しえないのである。現代の諸制度の土台は、事実、人間存在にはなく、科学技術に、そして、規制《レギュレイション》と運営《マネイジメント》の科学技術的な諸道具に、存するのである。このようにして、科学技術は、社会生活の客観的諸条件を形づくり、構造化する力《フォース》として、人間存在によって本来は遂行される役割を担っているのである。[39] この結果、政府（統治）は、人間の必要ないしは性格を公的に代表〔再現〕するものではなく、その正統性をもっぱら行政〔管理・運営〕的な諸権能を通じて立証するにすぎない、「多様な諸様式の機能を集積したもの（aggregate）」[40] なのである。

【福祉国家の下の多元主義的・ポリアーキー的統治技術：ポスト人格的な現代社会秩序の不可避的条件としての科学技術的による統治】

フライヤーは、シュミットに近似して、やはりなお、現代社会を、権力を掌握した人物の決断によって形づくられるものと見なし、そして、科学技術の諸手段は、依然として政治指導者の意志的な制御に服している、と示唆していた。[41] こうしたフライヤーとは対照的に、ゲーレンは、現代社会は、とりわけ福祉国家の下では、多元主義的ないしはポリアーキー（多頭支配）的な統治技術にますます頼る傾向が強まっている、と論じた。このようにして、ゲーレンの説明したところによれば、個人的な「大決断（macro-decision）」は、社会の組織化において、急速に減少しつつある役割を演じているのであり、そして、国家権力の機能は、社会活動が、諸利害の均衡を図るための、そして、社会的諸集団間の技術的安定性を確保するための、団体協調的《コーポレイト》な諸戦略によって規制されるにつれて、徐々に縮小されている。[42] とはいえ、こうした〔意見の〕違いにもかかわらず、ゲーレンとフライヤーのアプローチは、①両者ともに、現代社会を、本質的にポスト人格的なものとして記述していること、そして、②両者ともに、社会・政治的な諸制度の秩序づけにおける合意に基づく立法ないしは共有された意志作用（volition）の役割を軽視していること、これらの事実に収斂していた。両者が示唆したところによれば、科学技術によって統治する政府は、現代の社会秩序の不可避的な条件である。それは、それ自身を規範的諸過程（手続き）や人間学的な固定性から解放してきた条件であり、そして、法をあらゆる人間主義的な基礎づけから切り離してきた条件である。はっきりいえば、両者が示唆したところによれば、社会学的ないし政治的な分析において、人間主義的な基礎づけに頼ることは、反事実的ないし本質主義的な諸範型にすがろうとする絶望的傾向を反映しているにすぎない。事実、現代社会において人間主義者であることは、形而上学者であることである。それは、事実上妥当性を失った諸理念を基礎づける本質存在に訴えることであり、そして、深い自己欺瞞に囚われながら、きわめて複雑な現代の諸制度は、人間の理性によって演繹され、そして、人間を構成する利害ないしは必要を明確化（分節化）する、そういう諸規範に、合致する形で導かれうる、と想定することである。

【シェルスキー】

【科学技術的正統化理論の到達点としての社会学理論：人間の実存の実現された形式としての科学技術】

これらの議論は、ヘルムート・シェルスキー〔一九一二―一九八四〕の諸著作において、最高潮に達していた。シェルスキーは、初期の諸著書において、現代社会を、科学技術の増大する力によって、そして、「科学技術的国家」の発展によって、性格づけられるものとして記述していた。[43] シェルスキーが説明したところによれば、こうした国家の統治《ガヴァナンス》の下においては、「規範的な意志形成の意味における」政治は不可能となり、したがって、権力は単に科学的かつ行政（管理・運営）的な諸資源に対する機能的な処理能力《ディスポジション》を通じて適用されるにすぎない。[44] シェルスキーの説明によれば、このような国家によって統治される諸社会は、必ずしも「反民主制的」ではない。しかしながら、このような諸社会においては、国家はその古典的な合法的・民主制的な「実体」を喪失している。[45] したがって、国家は「ここでは」、行政（管理・運営）的挑戦に応答するに際して、その熟達度《アデプトニス》を証示するとき、技術的諸過程（手続き）を通じて、それ自身のために（独力で）正統性を産出するのである。シェルスキーは、フライヤーやゲーレンよりもさらに強く、政治的かつ制度的な正統性の説明において人間主義的な諸々の前提条件を引き合いに出すことは、いかなる客観的現実とも対応していない、後ろ向きの「形而上学的熱望」を反映している、と主張した。[46] それゆえに、ゲーレンやフライヤーと同様に、シェルスキーは、科学技術を、人間の実存の実現された形式と見なし、そして、この現実を、人間存在を中心にして、批判的に再定位しようとするあらゆる企てを、社会的存在（social being）の現実的自然本性を単純化かつ歪曲する、古めかしい観点を、当てにしているもの、と見なしていた。

4　形而上学と憲法

【連邦共和国（西独）創設期のもう一つの形而上学をめぐる政治的論争：解釈学的・道徳論的な人間学理論に基

づく人間主義的な政治的見解】

連邦共和国初期における政治的論争の戦線は、それゆえに、人間主義者と技術官僚《テクノクラーツ》との間に引かれていた。二つの陣営間の対抗関係の中心には、もう一つ、形而上学に関する論争があった。そして、両陣営は、分析や先行指示についての形而上学的諸範疇を効果的に用いて、政治秩序の真正な自然本性を歪曲していると互いに相手を非難し合うことによって、それら自身の立場を正当化していた。この時期の人間主義的な政治的諸見解は、それらの主張を、初期の解釈学的ないし道徳的な人間学的諸理論において基礎づけ、そして、現代の統治（政府）は、科学技術の本源的に目的志向的かつ形而上学的な諸特徴を統合してきたのであり、その結果、人間の政治的な生（生活）を構成する諸性格から疎外されてきたのである、と論じていた。

【科学技術を信奉する理論家たちによる、現代の諸制度が孕む機能的な複雑性や偶然性（状況依存性）を認識しそこねている人間主義論者に対する批判】

しかしながら、このような人間主義的思惟とは対照的に、現代的生（生活）における科学技術の役割についてより熱狂的に論じていた連邦共和国初期の社会理論家たちはまた、自分たちの反対者たちは、現代社会についての単純化された倫理的な人間主義的説明に依存し、かれらの分析を形而上学の残滓から分離させてこなかった、と主張していた。これらの理論家たちは、社会は、その全体において、法的あるいは道徳的な諸規範、ないしは人間存在の諸々の真正の志向性《オリエンテイション》を中心にして、再び確固としたものにされうるであろう、という希望を、どのように現代の諸社会が作動しているかについての時代遅れの註釈を反映しているもの、と見なしていた。こうした希望は、政治的装置を本質的な人格と見なし、そして、現代の政治的諸制度の機能的な複雑性や偶然性《コンティンジェンシィ》を認識（評価）しそこねている、そうしたすでに妥当性を失っている哲学的伝統に、郷愁を込めて準拠することによってのみ、維持されうるにすぎないであろう。

【戦後東西ドイツに現れたさまざまな憲法観：憲法愛国主義、市民たちの政治的アイデンティティ：実質的憲法：実質的な自由と平等、参加と共同所有を保障する憲法：社会的法治国家論：シュテルンベルガー、アーベントロート】

政治、形而上学、人間主義に関する分岐した諸見解の間の敵対関係は、連邦共和国初期の憲法の役割について異なる諸分析の間の対抗関係において、絶頂に達していた。上述したように、憲政的現実に関する影響力のあったヤスパースの諸著作は、共和国の憲法は、共和国をまったく道徳的で十分に展開された人間的な基礎づけの上に置く「基本的決断」を、明確化（分節化）しなければならない、と主張していた。[47] 同時期に、ドルフ・シュテルンベルガー（一九〇七―一九八九）は、台頭しつつあった憲法愛国主義（constitutional patriotism）の教説にさらに実体を与える議論を展開し、憲法は、そこにおいて新しい共和国のすべての市民の政治的アイデンティティが形づくられ、精緻化されるであろう、そういう解釈的地平を、形成すべきである、と論じていた。[48] 連邦共和国初期における政治的討議の最左翼に位置していた、ヴォルフガング・アーベントロート（一九〇六―一九八五）は、マルクス主義的・人間主義的な憲法モデルを提唱し、正統性を有する憲法典は、人間存在のあらゆる側面――その社会的、政治的、経済的活動――における、正当な（権利の）平等（rightful equality）を銘記すべきである、と論じていた。[49] アーベントロートは、実質的憲法（material constitution）というそれ以前［のヴァイマール時代］の諸理念に立ち戻り、そして、政治的正統性は、平等と正義の公式の憲法上の諸権利を社会的交換のあらゆる領域に拡大し、そして、人間存在を、参加ないしは共同所有（participation or co-possession）（*Teilhabe*）の政治的かつ実質的な諸権利を保有する市民として、憲法に基づく生活へと統合する、そういう憲政秩序体系を通じてのみ、獲得されうる、と主張した。

類似の議論は、事実、初期の連邦共和国〔西独〕とドイツ民主共和国〔東独〕の分断線を越えて、拡大していった。民主共和国における初期の法や憲法に関する諸教説もまた、正統性を有する憲法〔典〕を、国家を決定的に人間的な土台の上に置き、「完全な人格」やあらゆる「人間の人格態の諸資質」を、法的人格〔法人〕や法の名宛人に関するその構成〔概念〕の中に組み入れて〔体現して〕いる、そうした文書としばしば見なしていた。[50] こうした社会主義的・人間主義的な諸教説は、実質的平等(material equality)の公認《フォーマライズ》された権利と生産手段の私的所有の廃止の規定を盛った社会主義的憲法のみが、国家がその市民たちの人格態をそのあらゆる次元において統合し、代表〔再現〕すること、これを確実に請け合いうる、と論じていた。[51] これらの見解はすべて、それが自由主義的憲法を支持するものであれ、あるいは社会主義的憲法を支持するものであれ、憲法を、そこで真正の人間性の特定の表象が正統性を有する共和国のすべての法を基礎づける源泉として鋳造されている、そういう人間の行為主体と道徳的自己実現の特殊な境域として解釈していた。

【フライヤー、シェルスキーにおける機能主義的憲法論：憲法の役割と機能＝国家の安定性の機能的諸条件の創出、政治的諸制度から自己正統化の負担を軽減】

こうした観点とは対照的に、連邦共和国初期の機能主義的な社会理論家たちは、国家の憲法が、国家ないしは国家の諸法において、何であれ、際立って人間的な内容《コンテンツ》ないしは普遍的な人権を代表する機能を有することを、否定していた。かれらが論じたところによれば、憲法が人間の権利ないしは利害関心の担い手である、という想定は、実際は、一九世紀の自由主義の無反省的な人間主義のむしろ不幸な遺産の一つである。このような構成〔概念〕に応答して、フライヤーが論じたところによれば、憲法は、「概念的な諸原理に対応して」起草されえない。すなわち、憲法の正統性を先行する諸規範と結びつけようとする企てには、事実、憲法の〔すでに〕感じ取られていた正統性

(perceived legitimacy) を掘り崩し、そして、その技術的権能を腐食させてしまう傾向がある。[52] フライヤーが説明したところによれば、憲法は、せいぜい、特定の諸タイプの行動《ビヘイヴィア》を秩序づけ、裁可し、そうすることによって、国家の安定性を支える、そうした規制的ないし先行指示的な文書と見なされるべきである。[53] シェルスキーはまた、憲法の運用に関する機能主義的説明を試みていた。シェルスキーの主張によれば、憲法の役割は、国家の機能に公式的かつ不可逆的な構造を与えることであり、そして、政治的諸制度からそれらが不断にその自己正当化や自己説明を行なう必要に伴う負担を軽減することである。[54] 憲法は、拘束力を有する諸規範として明確化（分節化）され、そして、諸権利の形式において国家に押し付けられた、そうした「民主制的な」人間の利害関心を表現している、と想定することは、間違っている、とシェルスキーは主張した。[55] そうではなくて、正統性を獲得している憲法は、必要な安定性に奉仕し、そして、それを反映する。[56] したがって、そうした憲法は、国家の客観的な行政（管理・運営）の信頼性に依存する人民と、その憲法を通じて住民《ポピュレーション》の極端な要求からそれ自身を守る国家との、両方の安定性を、引き起こすのである。[57] 要するに、憲法の機能は、特定の諸原理に基づいて論争を中立化させる、という点に存する。すなわち、憲法の機能は、国家に永続的形態を付与し、そして、社会全体にわたって、国家の安定性に寄与しそうに思われる機能的諸条件を創出することである。

【フォルストホフ】

【フォルストホフにおける反規範（主義）的・反科学技術主義的な憲法論：民主制的法治国家の憲法の機能としての国家内外の政治的諸党派の「植民地化」からの法適用の前提条件の保護：国家を物質的、道徳的な課題負担から解放する科学技術的装置】

憲法に対するこのような反規範（主義）的なアプローチの極め付きの表現は、カール・シュミットのかつての弟子のエルンスト・フォルストホフの諸著作において見られた。フォルストホフは、連邦共和国初期の法的・政治的な形勢《カントア》に、あきらかにシュミットによって影響を受けた議論を適用していた。フォルストホフの主要な関心は、〔西独〕国家は、それが福祉国家として構築されることを通じて、法治国家あるいは純正な民主制的国家として活動するその能力を掘り崩している、そういう社会化（socialization）と団体協調的《コーポレイト》制御《コントロール》の過程に服してきた、ということを示すことであった。福祉国家として、〔西独〕国家は、国家が分配する資源の分け前を求める社会的諸集団によって「道具化され」[58]、そして、この国家において既得権《ステーク》を獲得している社会的諸集団は、政策や立法に対して直接的な影響力を獲得している、「特権化された合法的階級《リーガル・クラス》」の地位に収まっている。こうした諸集団の特権的地位は、民主制的憲法によって保障された法的な自由と平等の基本的な諸条件を掘り崩し、そして、その特権的地位が、若干の社会的行為主体が他よりも法によって有利な取り扱いを受けるより大きな機会を有する、ということを意味するにつれ、その特権的地位は、国家から中立的代表者かつ立法者としてのその真正な性格を奪ってしまう[59]。こうした理由に基づいて、フォルストホフが結論づけたところによれば、民主制的法治国家の憲法のもっとも重要な機能は、国家内外の政治的諸党派による植民地化（colonization）から法の適用の諸々の前提条件を保護することである[60]。憲法は完全な社会的包摂《インクルージョン》ないしは「統一《ユニティ》」を容易にするのに奉仕する統合志向的《インテグレイティヴ》〔欠けるところのない〕システムではなく、また社会のすべてに潜在する人間的な理想像《ヴィジョン》の規範的具体化でもない[61]。事実、憲法が最大限に正統化されるのは、国家が個々人（諸人格）やそれらの個々人の利害関心を統合する度合いに一定の制限を設けるための、そして、法が社会全体にわたって同じ仕方で（同様に）執行されることを保証するための、機能的な仕組みとしてあるかぎりにおいてである。国家の法的秩序における憲法の機能は、福祉民主制においては、きわめて危うい深刻な問題を孕むものにされている、とフォルストホフは結論づけた。フォルストホフが主張したところによれば、法が綱領的に社会的諸問題を統制し、物質的財貨を配分するために用いられるところでは、こうしたことには、民主制的憲法の法的基礎づけを腐食させ、そして、民主制的法治国家（democratic legal state）を、「行政国家（administrative state）」に、すなわち、法を民主制的な諸々の権利や手続きの中立的かつ公式的な保障としてではなく、制御と統合の客観的な媒体として適用する「行政国家」に、変換（形式転換）させる傾向がある。[62] フォルストホフは、他の技術官僚《テクノクラーツ》たちとは異なり、国家はその科学技術的構造を拡張すべきである、とは論じなかった。[63] というのも、それが拡張されるならば、そのことは、事実上、国家の活動の適切な諸制限を超えてしまうであろうからである。しかしながら、フォルストホフは、あきらかに、国家を、中立的ないしは「技術的」性格を備えた装置と見なしていた。というのも、国家の有効性《エフィカシー》は、過度の物質的、道徳的ないしは人間的な負担から、国家それ自身を解放することにかかっているからである。[64] はっきりいえば、（フォルストホフによれば）人間性の利害関心を代表する、そして、個人の自由の諸条件を確保する、そうした国家の能力が最大限に発揮されるのは、まさしく、国家が人間の利害関心や自由権《リバティ》の全能の擁護者かつ保護者として定義されないところにおいてのみなのである。[65]

【憲法観をめぐる左右の論争の焦点：左派・リベラルの人間主義と右派・保守派の科学技術主義の対立：法と国家の人間主義化と脱人間主義化】

このようにして、連邦共和国初期の憲法（観）に関する諸論争は、国家の人間性と国家が憲法の形態で人間的な法を憲法の形式において代表（再現）するための国家の能力とを中心にして、回転していた。左翼系ないしはリベラル・デモクラシー系の側の代表者たちは、正統性を有する民主制は、①国家と法の人間主義化（humanization）、②人間存在の政治過程や政治的アイデンティティへの自由な参加者としての統合《インテグレイション》化、そして、③国家を支配する科学技術的な形而上学の拒否、これらを通じてのみ、人間主義的な民主制として確保されうる、と論じていた。より保守的な側の代表者たちは、政府（統治）（まさに、あるいはとりわけ、民主制的な政府）は、その脱人間主義化

（dehumanization）を通じてのみ、そして、その結果として、規範的形而上学のあらゆる諸要因（境位）を国家から排除することを通じてのみ、安定化される、と主張していた。

第二二章　ユルゲン・ハーバーマスとニクラス・ルーマン
——二つの競合する形而上学批判

1　ハーバーマス——新しい法的人間主義

【ハーバーマスとルーマンが共通に確認する主題：①法と権力の〔論理的かつ歴史的に〕同時的生成・進化、②法の実定化による権力の合理化〔正統化〕〔「合法的支配」〕、③正統的統治形式としての実定法に基づく法治国家、④形而上学に依存しない理性的自由と政治的正統性】

ユルゲン・ハーバーマス〔一九二九—　〕とニクラス・ルーマン〔一九二七—一九九八〕は、かれらの著作において、二〇世紀後期ドイツの二つのもっとも傑出した、しかも甚大な影響力を及ぼしている政治的見解を、形成していた。実のところ、それどころか、これら両理論家の諸著作は、ハーバーマスのアメリカにおける対話者《インターロキューター》であるジョン・ロールズの諸著作とともに、二〇世紀の最後の三〇年間の政治理論における国際的論争ための共通の土俵〔基本的な輪郭《コントゥア》〕を設定していた。ハーバーマスとルーマンの諸著作の核心にあるのは、法、政治、理性、形而上学の間の諸関係に関する、そして、正統的な政治権力の法的な諸起源に関する、二つの鋭く分岐（対立）した分析である。ハーバーマスとルーマンは、いずれも自分たちの理論を、現代社会における法の実定化（positivization of law）についての、そして、民主制的な正統性を性格づけている法的義務、平等、憲法規則の必要な諸条件についての、相対立する説明として、展開していた。これら両理論家の諸著作の中心にあるのは、①法と権力は同時的に生成（進化）発展している（co-evolutionary）、②現代社会における法の実定化の絶え間ない進展は、不可避的に権力行使の形姿を規定し、それを合理化している、③現代社会における統治《ガヴァナンス》のもっとも正統的な形式は、実定法の下にある法治国家（legal state under positive law）である、という主張である。さらにいえば、この両理論家の中心にあるのは、著しく異なる用語で、いかなる形而上学的な概念にも頼ることなく、自由な社会の属性として、理性的自由と政治的正統性を説明しようとする試みである。

【ハーバーマス】

【初期の著作『公共性の構造転換』：初期西欧近代における、国家と社会の分離、社会における公共性、権力の民主制的正統性という理論的諸契機の成立：産業資本主義・ブルジョア社会・啓蒙思想・自由主義思想の形成期に成立した、開かれた（公共性における）論証的討議による政治権力の合理（理性）的正統化需要】

ハーバーマスの初期の諸著作、とりわけ『公共性の構造転換』（一九六二）は、①政治的正統性を基礎づける諸条件に関する新しい分析を提供しようとすること、とりわけ、②正統的統治装置の出現を可能にする人間の諸資質《ディスポジションズ》（傾向性）を定義し、記述しようとすること、これらのことを試みていた。これらの初期の諸著作は、政治システムの正統性は公共圏（公共性）（public sphere）〔Öffentlichkeit〕の現存にかかっている、という主張を軸にして回転していた。けだし、この公共圏において、論争や開かれたコミュニケーションの中で自分たちの理性の諸権能を自由に駆使する市民たち〔商業・産業ブルジョア及びそのイデオローグたち、啓蒙思想家たち〕は、諸々の洞察《インサイツ》や合意《アグリーメンツ》に到達し、これらの洞察や合意によって、国家の説明責任が批判的に問われうることになるからである。[1] したがって、公共圏は、正統的な法〔ブルジョア的形式法及び普遍法〕が生成する起源であり、この正統的法は、正統的権力の行使を形づくるのである。公共圏においては、公論（public opinion）を形成している諸合意《アグリーメンツ》は、①政治的論争の主要な論点についての合意（consensus）を錬成《エラボレイト》すること、そして、②その下で権力がそれ自身を説明し、正当化しうる、また説明し、正当化しなければならない、そうした法的な批判基準を提供すること、[2] そして、そうすることによって、究極的には、③透明で合理的に一般化された諸合意において権力を基礎づけること、これらのことに奉仕するのである。[3] しかしながら、公共圏の規範的な諸機能について説明するに際して、ハーバーマスは、公共圏が法的・合理的な諸合意を錬成《エラボレイト》しうるのは、①公共圏が直接的に政治化された特権（immediately politicized prerogatives）によって上から併合《アンネックス》されていないところ、②公共圏が一組の調停不可能な私的ないし物質的な利害関心によって下から決定されないところ、したがって、③市民たちの間の〔論証的〕討議による相互行為（discursive interaction）の自由が外部からの強制ないしは既得権益（prior interests）によって負荷を負わされないところ、こうしたところにおいてのみである、と論じていた。このようにして、国家と社会との「基本的な分離」は、公共圏の前提条件である。[4] すなわち、公共圏が歴史上出現したのは、事実上、後期封建制時代ないしは重商主義時代の末期に国家と社会が分離し始めた、ヨーロッパの社会的進化（social evolution）の時代と一致しているのである。[5] 換言すれば、公共圏は、論争の参加者たちが、自分たちの純粋な私的動機を抑え、そして、共同の意志を、まったくの排他的〔私的〕利害関心を断念して、論証的討議と理性あるいは合意によって（discursive-rational or consensual）諸々の意見《オピニオン》（私見）を仲裁（調停）すること（mediation）を通じて形成することを可能にする、そういう場所である。こうしたことが生起しうるのは、公共圏が真正に公共的であるとき、すなわち、行為主体《エイジェンツ》が、自分の純粋に経済的ないしは政治的に帰せられている役割から自由になっているとき、こうしたときだけである。公共圏は、それが自由な論証的討議（discourse）の空間として進化することを通じて、初期の諸々の西欧民主制の、とりわけ、イギリスにおいて確立された初期の議会制システムの出現を条件づけ、促進した、とハーバーマスは付け加えていた。ハーバーマスが論じたところによれば、これらの諸国家においては、公共的合意《パブリック・アグリーメンツ》は、サロン、コーヒーハウスにおける、そして、初期のジャーナリズムにおける、制限されない公共的討論《パブリック・ディベイト》を通じて、生み出されていたのであり、そして、こうした討論の参加者たちは、一組の相対的に統一された利害関係（者）〔商業・産業ブルジョア及びそのイデオローグたち〕から構成されていたのである。その結果、公共的な論証的討議は、後期大衆民主制におけるように、必要性と正統性についての公然と敵対的で相異なる（分岐した）諸概念によって中断されることはなかったのである。公共圏の初期の形成は、進化上、画期的な出来事を構成していた。けだし、この出来事においては、公共的な相互行為を政治や宗教が決定することは減少していたし、そして、人間存在は、自由な、「教育された〔教養を有する〕人々から成る公衆（a public）の理性的コミュニケーション」[6]に基づく開かれたコミュニケーションの交換の諸過程に参加するために、自分たちの純粋に物質化された社会的役割（materialized social roles）からは解放されていたからである。それゆえに、初期の公共圏は啓蒙（主義）の、つまり「近代」（*modernity*）〔Moderne〕、あるいは、それどころか、人間性（*humanity*）の、空間であった。それは際立って人間的な相互行為の領域（王国）であり、この領域（王国）が進化（発展）したのは、人間たちが自分自身の責任、義務、構成的自由についての自律的、ポスト伝統的、ポスト形而上学的な説明を生み出し始め、そして、かれらが政治的な他律性と「強制」とを法的に拒否することを通じて、これらの自由を明確化（分節化）したのと時を同じくしていたのである。[7]

【公共圏における論証的討議の諸主体が、コミュニケーション的な自由と理性を通じて、国家権力（意志）を自

己創設し、国法（自己の権利と自由）を自己定立するとき、国家（権力）は正統化されうる：こうした正統的国家においては、法の実定性（自己定立性）と自然法的必然性の区別は克服されうる：公共圏において、行為主体は必然的自由の実定的（自己定立的）諸条件を明確化し、必然的自由の非形而上学的理念を実現する法秩序を構築する】

ハーバーマスは、その初期の著作においては、正統的な政治システムを、その諸法が公共圏において自由に相互行為している市民たちの間の合意から生成（進化）している、あるいは、少なくともその合意によって合理化されている、そうしたシステムとして、定義していた。ハーバーマスの主張によれば、この種の国家においては、公共圏における行為主体たちは、自由な主体ないしは政治権力の創設者《オーサーズ》であり、したがって、自分たちの生（生活）の客観的諸条件を構造化する、国家の意志と諸法とを、自分たちの自由や権利について自分たち自身の主体的かつ合理的な説明責任に本源的に由来するものとして、認識（承認）する。このようにして、正統的な国家（legitimate state）の下では、権力は、支配《ドミネイション》の例外的ないしは強制的な事実として、経験されるのではなく、その進化（生成）が人間的理性の共通の法的形式と切り離しえない、そういうコミュニケーションの堆積《アクリーション》として、経験されるのである。それゆえに、正統的な国家を支えているのは、そこでは法と権力が実定的〔自己定立的〕に再統一され、そして、理性《リーズン》と自由《フリーダム》が発語〔発話、話法、言語行為（speech〔-action〕）：Sprechakt: Sprachhandlung〕において媒介されている、そうした世界に関する理念である。換言するならば、自由な公共圏は、理性（合理）的な諸法の下での自由の領域（王国）としての正統的な国家を生じさせるのである。けだし、この領域においては、人間存在は、共通に承認された自由の諸理念を論証的討議によって（discursively）錬成《エラボレイト》し、そして、実定的で公（共）的な諸法はこれらの諸理念について説明責任を負いうるものであるべきである、と主張するからである。自由な公共圏において産出された諸法は、実定的（自己定立的）（*positive*）であり、そして、通常《ノーマル》の行政的、司法的な過程（手続き）を通じて適用される。けれども、これらの諸法はまた、合意《コンセンサス》と価値合理性《ヴァリュウ・ラショナリティ》という人間学を構成する諸要因（境位）を国家の中へと組み入れるにつれて、単なる実定的な諸法とははっきり異なる区別を有することになる。それゆえに、ハーバーマスは、その公共圏の説明において、公共的コミュニケーションを、実定性（自己定立性）と自然法的ないしは形而上学的な必然性との区別を克服しうる、そして、合意《コンセンサス》として――すなわち、それら自身の実定的な内容として――絶対的な必然性を有する実定法を、明確化（分節化）しうる、そういう媒体と見なしていたのである。

それゆえに、公共圏において、人間的な行為主体は、必然的自由の実定的な諸条件を明確化（分節化）し、そして、必然的自由の理念に非形而上学的な形式を付与する、そうした法的秩序を、構築するのである。

【ブルジョア民主制から大衆民主制への転換：公共圏とそれを構成する論証的討議と自己立法の諸主体の消滅：行政国家の技術官僚と大衆社会の私化した操作と給付の対象としての大衆とへの両極化：社会の政治化と国家の再封建制化】

しかしながら、ハーバーマスが公共圏についてのかれの説明において断言したところによれば、現代の政治的諸システムは、通常、古典的民主制の規範的な理想や制度的現実を欠き、したがって、正統性の信頼できる条件を生み出しそこねている。現代の諸民主制に、その民主制的な正統性を喪失する傾向があるのは、現代の諸民主制は、①大衆民主制《マス・デモクラシーズ》として、それらの選挙権《フランチャイジーズ》（参政権）において根本的に敵対する経済的な諸利害を組み入れているからであり、そして、②有権者たち《コンスティテュエンツ》の争いを静めて、社会全体を通じて法の遵守の受容されうる水準を維持するために、団体協調的《コーポレイト》で一時凌ぎ《パリエイティヴ》の技術を用いることを強いられているからである。このことの結果として、現代の政治的諸システムが私的機能と政治的機能とを分化《ディフェレンシエイト》（区別）しえない理由は、それらの構造に内在しているのである。一方で、現代の諸国家は、①諸ロビーや強力な諸結社が物質的な諸資源を求めて競《せ》り合うこと、②それらが国家装置内における優先権《プリフェレンス》や地位を目指してお互いに競い合うこと、そして、そうすることによって、③それらが政府の周辺で、準・立法的な権力（quasi-legislative power）を受け取ること、これらのことを許している。それゆえに、それら〔諸ロビーや諸結社〕は、政治的組織体（polity）の公共的な資源を直接的に私化（*privatize*）し、そして論証的討議による調停なしに、私的諸利害が法に移転（翻訳）されることを許容しているのである。他方で、現代の諸国家は、私的経済において、主要な分配者かつ契約者として活動し[8]、そして、権力のその現在の形式における継続的行使を是認《アプルーヴァル》しているように見える、受動的な社会的な合意（passive social consensus）を、安定化させるために、私的な相互行為の諸領域《エアリアズ》を植民地化（colonize）している[9]。それゆえに、現代の諸国家は、しかるべく私的である社会的な相互行為の諸領域を、直接的に政治化（*politicize*）し、そして、それらが私的領域においてますます広範囲に及んでいる指令的諸権力《ディレクティヴ・パワーズ》を受け取るにつれて、再封建化（*refeudalization*）の諸兆候を示し始めている。要するに、現代の政治的諸システムは、自由で規制のない公共圏の現存によって可能とされる合意形成（consensus formation）の諸過程において、もはや基礎づけられてはいない。そうではなくて、現代の政治的諸システムが基礎づけられるのは、それらのすべてが政府の資源への影響力を求めて絶えず競い合っている、そうした政党、労働組合、強力なロビイストの間の私的な利害の脆弱な諸均衡においてである。そして、重要なことであるが、現代の政治的諸システムは、立法、安寧維持《パシフィケイション》、社会管理のますます普及している媒体と科学技術《テクノロジー》を利用している。その結果、当初、法や正統的主権の主体かつ起源であった公共圏は、相争う諸利害の客観的な領域《レルム》（王国）へと変換（形式転換）され、そして、この領域では、私的な諸結社間の私的な諸妥協を保証するために、そして、社会・政治的な安定性と一般的な法令遵守の受容可能な水準を維持するために、上から、法が適用されるのである[10]。公共圏の構造における〔こうした〕変化の故に、民主制的な正統性の人間的な基礎づけ――すなわち、市民たちが自由にコミュニケーションの交換の諸過程において、自分たちの理性の諸能力を駆使し、そして、そうすることによって、客観的に自分たちの義務を形成する諸法を主体的に権威づけること――は、解消されて、そして、法治国家の合意に基づく形態は、半権威主義的な行政装置に取って代えられる。この〔行政〕装置においては、（法令遵守としての）正統性は、①物質的な配分を実現するための法の戦略的使用、そして、②効果的な社会・経済工学、そして、③大衆の喝采（熱狂的な同意）を博するための象徴的諸過程、すなわち、メディアや、劇的効果を狙って演出された選挙や、諸利益団体間の脚色された紛争、これらによって購われる。要するに、公共圏は制作される（manufactured）ようになるのである。すなわち、公共圏は、それが一連の緩やかに原子化された競合的な利益ブロックへと断片化されるにつれて、上から科学技術的に管理《アドミニスター》され、そして、下から再私化（reprivatize）された領域へと、変換（形式転換）されるのである。現代の大衆民主制においては、人間の生（生活）を構成する諸目標――理性と自由の統一化《ユニフィケイション》、理性的に媒介された主体的諸自由の承認において基礎づけられた諸国家の産出――は、裏切られている。その代わりに、市民たちは、イデオロギー的に合理化され、そして、科学技術的に制作された、そうした自由の模造物としての自分たちの生（生活）の客観的諸条件に向き合っているのである。[11]

【カント受容：合意と論証的討議に基づく民主制モデルの設定における初期ハーバーマスのカント受容：理性においてのみ明証性を支えられた一般化された諸原理によって人間の行為を組織化：人間の現存における理性の自律性と動機づけの合理化との増進としての啓蒙：理性の自由な公的使用に基づく法治国家としての正統的国家：自律性の能力としての理性を公的に使用しうる基本権の承認と参政権（自己立法）の主体としての能動市民】

ハーバーマスは、合意と論証的討議に基づく、かれの初期の民主制モデルを設定するに際して、それらによって自分が深く影響を受けた、そして、それらとの関連において自分自身の著作を定義しようとした、そうした一連の哲学的な諸見解《パースペクティヴズ》に基づいて自分の理論を研ぎ澄ましていた。第一に、これらの論議において、ハーバーマスは、カントの批判的・構成的な解釈を明確に精緻化していた。きわめて一般的水準でいえば、初期のハーバーマスは、理性を自律性の能力として説明するカントにきわめて近いところにいたのである。人間の理性は、宗教的ないし形而上学な決定因《ディターミナンシー》から一度自由になると、事実的な現実に基づいているのではなく、もっぱら理性においてのみその明証性を支えられている、そういう一般化された諸原理ないし「妥当性を有する諸主張」と一致するように、行為や行動を組織化する、というカントの主張に、ハーバーマスは同調していた。[12] こうした理由によって、ハーバーマスは、カントと同様に、啓蒙思想以降、人間の現存は、理性の自律性の増大と人間の動機づけの合理化の増進とによって、標識づけられている、と主張していた。その際に、より特殊政治的な水準でいえば、ハーバーマスの著作はまた、かれの〔理論的〕経歴を貫いて、啓蒙思想の核心的な主張への、すなわち、①理性の自由な使用は正統的な公的権威の唯一つの源泉であり、そして、②政治的正統性は、政治的システムが自由の合理〔理性〕的な理念と一致する形で、法治国家（Rechtsstaat）として、その法的な基礎づけを普遍化するその能力にかかっている、という啓蒙思想の核心的な主張への、肯定的な応答を軸にして回転していた。それゆえに、ハーバーマスの著作はまた、カントに従って、①理性が公的に行使されるなら、理性の主要な客観的な形式は、基本権（basic rights）の主張において表れる、そして、②正統的な政治的秩序は、その諸法のすべての名宛人を、法的承認の完全な権利と政治的な諸過程における立法への参与や参加の権利とを有する資格者として解釈する、という議論によって形づくられてきたのである。[13] カントとハーバーマスのいずれにとっても、諸権利は、市民たちの主体的な自由が客観的な必然性の〔法的〕諸条項（articles）として定式化されるところでは、正統的な政治秩序の契機なのである。

【カント批判：カントにおける可想体としての理想的人格、超越論的演繹、現象体と可想体との、政治（実定法）と道徳（自然法）との、無媒介的合成を前提にして、国家における人間の自由に理性的形式を与えようとする、

カントの反形而上学的形而上学に対する批判：正統的な法と国家の形成過程において構成的役割を演じるコミュニケーション的自由（＝理性）：論証的討議活動に基づくコミュニケーション過程においては、理性と自由（意志）は相互に構成的である】

しかしながら、カント的諸対象（目的、主題）を是認しながらも、初期ハーバーマスの諸著作が指摘していたところによれば、実践理性についてのカントの理論は、法と政治権力の人間的な諸源泉を、確固としたものにすることに成功しなかったのであり、そして、国家における人間の自由に合理（理性）的な形式を与えようとしたカントの企図は、形而上学的な可想体（叡知体）(*noumenon*) としての理想的人格 (ideal person) という偽りの二元論的ないしは逆説的な概念構成 (constructs) に依拠していたのである。ハーバーマスは、実践理性は法の源泉である、というカントの主張を、①その最終的な諸含意においていえば、法を超越論的演繹の諸過程（手続き）に集中させることのみに奉仕しているもの、②政治における正統性の諸条件を形式的・道徳的な分析と合成《コンフレイト》するもの、そして、③自由の行使を正統性の形成に必要な側面として説明することに完全に失敗しているもの、これらのものと見なしていた。したがって、ハーバーマスは、カント的な法治国家を、①高度に抽象化された法治国家のみを規定しているもの、②妥当する法の根底にある意志の統一の「叡知的」形式のみを提供しているもの、③実定法と必然的な諸法〔自然法〕を調停することに失敗しているもの、その結果、④諸権利と諸自由を法の名宛人に外から割り当てられた静態的な諸原則として銘記しているにすぎないもの、と見なしていたのである[14]。概して、ハーバーマスの論じたところによれば、カントの法の諸理念は、法の形成における自由な参加という要因（境位）を反映することに成功していないし、そして、国家の法の下における人間の自由に関してきわめて切りつめられた記述を提供しているにすぎない。ハーバーマスの主張によれば、純正な法治国家の諸権利と諸法は、公共圏における種々の異なる意志によって追求される自由の諸理念の理性的コミュニケーションの媒介を通じて獲得されるのであり、そして、自由は、コミュニケーション的自由として行使されるならば、正統的な法の形成の諸過程において直接的に構成的な役割を演じる。このように、正統的な法の起源は、実践理性の孤立した側面においてではなく、意志を支配する理性による自由の諸内容の規定においてでもなく、コミュニケーション的理性の活動によって開示された側面において、そして、活動と論証的討議による自由の行使において、常に追求されなければならない。したがって、カントは、自由と理性の調停を、理性自身が成就することと見なし、そして、自由と理性との統一性を秘蔵《エンシュライン》している諸権利を、国家そのものによって与えられた、国家の憲政秩序（憲法）の形式的な要因（境位）として見なしていた。これとは対照的に、ハーバーマスは、理性と自由と調停を、そこにおいて理性と自由が相互に構成的である、そうした過程と見なし、そして、諸権利を、参加にもとづいて共同意志を形成することを通じて国家へと統合される、自由の活動的かつ共同的に錬成《エラボレイト》（精緻化）された表現として解釈していた。要するに、ハーバーマスにとって、カントはその形而上学的な超越論主義に妨げられて、法の基礎づけについての完全に最終的な説明を錬成（精緻化）していなかったのであり、そして、カントの著作の中心に依然として誤って据えられていたのは、国家によって産み出される、最終的には非自由の法として、理性的法を構築することであった。

【初期ヘーゲルによるカントの超越論的形式主義批判における相互承認とそれを通じての理性と意志との活動現実的な相互媒介過程の批判的受容とその目的論的契機の否定】

ハーバーマスはまた、以上のようなコミュニケーション理論に基づいてカントの法理論を改変するに当たって、実現された自然法〔活動現実的に実現された理性（verwirklichte Vernunft）〕に関するヘーゲルのより明証的な説明に、より近づいていた。ハーバーマスは、一般的にいえば、明示的には、ヘーゲルの諸理念よりも、はるかにカントの諸理念に結びつけられていたにもかかわらず、公共圏についてのハーバーマスの概念構成《コンストラクト》は、理性的諸法は、具体的な諸主体間の〔相互〕承認を含んだ諸過程を通じてのみ形成されうる、という〔ヘーゲルの〕主張を組み入れている。これらの〔理性的〕諸法は、多様に分岐した意志や自由の多様に分岐した諸理念を客観的に調停することを通じて、そして、純粋に物質的水準において、極端に多様に分岐して媒介を受け入れないように思われる、そうした諸利害を合理〔理性〕的に調停することを通じて、構成されなければならない。この観点において、ハーバーマスは、初期ヘーゲルのカント批判に共鳴し、そして、国家における正統性は、抽象的な諸規範ないしは諸理念によって規定された、形式的ないしは超越論的な意志の実質的形式としてではなく、論証的討議を通じて媒介された諸意志に広く基づいた客観的な統一性の実質的形式として捉えられる〔概念把握される〕べきである、と主張していた。あきらかに、ハーバーマスは、客観的にその調停〔宥和〕された意志は、根底にある人間の精神の形成過程〔理性〔世界精神〕の自己実現過程〕の結果である、というヘーゲルの示唆には従わなかった。その反対に、ハーバーマスは、理性にはいかなる目的論的な基礎もないのであり、コミュニケーション的理性として、合意《コンセンサス》や共同性《コモナリティ》の形成に向かう人間学的な志向性によって導かれるのである、と断固として主張した。それゆえに、正統的な政治的システムを支えている理性〔合理〕的な諸意志の客観的な統一性は、精神の形而上学的展開によってもたらされた諸意志の統一性ではなく、合理〔理性〕的に明証された諸主張を通じてそれら自身を統一する意志の統一性である。それにもかかわらず、ハーバーマスは、正統性の諸条件はすべての歴史的決定因を度外視することにおいて演繹されうる、ということを否定する点では、ヘーゲルに従い、そして、理性の立法的諸機能は、ただ多くの意志が同意する自由の決定的に歴史的な概念の確立を通じてのみ実現される、と明確に主張したのである。

【マルクス主義的イデオロギー批判の受容：理性の形式的・モナド的理念に基づくカント的法治国家論・自由主義的最小国家論とブルジョア社会に内在する物質的不平等と社会的紛争〔構造的暴力：疎外、物化、搾取〕との

乖離】

さらに、その現代民主制に関するハーバーマスの諸考察についていえば、ハーバーマスの著作はまた、マルクス主義的諸理念とカント的諸理念の融合を包含する、そうしたマルクスの批判的再構築を設定していた。かれの初期の主要な諸著作において、ハーバーマスは、イデオロギーのマルクス主義的分析をカント的憲政理論に対する自分の批判の中に統合していた。たとえば、ハーバーマスが論じたところによれば、カント的法治国家と政治的自由についてのカント的諸理念の形而上学的な最小限主義（minimalism）は、部分的に、啓蒙思想の憲政理論家たちは、正統性に関する説明の根拠を、もっぱら「私有財産の所有者たち」と「競争的商品の所有者たち」を構成している、閉じられた選挙権の諸要求に置いていた、という事実によって規定されていた。[15] このように、初期啓蒙思想の主要な誤謬は、すべての意志は国家において理性という単純な諸理念によって統合されうる、そして、最小の国家装置で十二分に社会における理性的な自由が保障される、と初期啓蒙思想が想定していた点にあった。こうした過度に単純化された分析が生み出された理由は、政治に係わる社会は、いつも物質的な諸利害という狭隘な部門に基づいているであろう、そして、この社会の成員たちは、法的秩序の基本点に関して容易に合意するであろう、と初期の啓蒙思想は想定していた点にあった。したがって、ハーバーマスが指摘したところによれば、初期の自由主義的な法治国家は、その正統性に関するイデオロギー的説明を生み出しえたにすぎないのであり、そして、この国家の普遍的な妥当性への主張は、いかにして物質的な不平等や社会的な紛争が法〔の内容〕を形づくっているか、これについてそれが省察しそこなっていることによって、そして、利害関心の鋭い相違は、理性の形式的・モナド的な諸理念を通じて調停されえない、ということをそれが認識しえないことによって、いつも掘り崩されていたのである。

【中期ハーバーマスにおけるオッフェによる正統性の機能主義的分析の受容：『後期資本主義における正統化の

諸問題』：資本主義と民主制の葛藤：ブルジョア的形式法の合法性と社会の深層にある合意としての正統性との齟齬：経済的危機管理と福祉給付との科学技術的処理能力に依存する後期資本制的福祉国家の正統化需要：経済成長と社会の選択的富裕化：分配と立法の両方を担う福祉国家行政】

このようにして、ハーバーマスは、かれの後期〔中期〕の諸著作においては、これらの諸観点を敷衍して、①資本主義と民主制との間には不可避的な葛藤がいつも現存する、②資本主義は民主制的な法の内容を掘り崩している、そして、③純正に民主制的な法あるいは合理〔理性〕的な法は、画一的な一組の諸規範として単純に国家に対して押し付けられえないのであり、完全に普遍的で社会の深層にある諸合意《アグリーメンツ》を反映しなくてはならない、という〔初期〕マルクスの主張を、いまや支持していた。一九七〇年代には、これらの諸問題に関するハーバーマスの思想は、協力者のクラウス・オッフェ〔一九四〇— 〕の強い影響を受けていた。オッフェは、階級闘争に関するマルクス主義的諸理論を修正して、政治的正統性の新機能主義的な分析を展開し、現代の諸々の福祉国家が、それらの諸法における完全な合意の欠如を曖昧にするために、そして、服従のための動機を継続的に生み出すために、採用している、「危機管理」の技術的な戦略や「紛争を鎮静化する諸機能（pacifying functions）」を検証していた⑯。この点に関して、ハーバーマスが論じたところによれば、現代民主制の諸国家は、不可避的に正統性にとって欠くべからざる《インテグラル》諸条件を生み出し、維持しようと、そして、確実に受け入れられる諸法の下において市民たちを統合しようと、懸命に努めている。なぜならば、後期資本主義国家として、それらの民主制諸国家は、自由主義的・資本主義的な諸民主制において国家装置の外部に位置づけられている、そうした投資、蓄積、配分の諸過程に対する広範囲に及ぶ責任《リスポンシビリティ》を引き受けることになったからである。こうした理由によって、これらの諸国家は、経済成長を生み出すために、そして、社会の選択的な富裕化（selective social enrichment）を促進するために、最終的な説明責任《アカウンタビリティ》を引き受けている。すなわち、これらの諸国家は、普遍化しえない諸動機や諸特権を中心にしてその基礎づけを組織化しているから、それらの正統性の根拠として欠くべからざる合理〔理性〕的な合意に訴えることができないのである。その際、こうしたことの結果として、国家は、政治に敏感に影響される諸部門における安定性を最大化するために、そして、それらの経済的政策の直接的な受益者ではない社会的行為主体たちの〔不満を〕鎮めるために、「市場代替的（market-substituting）」ないし「市場補整的（market-compensating）」な政策を追求することによって、経済との関係を絶えず統制《レギュレイト》することを強いられている。[17] さらにいえば、こうした理由によって、国家は、経済によって産み出された紛争や敵対関係を〔行政機能の内に〕内部化《インターナライズ》しているし、そして、これらをそれ自身の安全性の前提条件として絶え間なく統制し、緩和《モリファイ》することを余儀なくされている。その上、国家は、配分者（distributor）および立法者（legislator）として、これらの経済的な敵対関係を再政治化（repoliticize）し、そして、それらの鎮静化《パシフィケイション》に向けて政策決定を集中することを強いられている。このことの結果として、結局のところ、国家は、種々の異なる社会的諸集団に対するその諸機能を正統化すること、そして、その〔国家の〕実質的な正統性の基礎づけの欠如の故に、社会における散発的な挑戦や不均衡にその諸政策を適合させること、これらのことが要求されるにつれて、「強化された正統化需要（need for legitimacy）」[18] の負担を背負わされている。このようにして、後期資本主義国家は、合意に基づく基礎づけを通じてではなく、緩和的諸技術（palliative techniqus）の適用を通じて、それ自身を正統化しているのである。これらの諸技術には、第一に、社会において利害関係を有するかあるいは不満を託《かこ》つ諸党派への「補整（補償）（compenseishons）」としての物質財の管理・運営が、第二に、その根底にある敵対関係がシステムの安定性を脅かさないように、〔メディアや娯楽を通じて〕「脱政治化された公共圏」を保持することが[19]、第三に、任命された諸選良《エリート》たちの間の戦略的な合意に基づく、道具的《インストゥルメンタル》ないしは技術官僚的《テクノクラティック》な諸政策の展開《ディプロイメント》が、含まれている。しかしながら、国家の財政的諸資源が、国家に託された補整（補償）への要求を国家が充すには十分でないとき、あるいは、「体制順応者たちに対する体系的な補整（補償）」を通じて、すなわち、財政的再配分（financial allocation）を通じて、充足されえない、そうした物質的諸期待が表明されるとき、後期資本主義システムにおける正統性の潜在的な欠如は、きわめて解決困難な問題として顕在化する。[20] とりわけ、経済的不況のような時期には、国家はいつも正統性の慢性的な危機に苦しむことになろう。ハーバーマスが結論づけたところによれば、こうしたことは、それらにおいては、政治的組織体（polity）の基礎づけが、選別された物質的な利害関心ないしは道具的形態のシステム合理性からではなく、論証的討議における自由な参加者たちの間の「合理（理性）的合意」から引き出される、そうした正統性を産出するより実体的な諸方法、こうした諸方法の展開を通じてのみ、回避されうる。[21] このような合意だけが、不安定な均衡の上にある私的な諸利害関心とは異なる諸内容を反映し、そして、証示可能な人間的な利害関心の反映として、服従を命令する（すなわち、正統性を獲得する）、そうした諸法を可決するための基礎づけを提供しうるのである。[22]

【人間の社会的自己再生産過程における、自然、人間、認識関心、行為、理性、意志、法などの諸概念の両義性（両類型）：人間の外的自然の支配のための道具的理性（理論的理性、技術的理性）と人間の内的自然の自己統制のためのコミュニケーション的理性（実践的理性、規範的理性）：行政的な管理・運営・統制・支配の道具としての実定法と自律性と自己同一性の形成に係わる自己定立法：システムと生活世界】

こうして、この水準において、ハーバーマスは、マルクス主義的分析の諸側面を、政治的形成（近現代国家の形成）に関する理論の中に統合していた。したがって、まさしくこの理論は、正統性に関する基本的な説明を保持しながら、国家が私的諸特権や私法を国家の中に内部化すること（経済の政治化）によって、国家が法治国家として発展することが妨げられている、というマルクスの見解を受け入れていたのである。こうした理論の下部構造として、ハーバーマスは、人間の理性と人間の法の類型論的な説明を試みていた。この説明において、ハーバーマスが論じたところによれば、人間の理性の類型として異なる諸機能を反映している、二つの類型として異なる種類の法が存在する。第一に、ハーバーマスによれば、「技術的支配」に基づく理性の道具的（insutrumental）な諸様式が存在する。道具的理性の機能は、外的自然（すなわち、自然的諸資源）を社会の中に統合することである。——この合理性は、社会のシステムの諸特権を反映し、そして、政治的操作や経済的な管理・運営の社会的機能を支えている。さらにいえば、この合理性は、技術的ないし目的志向的（end-oriented）な法を生み出すが、この法の目的は自然的諸対象に対する制御《コントロール》を確固たるものにすることである。同時に、他方においてはまた、理性の対話あるいは合意に基づく諸様式が存在する。これらの課題は内的自然（人間存在の自然本性）を社会の中に統合することである。人間存在は、「正当化《ジャスティフィケーション》を要求する諸規範の媒体」として作用する——すなわち、①合意、②アイデンティティ形成、③社会統合のための基礎づけ（foundations）として、理性によって支持された明証性を提供し、そして要求する、そうした理性を通じてのみ、完全に統合されうる。このようにして、ハーバーマスが論じたところによれば、内的自然は、かれが反省された言語とコミュニケーションと理性に基づく合意を志向する言語とを通じて構成された相互行為《インターアクション》の競技場《アリーナ》として定義した、そうした生活世界（*life-world*）〔Lebenswelt〕〔の側面〕における社会へと統合される。[23] このようにして、生活世界の合理性はまた、それが、①自由で合理的な論証的討議を通じて、そして、②義務と自由の必然性（free necessity）の合理的に同意《アクシード》された諸原理を通じて、人間的な行為諸主体を統合するにつれて、合意《コンセンサス》もしくは対話《ダイアローグ》に基づく諸法を生み出す。①すべての社会は生活世界とシステムの両者を要求すること、そして、②すべての社会は自然資源を技術的に処分する諸能力《キャパシティーズ》を必要としていること、これらのことはハーバーマスにとっては明らかであった。他方において、ハーバーマスがまた強調していたのは、生活世界の合理（理性）的かつ法的な構造は、合理性と法の著しく人間的な側面である、という事実である。とりわけ、生活世界において産み出される合意に基づく諸法は、政治的正統性の普遍的な要因（境位）を構成し、そして、純正に正統的な国家は、生活世界に由来している諸法の下に市民たちを、いつも統合するであろう。けれども、こうした理論を設定するに際して、ハーバーマスは、後期資本主義的諸国家は、生活世界において欠くべからざる諸々のコミュニケーションを妨害し、そして、体系的ないし技術的な管理・運営の領域から主として引き出される合理的諸原則を中心にして社会を安定化させている、と結論づけている点で、マルクスに従っていた。はっきりいえば、多くの場合、これらの諸国家は、特定の経済的な諸利害関係において係留されている諸原則を中心にして社会を安定化させているのであり、そして、また現存している経済装置への従属性《コムプライアンス》を支えるために、強制的諸規範として諸法を適用しているのである。したがって、現代社会は、非人間的（inhuman）かつ非自然的（unnatural）な諸法によって支配されているのである。けだし、これらの諸法は、①生活世界に対抗して道具的に安定化されているのであり、②制御《コントロール》や管理《マネイジメント》の技術的・システム的な諸行為に由来し、そして、③理性の自由な合意という境位あるいは理性の完全に人間的な境位を、抑圧しているからである。事実、ハーバーマスは、一九七〇年代後期と一九八〇年代初期のかれの諸著作〔とりわけ『コミュニケーション行為の理論』〕において、同時代の社会的かつ政治的な生活は、システムによる生活世界の完全な植民地化（colonization）〔totale Kolonialisierung der Lebenswelt durch System〕によって、そして、より道具的な法の命法《イムペラティヴズ》（強圧）による法の合意的・規範的（consensual/normative）な側面の完全な支配によって、規定されている、と結論づけていた[24]。このようにして、ハーバーマスは、後期資本主義の下で、法は二重の機能を有している、という「批判理論」の初期の主張に共鳴していたのである。法が発生的には生活世界に由来する諸合意を表現（再現）するところでは、法は人間性を構成する諸自由を明確化（分節化）する。ところが、私的・物質的な諸特権を公的義務へと置換するシステム的法（systemic laws）は、そこにおいては客観的自由を基礎づける可能性が否定される、人間の生（生活）の誤った構成概念を反映しているのである。

【法の両義性：法は統治と支配のための形式的・科学技術的・道具的な手段であると同時に、人間の権利と理性的自律性を確立するための媒体でもある。マルクス主義理論は前者のイデオロギー的機能に注目しているが、後者の機能を黙示的に軽視している】

しかしながら、ハーバーマスはまた、マルクスの経済学〔経済学批判〕の諸側面に基づいて〔自分の理論を〕構築する一方で、マルクス主義的な政治思想の諸要因（境位）を完全に修正していた。第一に、ハーバーマスは、マルクス主義的理論が法を黙示的に軽視していることに異を唱え、そして、法をもっぱら経済的ないし道具的な合理性の媒体と見なすことを退けていた。事実、マルクスに対抗して、ハーバーマスが論じたところによれば、法が道具的諸利害に奉仕していることに疑いの余地はないにもかかわらず、①法は社会全体にわたる「規範的合理性」の特定の担い手として作用しうること、そして、②法の「一般性（generality）」は「自律的な正当化」に服していること、これらのことが法を性格づけている。(25) それゆえに、法は、〔一方では〕道具的な仕組《ディヴァイス》みであると同時に、〔他方では〕また①人間の社会的役割の自律的な合理化のための、②社会の合理（理性）的発展（進化）を誘導するための、そして、③社会の制度的諸システムにおいて「一般化可能な利害関心（generalizable interests）」を確固としたものにするための、決定的な場所《サイト》でもある。これらの理由に基づいて、ハーバーマスが結論づけたところによれば、法は人間実践的な合理性に対して最高の表現を与える。すなわち、人間の主体性は、事実、「法を形成する能力（law-forming power）」を中心にして構成されている。したがって、人間の主体は、この能力が破棄《アブロゲイト》されるところではどこでも、劣化《ディプリート》（枯渇）する。(26) したがって、マルクスに対抗して、ハーバーマスは、①社会の政治諸制度は合理（理性）的自律性を中心にして組織化されなければならない、というカントの主張は支持されるべきである、そして、②法は、法の下における自由の合理（理性）的な承認を通じて、服従を動機づけている、そうした純正に正統的な政治的システムを構成しうる、という結論に達していたのである。とはいえ、他方で、ハーバーマスがまた、マルクスに与し、そして、カントには対抗して、結論づけたところによれば、人間的な諸法の下における合理（理性）的な自律性の条件は、単に人間理性の社会学的な規定性に無関心である、超越論的な道徳的自己立法の条件ではない。自律性の条件は、そのすべての諸機能において理性を再構築することを通じてのみ獲得されうるのであり、そして、国家において実現される自律性は、あらゆる領域《エアリアズ》の社会的交換を通じて、純正に普遍的な諸合意を履行する媒体として法を適用するであろう。

【マルクス主義的「弁証法的唯物論」における決定論的な意味での進化論的・システム論的な諸側面の否定：法の自己定立性の前提としての観念論における人間の理性的能動性の評価】

さらにいえば、人間の理性は、自由のためにその最高の潜在力に公的な形式を与える諸法（法則）を演繹しうる、と主張することによって、ハーバーマスは、マルクス主義的唯物論の決定論的な諸側面を激しく否認し、したがって、人間の能作《エイジェンシー》（仲介）、理性、介入から絶対的に独立して進化する社会形態の転換過程が現存する、ということを否定していた。はっきりいえば、ハーバーマスの著作の法的側面は、とりわけ弁証法的唯物論の進化論的あるいはシステム論的な諸含意を反駁することを目論んでいたのである。ハーバーマスの主張によれば、人間の理性は、純粋な物質的過程によって、あるいは、私的特権によって、規定されることを超えて、いつも自己定立しうるのであり、したがって、理性にとって基本的なことは、それが、非技術的、非物質的、非イデオロギー的な自由のためのその能力を反映する、そうした諸法（法則）を形成しうる、ということである。人間性は、それがなんら支配しえない、そういう物質的諸法則によって規制されている、という決定論者の主張は、ハーバーマスにとっては、理性の立法的〔法の自己定立という〕次元の価値をとことん貶めているのであり、そして、事実、人間の生（生活）を、技術的他律性の新しい諸条件の下に置いているのである。

【哲学的先駆者たちの批判的受容と、それらの超越論的、目的論的、決定論的モティーフの拒否：私的ないし技術的な利害関心によってのみ規定されない、明証性や妥当性の憑証としての合意の産出と承認を志向する相互行為主体たちによる、人間の理性的自由の自己確証（自由と理性の統一）としての法の自己定立】

要するに、ハーバーマスの著作は、ドイツ政治思想史において一連の支配的な諸観点〔カント、ヘーゲル、マルクス、ウェーバー、ルカーチ、ホルクハイマー、アドルノ等〕の批判的受容を通じて発展してきたのである。実のところ、それどころか、ハーバーマスは、結局のところ、まさしく同じ理由から、自分の主要な哲学的先駆者たちすべてに対して対抗してきたのである。すなわち、ハーバーマスは、結局のところ、法、政治、社会進化についてのかれら〔自分の哲学的な先駆者たち〕の〔カントにおける〕超越論的、〔ヘーゲルにおける〕目的論的ないし〔マルクスにおける〕決定論的な説明を、人間の秩序の立法的〔法の自己定立的〕な源泉かつ中心として欠くべからざる人間存在の役割から眼を逸らすものと見なしていたのである。カントやマルクスの分析に反対して、とりわけ、公共圏における人間という行為主体——すなわち、①強制的な意図なしに他の人びとと相互行為し、②交渉しえない私的ないし技術的な利害関心によってのみ規定されない、そして、③その主張の明証性や妥当性の憑証《トークン》として合意の産出と承認を志向する、そうした行為主体——についてのハーバーマスの概念《ノーション》（見解）は、人間的人格を法の起源に位置づけ、そして、妥当する諸法を完全に人間的な諸自由を反映するものとして理解《コムプリヘンド》することを断固として目論んでいる。ハーバーマスは、マルクスへの応答として、人間存在は法の原作者本人であること、そして、人間存在は、法を通じてその自由のための客観的に必要な諸条件を確立しうること、これらの主張を、とりわけ強調していた。次に、カントへの応答として、ハーバーマスの理論は、①啓蒙の本源的課題を再展開し、②最終的には、いかなる形而上学的支えなしに、人間の自由の諸条件を表象し、そして、そうすることによって、③非実体的な可想体（noumena）によってではなく、人間存在によって自由に錬成された条件としてのカントの理性と自由の統一を実現しようとしていたのである。

【形而上学以後の啓蒙（「近代」）の未完のプロジェクト：コミュニケーション的自由（＝相互的な理性的発話行為）に基づく法の自己定立としての自由と理性の統一】

事実、ハーバーマスの著作に一貫して流れているのは、最初にカントによって提起された啓蒙思想は不完全な啓蒙思想であった、という示唆である。こうした啓蒙思想は、あらゆる形而上学的かつ神学的な他律性を一時停止させたままで、人間理性によって立法化された自由の条件としての正統的な政治秩序のモデルを構成しようと企てていた。とはいえ、こうした啓蒙思想は、依然として形而上学的啓蒙主義であった。というのは、こうした啓蒙思想は、人間の自律性や意志（volition）の形而上学的・超越論的な諸概念に囚われたままであり、そして、客観的に妥当する法の前提諸条件の創出における人間の自由の役割を完全には説明しえなかったからである。純正な啓蒙思想というものがあるとすれば、それは超越論的な啓蒙思想ではなく、言説に基づく啓蒙（spoken Enlightenment）であろう。ハーバーマスにとって、言説（発話）（speech）は、現代の世俗的諸社会を立法〔法の自己定立〕に基づいて基礎づけるという行為である。発話をする行為主体として、人間存在は、いかなる形而上学的な付加物も伴うことなしに、自然ないし相互行為に基づいて、自分自身の主体性を自由に構築し、そして、ポスト形而上学的に発話する主体として、人間存在は自分の客観的現実を完全にポスト形而上学的な条件として形づくる諸合意や諸洞察に自由に到達する。[27] このようにして、言説（発話）と法との間の相互作用《インターフェイス》（interface between speech and law）は、ポスト形而上学的な自由と統一性に関するハーバーマスの理念像を構成する中核である。そして、諸法が最終的に合理（理性）的に自由な国家という啓蒙思想の夢を完全に人間的な基礎づけの上に置くのは、諸法が理性の発話遂行形式ないし理性のコミュニケーション形式に由来するところのみである。

2　自由主義か、それとも共和主義か？

【ハーバーマスにおけるカント的自由主義とアリストテレス的共和主義との二律背反を解決しようとする企図】

ハーバーマスの形而上学的啓蒙思想に対する批判はまた、西欧の政治的省察の二つの大きな二律背反〔する諸原理〕、すなわち、カント的自由主義とアリストテレス的共和主義、これら各々の理論的強みを結びつけようとする、そして、最終的にこの二律背反を解決しようとする、そうした企図を含んでいる。

【自由主義と共和主義それぞれにおける利点と欠点：自由（意志）よりも理性（権利）を優位に置く自由主義、理性（権利）よりも自由（意志）を優位に置く共和主義：消極的自由と積極的自由】

ハーバーマスは、繰り返し、カント的自由主義の中心的な主張――すなわち、政治システムは、法的主体としての、そして、このことによって、国家によって侵害《インフリンジ》されえない不変の権利の担い手としての、市民たちの地位を承認することによって、正統性を獲得するという主張――を、現代政治理論にとってもっとも構成的な重要性を有する主張として定義していた。しかしながら、ハーバーマスはまた、この主張を、最終的には、政治的に欠けるところがあり、そして、少なくともその含意によって、民主制の空疎で消極的なモデルを支えることに奉仕していると見解として検証していた。ハーバーマスの指摘によれば、正統性のカント的モデルにおいては、民主制的な基礎づけに関して自由な参加や活動の要因（境位）は、価値を貶められ、正統性を構成する諸自由は、内容的に形式主義的かつ最小限主義的な合理性（理性）に係わるにすぎず、そして、ほとんどの自由は、国家の外部で、相互行為の政治的には中立化された諸領域の「〈私〉主義（privatism）」において、確保され、そして、実践されている。[28] こうした理由によって、ハーバーマスによれば、自由主義的な政治的組織体（polities）の諸法は、カント的範型においては、完全に政治的な自由と統合のための基礎づけとして作用しない。すなわち、自由主義的な政治的組織体の諸法は、〔そこでは〕国家において統合的に（欠けるところなく）経験される自由を銘記すること、あるいは、国家に対する人民の心底からの支持を確保すること、これらのことに失敗しているし、そして、事実上、経済や行政が民衆による制御を免れていることを是認してしまっている。したがって、自由主義は、人間存在を、合理的に自由な市民として、あるいは、合理的に自由な国家における行為主体として、切りつめた形で実現するにすぎないのである。すなわち、理性は自由主義においては自由よりもまさり、そして、カント的な政治的組織体は、自由とその行使をきわめて縮減された用語で解釈する、そうした合理（理性）的諸法によって、いつも常に支配されているのである。そこで、こうしたこと〔カント的範型〕に反対して、ハーバーマスが論じたところによれば、民主制的秩序の共和主義的モデルは、自由を〔消極的なものから積極的なものへ〕転換していく状態（国家）（changing state of freedom）としての国家への〔民主制的秩序の自由主義的モデルよりも〕はるかに実定的（自己定立的）かつ構成的なアプローチを採用する大きな力を有している。すなわち、この共和主義モデルは、すべての市民を、国家の形成〔過程〕に、自由に、そして、活動的に、関与するものと見なし、そして、市民たちを、政治的社会の自由な選挙権と参政権を有する構成員（freely constituent and participatory）として統合する。[29] しかしながら、ハーバーマスの示唆によれば、共和主義にも、次のような欠点が、すなわち、①共和主義は、ヨーロッパの国民国家とヨーロッパのナショナリズムの歴史とのその結びつきによって大きな負荷を背負っていること、②それは、しばしば特定の自由よりも統合された集団の自由を優先させること、そして、③それは、すべての民主制的諸国家が含んでいなければならない基本権（basic rights）の保障を、危険を冒してさえ消去あるいは相対化しようとすること、これらの欠点がある。[30] 要するに、共和主義は、人間の自己実現における法的・普遍的な諸要因（境位）を低く評価し、そして、人間の理性と、それがその特定の場所において受け取っている、偶然的な文化的ないし歴史的な諸特徴とを、しばしば混同する。すなわち、共和主義においては、自由は理性よりも重要視され、そして、共和主義的な政治的組織体は、立法における理性の役割についての自発的で特定の場所に限定された分析だけを提供するのである。

【自由主義の法と理性、共和主義の権力と自由、これらを共に要求する解放的国家：自由主義と共和主義、理性を表現する権利と意志を表現する自由、これらの二律背反は克服されうる：生活世界における日常的コミュニケーション的相互行為において潜在的に統一されている理性と意志：一般化された自由と意思形成の条件を構成する論証的討議に基づく政治的参加によって行使される権利：公共的意志を構造的に基礎づける権利を創発する論証的討議によって正当化された自由：権利（理性、法）と自由（意志、活動）の相互規定を可能にする公共性における政治的参加としての論証的討議】

こうした理由によって、論証的討議に照らしてハーバーマスが遂行した法の起源に関する省察は、自由主義と共和主義は、理論的あるいは実践的な二律背反として捉えられる必要はないこと、しかし、完全に解放的《エマンシパトリ》な国家は、自由主義の法と理性、そして共和主義の権力と自由を共に要求していること、こうしたことを示すことを意図していた。それゆえに、ハーバーマスが論じたところによれば、不可変の権利に基づく、あるいは自由主義的な、民主制の構成要素《コムポネント》は、政治秩序の形成に民衆が参加することを排除《プリクリュード》しないし、したがって、政治的な統合と基礎づけの活動と形式転換との諸過程を妨害《イムピード》しない。反対に、自由主義的な権利に基づく憲法（憲政秩序）は、共和主義における参加と統合に係わる契機を前提とし、そして、こうした契機によって強化される。そして、諸権利がもっとも有意味であるのは、諸権利が消極的自由の空疎な保障として石化されているところではなく、諸権利が、構成的な参加を通じて、論議《コンテスト》され、そして、拡大されているところである。同様に、共和主義的な意味における政治的参加は、政治的組織体が憲法の中に銘記されている合理（理性）的に普遍化されている諸権利を保有している、という事実によって、不必要なものとされない。反対に、真正な自由はまた、包括性《インクルーシヴニス》や合意の普遍性《コンセンシュアル・ユニヴァーサリティ》への要求によって形づくられているのであり、そして、コミュニケーションの諸権利を、それ自身の最深奥の表現として強化する。それゆえに、自由主義と共和主義との二項対立《ディカトミー》を克服しようとして、ハーバーマスは、理性を表現している諸権利と、意志を表現している諸自由は、必ずしも互いに対立しあっていない、と論じたのである。反対に、諸権利が論証的討議に基づく参加において行使されるところでは、これらの諸権利は、政治的な生（生活）の単なる形式的ないし静態的な諸要因（境位）であることを止め、一般化された自由と意志形成の諸条件を能動的に（活動によって）構成する。同様にして、諸自由が論証的討議という相互主体的《インター・サブジェクティヴ》な諸過程において包括的に正当化されるところでは、それらの自由は、諸権利を、公共的意志を構造的に基礎づけるものとして、強化《リインフォース》し、創発《インアクト》する。このようにして、諸権利と民主制的諸自由は、正統的な政治的組織体の起源を同じくする諸要因（境位）である。したがって、ハーバーマスが断言したところによれば、諸権利は、それらが古典的なカントの自由主義において受け取っていた、超越論的ないし形而上学的なその〔対立的〕均衡状態（stasis）から外《はず》（disarticulate）されるべきであり、そして、日常の人間の生（生活）の実践と自己表現における、自由な形で明確化（分節化）された構成要素《コムポネンツ》として、創発《インアクト》されるべきである。それゆえに、正統的な国家は、カントにとってと同じく、ハーバーマスにとって、理性と自由を統一する国家であり、そして、その下で自由と理性が結びつきながら構成し合う、そうした諸条件を提供する。とはいえ、こうした理性と自由の統一性は、これらの二律背反がコミュニケーションにおいて活動によって（能動的に）統一されないならば、依然として形而上学的なものに留まる。理性と意志は、事実、生活世界の日常的コミュニケーションの相互行為においては、いつも潜在的に統一されているのであり、そして、この統一性が技術的ないし私主義的（privatist）な支配《ドミネイション》によって破棄されるところでのみ、人間的な法は、その合理（理性）

的自由の諸源泉から切断されるのである。

【後期ハーバーマスにおける、論証的討議の結果としての合意を一般化された政治的意志としての法形成に連結させる審議（協議）的政治：公共的な論証的討議に基づく民主制的な政治的意志形成の参加から帰結する権利：活動的な論証的討議によって構成される政治的権力：合理（理性）的・公共的な論証的討議によって創出され、人間の意志を自由なコミュニケーションによって行使することにおいて基礎づけられる、純正な法治国家】

ハーバーマスの最初期の諸著作では、自由主義的な権利と共和主義的な参加との必然的な相関関係についてのこうした分析は、むしろ、なお不完全（inchoate）であった。この段階では、権力を正統化する諸法は、実践理性の〔行為に〕先立つ諸規範（prior norms）においてただ単に秘蔵《インシュライン》されているのではなく、公共圏における市民たちの間の論証的討議の交換を通じて発展する、とハーバーマスは単純に主張していた。しかしながら、ハーバーマスは、かれの後期の著作においては、こうした論議を敷衍して、政治的正統性は、審議に基づく政治（*deliberative politics*）を通じて生み出される、と主張した。すなわち、多元化された市民社会の成員たちが論証的討議によって、参加権（*participatory rights*）としてのかれらの基本権（basic rights）〔参政権〕を行使するにつれて、そして、かれらが、その合意の成果が究極的に法の形態へと伝送される、そうした「公共的なコミュニケーションの回路」を、発見するようになるにつれて、正統性は発展する、と主張したのである。[31] ハーバーマスは、その『事実性と妥当性』（*Between Facts and Norms*）〔*Faktizität und Geltung*〕の中の、論証的討議に基づく民主制の基礎づけについての主要な分析において、この観点をさらに洗練させて、維持しうる権利概念（sustainable rights-conceptions）は、公共的な論証的討議による民主制的な意志形成への参加（public discursive participation in democratic will formation）にかかっているのであり、そして、自律性と資格付与を形式的・消極的あるいは私的に断言しても実現されえない、と主張した。諸権利は、それらが「参加とコミュニケーションの諸権利」として行使されるところでのみ、完全に妥当する。すなわち、このようなものとして、諸権利は「積極的（実定的、自己定立的）自由（positive liberties）」を創発《インアクト》する。こうした諸自由を通じて、政治的権威の諸機関は、実定的に一般化可能な人間の諸自由を、説明しうるものとして、そして、そうした自由を代表（再現）しうるものとして、構成する。(32) こうした議論の中心にあるのは、政治権力が正統的であるのは、それが「コミュニケーション的な権力」として形成されるところ、すなわち、それが生活世界における諸権利の行使に由来している、そして、論証的討議に基づいて合理（理性）的に維持しうる形式〔法・権利〕を自由〔意志・活動〕に与える、そういう、活動的な公共的論証的討議によって、政治権力が構成されるところである、という主張である。(33) 国家は、コミュニケーション的権力として、純正な法治国家となり、こうした法治国家の法は、社会に形式的に課されているものではなく、合理（理性）的な公共的な論証的討議によって創出され、そして、人間の意志の自由なコミュニケーション的行使において基礎づけられるのである。

【カント的世界市民主義に呼応する、活動的（能動的）国家市民の自由で理性的に透明な自己同一性論に基づくハーバーマスの憲法愛国主義：ウルリヒ・プロイスの憲法論：あらゆる文化的・伝統的・歴史的な自己同一性形成の捨象？】

こうした〔公共性、論証的討議、審議政治などの〕議論はまた、ハーバーマスが、より大衆向きの政治論争にきわめて広範囲にわたって影響力を及ぼす介入をした際に、とりわけ、憲法愛国主義（*constitutional patriotism*）についての理論を提示した際に、これらのことの〔理論的〕基礎を提供していた。最初にハーバーマスがこの理論を展開した理由は、次の点にある。すなわち、合理（理性）的なポスト啓蒙的社会においては、その枠の中で人間という行為諸主体（agents）が自分たちの政治的自由を解釈し、創発《インアクト》する、そうした諸々の自己同一性《アイデンティティ》は、それらが歴史的ないしは伝統的な愛着心（帰属感）（attachments）から切り離されているところ、そして、それらが基本権と両立しうる普遍化可能な諸要因（境位）を含んでいるところ、こうしたところにおいてのみ、純正な諸自由を支持する、ということを、ハーバーマスが示そうとしていた、という点にある。それゆえに、自由を許容している自己同一性《アイデンティティーズ》は、必然的に排他的であってはならないし、したがって、このような自己同一性を通じて統合された諸社会は、①自由の高度に発展した経験を、そして、②それらの社会が含みうる少数派ないしはさまざまに分岐した「生活形態」との、そして、他の合理（理性）的諸国家の下の他の諸社会との、〔つまり、国家内外の〕平和的な共存へ向かうのに必要な資質《ディスポジション》を、獲得する。[34] 合理（理性）的に透明な自己同一性という概念構成は、究極的には、憲法（憲政秩序）や憲法的市民権（constitutional citizenship）についてのハーバーマスのより一般的な見解の基礎となったのである。ハーバーマスが結論づけたところによれば、高度に多元化され、かつ歴史的に異質な、諸共同体から成る、現代の諸民主制における、政治的な自己同一性《アイデンティティ》や市民権《シティズンシップ》の諸概念は、文化的な統一性ないしは伝統に関するあらゆる諸理念から断ち切られるべきであり、したがって、それらの諸概念は、それらが、集合的な自己感知（認知）（self-perception）の包括的な諸様式を形づくる、諸権利に基づく諸憲法（rights-based constitutions）に、準拠しているところ、そして、そうした憲法によって支持されるところ、こうしたところにおいてのみ、民主制的な生活の信頼しうる基礎を形成しうるのである。[35] この観点からいえば、ハーバーマスの思想は、ウルリヒ・K・プロイス〔一九三九―　〕の憲法論議に近づいていたのである。けだし、プロイスも、憲法を、参加的かつ統合的な、しかも非排他的な、政治的自己同一性の形成のための闘技場を提供する、統合する意味論と、見なしていたからである。[36]

【グローバリゼーションに応答する、権利に基づく共和主義的自己同一性と普遍的立憲主義：国民国家システム以後の超国民的な、統合、連帯、自己同一性の例証としての欧州共同体？】

ハーバーマスは、最終的には、グローバリゼーションの諸過程から生起している政治的な諸争点に対して応答して、権利に基づく共和主義的自己同一性と普遍的な立憲主義についてのこれらの諸概念を精緻化《エラボレイト》していたのである。多くのグローバリゼーション〔について〕の理論家たちとは異なり、この主題に関するハーバーマスの諸省察は、グローバリゼーションが必ずしも民主制的生活の本質的な実体を脅かさない、という感覚《センス》〔判断〕によって導かれている。事実、ハーバーマスは、国民国家という構築物《ファブリック》を侵食し、その伝統的な歴史的な背景《セッティング》から政治的自己同一性を救出《イクストゥリケイト》する一組の諸過程としてのグローバリゼーションを、ポスト国民的な自己同一性の普及に導き、そして、おそらくは、「ポスト国民的民主制」において頂点に達する、そうした、一般化された、あるいは、合理〔理性〕的に透明な、社会的統合の、より広い行程の相関物として、解釈したのである。[37] こうした議論の中心点にあるのは、もし民主制が排他的な諸自己同一性ではなく、諸権利をその中心に据えているならば、そして、もしこれらの諸権利が公共的な論証的討議において活動〔能動〕的かつ自由に行使されるならば、民主制は国民的な諸境界を越えて拡大されえない、と考えなければならない、いかなる理由も存在しないし、そして、統合と連帯の国民の中に埋め込まれている諸様式は、超国民的な「市民たちの連帯」へと変換〔形式転換〕されえない、と考えなければならない、いかなる理由も存在しない、という主張である。[38] 欧州共同体の形成は、ハーバーマスによれば、諸自由として行使される諸権利の上に基礎づけられた超国民的な統合の過程の一つの鍵となる事例である。事実、市民権と国民との伝統的な結びつきの壊滅的諸帰結以後に、欧州共同体とその憲法は、ヨーロッパの「第二のチャンス」を再現している。[39]

【小括：ハーバーマスの正統的民主制的法治国家論：カント的実践理性のコミュニケーション的自由〔＝理性〕への形式転換：民主制的法治国家の正統性の条件としての人間の理性と自由の統一性】

ハーバーマスがその著作の各時点において意図していたことは、そこにおいてポスト形而上学的思惟の根本的な意図が――すなわち、人間の理性と自由の統一性を国家における正統性の条件として省察しようとする企図が――人間学的に豊かにされた基礎づけに基づいて再度明確化（分節化）されうるであろう、そうした諸方途（道筋）を、提示することであった、と結論づけてもよかろう。それゆえに、すべてのハーバーマスの著作の根底にあるのは、強意の法的な人間主義（legal humanism）であり、これが目指しているのは、①人間存在は決定的に人間的な諸法の源泉である、そして、②人間なるものは、その立法の諸行為を通じて人間的な自由と人間的な法の宇宙を築き上げる、というカント的啓蒙思想の主張を確固としたものにすることである。しかしながら、ハーバーマスがまた、ハイデガーとおなじく、繰り返し示唆したところによれば、最初の啓蒙思想の法はなお完全に人間的な法ではなかったのであり、そして、法によって人間化された世界が、言説行為に基づく諸法（spoken laws）の世界として、真実に人間的なものとなり、そして、そうすることによって、真実に自由になるのは、カントによって実践理性に帰された立法機能が、その超越論的ないし形而上学的な焦点から、言説行為（speech）ないしコミュニケーション的理性の、多元的な、そして、物化されていない（non-reified）、能力へ、転置されているところのみである。言説行為が立法的理性の中心として解釈されるところでは、きわめて重要なことであるが、ヨーロッパ政治思想の発展全体に影響を及ぼしてきた古代から持続してきた二律背反――すなわち、法と意志、理性と自由、自由主義と共和主義、合法性と正統性、これらの二律背反――は克服されうる。言説行為という活動（能動）的な自由において、諸権利と諸自由は、形式的に規範的（あるいは形而上学的）な諸原理から、民主制的自由と意志の成就の活動（能動）的な前提条件へと変換（形式転換）される。言説行為が諸法を与えるところでは、法は、生活世界における人間の相互行為からのその形而上学的な、その形式的・実証主義的な、あるいは、その資本主義的・道具的な抽象化を放棄《フォーフィット》し、そして、法は、共有された権力あるいは合理（理性）的に自由な権力として、権力を形成する。[40]要するに、言説行為は、ポスト形而上学的な生の規定因である。そして、国家におけるコミュニケーション的権力は、ポスト形而上学的な人間的自由の集合的形式である。すなわち、ハーバーマスが論じたところによれば、国家におけるコミュニケーション的権力は、それが「平等な市民たちの論証的討議に基づく意見と意志の形成[42]」を通じて、「法の言語」の形式[41]において形成されるところで、法を正統的なものと見なす、ということこそ、「世界のポスト形而上学的な理解」に特殊的ことである。その際に、真正のコミュニケーション的権力において、理性と自由は、それら自身、起源を同じくするものとして、反省され、そして、合法性と正統性は、いずれも、必然的な相互依存の関係において、コミュニケーション的に媒介された「承認の諸構造」の基礎づけに基づいて、発展する[43]。カントが法の逆説を、実践理性の自律性において、そして、諸権利の国家による立法において、解決されたものと見なしていたのに対して、ハーバーマスは、法の逆説を、言説行為において終焉するものと見なしていた。換言すれば、言説行為は、法と権力の現実的（実在的）人間性である。

【ルーマン】

3　ルーマン――もう一つの別様の自律性

【ハーバーマスへの批判的応答としての法、政治、行政に関するルーマン初期の著作】

いくつかの観点からいえば、ルーマンの著作は、一九六〇年代中頃における法、政治、行政に関するその最初期の公刊物以来、ハーバーマスへの批判的な応答として捉えられていた。というのも、ハーバーマスの『公共圏の構造転換』は、初期の連邦共和国〔西独〕における正統性に関する初期の諸論争において深甚なる影響力を及ぼした役割を演じていたからである。とりわけ、ルーマンの初期の著作は、コミュニケーション的合理性の相の下の啓蒙思想の再構成のための、そして、人間学によって豊かにされた基礎づけに基づくカント的法治国家の再構築のための、ハーバーマスの計画に対する、批判として目論まれていた。それゆえに、ルーマンの初期の著作は、ハーバーマスが方法論的に焦点を当てていた、啓蒙思想、合理性、法治国家論（legal statism）という諸概念を写し出していたが、しかし、ルーマンがこれらの諸概念を使用したのは、ハーバーマスのプロジェクトを、結局のところカントの超越論的形而上学を紋切型に単純化して再度断言しているものとして、公然と非難するためであった。もっとも、これらの二つのライヴァル関係にある政治的かつ社会学的な見解の中心には、形而上学を克服しようとするライヴァル関係があった。このライヴァル関係において、ルーマンとハーバーマスは、いずれも、いかにして現代社会の諸制度は形而上学なしに展開され、合理化され、正統化されるのか、このことを説明しようとする努力において、実際には分岐した道筋を辿ったのである。

【ルーマンとハーバーマスに共通する議論の出発点としての「近代」ないし啓蒙に関する時代診断：ポスト形而上学、合理化、脱中心化、法の実定化、法の妥当性と権力の正統性の正当化（正統化）需要】

ルーマンが初期の諸著作を通じて論じたところによれば、人間の理性の正確な行使を通じて、より大きな解放、自由、自律性の条件に向けて、社会を導こうとする企図として定義される啓蒙は、そもそも出発点から、その方法において混乱させられていたのであり、そして、その前提条件において間違った方向に導かれてきたのである。こうした見解がもっとも体系的に提示されたのは、『社会学的啓蒙』と題された一九六七年の大学就任講義を収録した著作においてである。この著作の中で、ルーマンは、自分自身の観点を、啓蒙のもともとの合理的な諸指示《プリスクリプションズ》や諸目的《オブジェクツ》に対する批判的な関係の中に、置こうとしていた。この著作の中で、ルーマンは、西欧社会の進化は、普通、啓蒙と見なされているものと類比しうる過程によって、規定されてきた、という見方を否定しなかった。ルーマンの省察によれば、たしかに、西欧社会は、進化の軌跡として標識づけられてきた。この進化の軌跡を通じて、全体としての社会は、形而上学的な概念的諸形式から、そして、説明不能の、あるいは迷信的な、信仰の諸型から、そこにおいて合理性が独力で独立した妥当性を提供する、そういう条件へ向けて、移行してきたのである。とりわけ、近代的ないしは啓蒙された諸社会は、もはや、一枚岩的ないし絶対的な権威を帯びた国家を中心にして秩序づけられてはいないのであり、そして、近代的諸国家の権力は、合理的に反省され、一般化された法によって、そして、自由を合理的に保障するものによって、均衡が保たれている。それゆえに、ハーバーマスと同様にルーマンが論じたところによれば、近代社会は、必然的に、ポスト形而上学的な社会であり、そこでは、諸自由は、法的、政治的な必要性に関する全面的に自律的で、実定化され、そして、首尾一貫して合理化された、説明において、基礎づけられているのである。ルーマンの主張によれば、法の実定化は、近代的な社会的現存の縮減しえない隅の首石《コーナーストーン》であり、そして、法的妥当性を明確化（分節化）するための実定的なメカニズムの、法における進化は、近代の諸社会を性格づけているあらゆる自由権《リバティーズ》を、基礎づけている。[44] それゆえに、このかぎりでいえば、「近代《モダニティ》」と啓蒙は、そこにおいて、社会が、その諸々の機能についての、実定的、自律的、ポスト形而上学的な説明を提供する、そういう条件を形成し、そして、この条件は、法に由来する諸範疇における権力の一般化を促進するであろう、というハーバーマスの意見に、ルーマンは同意しているのである。

【近代社会のメルクマールとしての理性的自律性（カント）、主体性（ヘーゲル）、合理化・脱呪術化（ウェーバー）、脱神話化（ホルクハイマー、アドルノ）等の諸概念と、社会システム論における、分化、脱中心化、自律性、複雑性、選択性、偶然性（状況依存性）などの概念の類比性：機能的に分化された個別のシステムの内部における

機能的な分化と複雑性（偶然性）の縮減を通じて、外部（環境）の複雑性（偶然性）を縮減していく機能的関係性：分化された諸システムのいずれかに特権的な管轄能力があることはない：合理的な機能遂行主体があるとすれば、それは人間ではなくシステムそのものである：進化の自己作出的諸過程】

それにもかかわらず、ルーマンは、自分自身の解釈に係わる方法論を記述するために、「社会学的（sociological）」と「啓蒙（Enlightenment）」という用語を並置して、啓蒙の過程は、規範的な分析家たちによって誤って解釈されてきた、と論じた。というのも、規範的分析家たちは、あらゆる近代の社会的進化の中心に、人間の合理性（*human rationality*）を置き、そして、社会の啓蒙を合理的に導かれた人間の選択《チョイス》と選別《セレクション》の結果と見なしているからである。実際には、ルーマンの主張によれば、近代社会の合理的な進化は、人間の合理性が達成したものと見なされるべきではなく、社会それ自身の条件と見なされるべきであり、そして、この社会が構成《コムプライズ》するさまざまに異なる社会的諸システムを条件づけている合理性の条件と見なされるべきである。それゆえに、社会的「近代《モダニティ》」の合理的条件は、人間の、あるいは、人間的に合理的な、条件ではないのであり、実際には、人間の理性の先行指示《プリスクリリションズ》から独立して生起し、そして、基礎にある分化（*differentiation*）〔Differenzierung〕というシステム論的な論理によって形づくられた進化の準・有機的ないしはオートポイエティック（自己作出的）な諸過程（quasi-organic or autopoietic processes of evolution）の結果である。ルーマンが論じたところによれば、近代社会が、その全体において、出現することになったのは、①回りを狭く境界づけられた諸機能に基づく社会的諸システムの特殊化《スペシフィケーション》の増大を通じてであり、そして、②社会的諸システムの枠内における、さまざまに異なる諸型のシステム合理性（*system rationality*）の進化を通じてである。けだし、このシステム合理性を通じて、個々の諸システムは、それらがそれら自身のものとして構築する諸問題や諸機能に応答《リスポンド》し、そして、これらを処理《プロセス》することになるからである。[45] このようにして、近代社会は、分化（differentiation）の現実全体として形成されてきたのであるが、この分化において、特定の諸システム（たとえば、経済、政治、法、教育、医療、芸術）は、内部において分化された諸コードや諸機能、諸言及を中心にして、それ自身を安定化させることによって、社会の複雑性（*complexity*）の増大に応答《リアクト》しているのである。それゆえに、近代社会の進化に伴って、政治は、もっぱら政治問題についてのみコミュニケーションするシステムとして合理化されてきたのである。芸術は審美的諸問題に言及するシステムとして合理化されてきた。法は、法に言及するシステムとして合理化されてきた。医療は医療に言及するシステムとして、また経済は、経済に言及するシステムとして、合理化されてきた。こうしたシステム論的な分化の結果は、近代的ないし啓蒙された社会が、完全に多元的かつ脱中心的な社会として合理化されてきた、ということであるが、こうした多元的かつ脱中心化された社会においては、コミュニケーションのいかなるシステムも、他のシステムに対する主要《プライマシー》あるいは重要《メジャラブル》な管轄権《ジュリスディクション》を有さないのであり、そして、各々のシステムは、その継続的な進化を規定するそれ自身の合理性を内包するのである。しかしながら、社会の進化と分化を導く合理性は、特定の人々によって行使される合理性ではない。すなわち、その合理性は、諸システムによって行使される超人格的（transpersonal）な合理性であって、人々から独立しており、諸システムは人々のコミュニケーションを内包している。社会の分化を通じて、諸システムは、他の諸システムとコミュニケーションするために、そして、それらのシステム自身を他の諸システムに対して安定化《スタビライズ》させるために、それら自身の能動知性（intelligence）とそれら自身の多種多様な合理性の基準を発展させる。それゆえに、あるシステムが合理的であるのは、それが他の諸システムと有効にコミュニケーションする意味《ミーニング》〔Sinn und Bedeutung〕の「能動知性的な世界（可想界、叡知界）（intelligible world）」として、それ自身を確固としたものにしているところである。[46] そして、あるシステムが「合理的」でありうるか否か、そして、いかなる尺度でそれが「合理的」でありうるのか、これを決定するいかなる基準も、そのシステムの自己組織化の外部には存在しないのである。事実、近代社会は多くの形式の理性を保有している。理性のこれらの諸形式の各々は、特殊な社会的システムに存しているのであり、したがって、その合理性は、このシステムがその必要性（必然性）や、その説得性（信憑性）についての説明を生み出し、伝達することを可能にする。それゆえに、近代社会のシステムの分化、脱中心化、自律性の現実性が、啓蒙と通常見なされた諸条件と、一定の類比性を有するならば、「啓蒙の媒体」として作用するのは、人々ではなく、諸システムである。(47)

【社会的再生産過程の機能的現実としての合理性：人間存在は社会的諸システム間の諸差異を超越する合理性の担い手ではない：コミュニケーションの多元的・範型的な諸過程を通じて偶発的に産出される〈意味〉】

それゆえに、ハーバーマスやポスト啓蒙の伝統の全体に反対して、ルーマンは、第一に、合理性《ラショナリティ》は社会的再生産の機能的現実に対抗するいかなる規範的な至高性《ディグニティ》も有していない、と論じた。合理性は、事実上、その再生産過程におけるこの機能的現実である。さらにまた、ルーマンが論じたところによれば、第二に、合理性という理念は、①合理性は、特殊に人間的な特徴である、そして、②合理性は、人間たちが、必要な言明を果たすことを可能にし、あるいは、いかにして、そして、いかなる諸条件の下で、かれらは生きるべきか、そしていかにして、そして、いかなる諸条件の下で、かれらの社会とかれらの社会に含まれている諸制度が組織化されるべきか、これらのことを決定する「不変の法（immutable laws）」を先行指示《プリスクライブ》することを可能にする、と考える人たちによって、偽って構築されてきたのである。(48) 人間存在は、あらゆる社会的諸システム間の諸差異を超越する合理性の担い手である、と想定《アシューム》することは、ルーマンにとっては、あらゆる社会的諸システムにとっての一つの普遍的な環境《エンヴァイロンメント》を単純に（先決要件として）仮定《ポステュレイト》することである。このような諸仮定《ポステュレイツ》（先決要件）は、還元主義的モナドあるいは虚構的自己同一性といった価値の諸源泉を中心にして、社会を偽って強固なものにしている。すなわち、そのような諸仮定は、社会の架空の理想を、多元的に合理的な複雑性（multi-rational complexity）という社会の現実に、投影しているのである。そして、最後に、それらの諸仮定は、いかにして社会は、実際にその社会の諸々のコミュニケーションを合理化し、説明しているか、これについての正確な観察を妨げている。それゆえに、最初の啓蒙思想が、合理的な「人間存在の本質（自然＝本性）」を研究することによって、すべての事象を理解しようとしていたのに対して、ルーマンの社会学的啓蒙は、人間の理性は社会的現実を特権的に洞察する能力を提供する、ということを否定し、そして、説明のための研究は、必然性〔という概念〕なしに、そして、コミュニケーションの多元的・範型的な諸過程を通じて、意味（meaning）〔Sinn und Bedeutung〕が偶発的（状況依存的）（contingently）に産出されること、これを受け入れなければならない、と論じているのである。(49)

【①宇宙に内在する因果的・規範的な合理的秩序を確信する古典的存在論、②モナド論的かつ本有論的に想定された人間存在をこの不変的・永続的な両秩序（合理性）の起源・原因・裁定者・決断者として解釈する近現代的意識哲学、要するに、西欧の合理主義と人間主義を、ラディカルに破棄することを企図する、ルーマンの社会学的啓蒙（社会的システム論）】

ルーマンの見解によれば、人間の唯一的ないし構成的な性格としての合理性という理念は、世界には不可変の諸原因、諸規範、法（法則）が現存している、そして、これらは、これらが占める特定のシステム上の位置を超えて普遍化されうる、という確信《サートゥンティ》に反事実的（counterfactual）に固執している、形而上学的な理念の残滓である。同様に、一つの不変の自己同一的な合理性は社会のあらゆる諸側面を形づくる、という理念は、何が真実かつ正確なのか、についての普遍的に妥当する説明を構築しうるモナド的な認識論的中心が現存する、という確信に反事実的に固執している、形而上学的な観念である。しかしながら、多元的かつポスト形而上学的な社会として、①現代社会は、人間的ないし形而上学的な諸法によって統治されえないし、あるいは、説明されえない、そして、②純粋形而上学と、人間主義として偽装されている形而上学は、いずれも、社会の分析を劣化《コラプト》させている、とルーマン断固として主張している。事実、ルーマンは、自分の社会学的啓蒙を、①社会分析を形而上学思惟から自由にする、そして、②社会についての諸理論の中でも唯一、社会的「近代」の事実上啓蒙された自然本性を理解《コムプリヘンド》するのに適した、多元的観点を有する理論的な装置を提供する、そういう啓蒙と、見なしていた。したがって、ルーマンは、自分の理論的方法を、古典哲学の「存在論的形而上学」を最終的に捨てている、そして、宇宙には本有的《インネイト》な規範的ないし因果的な秩序がありうるであろう、という理念を否定する、そういう理論的方法として、定義していたのである。(50)同様に、ルーマンは、人間の理性そのものを道徳的世界や政治的世界の永続的ないし自己同一的な原因や裁定者・決定者（arbiter）として解釈する、最初の啓蒙によって促進された、「意識の形而上学」や「理性の形而上学」に対抗して、自分の理論を設定していたのである。(51)

4　法と権力の逆説

【ルーマンの政治と法の理論：①あらゆる規範的な政治分析の否定、②集合的な拘束的決定のための権力行使機能に特化されたシステムとしての政治システム、③部分システムとしての政治と法の完全な分離、④コミュニケーションの偶発的システム、集団拘束的決定を作成する権力の適用システムとしての政治システム、⑤偶発性の定式、自己言及（自己準拠）、最大限の選択可能性の産出としての政治システムの正統性】

ルーマンは自分自身を政治哲学者と見なしていなかった。このことに誤解の余地はない。ルーマンの社会学的啓蒙の構想《コンセプション》は、政治哲学の、そして、実のところ、それどころか、あらゆる規範的な政治分析の、あらゆる一般的な基礎づけを掘り崩すことを目論んでいた。ルーマンは、あらゆる規範理論を、人間の意識に関する偽りの形而上学から、そして、その結果として、合理性を先行指示《プリスクライブ》する行為主体《エイジェンシー》として便宜的にでっちあげることから、発展しているもの、と見なしていたのである。ルーマンが結論づけたところによれば、それらの下で「政治的な支配《ドミネイション》が合法的なものとして受け入れられる」、そうした諸条件に関する抽象的な哲学的分析は、正統性に関する高度に単純化され、選択された《セレクティヴ》、しばしば非生産的な（逆効果を生む）、説明を提示しがちである。[52] よりはっきりいえば、ルーマンの政治的な諸省察は、事実、規範的な政治理論の幾つかの主要な諸原理に対する首尾一貫した攻撃を含んでいるのである。第一に、ルーマンは、①国家は近代社会における特権化されたシステムである、②この〔政治〕システムは他の諸システムに対して二元論的に対置されている、そして、③政治システムにおける正統性――あるいは、はっきりいえば、その〔正統性の〕欠如――は、他のあらゆる諸システムにとって構造的な重要性を有する、という標準的な規範的理念を退けていた。[53] こうした見解に反対して、政治システムは、他の多くの諸システムの中の一つであって、至高性《ディグニティ》ないしは中心性《セントラリティ》へのいかなる特別の要求も備えていない、とルーマンは論じていた。第二に、ルーマンは、①政治システムは、合理（理性）的な諸合意や道徳的諸規範によって構成される、あるいは領導される、装置である、そして、②政治システムの正統性は、〔政治・国家の〕外部にある法の遵守の条件として計測化可能である、という信念を攻撃していた。ルーマンが説明したところによれば、政治システムは、事実上、コミュニケーションの偶発的《コンティンジェント》（状況依存的）なシステムである。すなわち、政治システムは、集合的な拘束的決定（collective binding decisions）を作成するための権力の適用に特化されたシステムであり、したがって、政治システムは、そのコミュニケーションを、権力によって規制されうる諸々の争点だけに制限することによって、永続化されるのである。要するに、政治システムがその正統性を獲得するのは、法として明確化（分節化）された普遍的に必要な諸約定《スティピュレーションズ》を通じてでもないし、あるいは、法という媒体を通じてその中に伝達される諸規範ないしは道徳的諸理念を通じてでもないのである。政治は、本源的に、法とは異なるものである。すなわち、政治システムの諸内容は、法によって生み出されえないし、したがって、不可変の先行指示《プリスクリプションズ》にも依存していないのである。それゆえに、はじめからルーマンが示唆していたところによれば、権力が〔政治的システムの〕「外部から（*ab extra*）」適用される諸法によって必然的に規制される、という規範的な主張は、形而上学的であり、したがって、こうした規範的な主張は、法は、他の諸システムの外部に位置し、それらから独立している、普遍的な合理性の、特権的な担い手である、という信念に依拠しているのである。[54] ルーマンが説明したところによれば、このような主張は、普通、それ自身の目的のための理論によって生み出されるのであり、したがって、政治システムの正統性に関して諸疑念が提起される、という事実は、当該システムが事実的に正統性を欠いている、ということを必ずしも意味しないのである。さらにまた、第三に、ルーマンは、政治システムにおける正統性を、いかなる基礎づけも必要としない、そして、いかなる普遍化されまとまった諸原理へも蒸留されえない、そういう条件として定義することによって、規範理論への自分の攻撃を強化していた。政治における正統性は、政治システムの偶発性（状況依存性）の定式（*formula of contingency*）、あるいは、基本的な自己言及（*self-reference*）〔自己準拠〕である。正統性は、政治システムのための説得性（信憑性）（plausibility）の包括的な諸条件を創出する資源であり、この資源なしには、政治は作動しえない。しかしながら、正統性は、政治システムの外部に由来しない。すなわち、正統性は、政治システムによってそれ自身のために（それ自身だけで）生み出されるのである。したがって、政治システムは、それ自身を、一貫性と説得性のある一組のコミュニケーションとして反照させるために、そして、その諸決定の受容を容易にするように思われる動機づけを社会全体に伝達するために、正統性の自己産出された理念に準拠（言及）する。[55] したがって、正統性は、いかなる確定的な内容も有していないのである。正統性は、いかなる具体的あるいは不変的な本質も有さない意味論的ないし逆説的な形式であり、そして、その正統性の諸々の前提条件は、普遍的に合理的な諸用語では、抽象的に先行指示《プリスクライブ》あるいは説明されえない。はっきりいえば、政治的諸システムが正統性を獲得する可能性があるのは、まさしく、①政治的諸システムが外部の諸原理から切り離されているところ、②政治的諸システムが、正統性へのそれらの諸要求を、それらの法的必要性についての永続的な説明に結びつけていないところ、そして、③政治的諸システムの内部的な諸構造が、最大限の多くの——それらを通じて政策と決定が支持される——選択肢を生み出しうるところ、これらのところである。要するに、正統性は、政治システムにおける偶発性（状況依存性）という現実であり、そして、正統性を不可変の諸範疇で定義しようとするあらゆる試みは、事実上、政治システムが内包する柔軟な自己正統化のための潜在力を掘り崩してしまうのである。

【政治システムにおける環境としての他の諸システムとのコミュニケーションの喪失、あるいは、政治システムの他の諸システムからのそれ自身の脱分化、ここから帰結する政治システムの正統性の危機、独裁の形態】

こうした規範理論に対する攻撃にもかかわらず、ルーマンはまた、それでもやはり、①政治における正統性は、客観的諸条件からまったく独立しているわけではないこと、そして、②それらの下では政治的システムがその正統性を喪失してしまうように思われる、そうした一定の諸環境が存在すること、これらのことを指摘していた。このかぎりでいえば、たしかに正統的な政治システムの理念型を設定したわけではないにしても、ルーマンは、①いくつかの諸システムが他のそれらよりも正統性をより獲得しているように思われること、そして、このようにして、②正統性にとってのいくつかの見込みのある前提諸条件は同定されうること、これらのことを示唆していたのである。ルーマンが論じたところによれば、とりわけ、システムが近代社会の脱中心化《ディセントル》され、著しく多元的な現実に後れを取っているところではどこでも——すなわち、政治システムが、コミュニケーションのそれ自身の領域《スフィア》の外部において、あるいは、それが他の諸コミュニケーションの諸領域《エアリアズ》（おそらく、経済、法ないしは芸術）をそれ自身の諸特権に併合するところで、規制的な諸機能を受け取ることによって、他の諸システムからそれ自身を脱分化（*de-*

differentiate）するところではどこでも――政治システムは、正統性を喪失する危険を冒しているのである。こうしたことが起こるところではどこでも、政治的システムは、それが有意味に完遂しえない諸目的を追求することによって、そして、他の諸システムとコミュニケーションするその能力――この能力を政治システムが成就しえるのは、それ自身を他の諸システムとは完全に異なるものとして定義するときだけである――を妨害《オブストラクト》することによって、システムそれ自身の諸作動を妨げるのである。(56) したがって、ルーマンが、正統的な政治的システム（すなわち、それ自身を、諸々のコミュニケーションの説得力を有する統一性として、そして、そうすることによって、服従のための諸々の動機づけを生み出しているものとして、反照しているシステム）を、相対的に制限された国家と見なしていた、ということは推論されうるのである。(57) そのようなシステムは、独裁（dictatorship）の形態ないしは過度の介入主義的な権力中枢の形態を取りそうには思われないし、そして、そのシステムの環境との複雑なコミュニケーションのチャネルを維持しようとするであろう、ということは当然のように思われるからである。(58)

【自己正統化可能な政治システムとしての内部に一定の水準の複雑性と機能分化を内包し、内外の脱分化（特定のシステムの特権化）を排除している政治システム：権力機能の分割制度：権力の自己システムによる回帰的コミュニケーション：選択性の度合いの最大化を可能にする権力分立制と複数政党制：民主制？】

さらにいえば、政治システムの脱分化（*de-differentiation*）の危険性に関するルーマンの分析はまた、近代社会において正統性を享受している政治システムは、おそらく民主制であろう、という感覚《センス》〔判断〕によって、動機づけられていた。ルーマンが示唆したところによれば、たぶん、それ自身を正統化しうる政治システムは、権力がそのシステムを通じて回帰的《リカーシヴ》（再帰的）に伝達《コミュニケイト》されるように、そして、その諸作動において、一人格あるいは一執行部に集中されないように、一定の水準の内部的な複雑性と制度的な分化を内包しているシステムになるであろう。(59)

このようなシステムは、諸政策を提示する諸対案《オルタナティヴズ》をコミュニケーションしている多くの諸政党から構成されることになるように思われるし、そして、たぶん、正規の野党を許容するであろう。ルーマンによれば、政党が与党（*government*）と野党（*opposition*）に分かれることで、政治システムが、その環境《エンヴァイロンメント》における諸問題にさまざまな仕方で対処すること、複雑性の管理《マネイジメント》のための柔軟なプログラムを生み出すこと、そして、——もちろん——それらを通じてシステムが、選挙において、法令遵守《コムプライアンス》ないしは喝采《アクラメイション》（熱狂的な同意）を確保しうる、そうした政策の選択肢《オプションズ》を創出すること、これらのことが可能となる。[60] しかしながら、とりわけ、分化された（そして正統性を有する）政治システムは、たぶん、執行府（政治）、立法府（行政）、公衆《パブリック》の間の差異を反映しているシステムであろう。政治システムのこうしたその内部の制度的な分割は、その政治システムが、①その諸政策の妥当性や適切性について、それ自身とコミュニケイトすること、②それが直面する多元的な諸争点に応答するために、十分な内部の複雑性ないしは「諸対案」を、それが保有することを、確実にすること、これらのことを可能にする。[61] 要するに、近代社会における正統性を有する政治システムは、いつも内部で公式化された諸権力〔機能〕の分割〔権力分立制〕を備えた民主制であるように思われる。

【権力と法の両部分システムの関係：政治システムと法システムの間の「構造的〈依存連携関係〉（coupling）」を通じての機能的な相互補完：基本権を中心に編成される憲法】

さらにまた、こうした主張に加えて、ルーマンは、現代の政治的諸システムは、諸法なしには作動しえない、という結論に達していた。権力と法は還元不可能な別個のシステムに付属するにもかかわらず、現代の諸社会では、政治権力の行使は、法との複雑な相互依存関係においてのみ効果的に達成されうる。〔ルーマン自身が〕はっきり述べているところでは、ルーマンは、まさしく法治国家（*Rechtsstaat*）という概念を、法と権力の「大袈裟な同義反復（grandiose tautology）」ないしは、偽りの合成（false conflation）を反映しているものと見なしていた。(62) とはいえ、ルーマンはまた、分化が遂げられている諸々の民主制においては、正統的なものと見なされる蓋然性の度合いの高い権力は、社会全体に決定を伝達するために、法によって提供されている、一般化され、実定的に承認された形式を要求するのであり、そして、政治システムは、その結果、法システムとの「構造的な〈依存連携関係〉《カップリング》（structural coupling）」ないしは「寄生的関係（parasitic relation）」を維持しなければならない、とルーマンは論じていた。(63) この〔構造的〕〈依存連携関係〉《カップリング》を通じて、法は、政府《ガヴァメント》（統治府）の諸決定を、社会を通じての法令遵守に適合されている蓋然性の度合いの高い諸定式へと、変換（形式転換）しうるのであり、そして、法は、組織化あるいはコード化された（codified）形式において特定の諸主題を安定化させることによって、政治システムに〔負担の〕「軽減（緩和）（alleviation）」を提供する。(64) それゆえに、分化を遂げている社会においては、法と権力との間に、いかなる必然的な統一性《ユニティ》も存在しないのである。もちろん、それによって法が権力に対して不可侵の諸原則を課す、そうしたいかなる理性的・形而上学的な必然性も、存在しえないのである。とはいえ、分化の現実（reality of differentiation）〔諸システムの内外において分化が進展しているという事実性〕についていえば、権力は決してまったく法なしで存在するわけではなく、したがって、権力は法治国家（*Rechtsstaat*）として以外には現存しえない。はっきりいえば、ルーマンはまた、自分の理論のこうした側面において、現代社会では、法と権力との関係は、おそらく、憲法の形式において配置《アレインジ》されるであろう、と付け加えていた。逆にいえば、この憲法は、政治システムに一定の法秩序を設定し、そして、きわめてありそうな（蓋然性の度合いが高い）ことであるが、憲法の中心には、諸々の基本権に関する諸約定（stipulations over basic rights）が置かれるであろう。これらの基本権は、不適切な政治的強制から法の名宛人たちを保護し、そして、かれらに国家の中心的装置の外部に置かれた、多元的な自由権（たとえば、言論の自由、交換の自由、移動の自由、契約の自由）を付与するであろう。それゆえに、現代の啓蒙された諸社会の憲法は、主観（主体）的な諸権利の担い手としての社会的な行為主体を必然的に反映し、したがって、このような諸社会の法システムと政治システムは、不可譲的な権利付与《エンタイトゥルメンツ》の領域によってその境界が設定されているものとして、人々（人民）を構築しているのである。

【政治システムと法システム、権力と法、それぞれの諸機能の分化(differentiation)と依存提携(coupling)：構造的・機能的な同一性と差異性の相互限定的な同一性：権力が社会を通じてそれ自身を伝達するための一般的媒体としての法：法の実定的な正統性】

あきらかに、法と権利とのこうした関係に関するルーマンの記述は、政治システムの正統性（legitimacy）は、何らかの仕方で合法性（legality）の固定された合理（理性）的な基準によって制御《コントロール》されている、ということを意味していない。事実、ルーマンが繰り返し強調したところによれば、言明しうるのは逆の事態であって、政治システムの正統性は、法に先行している、そして、それらにおいてその諸法が遵守に値するものと見なされる蓋然性の度合いが高い、そうした諸条件を、創出するのである。権力と法の依存連携関係《カップリング》が単純に意味しているのは、複雑な諸社会において、権力は、社会を通じてそれ自身を伝達《コミュニケイト》するために、一般的あるいは反復可能な媒体を必要とし、そして、この媒体は法によって提供される、ということである。ルーマンの主張によれば、専断的命令（fiat）ないしは大権という形式で垂直的に適用される権力が現代社会の複雑な形姿に適合している蓋然性の度合いは低いのであり、したがって、法は、そこにおいて権力が「有効な権力」となりうる、そうした流動的かつ実定的な媒体（fluid and positive medium）を、政治に提供するのである。[65] 同様に、法治国家の特性（legal statehood）に関するルーマンの観念は、古典的な法治国家（*Rechtsstaat*）の意味《センス》のようには、正統性を有する国家においては、①諸法はその名宛人たちに必要な諸自由に対して透明になる、あるいは、②法の名宛人たちは、自分たちが自由にかつ理性的に立法に関与していることを、感じている、これらのことを意味していない。その反対に、ルーマンが繰り返し言明したところによれば、法の実定的な正統性（positive legitimacy of law）は、いかなる合理（理性）的な動機ないしは考慮にも依存していないのであり、そして、ほとんどの場合、諸法が正統的なものとして受け入れられているのは、完全に偶発的である、あるいは、作出されている（manufactured）、そうした理由のためなのである。事実、もっとも正統性を有する政治システムは、そこにおいては「拘束的決定がほとんど動機もなく、また深く考えられることもなく受け入れられているということ」が予期され、かつ前提されうる、そうしたシステムである。[66] したがって、正統性の条件は、①諸法が「合意《コンセンサス》によって基礎づけられた法的関係」を表現していること、あるいは、②諸法が合理（理性）的に必然的な合意《アグリーメンツ》に由来するものとして理解《パーシーヴ》されていること、これらのことを意味していないのである。その反対に、諸法の正統性は、「大抵は、諸法によって影響される人々の合意《コンセンサス》から独立している」のである。[67]

【政治システムの進化する能動知性に適合する立憲主義体制：機能的分化と過重負担回避の問題としての憲法における立法と執行の機能分割、諸基本権の裁可】

同様に、ルーマンは、憲法（constitution）に関するかれの省察において、民主制的な政治システムは、政治的装置に外から課せられた諸規範ないし諸合意《アグリーメンツ》の結果として、あるいは、人間の諸資質《ディスポジションズ》（傾向性）やそれらから演繹される諸権利に関する合理的な分析の成果として、立憲主義的形態（constitutional form）を採用する、とは論じなかった。そうではなく、ルーマンの説明によれば、政治システムが立憲主義的な形式をとるのは、この形式が政治システムそれ自身の進化する能動知性（evolutionary intelligence）に適しているからである。たとえば、立法権と執行権の分立を制度化する文書である憲法は、行政的諸課題が執行府の限られた諸資源へ過度に集中することを防止する。そして、そうした憲法は、政治システムが、そのコミュニケーションの内部で、特定の箇所ないしは特定の人格に過度の負担をかけることを回避することを可能にする。[68]所有権、契約、信条〔信仰〕、学問研究の権利を裁可する文書としての憲法は、類比しうる仕方で、政治システムが、所有と契約（経済および、おそらく法）、信条（宗教）、学問研究（学問および、おそらく教育）の諸問題を規制する諸システムから、それ自身を分化させるのを助ける。それゆえに、憲法の起源は、端的に、他ならぬ政治システムそれ自身である。すなわち、この〔政治〕システムは、自発的に独力で（それ自身のために）憲法を創出し、そして、このシステムがその名宛人たちに主観（主体）的諸権利を付与するのは、このシステムは、憲法の中に銘記されている主観（主体）的諸権利の裁可を、それ自身の分化と自己言及〔自己準拠〕（differentiation and self-reference）の前提諸条件として要求するからである。[69]政治システムは、その憲法を通じて、一つの仕組みを産みだし、この仕組みを通じて、政治システムは、それが有意味には規制しえない、そして、厳密な政治的諸目的《オブジェクティヴズ》から逸れてしまう、そうした諸々のコミュニケーションを通じて、過重負担（over-taxation）、脱分化（de-differentiation）ないしは「崩壊（腐敗）（corruption）」に晒されることを避けるのである。[70]それゆえに、憲法は、ハーバーマスのようなスタイルで、いかなることがあっても、社会的諸問題の論証的討議によって政治化することを正統化する文書として、あるいは、法や法において確立された権利を政治的コミュニケーションないしは参加の保障の拡大として用いることを正統化する文書として、見なされるべきではない、と論じることによって、ルーマンは、初期の機能的理論家たちと同様に、分析のこうした路線を結論づけていた。事実、民主制的な法治国家以上であろうとすることを目指す民主的な法治国家は、――おそらく意志決定への大衆の参加を促したり、その参加権を裁可したり、あるいは、諸価値を政治的諸制度の中に導き入れることによって――政治システムの法治民主制的な構築物（legal-democratic fabric）を解体しがちであり、そして、政治システムのあらゆる権能を直接的ないしは委任的な権力に固定化しがちである、と論じている点において、ルーマンはフォルストホフに同意していたのである。憲法の本質的な機能は、①社会的諸争点の非（脱）政治化（*depoliticization*）、②政治的諸問題の収縮（ガス抜き）（*deflation*）、そして、②権力と法の分離、これらのことに寄与する点にある。——憲法は、それがこの収縮（ガス抜き）の役割を完遂するところで、政治システムと法的システムの双方における「自由の増大」に貢献するのである。[71]

【システム内外のコミュニケーションの機能とその安定のための、完全に実定的形式としての政治システムと法システム（権力と法）の実定的・事実的・偶発的・機能的な相互的な依存・言及・準拠の関係】

このようにして、政治と法についてのルーマンの説明は、二つの相反している含意を孕んでいる。一方で、そのルーマンの説明は、政治システムは、それがその権力を合理化し、そして、この権力を法として伝達するならば、正統性を獲得する、という規範的な主張を承認することを含んでいる。ところが、他方で、そのルーマンの説明は、規範的理論は、国家における法と権力の統一性を構築しそこない、そして、真正に実定的な用語で、この統一性を説明することに失敗している、と主張しているのである。このことが含意しているもっとも本質的なことは、ルーマンにとって、権力と法は、まったく実定的な諸形式であり、そして、それらは、まったく完全に実定的な理由ゆえに、現代社会においては相互依存の諸関係に入る、ということである。すなわち、事実、法と権力の統一性は、規範的に演繹しうる条件ではなく、そこにおいて政治と法が、正統性の逆説の下で互いに言及（準拠）し合うことによって、それらの諸々のコミュニケーションのための安全性《セキュリティ》（防護策）を生み出す、そうした逆説的ないしは進化的な形式である、ということである。正統的な国家においては、政治と法のいずれも、何故にそれらが相互依存的になり、あるいは、承認を獲得するのか、これを証示しうるであろう、ということを保障するものは何も存在しないのである。[72]その結果、規範理論は、たとえ法と権力との合理的な関係の蓋然性を正しく理解するにしても、このような理論は、人間の理性と人間の利害関心に関するモナド的な構成概念にその分析の焦点を当てているが故に、法、権力、正統性の偶発的な諸形式を適切に解釈しえないのである。はっきりいえば、法と政治の外部に存し、そして、それらの諸機能の普遍的な諸原因を探し求める理論は、それに法、政治、正統性が依存している、そうした実定化の偶発的な諸過程を、しばしば掘り崩してしまうのである。

5　形而上学以後の民主制

【権力と法や自由と理性の二律背反の理論的解決を目指すドイツ政治理論における先駆者たちとハーバーマスとルーマンの批判的継承関係：正統的近代国家の起源としての人間存在の構成的自由：人間的意志の自己原因性と自己立法性における実定的基礎づけによる二律背反の調停（カント）：人間の立法的理性の論証的討議に基づく活動（ハーバーマス）：コミュニケーション的意味の絶対的実定性と絶対的に偶発的な多元性：無から産出される政治における正統性と必然性：システムそれ自身の能動的知性と緊急事態に由来する逆説の必然性と合理性：システムの自己言及（準拠）の自己作出的擬制：絶対的な実定性、偶発性、逆説としての現存態（ルーマン）】

法治国家における法と政治の統一性を完全に実定化されている偶発性（状況依存性）(*contingency*) として記述するに際して、ルーマンは、権力と法、自由と理性、これらの関係に関する本源的にポスト形而上学的な諸問題に立ち戻り、そして、自分自身を、ドイツの理論的伝統における自分の先駆者たちとの際立った（独特な）関係の中に置いた。これまで論じられたように、ドイツ政治理論において傑出した地位を占めていた人々は、権力の法との関係が孕む本源的な逆説性 (paradoxicality)〔の問題〕に正面から対峙し、形而上学以後は、正統性を諸々の非形而上学的な基礎づけの上に基礎づけようと企図してきた。すなわち、かれらは、いかにして人間存在は法の源泉や中心として行為するか、あるいは、行為しうるか、これを証示すること、そして、正統的な〔近代〕国家の特性（statehood）の諸起源を、この人間存在の構成的な諸自由から導き出すこと、こうしたことを企図してきたのである。この伝統における決定的な契機は、権力と法、自由と理性、これらの二律背反の両要因（境位）を純粋に人間的な意志の自己原因性と自己立法性（self-causality and self-legislation of the pure human will）において実定的に基礎づけることによって、調停しようとするカントの企図であった。後に、ハーバーマスは、この理念を支持して、法と権力、理性と自由、これらはコミュニケーション的権力の形式における、人間の立法的理性の論証的討議に基づく諸活動（discursive activities of human legislative reason）を通じて実定的に調和されうる、と示唆した。ルーマンは、現代の諸社会においては、権力と法は、完全にポスト形而上学的ないし実定的であり、そして、合理性のまったく偶発的かつ非形而上学的な諸形式を通じて正当化される、ということを承認することによって、分析のこうした路線をさらに進んだのである。しかしながら、ルーマンが論じたところによれば、〔ハーバーマスにおけるような〕一類型の政治的な正統性あるいは法秩序の必然性のために合理的明証性を提供することを追求する分析が、現代社会におけるコミュニケーション的意味《ミーニングズ》の絶対的な実定性やその絶対的に偶発的な多元性（the absolute positivity and the absolutely contingent plurality of communicative meanings）を理解《コムプリヘンド》しえていないことは、歴然としている。

このようにして、このような分析は、不可避的に、時代遅れの理論的見解を身に纏い、そして、その対象の複雑性に慢性的に遅れを取っている。ルーマンが端的に主張したところによれば、権力はいつも逆説的であり、その必然性を説明しようとする理論的な企図は、結果的に、「変位（置換）（displacement）」の諸作用《アクツ》以上のものではなく、これらの諸作用を通じて、こじつけや疑問が明らかになってきた正当化の諸々の逆説の疑わしさや分裂性は、あまり目立たないものにされているのである。[73] 事実、法と権力の統一性における必然性の最終的な諸根拠を定立しようとするあらゆる企図は、最終的には、神という行為主体における自由と理性の本源的な融合にまで逆向きに形而上学的に遡及することを、標識づけているのである。ルーマンが示唆したところによれば、たしかに、国家において法の統一性ないしは合理（理性）的な自由を想定することは、多くの場合、必要な自己言及（自己準拠）ないしは意味論（semantic）であるかもしれない。というのも、こうした自己言及や意味論という手段によって、政治と法はそれらの作動を説得性や信憑性のあるものにしているからである。はっきりいえば、政治的諸システムは、しばしば、当然ながら、権力と法の統一性を中心にして編成《アレンジ》されるであろう。とはいえ、政治における正統性と必然性に関するこのような諸理念は、いつも政治システムによってそれ自身のために（独力で）無から（*ex nihilo*）産出される。そして、これらの理念は、端的にいえば逆説であり、これらの逆説の必然性と合理性は、究極的には、政治システムそれ自身の能動的知性《インテリジェンス》や緊急事態《エクセジェンシーズ》に由来している。[74] 法と権力には、それらの偶発性において、あるいは、それらの「盲点（blind spot）」において——法と権力の関係の完全な偶発性において——以外では、統一性を基礎づけるいかなる必然的な起源も、あるいは、必然的な源泉も、存在しない。[75] それゆえに、政治システムが、正統性において基礎づけられている、と主張するならば、そして、それが、正統性を有するものとして、法システムからその正統性のための裁可を得ている、と主張するならば、こうしたことは、事実上、単に政治における自己言及（自己準拠）（self-reference）のオートポイエシス（自己産出）的な擬制にすぎないのであり、そして、システムに言及（準拠）するシステムが、システムを物質的（実質的）、人間的、あるいは価値合理的な内容として、主題化しはじめるところではどこでも、この自己言及は分解《ディスソルヴ》してしまう蓋然性が高いのである。したがって、現代社会における結合《コンジョイン》された権力と法の合理化過程（conjoined rationalization of power and law）は、そこにおいては人間の生活を形づくっている諸媒体が完全に実定的な諸前提の上に置かれている、そうしたまったく実定的な編成《アレンジメント》と、見なされるべきである。この状態《コンディション》（条件）は、権力の人間（主義）化（humanization）ないし権力に対する人間の理性の勝利を、標識づけてはいないのであり、そして、この状態（条件）は、人々が権力の下に統合されるのは、この権力が本源的に人間的な必要や絶対的に合理（理性）的な洞察力と合致しているからである、ということを意味していない。この状態（条件）が端的に意味しているのは、①権力と法は、社会的分化（societal differentiation）の諸条件の下で、互いを利用し合っている、そして、②権力と法は、それら自身の能動的知性（intelligence）を諸根拠として、互いに偶発的ないし逆説的な必然性の関係に入る、これらのことである。このようにして、形而上学以後の社会的現存の状態（条件）は、絶対的実定性における、絶対的偶発性における、あるいは、絶対的逆説における、現存態（existence in absolute positivity, absolute contingency or in absolute paradox）であり、こうした現存態においては、諸法も政治的諸決定も、規範的遡及のいかなる究極的ないし無条件的な支点によっても支えられていないのである。正統性の逆説を超えて進もうとする規範的ないし人間主義的なあらゆる企図は、およそ、新しい逆説を暴露しうるか、あるいは、新しい逆説に言及（準拠）しうるにすぎないのであり、したがって、これらの逆説は、現在のところ承認されている諸逆説によって引き受けられている社会的諸形式の安定性を容易に解体しかねないであろう。

【ルーマンによるハーバーマスの人間主義的・人間学的な形而上学に対する批判：人間主義における自己原因、第一起動因としての超越神に類比しうる超越的な人間存在：必然的偶発性の観察としてのポスト形而上学的分析】

ルーマンにとって、ポスト形而上学的であること、そして、自由と正統性というポスト形而上学的に求められているもの（善きもの）（goods）を獲得すること、これらのことは、社会的コミュニケーションの偶発性や逆説性を受け入れることを意味している。人間存在は、人間存在が諸法を演繹すること、そして、これらの諸法を政治システムに先行指示すること、これらのことを可能にする合理（理性）的諸能力を保有している、というハーバーマスによって法の人間主義として再現され、再構築された、元来はカント的な信念は、不十分にポスト形而上学的であり、したがって、廃棄されねばならない。はっきりいえば、ハーバーマスは、理性や立法に関する自分の諸理論を啓蒙の拡大として、あるいは、啓蒙を完全に人間的ないし実定的な基礎づけの上に置こうとする企図として、正面切って記述していたのであるが、ルーマンが指摘したところによれば、こうした人間主義的なアプローチは、実のところ、まったく啓蒙ではない。——すなわち、それはやはりなお形而上学である。ルーマンにとっては、ハーバーマスは、世界は、不可変の法理上の秩序を含んでいる、あるいは、第一起動者〔創造神〕(a prime mover) の意志を反映している、という本源的に形而上学的な虚構を、人間の理性の普遍的な諸性質や客観的に必然的な意志形成によって決定されたものとして世界を人間主義的ないし人間学的に説明することへと、単純に翻訳すること以上のことをほとんどしていなかったのである。したがって、ルーマンは、ハーバーマスを、真実にポスト形而上学的な諸用語で社会について思惟しえず、そして、やはり社会という進化している現実に一元的で本質的な諸理想を絶望的に背負わせようとしている、そうした思想家と見なしていた。それゆえに、ハイデガーと同じく、ルーマンが示唆したところによれば、真実にポスト形而上学的な分析は、正統性と法的妥当性への諸要求の偶発性を単に観察するだけである。すなわち、そうした分析は、法的諸形式の必然的な偶発性を受け入れるのである。そして、さらにいえば、そうした分析は、そうした〔正統性と法的妥当性への〕諸要求が崩れるか、あるいは予見し難い他の諸々の逆説に取って代えられる場合には、これらの諸要求を必要以上に真剣に、あるいは必要以上に軽率に吟味《プローブ》(精査)することを慎む(自制する)のである。それゆえに、〔ハーバーマスにおけるような〕政治システムを再膨張させようと、そして、法を、価値・合理的な諸規範を政治システムの中に伝達するものとして法を操作しようと、努めている、そうした政治的秩序に関する人間主義的な構想《ヴィジョン》(理念像)は、ルーマンにとっては、その構想が誤って現代社会に一つの基礎的な構造を負わせるにつれて、理論的には度し難く未熟で浅はかなこと (naïveté) をしていることになるのである。[76] けれども、さらに悪いことには、このような政治的な人間主義はまた、①社会を過度に単純化すること、②社会を画一的な合理的諸理念を中心にして再構成すること、そして、そうすることによって、③逆説的に実現されたポスト形而上学的な偶発性として、この社会が保障する、そうした脆弱な複雑性、自由、自律性、正統性を破壊すること、これらの危険を冒すのである。

【ハーバーマスのルーマンに対する批判：社会的現実の複雑性と偶発性に対する人間の管轄権を放棄する攻撃的な保守主義：実証主義の初期の形而上学的誤謬の再演：前人間主義的な形而上学への欺瞞的回帰：疎外と他律性への逆行：形而上学以後を超えて生き延びる人間性？】

おそらく、予想されることであるが、ハーバーマスは、人間主義を完全に放棄する見解もまた再び形而上学となる、と示唆することによって、ルーマンの批判に応答していた。というのは、このような思惟は、攻撃的な保守主義を主唱する教説との同盟に陥ることを回避しえないし、したがって、疎外と他律の深刻な経験へと否応なく導かれるからである。事実、ルーマンの理論は、ハーバーマスにとって、法実証主義の初期の形而上学的な誤謬を極端に反映するものを標識づけていたのである。ハーバーマスの示唆によれば、システム理論は、諸法を人間の制御から切り離してしまう。すなわち、システム理論の主張によると、人間という行為主体は、複雑性と偶発性の名において、自分たちの生（生活）の形式に対するあらゆる計測可能な管轄権《ジュリスディクション》（支配権）を断念しなければならない。そして、システム理論は、社会の主要な諸制度が人間の利害関心ないし理性における基礎づけを何ら備えていない単なる強制装置として存続することを可能にしてしまう。[77] それゆえに、法実証主義者と同様に、ルーマンは、（ハーバーマスにとっては）法と権力の自己生成（autogenesis）を受け入れるに際して、政府と法における強制性と無・説明責任性（non-accountability）を半ば自然化された形而上学的な必然性として受け入れる、そして、この自然的ないし形而上学的な秩序に人間性〔人類〕(humanity)を委ねる覚悟をしている、そうした理論家であった。したがって、ハーバーマスは、ルーマンのシステム理論を、前・人間主義的な形而上学への欺瞞的《インシディアス》な回帰を、そして、実定性と自律性の逆説的で、擬似・生物学的でさえある分析としての政治理論の中に密輸入された他律性の復帰を、標識づけているもの、と見なしていた(78)。それゆえに、ルーマンに反対して、ハーバーマスが論じたところによれば、ポスト形而上学的な思惟にとっての挑戦は、法や国家の下での実定性を、ポスト人間的な現実として受け入れることではなく、形而上学の終焉に際して経験された諸自由は依然としてまごうことなく人間の自由である、と請け合うことである。けだし、そうしてこそ、人間性〔人類〕は、客観的にも概念的にも、形而上学とのその断絶を超えて生き残ることになるからである。

結論

【宗教改革：領邦諸国家とそれぞれの法理念との分裂状況：法からの自由という特異な経験：形而上学的規範から切り離された、法の下の自由、法の妥当性の正当化：自由と正当性の実定的基礎づけ：法的人間主義ないし法的人間学としてのドイツ政治哲学】

本書の主要な眼目は、〔第一に〕ドイツ政治哲学の起源は宗教改革にある、そして〔第二に〕ドイツ政治哲学の諸問題は、法を適用する制度的装置がドイツの各領邦国家ごとに断片化されていたことによって、そして、このことと関連して、法の権威を支える形而上学的ないし一定不変の諸理念もやはりまた断片化されていたことによって、標識づけられていた、そうした歴史の一時期に、由来している、という二点である。それゆえに、ドイツ政治思想が初めて形づくられた際に、理論的レヴェルのみならず、実践的レヴェルにおいてもまた、〔ルターの反律法主義に象徴されるような、旧約の律法や中世の神の理性として神定法＝自然法としての〕法からの自由（freedom from law）という例外的《イクセプショナル》（特異）な経験が存在していたのである。このことの遺産として、ドイツ政治思想を永続的に特徴づけているのは、①ドイツ政治思想は、〔実定〕法の下における自由を、形而上学的な諸規範からはっきり切り離された自由として定義している、②ドイツ政治思想は、法の妥当性を支えるために形而上学的諸原則を使用することを逆説的なこととして非難している、そして、③ドイツ政治思想は、〈中世の神の理性として法＝自然法や律法としての〉法に対する最初のその例外的（特異）な反発《リアクション》において獲得された諸自由を保持しようと、そして、そうした諸自由をより確実な実定的な基礎づけの上に置こうと、努力している、これらの事実である。――このように本書は主張している。はっきりいえば、実のところ、ドイツ政治哲学は、その全体において、法の人間主義（legal humanism）ないし法の人間学（legal anthropology）の歴史において採られた一連の立場として再構築《リコンストラクト》されうるであろう。けだし、そうした一連の立場は、法が人間存在の主要な諸自由を反映する、そして、形而上学の形式性によって煩わされることなく政治秩序を形成することを可能にする、そうした表現形式《タームズ》（術語）において、〈法なるもの〉の実定的な構造を把握《コンシーヴ》しようと企てているからである。これらのすべての観点から見るならば、ドイツの法思想や政治思想の発生時に見られるその例外性（特異性）（exceptionalism）という要因《エレメント》（境位）は、明白な構造的重要性を保持し続けてきたのである。すなわち、相対的に反駁されることもなく法令遵守を達成する、そして、広く受け入れられた正統性を獲得している国家形態を定義（規定）している、そうした一組の諸原則へと、法を変換《トランスフォーム》（形式転換）していく過程は、ドイツではきわめて緩やかに進行してきたのであり、そして、法は、繰り返し、①国家の法的構造において周期的に訪れる大変動に対処すること、そして、②その必要な形式をめぐる形而上学的理念と反形而上学的理念との絶え間ない紛争を屈折《リフラクト》させること、これらのことを要求されてきたのである。

【ライヴァルを形而上学者と名指す慣行：法自然主義（自然法）を批判する法実証主義：意志の協調的かつ統合的な行使としてのドイツ的自由：自由な法の妥当な源泉としての歴史と歴史性：意志の自由の制限としてではなく、自由な意志の実践的発露としての権利：形而上学としての純粋資本主義における形式法：法権利は自己解釈

的共同体の活動的自由に先立って現存しない】

ドイツの政治哲学史を通じて、ドイツ政治哲学の理論的立場を決定的に分かつ学派間の論争は、通常、ある一つの学派における、ライヴァルの学派のメンバーを、形而上学者として、すなわち、人間的な法や人間的な自由の諸条件に関する、形而上学的に、逆説的、虚構的、あるいは使い古された、説明しか提供しえない、そうした理論家たちとして非難《インディクト》（攻撃）しようとする企てを中心にして、展開されてきた。この点に関する諸論争の行程を通じて、多くの概念や立場《スタンス》に対して、それらは、法の人間的起源を、手品を使って、あるいはこっそり形而上学的な理念に再び訴えて説明している、という嫌疑がかけられてきた。とはいえ、一般的にいえば、こうした形而上学の嫌疑がもっとも強くかけられていたのは、法自然主義（自然法）（*ius-naturalism*）に特徴的な法の諸理念と本源的に結びつけられている、あるいは、そうした諸理念を再明確化（再分節化）しているように見える、そうした諸理念、すなわち、法の妥当性を実定法と対比して永続的に演繹しうるものとして、そして、実定法の歴史的形成の源泉として、捉える諸理念であった。その結果、ドイツ政治哲学史を貫通しているのは、法自然主義（自然法）の理論的な諸要因（境位）を、実定的な諸見解に、変換させようとする努力である。けだし、こうした実定的な諸見解は、自由《フリーダム》を、〔近代の英米におけるように〕形而上学的な諸権利《ライト》や諸特権《リバティ》の静態的な行使としてではなく、通常、〔神聖ローマ帝国からのドイツ諸領邦国家の独立、つまり帝国からの国家の自由を意味する「ドイツ的自由」に象徴されるような〕国家における、意志の協調的かつ統合的な行使（concerted and integrative exercise of the will）として、保障するからである。こうした理由によって、ドイツ政治思想には、幾つかの際立った特徴が見られるが、ドイツ政治思想がとことん（構成的に）法の形而上学を拒否するのは、これらの特徴に起因しているのである。たとえば、すでに論じたように、ドイツ政治思想にはきわめて歴史的な傾向があり、したがって、ドイツ政治思想は、しばしば、歴史や歴史的な統一性を、自由な法のもっとも妥当な諸源泉として同定してきた。同じく、ドイツ政治思想が展開してきた際立った権利概念は、諸権利を、個人であれ、集合体であれ、とにかく自由な意志の実際（実践的）的な拡大として解釈し、こうした意志の自由に対する制限とは解釈しないのである。同様に、ドイツにおける反形而上学的な観点はまた、しばしば、政治的スペクトル（視界）において、時処の相違はともあれ、純粋な資本主義的な法の諸原則を、形而上学のとりわけ悪質な表現として非難（攻撃）してきた。というのも、この形而上学は、社会的現実を、人格特性（personhood）や法の必然性に関する形式的でキメラ（非現実的）的な諸理念に還元してしまうからである。このようにして、ドイツ政治理論における際立った諸々の立場は、一般的にいえば、必要な諸法権利《ローズ》（とりわけ、諸権利）は、〔これらの法または権利を〕自己解釈する（self-interpreting）共同体の活動的（能動的）自由に先行するもの、あるいは、それに対立するものとして定義されうる、という主張を拒否する、という点で収斂しているのであり、したがって、諸法ないし諸権利は、何らかの仕方で、政治に先行している、という確信に異を唱えているのである。

【人間主義的法理論の形而上学的範型としての理性と自由の統一性の創出主体の立法的理性のモナド的構造】

とはいえ、ドイツ政治哲学の決定的な目標は、妥当する法を他律的な形而上学的な本体《コルプス》から切り離されたものとして説明することであったとしても、こうした伝統の中でいかなる立場が法の形而上学の克服に完全に成功したのか、これを断定するのは困難である。なにしろ、どの見解も、それは、形而上学的な諸範型の枠内で作動し続けている、そして、それは、あらゆる外部からの由来から独立して、余すところなく人間的ないし実定的な法についての説明を、究極的には、提供していない、と示唆されるならば、こうした示唆を、依然として甘受せざるをえないからである。たとえば、法のよりあきらかに人間主義的な諸理論は、形而上学的な法の最初の衰退に対して、スコラ哲学的な形而上学において、最初に神の人格態に帰せられていた、法における理性と自由の形而上学的ないし絶対的な統一性を、人間的な統一性として、再構築しようと企図することによって、対処していた。正統的な法は、そして、正統的な秩序は、理性と自由の間の均衡ないし統一《ユニオン》を包含していなければなければならない、という主張は、事実上、さまざまな仕方で、ドイツにおけるあらゆる主要な人間主義的政治哲学に影響を及ぼしている。とはいえ、神による〔理性と自由の〕統一の問題を人間による〔それらの統一の〕問題に置き換えるのに際して、法と国家についての人間主義的思惟を推進した衝動は、それは、法の形而上学的な源泉〔そのもの〕が孕む逆説を、①それ（その衝動）が、最初の逆説的な行為（作動）において、人間の精神《マインド》の〈基礎づける〉〔理性と自由の統一を創出する〕という属性に帰している、そうした立法的理性のモナド的構造から、法を導き出すことによって、そして、そうすることによって、②世界を現実的自由と諸法の下における現実的自由との場所として説明する必要を回避する（迂回する）ことによって、いつも単純に再配置（移動）しているにすぎない、という非難（告発）に、いつも晒されかねないのである。とするなら、こうした観点から見るならば、法の下での人間の自由は、その合理（理性）的・人間主義的な概念構成では、決して完全なポスト形而上学的な自由ではない、すなわち、法の下での人間の自由は、自由の諸法を創出しうるものとしていつも理論によって特権化されている、そうした人間の諸能力によって演繹された自由である、と論じられかねないのである。

【人間主義における①理性的自己立法を遂行しうる人間と②法の基礎づけの無限遡及の極限に実在する恒常的自己同一的な起源の想定：法実証主義における法の自己産出と自己正当化：法の妥当性の根拠としての、①無からの逆説的行為（シュミット）、②人間的自然の立法能力（マルクス）、③国民史の偶発性（ハイデガー）、④階級（ルカーチ）、⑤無から意図的逆説として産出される自己準拠的コミュニケーション（ルーマン）】

〔以上のように〕法の合理（理性）的・人間主義的な分析は、形而上学的な省察を決定的には乗り越えて進みえないのであるが、このことは（議論の余地のあることであるにしても）、当然のことながら、人間主義的な、あるいは、形式的に導き出された、政治的理想に対して、あまり共感を示さない理論家たちによって、見抜かれてきた。こうした理論家たちは、形而上学を克服しようとする法の合理（理性）的・人間主義的な分析の企図において理論によって使用された逆説や詐術〔ごまかし〕を、同定してきたし、したがって、かれらは、合理（理性）的な人間主義者たちは、神による法の創作〔という考え方〕を人間の理性の構造の中へと同化《アシミレイト》することによってのみ、そして、この〔人間の〕理性に、一定の先行する立法的諸能力を（prior legislative faculties）を帰属させることによってのみ、法を獲得しているにすぎない、と論じていたのである。実のところ、それどころか、ドイツ政治思想史におけるもっとも突出した反人間主義的な諸理論が一般的に結論づけてきたところによれば、法〔の根拠〕は、恒常的に自己同一的な起源（すなわち、理性的に立法する人間の精神）にまで遡及されうる、というすべての想定は、それらが反対すると称している本源的に形而上学的な実在性《リアリティ》に逆説的には近い、あるいは、その置き換えである、そうした形而上学的に虚構化された構成概念である。しかしながら、それらの過激な反形而上学的態度にもかかわらず、反人間主義的な法の諸理論もまた、法と権力を、形而上学的な内容のあらゆる痕跡を免れる表現形式（諸術語）で、概念構成しようとするそれらの企図において蹉跌（失敗）することになること、これはほぼ間違いのないところである。たとえば、人間主義的な諸々の前提条件の恩恵をあきらかにあまり受けていない、法と国家の理論家たちの中で、さまざまな法実証主義学派の代表者たちは、究極的には、法は法自身によって構築されたものと見なされるべきである、と結論づけていた。すなわち、法は、主権的な自己原因性（sovereign auto-causality）の逆説的な行為として、無から（*ex nihilo*）から生じる、とシュミットは論じていた。マルクスは人間の自然本性を、その最初の（主要な）立法能力（primary legislative capacity）として特権化していた。ハイデガーは、国民史の偶発性を妥当する法の典拠《リファレンス》として特権化していた。ルカーチは、階級を正統的な義務付けの起源として特権化していた。ルーマンは、反形而上学的な法実証主義をもっとも過激に明示《マニフェスト》して、妥当する法を、意図的な（故意の）逆説（knowing paradox）として、無から（*ex nihilo*）産出される、そうした法のそれ自身についての首尾一貫したコミュニケーションとして定義していた。それゆえに、法の実定性に関する人間主義的な理論家たちは、依然として形而上学的な地勢《テレイン》の中に留まってきたのである。なぜならば、かれらは、形而上学の逆説的な諸要因（境位）を、人間の性格の中に統合し、そして、法における自由を、人間の理性の先行する諸属性（prior attributes）の結果として、提起してきたからである。けれども、こうしたことに反対して、反人間主義的な理論家たちもまた、単純に、立法的機能（能力）（legislative function）を、理性から人間の現存態《イグジステンス》の他の側面（たとえば、自然、歴史、あるいは、階級）に再配置《リロケイト》（置換）してきたか、あるいはそうでなければ、法の逆説を逆説として受けとってきた。そして、かれらは、実定法もまた、決定的に自由な法、あるいは、決定的に人間的な法でありうる、という理念を放棄してきたのであり、そして、事実上、法が、他律性の経験として、したがって、形而上学の経験として、存続するのを許してきたのである。

【その不可能性（逆説）を自省しながらも形而上学を超えて自己を基礎づけようとする法】

〔第一に〕形而上学なしの法はありえない、そして、〔第二に〕法は、いつも、人間の生（生活）の形而上学的諸問題を、そして、自由にかつ実定的に人間的なものとしての人間性（humanity as freely and positively human）の自己投影（自己投企）（self-projection）に源を発する〔理性と意志、法と権力の〕ディレンマを、これらを収納する主要な容器（central repository）であり続ける――おそらく、このように結論づけられよう。はっきりいえば、法は説明責任を果たしうる自由（accountable freedom）の形式である、ということが意図されているのであれば、①どのようにして、法における正統性は、秩序づけられた世界《ユニヴァース》という何らかの本源的な理念を繰り返すこと、あるいは、そうした理念を再び明確化（分節化）すること、これらのことを回避するのか、すなわち、②どのようにして、法における正統性は、その理論的な衝動を、法は威厳のある超実定的な起源（dignified supra-positive origin）を有するに違いない、という感覚から引き出すことにならないのか、そして、要するに、③どのようにして、法における正統性は、いつも、そこにおいて形而上学的諸問題が提起されることになってしまう、そういう媒体にならずにすむのか、こうしたことを想像するのは容易ではない。なるほど、ルーマンによって提案されたような、法の完全に意味論的な分析（semantic analysis）ならば、法は合理性と自由の際立った諸様式に形姿を付与する、という法におけるあらゆる諸理念は、法それ自身の諸々のコミュニケーションの中に可動性をもたらすこと、あるいは、法それ自身の偶発性のために説得性を獲得すること、これらのことを目論む、法それ自身の諸理論にすぎない、と指摘するであろう。しかしながら、このような完全に意味論的な分析の外側においてならば、おそらく、形而上学に対する反逆という、あるいは、人間の自由を形而上学の所与の構造とは異なる実定的なものとして形づくる（自発的に請け負った）課題という、こうした形而上学的な負担を引き受けることは、まさしく法の盲点ないしは無限に再配置《リロケイト》（置換）される法の逆説以上のものである、と試行的に（手探り状態で）結論づけられるであろう。事実、そのことは、あらゆる法哲学を統一する境位《エレメント》となるであろうし、そして、ドイツ政治哲学における形而上学に対する諸々の反発は、それ自身を基礎づけるという問題に関する法の反省（省察）（law's reflection on its own founding problem）を範型的に記述しているものであるということになるであろう。とはいえ、同時に、①法が形而上学とは異なるものであること（law's being other than metaphysics）の困難性はまた、法の不可避的な部分である、そして、②法はいつも、同時に、形而上学に対する人間的ないし人間主義的な反発の形式であり、形而上学が――弁証法的に――持続する形式でもある、と同様に論じられうるであろう。

〔注〕

序論

（1） Jan Werner Müller, "Rawls and German Political Thought", *European Journal of Political Theory*, 2/1 (2002), pp. 163-79.

（2） Günter Vogler, *Absolutistische Herrschaft und ständische Gesellschaft. Reich und Territorien von 1648 bis 1700* (Stuttgart: Ulmer, 1996), p. 9を参照。

（3） 公会議主義の余波については、Anthony Black, *Monarchy and Community: Political Ideas in the Later Conciliar Controversy 1430-1450* (Cambridge: Cambridge Univrsity Press, 1970), p. 80を参照。公会議運動の基本的理念については、Brian Tierney, *Church Law and Constitutional Thought in the Middle Ages* (London: Variorum Reprints, 1979), p. 242を参照。

（4） Peter Moraw, 'Versuch über die Entstehung des Reichstags', in Hermann Weber (ed.), *Politische Ordnungen und soziale Kräfte im alten Reich* (Wiesbaden: Franz Steiner, 1980), pp. 1-36; 15を参照。

（5） Helmut Neuhaus, *Reichsständische Repräsentativformen im 16. Jahrhundert. Reichstag — Reichskreistag — Reichsdeputationstag* (Berlin: Duncker und Humblot, 1982), p. 26.

（6） より偏見のない説明は、Helmut Coing, *Römisches Recht im Mittelalter in Ius Romanum Medii Aevi*, V/6 (1964), esp. p. 10を参照。

（7） Ibid., p. 6.

（8） H. E. J. Cowdrey, *Pope Gregory VII. 1073-1085* (Oxford: Clarendon Press, 1988), pp. 261-62.

（9） Colin Morris, *The Papal Monarchy. The Western Church from 1050 to 1250* (Oxford: Oxford University Press, 1989), p. 388

（10） Ibid., pp. 402, 575.

（11） Gerhard Radner, *Theologie und Politik vor dem Investiturstreit. Abendmahlstreit, Cluni und Heinrich III* (Darmstadt: Wissenschaftliche Buchgesellschaft, 1968), pp. 46-47; Gowdney, *Pope Bregory VII*, p. 76.

（12） Peter Classen, 'Das Wormser Konkordat in der deutschen Verfassungsgeschichte', in Josef Fleckenstein (ed.), *Investiturstreit und Reichsverfassung* (Sigmaringen: Jan Thorbecke, 1973), pp. 411-60; 454を参照。Edmund E. Stengel, 'Land-

und lehnrechtliche Grundlagen des Reichsfürstenstandes', *Zeitschrift für Rechtsgeschichte*, 66（1948）, pp. 294-342; 299もまた有益である。

（13） Morris, *The Papal Monarchy*, pp. 551-53.

（14） なお、これについては以下の著作が参照に値する。Heinrich Mitteis, *Der Staat des hohen Mittelalters, Grundlinien einer vergleichenden Verfassungsgeschichte des Lehnzeitalters*（Weimar: Böhlau, 1944）, p. 304. 初期と後期の封建法の差異についてきわめて明解に説明しているのは以下の著作である。Theodor Mayer, 'Die Ausbildung der Grundlagen des modernen deutschen Staates im hohen Mittelalter', in Hellmut Kämpf（ed.）, *Herrschaft und Staat im Mittelalter*（Darmstadt: Gentner, 1956）, pp. 286-331; 310-11.

（15） この解釈を例解しているのは以下の著作である。Gerhard Kallen, 'Friedrich Barbarossas Verfassungsreform und das Landrecht des Sachsenspiegels', in *Zeitschrift für Rechtsgeschichte*, 58（1938）, pp. 560-83; 566. 同じ見解については Tilman Struve, *Die Salier und das römische Recht. Aufsätze zur Entwicklung einer säklaren Herrschaftstheorie in der Zeit des Investiturstreites*（Stuttgart: Franz Steiner, 1999）, p. 58を参照。同様にまた Kenneth Pennington, *The Prince and the Law, 1200-1600: Sovereignty and Rights in the Western Legal Tradition*（Berkeley, Calif. and Oxford: University of California Press, 1933）, p. 12及び Peter Moraw, 'Königliche Herrschaft und Verwaltung im spätmittelalterlichen Reich（ca.1350-1450）', in Reinhard Schneider（ed.）, *Das spätmittelalterliche Königtum im europäischen Vergleich*（Sigmarringen: Throbecke, 1987）, pp. 185-200; 190も参照。これらの諸問題についての異論に関しては 'Friedrich Barbarossa und das Römische Recht', in Appelt, *Kaisertum, Königtum, Landesherrschaft. Gesammelte Studien zur mittelalterlichen Verfassungsgeschichte*（Vienna; Böhlau, 1988）, pp. 61-80; 67を参照。Gaines Post, 'Plena Potestas and Consent in Medieval Assemblies: A Study in Romano-Canonical Procedure and the Rise of Representation 1150-1325', in *Traditio*, I（1943）, pp. 355-408も又参照。教会内部での教皇権力の強化に際してのローマ法の役割については、Ludwig Buisson, *Potestas und Caritas. Die päbstliche Gewalt im Spätmittelalter*（Cologne: Böhlau, 1958）, p. 74を参照。さらにこの過程に関する当事者の説明については、David Abulafia, *Frederick II. A Medival Emperor*（London: Pimlico, 1992）, pp. 33, 35を参照。

（16） この点について重要なのは以下の著作である。Dieter Wyduckel, *Princeps Legibus Solutus. Eine Untersuchung zur frühmodernen Rechts- und Staatslehre*（Berlin: Duncker und Humblot, 1979）, p. 38. Wyduckel が論じているところによれば、

通常主張されているよりもはやい時期に、*lex regina* は帝国の権威の構造に影響を与えはじめている（p. 42）。この点についてまた重要なのは以下の著作である。Hermann Krause, *Kaiserrecht und Rezeption*（Heidelberg: Carl Winter, 1952）, pp. 26, 31.

(17) 法と世俗化の諸問題を扱うに際して、わたしは Harold Berman の研究におおいに負っている。わたしがはじめて Berman の著作を読んだのは約一〇年前であるが、そのときわたしはこれらの問題についてようやく考えはじめていた。わたしの決定的主張はかれのそれとはむしろ異なるにもかかわらず、かれのとびきりすばらしい学識は、わたしが適切に認めうる以上の仕方で、わたしの思想を形づくった。テクストにおけるこの点について、ここでは Harold J. Berman, *Law and Revolution. The Formation of the Western Legal Tradition*（Cambridge, Mass.: Harvard University Press, 1983）, p. 113 を参照。

(18) たとえば、以下を参照。Heinz Durchhardt, 'Das Reichskammergericht', in Bernhard Diestelkamp（ed.）, *Oberste Gerichtsbarkeit und zentrale Gewalt im Europa der frühen Neuzeit*（Köln: Böhlau, 1996）pp. 1-14; 4. Heinz Angermeier, Königtum und Landfriede im deutschen Mittelalter（Munich: Beck 1966）, pp. 489, 539; 253; Heinz Angermeier, *Die Reichsreform 1410-1555. Die Staatsproblematik in Deutschland zwischen Mittelalter und Gegenwart*（Munich: Beck, 1984）, p. 253.

(19) Ibid., p. 69. 帝国権力がより確保されていた初期の諸時代を背景にした変革について注目せよ。Erich Klingelhöfer, *Die Reichsgesetze von 1220, 1231/32 und 1235. Ihr Werden und ihre Wirkung im deutschen Staat Friedrichs II*（Weimar: Hermann Böhlau, 1955）, p. 221 を参照。

(20) Heinz Angermeier, *Königtum und Landfriede*, p. 436. Heinz Angermeier, *Die Reichsreform 1410-1555*, p. 154 もまた参照。

(21) 「ラント法と封建法との間の二元性」が中世末に向けて増大していたことについて、Georg Droege が語っていることは重要である。Georg Droege, *Landrecht und Lehnrecht im hohem Mittelalter*（Bonn: Röhrscheid, 1969）, p. 220 を参照。

(22) Dietmar Willoweit は、土地所有権と裁治法権上の影響力への要求との関係を、中世末の領邦権力の「諸々の基礎づけを支えるもの」として説明している。Dietmar Willoweit, 'Die Entwicklung und Verwaltung der spätmittelalterlichen Landesherrschft', in Kurt G. A. Jeserich, Hans Pohl and Georg-Christophe von Unruh（eds.）, *Deutsche Verwaltungsgeschichte*, 6 vols.（Stuttgart: Deutsche Verlagsanstalt, 1983）, Vol. I: *Vom Spätmittelalter bis zum Ende des Reiches*, pp. 66-176.

(23) わたしはここで、この過程についての Georg von Below のいまだなお刺激的な説明に言及しておく。*Der deutsche Staat des Mittelalters. Eine Grundlegung der deutschen Verfassungsgeschichte*, 2 edn.（Leipzip: Qulle und Meyer, 1925）, pp. 242-43, 301.

(24) この議論を支持するものとして、Karl-Friedrich Krieger, *Die Lehnshoheit der deutschen Könige im Spätmittelalter 1200-*

1437（Aalen: Scientia Verlag, 1979）, p. 341 を参照。Ernst Klebel, 'Territorialstaat und Lehen', in Theodor Mayer（ed.）, *Studien zum mittelalterlichen Lehenswesen*（Lindau: Jan Thorbecke, 1060）, pp. 195-228; 227 も参照。土地所有権と帝国の封建法との画期的分離は、事実すでに、たとえば、*Sachsenspiegel*（*The Saxon Mirror*）のような帝国の初期の法文書において明確になっていた。Sachselspiegel は中世法の古典的世界観を明示的に表現していた。それは人間社会をひとつの普遍的な法秩序によって結合（拘束）されたものとして定義し、その主張によれば、そこでは義務や付与された権利が皇帝によって構成される法制的枠組みを創始したのは神であり、あらゆる法的関係は皇帝という至高の法的人格によって水路づけられる（Eike von Repgow, *Der Sachsenspiegel*, edited by Claudieter Schott, Zurich: Manesse, 1996, p. 29）。とはいえ、同時に、*Sachsenspiegel* は、ほとんど無意識的に、封建法のこの理想的な包括的秩序の腐蝕もまた記録していた。というのは、それは *regalia* に基づく法の諸定義と土地所有権に基づくそれらとの間の一定の緊張を示していたし、そしてラント法が封建法からの独立性を持つことを、たしかに認めていたからである。この点に関して、次の著作はすぐれている。Alexander Ignor, *Über das allgemeine Rechtsdenken Eikes von Repgow*, Paderborn: Schöningh, 1984, pp. 119, 197.

(25) たとえば、Ernst Schubert, *König und Reich, Studien zur spät-mittelalterlichen deutschen Verfassungsgeschichte*（Göttingen: Vandenhoeck und Ruprecht, 1979）, p. 139 を参照。

(26) *Reformatio Sigismundi*（Augsburg: Lukas Zeissenmaier, 1497）, p. 14. 時折、どちらかといえば、一五二〇年代の農民戦争のイデオロギー的に先駆するものとして説明されているが、*Reformatio Sigismundi* はきわめて明確にローマ法と lex regina の定立との普遍的な導入を要求している。しかし、それはなお、ひとつの包括的な法制的枠組み――「超実定的な法秩序」supra-positive legal order――の必要性を主張し、そしてこの観点において、秩序の中世的諸概念を回顧するとともに、いくつかの後の論争を先取りしている。Lothar Graf zu Dohna, *Reformatio Sigismundi, Beiträge zum Verständnis einer Reformschrift des fünfzehnten Jahrhunderts*（Göttingen: Vandenhoeck und Ruprecht, 1960）, p. 87 を参照。

(27) *Reformatio Sigismundi*, p. 40.

(28) Ibid., p. 42

(29) Ibid., p. 51

(30) Reinhard Seyboth, 'Kaiser, König, Stände und Städte im Ringen um das Kammergericht 1486-95', in Bernhard Diestelkamp（ed.）, *Das Reichskammergericht in der deutschen Geschichte. Stand der Forschung, Forschungsperspektiven*（Köln: Böhlau, 1990）, pp.

5-24; 9' Durchhardt, 'Das Reichskammergericht', p. 3もまた参照。

（31） Angermeier, *Die Reichsreform*, p. 224.

（32） したがって、中世末においては自由都市も農民も、いずれも法・発見という不文のあるいは参加的なシステムに依存していたから、ローマ法によってきわめて明白に不利な立場に置かれたことは、何ら驚くに値しない。宗教改革期及びそれ以後の諸都市の立場については、Eberhard Isenmann, 'Reichsstadt und Reich an der Wende vom späten Mittelalter zur frühen Neuzeit', in Josef Engel（ed.）, *Mittel und Wege früher Verfassungspolitik*（Stuttgart: Klett-Cotta, 1979）, pp. 9-223; 141を参照。この時期の町村や都市体制の没落についてのきわめて重要な研究には、次の著作がある。Heinrich Richard Schmidt, *Reichsstädte, Reich und Reformation. Korporative Religionspolitik 1521-1529/30*（Wiesbaden: Franz Steiner, 1986）. この著作の主張は、町村は「宗教改革の犠牲」の最たるものである、ということに集約されている（p. 333）。農民たちの法的立場については、Karl Siegfried Bader and Gerhard Dilcher, *Deutsche Rechtsgeschichte. Land und Stadt — Bürger und Bauer im Alten Europa*（Berlin: Springer, 1999）, pp. 3-250; esp. 177-78を参照。

（33） このようなパタンのもっとも明白な例はイングランドである。ここでは、封建制以後の法の集中化が封建制の相対的脆弱さ及び純粋な封建法の早期の消滅によって容易にされたからである。もちろん、だからといって、イングランドでは、権力及び法の集中化について確執がなかった、と言うつもりはない。自明のことながら、イングランド中世史は、君主と貴族の間のプロト立憲主義的妥協という初期の、そして時には暴力を伴う取引によって標識づけられた。この取引にあっては、コモンローが反君主的利害関心を防禦するために操作された（こうしたことの古典的説明については、A. L. Poole, *From Domesday Book to Magna Carta*, 2nd edn., Oxford University Press, 1993, pp. 468-82を参照）。それにもかかわらず、これらの妥協は、通常、集権化された君主制的執行部の受容を中心に構造化され、さまざまな仕方で貴族を君主をめぐって緊密に形成された寡頭制の機構の中に統合することに役立った。それゆえに、盛期中世におけるイングランド立憲体制史にとって基本的なことは、相対的に集中化された法的装置を伴う、相対的に統合された君主制的統治府の漸次的形成であった。一二世紀はじめ、ヘンリ二世はコモンローを体系化し、君主の裁治権上の権能を強化しはじめた。もちろん、かれはトマス・ベケットとの論争の後、教会との関係においてかれの権威を拡張しかつ明確化することを望んだからである（John Hudson, *The Formation of the English Common Law: Law and Society in England from the Norman Conquest to Magna Carta*, London: Longman, 1996, p. 150を参照）。その後、一三世紀末にエドワード一世がコモンローに制定法の諸体系を加えることによって君主制的執行部の強化を図ったことは意義深いことである。一五世紀末には、ヘンリ七世は、王冠の立法的及び司法的な権威を急速に増大化させた。これらの諸過程は、トマス・クロムウェルの一五三〇年代の法及び行政の改革の結果としての、君主制によって獲得されたハイレヴェルの司法統制において、そしてこの時期の政府に付属するものとしての議会の業務の増大化において、頂点を極める（G. R. Elton, *Reform and Reformation. England 1509-1558*, London: Arnold, 1977, pp. 198-200; A. G. Dickens, *The English Reformation*, London: Batsford, 1964, p. 121; David L. Smith, *The Stuart Parliament 1603-1689*, London: Arnold, 1999, p. 6を参照）。封建制のイギリス的経験は、初期近代国家の相対的に継ぎ目のない出現への道を開いた。実際、封建制はイギリス史における国家形成に積極的な影響を与えた。そして、宗教改革における国家ないし地域の教会からの独立の宣言は、封建制との繋がりにおいてはじめて発展した、君主主権及び法制的かつ立憲的な独立に向う広範な傾向における一契機として生起した。初期のイギリス宗教改革の期間中に、結果として、Christopher St German は、「王国の諸慣習」及び「議会の制定法」は法の発見にとって、他のいかなる源泉よりも大きな意義を有する、ということを強調することができた（Christopher St German, *The Dialogue in English, betweene a Doctor of Divinitie, and Student in the Lawes of England*, London: Printed for the Company of Stationers, 1613, p. 17を参照）。イギリス宗教改革のその後の経過にとって重要なことであるが、St German はまた、議会を「この王国における何よりまさる最高の審廷」として記述した（p. 88）。

（34） 宗教改革と領邦国家の確立との相関関係については、Karlheinz Balschke, ‘Wechselwirkungen zwischen der Reformation und dem Aufbau des Territorialstaates’, in *Der Staat*, 9/3（1970）, pp. 347-64; 350を参照。以下もまた参照。Angermeier, *Die Reichsreform*, p. 317; Dieter Stievermann, ‘Evangelische Territorien im Konfessionalisierungsprozess’, in Anton Schilling and Walter Ziegler（eds.）, *Die Territorien des Reichs im Zeitalter der Reformation und Konfessionalisierung. Land und Konffession 1500-1650*, 7 vols.（Münster: Aschaffendorff, 1997）, Vol. VII: 45-66; 55-56.

（35） Ekkhart Fabian（ed.）, *Die Schmalkaldischen Bundesabschiede 1530-1532*（Tübingen: Fabien Verlag, 1958）, p. 37.

（36） この時期に関する Heinz Angermeier の優れた著作は、一五四〇年代末におけるカール五世の法を中央から統制することを再主張する最後の企てについてのとびぬけてすぐれた説明において、その真骨頂が発揮されている。Argermeier, *Die Reichsreform*, pp. 308-9を参照。

（37） この特権がいかに働いたかについての例に関しては、Heinz Hohnhaupt, ‘Organisation und Tätigkeit des Hohen Königlichen Tribunals zu Wismar’, in Nils Jörn, Bernhard Diestelkamp and K. A. Modeer（eds.）, *Integration durch Recht. Das Wismarer*

Tribunal（*1653-1806*）（Cologn: Böhlau, 2003）, pp. 215-38 を参照。

(38) 一五五五年以降の宮廷と信仰上の関心との間の関係に係わる諸問題については、Bernhard Ruthmann, *Die Religionsprozesse am Reichskammergericht*（*1555-1648*）. *Eine Analyse anhand ausgewählter Prozesse*（Cologne: Böhlau, 1996）を参照。

(39) 宗教改革の有する法に関する構成的重要性についてむしろより好意的な見解を持つ、宗教改革の法的諸理念についてのパラレルな説明に関して、Gerald Strauss, *Law, Resistance and the State: The Opposition to Roman Law in Reformation Germany*（Princeton, NJ: Princeton University Press, 1986）, esp. pp. 191-92, 271 を参照。

(40) Thomas Aquinas, *Summa Theologiae*, edited and translated by D. Burke and A. Littledale, 61 vols.（London and New York: Blackfriars, in conjunction with Eyre and Spottiswoode, 1969）, Vol. V: p. 21.

(41) Aquinas, Summa Theologiae, Vol. XIV: p. 13.

(42) Ibid., p. 11.

(43) John L. Farthing, *Thomas Aquinas and Gabriel Biel: Interpretations of St. Thomas Aquinas in German Nominalism on the Eve of Reformation*（Durham, NC and London: Duke University Press, 1988）, p. 10 を参照。

(44) Aquinas, *Summa Theologiae*, Vol. XXIX: p. 4.

(45) Aquinas, *Summa Theologiae*, Vol. XXVIII: p. 20.

(46) Aquinas, *Summa Theologiae*, Vol. XXIX: pp. 62, 42.

(47) Aquinas, *Summa Theologiae*, Vol. XXVIII: p. 22.

(48) Ibid., p. 148.

(49) Martin Luther, 'Vom Abendmahl Christi', in *Weimarer Ausgabe*（以下、WA と略す）, 120 vols.（Weimar: Böhlau, 1883-）, 26: pp. 241-509; 506.

(50) この点については、Burkhard von Bodin, *Die praktische Bedeutung des ius reformandi. Eine rechtsgeschichtliche Studie*（Stuttgart: Enke, 1902）, p. 6 を参照。

(51) 個人の諸権利及び、政治的権威の行使に厳しい法的制限を課すこと、これらを強調する近代自然法は、グレゴリウス改革期のローマ・カトリック教会においてもともと促進されていた、自然法の諸理念のプロテスタント的再建として、展開された。エルンスト・トレルチ（Ernst Troeltsch）がこのように論じたことは有名である。しかしながら、ルターの宗教改革は、その急進的な反律法主義的次元ゆえに、そして、神は当然ながら法の中に顕現し、共同体はともに法の下に拘束されている、といったあらゆる主張の峻拒のゆえに、そのカルヴァン派、アングロ・カルヴァン派、ツヴィングリ派のその敵対者たちとはかなり異なる、自然法についての説明を生み出した。宗教改革の神学の他の諸路線が自然法の諸原理を政治的主権の立憲主義的な諸理念ないし諸概念へと発展させたのに対して、ルター主義だけは国家における自然法についてのきわめて切り詰められた説明を生み出した。実際、それは自然法を最小限ないし無関心でさえある諸用語で考慮する傾向を持ち、そして、通常、自然法秩序を平和を保持し安定を維持するための秩序として同定した。かくして、それは政治的組織体における、あるいはこれに反対する、個人的諸権利についての討論において、極端に慎重であった（Ernst Troeltsch, 'Das stoisch-christliche Naturrecht und das moderne profane Naturrecht', in *Gesammelte Schriften*, edited by Hans Baron, 7 vols., Tübingen: J. C. B. Mohr, 1925, Vol. IV: pp. 166-91; 178を参照）。

（52）最近の修正主義的歴史家たちは、法に関する宗教改革の余波は構成的要因をまったく伴わなかったわけではない、と論じた。John Witte Jr., *Law and Protestantism: The Legal Teachings of Lutheran Reformation*（Cambridge: Cambridge University Press, 2002, p. 184）を参照。このような歴史家たちが論じたところによれば、宗教改革は、カノン法を停止して、市民的立法の諸問題に関するまったく特殊な福音派的見解を表現する、新しい市民法体系の基礎づけを行なった。にもかかわらず、国法のレヴェルでは（これが異なる法領域として現存したかぎり）、初期宗教改革の諸教義は、それらが貢献した政治的諸秩序の法的基礎をほとんど解明することがなかった。

（53）Peter Blickle, *Gemeindereformation. Die Menschen des 16. Jahrhunderts auf dem Weg zum Heil*（Munich: Oldenbourg, 1987）, p. 205.

（54）このもっとも重要な論点に関しては、K. B. Hundeshagen, *Beiträge zur Kirchenverfassungsgeschichte und Kirchenpolitik insbesondere des Protestantismus*（Wiesbaden: Julius Niedner, 1864）, p. 86を参照。より最近の説明については、Blickle, *Gemeindereformation*, p. 205 及び Martin Honecker, *Cura religionis Magistratus Christiani. Studien zum Kirchenrecht im Luthertum des 17. Jahrhunderts insbesondere bei Johann Gerhard*（Munich: Claudius, 1968）, p. 39を参照。

（55）もっとも重要なものとして、Martin Heckel, 'Religionsbahn und landesherrliches Kirchenregiment', in Hans-Christoph Rublack（ed.）, *Die lutherische Konfessionalisierung in Deutschland*（Gütersloh: Mohn, 1992）, pp. 130-62, 140を参照。Udo Wolter, 'Die Fortgeltung des Kanonischen Rechts und die Haltung der protestantischen Juristen zum Kanonischen Recht in Deutschland bis in die Mitte des 18. Jahrhunderts', in Richard H. Helmholz（ed.）, *Canon Law in Protestant Lands*（Berlin: Duncker und Humblot, 1992）, pp. 13-48; 46も参照。Ernst Walter Zeeden, *Konfessionsbildung. Studien zur Reformation, Gegenreformation und Katholischen Reform*（Stuttgart: Klett-Cotta, 1985）, pp. 165, 186もまた参照。

(56) Joachim Stephani, *Institutionis iuris canonici*（Frankfurt am Main:Kopff,1612）, p. 7.

(57) Martin Heckel, 'Staat und Kirche nach den Lehren der evangelischen Juristen Deutschlands in der ersten Hälfte des 17. Jahrhunderts', in *Zeitschrift für Rechtsgeschichte*, 73（1956）, pp. 117-247; 211を参照。Johannes Heckel, 'Die Entstehung des brandenburgisch-preussischen Summepiskopats', in *Zeitschrift für Rechtsgeschichte*, 44（1024）, pp. 266-83; 272も参照。Bernd Christian Schneider, *Ius Reformandi. Die Entwicklung eines Staatskirchenrechts von seinen Anfängen bis zum Ende des Alten Reiches*（Tübingen: Mohr, 2001）, pp. 168, 318もまた参照。

(58) Ernst Benz, *Bischofsamt und apostolische Sukzession im deutschen Protestantismus*（Stuttgart: Evangelisches Verlagswerk, 1953）, p. 15.

(59) Philipp Melanchthon, *Vonn dem Ampt der Fürsten, und welcher gestalt Inen das auss Gottes befelch aufflegen thue die abstellung des Missbräuch in den Kirchen*（Strasburg: Sigmunde Bun, 1540）, p. 14.

(60) これらの観点において、ルターの宗教改革は、少し後のカルヴァン派の宗教改革とも、そして、最終的にはイングランドに定着したアングロ・カルヴァン派の宗教改革とも、はっきり異なっていた。そして、ルター主義は、他の宗教改革者たちとは異なる仕方で法の自由と偶発性（状況依存性）の諸問題に取り組まざるをえなかった。はじめて登場したカルヴァン主義は、通常、領邦君主によってよりも、むしろ都市の貴族階層によって支持された。そして、カルヴァン主義の諸起源は、大部分、帝国法に対する領邦権力の反抗においてではなく、西南ドイツ及びスイスの富裕な諸都市の歴史的な立憲主義的諸自由において見出された。ルター主義と同じく、カルヴァン主義は、信仰の過度の律法化〔法制化〕を通じての宗教的自由の堕落に対して激しく抗議した。そしてカルヴァンは、遵法が救済をもたらすであろう、という推定に対するルターの反トマス主義的な非難をはっきり写し出していた。(Jean Calvin, *Institution de la Religion Chrestienne*, 4 vols., Paris: Societé de Belles Lettres, 1939, Vol. IV: p. 150を参照)。とはいえ、カルヴァンはルターよりも、国家との関係における教会の立憲主義的秩序に、より多くの思想的影響を与えた。そして、カルヴァンの教えは、自然法についてのはるかに大きな説得力を持つ教義を含んでいた。長老（presbyteries）による教会統治についてのかれのモデルは、教会を国家から分離し、教会に国家に対抗してより精確に構成された法的不可侵性

〔一体性〕と公的秩序の形成におけるより構成的役割を付与することに役立った。執政官たち（magistrates）は、立憲主義的諸形式を通じて、君侯ないし国家が「キリスト教的な政治的組織体」の公的に継承された諸原理に従うことを主張する権限が与えられている、とかれは論じた（Calvin, *Institution de la Religion Chrestienne*, IV: pp. 216, 228-29を参照。Emil Seling, *Geschichte der protestantischen Kirchen Verfassung, in Grundriss der Geschichtswissenschaft*, vol. II, section 8, Leipzig: B. G. Teubner, 1897, p. 43も参照）。かれはまた、政治的諸制度のあらゆる機能は、神によって規定された道徳的な法の「永遠の規則」によって拘束されているはずである、と請合った（Calvin, *Institution de la Religion Chrestienne*, Vol. IV: p. 218）。カルヴァン主義の諸領邦において展開された国家の諸秩序は、ルター主義的至高権の下での国家の諸秩序と比べて統合されるところのより少ない、諸教会との関係によって、標識づけられはしなかった。実際には、しばしば事態は正反対であった。しかしながら、カルヴァン派の諸領邦における教会と国家の関係は、通常、法の下の一関係として解釈された。そして、カルヴァン派の君侯たちが教会の直接的な統制権を行使したところでは、この権力は現世的権威と宗教的権威の人格的融合としてではなく、世俗的な権威及び必要性の一要因として、通常定義された。それゆえに、カルヴァン派の君侯たちの宗教的諸権利は、ルター主義におけるように、君侯自身の信仰上の身分や権威のコロラリーとして派生したのではなかった。だから、ルター主義とは対照的に、カルヴァン主義は国家のための立憲主義的「安定性」を用意し、教会と国家の関係を組織化するための原理化された法的かつ道徳的な母胎を提供した（Rudolf Smend, 'Protestantism und Demokratie', in Smend, *Staatsrechtliche Abhandlungen und andere Aufsätze*, 2nd edn. Berlin: Duncker und Humblot, 1968, pp. 297-308; 297を参照）。もちろん、すべてのドイツ諸国家がルター派であったわけではない。実際、最近の歴史家たちは、一六世紀末及び一七世紀初頭に多くの諸国家がルター主義からカルヴァン主義へと転向した時期のいわゆる「第二宗教改革」の重要性を強調し、そして、改革の異なる諸時期が必ずしも信仰告白confessionalizationの古典的に際立った諸モデルを生み出したわけではなかった、と結論づけた（たとえば、Heinz Schilling, 'Die Zweite Reformation als Kategorie der Geschichtswissenschaft', in Schilling, *Ausgewählte Abhandlungen zur europäischen Reformations- und Konfessionsgeschichte*, edited by L. Schorn-Schütte and O. Mörke, Berlin: Duncker und Humblot, 2002, pp. 433-82; 468を参照）。もっとも注目すべきは、一六一三年以降、カルヴァン主義はブランデンブルクの国家宗教となり、その後プロイセン自身のそれとなったことである。それにもかかわらず、大部分のドイツ諸国家のカルヴァン主義は、しばしば広範に政治的エリートたちに制限された現象であったし、ルター主義に特徴的であった、教区、共同体、地方貴族における有機的な基礎を、共通して欠いていた。それゆえに、第二宗教改革は、カルヴァンの政治的神学の民主制的・立憲主義的な諸含意にむしろ希薄化された表現を与えたにすぎず、ルター主義は名目上のカルヴァン派諸国家においてさえ、依然としてその影響がさらに拡がり続けていた。Schilling, 'Die Zweite Reformation,' pp. 472, 482 及び Emil Sehling, *Geschichte der protestantischen Kirchenverfassung*, pp. 43-44 を参照。王位の至高性のために、アングロ・カルヴァン主義は、カルヴァンが先取りしえなかったし、おそらくはまったく是認しなかったであろう仕方で発展した。しかし、司教監督制秩序を保持していたので、イングランド教会は国家に完全には統合されなかった際立って立憲主義的な構造を保存し、致命的なロード主義（大主教）体制下を除いて、監督司教は、国王に対しても議会に対しても責任を負っており、統治の特権的秩序に直接的には吸収されえなかった。この点に関しては、Claire Cross, *Church and People. England 1450-1660*, Oxford: Blackwell, 1999, p. 200 を参照。

第一章　宗教改革と法（律法）の頽勢

（1）Meyrick H. Carré, *Realists and Nominalists* (Oxford: Oxford University Press, 1946), p. 97 を参照。

（2）何人かの唯名論者たち、とりわけ Gabriel Biel が、教会の権威は教義上の疑義のある諸問題において優先させるべきである、と論じたことは明確であると思えるとしても。Heiko Augustinus Oberman, *The Havest of Medieval Theology: Gabriel Biel and Late Medieval Nominalism*, Cambridge, Mass.: Harvard University Press, 1963, p. 403 を参照。

（3）ルターがどの程度ウィリアム・オッカム（Ockham.Wilhelm）によって影響されていたか、については多くの論争がある。リンクはルターとオッカムとの間に直接的な関連を見て、神の自由についてのルターの教義を信仰についての唯名論的説明を拡張したものとして検証している。Wilhelm Link, *Das Ringen Luthers um die Freiheit der Theologie von der Philosophie*, edited by E. Wolf and M. Mezger (Munich: Chr. Kaiser, 1940), pp. 271-72 を参照。グラハム・ホワイト（Graham White）は、かれのすぐれた論証的研究において、ルターを端的に「オッカム主義者」として記述している（Graham White, *Luther as Nominalist*, Helsinki: Luther-Agricola-Society, 1994, p. 73）。ハイコ・オーバーマン（Heiko Oberman）もまた、ルターを唯名論的伝統において見ているが、しかし、ルターの諸理念と唯名論との間に葛藤を同定している。あるいは少なくとも、唯名論についての通俗的な誤解を伴ってそうしている（Heiko Augustinus Oberman, *The Dawn of the Reformation: Essay in Late Medieval and Early Reformation Thought*, Edinburgh: Clark, 1986, pp. 107-8）。ルターがかつてアクイナスを読んでいたか、そしてかれが唯名論的な諸教義を完全に熟知していたか、これについては以下の著作を参照。John L. Farthing, *Thomas Aquinas and Gabriel Biel*, pp. 1-8.

（4） カール・ホル（Karl Holl）が、一五一五年の『ローマの信徒への書簡』についてのルターの講義を、とりわけ「神の正義」'Iustitia Dei'、恩寵の受動的受容についてのその教説における、かれの成熟した神学の最初の表現として見ていたことは有名である（Karl Holl, 'Die Rechtfertigungslehre in Luthers Vorlesung über den Römerbrief mit besonderer Rücksicht auf die Frage der Heilsgewissheit', in *Gesammelte Aufsätze zur Kirchengeschichte*, 7th edn., 3 vols., Tübingen: J. C. B. Mohr, 1948, Vol. I: Luther, pp. 111-54; 114）。エルンスト・ビツェル（Ernst Bizer）は、「神の正義」の発見が一五一八年に現実に生起したことを論じている（Bizer, *Fides ex auditu: Eine Untersuchung über die Entdeckung der Gerechtigkeit Gottes durch Martin Luther*, 3rd edn., Neukirchen: Neukiruchener Verlag, 1966, esp. pp. 23-52を参照）。ハインリヒ・ボルンカム Heinrich Bornkamm は、これとは異なる見解を抱いている（Heinrich Bornkamm, 'Zur Frage der Iustitia Dei beim jungen Luther', in *Archiv für Reformationsgeschichte*, 52（1961）, pp. 16-29; 17）。ルター自身は、かれの最初の『ローマの信徒への書簡』読解はかれの宗教的発展における偉大な啓示である、と主張した（Luther, 'Martinus Luther pio lectori', WA, 54, pp. 179-87; 185を参照）。ルターの『ローマの信徒への書簡』解釈についての重要な解説については、Dorothea Demmer, *Lutherus Interpres: Der theologische Neuansatz in seiner Römerbriefexegese unter besonderer Berücksichtigung Augustins*（Witten: Luther-Verlag, 1968）, esp. p. 207を参照。

（5） Martin Luther, *Vorlesung über den Römerbrief* 1515/1516, Latin-German edition（Weimar: Böhlau, 1960）, p. 245.

（6） Ibid., pp. 167-249.

（7） Ibid., p. 380.

（8） Martin Luther, 'Predigten über das 2. Buch Mose', *WA*, 16, p.378.

（9） Ibid., pp. 99-103.

（10） Ibid., p. 43.

（11） ルターにおける自然法という問題についてのトレルチの解説は、なお充分考慮するに値する。トレルチは、ルターの教義は「あらゆる律法性」に対する拒絶を中心に展開している、と論じた（Ernst Troeltsch, *Soziallehren der christlichen Kirchen und Gruppen*, in *Gesammelte Schriften*, Vol. I, p. 482）。しかし、かれはまた、ルターの中に、十戒への限定された係わりを、秩序の自然的諸原理の必然的表現として見ている（pp. 611-12）。

(12) ルターがアクィナスを人格的に侮蔑していたことは文書でよく証明されてきた。ルターはアクィナスを「福音のあらゆる異端、誤謬、抹消の源泉かつ基礎」として記述した（Denis R. Janz, *Luther on Thomas Aquinas: The Angelic Doctor in the Thought of the Reformer*, Stuttgart: Franz Steiner, 1989, p. 11 を参照）。ローマ・カトリック教会におけるかれの主要な敵対者たちはすべて、法的な一制度としての教会の地位を強調する厳格なトマス主義者であった（Gerhard Hennig, *Cajetan und Luther: Ein historischer Beitrag zur Begegnung von Thomismus und Reformation*, Stuttgart: Galwer, 1966, pp. 14-18 を参照）。

(13) Jürgen Miethke, *De potestae papae. Die päpstliche Amtskompetenz im Widerstreit der politischen Theorie von Thomas von Aquin bis Wilhelm von Ockham*（Tübingen: J. C. B. Mohr, 2000）, p. 41 を参照。

(14) Martin Luther, 'Von der Freiheit eines Christenmenschen', *WA*, 7, pp. 20-30; 25-26.

(15) Martin Luther, 'An den Christlichen Adel deutscher Nation', *WA*, 6, pp. 404-69; 445.

(16) Ibid., p. 430.

(17) Ibid., p. 414.

(18) Ibid., p. 433.

(19) Ibid., Martin Luther, 'Dass ein christliche Versammelung oder Gemeine Recht und Macht habe', *WA*, 11, pp. 408-16; 411.

(20) Ibid., p. 408.

(21) Ibid., p. 411.

(22) Ibid., p. 410.

(23) Luther, *Vorlesung über den Römerbrief*, p. 47.

(24) Luther, 'An den Christlichen Adel deutscher Nation', pp. 459-460.

(25) Luther, 'Dass ein christliche Versammelung oder Gemeine Recht und Macht habe', p. 410.

(26) Ibid., p. 411.

(27) Ibid., p. 410.

(28) Luther, 'An den Christlichen Adel deutscher Nation', p.409.

(29) Martin Luther, 'Von weltlicher Oberkeit', *WA*, 11, pp. 245-81; 247.

（30） Martin Luther, 'Das Magnificat verdeutscht und ausgelegt' *WA*, 7, pp. 544-604; 590.

（31） Luther, 'Von weltlicher Oberkeit', p. 252.

（32） Ibid., p. 262.

（33） Ibid., p. 265.

（34） Ibid., p. 271.

（35） Martin Luther, 'Von den guten Werken', *WA*, 6, pp. 202-76; 259.

（36） Luther, 'Von weltlicher Oberkeit', p. 251.

（37） Luther, 'Eine treue Vermahnung zu allen Christen', *WA*, 8, pp. 676-87; 680.

（38） Luther, 'Von weltlicher Oberkeit', p. 277.

（39） Carlstadt, *Missive von der allerhochsten tugent gelassenheit*（Augsburg: Grim und Wirsung, 1520）, p. 8.

（40） James S. Preus, *Carlstadt's Ordinactiones and Luther's Liberty: A Study of the Wittenberg Movement*（Cambridge: Havard University Press, 1974）, p. 82を参照。

（41） これらの諸問題に関して重要なのは以下の著作である。Ulrich Bubenheimer, *Consonantia Theologiae et Iurisprudentiae: Andreas Bodenstein von Karlstadt als Theologe und Jurist zwischen Scholastik und Reformation*（Tübingen: J.C.B. Mohr, 1977）, p. 286.

（42） Carlstadt, *Berichtung dyesser red: Das reich gotis leydet gewaldt, und die gewaldtige nhemen oder rauben das selbig*（Wittenberg: Schirlenz, 1521）, pp. 7, 17.

（43） Carlstadt, *De legis sive carne et spiritu*（Wittenberg: Schirlenz, 1521）, p. 4.

（44） Carlstadt, *Von beiden gestaldten der heylige Messe. Von Czeichen in gemein was sie wirken und dewten. Sie seind nit Behemen oder Ketzer, die beide gestaldt nheme, sonder Evangelische Christen*（Wittenberg: Schyrentz, 1521）, p. 20.

（45） Carlstadt, *Von anbetung und eererbietung der zaychen des newen Testaments*（Wittenberg: Ramminger, 1521）, p.11.

（46） Carlstadt, *Von den Newen und Alten Testament*（Augsburg: Ulhart, 1525）, p. 12.

（47） Carlstadt, *Ob man mit heylicher Schrifft erweysen müge das Christus mit leyb und sele im Sacrament sey*（Basel: Wolff, 1524）, p. 30.

（48） いうまでもなく、ルターはカールシュタットから、結局、一連の屈辱的な弁解を引き出し、そして、カールシュタットは再び、一時的ではあるにせよ、福音派教会への帰属が認められた（Carlstadt, *Von abtuhung der Bylder: Und das keyn Berdler unther den Christen seyn soll*, Wittenberg: Schyrlentz, 1522, p. 12 を参照）。

（49） 'Ein bericht der handlung zwischen Doctor Martino Luthero unnd Doctor Andreas Bodenstein von Karlstadt', *WA*, 15, pp. 334-41 を参照。

（50） Martin Luther, 'Von den himmlischen Propheten', *WA*, 18, pp. 62-214; 63.

（51） Ibid., p. 115.

（52） Ibid., p. 204.

（53） Luther, 'Eine treue Vermahnung zu allen Christen', p. 682.

（54） Huldlych Zwingli, 'Von göttlicher und menschlicher Gerechtigkeit', in *Sämtliche Werke*（以下、*SW* と略す）, edited by E. Egli and G. Finsler, 14 vols.（Zurich: Theologischer Verlag, 1905-58）, Vol. II, pp. 470-525; 486.

（55） Ibid., p. 496.

（56） Ibid., pp. 496-98.

（57） Huldrych Zwingli, 'Auslegung der Artikel', in SW, Voll. II, pp. 1-457; 61, 68.

（58） Zwingli, 'Von göttlicher und menschlicher Gerechtigkeit', p. 497.

（59） Huldrych Zwingli, 'Die 67 Artikel' in SW, Vol I, pp. 458-71; 463.

（60） Ibid., p. 463.

（61） Zwingli, 'Auslegung der Artikel', p. 241.

（62） Ibid., p. 68.

（63） Ibid., p. 304.

（64） Ibid., p. 323.

（65） Ibid., p. 324.

（66） Ibid., p. 326.

（67） Ibid., p. 330.

（68） Ibid., p. 408.

（69） Ibid., p. 280.

（70） Huldrych Zwingli, 'Aktion oder Brauch des Nachtmahls', in *SW*, Vol. IV, pp. 1-24; 15.

（71） Huldrych Zwingli, 'Eine klare Unterrichtung vom Nachtmahl Christi', in *SW*, Vol. IV, pp. 773-862; 791.

（72） ヨハンネス・エコラムパディウス（Johannes Oecolampadius）もまた、聖体（聖餐）についての記念的教説を支持した（Oecolampadius, *Vom nachtmal Beweysug auss Evangelischen Schrifften, wer die seyen, so des Herren Nachtmahls wort unrecht verstanden und ausslegen*, Augsburg, 1525, p. 55を参照）。

（73） シュレージェンの主要な改革者、カスパー・シュヴェンクフェルト（Caspar Schwenckfeld）は、ルターの聖餐概念の政治的に従順な諸含意を強調した（Caspar Schwenckfeld, *Vom Underscheyd der Schrifftgelerten und Gottesgelerten: Was auch Schrifftgerehrte und was Gottesgelerte heyssen*, Gelger, 1558, p. 13を参照）。実際、シュヴェンクフェルトは、ルターが聖書学者として、「説教される言葉」をローマ・カトリック的な法に代替するものとして使用している、と示唆した（Capar Schwenckfeld, *Von der heiligen Schrifft, irem Innhalt, Ampt, rechtem Nutz, Brauch und Missbrauch*, Ulm: Varnier, 1551, p. 139を参照）。

（74） たとえば、Karl Heinz Burmeister, 'Genossenschaftliche Rechtsfindung und herrschaftliche Rechtssetzung: Auf dem Wege zum Territorialstaats', in Peter Blicke（ed.）, *Der deutsche Bauernkrieg von 1525*（Darmstadt: Wissenschaftliche Buchgesellschaft, 1985）, pp. 237-52; 239を参照。

（75） Günter Franz, *Der deutsche Bauernkrieg*（Darmstadt: Wissenschaftliche Buchgesellschaft, 1977）, pp. 25, 42を参照。農民戦争の神聖政治的諸含意についてより注意深い、これらの事柄についての見解に関しては、Jürgen Brand, *Bibel und altes Recht im Bauerkrieg, in Leipziger Juristische Vorträge*, 17（1996）, esp. p. 22を参照。

（76） Thomas Müntzer, *Aussgedrückte emplössung des falschen Glaubens der ungetrewen welt, durchs gezeugnus des Evangelions Luce*（Muhlhausen, 1524）, p.13.

（77） Thomas Müntzer, *Hoch verursachte Schutzrede und antwwort, wider das Gaistlose sanfft lebende fleysch zu Wittenberg*（Nuremberg: Holtzel, 1524）, p. 8.

（78） Ibid., p. 11.

(79) Ibid., p. 14.

(80) このことは特に驚くには当らないであろう。なぜならば、かれが法の保護から外され、かれの教えが一五二一年のヴォルムス[帝国議会における]勅令の下で禁止されてからは、ルターの生存は好意的な諸侯、とりわけザクセン賢侯フリードリヒの庇護にかかっていたからである。カール五世は、フリードリヒが宗教改革の拡大に個人的に責任を持ち、ルターはかれの主要な庇護者を遠ざけることはできない、ということを考慮した（Ingetraut Ludolphy, *Friedrich der Weise: Kurfürst von Sachsen 1463-1525*, Göttingen: Vandenhoeck und Ruprecht, 1984, p. 476を参照）。

(81) Martin Luther, 'Ermahnung zum Frieden auf die zwölf Artikel der Bauerschaft in Schwaben', *WA*, 19, pp. 292—334; 292.

(82) Ibid., p. 315.

(83) Müntzer, *Aussgedrückte emplössung*, p. 6.

(84) Johann Agricola, *Eysslebens predig auff das Evangelion vom Phariseer und zolner*（Ulm: Gröner, 1526）, p. 2.

(85) Johann Agricola, *Confession und bekenntnis Johan Agricolae Eislebens, vom Gesetzes*（Berlin: Hans Weissen, 1540）, pp. 4-5.

(86) Joachim Rogge, *Johann Agricolas Lutherverständnis. Unter besonderer Berücksichtigung des Antinomismus*（Berlin: Evangelische Verlagsanstalt, 1960）, p. 160を参照。

(87) Johann Agricola, *Hundert und Dreissig gemeyner Fragestücke für die jüngen Kinder ynn der Deutschen Meydlein Schule zu Eyssleben*（Wittenberg: Rhaw, 1528）, pp. 6, 21.

(88) Martin Luther, 'Die Thesen gegen die Antinomer', *WA*, 39, pp. 342-58; 347.

(89) Luther, 'Von der Freiheit eies Christenmenschen', p. 24.

(90) Luther, 'Die Thesen gegen die Antinomer', p. 348.

(91) Ibid., p. 346.

(92) Ibid., p. 349.

(93) ルター以後の無律法主義の歴史については、以下を参照。Matthias Richter, *Gesetz und Heil: Eine Untersuchung zur Vorgeschichte und zum Verlauf des sogenannten Zweiten Antinomischen Streits*（Göttingen: Vandenhoeck und Ruprecht, 1996）, esp. pp. 17, 224-40.

(94) この点については、Gustav Kawerau, *Johann Aririicola von Eisleben: Ein Beitrag zur Reformationsgeschichte*（Berlin: Wilhelm

Hertz, 1881), p. 291を参照。

(95) こうした論争の諸例については、Matthias Flacius Illyricus, *Widder ein recht heidnisch ja Epicurisch Burch der Adiaphoristen, darin das Leiptzische Interim verteidigt wird* (Magdeburg: Christian Rödinger, 1549), p. 17及び Nicolaus Gallus, *Gegenbericht auf Dr. Pfeffingers und der Adiaphoristen gesuchte glosen oder ihr Leiptzigsch Interim, mit einer trewen warnung an alle Christen* (Magdeburg: Michael Lotther, 1550), p. 8を参照。

(96) Mattias Flacius Illyricus, *Von etlichen Artikeln der christlichen Lehr, und von seinem Leben, und endlich von den Adiaphorischen Handlungen, wider die falschen Geticht der Adiaphoristen* (1559), pp. 27-8.

(97) この概念の諸起源に関するより偏見のない説明については、Ulrich Bubenheimer, 'Scandalum et ius divinum. Theologische und rechtstheologische Probleme der ersten reformatorischen Innovationen in Wittenberg 1521/22', in *Zeitschrift für Rechtsgeschichte*, 90 (1973), pp. 263-432; 290を参照。

(98) この教義の発展とそのルターとの関係とについては、以下の著作を参照。Wilfried Joest, *Gesetz und Freiheit: Das Problem des tertius usus legis bei Luther und die neutestamentliche Parainese*, 3rd edn. (Göttingen: Vandenhoeck und Ruprecht, 1961), pp. 9-11.

(99) この点に関しては、Lauri Haikola, *Gesetz und Evangelium bei Matthias Flacius Illyricus: Eine Untersuchung zur lutherischen Theologie vor der Konkordienformel* (Lund: C.W.K. Gleerup, 1952), p. 331を参照。

(100) *Deutsche Reichstagsakten unter Karl V*, 8 vols. (Gotha: Fr. A.. Perthes, 1893-), Voll. II: p. 595.

(101) Alfred Kohler (ed.), *Quellen zur Geschichte Karls V* (Darmstadt: Wissenschaftliche Buchgesellschaft, 1990), p. 437.

(102) この点に関しては、Wolfgang Günther, *Martin Luthers Vorstellung von der Reichsverfassung* (Münster: Aschendorffsche Verlagsbuchhandlung, 1976), pp. 166, 173を参照。

(103) Luther, 'Von weltlicher Oberkeit', pp. 246-47.

(104) たとえば、Philipp Melanchthon, *Vonn dem Ampt der Fürsten*, p.16を参照。

(105) Philipp Melanchthon, *Apologia der Confession*, translated by J. Jonam (Wittenberg: G. Rhaw, 1531), p. 157.

(106) ヴァルター・ツィンマーマン (Walter Zimmermann) から引用。*Die Reformation als rechtlich-politisches Problem in den Jahren 1524-1530/31* (Göppingen: Kümmerle Verlag, 1978), p. 107.

(107) これについては次のように論じられてきた。ルターは正当な抵抗の原理を是認することで不承不承諸侯への支持を与えたが、しかし、かれはただ単に、福音書は現世の法において正面切って抵抗を禁じてはいない、という消極的な理由に基づいてそうしたのである、と（ibid., p. 132, and Diethelm Böttcher, *Ungehorsam oder Widerstand? Zum Fortleben des mittelalterlichen Widerstandsrechtes in der Reformationszeit*（*1529-1530*）, Berlin: Duncker und Humblot, 1991, p. 151を参照）。
(108) Martin Luther, 'Warnung an seine lieben Deutschen', *WA*, 30, pp. 276-320, 278.
(109) Ibid., p. 282.
(110) Ibid., p. 283.
(111) Ibid., p. 282.
(112) Ibid., pp. 284, 291.
(113) Ibid., p. 299.
(114) Lazarus Spengler, *Eyn kurtzer ausszug auss dem Bebstlichen rechten der Decret und Decretalen*（Augsburg, 1530）, p. 8.
(115) Philpp Melanchthon, *Verzaichnung unnd kurtzliche anzaigung des rechten und aygentlichen verstands der Epistel, die S. Paulus zu den Rhömern geschriben hat*（Augsburg: Grimm, 1523）, pp. 21-22.
(116) Philipp Melanchthon, *Die haupt artikel und furnemsten punct der gatzen heyligen schrift*（Augsburg: Grimm, 1522）, p. 13.
(117) Melanchthon, *Verzaichnung und kurtzliche anzaygung*, pp. 51, 74.
(118) Ibid., p. 37. この概念の非常に優れた研究については、Wilhelm Maurer, *Der junge Melanchthon zwischen Humanismus und Reformation*, 2 vols.（Göttingen: Vandenhoeck und Ruprecht, 1967）, Vol. I, *Der Humanist*, p. 244.
(119) Melanchthon, *Verzaichnung und kurtzliche anzaygung*, p. 96.
(120) Melanchthon, *Die haupt artikel*, p. 63.
(121) Ibid., p. 211.
(122) Melanchthon, *Apologia der Confession*, p. 285.
(123) Ibid., p. 164.
(124) Ibid., p. 157.
(125) Melanchthon, *Verzaichnung und kurtzliche anzaygung*, p. 215.

(126) Philipp Melanchthon, *Unterschidt zwischen weltlicher und christlicher Fromheyt* (Hagenau, 1524), p. 4.

(127) Philipp Melanchthon, *Etliche Propositiones wider die lehr der Widerteuffer* (1535), p.4.

(128) Melanchthon, *Verzaychnung und kurtzliche anzaygung*, p. 77.

(129) Ibid., p. 93.

(130) Philipp Melanchthon, *Ain klaine Ausslegung über das XX Capitel Exodi, der zehn gebot* (1525), p. 11.

(131) Melanchthon, *Die haubt artickel*, p. 78.

(132) *Concordia: Christliche widerholte einmütige Bekenntnüs nachbenanter Churfürsten, Fürsten und Stende Augspurgischer Confession, und derselben Theologen Lere und Glaubens* (Magdeburg: J. Meissner und J. Walden Erben, 1580), p. 278.

(133) Melanchthon, *Verzaichnung unnd kurtzliche anzaygung*, p. 58.

(134) Melanchthon, *Die haupt artickel*, p. 83.

(135) Ibid., p. 211.

(136) Melanchthon, *Apologia der Confession*, p. 45.

(137) この時期のメランヒトンの立場における転換に関しては、以下の著作を参照。Adolf Sperl, *Melanchthon zwischen Humanismus und Reformation: Eine Untersuchung über den Wandel des Traditionsverstädnisses bei Melanchthon und die damit zusammenhängenden Grundlagen seiner Theologie* (Munich: Kaiser, 1959), p. 141.

(138) Philipp Melanchthon, 'Oratio de dignitate legum', im Guido Kisch (ed.), *Melanchthons Rechts- und Soziallehre* (Berlin: de Gruyter, 1967), pp. 234-40; 240.

(139) Philipp Melanchthon, 'De dignitate legum oratio' in Kisch (ed.), *Melanchthons Rechts- und Soziallehre*, pp. 210-13; 224.

(140) Melanchthon, *Die haubt artickel*, p. 54.

(141) Melanchthon, 'De dignitate legum oratio', p. 222.

(142) Melanchthon, 'Oratio de legibus', in Kisch (ed.), *Melanchthons Rechts- und Soziallehre*, pp. 189-209: 202.

(143) Philipp Melanchthon, *Ein christliche Ermanung an den hochgebornen König Ferdinandum, jetzt jungst zu Speyer geschriben* (Nurnberg: Peypus, 1529), p. 3.

(144) Melanchthon, *Vonn dem Ampt der Fürsten*, p. 144.

(145) Ibid., p. 15.

(146) Martin Bucer, 'Vom Ampt detr Oberkeit', in *Deutsche Schriften*, edited by G. Seebass, 15 vols., (Güthersloh: Gerd Mohn, 1984), 6/2: *Zum Ius Reformationis: Obrigkeitsschriften aus dem Jahre 1535*, pp. 17-38; 36.

(147) Ibid., p.28.

(148) Martin Bucer, *Dialogi, in Deutsche Schriften*, 6/2, pp. 39-188; 49.

(149) Ibid., p. 165.

(150) Johannes Oldendorp, 'De jure naturali gentium et civili', in *Tractatus ex variis juris interpretibus collecti*, 18 vols. (Lyon: Bertellus, 1549), Vol. I.: fo. 87-105; 90.

(151) Johannes Oldendorp, *Wat byllick und recht ys* (Rostock: Dietz, 1529), p. 20.

(152) Ibid., p. 14, 16.

(153) Oldendrop, 'De jure naturali gentium et civili', fo. 96.

(154) Johannes Oldendorp, 'De jure et equitate disputatio forensis', in *Tractatus ex variis juris interpretibus collecti*, Vol. I, fo. 105-14; 110.

(155) Martin Heckel, 'Religionsbann und landesherrliches Kirchenregiment', pp. 137-38. シュナイダーの論じるところによると，*ius reformandi* は一六四八年まで，形式的には強化されていなかった。Schneider, *Ius Reformandi*, p. 403 を参照。

(156) Martin Luther, 'Ein Brief an die Fürsten zu Sachsen von dem aufrührischen Geist', *WA*, 15, pp. 210-21; 220.

(157) Philipp Melanchthon, *Unterricht der Visitatoren an die Pfarherrn im Kurfürstenthumb zu Sachssen* (Wittenberg: Schirlentz, 1528), p. 42.

(158) Otto Mejer, *Die Grundlagen des lutherischen Kirchenregiments* (Rostock: Stiller'sche Hofbuchhandlung, 1864), pp. 111-12.

(159) 'Bedenken der Consistorien halben', reprinted in Ludwig Richter, *Geschichte der evangelischen Kirchenverfassung in Deutschland* (Leipzig: Tauschnitz, 1851), pp. 82-96.

(160) Ibid., p. 92.

(161) Philipp Melanchthon, 'Iudicium de Episc. Naumb. 1. Nov. 1541', in K. Bretschneider (ed.), *Corpus Reformatorum*, 28 vols. (Halle: A. Schwetschke, 1836), Vol. IV, pp. 683-94; 684.

(162) Philipp Melanchthon, 'Iudicium de Episcopo Naumb. 9. Nov. 1541', in *Corpus Reformatorum*, Vol. IV, pp. 697-99; 698.
(163) Martin Luther, 'Exempel, einen rechten christlichen Bischof zu weihen', *WA*, 53, pp. 231-60; 254.
(164) Ibid., p. 258.
(165) Martin Luther, 'Auslegung des ersten und zweiten Kapitels Johannis in Predigten', *WA*, 46, pp. 538-789; 736-37.
(166) Luther, 'Exempel, einen rechten christlichen Bischof zu weihen', p. 255.

第二章　初期啓蒙思想

(1) すでに論じたように、近代初期のドイツにおける政治的秩序のひとつの重要な際立った特徴は、いくつかの司法的枠組みが、あるものは領邦のそれ、あるものは帝国のそれが隣り合って現存し、あるシステムはしばしば他のそれを凌駕しようとしていることである。これらの法的諸条件の下で、領邦諸国家は、帝国から特殊な憲政秩序維持の特権（*privilegium de non appellando illimitatum*）を獲得することによってのみ、それらの領邦の完全に裁治権的な（そしてまた、その結果、財政的な）統制権を手に入れることができた。この特権は、領邦内で帝国法廷における上訴権を求める法の名宛人たちを保護し、そして、法的強制の主要な源泉としての領邦内の司法的装置を、直接的に確実なものにした。多くの領邦はこの特権を一八世紀まで獲得することはなかった。その結果、それらは帝国憲法体制からの何らかの独立を獲得すべく闘った。いつこの特権をそれぞれの〔領邦〕国家が獲得したのか、に関する充分な説明については、以下の著作を参照。Ulrich Eisenhardt（ed.）, *Die kaiserlichen Privilegia de non appellando*（Cologne: B6hlau,1980）. この特権の重要性に鑑みるならば、諸領邦の憲政秩序擁護の理論家たちは、裁治権上の優位性の問題や諸法廷における外部的裁治権という諸要因に関する不安によって悩まされた。

(2) 参照。Edward Coke, *Selected Writings*, edited by Steve Sheppard（Indianapolis, Ind.:Liberty Fund, 2003）,Vol. III, p. 1271. これに関しては、たとえば、これらに関する次の古典的研究を参照。Margaret A. Judson, *The Crisis of the Constitution: An Essay in Constitutional and Political Thought in England, 1603-1645*（London and New Brunswick, NJ: Rutgers University Press, 1949）, pp. 191, 211. これに関する最近の分析に関しては、James S. Hart Jr, *The Rule of Law, 1603-1660: Crowns, Courts and Jadges*（London: Longman, 2003）, esp. p. 39 及び J. R Kenyon, *The Stuart Constitution: Documents and Commentary*（Cambridge: Cambridge University Press, 1966）, p. 92 を参照。

(3) ホルスト・ドライツェル（Horst Dreitzel）の著作はこの点を例証している。Horst Dreitzel, *Absolutismus und ständische Verfassung in Deutschland: Ein Beitrag zu Kontinuität und Diskontinuität der politischen Theorie in der frühen Neuzeit*（Mainz: Philipp von Zabern, 1992）, pp. 139-40.

(4) 一七世紀の折衷主義の哲学者について記述するために「初期啓蒙思想」という術語を採用することに潜む諸困難に関しては、Horst Dreitzel, 'The Reception of Hobbes in the Political Philosophy of the Early German Enlightenment', *History of European Ideas*, 29/3（2003）, pp. 255-89; 256を参照。ここで与えられている説明はまた、その術語は本章で議論されている理論家たちに適用しうる、というドライツェルの主著を裏書している。

(5) Johannes Althusius, *Politica*, 3rd edn.（Herbon: Corvinus, 1614）, p. 174.

(6) Ibid., p. 177.

(7) Ibid., p. 169.

(8) Ibid.,p. 286.

(9) Ibid., p. 277.

(10) Ibid., p. 585.

(11) Ibid., p. 894.

(12) Ibid., p. 296.

(13) Ibid., p. 307.

(14) Ibid., pp. 575, 596.

(15) Ibid., p. 575.

(16) Ibid., p. 885.

(17) David Pareus, *Oratio de quaestione: Utrum leges Magistratus obligent in conscientia?*（Heidelberg: Rosa, 1616）, p. 12.

(18) David Pareus, *De jure regem et principum*（Amberg: Schönfeld, 1612）, p. 77.

(19) Ibid., p. 60.

(20) Reinhard König, 'Disputatio Politica', in Melchior Goldlast（ed.）, *Politica Imperialia*（Frankfurt am Main: Bringer, 1614）, pp. 645-56; 646.

(21) Matthias Stephani, *Tractatus de iurisdictione, qualemque. Habeant omnes iudices, tam seculares, quam ecclesiastici* in imperio romano, 3 vols.（Frankfurt am Main: Kopff, 1611）, vol. II, p. 47.

(22) Christophorus Besoldus, *Discursus Politici*（Strasburg: Zetzner; 1623）, pp. 91-92.

(23) Dominicus Arumaeus, *Commentarius juridico-historico-politicus de comitiis romano-germanici Imperij*（Jena: Lobenstein, 1630）, p. 77.

(24) Johannes Limnaeus, *Jus publicus imperii romano-germanici*, 3 vols.（Strasburg: Spoor, 1699）, Vol. I, pp. 7, 12.

(25) この点に関しては、Rudolf Hoke, Die Reichsstaatsrechtslehre des Johannes Limnaeus: *Ein Beitrag zur deutschen Staatsrechtswissenschaft im 17 Jahrhundert*（Aalen: Scientia Verlag, 1968）, pp. 106-17を参照。

(26) Benedict Carpzov, *Commentarius in Legem Regiam Germanorum*（Leipzig: Künnen, 1640）, pp. 868-69.

(27) Wilhelm Witzendorff, *De status et administrationis Imperij Romani forma hoderna Discursus*（Onolsbach: Lauer, 1643）, p. 14.

(28) Theodor Reinkingk, *Tractus seculari et ecclesiastico*, 2nd edn.（Marburg: Hampel und Genath, 1631）, p. 38.

(29) Veit Ludwig von Seckendorff, *Teutscher Fürsten-Stat*, 3rd edn.（Frankfurt am Main: Götzen, 1665）, p. 64.

(30) Ibid., pp. 69-70. ゼッケンドルフについてのもっとも著名な解釈者たちは、かれを領邦主権を帝国と地域貴族への義務との両方によって拘束されたものとして認めた、絶対主義者であると同時に理論家として定義している（Michael Stolleis, *Geschichte des öffentlichen Rechts in Deutschland*, 3 vols.（Munich: Beck,1988）, vol. I, p. 352を参照）。

(31) Veit Ludwig von Seckendorff, *Jus publicum romano-germanicum*（Frankfurt am Main: Beyer, 1687）, p. 44.

(32) Ibid., p. 202.

(33) Casper Ziegler, *De juribus majestatis*（Wittenberg: 1681）, p. 54.

(34) Ibid., 120.

(35) Hermann Conring, 'Exercitatio octava de praecipuis negotiis in conventibus imperii Germanici ordinum', in *De finibus Imperii Germanici*, in 3 vols.（Frankfurt am Main: J, Heinichen, 1693）, pp. 398-462; 444.

(36) Ibid., p. 428.

(37) Ibid., p. 472.

(38) Seckendorff, *Teutscher Fürsten-Stat*, p. 64.

(39) Samuel Pufendorf, *De jure naturae et gentium, in Gesammelte Werke*, ed. W. Schmidt-Biggemann, planned for 9 vols.（Berlin: Akademie Verlag, 1997-）, Vol. IV, p. 669.

(40) Herman Conring, 'Exercitatio Sexta de judiciis reipublicae Germanicae', in *De finibus*, pp. 214-324; 319.

(41) Conring, *Propolitica*, p. 18.

(42) たとえば、Conring, Exercitatio secunda de imperatore rom. Germanici', in *De finibus imperii Germanici*, pp. 32-72; 69.

(43) Hermann Conring, *De origine iuris Germanicii*（Helmstedt: Müller, 1649）, pp. 194-95. この点については、'A Question of Right: Hermann Conring's New Discourse on the Roman-German Emperor', *Sixteenth Century Journal*, 28/3（1997）, pp. 730-58; 740を参照。

(44) Ziegler, *De juribus majestatis*, p. 488を参照。

(45) Samuel Strykius, *Quisquis Princeps est Imperator in suo territorio*（Wittenberg: 1690）, p. 4.

(46) Peter Johann Ludewig, *Germania Princeps*（Halle: Zeidler, 1711）, pp. 111-12.

(47) Burcard Gotthelf Struve, *Iurisprudentia feudalis*（Jena: Bielck, 1727）, p. 242.

(48) Nicolaus Gundling, *Ausführlicher und mit illustren Exemplen aus der Historie erläuterter Discours über J.F. Buddei Philosophiae practicae part III, die Politic*（Frankfurt am Main, 1733）, p. 176.

(49) ルーデヴィック（Ludewig）とグントリング（Gundling）との関係に関して、そして法形式としての帝国へのグントリングの慎重な共感に関しては、以下の著作を参照。Nokker Hammerstein, *Jus und Historie: Ein Beitrag zur Geschichte des historischen Denkens an deutschen Universitäten im späten 17. und 18 . Jahrhundert*（Göttingen: Vandenhoeck und Ruprecht, 1972）, pp. 206, 223.

(50) Gundling, *Discours*, p. 179.

(51) Ibid., pp. 189-90.

(52) Johann Franz Buddeus, *Elementa Philosophiae Practicae*, new edn.（Halle: Fritsch, 1727）, pp. 357, 495-6.

(53)「司教監督制」（episcopal）としての教会におけるある種の憲政秩序を分類することは、些か時代錯誤である。法学者たちが憲政秩序の際立った類型の間で体系的に区別をはじめたのは、一八世紀以前のことではない。これはダニエル・ネッテルブラット（Daniel Nettelbladt）からはじまったが、かれは教会法を理解する際に、より多くの類別的方法を導入した（DanieI Nettelbladt,

Systema elementare universae iurisprudentiae naturalis, 5th edn., Halle: Renger; 1785, esp. pp. 376-78を参照)。このアプローチは、その後さらに一九世紀にフリードリヒ・ユーリウス・シュタール（Friedrich Julius Stahl）によって展開された。かれは司教監督官体制（episcopal constitutions）を、教会行政の後の「領邦的」(territorial）モデルと後にクリストフ・マットイス・プファッフ（Christoph Matthäus Pfaff）とゲオルク・ルートヴィッヒ・ベーメ（Georg Ludwig Boehme）によってはじめられた複数司教制（collegial）モデルとの両方から区別した。*Origines juris ecclesiastici*（Tübingen: Schrammian, 1756）, p. 380, and Georg Ludwig Boehmer, *Principia iuris canonici*（Göttingen: Vandenhoeck, 1767）, p.11. その後まもなく、初期の教会の憲政秩序擁護論者のすべてが留保なしに「司教監督制論者」(episcopalists）として分類されうるのか、正当にも問われてきた（Schneider, *Ius Reformandi*, pp. 310-11を参照)。

(54) Stephani, *Institutiones iuris canonici*, pp. 16, 51-52.

(55) Stephani, *Tractatus de jurisdictione*, Vol. II, p. 240.

(56) Stephani, *Tractatus de jurisdictione*, Vol. III, p. 118.

(57) Carpzov, *Jurisprudentia ecclesiastica*, pp. 5, 6.

(58) Reinkingk, *Tractatus securali et ecclesiastica*, p. 511.

(59) Johann Valentin Andreä, *Freye Feder vom Ubelstand der Kirchen*（Frankfurt am Main: Zunner, 1678）, p. 62.

(60) Philipp Jacob Spener, *Pia Desideria: Oder herzliches Verlangen nach gottgefälliger Besserung der wahren Evangelischen Kirchen*（Frankfurt am Main: Zunner, 1676）, p. 61.

(61) Ibid., p. 167.

(62) Phlipp Jacob Spener, *Letzte theologische Bedencken*（Halle: Verlegung des Waysenhauses, 1711）, p. 580.

(63) Wolfgang Sommer/Johann Arndt im Amt des Generalsuperintenden in Braunschweig-Lüneburg', in Sommer（ed.）, *Politik, Theologie und Frömmigkeit im Luthertum der Frühen Neuzeit: Ausgewählte Aufsätze*（Göttigen: Vandenhoeck & Ruprecht, 1999）, pp. 227-38; 233を参照。

(64) Johann Arndt, *Postilla, oder Auslegung des Sontags und aller Festen Evangelien durch das ganzte Jahr*（Lüneburg: Johannes Stern, 1680）, p. 457.

(65) Johann Gerhard, *Loci Theologici*, 10 vols.（Berlin: Schlawitz, 1868）, Vol. VI, p. 176.

(66) Ibid., p. 261.

(67) August Hermann Francke, *Schrift über eine Reform des Erziehungs- und Bildungswesen als Ausgangspunkt einer geistlichen und sozialen Neuordnung der Evangelischen Kirche des 18. Jahrhunderts. Der grosse Aufsatz*, edited by O. Podczeck（Berlin: Akademie Verlag, 1962）, esp. pp. 74-75 を参照。

(68) Ibid., p. 110.

(69) これに関して重要なのは、そのケースを誇張する傾向があるにしても、以下の著作である。Richard L. Gawthrop, *Pietism and the Making of Eighteenth-Century Prussia*（Cambridge: Cambridge University Press, 1993）, pp. 120-21,198-213.

(70) Hermann Conring, 'Exercitatio septima de constitutione episcoporum Germaniae', in *De finibus Imperii Germaniae*, pp. 325-496; 403.

(71) Ibid., p. 479.

(72) Ibid., pp. 482-83.

(73) Conring, 'Exercitatio Sexta, p. 320.

(74) Seckendorff, *Teutscher Fürsten-Stat*, p. 303.

(75) Ibid., pp. 304, 311.

(76) Seckendorff, *Christen-Stat*（Leipzig: J. F. Gleditsch, 1693）, pp. 301-2.

(77) Ibid., p. 296.

(78) Ibid., pp. 689-90.

(79) Ibid., pp. 680-84.

(80) Ibid., pp. 688-90.

(81) Nicolaus Gundling, *Allgemeines geistliches Recht der drey christlichen Haupt-Religionen*（Frankfurt am Main: Spring, 1743）, p. 787.

(82) Ibid., p. 837.

(83) Ibid., p. 823.

(84) これに関する例証的分析については、Horst Dreitzel, 'Christliche Aufklärung durch fürstlichen Absolutismus: Thomasius und

die Destruktion des frühneuzeitlichen Konfessionssstaates', in Friedrich Vollhardt（ed.）, *Christian Thomasius*（1655-1728）: *Neue Forschungen im Kontext der Frühaufklärung*（Tübingen: Niemeyer; 1997）, pp. 17-50; 39 を参照。

（85） Christian Thomasius and Enno Rudolph Brenneysen, *Das Recht evangelischer Fürsten in theologischen Streitigkeiten*（Halle: Salfeld, 1713）, p. 53.

（86） Ibid., p. 26.

（87） Christian Thomasius, *Vollständige Erläuterung der Kirchen-Rechts-Gelahrheit*, in 2 vols.（Frankfurt am Main: 1738）, Vol. I, p. 16.

（88） Thomasius and Brenneysen, *Das Recht evangelischer Fürsten*, p. 223.

（89） Christian Thomasius, *Historia Contentionis inter Imperium et Sacerdotium*（Halle: Renger, 1722）, p. xxxiv.

（90） Ziegler, *De juribus majestatis*, p. 326.

（91） Thomasius, Vollständige Erläuterung der Kirchen-Rechts-Gelahrheit, Vol. I, p. 52.

（92） Christian Thomasius, Monatsgespräche（1688）, p. 734 を参照。

（93） Thomasius and Brenneysen, *Das Recht evangelischer Fürsten*, pp. 40-41.

（94） Ibid., p. 27.

（95） Ibid., p 55.

（96） Ibid., p. 127.

（97） Thomasius, *Vollständige Erläuterung der Kirchen-Rechts-Gelahrheit*, Vol. I, p. 302.

（98） Severinus de Monzambano［Samuel Pufendorf］, *De statu imperii Germanici*（Geneva: Columesium, 1668）, p. 200.

（99） Samuel Pufendorf, *De habitu religionis christianae ad vitam civilem*（Bremen: Schwerdferger, 1687）, p. 101.

（100） Ibid. p. 150.

（101） Ibid., p. 168.

（102） この見解の卓越しかつ挑発的な例については、David Saunders, *Anti-Layers: Religion and the Critics of Law and State*（London and New York: Routledge, 1997）, p. 89; また、Ian Hunter, *Rival Enlightenments: Civil and Metaphysical Philosophy in Eary Modern Germany*（Cambridge: Cambridge University Press, 2001）, pp. 90-91 を参照。

（103）ここではラインキンク（Reinkingk）から引用されている。*Tractatus seculari et ecclesiastico*, p. 495. この原理はこの時期の教会の憲政体制に関連する文書において広く見られる。例としてThomasius, *Historico Contentionis inter Imperium et Sacerdotim*, p. xxxii も参照。

（104）Balthasar Meisner, *De ecclesia*（Wittenberg: J. Hellwigh, 1630）, pp. 239-40.

（105）König, *Disputatio politica*, p. 645.

（106）Limnaeus, *Jus publicus imperii*, p. 11.

（107）Stephani, *Tractatus de jurisdictione*, p. 46.

（108）Ziegler, *De juribus majestatis*, p. 18.

（109）Ibid., p. 19.

（110）Ibid., p. 126.

（111）初期のドイツ的立憲主義理論は、君侯の絶対主義に完全に in toto 対立して、自然法が君侯の権威を規範的に制限することにおいて、そして代表制的ないし代理制的な立憲体制のモデルを普及させることにおいて、重要な役割を演じた、ということを受け入れる、おそらく些か誇張されたクリストフ・リンクの信念を共有する必要はない。Christoph Link, *Herrschaftsordnung und bürgerliche Freiheit: Grenzen der Staatsgewalt in der älteren deutschen Staatslehre*（Vienna: Böhlau, 1979）, p. 89 を参照。

（112）Matthias Stephani, Tractatus de iurisdictione, p. 46.

（113）Seckendorff, Fürsten-Stat, pp. 62, 78.

（114）Seckendorffl, Christen-Stat, p. 275.

（115）Heinrich Voss, *Dissertatio de ratione status*（Helmstedt: Müller; 1651）, pp. 55-59. この論文はフォス（Voss）によって書かれた。しかし、コンリングは、当代の流儀でこのテーゼを擁護した。それはコンリング自身に帰されている著作リストの中に通常含まれている。

（116）Heinrich Cocceji, *Juris publici prudentia compendio exhibita*（Frankfurt am Main: Schrey, 1695）, p. 21.

（117）Heinrich Cocceji, *Autonomia juris gentium*（Frankfllrt am Main: Conrad, 1720）, pp. 78-81.

（118）Samuelis de Cocceji, *Jus civile controversum*, new edn., 2 vols.（Leipzig: Weidmann, 1791）, vol. I, p. 159.

（119）Justus Henning Boehmer, *Introductio in ius publicum universale*（Frankfurt am Main: Trattner, 1758）, p. 268.

(120) Ibid., p. 40.

(121) Ibid., p. 292.

(122) Ibid., p. 262.

(123) Ibid p. 247.

(124) Seckendorff, *Christen-Stat*, p. 320; Thomasius and Brenneysen, *Das Recht evangelischer Fürsten*, p. 65.

(125) Pufendorf, *De jure naturae et gentium*, pp. 14-15.

(126) Ibid., p. 16.

(127) この点に関して明確化するために、著者はシュネーヴィント（J. B. Schneewind）に助言を求めた。*The Invention of Autonomy: A History of Modern Moral Philosophy*（Cambridge: Cambridge University Press, 1998）, p, 120.

(128) Samuel Pufendorf, *Elementa jurisprudentiae universalis*, in Pufendorf, *Gesammelte Werke*, Vol. III, pp. 128-29.

(129) Pufendorf, *De jure naturae et gentium*, p. 133.

(130) Ibid., p. 132.

(131) Ibid., p. 30.

(132) Ibid., p. 46.

(133) Ibid., p. 144.

(134) Ibid., p. 32.

(135) Ibid., p. 148.

(136) 自然法についての宗教的に基礎づけられた諸教義に対するプーフェンドルフの態度に関しては多くの解釈上の論争があった。何人かの解釈者は、かれの著作の主意主義的側面を、原理的に、法の完全な世俗化を用意するものとして、そして、国家を実定法的基礎づけの上に置くものとして、見てきた（たとえば、Thomas Behme, *Samuel von Pufendorf: Naturrecht und Staat*, Göttingen: Vandenhoeck 4 Ruprecht, 1995, p. 17 を参照）。他の解釈者たちは、かれの著作は神と人間との間の「垂直的義務づけ」という要請にかかっており、人間社会における自然法はいつも神によって意思された自然法である、という正反対の解釈を提示してきた（René Sève, *Leibnitz et l' école moderne du droit naturel*, Paris: PUF, 1989, p. 59; Leonard Krieger, *The Politics of Discretion: Pufendorf and the Acceptance of Natural Law*, Chicago, III: Chicago University Press, 1965, p. 80 を参照）。

(137) Pufendorf, *De jure naturae et gentium*, p. 30.
(138) Ibid., p. 71.
(139) Ibid., p. 697.
(140) Ibid., p. 132.
(141) Samuel Pufendorf, *De officio hominis et civis juxta legem naturalem*, in: *Gesammelte Werke*, Vol. II, pp. 71-72を参照。プーフェンドルフを合意論者（consensualist）として捉える解釈については、T. J. Hochstrasser, *Natural Law Theories in the Early Enlightenment*（Cambridge: Cambridge University Press, 2000）, p. 101を参照。かれを絶対主義に近づける解釈については、Hans Medick, *Naturzustand und Naturgeschichte der bürgerlichen Gesellschaft: Die Ursprünge der bürgerlichen Sozialtheorie als Geschichtsphilosophie und Sozialwissenschaft bei Samuel Pufendorf, John Locke und Adam Smith*（Göttingen: Vandenhoeck und Ruprecht, 1973）, p. 69及びBehme, *Samuel von Pufendorf*, p 133を参照。
(142) Pufendorf, p. 676.
(143) Ibid., p. 736
(144) Ibid., p. 118.
(145) Ibid., p. 736.
(146) Ibid., p. 676.
(147) Ibid., p. 682
(148) Ibid., p. 698.
(149) Ibid.,p. 697.
(150) Ibid., pp. 705-6.
(151) Severinus de Monzambano［Samuel Pufendorf］, *De statu imperii Germanici*（Geneva: Columesium, 1668）, p. 157.
(152) Ibid., p. 192.
(153) わたしはこの著作の背後にある諸々の意図についてのシュトレイスStolleisの卓越した解釈に負っている（Stolleis, *Geschichte des öffentlichen Rechts*, Vol. I, p. 23を参照）。
(154) Thomasius, *Monatsgespräch*, pp. 785-86.

(155) Christian Thomasius, *Einleitung zur Hoff-Philosophie* (Leipzig: Weidmann, 1712), p. 290.
(156) Christian Thomasius, *Einleitung zu der Vernunfft-Lehre* (Halle: Salfeld, 1711), pp. 5-6.
(157) Christian Thomasius, *Historia Juris Naturalis* (Halle: Salfeld, 1719), p. 6.
(158) Christian Thomasius, *Von der Kunst vernünfftig und tugenhafft zu lieben* (Halle: Salfeld, 1710), pp. 41-42.
(159) Christian Thomasius, *Summarischer Entwurf der Grundlehren, die einem studioso iuris zu wissen und auf universitäten zu lernen nötig sind* (Halle: Renger, 1699), p. 4.
(160) Ibid., pp. 35-36.
(161) Ibid., p. 36.
(162) Thomasius, *Historia iuris naturalis*, p. 4.
(163) Thomasius, *Summarischer Entwurf*, p. 107.
(164) Ibid., p. 4.
(165) Ibid., p. 37.
(166) Thomasius, *Monatsgespäche*, p. 762.
(167) Thomasius, *Von der Kunst vernünfftig und tugendhafft zu lieben*, p. 92.
(168) Ibid., p. 310.
(169) Ibid., p. 325.
(170) Thomasius, *Summarischer Entwurf*, p. 103.
(171) Christian Thomasius, *Fundamenta juris naturae et gentium*, 4th end (Halle: Salfbld, 1718), p. 44.
(172) Christian Thomasius, *Ausübung der Vernunfft-Lehre* (Halle: Sdbld, 1710), pp. 43, 79.
(173) Ibid., p. 152.
(174) Ibid., p. 156.
(175) Ibid., p. 152.
(176) Hochstrasser, *Natural Law Theories*, p. 135 を参照。
(177) Johann Jacob Schmauss, *Neues Systema des Rechts der Natur* (Göttigen: Vandenhoeck, 1754), p. 517.

(178) Thomasius, *Historia juris naturae*, p. 67.
(179) Ibid., pp. 58-59.
(180) Gottfried Wilhelm Leibniz, 'Initium institutionem juris perpetui', in Georg Mollat (ed.), *Rechtsphilosophisches aus Leibnizens ungedruckten Schriften* (Leipzig: Robolsky, 1885), pp. 1-7; 3.
(181) Gottfried Wilhelm Leibniz, 'De tribus juris naturae et gentium gradibus', in: Georg Mollat (ed.), *Rechtphilosophisches aus Leibnizens ungedruckten Schriften*, pp. 13-21; 14.
(182) Leibniz, 'Initium institutionem juris perpetui', p. 6.
(183) Gottfried Wilhelm Leibniz, *Codex Juris Gentium* (Hanover: S. Ammonus, 1693), p. 10.
(184) Gottfried Wilhelm Leibniz, 'Von der Weisheit', in *Textes inédits*, edited by Gaston Grua (Paris: PUF, 1948), pp. 584-88; 585.
(185) Gottfried Wilhelm Leibniz, 'Méditation sur la notion commune de la justice', in Georg Mollat (ed.), *Rechtsphilosophisches aus Leibnizen ungedruckten Schriften*, pp. 56-81; 59.
(186) Leibniz, 'Initium institutionem juris perpetui', p. 13.
(187) Leibniz, 'Méditation', p. 71.
(188) Leibniz, 'Monita quaedam ad Samuelis Pufendorfi principia', in *Opera*, pp. 275-83; 279.
(189) Leibniz, 'Méditation', p. 59.
(190) Leibniz, 'Monita', p. 280.
(191) Gottfried Wilhelm Leibniz, 'Observationes de principio juris, in Leibniz, *Opera Omnia*, edited by L. Dutens, 6 vols. (Geneva: de Tournes, 1763), Vol. IV/3, pp. 270-75; 270.
(192) Leibniz, 'Méditation', p. 60.
(193) Leibniz, 'De tribus juris naturae et gentium gradibus', p.17. また Leibniz, *Codex Juris Gentium*, p. 9 を参照。
(194) Ibid., pp. 20-21.
(195) Leibniz, 'Méditation', p. 76.
(196) Leibniz, 'Observationes', p. 272.
(197) Leibniz, 'Méditation', pp. 56-57.

(198) Gottfried Wilhem Leibniz, *Essais de la Theodiceé sur la bonté de Dieu, la liberté de l' homme et l'origine du mal*(Amsterdam: Isaac Treyel, 1712), p. 363.

(199) Ibid., pp. 272-73.

(200) Leibniz, *Essais de la Theodicée*, pp. 175-76.

(201) Johann Erhard Kappen (ed.), *Sammelung einiger Vertrauten Briefe welche zwischen dem welt berühmten Freyherrn Gottfried Wilhelm von Leibnitz und dem berühmten Berlinischen Hof-Prediger Herrn Daniel Ernst Jablonski*(Leipzig: Breitkopf, 1745), p. 247.

(202) Gottfried Wilhelm Leibniz, 'Reunion der Kirchen', in Leibniz, *Sämtliche Schriften und Briefe*, edited by the Zentralinstitut für Philosophie an der Akademie der Wissenschaflen der DDR, planned for over 80 vols. (Berlin: Akademie-Verlag, 1923-), 4/3: pp. 260-98; 282. パオル・アイゼンコップフの引用によれば、ライプニッツは次のように述べている。「プロテスタントは、普遍的教会の位階制に再び入る用意をしなければならない」と。(Paul Eisenkopf, *Leibniz und die Einigung der Christenheit*, Munich: Ferdinand Schöningh, 1975, p. 195 を参照)。

(203) Gottfried Wilhelm Leibniz, *De jure suprematus ac legationis principium Germaniae*, in *Sämtliche Schriften und Briefe*, 4/2: pp. 3-270; 50, 90.

(204) Ibid., pp. 57, 64.

(205) Gottfried Wilhelm Leibniz, 'Thesis', in: *Sämtliche Schriften*, 4/2, pp. 274-76; 275.

(206) Gottfried Wilhelm Leibniz, *Entretien entre Philarete et d' Eugene*, in: *Sämtliche Schriften*, 4/2, pp. 289-333; 303.

(207) Ibid., p. 291.

(208) Hartmut Schiedermaier, *Das Phänomen der Macht und die Idee des Rechts bei Gottfried Wilhelm Leibniz* (Wiesbaden: Franz Steiner, 1970), p. 98 を参照。同様に Erwin Ruck, *Die Leibniz'sche Staatsidee: Aus den Quellen dargestellt* (Tübingen: J. C. B. Mohl, 1909), pp. 10, 33 も参照。ライプニッツとアクイナスとの関係に関しては、以下の著作を参照。Patrick Riley, *Leibniz' Universal Jurisprudence: Justice as the Charity of the Wise* (Cambridge, Mass.: Harvard University Press, 1996), p. 226.

(209) Leibniz, *Essais de la Theodicée*, pp. 2-3. Sève, *Leibniz*, p. 126.

(210) ローマ・カトリック系諸大学へのヴォルフの好意的受け入れに関しては、Michael Stolleis, *Geschichte öffentlichen Rechts*, Vol.

I, p. 292 を参照。

(211) Christian Wolff, *Vernünftige Gedanken von dem gesellschaftlichen Leben der Menschen und insonderheit dem gemeinen Wesen* 2nd edn (Halle: Renger, 1756), p. 7.

(212) Ibid., p. 165.

(213) Ibid., p. 461.

(214) Christian Wolff, *Vernünftige Gedanken von der Menschen Thun und Lassen*, 5th edn. (Frankfurt am Main: 1736), p. 27.

(215) Ibid., p. 28.

(216) Christian Wolff, *Vernünfftige Gedanken von Gott der Welt und der Seele des Menschen*, 2 edn. (Halle: Renger, 1751), p. 105.

(217) Wolff, *Vernünfftige Gedanken von Gotte der Welt und der Seele des Menschen*, p. 81.

(218) Christian Wolff, *Grundsätze des Natur- und Völkerrechts* (Halle: Renger; 1754), pp. 568-69.

(219) Ibid., p. 26. ヴォルフについてのより自由主義的解釈とより絶対主義的解釈の対抗関係に関しては、Werner Frauendienst, *Christian Wolff als Staatsdenker* (Berlin: Ebering, 1927), p. 149 及び Hanns-Martin Bachmann, *Die naturrechtliche Staatslehre Christian Wolff* (Berlin: Duncker und Humblot, 1977), pp. 196-201 を参照。フラオエンディーンスト (Frauendienst) はヴォルフを絶対主義的領邦支配の擁護者と見ている。バハマン (Bachmann) はかれを法的人格性と国家に対する諸権利との初期の理論家と見ている。プーフェンドルフ的伝統へのかれの一般的選好の路線に沿って、クリストフ・リンク (Christoph Link) もまた、ヴォルフをきわめて保守的な思想家と見ている (Link, *Herrschaftsordnung*, p. 55 を参照)。

(220) Wolff, *Vernünfftige Gedanken von Gott der Welt und der Seele des Menschen*, pp. 420, 427, 430.

(221) Wolff, *Vernünftige Gedanken von dem gesellschaftlichen Leben der Menschen*, pp. 512-17.

(222) Ibid., p. 174.

(223) Ibid., pp. 485-86.

(224) Ibid., p. 461

(225) Ibid., p. 466; also Wolff, *Grundsätze des Natur- und Völkerrechts*, pp. 700, 704-5.

(226) Christian Schröder, *Naturbegriff und Moralbegründung: Die Grundlegung der Ethik bei Christian Wolff und deren Kritik durch Immanuel Kant* (Stuttgart: Kohlhammer, 1988), p. 213.

(227) Wolff, *Grundsätze des Natur- und Völkerrechts*, p. 47.
(228) Ibid., p. 59.
(229) Johann Gottlieb Heineccius, *Elementa juris naturae et gentium* (Halle: Ophantroph, 1738), p. 14.
(230) Ibid., pp. 46-47.
(231) Ibid., p. 10.
(232) Buddeus, *Elementa*, pp. 363-64.
(233) Ibid., p. 350.
(234) Ibid., p. 207.
(235) Johann Franz Buddeus, *Selecta iuris naturae et gentium* (Halle: Orphanotroph, 1727), p. 66.
(236) ブッデウス（Buddeus）によれば、自然法の主要な機能は、「倫理に従属すること」であり、人びとに自分の行為を準則化せしめる規範を用意する。この規範と一致して行為する人たちは、かれらが神を愛していることを証明している（ibid., p. 204）。
(237) Christian August Crusius, *Anweisung vernünftig zu leben* (Leipzig: J. F. Gleditsch, 1744), pp. 442, 447, 713-14.
(238) Ibid., p. 867.
(239) Ibid., p. 710.
(240) Ibid., pp. 411, 711.
(241) Ibid., p. 454.
(242) Johann Heinrich Gottlob von Justi, *Die Natur und das Wesen der Staaten* (Berlin: J. H. Rüdiger, 1760), pp. 47, 60.
(243) Johann Heinrich Gottlob von Justi, *Der Grundriss der guten Regierung* (Frankfurt am Main: Garve, 1759), p. 148.
(244) Justi, *Die Natur und das Wesen der Staaten*, p. 45.
(245) Ibid., p. 251. ユスティ（Justi）の見解の諸変化についての説明に関しては、Stolleis, *Geschichte des öffentlichen Rechts*, Vol. I, pp. 380-81 を参照。
(246) August Ludwig Schözer, *Allgemeines Staatsrecht und Staatsverfassungslehre* (Göttingen: Vandenhoeck und Ruprecht, 1793), pp. 95, 114-15.
(247) Ibid., pp. 66, 158.

(248) Johann Jacob Moser, *Rechtliches Bedencken von Privat-Versammelung der Kinder Gottes* (Tubingen: J. Sigmund, 1734), p. 20.

(249) Johann Jacob Moser, *Von der teutschen Religionsverfassung*, in *Neues deutsches Staatsrecht*, 20 vols. (Stuttgart: Mezler; 1762-82), Vol. VII, p. 535.

(250) Johann Jacob Moser, *Von der Landeshoheit derer teutschen Reichsstände überhaupt in Neues deutsches Straatscrecht* Vol. I, p. 63; also Moser, *Von der teutschen Religionsverfassung*, pp. 337-38.

(251) Moser, *Von der Landeshoheit derer teutschen Reichsstände überhaupt*, p. 30.

(252) Johann Jacob Moser, *Von Deutschland und dessen Staat-Verfassung*, in *Neues Deutsches Staatsrecht*, Vol. I, p. 213.

(253) モーザーの実践的自然法の例については、Johann Jacob Moser, *Von der teutschen Reichs-Stände Landen*, deren Landschaften, Unterthanen, Landes-Freyheiten, Beschwerden Schulden und Zusammenkünften, in *Neues Deutsches Staatsrecht*, Vol. XIII, p. 285を参照。

(254) Moser, *Von der teutschen Religionsverfassung*, p. 568.

(255) Johann Jacob Moser, *Von der Landeshoheit im Geistlichen*, in *Neues deutsches Staatsrecht*, Vol. XV, p. 61.

(256) Johann Jacob Moser, *Von denen deutschen Reichs-Tagen*, in *Neues deutsches Staatsrecht*, Vol. V, p. 540.

(257) これについては、以下を参照。Reinhard Rürup, *Johann Jacob Moser: Pietismus und Reform* (Wiesbaden: Franz Steiner, 1965), p. 109.

(258) Moser, *Von der teutschen Reichs-Stände Landen*, p. 1146.

(259) Ibid., p. 1148.

(260) Johann Stephan Pütter, *Geist des Westphälischen Friedens* (Göttigen: Vandenhoeck und Ruprecht, 1795), pp. 346, 398, 448.

(261) Johann Stephan Pütter, *Beiträge zum teutschen Staats- und Fürsten-Rechte* (Göttingen: Vandenhoeck, 1777), p. 32.

(262) Ibid., pp. 42, 57.

(263) Ibid., p. 324.

(264) Ibid., pp. 319, 362.

(265) Johann Stephan Pütter, *Kurzer Begriff des teutschen Staatsrechts* (Göttingen: Vandenhoeck, 1768), p. 50.

（266） Ibid., pp. 50-51, 94.

（267） Gottflied Achenwall, *Die Staatsklugheit nach ihren ersten Grundsätzen*（Göttingen: Vandenhöck, 1774）, pp. 21-24, 59.

第三章　ドイツ観念論

（1） 類比的な議論は、はるかに批判的な用語で、ラインハルト・コゼレック（Reinhart Koselleck）とかれが影響を与えてきた歴史家たちとによってなされている。コゼレックの論じたところによれば、①カント的啓蒙思想の道徳哲学は国家に対する「支配の要求」を主張する形而上学的諸理念を発展させ、②そうすることで、それは、初期啓蒙思想の絶対主義を通じて出現した〔近代〕国家の特性の実定的な基礎を破壊し、③それは道徳的形而上学の政治に対する動揺させるようなインパクトを明らかにした（Reinhart Kosellk, *Kritik der Krise, Ein Beitrag zur Pathogenese der bürgerlichen Welt*, Freiburg: Alber, 1959. esp. p. 101 を参照）。この議論をより強化したものについては、以下の著作を参照。Hunter, *Rival Enlightenments*. この著作はカントが新スコラ学的自然法に逆戻りしていることを告発している（p. 323）。これらの理論家たちを大いに賞賛することにわたしはやぶさかではないが、わたしは次のように見ている。カント的啓蒙思想は、政治的論議の中への形而上学的抽象の再導入として、あるいは初期啓蒙思想が世俗主義的に達成したものを寸断するものとして、見られるべきではなく、むしろそれは、世俗的危機の先鞭をつけた宗教改革以後の、法を信頼しうる形で実定化しようとする企てにおける新しい段階として見られるべきである、と。

（2） Immanuel Kant, *Kritik der reinen Vernunft, in Werkausgabe*, edited by Wilhelm Weischedel, 12 vols.（Frankfurt am Main: Suhrkamp, 1976）, Vol.I-II, p. 708.

（3） Ibid., p. 706.

（4） Immanuel Kant, *Metaphysik der Sitten*, in *Werkausgabe*, Vol. VIII, pp. 309-634; 333.

（5） Immanuel Kant, 'Über den Gemeinspruch': Das mag in der Theorie richtig sein, taugt aber nicht für die Praxis', in *Werkgabe*, Vol. XI, pp. 127-72; 145.

（6） Immanuel Kant, *Grundlegung zur Mentaphysik der Sitten*, in *Werkausgabe*, Vol. VII, pp. 11-102; 84.

（7） Kant, *Kritik der Urteilskraft*, Vol. X, p. 412.

（8） Kant, 'Über den Gemeinspruch', p.137.

(9) Kant, Metaphysik der Sitten p. 569.
(10) Kant, *Grundlegung zur Metaphysik der Sitten*, p. 65.
(11) Kant, *Metaphysik der Sitten*, p. 505.
(12) Ibid., p. 550.
(13) Ibid., p. 334.
(14) Immanuel Kant, *Die Religion innerhalb der Grenzen der blossen Vernunft*, in Werkausgabe, Vol. VIII, pp. 645-879; 649.
(15) Kant, *Grundlegung zur Metaphysik der Sitten*, p. 88.
(16) Kant, *Die Religion*, p. 714.
(17) Ibid., p. 758.
(18) Ibid., p. 852.
(19) Carl Friedrich Bahrdt, *Würdigung der natürlichen Religion und des Naturalismus in Beziehung auf Staat und Menschenrechte* (Halle: Francke und Bispink, 1791), p. 7.
(20) Kant, *Die Religion*, p. 755.
(21) Immanuel Kant, *Grundlegung zur Metaphysik der Sitten*, p. 51.
(22) Ibid., p. 89.
(23) Ibid., p. 69.
(24) See below, pp. 241-242.
(25) Kant, *Metaphysik der Sitten*, p. 512.
(26) Ibid., p. 325.
(27) Ibid., p. 525.
(28) Ibid., p. 326.
(29) Kant, 'Über den Gemeinspruch', p. 163.
(30) Kant, 'Die Religion', p. 758.
(31) Kant, 'Über den Geminspruch', p. 153.

(32) Ibid., p. 44.

(33) Immanuel Kant, *Zum Ewigen Frieden*, in *Werkausgabe*, Vol. XI, pp. 195-251; 205.

(34) Kant, *Metaphysik der Sitten*, p. 437.

(35) Kant, *Zum ewigen Frieden*, p. 197.

(36) Kant, *Metaphysik der Sitte*, p. 431.

(37) Ibid., p, 569.

(38) Kant, 'Über den Gemeinspnlch', p. 153.

(39) Kant, *Zum ewigen Frieden*, p. 207.

(40) Kant, *Metaphysik der Sitten* , pp. 430-31.

(41) Ibid., p. 461.

(42) Bahrdt, *Würdigung der natürlichen Religion*, p. 237.

(43) Karl Heinrich Heydenreich, *Grundsätze des natürlichen Staatsrechts* (Leipzig: Weygand, 1795) , p. 15.

(44) Theodor Schmalz, *Handbuch des römischen Privatsrechts. Für Vorlesungen über Justinianische Institutionen*, 2nd (Königsberg: F. Nocolovius, 1801) , p. 18.

(45) Theodor Schmalz, *Das natürilichen Staatsrecht* (Königsberg: Fr. Nicolovius, 1794) , p. 61.

(46) Johann Benjamin Erhard, *Über das Recht des Volks zu einer Revolution* (Jena: Gabler, 1795) , pp. 92-93.

(47) Kant, *Metaphysik der Sitten*, pp. 439-40.

(48) Ibid., p. 498.

(49) Ibid., p. 366.

(50) Ibid., p. 424.

(51) Johann Gottlieb Fichte, *Grundlage des Naturrechts*, in *Werke*, edited by I. H. Fichte, 8 vols. (Berlin: de Gruyter, 1971) , Vol. III, pp. 1-385; 2-3.

(52) Ibid., p. 8.

(53) Ibid., p. 39.

(54) Ibid., p. 120.
(55) Ibid., p. 9.
(56) Ibid., p. 10.
(57) Ibid., p. 151.
(58) Ibid., p. 185.
(59) Ibid., p. 166.
(60) Ibid., p. 16.
(61) Ibid., p. 197.
(62) Ibid., p. 129.
(63) Johann Gottlieb Fichte, *Der geschlossene Handelsstaat*, in *Werke*, edited by I. H. Fichte, 8 vols. (Berlin in: de Gruyter, 1971), Vol, III, pp. 387-513; 403.
(64) Johann Gottlieb Fichte, *Grundlage des Naturrechts*, in *Werke*, Vol. III, pp. 1-385; 39.
(65) Friedrich Wilhelm Joseph von Schelling, *Vom Ich als Prinzip der Philosophie* oder über das Unbedingte im menschlichen Wissen, in *Werke*, edited by Manfred Schröter, 12 vols. (Munich: Beck and Oldenbourg, 1927-54), Vol. I, pp. 73-168; 122.
(66) Ibid., p. 123.
(67) Ibid., p. 122.
(68) Ibid., p. 165.
(69) Friedrich Willhelm Joseph von Schelling, *System des transzendentalen Idealismus*, in *Werke*, Vol. II, pp. 327-634; 535.
(70) Ibid., p. 177.
(71) Ibid., p. 165.
(72) Friedrich Willhelm Joseph von Schelling, *Neue Deduktion des Naturrechts*, in *Werke*, Vol. I, pp. 169-204; 172.
(73) Ibid., p. 184.
(74) Ibid., p. 203.
(75) Schelling, *System des transzentalen Idealismus*, p. 583.

(76) Ibid., p. 604.

(77) Ibid., p. 586. シェリングの初期の政治思想に関してきわめてすぐれているのは、以下の著作である。Alexander Hollerbach, *Rechtsgedanke bei Schelling: Quellenstudien zu seiner Rechts- und Staatsphilosophie*（Frankfurt am Main: Klostermann, 1957）. この点に関しては、とりわけ p. 84 を参照。

(78) Schelling, *System des transzendentalen Idealismus*, p. 583.

(79) G. W. F. Hegel, *Grundlinien der Philosophie des Rechts*, in *Werke*, edited by E. Moldenhauer and K. M. Michel, 20 vols.(Frankfurt am Main: Suhrkamp, 1969）, Vol. VII, p. 46.

(80) Ibid., p. 83.

(81) G. W. F. Hegel, *Phänomenologie des Geistes* , Vol. III, pp. 356-58.

(82) Hegel, *Grundlinien der Philosophie des Rechts*, p. 95.

(83) Ibid., p. 407.

(84) Ibid., p. 205.

(85) Ibid., p. 233.

(86) Ibid., p. 250.

(87) Ibid., p. 76.

(88) Hegel, *Die Verfassung Deutschlands*, Vol. I, pp. 461-581; 555.

(89) Hegel, *Philosophie des Rechts*, p. 346.

(90) Hegel, *Grundlinien der Philosophie des Rechts*, p. 399.

(91) G. W. F. Hegel, *Die Phänomenologie des Geistes*, Vol. III, pp. 147.

(92) とりわけ、Karl Ludwig von Haller, *Restauration der Staatswissenschaft*, 2nd edn., 6 vols.（Winterthur: Steiner, 1821-25）, Vol. III, p. 166 を参照。

(93) Hegel, *Phänomenologie*, pp. 145-55.

(94) Joachim Ritter, *Hegel und die französischen Revolution*（Frankfllrt am Main: Suhrkamp, 1965）, p. 69-70 を参照。著者はこのところの〔ヘーゲル〕解釈をリッターの示唆から得た。

(95) G. W. F. Hegel, *Vorlesungen über die Philosophie der Geschichte*, in *Werke*, Vol. XII, p. 326.

(96) G. W. F. Hegel, *Der Geist des Christentums und sein Schicksal*, in *Werke*, Vol. I, pp. 274-418; 288, 299.

(97) Ibid., p. 331.

(98) Ibid., pp. 323-26.

(99) Ibid., p. 370.

(100) Ibid., p. 394.

(101) Ibid., p. 323.

(102) Michael Theunissen, *Hegels Lehre vom absoluten Geist als theologisch-politischer Traktat* (Berlin: de Gruyter, 1970), p. 380 を参照。

第四章　歴史主義とロマン主義

(1) Johann Gottfried Herder, *Auch eine Philosophie der Geschichte zur Bildung der Menschheit*, in Herder, *Werke* in 5 vols.(Beriln and Weimar: Aufbau Verlag, 1978), Vol. IV, pp. 39-137; 65.

(2) Gustav Hugo, *Lehrbuch eines Civilistischen Cursus*, 7th edn., 7 vols. (Berlin: August Mylius, 1823), VOI. I, *Lehrbuch der juristischen Encyclopädie*, p. 19.

(3) Ibid., p. 55.

(4) Gustav Hugo, *Lehrbuch eines Civilistischen Cursus* (Berlin: August Mylius, 1819), Vol. II, *Lehrbuch des Naturrechts als einer Philosophie des positiven Rechts, besonders des Privatrechts*, p. 36.

(5) Ibid., p. 487.

(6) Ibid., p. 189.

(7) Hugo, *Lehrbuch eines Civilistischen Cursus*, Vol. I, p. 77.

(8) Ibid., p. 19.

(9) Friedrich Carl von Savigny, *Vermischte Schriften* (Berlin: Veit und Comp, 1850), p. 113.

(10) Friedrich Carl von Savigny, *Vom Beruf unserer Zeit für Gesetzgebung* (Heidelberg: J. C. B. Mohl; 1840), p. 11.
(11) Friedrich Carl von Savigny, *System des heutigen Römischen Rechts*, 9 vols. (Berlin: Veit und Comp, 1840), Vol. 1, pp. 21-22.
(12) Friedrich Carl von Savigny, *Das Recht des Besitzes: Eine civilistische Abhandlung*, 6th edn. (Giessen: Georg Friedrich Meyer; 1837), p. 25.
(13) Ibid., p. 279.
(14) Ibid., p. 383.
(15) Savigny, *Vom Beruf unserer Zeit für Gesetzgebung*, p. 30.
(16) Ibid., p. 30.
(17) Savigny, *System des heutigen Römischen Rechts*, Vol. I. III, p. 311.
(18) Savigny, *System des heutigen Römischen Rechts*, Vol. I, p. 23.
(19) Ibid., p. 22.
(20) Ibid., pp. 22-23.
(21) Wilhelm Humboldt, 'Über die Aufgabe des Geschichtschreibers', in Humboldt, *Werke*, edited by A. Flitner and K. Giel, 5 vols. (Stuttgart: Cotta, 1960), Vol. I, pp. 585-606; 599.
(22) Ibid., p. 605.
(23) Wilhelm von Humboldt, 'Ideen über Staatsverfassung, durch die neue französische Constitution veranlasst', in *Werke*, Vol. I, pp. 33-42; 35-36.
(24) Wilhelm von Humboldt, 'Über die Aufgabe des Geschichtsschreibers', p. 603.
(25) Wilhelm von Humboldt, 'Theorie der Bildung des Menschen', in *Werke*, Vol. I, pp. 234-40; 240.
(26) Wilhelm von Humboldt, 'Über die deutsche Staatsverfassung', in *Werke*, Vol. IV, pp. 302-22; 304.
(27) Ibid., p. 306.
(28) Humboldt, 'Ideen über Staatsverfassung', pp. 34-36.
(29) Wilhelm von Humboldt, 'Über Einrichtung landständischer Verfassungen', in *Werke*, in Vol. IV: pp. 433-500; 434-36, 447.
(30) Leopold von Ranke, 'Einleitung' in *Historisch-politische Zeitschrift*, Vol. I. (1832), pp. 1-9; 2.

(31) Ibid., p. 5.
(32) Leopold von Ranke, Frankreich und Deutschland', in *Historisch-politische Zeitschrift*, Vol. I (1832), pp. 77-93; 83-84.
(33) Leopold von Ranke, 'Politisches Gespräch', in *Historisch-politische Zeitschrift*, Vol. II (1833), pp. 775-807; 789.
(34) Ibid., p. 806.
(35) Ibid., p. 794.
(36) Ranke,'Einleitung', p. 6.
(37) Ranke 'Frankreich und Deutschland', p. 91.
(38) Ibid., p. 86.
(39) Ibid., p. 86.
(40) Johann Gustav Droysen, *Vorlesungen über die Freiheitskriege*, 2 vols. (Kiel: Universitäts-Buchhandlung, 1846), Vol. I, p. 59.
(41) Johann Gustav Droysen, *Vorlesungen über die Freiheitskriege*, Vol. II, p. 423.
(42) Ibid., p. 426.
(43) Heinrich von Treitschke, 'Der Socialismus und seine Gönner', in Treitschke, *Zehn Jahre deutscher Kämpfe 1865-1874: Schriften zur Tagespolitik* (Berlin: Reimer, 1874), pp. 458-555; 494, 526.
(44) Heinrich von Treitschke, *Politik*, 2 vols. (Leipzig: Hirzel, 1898), Vol. II, pp. 15, 2.
(45) Heinrich von Treitschke, *Die Freiheit* (Leipzig: Insel Verlag, 1912), p. 5.
(46) Treitschke, *Politik*, Vol. I, pp. 26-28.
(47) Ibid., p. 28.
(48) Ibid., p. 103.
(49) Ibid., p. 8.
(50) Leopold von Ranke, 'Die Idee der Volkssouveränität in den Schriften der Jesuiten', in *Historisch-politische Zeitschrift*, Vol. II (1833), pp. 606-16; 611.
(51) Johann Gustav Droysen, *Geschichte der Preussischen Politik*, 5 parts, (Leipzig: Veit und Comp, 1859), Part II/2, p. 40.
(52) Heinrich von Treitschke, *Politik*, Vol. I, p. 5.

(53) Heinrich von Treitschke, *Luther und die deutsche Nation* (Berlin: G. Reimer 1883), p. 20.

(54) Ibid., p. 16.

(55) Justus Möser, *Patriotische Phantasien I*, in Möser, *Sämtliche Werke*, edited by J. W J. von Voigt, 10 vols., new edn. (Berlin: Verlag der Nicolaischen Buchhandlung, 1842), Vol. I, p. 115.

(56) Ibid., p. 338, and Justus Möser, *Patriotische Phantasien II*, in *Sämmliche Werke*, Vol. 11, p. 10.

(57) Ibid., p. 21.

(58) Ibid., p. 213.

(59) Ibid., p. 22.

(60) Ibid., p. 9.

(61) Justus Möser, *Kleinere, den Patriotischen Phantasien verwandte Stücke*, in *Sämmliche Werke*, Vol. V, p. 191.

(62) Friedrich Schlegel, 'Versuch über den Begriff des Republikanismus', in Schlegel, *Kritische Ausgabe*, 22 vols. (Munich: Ferdinand Schöningh, 1966), Vol. VII, pp. 11-25; 22.

(63) Novalis, *Hymnen an die Nacht. Die Christenheit oder Europa* (Leipzig: Insel, 1912), esp. p. 38 を参照。

(64) Friedrich Schlegel, 'Über die neuere Geschichte', in *Kritische Ausgabe*, Vol. VII, pp. 125-407; 202.

(65) Friedrich Schlegel, 'Signatur des Zeitalters', in *Kritische Ausgabe*, Vol. VII, pp. 483-598; 485, 513.

(66) Ibid., pp, 525, 528.

(67) Ibid., p. 562.

(68) Ibid. p. 529.

(69) Adain H. Müller, *Die Elemente der Staatskunst*, 3 vols. (Berlin: J. D. Sander, 1809), Vol. II, pp. 122-24.

(70) Adam H. Müller, *Die Elemente der Staatskunst*, Vol. I, p. xi.

(71) Ibid., p. 265.

(72) Ibid., p. 207.

(73) Ibid., p. 38.

(74) Ibid., pp. 264-65.

(75) Ibid., pp. 5-6.
(76) Ibid., p. 247.
(77) Ibid., p. 242.
(78) Ibid., p. 200.
(79) Ibid., p. 66.
(80) Ibid., p. 119.
(81) Franz von Baader, *Grundzüge der Societätsphilosophie* (Wurzburg: Stael, 1837), p. 1.
(82) Ibid., p. 4.
(83) Ibid., pp. 16, 23.
(84) Ibid., p. 79.
(85) Ibid., p. 86.
(86) Franz von Baader, *Über das durch die französische Revolution herbeigeführte Bedürfniss einer neueren und innigern Verbindung der Religion mit der Politik* (Nuremberg: Fr. Campe, 1815), p. 27.
(87) F. W. J. Schelling, *Vorlesungen über die Methode des academischen Studium* (Tubingen: Cotta, 1803), p. 44.
(88) Ibid., p. 154.
(89) Ibid., p. 51.
(90) Ibid., p. 107.
(91) Ibid., p. 228.
(92) Ibid., p. 231.
(93) Schelling, 'Über das Wesen deutscher Wissenschaft', Vol. IV, pp. 377-94; 387.
(94) Schelling, *Vorlesungen über die Methode des academischen Studiums*, p. 233-35.
(95) F. W. J. Schelling, *Philosophische Untersuchungen über das Wesen der menschlichen Freiheit und damit zusammenhängenden Gegenstände*, in *Werke*, Vol. IV, pp. 223-308; 288.
(96) Ibid., p. 230. また F. W. J. Schelling, 'Über das Wesen deutscher Wissenschaft', p. 387 を参照。

(97) F. W. J. Schelling, *Philosophie der Offenbarung*, Vol. VI, p. 179.

(98) Ibid., p. 385.

(99) Schelling, *Vorlesungen über die Methode des academischen Studiums*, p. 231.

(100) Schelling, 'Über das Wesen deutscher Wissenschaft', pp. 386-88.

(101) Schelling, *Vorlesungen über die Methode des academischen Studiums*, p. 316.

(102) Ibid., p. 110.

(103) Ibid., p. 109.

(104) F. W. J. Schelling, *Stuttgarter Privatvorlesungen*, in Vol. IV, pp. 309-76; 353.

(105) F.W. J. Schelling, *Philosophie der Religion* (Tubingen: Cotta, 1804), pp. 73-74.

(106) Joseph Görres, *Teutschland und Revolution*, 2nd edn. (Koblenz: 1819), pp. 188-89.

(107) Ibid., p. 190.

(108) Friedrich Schleiermacher; *Der christliche Glaube nach den Grundsätzen der evangelischen Kirche*, 2 vols. (Berlin: G. Reimer, 1821), Vol. I, p. 94.

(109) Friedrich Schleiermacher, *Entwurf eines Systems der Sittenlehre*, in Schleiermacher, *Sämmliche Werke*, 32 vols. (Berlin: Reimer, 1834-64), Vol. III/V; p. 145.

(110) Ibid., pp. 276-77.

(111) Schleiermacher, *Der christliche Glaube*, pp. 35, 92-94.

(112) Friedrich Schleiermacher, *Die praktische Theologie nach den den Grundsätze der evangelischen Kirche, in Sämmliche Werke*, Vol. I/13, p. 525.

(113) Ibid., p. 553.

(114) Ibid., p. 668.

(115) Ibid., p. 626.

(116) Friedrich Schleiermacher, 'Über das liturgische Recht evangenlischer Fürsten', in *Sämmliche Werke*, Vol. I/5, pp. 477-535; 500.

(117) Ibid., p. 503.
(118) Friedrich Schleiermacher, *Geschichte der christlichen Kirche*, *Sämmtliche Werke*, Vol. I/11, p. 12.
(119) Ibid., p. 600.
(120) Friedrich Schleiermacher, *Die christliche Sitte nach den Grundsätz der evangelischen Kirche im Zusammenhamg dargestellt*, in *Sämmliche Werke*, Vol. I/12, p. 99.
(121) Ibid., p. 72.
(122) Schleiermacher, *Die praktische Theologie*, p. 531.
(123) Schleiermacher, *Die christliche Sitte*, p. 128.
(124) Ibid., p. 217.
(125) Schleiermacher, *Die praktische Theologie*, p. 521.
(126) Friedrich Schleiermacher, 'Über die für die protestantische Kirche des Preussischen Staats einzurichtende Synodalverfassung,' in *Sämmliche Werke*, Vol. I/5, pp. 217-94; 263.
(127) Schleiermacher, *Die christliche Sitte*, p. 455.
(128) Friedrich Schleiermacher, 'Ueber die Begriffe der verschiedenenen Staatsformen,' in *Sämmtliche Werke*, Vol. III/2, pp. 260-61.
(129) Schleiermacher, *Die christliche Sitte*, p. 455.
(130) Ibid., p. 280.
(131) Friedrich Schleiermacher, 'Ueber den Unterschied zwischen Naturgesetz und Sittengesetz,' in *Sämmtliche Werke*, Vol. 111/2, pp. 397-417; 409.
(132) Schleiermacher, *Entwurf eines Systems der Sittenlehre*, p. 441.
(133) Ibid., p. 441.
(134) Friedrich Schleiermacher, *Hermeneutik mit besonderer Bezug auf das Neue Testament*, in *Sämmtliche Werke*, Vol. I/7, p. 262.
(135) Schleiermacher, *Entwurf eines Systems der Sittenlehre*, p. 296.
(136) Schleiermacher, *Die christliche Sitte*, p. 455.
(137) Schleiermacher, 'Ueber die Begriffe der verschiedenen Staatsformen,' p. 261.

(138) Ibid., p. 268.

(139) Friedrich Schleiermacher, *Lehre vom Staat*, in *Sämmtliche Werke*, Vol. III/6, p. 51.

(140) Schleiermacher, 'Ueber die Begriffe der verschiedenen Staatsformen', p. 264; also, Schleiermacher, *Lehre vom Staat*, p. 65.

(141) Ibid., p. 76.

(142) Ibid., pp. 72, 105.

(143) Ibid., pp. 31, 88.

(144) Ibid., p. 88.

(145) Ibid., p. 19.

(146) Ibid., p. 62.

(147) Ibid., p. 166.

(148) Ibid., p. 21.

(149) Schleiermacher, *Entwurf eines Systems der Sittenlehre*, p. 285.

(150) Ibid., p. 143.

第五章　青年ヘーゲル主義者とカール・マルクス

(1) Friedrich Julius Stahl, *Die Philosophie des Rechts nach geschichtlicher Ansicht*, 1st edn., 3 vols. (Heidelberg: J. C. B, Mohr, 1830), Vol. I, *Die Genesis der gegenwärtigen Rechtsphilosophie*, p. 70.

(2) Ibid., p. 114.

(3) Ibid., pp. 104-6.

(4) Friedrich Julius Stahl, *Die Philosophie des Rechts*, 3rd edn., in 3 vols. (Heidelberg: J. C. B. Mohl: 1856), Vol. II/2, *Rechts- und Staatslehre auf der Grundlage christlicher Weltanschauung: Die Staatslehre und die Principien des Staatsrechts*, pp. 192-93.

(5) Friedrich Julius Stahl, *Die Philosophie des Rechts nach geschichtlicher Ansicht*, vol. I, p. 307.

(6) Ibid., p. 289.

(7) Friedrich Julius Stahl, *Die Philosophie des Rechts*, Vol. 11, p. 413.
(8) Ibid., p. 239.
(9) Friedrich Julius Stahl, *Der christliche Staat und sein Verhältniss zu Deismus und Judentum: Eine durch die Verhandlungen des Vereinigten Landtags hervorgerufene Abhandlung* (Berlin: Ludwig Oehmigke, 1847), p. 10.
(10) Friedrich Julius Stahl, *Die Kirchenverfassung nach Lehre und Recht der Protestanten*, 2nd edn. (Erlangen: Theodor Bläsing, 1862), p. 9.
(11) Ibid., pp. 225-29.
(12) Friedrich Julius Stahl, *Die Philosophie des Rechts*, Vol. II/2, p. 258.
(13) Ibid., pp. 138-39.
(14) Ibid., p. 3.
(15) Friedrich Julius Stahl, *Die Philosophie des Rechts*, 3rd edn., 3 vols. (Heidelberg: J. C. B. Mohr, 1854), Vol. II, *Rechts- und Staatslehre auf der Grundlage christlicher Weltanschauung: Die allgemeinen Lehren und das Privatrecht*, p. 25.
(16) Friedrich Julius Stahl, *Die Philosophie des Rechts*, Vol. 11/1, p. 257.
(17) Ibid., p. 235.
(18) Stahl, *Der christliche Staat*, p. 62.
(19) Ibid., pp. 25, 29.
(20) シュタールはあらゆる神権政治的諸理念をあしざまに罵倒した。以下の著作を参照。Friedrich Julius Stahl, *Der Protestantismus als politisches Prinzip* (Berlin: Wilhelm Schultze, 1853), p. 16.
(21) Stahl, *Die Philosophie des Rechts*, Vol. 11/1, p. 219.
(22) Stahl, *Die Kirchenverfassung nach Lehre und Recht der Protestanten*, p. 49.
(23) Stahl, *Der Protestantismus als Politisches Princip*, pp. 11-12.
(24) 三月革命前のヘーゲル以後の哲学における人格主義の拒絶に関する卓越した分析については、以下の著作を参照。Warren Breckmann, *Marx, The Young Hegelians, and the Origins of Radical Social Theory* (Cambridge: Cambridge University Press, 1999), pp. 9-11.

(25) G. W. F. Hegel, *Vorlesungen über die Philosophie der Religion* II, in *Werke*, Vol. XVII, p. 273.
(26) David Friedrich Strauss, *Die christliche Glaubenslehre in ihrer geschichtlichen Entwicklung und im Kampfe mit der modernen Wissenschaft*, 2 vols.（Tubingen: C. E. Osiandel: 1840）, Vol. I, p. 512 など参照。
(27) Bruno Bauer, *Die Religion des Alten Testaments in der geschichtlichen Entwicklung ihrer Principien*, 2 vols.（Berlin: F. Dümmler, 1838）, Vol. I, p. xxii.
(28) Philipp Marheineke, *Zur Kritik der Schellingschen Offenbarungsphilosophie*（Berlin: Enslin, 1843）, p. 57.
(29) Ibid., p. 22.
(30) Philipp Marheinecke, *Die Grundlehren der christlichen Dogmatik*（Berlin: Ferdinand Dümmler, 1819）, pp. 148, 146.
(31) Philipp Marheineke, *Entwurf der practischen Theologie*（Berlin: Duncker und Humblot, 1837）, p. 36.
(32) Bauer, *Die Religion des Alten Testaments*, p. xxii.
(33) Ibid., p. xlvii.
(34) Ibid., p. xlvii.
(35) Bruno Bauer, 'Das Leben Jesu. Kritisch bearbeitet von David Friedrich Strauss', in *Jahrbücher für wissenschaftliche Kritik*, Vol. II（1835）, pp. 879-911; 886.
(36) Bruno Bauer, *Kritik der evangelischen Geschichte des Johannes*（Bremen: Carl Schünemann, 1840）, p. 5.
(37) Bauer, *Die Religion des Alten Testaments*, p. lix.
(38) Ibid., p. 145.
(39) Bruno Bauer, 'Die Prinzipien der mosaischen Rechts, und Religions-Verfassung, nach ihrem inneren Zusammenhang entwickelt', in *Zeitschrift für speculative Theologie*, Vol. II/2（1837）, pp. 297-353; pp. 306, 308.
(40) Bauer, *Die Religion des Alten Testaments*, p. lxvi.
(41) Bruno Bauer, *Herr Dr Hengstenberg. Kritische Briefe über den Gegensatz des Gestzes und des Evangelium*（Berlin: F. Dümmler, 1839）, p. 13.
(42) Bruno Bauer, 'Die Prinzipien der mosaischen Rechts-und Religions-Verfassung', p. 333.
(43) Bruno Bauer, *Das Entdeckte Christentum: Eine Erinnerung an das achtzehnte Jahrhundert und ein Beitrag zur Krisis des*

neuzehnten (Zurich: Verlag des literarischen Comptoirs, 1843), p. 113.

(44) Ibid., p. 12.

(45) そこから結果する、グノーシス主義へのかれの後の熱狂に注意。In Bruno Bauer; *Christus und Caesaren: Der Ursprung des Christentums aus dem römischen Griechentum*, 2nd edn. (Berlin: Eugen Grosser, 1879), p. 316.

(46) Bruno Bauer, *Die Posaune des jüngsten Gerichts über Hegel den Atheisten und Antichristen: Ein Ultimatum* (Leipzig: Otto Wigand, 1841), p. 160.

(47) Bruno Bauer, *Die evangelische Landeskirche Preussens und die Wissenschaft* (Leipzig: Otto Wigand, 1840), p. 104.

(48) Ibid., p. 100.

(49) Bruno Bauer, *Russland und das Germanentum* (Charlottenburg: Egbert Bauer, 1853), p. 45.

(50) Ibid., p. 46.

(51) Ibid., p. 93.

(52) バウアーもまた、一八四八年革命の失敗を憲法制定者たちの宗教的帰属性（religious affiliations）に起因する政治的弱点に帰した。Bruno Bauer, *Die bürgerliche Revolution in Deutschland seit dem Anfang der Deutsch-katholischen Bewegung bis zur Gegenwart* (Berlin: Gustav Hempel, 1849), pp. 51, 260-62 を参照。

(53) David Friedrich Strauss, *Streitschriften zur Vertheidigung meiner Schrift über das Leben Jesu und zur Charakteristik der gegenwärtigen Theologie*, 3 vols. (Tubingen: Osiander, 1837), Vol. III, p. 126.

(54) David Friedrich Strauss, *Das Leben Jesu*, 2 vols., 4th edn. (Tubingen: Osiander, 1840), Vol. I, p. 186.

(55) Ibid., p. 87.

(56) David Friedrich Strauss, *Das Leben Jesu*, Vol. II, p. 63.

(57) Ibid., pp. 709-10.

(58) David Friedrich Strauss, *Die christliche Glaubenslehre in ihrer geschichtlichen Entwicklung und im Kampfe mit der modernen Wissenschaft*, 2 vols. (Tubingen: C. F. 0siander, 1840), Vol. II, p. 75.

(59) Ibid., pp. 51, 53, 82, 256-57. シュトラオスがバウアーに与えた影響に関する説明については、Ernst Barnikol, 'Der Briefwechsel zwischen Strauss und Baur. Ein quellenmässiger Beitrag zur Strauss-Baur-Forschung', in *Zeitschrift für Kirchengeschichte*, 4/73

(1962), pp. 74-125; 104-5 を参照。

(60) Strauss, *Die christliche Glaubenslehre*, p. 355.

(61) David Friedrich Strauss, *Der politische und theologische Liberalismus* (Halle: Künmmel, 1848), p. 15.

(62) Ludwig Feuerbach, *Das Wesen des Christentums*, 2 vols., edited by Werner Schuffenhauer (Berlin: Akademie-Verlag, 1956), Vol. I, p. 41.

(63) Ibid., pp. 71, 75.

(64) Ibid., p. 283.

(65) Ludwig Feuerbach, 'Kritik der "christnchen Rechts-und Staatslehre" (Von Fr. J. Stahl, 1833)', in *Sämmtliche Werke*, 10 vols. (Leipzig: Otto Wigand, 1846), Vol. I, *Erläuterungen und Ergänzungen zum Wesen des Christentums*, pp. 108-27; 109.

(66) Feuerbach, *Das Wesen des Christentums*, p. 72.

(67) Ibid., p. 237.

(68) Ibid., pp. 228-29.

(69) Ibid., p. 36.

(70) Ibid., p. 124.

(71) Karl Friedrich Göschel, *Beiträge zur spekulativen Philosophie von Gott und dem Menschen und von dem Gott-Menschen: Mit Rücksicht auf Dr. D. F. Strauss Christologie* (Berlin: Duncker und Humblot, 1838), pp. 21-22, 62, 149.

(72) Karl Fricdrich Göschel, *Von den Beweisen für die Unsterblichkeit der menschlichen Seele im Lichte der spekulativen Philosophie: Eine Ostergabe* (Berlin: Duncker und Humblot, 1835), p. 126.

(73) Karl Friedrich Göschel, *Aphorismen über Nichtwissen und absolutes Wissen im Verhältnisse zur christlichen Glaubensbekenntniss: Ein Beytrag zum Verstäntnisse Der Philosophie unserer Zeit* (Berlin: E. Franklin, 1829), p. 150,

(74) Julius Schaller, *Der historische Christus und die Philosophie: Kritik der Grundidee des Werks das Leben Jesu von Dr. D. F. Strauss* (Leipzig: Otto Wigand, 1838), p. 106.

(75) Julius Schaller, *Die Philosophie unserer Zeit. Zur Apologie und Erläuterung des Hegelschen Systems* (Leipzig: J. C. Hinrichsche Buchhandlung, 1837), p. 319.

(76) Marheineke, *Die Grundlehren der christlichen Dogmatik*, p. 83.
(77) Ibid., p. 205.
(78) Karl Rosenkranz, *Kritik der Principien der Strauss'schen Glaubenslehre*（Leipzig: Gustav Brauns, 1845）, p. 55.
(79) Karl Ludwig Michelet, *Über die Persönlichkeit des Absoluten: Ein Gespräch*（Nuremberg: Theodor Cramel; 1844）, p. 27.
(80) Karl Ludwig Michelet, *Vorlesungen über die Persölichkeit Gottes und die Unsterblichkeit der Seele oder die ewige Persönlichkeit des Geistes*（Berlin: Ferdinand Dümmler, 1841）, p. 238.
(81) Michelet, *Über die Persönlichkeit des Absoluten*, p. 35.
(82) Karl Ludwig Michelet, *Entwicklungsgeschichte der neuesten deutschen Philosophie mit besonderer Rücksicht auf den gegenwärtigen Kampf Schellings mit der Hegelschen Schule*（Berlin: Dunker und Humblot, 1843）, p. 314.
(83) Michelet, *Über die Persönlichkeit des Absoluten*, p. 210.
(84) Michelet, *Vorlesungen über die Persönlichkeit Gottes*, p. 196.
(85) August Cieszkowski, *Gott und Palingenesie*（Berlin: Schroeder, 1842）, pp. 58-59.
(86) Göschel, *Beiträge zur spekulativen Philosophie von Gott und dem Menschen*, p. 61.
(87) マールハイネケ（Marheineke）は、教会会議組織（consistorial constitution）を教会と国家の媒介する機関として擁護した（Phillip Marheineke, *Entwurf der practischen Theologie*, Berlin: Duncker und Humblot, 1837, p. 112）。ゲッシェル（Göschel）もまた、教会会議制度の一貫した体制を支持した。実際、かれは、一時期、ザクセンの教会会議〔宗務局〕（consistory）の主任であった（この点についてはKarl Friedrich Göschel, *Der Dualismus evangelischer Kirchen-Verfassung*, Stettin: L. Weiss, 1852, p. 21を参照）。より穏健な立場から、Michelet は、より民主的な教会会議体制 synodal constitution を弁護した（see Michelet, *Zur Verfassungsfrage*, p. 65）。
(88) See Karl Rosenkfanz, *Meine Reform der Hegelschen Philosophie. Sendschreiben an Herrn Dr. J. U. Wirth*（Konigsberg: Bornträger, 1852）, p. 68; Michelet, *Vorlesungen über die Persönlichkeit*, p. 153.
(89) Karl Ludwig Michelet, *Der historische Christus und das neue Christentum*（Darmstadt: Carl Wilhelm Leske, 1847）, p. 175.
(90) Karl Ludwig Michelet, *Zur Verfassungsfrage*（Frankfurt an der Oder: Trowitsch und Sohn, 1848）, p. 18.
(91) これに関する最近の卓越した説明については、Douglas Moggach, *The Philosophy and Politics of Bruno Bauer*（Cambridge:

Cambridge University Press, 2003), p. 94 を参照。

(92) David Friedrich Strauss, *Sechs theologisch-politische Volksreden* (Stuttgart: Cotta, 1848), p. 27. シュトラオスもまた、一八四八年の憲法制定過程を、フランクフルト・アム・マインの憲法制定会議（Constitutional Assembly）の代議員たちの宗教的諸利害関心によって危険に晒されたと見ていた（pp. 42-43）。

(93) Bnmo Bauer, *Die Judenfrage* (Braunschweig: Friedrich Otto, 1843), p. 19.

(94) Bauer, *Die evangelische Landeskirche*, p. 100.

(95) Amold Ruge, 'Der preussische Absolutismus und seine Entwicklung', in *Gesammelte Schriften*, 10 vols. (Mannheim: Grohe, 1846), Vol. IV, pp. 1-59; 54.

(96) Ibid., p. 33.

(97) Arnold Ruge, 'Selbstkritik des Liberalismus', in *Gesammelte Schriften*, vol. III, pp. 76-1 16; 109.

(98) Arnold Ruge, 'Das Verhältniss von Theorie und Praxis', in *Gesammelte Schriften*, Vol. III, pp. 24-41; 33.

(99) Ruge, 'Selbstkritik des Liberalismus', p. 90.

(100) Ruge, 'Das Verhältniss von Theorie und Praxis', p. 31.

(101) August von Cieszkowski, *Prolegomena zur Historiosophie* (Berlin: Veit und Comp, 1838), pp. 18, 116-17.

(102) Max Stirner, *Der Einzige und sein Eigentum* (Leipzig: Wigand, 1845), pp. 234, 203.

(103) Ibid., p. 230.

(104) Ibid., p. 244.

(105) Ibid., p. 269.

(106) Karl Marx, *Ökonomisch-philosophische Manuskripte, in Mar Frühe Schriften*, edited by J.-I. Lieber and R. Furth (Stuttgart: Cotta, 1962), pp. 506-665; 593-94.

(107) Karl Marx, *Thesen über Feuerbach*, in Karl Marx and Friedrich Engels, *Werke* 43 vols. (Berlin: Dietz, 1958-68), pp. 5-7; 6.

(108) Marx, *Ökonomisch-philosophische Manuskripte*, p. 566.

(109) Ibid., p. 567.

(110) Ibid., p. 568.

(111) Ibid., p. 562.
(112) Ibid., p. 596.
(113) Karl Marx, *Zur Kritik der politischen Ökonomie* (Berlin: Dietz, 1971), p. 15.
(114) Friedrich Engels and Karl Marx, *Die Deutsche Ideologie*, Vol. III, pp. 26, 27, 69.
(115) Karl Marx, *Das Kapital*, in *Werke* , Vol. XXIII, p. 85.
(116) Karl Marx, *Zur Judenfrage*, in *Werke*,Vol. I, pp. 347-377; 366.
(117) Marx, *Zur Kritik der politischen Ökonomie*, p. 15.
(118) Karl Marx, Zur Judenfrage, p. 364.
(119) Karl Marx, *Kritik des Hegelschen Staatsrechts*, in *Werke*, Vol. I, pp. 203-333; 263.
(120) Friedrich Engels and Karl Marx, *Die heilige Familie*, in *Werke*, Vol. II, pp. 7-223; 118.
(121) Marx, *Zur Judenfrage*, pp. 352-53.
(122) Ibid., p. 360.
(123) Engels and Marx, *Die heilige Familie*, p. 233.
(124) Marx, *Zur Judenfrage*, p. 360.
(125) Engels and Marx, *Die heilige Familie*, p. 63.
(126) Karl Marx, *Verhandlungen des 6. rheinischen Landtags. Debatten über das Holzdiebstahlgesetz*, in Vol. I, pp. 10947; 121-2.
(127) Engels and Marx, *Die heilige Familie*, p. 62.
(128) Karl Marx, 'Das philosophische Manifest der historischen Rechtsschule', in *Werke*, Vol. I, pp. 78-85; 79.
(129) Karl Marx, *Debatten über das Holzdiebstahlgesetz*, pp. 143-44.
(130) Ibid., p. 146.
(131) Ibid., pp. 119, 116.
(132) Ibid., p. 119.
(133) Marx, p. 364-65.
(134) Marx, Ökonomisch-philosophische Manuskripte, p. 597.

(135) Ibid., p. 593.

(136) Ibid., p. 370.

(137) Eduard Gans, *System des Römischen Civilrechts im Grundrisse nebst einer Abhandlung über Studium des Römischen Rechts* (Berlin: Ferdinand Dümmler, 1827), pp. 198-99.

(138) Eduard Gans, 'Naturrecht', in: *Philosophische Schriften*, edited and introduced by Horst Schroeder (Glashütten im Taunus: Detlev Auvermann, 1971), pp. 37-154; 75.

(139) Ibid., p. 355.

(140) Marx, *Zur Judenfrage*, p. 355,

第六章　法実証主義と有機体論

(1) フーゴーの法実証主義との関係については、F. Eichengrün, *Die Rechtsphilosophie Gustav Hugos: Ein geistesgeschichtlicher Beitrag zum Historischen Schule von Naturrecht und Rechtspositivismus* (Haag: Nijhoff; 1935), pp. 113-14 を参照。また Heinrich Weber, *Gustav Hugo: Vom Naturrecht zur Historischen Schule. Ein Beitrag zur Geschichte der deutschen Rechtswissenschaft* (Göttingen: Vandenhoeck und Ruprecht, 1935), pp. 25-26 を参照。

(2) Wilhelm von Humboldt, *Ideen zu einem Versuch, die Gränzen der Wirksamkeit des Staates zu bestimmen*, in *Werke*, Vol. I, pp. 56-233, pp. 56-233, pp. 90, 142-45, 147

(3) Ibid., p. 109.

(4) Paul Johann Anselm Feuerbach, *Anti-Hobbes, oder über die Grenzen der höchsten Gewalt und das Zwangsrecht der Bürger gegen den Oberherren* (Erfurt: Henning'sche Buchhandlung, 1798), p. 26.

(5) Paul Johann Anselm von Feuerbach, *Kritik des natürlichen Rechts als Propädeutik zu einer Wissenschaft der natürlichen Rechte* (Alktona: Verlagsgesellschaft, 1796), p. 115.

(6) Feuerbach, *Anti-Hobbes*, pp. 86-87.

(7) Feuerbach, *Kritik des natürlichen Rechts*, p. 238.

(8) Feuerbach, *Anti-Hobbes*, pp. 269, 257.

(9) Karl Salomo Zachariä, *Die Wissenschaft der Gesetzgebung. Als Einleitung zu einem allgemeinen Gesetzbuch* (Leipzig: Gerhard Fischer, 1806), p. viii.

(10) Ibid., pp. 221-23.

(11) Karl von Rotteck and Karl Welcker, *Das Staats-Lexikon*, 15 vols. (Leipzig: Brockhaus, 1834-43), Vol. VI, p. 733.

(12) Karl von Rotteck and Karl Welcker, *Das Staats-Lexikon*, Vol. XV, pp. 66-67.

(13) Friedrich Christoph Dahlmann, *Die Politik, auf den Grund und das Mass der gegebenen Zustände zurückgeführt*, introduced by O. Westphal (Berlin: Hobbing, 1924), pp. 124-32.

(14) Ibid., p. 132.

(15) Robert von Mohl, *Das deutsche Rechtsstaatsrecht* (Tubingen: H. Laupp, 1873), p. 50.

(16) Ibid., p. 40.

(17) Lorenz von Stein, *Geschichte der sozialen Bewegung in Frankreich von 1789 bis auf unsere Tage* (Darmstadt: Wissenschaftliche Buchgesellschaft, 1959), Vol. I, p. 138.

(18) Anton F. J. Thibaut, *Ueber die Nothwendigkeit eines allgemeinen bürgerlichen Rechts für Deutschland* (Heidelberg: Mohr und Zimmer; 1814), p. 25.

(19) Ibid., p. 12.

(20) Anton F. J. Thibaut, *System des Pandekten-Rechts*, 2 vols. (Jena: Johann Michael Manke, 1803), Vol. I, p. 35.

(21) Anton F. J. Thibaut, *Versuche über einzelne Theile der Theorie des Rechts* (Jena: Johann Michael Manke, 1798), pp. 154-5.

(22) Ibid., p. 162.

(23) Ibid., pp. 202-5.

(24) Thibaut, *System des Pandekten-Rechts*, p. 26.

(25) Anton F J. Thibaut, *Theorie der logischen Auslegung des Römischen Rechts* (Altona: Johann Friedrich Hammerich, 1799), pp. 194-95.

(26) G. F. Puchta, *Cursus der Institutionen*, 3 vols. (Leipzig: Breitkopf & Härtel, 1841), Vol. 1, p. 4.

（27） G. E. Puchta, *Lehrbuch der Pandekten*（Leipzig: I A. Barth, 1838）, p, 11.

（28） Ibid., p. 11. James Q. Whitman は確信を持って、歴史学派の代表者たちが大学の法律家の特権的立場を擁護することに係わったことを、強調した。Whitman, *The Legacy Roman Law in the German Romantic Era: Historical Vision and Legel Change*（Princeton, NJ.: Princeton University Press, 1990）, p. 122 を参照。

（29） Ibid., p. 79.

（30） Ibid., p. 11.

（31） Ibid., p. 92.

（32） Puchta, *Cursus der Institutionen*,Vol. I, p. 100.

（33） Ibid., p. 64.

（34） Ibid., p. 65.

（35） Puchta, *Cursus der Institutionen*, Vol. II, p. 268.

（36） ローマ法における国家の人格性の概念構成に関するいまだなお卓越した批判的説明については、以下の著作を参照。Rudolf Sohm, *Ein Lehrbuch der Geschichte und des Systems des Römischen Privatrechts*（Leipzig: Duncker und Humblot, 1899）, p. 189.

（37） Puchta, *Cursus der Institutionen*,Vol. I, p. 29.

（38） Ibid., p. 29.

（39） Carl Friedrich von Gerber, *System des deutschen Privatrecht*, 6th edn.（Jena: Fr. Mauke, 1858）, p. 19.

（40） ローマ法とゲルマン法の間のゲルバーの立場に関しては、以下の著作を参照。Peter von Oertzen, *Die soziale Funktion des staatsrechtlichen Positivismus*（Frankfurt am Main: Suhrkamp, 1974）, p. 220.

（41） Gerber, *System*, p. 3.

（42） Ibid., p. 62.

（43） Ibid., p. 166.

（44） Carl Friedrich von Gerber, *Grundzüge eines Systems des deutschen Staatsrechts*（Leipzig: Bemhard Tauchnitz, 1865）, p. 19-20.

(45) Ibid., pp. 71-73.

(46) Ibid., pp. 173-75.

(47) Ibid., pp. 19-20.

(48) Oertzen, *Die soziale Funktion*, p. 182.

(49) Gerber, *Grundzüge*, p. 137.

(50) Rudolf Jhering, *Geist des römischen Rechts auf den verschiedenen Stufen seiner Entwicklung*, 3 vols., (Leipzig: Breitkopf und Härtel, 1852), Vol. I, p. 12.

(51) Ibid., p.29.

(52) Jhering, *Geist des römischen Rechts*, Vol. II/1, p. 316.

(53) Jhering, *Geist des römischen Rechts*, Vol. I, pp. 104, 211.

(54) Ibid., pp. 216-17.

(55) Ibid., pp. 79-80.

(56) Ibid., pp. 217-18.

(57) Ibid., p. 203.

(58) Rudolf Jhering, *Geist des römischen Rechts*, Vol. III, p. 317.

(59) Rudolf von Jhering, *Der Zweck im Recht*, 2 vols. (Leipzig: Breitkopf und Härtel, 1877-83), Vol. II, p. 133.

(60) Rudolf von Jhering, *Der Besitzwille: Zugleich eine Kritik der herrschenden juristischen Methode* (Jena: Gustav Fischer, 1889), p. 538.

(61) Ibid., p. 481.

(62) Rudolf von Jhering, *Der Zweck im Recht*, Vol. I, p. 47.

(63) Rudolf von Jherillg, *Der Kampf um's Recht*, 2nd edn. (Wien: Mainz, 1872), p. 51.

(64) Jhering, *Der Zweck im Recht*, Vol. I, p. 222.

(65) Jhering, *Geist des römischen Recht*, Vol. II/1, p. 266.

(66) Ibid., p. 128.

(67) Jhering, *Der Zweck im Recht*, Vol. I, p. 48.

(68) Ibid., pp. 301, 455.

(69) Ibid., p. 499.

(70) bid., p. 344.

(71) Ibid., p. 460.

(72) Bernhard Windscheid, 'Die Aufgaben der Rechtswissenschaft', in Windscheid, *Gesammelte Reden und Aufsätze* (Leipzig: Duncker und Humblot, 1904), pp. 100-1 16; 112を参照。

(73) Paul Laband, *Das Staatsrecht des deutschen Reichs*, 4th edn., 4 vols. (Leipzig and Tubingen: J. C. B. Mohl; 1901), Vol. I, pp. 89-90.

(74) Ibid., p. 27.

(75) Ibid., p. 9.

(76) Ibid., pp. 195-96.

(77) Paul Laband, *Das Staatsrecht des deutschen Reichs*, Vol. II, p. 5.

(78) Georg Jellinek, *System der subjektiven öffentlichen Rechte* (Freiburg: J. C. B. Mohr, 1892), p. 9.

(79) Ibid., p. 10.

(80) Ibid., p. 77.

(81) Georg Jellinek, *Allgemeine Staatslehre* (Berlin: Häring, 1900), p. 439.

(82) Georg Jellinek, *Die rechtliche Natur der Staatsverträge: Ein Beitrag zur juristischen Construction des Völkerrecht* (Vienna: Alfred Hölder, 1880), p. 28.

(83) Jellinek, *System der subjektiven öffentlichen Rechte*, p. 10.

(84) Jellinek, *Allgemeine Staatslehre*, p. 621. イエリネクの自由主義とかれのラーバント批判については、Christoph Schönberger, 'Ein liberaler zwischcn Staatswille und Volkswille: Georg Jellinek und die Krise des staatsrechtlichen Positivismus um die Jahrhundertwende', in Stanley L. Paulson and Martin Schulte (eds.), *Georg Jellinek. Beiträge zu Leben Werk* (Tubingen: J. C. B. Mohl, 2000), pp. 3-32; 21を参照。

（85） Jellinek, *Allgemeine Staatslehre*, pp. 122-23.
（86） Ibid., p. 74.
（87） Ibid., p. 145.
（88） Jellinek, *System der subjektiven öffentlichen Rechte*, p. 22.
（89） Jellinek, *Allgemeine Staatslehre*, p. 226.
（90） Ibid., p. 184.
（91） Ibid., p. 204.
（92） Ibid., p. 323.
（93） Ibid., p. 308.
（94） Hermann Kantorowicz, *Zur Lehre vom richtigen Recht*（Berlin: Walter Rothschild, 1909）, p. 37.
（95） Eugen Ehrlich, 'Freie Rechtsordung und freie Rechtswissenschaft', in Ehrlich, *Recht und Leben: Gesammelte Schriften zur Rechtstatsachenforschung und zur Freirechtslehre*, selected and edited by M. Rehbinder（Berlin: Duncker und Humblot, 1967）, pp. 170-202; 188; Hermann Kantorowicz, *Aus der Vorgeschichte der Freirechtslehre*（Mannheim: J. Bensheimer, 1925）, p. 33; Gustav Radbruch, 'Rechtswissenschaft als Rechtsschöpfung', p. 365.
（96） Ehrlich, 'Freie Rechtsordung und freie Rechtswissenschaft", Ein Beitrag zum juristischen Methodenstreit', in *Archiv für Sozialwissenschaft und Sozialpolitik*, 22（1906）, pp. 192, 184.
（97） Gnaeus Flavius［Hermann Kantorowicz］, *Der Kampf um die Rechtswissenschaft*（Heidelberg: Carl Winter, 1906）, p. 26.
（98） ラートブルフが特に主張した点は、実証主義における国家を法の疑問の余地のない起源として概念構成したことは初期プロテスタンティズムにおける神を概念構成したことと比較されうる、ということであった。Radbruch, 'Rechtswissenschaft als Rechtsschöpfung', pp. 366-7 を参照。
（99） Flavius, *Der Kampf*, p. 28.
（100） Ibid., pp. 8-9.
（101） C. J. A. Mittermaier, *Lehrbuch des deutschen Privatrechts*（Landshut: Phinpp Krüll, 1821）, p. 40.
（102） Jacob Grimm, *Deutsche Rechts-Alterthümer*（Göttingen: Dieterich, 1828）, pp. xvi-xviii.

(103) Eduard Albrecht, 'Grundsätze des deutschen Staatsrechts, systematisch entwickelt von Dr. Romeo Maurenbrecher', in *Göttingische gelehrte Anzeigen*, 150-51 (1837), pp. 1489-1504; 1491-92.

(104) Karl Friedrich Eichhorn, *Deutsche Staats- und Rechtsgeschichte*, 5th edn., 4 vols. (Göttingen: Vandenhoeck und Ruprecht, 1843), vol. III, pp. 328-46.

(105) KarI Friedrich Eichhorn, *Deutsche Staats- und Rechtsgeschichte*, 3rd edn., 4 vols. (Göttingen: Vandenhoeck und Ruprecht, 1821), Vol. II, p. 278.

(106) Karl Friedrich Eichhorn, *Deutsche Staats- und Rechtsgeschichte*, Vol. III, p. 403.

(107) Karl Friedrich Eichhorn, *Deutsche Staats- und Rechtsgeschichte*, Vol. II, pp. 342-43.

(108) Ibid., p. 559. 併せKarl Friedrich Eichhorn, *Einleitung in das deutsche Privatrecht mit Einfluss des Lehenrechts*, 5th edn.(Göttingen: Vandenhoeck und Ruprecht, 1845), pp. 405-6 を参照。

(109) Georg Beseler, *Volksrecht und Juristenrecht* (Leipzig: Weidmannsche Buchhandlung, 1843), pp. 69-70, 84.

(110) Georg Beseler, *System des gemeinen deutschen Privatrechts*, 3 vols. (Leipzig: Weidmann'sche Buchhandlung, 1847), Vol. I, pp. 353-54.

(111) Beseler, *Volksrecht und Juristenrecht*, p. 173.

(112) Ibid., p. 173.

(113) Ibid., p. 174; and Beseler, *System des gemeinen deutschen Privatrecht*, Vol. I, p. 135.

(114) Johann Caspar Bluntschli, *Allgemeines Staatsrecht* (Munich: Verlag der literarisch-artistischen Anstalt, 1852), p. 244.

(115) Johann Caspar Bluntschli, 'Der Rechtsbegriff', in Bluntschli, *Voträge gehalten zu München im Winter 1856* (Braunschweig: Friedrich Vieweg und Sohn, 1858), pp. 143-83; 183.

(116) Johann Caspar Bluntschnli, *Die neueren Rechtsschulen der deutschen Juristen* (Zurich: Ch. Beyel, 1841), p. 38.

(117) Johann Caspar Bluntschli, *Deutsches Privatrecht*, 3rd edn., expanded (Munich: Cotta, 1864), p. 24.

(118) Albert Hänel, *Deutsches Staatsrecht*, Vol. I; *Die Grundlagen des deutschen Staates und die Reichsgewalt* (Leipzig: Duncker und Humblot, 1892), p. 117.

(119) Ibid., pp. 106-7.

(120) Ibid., p. 131.

(121) Otto von Gierke, *Das deutsche Genossenschaftsrecht*, Vol. I: *Rechtsgeschichte der deutschen Genossenschaft* (Berlin: Weidmann, 1868), p. 801.

(122) Otto von Gierke, *Das deutsche Genossenschaftsrecht*, Vol. II: *Geschichte des deutschen Körperschaftsbegriff* (Berlin: Weidmann, 1873), pp. 27-29.

(123) Ibid., p. 24.

(124) Ibid., p. 30.

(125) Ibid., p. 37.

(126) Otto von Gierke, *Das deutsche Genossenschaftsrecht*, Vol. 1: *Rechtsgeschichte der deutschen Genossenschaft* (Berlin: Weidmann, 1868), p. 1.

(127) Ibid., p. 13.

(128) Gierke, *Das deutsche Genossenschaftsrecht*, Vol. II, p. 134.

(129) Otto von Gierke, *Deutsches Privatrecht*, Vol. I: *Allgemeiner Teil und Personenrecht* (Leipzig: Duncker und Humblot, 1895), p. 470.

(130) Otto von Gierke, *Deutsches Privatrecht*, Vol. I, p. 29.

(131) Ibid., p. 126.

(132) Ibid., p. 702.

(133) Otto von Gierke, 'Labands Staatsrecht und die deutsche Privatrechtswissenschaft', in *Jahrbuch für Gesetzgebung*, 7/4 (1883), pp. 1-99: 4.

(134) Ibid., p. 18.

(135) Ibid., p. 12.

(136) Ibid., pp. 3-5.

(137) Gierke, *Das deutsche Genossenschaftsrecht*, Vol. II, p. 474

(138) Ibid., p. 886.

(139) Ibid., pp. 563, 622
(140) Otto von Gierke, *Das deutsche Genossenschaftsrecht*, Vol. III, *Die Staats und Korporationslehre des Althertums und des Mittelalters* (Berlin: Weidmann, 1881), p. 609.
(141) Otto von Gierke, *Das deutsche Genossenschaftsrecht*, Vol. IV.: *Die Staats- und Korporationslehre der Neuzeit* (Berlin: Weidmann, 1913), p. 403.
(142) Otto von Gierke, *Naturrecht und deutsches Recht* (Frankfurt am Main: Rütten und Loening, 1883), p. 28.
(143) Ibid., p. 32.
(144) Hugo Preuss, *Gemeinde, Staat, Reich als Gebietskörperschaften. Versuch einer deutschen Staatskonstruktion auf Grundlage der Genossenschaftstheorie* (Berlin: Junus Springer 1889), pp. 110-11.
(145) Ibid., p. 156.
(146) Ibid., p. 161.
(147) Hugo Preuss, 'Die Persönlichkeit des Staates, organisch und individualistisch betrachtet', in *Archiv für öffentliches Recht*, 4/1 (1889), pp. 62-100; p. 79.
(148) Preuss, *Gemeinde, Staat, Reich*, pp. 206-7.
(149) Preuss, 'Persönlichkeit des Staates', p. 87.
(150) Ibid., p. 73.
(151) Preuss, *Gemeinde, Staat, Reich*, p. 235.
(152) Ibid., p. 222.
(153) Ibid., p. vii.
(154) Hugo Preuss, *Das deutsche Volk und die Politik* (Jena: Eugen Diederich, 1915), pp. 55-56.
(155) Hugo Preuss, 'Die Bedeutung der demokratischen Republik für den sozialen Gedanken', in Preuss, *Staat, Recht und Freiheit. Aus 40 Jahren deutscher Politik und Geschichte* (Tubingen: J. C. B. Mohl; 1926), pp. 481-97; 489.
(156) Ibid., p. 492.
(157) Ibid., p. 494.

第七章　生気論者の幕間劇

（1）Friedrich Nietzsche, *Jenseits von Gut und Böse*, in Nietzsche, *Werke*, edited by Giorgio Colli and Mazzino Montinari, 8 vols. (Berlin: de Gruyter), Vol. VI/2: 1-255; 10.

（2）Friedrich Nietzsche, *Zur Genealogie der Moral*, Vol. VI/2, pp. 257-430; 265.

（3）Friedrich Nietzsche, *Der Anti-Christ*, in *Werke*, Vol. VI/3, pp. 163-251; p. 198.

（4）Ibid., p. 192.

（5）Ibid., p. 175.

（6）Nietzsche, *Die fröhliche Wissenschaft*, in *Werke*, Vol. V/2, pp. 1-335; 150.

（7）Friedrich Nietzsche, *Unzeitgemässige Betrachtungen*, in *Werke*, Vol. III/1, pp. 153-423; 267.

（8）Nietzsche, *Jenseits von Gut und Böse*, p. 215.

（9）Ibid., p. 303.

（10）Nietzsche, *Zur Genealogie der Moral*, p. 357.

（11）Ibid., p. 287.

（12）Ibid., pp. 307-8.

（13）Nietzsche, *Der Antichrist*, p. 186.

（14）Nietzsche, *Zur Genealogie der Moral*, p. 329.

（15）Ibid., pp. 328-29.

（16）Ibid., p. 309.

（17）Ibid., pp. 307-9.

（18）Ibid., pp. 310.

（19）Friedrich Nietzsche, *Die Geburt der Tragödie*, Vol. III/1, pp. 1-152; 40.

（20）Nietzsche, *Zur Genealogie der Moral*, p. 314.

（21）Ibid., pp. 310, 314, 322.

(22) Ibid., p. 322.

(23) Nietzsche, Der Anti-Christ, p. 175.

(24) Ibid., p. 175.

(25) Wilhelm Dilthey, *Einleitung in die Geisteswissenschaften: Versuch einer Grundlegung für das Studium der Gesellschaft und der Geschichte*, in *Gesammelte Schriften*, 26 vols. (Leipzig/Berlin: B. G. Teubner, 1923), Vol. I, pp. 130-31.

(26) Ibid., pp. 131.

(27) Ibid., p. 377.

(28) Ibid., p. 358.

(29) Wilhelm Dilthey, 'Ideen über eine beschreibende und zergliedernde Psychologie', Die geistige Welt: *Einleitung in die Philosophie des Lebens*, in Dilthey, *Gesammelte Schriften*, Vol. IV, pp. 139-237; 195.

(30) Wilhelm Dilthey, *Der Aufbau der geschichtlichen Welt in den Geisteswissenschaften* (Frankfurt am Main: Suhrkamp, 1970), p. 142.

(31) Dilthey, *Einleitung in die Geisteswissenschaften*, p. 224.

(32) Georg Simmel, *Die Philosophie des Geldes* (Frankfurt am Main: Suhrkamp, 1989), p. 289.

(33) Ibid., p. 597.

(34) Ibid., p. 270.

(35) Ibid., p. 665.

(36) Ibid., p. 675.

(37) Ibid., p. 609.

(38) Ibid., pp. 610-11.

(39) Georg Simmel, *Das individuelle Gesetz: Philosophische Diskurse*, edited by M. Landmann (Frankfurt am Main: Suhrkamp, 1968), p. 203.

(40) Ferdinand Tönnies, *Gemeinschaft und Gesellschaft: Grundbegriffe der reinen Soziologie*, new edn., on basis of 8th edn.(Darmstadt: Wissenschaftliche Buchgesellschaft, 1979), pp. 149-50.

(41) Ibid., p. 181.
(42) Ibid., p. 154.
(43) Ibid., pp. 198-99.
(44) Max Weber, *Wirtschft und Gesellschaft. Grundriss der verstehenden Soziologie* 5th edn., edited by Johannes Winckelmann (Tubingen: J. C. B. Mohl, 1921), p. 13.
(45) Max Weber; *Die protestantische Ethik und der Geist des Kapitalismus*, in Weber, *Gesammelte Aufsätze zur Religionssoziologie*, 3 vols. (Tubingen: J. C. B.Mohr 1920), Vol. I, pp. 17-206; 111, 203.
(46) Ibid., p. 184.
(47) Ibid., p. 199.
(48) Weber, *Wirtschaft und Gesellschaft*, pp. 181, 198, 439.
(49) Ibid., p.439.
(50) Ibid., p. 513.
(51) Max Weber, 'Der Nationalstaat und die Volkswirtschaftspolitik', in Weber, *Gesammelte Schriftenn* (Tubingen: J. C. B. Mohl, 1988), pp. 1-25を参照。
(52) Weber, p. 124.
(53) Ibid., p. 125.
(54) Ibid. p. 126.
(55) Max Weber, 'Politik als Beruf', in Weber, *Gesammelte Schriften*, pp. 505-60; 554.
(56) Ibid., pp. 140-41.
(57) Ibid., p. 142.
(58) Ibid., p. 123.
(59) Max Weber, 'Parlament und Regierung im neugeordneten Deutschland', in Weber; *Gesammelte Schriften*, pp. 306-443; 391.
(60) Max Weber, 'Deutschlands künftige Staatsform', in Weber; *Gesammelte politische Schriften*, pp. 448-83; 469.
(61) 法治国家の隅の首石としての「大臣責任制」のグナイストの分析については、次の著書を参照。Gneist's analysis of 'ministerial

responsibility' as the cornerstone of a legal state: Rudolf von Gneist, *Der Rechtsstaat* (Berlin: Springer, 1872), pp. 162-63, 175.

(62) Weber, 'Parlament und Regierung', p. 424.

(63) Rudolf Sohm, *Kirchenrecht*, 2 vols., Vol. I, Die geschichtlichen Grundlagen (Leipzig: Duncker und Humblot, 1892), p. 22.

(64) Ibid., p. 699.

(65) Ibid., p. 699

(66) Weber, 'Politik als Beruf', p. 558.

(67) Ibid., p. 559.

第八章　新カント主義とその余波

(1) Adorf Trendelenburg, *Naturrecht auf dem Grunde der Ethik* (Leipzig: S. Hirzel, 1860), p. 282.

(2) Karl David August Röder, *Grundzüge des Naturrechts oder der Rechtsphilosophie*, 2nd edn. (Leipzig: Carl Winter; 1860), p. 79.

(3) Hermann Cohen, *Kants Begründung der Ethik*, 2nd edn. (Berlin: Brumo Cassirer, 1910), p. 306.

(4) Ibid., p. 79.

(5) Paul Natorp, Sozialpädagogik: *Theorie der Willenserziehung auf der Grundlage der Gemeinschaft*, 4th edn. (Stuttgart: Fr. Frommann, 1904), p. 46.

(6) Heinrich Rickert, *Die Grenzen der naturwissenschaftlichen Begriffsbildung: Eine logische Einleitung in die historischen Wissenschaften* (Tubingen: J. C. B. Mohl, 1902), p. 702.

(7) Rickert, *Der Gegenstand der Erkenntniss*, p. 434.

(8) Ibid., pp. 436-37.

(9) Hermann Cohen, *System der Philosophie, Zweiter Theil: Ethik des reinen Willens* (Berlin: Bruno Cassirer, 1904), p. 1.

(10) Ibid., p. 269.

(11) Ibid., pp. 309, 177.
(12) Hermann Cohen, *System der Philosophie: Logik der reinen Erkenntniss* (Berlin: Bruno Cassirer, 1902), pp. 174-75.
(13) Cohen, *Ethik der reinen Willens*, p. 71.
(14) Ibid., p. 302.
(15) シュタムラーは一八八〇年代の初めに、マールブルクで生まれ、ナトルプの友人であった。もっとも、後に、コーエンの新カント主義の正統派とのいかなる直接的な関係も否定した。この点については、Claudius Müller, *Die Rechtsphilosophie des Marburger Neukantianismus. Naturrecht und Rechtspositivismus in Auseinandersetzung zwischen Hermann Cohen, Rudolf Stammler und Paul Natorp* (Tubingen: J. C. B. Mohr, 1994), pp. 12-13を参照。
(16) Rudolf Stammler, *Theorie der Rechtswissenschaft* (Halle: Buchhandlung des Waisenhauses, 1911), pp. 18-19.
(17) Rudolf Stammler, *Recht und Kirche. Betrachtungen zur Lehre von der Gemeinschaft und der Möglichkeit eies Kirchenrechtes* (Berlin: de Gruyter, 1919), pp. 24-5.
(18) Stammler, *Theorie der Rechtwissenschaft*, p. 45.
(19) Ibid., p. 69.
(20) Paul Natorp, 'Recht und Sittlichkeit', *Kant-Studien*, 18 (1913), pp. 1-79; 22.
(21) Rudolf Stammler, *Die Lehre vom richtigen Recht* (Berlin: Guttentag, 1902), p. 53.
(22) Rudolf Stammler, *Wirtschaft und Recht nach der materialistischen Geschichtsauffassung: Eine sozialphilosophische Untersuchung*, 3rd edn. (Lepzig: Veit & Comp., 1914), p. 550.
(23) Natorp, 'Recht und Sittlichkeit', pp. 53, 60.
(24) Ibid., p. 70.
(25) Rudolf Stammler, *Sozialismus und Christentum. Erörterungen zu den Grundbegriffen und den Grundsätzen der Sozialwissenschaft* (Leipzig: Felix Meiner, 1920), p. 96.
(26) Ibid., p. 181.
(27) Stammler, *Die Lehre vom richtigen Recht*, p. 201.
(28) Stammler, *Sozialismus und Christentum*, p. 198.

(29) Natorp, *Sozialpädagogik*, p. 86.
(30) Stammler, *Theorie der Rechtswissenschaft*, p. 397.
(31) Cohen,, p. 74.
(32) Ibid., p. 242.
(33) Ibid., p. 246.
(34) Ibid., p. 304.
(35) Eduard Bernstein, *Die Voraussetzunen des Sozialismus und die Aufgaben der Sozialdemokratie* (Stuttgart: Dietz, 1899), pp. 123-4.
(36) Cohen, *Ethik der reinen Willens*, p. 304.
(37) Stammler, *Sozialismus und Christentum*, p. 69.
(38) Stammler, *Wirtschaft und Recht nach der materiatistischen Geschichtsauffassung*, pp. 84-5.
(39) Natorp, *Sozialpädagogik*, p. 196.
(40) Franz Staudinger, *Ethik und Politik* (Berlin: F. Dümmler, 1899), p. 81.
(41) Ibid., p. 146.
(42) Karl Vorländer, *Kant und Marx: Ein Beitrag zur Philosophie des Sozialismus* (Tubingen: J. C. B. Mohl, 1911), p. 34.
(43) とりわけ、See, especially, Max Adler, *Politik und Moral* (Leipzig: Verlag Naturwissenschaften, 1918), pp. 74-5.
(44) Karl Kautsky, *Ethik und materialistische Geschichtsauffassung* (Berlin: Dietz, 1922), p. 129.
(45) Stammler, *Theorie der Rechtswissenschaften*, pp. 21-2, 45.
(46) Stammler, *Die Lehre vom richtigen Recht*, pp. 102-3.
(47) Stammler, *Recht und Kirche*, p. 11.
(48) Ibid., p. 24.
(49) Stammler, *Wirtschaft und Recht*, p. 591.
(50) Paul Natorp, 'Kant und die Marburger Schule', in *Kant-Studien*, 17 (1912), pp. 193-221; 198.
(51) Cohen, *Ethik des reinen Willens*, p. 18.

(52) Cohen, *Kants Begründung der Ethik*, p. 272.

(53) Heinrich Rickert, *Der Gegenstand der Erkenntniss: Einführung in die Transzendentalphilosophie*, 6th edn.（Tubingen: J. C. B. Mohr, 1928）, p. 259.

(54) Emil Lask, *Rechtsphilosophie*, in Wilhelm Windelband（ed.）, *Die Philosophie im Beginn des zwanzigsten Jahrhunderts: Festschrift für Kuno Fischer*（Heidelberg: Carl Winter, 1907）pp. 269-320; 272.

(55) Stammler, *Recht und Kirche*, p. 24.

(56) Cohen, *Ethik des reinen Willens*, p. 201.

(57) Ibid., p. 235.

(58) Ibid., pp. 217-18.

(59) Ibid., p. 228.

(60) この点に関する重要な註釈は以下の著作に見られる。Eggert Winter, *Ethik und Rechtsgemeinschaft: Eine historisch-systematische Untersuchung zur Ethik-Konzeption des Marburger Neukantianismus im Werke Hermann Cohens*（Berlin: Duncker und Humblot, 1980）, pp, 300, 304, 314, 308, 317.

(61) Julius Binder, *Rechtsbegriff und Rechtsidee: Bemerkungen zur Rechtsphilosophie Rudorf Stammlers*（Leipzig: Deichert, 1915）, p. 100.

(62) Ibid., p. 308.

(63) Friedrich Meinecke, *Weltbürgertum und Nationalstaat: Studien zur Geschichte des deutschen Nationalstaats*（Munich: Oldenbourg, 1908）, pp. 1, 7.

(64) Friedrich Meinecke, 'Wilhelm von Humboldt und der deutsche Staat', in Meinecke, *Staat und Persönlichkeit*（Berlin: Mittler, 1933）, pp. 81-97; 86.

(65) Erich Kaufmann, *Kritik der neukantischen Rechtsphilosophie: Eine Betrachtung über die Beziehungen zwischen Philosophie und Rechtswissenschaften*（Tubingen: J. C. B. Mohr, 1921）, p. vi.

(66) Ibid., p. 52.

(67) Ibid., p. 63.

(68) Ibid., p. 62.

(69) Ibid., p. 3.

(70) Ibid., p. 61.

(71) Max Scheler, *Der Formalismus in der Ethik und die materiale Wertethik: Neuer Versuch der Grundlegung eines ethischen Personalismus*, 2nd edn. (Halle: Niemeyer, 1921), pp. 104-7, 544.

(72) Alfred Schütz, 'Scheler's Theory of Intersubjectivity and the General Thesis of the Alter Ego', in *Philosophy and Phenomenological Research*, II (194142), pp. 323-47; 337.

(73) Max Scheler, *Die Stellung des Menschen im Kosmos* (Darmstadt: Otto Reichel, 1928), p. 58.

(74) Scheler, *Der Formalismus in der Ethik*, p. 160.

(75) Ibid., pp. 547-55.

(76) Max Scheler, 'Ordo Amoris', in Scheler, *Gesammelte Werke*, 2nd edn., 16 vols. (Bern: Francke Verlag, 1957), Vol. X, *Schriften aus den Nachlass*, Vol. I, *Zur Ethik und Erkenntnislehre*, pp. 345-76; 356.

(77) Max Scheler, *Vom Ewigen im Menschen*, Vol. I, *Religiöse Erneuerung* (Leipzig: Verlag der neue Geist, 1921), p. 199.

(78) Max Scheler, 'Absolutsphäre und Rechtsetzung der Gottesidee', in *Schriften aus dem Nachlass*, Vol. I, pp. 179-253; 240.

(79) Scheler, *Vom Ewigen im Menschen*, p. 722.

(80) Heinz Heimsoeth, *Metaphysik der Neuzeit* (Munich: R. Oldenbourg, 1934), pp. 102-3.

(81) Ibid., p. 231.

(82) Karl Jaspers, *Philosophie*, 3 vols. (Munich: Piper, 1994), Vol. 1, p. 28.

(83) Karl Jaspers, *Psychologie der Weltanschauungen* (Munich: Piper; 1985), p. 308.

(84) Karl Jaspers, *Die geistige Situation der Zeit*, 9th edn. (Berlin: de Gruyter, 1999), pp. 51, 65.

(85) Paul Natorp, *Der Deutsche und sein Staat* (Erlangen: Verlag der Philosophischen Akademie, 1924), p. 54.

(86) Ibid., p. 86.

(87) Ibid., p. 88.

(88) Ibid., p. 40.

(89) Paul Natorp, *Sozialidealismus. Neue Richtlinien der sozialen Erziehung* (Berlin: Julius Springer, 192), p. 22.
(90) Ibid., p. v.
(91) Ibid., p. 80.
(92) Ibid., pp. 243-4.
(93) Martin Heidegger, *Sein und Zeit*, 16th edn. (Tubingen: Niemeyer, 1986), p. 53.
(94) Ibid., p. 118.
(95) Ibid., p. 119.
(96) Heidegger, *Kant und das Problem der Metaphysik* (Frankfurt am Main: Vittorio Klostermann, 1998), p. 156.
(97) Ibid., p. 58.
(98) Ibid., p. 156.
(99) Ibid., p. 206.
(100) Heidegger, *Sein und Zeit*, pp. 120-21.
(101) Martin Heidegger, *Kant und das Problem der Metaphysik*, p. 242.
(102) Martin Heidegger, *Einführung in die Metaphysik*, 6th edn. (Tubingen: Niemeyer, 1998), pp. 33-34.
(103) Ibid., p. 16.
(104) Martin Heidegger, *Über den Humanismus* (Frankfurt am Main: Klostermann, 1949) p. 13.
(105) Martin Heidegger, *Über den Ursprung des Kunstwerkes* (Stuttgart: Reclam, 1960), p. 79.
(106) Martin Heidegger, *Phänomenologie des religiösen Lebens*, in *Gesamtausgabe, planned for 102 vols.* (Frankfurt am Main: Klostermann, 1975-), Vol. LX, pp. 127, 80.
(107) Georg Lukács, *Geschichte und Klassenbewusstsein*, (Neuwied: Luchterhand, 1968), p. 273.
(108) Ibid., p. 266.
(109) Ibid., p. 281.
(110) Ibid., p. 282.
(111) Ibid., p. 247.

(112) Ibid., p. 207.
(113) Ibid., p. 328.

第九章　ヴァイマール共和国における国家の諸理論

(1) Hans Kelsen, *Das Problem der Souveränität und die Theorie des Völkerrechts: Beitrag zu einer reinen Rechtslehre*（Tubingen: J. C. B. Mohr, 1920）, p. 12.

(2) Hans Kelsen, *Der soziologische und der juristische Staatsbegriff: Kritische Untersuchung des Verhältnisses von Staat und Recht*（Tubingen: J. C. B. Mohr, 1922）, pp. 93-94.

(3) Hans Kelsen, *Wesen und Wert der Demokratie*（Tubingen: J. C. B. Mohr, 1929）, p. 76.

(4) Kelsen, *Das Problem der Souveränität*, p. 114.

(5) Ibid., p. 109.

(6) Hans Kelsen, *Reine Rechtslehre*（Vienna: Deuticke, 1934）, p. 64.

(7) Hans Kelsen, *Über Grenzen zwischen juristischer und soziologischer Methode*（Tubingen: J. C. B. Mohr, 1911）, p. 10.

(8) Hans Kelsen, 'Zur Theorie der juristischen Fuktionen', in *Annalen der Philosophie: Mit besonderer Rücksicht auf die Probleme der Als-Ob-Betrachtung* Vol. I（1919）, pp. 630-58; 634 を参照。

(9) Kelsen, *Reine Rechtslehre*, p. 120.

(10) Ibid., p. 59.

(11) Ibid., pp. 120-21.

(12) Kelsen, *Über Grenzen zwischen juristischer und soziologischer Methode*, p. 22-23.

(13) Hans Kelsen, *Hauptprobleme der Staatsrechtlehre*（Tubingen: J. C. B. Mohr, 1911）, pp. 378, 434, 570. 法自然主義における二元論的諸傾向に対するケルゼンの敵意に関する重要な試論については、Kazimierz Opalek, 'Kelsens Kritik der Naturrechtslehre", in Werner Krawietz, Ernst Topitsch and Peter Koller（eds.）, *Ideologiekritik und Demokratietheorie bei Hans Kelsen*（Berlin: Dunckcr und Humblot, 1982）, pp. 71-86; esp. 73-75 を参照。

(14) Hans Kelsen, *Allgemeine Staatslehre* (Berlin: Julius Springer, 1925), p. 37.

(15) Kelsen, *Reine Rechtslehre*, p. 128.

(16) Kelsen, *Allgemeine Staatslehre*, p. 76.

(17) Ibid., p. 131.

(18) Hans Kelsen, *Staatsform und Weltanschauung* (Tubingen: J. C. B. Mohr, 1933), p. 25.

(19) Kelsen, *Das Problem der Souveränität*, p. 21.

(20) Kelsen, *Der soziologische und der juristische Staatsbegriff*, p. 253.

(21) Ibid., p. 227.

(22) Kelsen, *Staatsform und Weltanschuung*, p. 18.

(23) こうした解釈に対するケルゼンの注釈については、Kelsen, *Reine Rechtslehre*, p. vii を参照。

(24) Adolf von Harnack, 'Protestantische Kultur', in Harnack, *Aus der Friedens- und Kriegsarbeit* (Giessen: Töpelmann, 1916), pp. 205-12; Ernst Troeltsch, 'Der metaphysische und religiöse Geist der deutschen Kultur', in Troeltsch, *Deutscher Geist und Westeuropa*, edited by H. Baron (Tubingcn: J. C. B. Mohr, 1925), pp. 59-79; 67, 78 を参照。

(25) Freidrich Naumann, *Geist und Glaube* (Berlin: Buchverlag der Hilfe, 1911), p. 64.

(26) Friedrich Naumann, *Demokratie und Kaisertum* (Berlin: Buchverlag der Hilfe, 1900), p. 142.

(27) 基本権についてのナウマンの議会における発言については、*Verhandlungen der verfassunggebenden Nationalversammlung*, Vol. 329 (Berlin: Druck und Verlag der Norddeutschen Buchdruckerei und Verlags-Anstalt, 1920), p. 2190 を参照。

(28) Karl Renner, *Die Rechtsinstitute des Privatrechts und ihre soziale Funktion: Ein Beitrag zur Kritik des bürgerlichen Rechts* (Stuttgart: Fischer, 1965), p. 202.

(29) Hugo Sinzheimer, *Ein Arbeitstarifgesetz: Die Idee der sozialen Selbstbestimmung im Recht* (Munich: Duncker & Humblot, 1916), p. 35.

(30) Hugo Sinzheimer, 'Das Rätesystem', in Sinzheimer, *Arbeitsrecht und Rechtssoziologie: Gesammelte Aufsätze und Reden*, edited by Otto Kahn-Freund and Thilo Ramm, 2 vols.(Frankfurt am Main: Europäische Verlagsanstalt, 1976), Vol. I, pp. 325-50 を参照。

(31) Gerhard Anschütz, *Drei Leitgedanken der Weimarer Reichsverfassung* (Tubingen: J. C. B. Mohr, 1923), pp. 6, 31.

(32) Theodor Litt, *Individuum und Gemeinschaft: Grundfragen der sozialen Theorie und Ethik* (Leipzig: Teubner, 1919), p. 22 を参照。
(33) Hermann Heller, *Staatslehre*, edited by G. Niemeyer, 4th edn. (Leiden: Sijthoff, 1970), p. 69.
(34) Hermann Heller, 'Ziele und Grenzen der deutschen Verfassungsreform', in Heller, *Gesammelte Schriften*, 1, edited by M. Drath, F. Borinski and G. Niemeyer, 3 vols. (Leiden: Sijthoff; 1971), Vol. II, p. 414.
(35) Hermann Heller, 'Die Krisis der Staatslehre', in Heller, *Gesammelte Schriften* Vol. II, pp. 5-30; 7.
(36) Hermann Heller, *Die Souveränität: Ein Beitrag zur Theorie des Staats-und Völkerrechts*, in Heller, *Gesammelte Schriften*, Vol. II, pp. 31-202; 49.
(37) Ibid., p. 202.
(38) Ibid., p. 62.
(39) Ibid., p. 71.
(40) Hermann Heller, 'Der Begriff des Gesetzes in der Reichsverfassung', in Heller, *Gesammelte Schriften*,Vol. II, pp. 203-47; 227.
(41) Heller, *Souveränität*, p. 65.
(42) Ibid., p. 113.
(43) Ibid., pp. 96-97.
(44) Heller, *Staaslehre*, p. 183.
(45) Ibid., pp. 190-91.
(46) Ibid., p. 263-64.
(47) Ibid., p. 260.
(48) Ibid., p. 269.
(49) Ibid., p. 215.
(50) Ibid., p. 214.
(51) Ibid., p. 263.
(52) Gustav Radbruch, *Grundzüge der Rechtsphilosophie* (Leipzig: Quelle & Meyer, 1914), pp. 153-54.

(53) Gustav Radbruch, *Einführung in die Rechtswissenschaft* (Leipzig: Quelle und Meyer, 1913), pp. 50-51.

(54) Gustav Radbruch, *Der Mensch im Recht. Heidelberger Antrittsvorlesung* (Tubingen: J. C. B. Mohr, 1927), p. 12.

(55) Ibid., p. 17.

(56) Radbruch, *Grundzüge*, p. 143.

(57) Smend, 'Protestantismus und Demokratie', pp. 307-8.

(58) Ibid., p. 297.

(59) Rudolf Smend, 'Verfassung und Verfassungsrecht', in Smend, *Staatsrechtliche Abhandlungen*, pp. 119-277; 226.

(60) Ibid., p. 263.

(61) Ibid., p. 182.

(62) Ibid., p. 219.

(63) スメントの政治論に関する批判的分析については、以下の著作を参照。Reinhold Aris, 'Krisis der Verfassung', in *Neue Blätter für den religiösen Sozialismus*, 3/1 (1932), pp. 19-29; 26; また Hans Kelsen, *Der Staat als Integration: Eine prinzipielle Auseinandersetzung* (Vienna: Julius Springer, 1930), p. 87 を参照。

(64) Smend, 'Protestantismus und Demokratie', p. 305.

(65) Hans Gerber, *Freiheit und Bindung der Staatsgewalt* (Tubingen: J. C.B. Mohr, 1932), pp. 22-23.

(66) Hans Gerber, *Die Idee des Staates in den neueren evangelisch-theologischen Ethik* (Berlin: Juncker und Dünnhaupt, 1930), p. 56.

(67) Otto Koellreutter, *Staat, Kirche und Schule im heutigen Deutschland* (Tubingen: J. C. B. Mohl; 1926), p. 15.

(68) Carl Schmitt, *Der Wert des Staates und die Bedeutung des Einzelnen* (Tubingen: J. C. B. Mohr; 1914), pp. 48, 95.

(69) イエッフ・ザイツァー (Jeff Seitzer) は、この問題に関するわれわれの会話で繰り返しこの点を指摘したが、著者もかれと同意見であった。

(70) Carl Schmitt, *Politische Theologie* (Berlin: Duncker und Humblot, 1922), p. 46.

(71) Ibid., p. 43.

(72) Ibid., p. 43.

(73) Carl Schmitt, *Die geistesgeschichtliche Lage des heutigen Parlamentarismus* (Berlin: Duncker und Humblot, 1923), p. 45.

(74) Ibid., p. 11.

(75) Ibid., pp. 19-20.

(76) Ibid., p. 22.

(77) Ibid., p. 41.

(78) Ibid., p. 22.

(79) Carl Schmitt, *Der Leviathan in der Staatslehre des Thomas Hobbes: Sinn und Fehlschlag eines politischen Symbols* (Stuttgart: Cotta, 1995), p. 118.

(80) Schmitt, *Die geistesgeschichtliche Lage*, p. 12.

(81) Carl Schmitt, *Der Begriff des Politischen* (Berlin: Duncker und Humblot, 1932), p. 94.

(82) Schmitt, *Die geistesgeschichtliche Lage*, p. 36.

(83) Carl Schmitt, *Der Hütter der Verfassung* (Berlin: Duncker und Humblot, 1931), p. 90.

(84) Carl Schmitt, *Die Diktatur, von den Anfängen des modernen Souveränitätsgedanken bis zum proletarischen Klassenkrieg* (Berlin: Duncker und Humblot, 1919), p. 136.

(85) Carl Schmitt, *Volksentscheid und Volksbegehren: Ein Beitrag zur Auslegung der Weimarer Verfassung und zur Lehre von der unmittelbaren Demokratie* (Berlin and Leipzig: Duncker und Humblot, 1927), p. 34.

(86) Carl Schmitt, *Verfassungslehre* (Berlin: Duncker und Humblot, 1928), p. 65.

(87) Ibid., p. 200.

(88) Carl Schmitt, *Hütter der Verfassung*, p. 159.

(89) たとえば、一つの段階では、シュミットは後期ワーマール政治において「国家を支配しよう」とする「全体政党」(total parties) あるいは「行動隊政党」(activist parties) を否認した (Carl Schmitt,'Weiterentwicklung des totalen Staats in Deutschland', in Schmitt, *Verfassungsrechtliche Aufsätze aus den Jahren 1924-1954: Materialien zu einer Verfassungslehre*(Berlin: Duncker und Humblot, 1958), pp. 359-71; 362-3)。より有名なことであるが、かれはまた、議会主義体制下では法の中立性が想定されているが、そのお陰で、諸政党が憲政秩序を完全に破壊するために「合法的権力を掌握する」ことが容易になった点を示そうと大いに骨を折った。この分析において、かれは暗黙のうちに、大統領が、合法的手段に基づいて、ＮＳＤＡＰによる権力の簒奪を防ぐために、決定的な権限を行使すべきである、ということを示唆した（Carl Schmitt, *Legalität und Legitimität*, p. 37）。

(90) Ernst Jünger, *Der Arbeiter, Herrschaft und Gestalt*, in *Werke*, 18 vols.（Klett: Cotta, 1964）, Vol. VI, pp. 312-13. Oswald Spengler, *Der Mensch und die Technik*（Munich: Beck, 1932）, p. 81,

(91) Schmitt, *Die geistesgeschichtliche Lage*, p. 45.

(92) Schmitt, *Hütter der Verfassung*, p. 131.

(93) Ibid., p. 13.

(94) Schmitt, *Politische Theologie*, p. 16.

(95) Ibid., p. 46.

(96) Ibid., p. 38.

(97) Schmitt, *Verfassungslehre*, p. 87.

(98) Konlad Beyerle, *Die Bedeutung der neuen Reichsverfassung für Volk und Vaterland*（Berlin: Verlag der Reichszentrale für Heimatdienst, 1919）, pp. 5-6; Joseph Mausbach, *Kulturfragen in der deutschen Verfassung: Eine Erklärung wichtiger Verfassungsartikel*（Monchengladbach: Volksvereins-Verlag, 1920）, p. 12; Peter Tischleder, *Der Staat: Staatsidee, Staatsgewalt, Staatszweck, Völkergemeinschft*（Monchengladbach: Volksvereins-Verlag, 1926）, esp. p. 21; Franz Xaver Kiefl, *Die Staatsphilosophie der katholischen Kirche und die Frage der Legitimität in der Erbmonarchie*（Regensburg: Manz, 1928）, p. 37.

(99) Schmitt, *Verfassungslehre*, p. 209.

(100) Carl Schmitt, *Römischer Katholizismus und politische Form*（Munich: Theatiner-Verlag, 1925）, p. 34.

(101) Ibid., p. 218.

(102) Carl Schmitt, 'Der Führer schützt das Recht', in Schmitt, *Positionen und Begriffe im Kampf mit Weimar-Genf-Versailles 1923-1939*（Hamburg: Hanseatische Verlagsanstalt, 1940）, pp. 199-203.

(103) Otto Koellreutter, *Deutsches Verfassugsrecht. Ein Grundriss*（Berlin: Junker und Dünnhaupt, 1935）, p. 12.

(104) Ibid., p. 191.

(105) Otto Koelkeutter, *Grundfragen des völkischen und staatlichen Lebens im deutschen Volksstaate* (Berlin: Pan-Verlagsgesellschaft, 1935), p. 10.
(106) Julius Binder, *Grundlegung zur Rechtsphilosophie* (Tubingen: J. C. B, Mohr, 1935), p. 156.
(107) Karl Larenz, *Rechtsperson und subjektives Recht: Zur Wandlung der Rechtsbegriffe* (Berlin: Juncker und Dünnhaupt, 1935), p. 19.
(108) Karl Larenz, *Die Methode der Auslegung des Rechtsgeschäfts. Zugleich ein Beitrag zur Theorie der Willenserklärung* (Leipzig: Deichert, 1930), p. 91.
(109) Larenz, *Rechtsperson und subjektives Recht*, p. 21.
(110) Karl Larenz, *Deutsche Rechtserneuerung und Rechtsphilosophie*, in *Recht und Staat* in *Geschichte und Gegenwart* 109 (1934), pp. 5, 26.
(111) Larenz, *Rechtsperson und subjektives Recht*, p. 24.
(112) Roland Freischer, *Richter und Gesetz* (Berlin: Spaeth und Linde, 1936), pp. 8, 11.
(113) Ernst Rudolf Huber, *Verträge zwischen Staat und Kirche im Deutschen Reich* (Breslau: Marcus, 1930), p. 127.
(114) Ernst Rudolf Huber, *Neue Grundbegriffe des hoheitlichen Rechts* (Berlin: Duncker und Dünnhaupt, 1935), p. 19.
(115) Ernst Rudolf Huber, *Verfassungsrecht des Grossdeutschen Reiches* (Hamburg: Hanseatische Verlagsanstalt, 1939), p. 164.
(116) Ernst Forsthoff, *Der totale Staat* (Hamburg: Hanseatische Verlagsanstalt, 1933), p. 41.
(117) Ibid., p. 13.
(118) Ernst Forsthoff, *Recht und Sprache: Prolegomena zu einer richterlichen Hermeneutik* (Halle: Niemeyer, 1940), p. 19.
(119) Ibid., p. 3.

第一〇章　「批判理論」と法

(1) Rudolf Hilferding, *Das Finazkapital. Eine Studie über die jüngste Entwicklung des Kapitalismus* (Vienna: Verlag der Wiener Volksbuchhandlung Ignaz Brand, 1910), esp. p. 295 を参照。

(2) Friedrich Pollock, 'Die gegenwärtige Lage des Kapitalismus und die Aussichten einer planwirtschaftlichen Neuordnung', in Pollock, *Stadien des Kapitalismus*, edited by Helmut Dubiel (Munich: Beck, 1975), pp. 20-39; 26を参照。

(3) この術語〔表現形式〕の使用に関する諸論争については、以下の著作を参照。Max Horkheimer, *Gesammelte Schriften*, edited by A. Schmidt and G. Schmid Noerr, 18 vols. (Frankfurt am Main: Fischer, 1985), Vol. XII, pp. 398-417.

(4) Frederick Pollock, 'State Capitalism: Its Possibilities and Limitations', in *Studies in Philosophy and Social Science* (1941), pp. 200-25; 222.

(5) Herbert Marcuse, 'Der Kampf gegen den Liberalismus in der totalitären Staatsauffassung', in Marcuse, *Kultur und Gesellschaft*, 2 vols. (Frankfurt am Main: Suhrkamp, 1965), Vol. I, pp. 17-56; 49.

(6) Max Horkheimer, 'Autoritärer Staat', in *Gesammelte Schriften*, Vol. V, pp. 293-319; 294.

(7) Ibid., pp. 300-1.

(8) Ibid., p. 304.

(9) Otto Kirchheimer, 'The Legal Order of National Socialism', in Studies in *Philosophy and Social Science* (1941), pp. 456-75; 462.

(10) Otto Kirchheimer, 'Changes in the Structure of Political Compromise', in *Studies in Philosophy and Social Science* (1941), pp. 264-89; 280, 288.

(11) Franz Neumann, *Behemoth: The Structure and Practice of National Socialism* (New York: Harper Torchbooks, 1966), p. 634.

(12) Ibid., p. 467.

(13) Kirchheimer, 'The Legal Order of National Socialism', p. 475.

(14) Franz Neumann, 'Types of Natural Law', in *Zeitschrift für Sozialforschung*, VIII (1939/40), pp. 338-61; 361.

(15) Franz Neumann, 'Der Funktionswandel des Gesetzes im Recht der bürgerlichen Gesellschaft', in *Zeitschrift für Sozialforschung*, VI (1937), pp. 542-96; 547.

(16) Friedrich Pollock, 'Bemerkungen zur Wirtschaftskrise', in *Stadien des Kapitalismus*, pp. 40-71; 68.

(17) Marcuse, 'Der Kampf gegen den Liberalismus', pp. 23, 27.

(18) Horkheimer, 'Autoritärer Staat', p. 308.

(19) Max Horkheimer, 'Vorbemerkung [zu der *Theorie der Planwirtschaft*]', in *Gesammelte Schriften*, Vol. III, pp. 221-24; 223.

(20) Kirchheimer, 'Changes in the Structure of Political Compromise', p. 272.

(21) Otto Kirchheimer, 'Weimar-und was dann? Analyse einer Verfassung', in Kirchheimer, *Politik und Verfassung 10 Analysen* (Frankfurt am Main: Suhrkamp, 1964), pp, 9-56; 56.

(22) Otto Kirchheimer, 'Das Problem der Verfassung', in Kirchheimer, *Von der Weimarer Republik zum Faschismus: Die Auflösung der demokratischen Rechtsordnung*, edited by W. Luthardt (Frankfurt am Main: Suhrkamp, 1976), pp. 64-68; 67.

(23) Otto Kirchheimer, 'Legalität und Legitimität', in *Die Gesellschaft*, 9/1 (1932), pp. 8-26; 14.

(24) Neumann, 'Funktionswandel des Gesetzes', p. 552.

(25) Neumann, *Behemoth*, p. 10.

(26) Franz Neumann, 'Über die Voraussetzungen und den Rechtsbegriff einer Wirtschaftsverfassung', in Neumann, *Wirtschaft, Staat, Demokratie: Aufsätze 1930- 1954*, edited by Alfons Söllner (Frankfurt am Main: Suhrkamp, 1978), pp. 76-102; 81-85.

(27) Neumann, 'Über die Voraussetzungen und den Rechtsbegriff einer Wirtschaftsverfassung', pp. 80-81.

(28) Neumann, 'Funktionswandel des Gesetzes', p. 553.

(29) Neumann, 'Über die Voraussetzungen und den Rechtsbegriff einer Wirtschaftsverfassung', pp. 80-81.

(30) Franz Neumann, 'The Concept of Political Freedom', *Columbia Law Review*, 53/7 (1953), pp. 901-35; 928.

(31) Otto Kirchheimer, 'Bemerkungen zu Carl Schmitts Legaliät und Legitimität', in *Von der Weimarer Republik zum Faschismus*, pp. 113-52; 116.

(32) Ibid., p. 116.

(33) Marcuse, 'Der Kampf gegen den Liberalismus', pp. 30-31.

(34) Theodor W. Adorno, *Kants Kritik der reinen Vernunft*, in Adorno, *Nachgelassene Schriften*, edited by R. Tiedemann, planned for 13 vols. (Frankfurt am Main: Suhrkamp, 1995), Vol. IV/4, pp. 87-88.

(35) Theodor W. Adorno, *Negative Dialektik* (Frankfurt am Main: Suhrkamp, 1966), p. 240.

(36) Max Horkheimer and Theodor W. Adorno, *Dialektik der Aufklärung. Philosophische Fragmente* (Frankfurt am Main: Fischer; 1969), p. 15.

(37) Max Horkheimer, *Traditionelle und Kritische Theorie*, in *Gesammelte Schriften* Vol. III, pp. 162-21 6; 184.

(38) Franz Neumann, 'Die soziale Bedeutung der Grundrechte in der Weimarer Verfassung", in Neumann, *Wirtschaft, Staat, Demokratie*, pp. 57-76; 63.

(39) Marcuse, 'Der Kampf gegen den Liberansmus', pp. 30-31.

(40) Horkheimer and Adorno, *Dialektik der Aufklärung*, pp. 32-33.

(41) Adorno, *Kants Kritik der reinen Vernunft*, p. 87.

(42) Max Horkheimer, 'Materialismus und Metaphysik', in *Gesammelte Schriften*, Vol. III, pp. 70-105; 99.

(43) Adorno, *Kants Kritik der reinen Vernunft*, pp. 168-69.

(44) Max Horkheimer, 'Theismus - Atheismus', in Horkheimer (ed.), *Zeugnisse: Theodor W. Adorno zum sechzigsten Geburtstag* (Frankfurt am Main: Europäische Verlagsanstalt, 1963), pp. 9-20; 18.

(45) このことはアドルノにおいて例証されている。Adorno, *Negative Dialektik*, p. 397.

第一一章　再建の弁証法

(1) たとえば、以下の著作を参照。Helmut Coing, *Die obersten Grundsätze des Rechts: Ein Versuch zur Neugründung des Naturrechts* (Heidelberg: Schriften zur süddeutschen Juristen-Zeitung, 1947), p. 7.

(2) Julius Ebbinghaus, 'Zu Deutschlands Schicksalswende', in Ebbinghaus, *Sittlichkeit und Recht: Praktische Philosophie 1929-1954* (Bonn: Bouvier, 1986), pp. 117-278 を参照。

(3) Gerhart Husserl, *Recht und Zeit: Fünf rechtsphilosophische Essays* (Frankfurt am Main: Vittorio Klostermann, 1955), p. 57.

(4) Werner Maihofer, *Recht und Sein: Prolegomena zu einer Rechtontologie* (Typescript, 1953), p. 147.

(5) Ernst Bloch, *Naturrecht und menschliche Würde* (Frankfurt am Main: Suhrkamp, 1961), p. 310.

(6) Karl Jaspers, *Atombombe und die Zukunft des Menschen* (Munich: Deutscher Taschenbuchverlag, 1961), p. 279.

(7) Ibid., p. 279; Karl Jaspers, *Von der Wahrheit* (Munich: Piper, 1947), p. 809; Hannah Arendt, *The Human Condition* (Chicago, Ill.: University of Chicago Press, 58), p. 257

（8） Karl Jaspers, *Vom Ursprung und Ziel der Geschichte*（Frankfurt am Main: Fischer, 1955）, p. 192.
（9） Karl Jaspers, *Freiheit und Wiedervereinigung*（Munich: Piper, 1990）, p. 104.
（10） Karl Jaspers, *Wohin treibt die Bundesrepublik?*（Munich: Piper, 1966）, p. 190.
（11） Karl Jaspers, *Vom Ursprung und Ziel der Geschichte*, pp. 180-81.
（12） Ibid., p. 173.
（13） Ibid., pp. 180-81.
（14） Martin Heidegger, 'Die Frage nach der Technik', in Heidegger, *Gesamtausgabe*, Volll. VII, pp. 5-36; 7.
（15） Ibid., p. 26.
（16） Martin Heidegger, 'Überwindung der Metaphysik', in *Gesamtausgabe*, Vol. VII, pp. 67-98; 79, 85.
（17） Ibid., p. 70.
（18） Ibid., p. 123.
（19） Hannah Arendt, *The Human Condition*, pp. 194, 198.
（20） Karl Jaspers, *Von der Wahrheit*, p. 796.
（21） Karl Jaspers, *Die Atombombe*, p. 188.
（22） Karl Jaspers, *Vom Ursprung und Ziel der Geschichte*, p. 97.
（23） Ulrich Scheuner, 'Das repräsentative Prinzip in der modernen Demokratie', in Max Imboden（eds.）, *Festschrift für Hans Huber zum 60. Geburtstag*（Bern: Stämpfli, 1961）, pp. 222-46; 223. また Hans Huber, 'Das Recht im technischen Zeitalter', in Huber, *Rechtstheorie, Verfassungsrecht, Völkerrecht:Ausgewählte Aufsätze*, edited by K. Eichenberger, Richard Baumlin et al.（Bern: Stämpfli, 1971）, pp. 57-75; 73 を参照。
（24） Gerhard Leibholz, *Das Wesen der Repräntation und der Gegenstand der Demokratie im 20. Jahrhundert*（Bern: de Gruyter, 1960）, p. 171 を参照。ライプホルツはこれに関して自分の意見を変え、自分の後期の著作において、私的領域において設立された自発的結社（associations）と生粋の政治的機関との間で憲法上の区別を行なった。Gerhard Leibholz, *Strukturprobleme der modernen Demokratie*, 3rd edn.（Karlsruhe: C. F, Müller, 1967）, p. 331 を参照。
（25） Hans Huber; 'Staat und Verbande', in *Rechtstheorie, Verfassungsrecht* Völkerrecht, pp. 361-86; 379 を参照。また幾分の後の

時代については Theodor Eschenburg, 'Die Verbände', in Eschenburg, *Zur politischen Praxis in der Bundesrepublik*, Vol. II, *Kritische Betrachtungen 1961-1965* (Munich: Piper, 1966), pp. 167-86; 184 を参照。

(26) Scheuner, 'Das repräsentative Prinzip in der modernen Demokratie', p. 223.

(27) Otto Stammer, *Politische Soziologie und Demokratieforschung: Ausgewählte Reden und Aufsätze zur Soziologie und Politik*(Berlin: Duncker und Humblot, 1965), pp. 116-36; 117 を参照。また Ulrich Scheuner, 'Politische Repräsentation und Interessenvertretung', in *Staatstheorie und Staatsrecht: Gesammelte Schriften*, edited by J. Listl and W. Rüfner (Berlin: Duncker und Humblot, 1978), pp. 337-46; 344 を参照。

(28) Heidegger, 'Die Frage nach der Technik', p. 29.

(29) Heidegger, 'Über den Humanismus', pp. 76-77.

(30) Heidegger, 'Die Frage nach der Technik', p. 13.

(31) Hans Freyer, *Herrschaft und Planung: Zwei Begriffe der politischen Ethik* (Hamburg: Hanseatische Verlagsanstalt, 1933), p. 22.

(32) Hans Freyer, *Theorie des gegenwärtigen Zeitalters* (Stuttgart: Deutsche Verlags Anstalt, 1955), p. 97.

(33) Ibid., p. 103.

(34) Ibid., p. 91.

(35) Hans Freyer, 'Das soziale Ganze und die Freiheit des Einzelnen unter den Bedingungen des industriellen Zeitalters', in Ernst-Wolfgang Böckenförde (ed.), *Staat und Gesellschaft* (Darmstadt: Wissenschaftliche Buchgesellchaft, 1976), pp. 199-220; 216.

(36) Ibid., p. 216.

(37) Ibid., p. 220.

(38) Arnold Gehlen, *Die Seele im technischen Zeitalter. Sozialpsychologische Probleme in der industriellen Gesellschaft* (Hamburg: Rowohlt, 1957), p. 109.

(39) Ibid., p. 9.

(40) Arnold Gehlen, 'Industrielle Gesellschaft und Staat: Über einige Triebkräfte des politischen Lebens der Gegenwart', *Wort und Wahrheit*, XI (1956), pp. 665-74; 667.

(41) かれの初期の著作において、フライヤーは、「支配意思」(*Herrschaftswille*) を人間社会における外部的組織の「基本的な心理学的諸事実」の一つと見た (Hans Freyer, *Soziologie als Wirklichkeitswissenschaft, Logische Grundlagen des Systems der Soziologie*, Berlin and Leipzig: B. G. Teubner, 1930, p. 44)。この主張は一九四五年以降のかれの著作においてはいくらかトーン・ダウンしたが、しかし、ここでも、かれはなお、行政管理的作用を、人間の行動様式を「長距離的操縦」を通じて制御する権力適用の諸過程と見なした (Freyer, *Theorie des gegenwältigen Zeitalters*, p. 103)。

(42) Arnold Gehlen, 'Soziologische Voraussetzungen im gegenwärtigen Staat', in Ernst Forsthoff (ed.), *Rechtstaatslichkeit und Sozialstaatlichkeit. Aufsätze und Essays* (Darmstadt: Wissenschaftliche Buchgesellschaft, 1968), pp. 320-39; 338.

(43) Helmut Schelsky, 'Der Mensch in der wissenschaftlichen Zivilisation', in Schelsky, *Auf der Suche nach Wirklichkeit. Gesammelte Aufsätze* (Düsseldorf: Diederich, 1965), pp. 439-80; 456.

(44) Ibid., pp. 455-56.

(45) Ibid., p. 459.

(46) Ibid., p. 468.

(47) Karl Jaspers, *Wohin treibt die Bundesrepublik?*, p. 190.

(48) Dolf Sternberger, *Lebende Verfassung: Studien über Koalition und Opposition* (Meisenhem am Glan: Anton Hain, 1956), p. 23.

(49) Wolfgang Abendroth, 'Zum Begriff des demokratischen und sozialen Rechtsstaates im Grundgesetz der Bundesrepublik Deutschland', in Abendroth, *Antagonistische Gesellschaft und politische Demokratie* (Neuwied: Luchterhand, 1967), pp. 109-38; 110.

(50) とりわけ、Hermann Klenner, *Studien über die Grundrechte* (Berlin: Staatsverlag der deutschen demokratischen Republik, 1964), p. 26を参照。クレンナーの社会主義憲法に関する擬似観念論的な説明と対立する見解は、カール・ポラックの著作の中に見出された。ポラックは、憲政秩序の現実についての純粋に唯物論的・社会学的な分析を打ち出し、そして、妥当する法である「新しい社会主義的な法」を、階級の物質的進化と「あらゆる社会の変換の組織者」である政党によるその解釈とから、演繹した。とりわけ、Karl Polak, *Die Dialektik in der Staatslehre*, 3rd edn. (Berlin: Akademie Verlag, 1963, pp. 279, 284) を参照。

(51) Klenner, *Studien über die Grundrechte*, p. 51.

(52) Freyer, *Theorie des gegenwärtigen Zeitalters*, p. 68.
(53) Ibid., p. 157.
(54) Helmut Schelsky, 'Über die Stabilität von Institutionen, besonders Verfassungen: Kulturanthropologische Gedanken zu einem rechtssoziologischen Thema', in *Auf der Suche nach Wirklichkeit*, pp. 33-58; 50.
(55) Ibid., p. 43.
(56) Ibid., p. 44.
(57) Ibid., p. 52.
(58) Ernst Forsthoff, 'Verfassungsprobleme des Sozialstaats', in Forsthoff (ed.), *Rechtstaatlichkeit und Sozialstaatlichkeit: Aufsätze und Essays* (Darmstadt: Wissenschanliche Buchgesellschaft, 1968), pp. 145-64; 163.
(59) Ibid., p. 158.
(60) Ernst Forsthoff, 'Begriff und Wesen des sozialen Rechtsstaates', in Forsthoff, *Rechtsstaat im Wandel : Verfassungsrechtliche Abhandlungen 1950-1964* (Stuttgart: Kohlhammer, 1964), pp. 27-56; 37-38.
(61) Ernst Forsthoff, *Der Staat der Industriegesellschaft: Dargestellt am Beispiel der Bundesrepublik Deutschland* (Munich: Beck, 1971), pp. 67-68.
(62) Forsthoff, 'Begriff und Wesen des sozialen Rechtsstaates', p. 54.
(63) Forsthoff, *Der Staat der Industriegesellschaft*, p. 42.
(64) Forsthoff, 'Begriff und Wesen des sozialen Rechtsstaates', p. 51.
(65) Forsthoff, *Der Staat der Industriegesellschaft*, p. 168.

第一二章　ユルゲン・ハーバーマスとニクラス・ルーマン

(1) Jürgen Habermas, *Strukturwandel der Öffentlichkeit. Untersuchungen zu einer Kategorie der bürgerlichen Gesellschaft*, new edn. (Frankfurt am Main: Suhrkamp, 1990), p. 142.
(2) Ibid., p. 327.

(3) Ibid., p. 153.
(4) Ibid., p. 225.
(5) Ibid., p. 225.
(6) Ibid., p. 96.
(7) Ibid., p. 112.
(8) Ibid., p. 292,
(9) Ibid., p. 312.
(10) Ibid., p. 334.
(11) Jürgen Habermas, *Technik und Wissenschaft als Ideologie* (Frankfurt am Main: Suhrkamp, 1968), p. 98.
(12) Jürgen Habermas, *Legimationsprobleme im Spätkapitalismus* (Frankfurt am Main: Suhrkamp, 1973), p. 14.
(13) Habermas, *Strukturwandel*, p. 326.
(14) Ibid., p. 193.
(15) Ibid., p. 186.
(16) Claus Offe, *Strukturprobleme des kapitalistischen Staates* (Frankfurt am Main: Suhrkamp, 1972), p. 25.
(17) Habermas, *Legimationsprobleme*, p. 97.
(18) Ibid., p. 54.
(19) Ibid., p. 106.
(20) Ibid., p. 104.
(21) Ibid., p. 153.
(22) Ibid., p. 138.
(23) Ibid., pp. 20-21.
(24) Jürgen Habermas, *Theorie des kommunkativen Handelns*, 2 vols. (Frankfurt am Main: Suhrkamp, 1981), Vol. I, *Zur Kritik der funktionalistischen Vernunft*, p. 488.
(25) Jürgen Habermas, Zur Rekonstruktion des Historischen Materialismus (Frankfurt am Main: Suhrkamp, 1976), p. 262.

(26) Ibid., pp. 267, 265, 266.

(27) Jürgen Habermas, *Nachmetaphysisches Denken* (Frankfurt am Main: Suhrkamp, 1988), p. 32.

(28) Jürgen Habermas, *Staatsbürgerschaft und nationale Identität. Überlegungen zur europäischen Zukunft* (St Gallen: Erker, 1991), p. 22.

(29) Ibid., p. 14.

(30) Ibid., esp. p. 22.

(31) Ibid., p. 23.

(32) Jürgen Habermas, *Faktizität und Geltung: Beiträge zur Diskursustheorie des Rechts und des demokratischen Rechtsstaats* (Frankfurt am Main: Suhrkamp, 1992), p. 328.

(33) Ibid., p. 466.

(34) Habermas, *Staatsbürgerschaft und nationale Identität*, p. 16.

(35) Ibid., p. 16.

(36) Ulrich K. Preuss, 'Zum Begriff der Verfassung', in Preuss (ed.), *Zum Begriff Verfassung: Die Ordnung des Politischen* (Frankfurt am Main: Fischer, 1994), pp. 7-36; 29.

(37) Jürgen Habermas, *Die postnationale Konstellation* (Frankfurt am Main: Suhrkamp, 1998), p. 135.

(38) Ibid., p. 155.

(39) Habermas, *Staatsbürgerschaft und nationale Identität*, p. 25.

(40) Ibid., p. 502.

(41) Habermas, *Faktizität und Geltung*, p. 429.

(42) Ibid., p. 492.

(43) Ibid., p. 465.

(44) Niklas Luhmann, *Das Recht der Gesellschaft* (Frankfurt am Main: Suhrkamp, 1993), p. 416,

(45) Niklas Luhmann, 'Soziologische Aufklärung', *Soziale Welt*, 18/2-3 (1967), pp. 97-123; 114.

(46) Niklas Luhmnn, 'Politische Planung', in *Jahrbuch für Sozialwissenschaft*, 17 (1966), pp. 271-96; 283.

(47) Niklas Luhmann, 'Soziologische Aufklärung', p. 109.

(48) Ibid., p. 97.

(49) Niklas Luhmann, *Die Politik der Gesellschaft* (Frankfurt am Main: Suhrkamp, 2000), p. 12.

(50) Niklas Luhmann, *Soziale Systeme* (Frankfurt am Main: Suhrkamp, 1984), p. 144.

(51) Luhmann, 'Soziologische Aufklärung', p. 106.

(52) Luhmann, 'Soziologie des politischen Systems', in Luhmann, *Soziologische Aufklärung. Aufsätze zur Theorie sozialer Systeme* (Cologne: Westdeutscher Verlag, 1970), pp. 154-77; 159.

(53) Luhmann, 'Komplexität und Demokratie', *Politische Vierteljahresschrift 10* (1969), pp. 314-25; 315.

(54) Niklas Luhmann, 'Selbstlegitimation des Staates', in *Archiv für Rechts- und Sozialphilosophie*, Beiheft: *Legitimation des modernen Staates* (1981), pp. 65-83; 69.

(55) この点についてのより詳しい説明については、次の著作を参照。Michael King and Chris Thonhill, *Niklas Luhmann's Theory of Politics and Law* (Basingstoke: Palgrave, 2003), esp. pp. 74-75.

(56) この点についての説明については、次の著作を参照。Niklas Luhmann, Niklas Lumann, *Die Wirtschaft der Gesellschaft* (Frankfurt am Main: Suhrkamp, 1988), p. 325.

(57) Niklas Luhmann, *Politische Theorie im Wohlfahrtsstaat* (Munich: Günter Olzog, 1981), p. 122.

(58) Luhmann, *Die Politik der Gesellschaft*, p. 94.

(59) Niklas Luhmann, *Macht*, 2nd edn. (Stuttgart: Enke, 1988), p. 41.

(60) Luhmann, *Die Politik der Gesellschaft*, p. 97.

(61) Niklas Luhmann, 'Klassische Theorie der Macht: Kritik ihrer Prämissen', in *Zeitschrift für Politik*, 6/2 (1969), pp. 149-70; 168.

(62) Luhmann, *Das Recht der Gesellschaft*, p. 424.

(63) Luhmann, *Politik der Gesellschaft*, p. 390; Niklas Luhmann, *Das Recht der Gesellschaft*, p. 425.

(64) Niklas Luhmann, 'Machtkreislauf und Recht in Demokratien', in *Zeitschrift für Rechtssoziologie*, 2/2 (1981), pp. 158-167; 166.

(65) Niklas Luhmann, 'Widerstandsrecht und politische Gewalt', in *Zeitschrift für Rechtssoziologie*, 5/1 (1984), pp. 36-45; 40.

(66) Niklas Luhmann, 'Soziologie des politischen Systems', p. 159.

(67) Niklas Luhmann, *Legitimation durch Verfaren* (Frankfurt am Main: Suhrkamp, 1983), pp. 167, 209.

(68) Niklas Luhmann, 'Politische Verfassungen im Kontext des Gesellschaftssystems, I', in *Der Staat*, 12/2 (1973), pp. 1-22; 11.

(69) Niklas Luhmann, *Grundrechte als Institution: Ein Beitrag zur politischen Soziologie* (Berlin: Duncker und Humblot, 1965), p. 37. これに関する模範的論議については、Gert Verschraegen, 'Systems Theory and the Paradox of Human Rights', in Michael King and Chris Thornhill (eds.), *Luhmann on Law and Politics: Critical Appraisals and Applications* (Oxford: Hart, 2006), pp. 101-25を参照。

(70) Luhmann, *Die Politik der Gesellschaft*, p. 37.

(71) Luhmann, *Die Politik der Gesellschaft*, p. 391.

(72) Luhmann, 'Soziologie des politischen Systems', p. 167.

(73) Niklas Luhmann, 'Die Paradoxie des Entscheidens', in *Verwaltungs-Archiv*, 84 (1993), p. 294.

(74) Luhmann, *Politik der Gesellschaft*, p. 47.

(75) Luhmann, *Das Recht der Gesellschaft*, p. 176.

(76) Niklas Luhmann, *Protest. Systemtheorie und soziale Bewegungen* (Frankfurt am Main: Suhrkamp, 1996), p. 71.

(77) Jürgen Habermas, 'Theorie der Gesellschaft oder Sozialtechnologie? Eine Auseindersetzung mit Niklas Luhmann', in Habermas and Luhmann, *Theorie Der Gesellschaft oder Sozialtechnologie-Was leistet die Systemforschung?* (Frankfurt am Main: Suhrkamp, 1975), pp. 142-290. これに関する後の省察については、以下の著作を参照。Jügen Habermas, *Die neue Unübersichtlichkeit* (Frankfurt am Main: Suhrkamp, 1986), p. 181.

(78) ルーマンは「形而上学をメタ生物学」へと変換している、というハーバーマスの示唆に関しては、以下の著作を参照。Jürgen Habermas, *Der philosophische Diskurs der Moderne* (Frankfurt am Main: Suhrkamp, 1985), p. 430.

訳者あとがき

1　邦訳の経緯

本書は、Chris Thornhill, *German Political Philosophy. The metaphysics of law*, 2007, Routeledge の邦訳である。本書は、現代ドイツ政治理論に関する著者の最初の本格的な研究書である *Political Theory in Modern Germany. An Introduction*, Polity Press, 2000（以下ＰＴＭＧと略す）に続く、著者のドイツ政治理論研究の第二弾である。本書の特色については、３で、永井健晴教授の紹介があるので、ここでは触れないことにする。前著のＰＴＭＧがウェーバーからルーマンまでの現代ドイツの政治理論の体系的な紹介書であったのに反して、本書は、その取り扱う範囲も政治理論のみならず、法理論を含めて、その対象分野を広げており、さらに時期的にも近世ドイツのルターから現代のルーマンまでの約五〇〇年間のドイツの政治・法理論を網羅する包括的で体系的な研究書である。

本書の邦訳を担当した三人の訳者は実は前著（ＰＴＭＧ）の邦訳（『現代ドイツ政治思想家―ウェーバーからルーマンまで』岩波書店、二〇〇四年一〇月）を担当している。前回では訳者代表は私（安世舟）であったが、今回の訳者代表は永井教授である。私事であるが、二〇〇七年三月に私が勤務校の大学を定年退職し、その後二年間、非常勤講師として大学院の授業を週一回担当することになった。本書は退職直前に著者から贈ってもらっていたが、定年を迎えた年の秋学期になって永井教授と会う機会があり、その時本書を手にしていて、ソーンヒル教授がまた本を出しましたね、と本書について語り合う内に、永井教授から「これも邦訳しませんか」と誘われた。それが本書の邦訳のきっかけとなった始まりであった。その時、今回は永井教授に訳者代表をお願いすることにした。理由は、第一に私がすでに現職を離れていること、第二に高齢による体力の衰えで八〇〇頁近くなるであろう大著を最終的に仕上げることに自信が持てなくなっていたからである。という次第で、今回の本書の訳者代表は永井教授であるので、「訳者あとがき」も本来は永井教授にお願いすべきであるが、著者との長い付き合いがある関係上、「2　著者の経歴と業績」のところまでを私が担当することになった。

本書の邦訳が遅れたのはひとえに私にある。一言でいえば、高齢のために体力の衰えに比例して集中して仕事のできる時間がきわめて短くなったこと、次にパソコンを使うことは目を痛めることから、極力利用を控えるようになり、それに伴いインターネットの利用も取り止めたことで、著者との連絡も滞るようになり、訳業が遅々と進まなくなったからである。本書の邦訳の分担は次の通りである。本書は序論、本文一二章、結論、注、索引から成る。前回では、ルーマンの政治理論は行政論そのままであることから、行政学専門の安章浩教授がルーマンを担当したが、今回も、本文の第一二章の「ハーバーマスとルーマン」の邦訳を担当した。第一二章を除く残りのすべてを私と永井教授が半分ずつ分担した。ギリシア語、ラテン語の達人で、優れたプラトンの政治思想の研究書や翻訳書を多数刊行されているばかりでなく、ヘーゲルの『法権利の哲学』の邦訳を出されている永井教授はその専門に近い、ルターからカント、ヘーゲル、シュタール、マルクスまでを取り扱った第一章から第五章までの部分、および注と索引の部分を担当した。次に、私が「日本語版へのまえがき」、謝辞などから序論までの部分、そして第六章から第一一章までの部分、結論を担当した。私の担当部分を除く訳稿は二〇〇八年末に完成していたが、私の担当部分が上記の理由によって二年近くも遅れて昨年八月にようやく完成にこぎつけることになった。本書の刊行が遅れることになった点について、二人の共訳者にこの場を借りてお詫びする次第である。

さて、本書はその分量において著者の前著のＰＴＭＧの倍近く多く、大著であり、その内容の点から見ても、読者がきわめて限られた高度の学術書であるために、いくら良書で、学界への貢献度が高いものであっても、学術書離れが加速度的に進んでいる今日の出版事情に鑑みてその刊行はきわめて困難であると考えられたが、訳者代表の永井教授が勤務する大東文化大学の出版助成金を幸いに受けることができて、ようやく日の目を見ることになり、訳者の一人として同大学に深謝の意を表したいと思う。「２　著者の経歴と業績」に移る前に、「日本語版へのまえがき」の中に言及されている下村勝巳博士について若干触れて置きたいと思う。彼は私の指導下で「ハロルド・ラスキの政治思想」と題する博士論文で学位を取得して、二〇〇七年三月末に大東文化大学法学研究科政治学専攻博士課程を修了した新進気鋭の政治学者である。学位取得後直ちにラスキ研究を深めるべく、ラスキが生まれ育ったイギリスのマンチェスターに赴き、二年間、マンチェスター・メトロポリタン大学で客員研究員として在外研究を行なったが、その間、私の紹介で著者の「立憲主義の比較研究」プロジェクトに参加し、著者の指導も受け、著者の自宅に招かれるなど親しい関係にあった。私がＥメールを使わなくなっていたので、帰国後、私の本書の邦訳に伴う疑問点などについて彼を通じて著者との連絡を取った。さらに、私の訳稿（第六章、八章、九章、一〇章、一一章）の手書き原稿のワープロ化も担当して頂いた。したがって、私の担当部分は彼の献身的な協力を受けなかったら完成はもっと遅れたことであろう。この場を借りて、下村博士のご誠意とご労苦に対して心から厚く感謝の意を表したいと思う。

2 著者の経歴と業績

著者のクリス・ソーンヒルは、イギリスにおけるドイツ政治思想史研究、とりわけドイツ現代政治理論研究の第一人者である。イギリスの西ヨークシャーのブラッドフォードで一九六六年六月六日に生まれており、現在、四四歳である。恐らく本書が刊行された時点には四五歳になっていることと思う。ケンブリッジ大学において、一九八八年度の最優秀賞、さらに一九九〇年度のダウニング・カレッジ（Downing College）全科目最優秀賞を得て、一九九〇年卒業し、直ちに同大学大学院へと進み、一九九三年にPh.Dの学位を取得した。その間、一年間、ドイツのフランクフルト大学に留学し、同大学でも哲学博士号を取得している。博士論文の題はWalter Benjamin and Karl Krausである。同論文は一九九六年にHeinz社から刊行されている。大学院終了後直ちにサセクス大学（University of Sussex）ドイツ・ヨーロッパ学科（German and European Studies）講師（Lecturer）に就任した。そして二年後の一九九五年に、ロンドン大学キングス・カレッジ（King's College London）のドイツ・ヨーロッパ学科講師に移籍した。学位取得後七、八年間積み重ねてきたドイツ現代政治理論研究が実り、二〇〇〇年初めに著者の最初の著作（PTMG）が刊行された。アメリカ図書館協会が毎年学術書の中で最も傑出した著作を分野別で選んで賞を授与しているが、同書は政治理論の部門で二〇〇〇年〜二〇〇一年度の受賞作品に選定された。二年後に著作『カール・ヤスパース——政治と形而上学』（*Karl Jaspers: Politics and Metaphysics*, Routeledge, 2002）を刊行した。これらの著作が評価されたものと推測されるが、二〇〇三年に勤務校において大学教員の序列においてワンランクを飛ばしてReaderに昇進している。イギリスの大学教員の身分はアメリカや日本と違っており、Readerについてはその適切な邦訳語がないが、アメリカや日本の教授と考えれば間違いないであろう。というのは、各学科では学科長のみが

Professor と称しており、他は Lecturer, Senior Lecturer, Reader の序列になっているからである。二〇〇三年には、長年のルーマン研究の成果を纏めた『ニクラス・ルーマンの政治と法の理論』（*Niklas Luhmann's Theory of Politics and Law*, Basingstoke: Palgrave, 2003）をマイケル・キング（Michael King）と共著で刊行した。そして、二〇〇四年一〇月には、著者のＰＴＭＧの日本語版が刊行された。こうした一連のドイツ現代政治理論研究の著作活動が評価されて、Reader 就任一年後の二〇〇四年に学科長、つまり Professor に任命された。大学教員としては異例の出世である。著者はその間ルーマン研究を深める傍ら、欧州諸国における立憲主義の比較研究プロジェクトを立ち上げ精力的な研究活動を続けた。こうして、著者は三〇代後半でキングス・カレッジのドイツ・ヨーロッパ学科長として大学行政をこなす傍ら、関連学界や政治理論、政治科学、社会学などの権威ある学術雑誌に研究成果を立て続けに公表して、イギリスを代表するドイツ政治思想研究の第一人者の地位を確保するに至った。それは、二〇〇六年にグラスゴー大学ヨーロッパ政治思想教授（Professor of European Political Thought）職に招聘されたことで証明されることになった。丁度四〇歳になったばかりである。著者は、現在、グラスゴー大学政治学科（Department of Politics）の学科長として大学行政の重責を担うと同時に、その研究成果を精力的に公刊している。グラスゴー大学教授になった後の最初の著作が本書である（二〇〇七年刊行）。次に、十数年間続けてきた立憲主義の比較研究の成果である、*A Sociology of Constitutions: Constitutions and State Legitimacy in Historical-Sociological Perspective*（Cambridge University Press, 2011）は、二〇一一年八月に刊行される予定である。ちなみに、「極東書店ニュース」（二〇一一年五月号）には『憲法の社会学――歴史的・社会学的視点における憲法と国家の正当性』（No. 911, 924）が本年八月に刊行されるとアナウンスされている。

　著者の経歴と著作を大急ぎで簡単に紹介したが、二〇〇四年までの著者の学問的問題関心や研究動向については、ＰＴＭＧの日本語版において紹介してあるので、ここでは紙幅の関係上省略させていただくが、その後の著者の研究活動については、本書の特色を含めて、永井教授が担当する次の3を参照されたい。永井教授は本年三月一〇日、グラスゴー大学を訪問し、フランクフルト大学の哲学博士号取得者としては後輩に当たる著者と半日間親しく本書について懇談する機会を持ったので、その時の話も含めて永井教授の3を期待して止まない次第である。（二〇一一年五月二〇日、安世舟 記）

3 解題にかえて

「形而上学以後」の不可能性と「国家の終焉」の終焉

（1）ドイツ政治哲学の性格を規定しているドイツ近代国家形成史の例外性――同一性と非同一性の同一性

本書の主タイトルは「ドイツ政治哲学」、副タイトルは「法の形而上学」である。著者クリス・ソーンヒルは、すでに安世舟先生が紹介されているように、現在四〇歳をいくらか越えたばかりの少壮気鋭のイギリス人学者である。本書は、宗教改革以後現在に至るまでのドイツの政治思想、法思想を対象とした浩瀚な著作である。本書の主題については、とりわけその序論と結論において、著者自身が著者自身の言葉で的確に語っているから、訳者がここでそれについてなお何かを語るとすれば、それは蛇足というものであろう。

蛇足であることを承知で敢えていえば、その主題は、約めていえば、著者はそれを、ドイツの「例外性（特異性）」（exceptionalism or exceptionality）と呼んでいるが、一方の西欧近代ドイツにおける近代国家形成史という時処の限定性（特殊性）と他方のそれを契機に成立する法及び政治における「形而上学以後」（post-metaphysics: Nachmetaphysik）という問題構制《プロブレマティック》、これら両境位《エレメンツ》の関係性ということになろうか。但し、著者が用いている

exceptionalという術語は、本書において適切な訳語が見つからずにやむをえず当てている「例外的（特異な）」といった日本語では、その含意が伝わらないように思える。それは、さしあたり、①時間的・空間的に外から何らかの普遍性を帯びてやってくるものに対する敵愾心、②そこから成立する自他の関係（普遍性と特殊性の関係）の意識、そして、③この意識から生じてくる自己同一性の根拠についての危機意識、さらにいえば、④その根拠（基礎）づけの必要性の覚醒、これらを含意しているといえよう。

ここで、結論を先取りして、訳者の本書についてのごく一般的な解釈をあらかじめ示しておこう。著者ソーンヒルは、本書の主題を、西欧近代における、法と政治に関する、そしてまた、両者の関係に関する、「形而上学以後」(post-metaphisics: Nachmetaphysik) の問題構制としているが、これは、端的に言い切ってしまうならば、訳者の見るところ、初期ヘーゲル（あるいはまた、それぞれ異なる形でこれを踏襲した後期ルカーチやアドルノ）が提示している「同一性と非同一性の同一性」あるいは「同一性と非同一性の非同一性」という問題（これはパルメニデス、プラトンを濫觴とする問題意識でもあろう）と、「形而上学以後」あるいは「近代以後」の不可能性、そして「国家の終焉」の不可能性という問題に帰着するであろう。

しかしながら、ここではまず、いくつかの時処に係わる差異性と関係性の意識、とりわけ、本書が前提にしているイギリスとドイツとのそれについて確認しておこう。当然のことながら、西欧近現代人は、古代ギリシア哲学とユダヤ教・キリスト教思想の展開を、意識的にせよ無意識的にせよ、前提にして議論している（ように思われる）。しかしながら、ここであらためて確認しておくべきことは、第一に、言うまでもないことであるが、歴史を遡ってみるならば、そもそも西欧人にとって、ユダヤ教・キリスト教のみならず、同じインド・ゲルマン系の言語を基礎にしたギリシア哲学でさえ、外来思想であったことである。第二に、本書はドイツにおける宗教改革が近現代ドイツの政治思想や法思想に及ぼした影響の重要性を強調してやまないのであるが、またこれも西欧哲学史の常識に属することであろうが、すでに原始キリスト教が、「セプタギンタ（七〇人訳旧約）」や「エヴァンゲリオン（福音書）」が、とりわけ、ギリシア語が堪能であったといわれるユダヤ人聖パウロが示しているように、ヘブライズム（ユダヤ教）を基礎にしながら、決定的にヘレニズム（ギリシア哲学）を触媒にして成立したのである。第三に、またここで俄かに立ち入った議論はできないが、巨視的にみて、地理的に同じ西欧といっても、著者の母国である、古代ローマ人がブリタンニアと呼んだ島嶼と、研究対象としている、大陸ヨーロッパ諸地域とでは、西欧近代思想の展開の、地理的のみならず、とりわけ歴史的な、諸条件が大きく異なることは、やはりまず注目しておくべきことであろう。

中世末以来、一九世紀末に至るまでの西欧世界において、紆余曲折の道筋を辿った近代国家の形成過程、あるいは、いわゆる合理化（脱呪術化）・近代化・資本主義化、そして本書の主題に係わる「法の実定化」の過程において、最終的に主導権（覇権）を掌握したのは、そして、しばしば近代国家と近代資本主義の発展の準拠されるべき歴史モデルとして定位されてきたのは、地理的・歴史的にはいわば西欧世界の吹き溜まりのような境位（辺境）において、複雑で重層的な歴史を閲してきた——そして本書の著者の立ち位置でもある——イギリスに他ならない。そして、現在、一九世紀後半以降、西欧列強の帝国主義的競合状況の局外的位置において急速な発展を遂げ、二〇世紀になって、二つの世界大戦と冷戦を通じて、イギリスの主導権（覇権）を引き継いだのは、その正嫡であったか否かはともかく、近代化の後進国とされた独・日・露の挑戦を退けて、よかれあしかれ、グローバルに圧倒的影響を及ぼしている「デモクラシーの帝国」アメリカである。

なるほど、この米国と英国との間には、西欧人にとっての新大陸への植民と米国独立の歴史的経緯はともかく、たしかに、その精神的バックボーンに決定的な共通性（プロテスタンティズム、アングロ・カルヴァン派）があった、そしてあるように思われる。しかしながら、米国は、いわゆるピルグリム・ファーザーズ以来、何回かの画期があるが、たった数世紀間に、原住民の征服とアフリカなどからの大量の奴隷輸入を前提にして、広大な土地に築かれた、基本的に移民の国であり、その地理的・歴史的条件も、宗主国であった英国とはまったく異なるとも言えよう。たしかに、西欧近代に形成された「国民国家」概念に照らすならば、米国には、すくなくとも初期の段階では、近代デモクラシーの理念によって建国された共和国という性格があったにせよ、しかし、その国制は、建前はどうであれ、本質的には、むしろ旧ソ連邦や中国がそうであるように、「国民国家」というよりも、単なる比喩ではなく、もともと文字通りの「帝国」にはるかに近いとも言えそうである。

因みに、翻って惟るならば、よかれあしかれ、一九世紀中葉、この米国によって開国させられ、二〇世紀中葉、この米国との戦争に決定的な敗北を喫し、爾後、現在に至るまで、これまた、よかれあしかれ、あらゆる意味で決定的に米国の影響下にあるように見える、(そしていまや再び三度、米国によって「開国」させられるらしい)極東の近現代日本は、西欧近代的「国民国家」形成の諸条件に関して、もちろん、その基礎にある歴史、文化、伝統、宗教は、英米独とはおよそ異なっているが、しかし、地理的な孤立性と歴史の重層性に関しては、米国よりも英国にはるかに近いところがあるし、そして、上で述べた近代化過程における「例外性(特異性)」という観点から見るならば、またこの点にかぎるならば、独国に思想史的親近性がある、とも考えられるであろう。

さて、上で触れたように、中世末以来の西欧近代世界において、近代主権国家、立憲主義国家、法治国家、国民国家の形成過程に関して、イギリスと大陸諸国家の間にも、かなり密接かつ複雑な関係があったにせよ、やはり大きな相違が見られた。さらにいえば、同じ西欧近代の大陸諸国家においても、同じ歴史的文化的・宗教的基盤を前提にし、しかも地理的に境を接しながら、独仏両国は、第二次大戦に至るまで、大いに異なる近代国家形成史を辿っている。本書においては、西欧近代国家形成史において主要な役割を演じた、英・仏・独の関係の中で、英仏、仏独の関係はフェイド・アウトされ、とりわけ英独の関係に焦点が絞られ、というよりも、いわば黙示的にイギリス立憲主義国家モデルが引証基準に据えられて考察された、ドイツ近現代国家形成史と、ここで繰り返し生じてくる法的・政治的な諸問題とが浮き彫りにされ、その「例外性」の意味の考究に学問的関心が集中されている。

国家の定義、とりわけ、近代国家の特性（statehood: Staatlichkeit）については、後でまた立ち戻るつもりであるが、ここでさしあたり、西欧近代国家のいくつかのメルクマールを挙げておけば、①一定規模の集権性、②憲政秩序ないし法治性、そして、③その形成過程の資本制社会の形成過程との連動性ということになるであろう。イギリスにおいては、中世から近世への転換期において、相対的に早期に、この近代国家の特性の形成過程が進展を開始し、決して強大なものではなかったにせよ、近代国家の枠組みを用意する絶対主義国家の成立とローマ・カトリック教会からの離脱が達成される。このイギリスと比較すると、ドイツにおける近代国家形成は、その過程においても構造においても、諸時代を通じてきわめて特異な（例外的な）性格を帯びることになった。すなわち、ドイツでは、中世末以降、聖俗両権の間のみならず、聖権内部、俗権内部のそれぞれにおいてもまた、複雑な対立と同時に受容・結合の関係が展開されたのである。

著者の主張するところによれば、とりわけ宗教改革以降のドイツ近現代の歴史的諸条件の枠組みの中で、ドイツの神学、法学、哲学、思想、理論の展開史において、外異のもの（カトリック神学、ローマ法、形而上学、近代啓蒙主義・近代合理主義）に対する屈折した反発、形而上学に対する逆説的批判に関する同一主題が、あたかもラヴェルの『ボレロ』におけるがごとく、それぞれの時代にさまざまに変奏されて、繰り返されることになったのである。

（2）主題としての形而上学以後——法の妥当性と権力の正統性の根拠づけ

周知のように、「形而上学」（metaphysika）というギリシア語は、一般的には、アリストテレスのものとされるテクストのタイトルに由来すると考えられている。これは「自然に係わる諸々の事柄」という言葉にメタという接頭辞が付せられた合成語である。ギリシア語の「自然」（physis）は、ラテン語のそれ（natura）と同じく、語源的には、それぞれphyeinとnascorという、いずれも「生む」（うまれる、あれる）という動詞と関連している。これらの言葉が、スピノザにおける自己産出（natura naturans）・自己原因（causa sui）としての神＝自然の含意をもつとすれば、それらの意味は、しばしばシステム論や生物学などで耳にする、もともとギリシア語起源のオート・ポイエーシス（自己作出 auto-poiêsis）や自己言及、自己準拠（self-reference）、ホメオスタシス（恒常性 homeostasis）、動的均衡、自己立法（self-legislation）などの諸語と、その意味の外延において重なるところがあろう。アリストテレスの目的論（teleologiâ）における諸目的の限定関係の連鎖の極限が「不動の動者」たる神であるとすれば、これはまた、動的均衡としての神＝自然ということになろう。

フィシカ（自然学）が、カント的にいえば、経験と理論に基づき、事実（成ったもの及び為されたことの結果）という事象を、能うかぎり客観的に記述し、事象の因果関係を仮説演繹的に説明しようとする試みであるとすれば、メタ・フィシカ（形而上学）は、この可能性の前提の根拠を探究する学問ということになろう。ここで謂う経験（em-peiriâ 語源的には、試練の中にあること、観察・実験）は、ここで謂う理論（theôriâ 観ること）すなわち、時空の直観形式と範疇ないし概念を前提にして成立する。アリストテレス的あるいはカント的な範疇はともかく、少なくとも概念一般は、いわば類的経験の構造変化の過程において「範型転換」（Paradigmenwechsel）可能なものと思惟しうるが、思惟は思惟過程総体を思惟しうるのである。

いずれにしても、現象態（phenomena）を可能にする思惟作用（叡知体、nounomena）は何によって可能になるのか。思惟作用は、デカルト的cogitoであれ、ヘーゲル的cogitamusであれ、命題（Satz）あるいは判断（Urteil）の形をとるかぎり、いわば構造的に、無限遡及（unendlicher Regress）あるいは循環（円環）（Zirkel）のいずれかに帰着する。この無限遡及ないし円環の極限にいかなる起動因（archê）を思惟するのか、あるいはしないのか、これを思惟するのもまた思惟作用である。プラトンは、この起動因を、さしあたり、「善のイデア（hê tou agatou ideâ）」と、アリストテレスは「不動の動者」(to kinoun akinêton)と名指し、カントはいわばプロテスタント的にこれを名指さない。暫定的に名指すにしろ、名指すことを抑制するにせよ、思惟作用を稼働させようとするかぎり、暫定的であれ、確定的であれ、何らかの起動因を想定することなく遂行的矛盾(performative Widersprüche)に陥らないことは不可能であろう。

ところで、ヘレニズム(ギリシア哲学)における起動因が自己産出的、自己準拠的な「自然」(physis)であるとすれば、ヘブライズム(ユダヤ教・キリスト教)におけるそれは、超越的唯一絶対的創造神ということになるであろう。円環構造をとるヘレニズム的「自然」とは異なり、ヘブライズム的「神」は、構造的あるいは原理的に、遂行的矛盾をおかすことなく名指す(人間の理性によって概念把握する)ことはできない。プラトン的「善のイデア」がそうであるように、「神」というのも、暫定的な仮の名にすぎない。なぜならば、たとえば、超越性は内在性を、唯一性は多数性を、絶対性は相対性を、創造は被造物を前提にしないかぎり、ありえないが、前提を必要とするものは、すくなくとも論理的には、超越的でも、唯一的でも、無から有の創造でもありえないからである。したがって、すくなくとも論理的には、「神」は超越的でも、絶対的でもありえず、いわば自己準拠の相互限定作用そのもの、あるいは、スピノザやヘーゲルにおけるような自己原因(causa sui)としての内在神以外ではありえないことになろう。しかしながら、むしろまさにそうであるがゆえにこそ、あるいは、そのことの絶えざる覚醒ゆえに、超越(あるいは合理化=脱呪術化の起点)への已みがたい衝迫・志向を促す何か、というところに唯一の超越的創造神の謂いは存する、とも言えるであろう。

さて、そもそも「形而上学」(metaphysika)という語義が、起動因(archê)あるいは目的因(télos)を実体的ないし独断的に想定する、ということではなく、むしろ、その起動因・目的因を不断に希求・探究すること、そして、このことの意味を問い続けること、これを意味していたとするならば、「形而上学以後」(post-metaphysics:

Nachmetaphusik）という言葉は、無用な贅語ということにならないであろうか。すなわち、「形而上学以後（ポスト形而上学）」あるいは「形而上学批判」とは、根拠（原因）の無限遡及的あるいは円環的な探究過程において、思惟作用を停止すること、すなわち、独断に落ちること、さらにそれがイデオロギーとして機能すること、これを回避しようとする試行の謂い以外ではないとすれば、プラトン、アリストテレスにせよ、カント、ヘーゲル、マルクスにせよ、独断に陥ることを避け、不断の探究を自覚していたと解されるかぎりでは、これらの哲学史の巨人たちを、一括して、つまりein für allemalに「形而上学」として退けることは、批判する主体がその客体そのものになっている、という遂行的矛盾をおかしていることになり、そのことに無自覚なかぎり、愚かなことであろう。

ところで、この「形而上学」、「形而上学以後」というプロブレマティックは、第一に、学問ないし科学一般に関していえば、より説得性あるいは信憑性の高い、すなわち、普遍化と客観化の可能な、事象（因果関係）の説明の範型及びこれに基づく記述、これを求める、人類あるいはhomo sapiensないしhomo loquensの世代を超えた永続的営為と係わっている。①ここでまずなによりも問題になるのは、さしあたり、コミュニケーション理性、あるいは、根拠を無限に遡及する可能性という意味での討議（discourse）のトポスを閉じないこと、つまり、いわゆる「公共性」（Öffentlichkeit）ないし「理性の公共的使用」を、確保することである。しかしながら、根拠（基礎）づけ（Grundlegung, Rechtfertigung: foundation, legitimation）が問題になるかぎり、②まさにこの意味での公共性の確保は、「法の妥当性」の正当化、そして、これと連動する「国家権力の正統性」の正当化、これらの問題の前提であるよりも、むしろ逆に、後者の問題を前提にしているのである。だが、さらにいえば、③根拠（基礎づけ）を問題にする際に、とどのつまりは、それを遂行する当のものは何か、理性なのか、意志なのか、あるいはこれら以外の何かなのか、これが問われることになろう。

（3）主知主義と主意主義——理性と意志

さて、ここでは詳しい論証は一切できないが、上で、キリスト教はヘブライズムとヘレニズムの接触を通じて成立した、と述べた。これまた、きわめて雑駁にいえば、いわゆるローマ帝国の東西分裂と西ローマの滅亡以後、西欧世界においては、ローマ・カトリック教会が確立していくが、その権威システム、位階制、代表制、教会法、神けるは、ローマとゲルマンの両継承文化の接触から生じたといえよう。その際、とりわけ注目されるのは教会法における神学ローマ法、盛期中世において成立したトマス神学におけるアリストテレス哲学の影響関係であろう。

東ローマ帝国が皇帝教皇主義（Cäsaropapismus）に基づき、約一〇〇〇年にもわたって存立していた期間に、西欧中世世界で確立したのがローマ・カトリック教会とこれとの緊張関係の中で形成された世俗諸国家であった。すでにローマ・カトリック教会内部でも、一〇世紀以降、いくつかの重要な改革運動はあったが、とりわけ、一六世紀の前半以降の宗教改革における原始キリスト教的反律法主義（anti-legalism）・無律法主義（anti-nomianism）の再生は、西欧近代国家と西欧近代資本制社会の形成に、さまざまな意味で決定的影響力を及ぼしたとされる。本書ではとりわけドイツにおけるルター主義の展開に焦点が絞られているが、ここではまずその教義上の核心にある主知主義（intellectualism）と主意主義（voluntarism）の確執あるいは関係について触れておきたい。

宗教改革運動の展開は、西欧における根底的な社会・経済構造の変動、伝統的共同体の紐帯の断裂傾向と連動しているが、これと対応するそのキリスト教の教義上の基本的問題は、万物を無から創造したとされる超越的唯一神以外の世俗世界の一切の伝統的権威の否認という逆説的行為にある。逆にいえば、この現象界における一切の権威の否認（一切の偶像崇拝の禁止）ということは、超越性、唯一性という属性を有する名指しえない匿名の創造神という逆説的概念そのものから、歴史的・社会的な条件次第でいつでも発出しうる。というのも、「匿名の神」、「偶像崇拝の禁止」は、一定の理性と自由を備えた人間存在の歴史的・社会的な生活活動において条件次第で不可逆的に作動しはじめる、M・ウェーバーのいうところの「脱呪術化（合理化）」Entzauberung=Rationalisierung の起点の別名に他ならないからである。

宗教改革運動においては、ローマ・カトリック教会の教皇制、位階制、代表制、公会議制などが基本的に否定されて、いわゆる聖書至上主義（Biblizismus）が標榜される。言うまでもなく、キリスト教においては、新旧聖書は「匿名の神」及び「神人イエス・キリスト」の言語によって記されたメッセージであるとされている。すでに原始キリスト教が、ユダヤ教を基礎にしながら、これに対する宗教改革のような形で成立した時点で、ユダヤ教のテクストはギリシア語に翻訳され、いわゆる「福音書（Evangelion）」はもともとギリシア語で記されていたとのことであるが、カトリック教会においては、それらはすべてラテン語に翻訳され、その解釈に関しても、よかれあしかれ、教会組織のさまざまな諸制度を通じて一定の統一性を維持することが図られた。ところが、宗教改革運動の展開に際して、新旧両聖書は、ドイツ語のみならず、当代の各国現代語に翻訳され、以後、その解釈は基本的に各人に委ねられたのである。

聖書が各国語に翻訳され、それに基づく解釈の自由が、（現実にはありえない）一切の伝統的絆を断ち切られた個絶した個人に課されたとしても、いかなる言語も、それが言語（ロゴス）である以上、本源的に何らかの統一性・普遍性をもつはずである。しかしながら、いずれの自然言語も、これまたいつも本源的に多義性を帯びている。とすれば、解釈の自由が委ねられるということは、人間存在が歴史的・社会的存在である以上、予定調和が想定されても、解釈の権威を否認するかぎり、解釈をめぐる闘争は不可避である。だが、そもそも、個絶した人間存在は、いかなる権威も認めない解釈の自由、極限的には、まさしく超越神におけるがごとき、無からの決断（definitio ex nihilo）、こういう重荷に耐えうるのであろうか。そもそも人間はそのような無前提な自由の重荷に耐えうるようにできていない、というのがドストエフスキーの描くイワン・カラマーゾフが造形する大審問官が、再臨したキリストに投げかける言葉であるが、逆説的な超越神以外の一切の権威の否定を前提とした個絶ゆえの連帯を基礎にしたプロテスタント的「信仰共同体」(Gemeinde: commune)のようなコミューン的集団モデルは、初期ヘーゲルが原始キリスト教団について論じているように、没落を運命づけられている、ということが、歴史的にはさまざまなヴァリエーションで繰り返し示されてきた。

ところで、古代ギリシア語の自由(eleutheria)は、語源的にみて、伝統的共同体に帰属していること、あるいは伝統的習俗に従うこと、を意味していたとすれば、これは西欧近代語のいわゆる消極的自由(libertas, Freiheit, negative freedom)(これらのラテン系、ゲルマン系の言葉も本来はギリシア語のそれと同様の意味を有していたはずである)は、正反対の意味に転化している。この恣意ないし任意への自由の語義転換は、すでにプラトンのアテーナイ民主制についての叙述の中に現れている。ロシア語の自由については、свобода の бол という語根と Бог(神)あるいは воля(意志・恣意)といった諸語との語源的関係の有無は不明であるが、その意味は、西欧諸語におけるのと同じく、「自分の意志」という含意がある。このロシア語の воля は、羅語の volo, 独語の wollen と同系の言葉であろうが、意志と欲望を表現する動詞 хотеть と同じく、ギリシア語の bouleusthai や epithumein のように意志と欲望とが区別されることなく、それらは未分化のまま表現されている。

上で触れたように、古代ギリシア人の世界観が、何らかの形で自己産出としての自然(physis)に収束するとすれば、アリストテレスのように、自然=宇宙を形相(eidôs)・質料(hylê)・目的(telos)・起動(archê)の四つの構成要因(stoikeiâ)として分析するにしても、目的因と起動因を形相の質料化ないし質料の形相化としての自己産出運動に内在させている以上、関心の焦点は形相因(eidôs)あるいは視覚像としての(美的)秩序(kosmos)になるであろう。理性(nous)あるいは言語(logos)は、この秩序そのものであるとともにこれを表現する媒体でもある。この秩序が相反する諸契機の動的均衡であるかぎり、いつもすでに逸脱と差異を孕んでいるから、理性ないし言語はこれを制御する機能をもつことになる。プラトンは人間個人（魂）・国家・宇宙を貫くこの秩序化の均衡モデルを提示している。すなわち、理性・気概・欲望の動態的な構成秩序モデルがそれである。この秩序化あるいは形相の自己賦与運動の発端は、人間の世界に関していえば、さしあたり人間の理性である。しかし、この理性を起動するのは理性そのものというよりは、気概ないし欲望である。ところが、この気概及び欲望を制御するのは、やはり理性に他ならない。ここで決定的に重要なのは、気概（意志）と欲望との分離である。たしかに、プラトンの背理を孕むいわゆるイデア論は、ある種の二世界論のように読める。しかし、プラトンの思惟も、師匠を批判したとされるアリストテレスのそれと同じく、発想の構造を見れば、思惟及び存在一般に関して、徹頭徹尾、内在的な円環構造を示しているように思われる。

いずれにしても、すでに言及したように、ヘブライズムにおける形而上学始源としての超越的創造神は、ヘレニズムにおけるそれとは、決定的に異なるように思える。たしかに、超越的創造神は概念として逆説や背理を含んでいる。超越されるものを前提としない超越は論理的にはありえないし、比喩でなく文字通りの無から有の創造も同様である。厳密にいえば、この超越神を人格神と想定することも背理であろう。この神は、ヴィーコやフォイエルバハが洞察したように、被造物とされる人間がむしろ己の姿を投影させた、あるいは、自己疎外させた、「憤怒の神」でも「慈愛の神」でもなく、名指しえないどころか、超絶的とか超越的とかいう形容詞さえ付しえない逆説的な「匿名の神（anonymer Gott）」だからである。

そもそも何故にこのような逆説的な超越神概念が逆説的に想定されることになったのか。一般的にいえば、それをいつもすでに条件づけているのは歴史的・社会的な人間生活の危機（Krisis）だといえるであろう。人間の意識が、現実的危機と連動する、極限的に徹底されて、逆説的な超越神にまで至れば、そこから帰結するのは、世界（現実及び幻想の統一性）の断裂の意識である。この断裂の意識は、さまざまな形姿の逆説を孕む二元論の対立・併存を生み出す。それは古典古代末の懐疑論と独断論、相対主義と普遍主義、中世末の唯名論と実在論、近代以降の、事実（quid facti）と規範（quid iuris）、これらの分裂と対立という形で現れる。それはまた、まさに「形而上学」的意識とも呼びうるであろう、無限遡及的探究と人間世界の不条理の根拠を問う「神義論」（Theodicee）的衝迫との成立を必然化する。

周知のように、ヨハネ福音書（kata iôannên）の冒頭に次の言葉が見られる。「はじめに言葉（ロゴス）ありき。言葉は神とともにありき。言葉は神でありき」（En archê ên ho logos, kai ho logos ên pros ton theon, kai theon ên ho logos）。ここでまず注目したいのは pros という前置詞である。これは独語の mit や bei のみならず、von や zu を、すなわち出自・由来や帰属を指示する。したがって、当該の箇所は「言葉は神に由来した」とも読める。この後のところでは、神に由来する言葉は、光の子（phôn tôn anthrôpôn）、つまり、メシア・イエスである、と記されている。ところで、これまた大いに人口に膾炙しているところであるが、ゲーテの戯曲『ファウスト』に、このヨハネ福音書の命題を契機にした次の独白がある。手塚富雄の訳で引用してみよう。


こう書いてある。「はじめに言葉ありき。（Im Anfang war das Wort）」

ここで、もうおれはつかえる。どうしたらこれが切り抜けられるか。

おれは言葉というものをそれほど重く見ることはできぬ。

おれに精神の光がみちているなら（vom Geiste erleuchtert）、
別の訳語を探らねばならぬ。

これはどうだ。「はじめに思い（Sinn）ありき。」

……

一切のものを創り、うごかすのは「思い」だろうか（Ist es der Sinn, der alles wirkt und schafft?）。

これはこう置くべきだ。「はじめに力（Kraft）ありき。」

……

これではまだ物足りぬとささやく声がする。

あっ、霊（Geist）のたすけだ。とっさに考え（Rat）がうかんで、
おれは確信をもって書く。「はじめに行為ありき。（Im Anfang war die Tat.）」


鷗外訳では、Sinn は「意《こころ》」、Tat は「業《わざ》」と翻訳されている。いずれにしても、ここでは何が問題なのか。さしあたり、二通りのことが考えられるであろう。第一に、形而上学的な意味での起動因は何か。ロゴス（logos 言葉、理性）なのか、それとも、エルゴン（ergon 行為、意志）なのか、というギリシア哲学の範型において問われうる形而上学的問題。第二に、ミュートスで語られる理性と意志の逆説的関係の問題。天地創造という出来事（Geschichte）、あるいは比喩的物語（mythos: Geschichte）において語られる、無から有を生じせしめる創造という行為（業）、そして闇中の天地において「光あれ」という当為の命令文を発するという言語行為、これらはいずれも、いわば色即是空の虚無を乾坤一擲に超脱する行為であるが、物語風にいえば、応答する相手のいない完璧に個絶した発話者の完璧に孤独な行為である。こうしたもともと逆説を孕む超越神の言語行為においては、ギリシア的な理性と意志の均衡と循環とは異なり、この超越神の本質が光を比喩とするロゴスないし理性だとしても、ギリシア的な均衡と循環は崩れて、ロゴス・理性に対するエルゴン・意志の優位が必然化するように思われる。

アリストテレスを基礎に築き上げられたとされるゴシック聖堂のごとき壮大なトマスの神学体系には、それ自身

の中にそれ自身に対する激しい反発を惹起する要因が内在していたというべきであろうか。この火薬庫は、歴史的・社会的条件次第で、いつでも爆発する可能性を秘めているともいえるであろうか。果たせるかな、中世末から近世初頭、その要因はいわゆるスコラ哲学における唯名論、宗教改革の反律法主義・無律法主義という形姿で現れたのである。本書の著者ゾーンヒルによれば、とりわけこの宗教改革を発端として、就中ドイツにおいて、主知主義と主意主義の確執という問題構制の基本的な構造は、神学、法学、哲学、政治学などにおけるさまざまな諸論争を通じて、基本的には同一のモティーフがさまざまに変奏されて、現代に至るまで繰り返し演奏されてきたのである。万物の起源は何か、というギリシア哲学に発する形而上学的問い、現世の不条理の根拠は何か、というユダヤ教に発する神義論的問い、これらは、カント的にいえば、すくなくとも人間の「理論理性」によっては、さしあたり二律背反に陥らざるをえない回答不能の形而上学的問いである。もちろん、「語りえないこと」を語（騙）ろうとすれば、空虚な神学論争あるいは何らかのアナグラムに陥ることは必定であろう。しかし、「理論理性」としてのロゴスで「語りえないこと」を、ミュートスとしてのロゴスで語ることは必ずしも無意味ではないであろう。また、人間個人に定位していえば、その行為と道徳（格律）を問題にする「実践理性」は、自らが空虚な当為や要請に甘んじようとしないかぎり、「理論理性」が語りえない「根拠への問い」に係わらざるをえないであろう。理論と経験の関係がそうであるように、理性を欠く意志は盲目であり、意志を欠く理性は空虚だからである。だが、それよりもなによりも、人間存在が歴史的・社会的存在であるかぎり、すなわち、時処における諸関係において、人間になり、人間として生きる、そういう存在であるかぎり、法と政治のアスペクトにおける、理性と意志の関係を前提とした、それぞれの根拠についての問い、すなわち、法の妥当性の正当化と権力の正統性の正統化の問題は、時処を超えて不可避なのである。

（4）法の両アスペクト――法の自己定立

国家（文明）の成立の前後を問わず、また洋の東西を問わず、およそ人間の社会が存立しているかぎり、そこには何らかの広義の法がいつもすでに妥当している。逆にいえば、法が妥当しているかぎりで、社会は存立しうる。法とは何か。第一に、それは社会の成員たちの諸行為とそれらの関係における「正しさ」の信憑そのものである。第二に、それは拘束性を有する規則である。法は妥当し遵守されなければ意味をもたない。社会の成員たちが、己の欲するところにしたがい則をこえず、という状態にあるかぎり、法の妥当性も拘束性も問題になることはないであろう。

総じて、「生物の世界」にも、種の内外において紛争・闘争は、いつでもありうる。しかし、それは、「優勝劣敗」であれ、「適者生存」であれ、「棲み分け」であれ、「遺伝子プログラム」であれ、内外の自然に内在する一定の規則・法則によって終息する。人間も生物の一種であるかぎりでは、人間の闘争も生物一般の規則・法則の枠内で生起する。しかしながら、人間という動物種の種差が言葉ないし理性をもちうる可能性と本源的な環境適応能力の欠陥とにあるとすれば、すなわち、人間はhomo sapiensないしhomo loquensであると同時に、あるいはまさにそれゆえに（言語・理性は適応能力を補完し、欲望や闘争を制御する媒体であると同時に、これらを逆に無際限に増幅してしまうそれでもありうるから）、homo demens（欠陥動物Magelswesen）であるとすれば、人間の社会的生存には、自然内在的な規則のみならず、これを補完する第二の規則が不可欠になる。

人間存在にとってのこの第二の規則は己以外のどこからも与えられていない以上、己自らこの第二の規則を定立かつ遵守することなく、己自らの歴史的・社会的な生存を全うすることは不可能である。この第二の規則は、さしあたり、いつの時代のどのような社会においても、行為習慣（hexis）もしくは伝統的習俗規範（ethonos, mos, Sitte）の形をとるであろう。これは人間が行為習慣を通じて、母語の習得と同じように、半ば無意識に継承・再生産する形で定立されている。これは所与の法規則の妥当性が改めて問題化しないかぎりで妥当している。逆にいえば、この法規範は妥当している事実そのものによって、妥当性を有しているのである。このことは、いわゆる伝統的社会についてのみ言えるのではなく、歴史的伝統が決定的に解体に向かって進展している近現代社会についてさえ、基本的には同じことが言えるであろう。

しかしながら、やはり、「世界の脱呪術化＝合理化」の一環としてのいわゆる「法の実定化」は、近代社会、近代国家のメルクマールの一つである。いままで妥当してきた、そしていまも妥当している法に、たとえば外からの征服や内からの社会構造の転換などを契機として、現行法の妥当性に疑義が呈され、その妥当性の根拠が問われるようになるとき、法と正義、実定法と自然法などの概念の区別が明確化する。たとえば、中世末から近世初頭の英国においては、その歴史的社会変動を通じて、外からの権力者の命令としての law と慣習法に基づいてこれに抵抗する被治者の right という二つの英語の概念は互換不能となってしまった。さらに宗教改革以後、とりわけカルヴァン派の影響から right は自然権として実体的に公理化され、社会契約論の採用と相まって、米国では、この law と right の相互規定関係が曖昧になってしまう。

英語では実定法を positive law というが、他の西欧語、たとえば nomos, themis, lex, loi, Gesetz, закон などがそうであるように、law はもともと、right が定立、限定、選択されたものという意味であるから、同じ意味の positive がつかなくても、実定法という意味なのである。すなわち、いずれの語にも、他動詞の完了・所相の分詞の意味が残っているはずなのである。問題はこの他動詞の主語は何かということになろうが、それは、神あるいは自然でないかぎり、人間ということになるであろう。人間といっても、人間一般というよりも、政治権力を掌握した者、要するに主権者ということになろう。法は、何であれ、天から降ってきたり、地から湧き出てきたり、伝承されてきたりした、正義そのものではなく、それを改めて自覚的に限定し、選択し、定立し直した正義なのである。しかし、法定立という人間の行為が自覚的になるならば、その根拠ないし準拠基準が必要であり、その選択の妥当性は不断に問われ続けることになる（ルーマンは「実定法」を次のように定義している。「実定的として標識づけられるのは、定立された、そして、決定（決断）によって妥当している、そういう法権利である」（Als *positive* wird Recht bezeichnet, das gesetzt worden ist und kraft Entscheidung gilt. Niklas Luhmann, *Ausdifferenzierung des Rechts*, S. 122)）。

事実（行為結果）（fact: Tatsache）としての法の自己定立の自覚化、これこそまさに「法の実定化」の一つの意味に他ならない。これはまた、立憲主義的近代法治国家（constitutional state: Rechtstaat）の形成過程でもあるのである。換言すれば、近代国家の本質ないし理念は、主権者による法の自己定立によって存立する、という点にあるのである。実定法の妥当根拠が何らかの自然法にあるのか、あるいは、実定法そのものにあるのか、そのことはともかく、問題はむしろ、法にはius（Recht）とlex（Gesetz）の両アスペクトがあり、法、正義、権利をそれぞれ切り離し実体化してしまわないで、その相互限定関係の自覚化を通じて法を自己定立すること、そして、これをなしうる法の定立主体の形成、これらはいかにして可能か、あるいは不可能か、これを問い続けることであろう。

（5）国家の問題——自由・法・国家・人格・人間

法は妥当性と拘束性という二つのアスペクトをもつ規則である。この妥当性と拘束性は何に由来するのか。言い換えれば、それらは何を根拠とするのか。端的にいえば、それらの根拠は、法の自己定立という行為そのものにある。この行為の主体は何か。それは神でも自然でもないとすれば、人間以外ではない。法学的にいえば、「人格」（person）としての人間である。さらにいえば、それは自然人としての個人人格ではなく、法的人格としての国家人格である。自然法、神法、慣習法、国際法も、もちろん法規範ではある。それらの法にも何らかの妥当性と拘束性があることはたしかである。社会一般であれ、国際社会であれ、およそ社会が存立しているかぎり、そこにはいつもすでに法は存在するのである。しかしながら、これらは自己定立という法人国家の行為に由来する妥当性と拘束性をもたない以上、厳密にいえば、狭義の法ないし実定法ではない。

ところで、さまざまな事情があると考えられるが、とりわけ第二次世界大戦以後、さらに冷戦終結以後、「国家」は、否定の対象として以外、正面から取り上げられることは、久しく稀なことになっている。ファシズムと全体主義の批判の名のもとに、そして、グローバリゼーションと多文化主義の掛け声のもとに、国家論はすっかり影をひそめてしまった。英語圏の規範的政治理論、憲法論、法哲学においてはもちろん、ファシズム台頭までは、国家学、国法学が大いに議論されていたドイツにおいても、戦後の事情は同じである。挙句の果てに、国家が言及されるとすれば、「国家の終焉」論なのである。近現代の歴史的現実がどうであれ、古典的自由主義においても、マルクス主義においても、結局のところ、国家は、消極的・否定的な概念にすぎない。国家は、前者においてはたかだか必要悪であり、後者においては否定されるべき収奪（階級支配）の機関（道具）にすぎない。そうである以上、さしあたりそうであることが否定されても、両者は、理念上は等しく、アナーキズムに帰着するのである。

だがしかし、資本制社会の不可逆かつ加速度的な進展に伴って、どれほど複雑にどれほど巨大に膨れ上がった現代の大衆社会においても、そして、家族や国家という現実的制度が内外の状況において解体に向かう傾向を示しているとしても、よかれあしかれ、それらのいわば自己再生産は現実的制度として消滅してしまったわけではない。それどころか、まさにそうであるがゆえに、それら（家族と国家）の重要度はさまざまな意味でより一層増しているとも言えよう。とすれば、現実的制度としての家族や国家を暗黙の前提にしながら、それらの終焉を論ずることは、欺瞞的な遂行的矛盾ということになろう。

一七世紀及び一八世紀に成立した自然権論と社会契約論に対して、一九世紀初頭、晩年のヘーゲルは、初期のかれ自身の国民的権力国家論（*Verfassung Deutschlands*）を下敷きにして、『法権利の哲学』（*Grundlinien der Philosophie des Rechts oder Naturrecht und Staatswissenschaft im Grundrisse*）において、「家族、ブルジョア社会、国家」というトリアーデを提示して、西欧近代社会を捉え返そうとした。このテクストは、法権利 Recht = 意志 = 自由（Freiheit）の諸契機が己の存立の被媒介性を自覚していく過程として叙述されている。一九世紀前半では法学、哲学、社会学、政治学は基本的にいまだ未分化であるが、社会学的アスペクトからこのテクストの発想の核心についていえば、これは①ゲマインシャフト、②ゲゼルシャフト、③ゲゼルシャフト・ゲマインシャフトの三契機の構造連関として、近代社会を概念把握しようとしているともいえよう。これは理論史的に見れば、「国家（政府）―個人」という社会契約論的国家論の枠組みに対するアンチ・テーゼである。すなわち、自然権と社会契約という概念に基づく、古典的な自由主義ないし共和主義的な国家論においては、国家がゲゼルシャフトに還元されて、国家なるものの本質が言い当てられていない、ということなのである。とはいえ、国家には、ゲゼルシャフトとゲマインシャフトの両アスペクトがある、といっただけでは、国家の本質は言い尽くしたことにはならないであろう。

ここでは国家について全面的に議論することはできないが、本書の主題に係わるかぎりで、法と政治、法と権力の関係にいくつかの論点に注意を喚起しておきたい。

人類史を巨視的に俯瞰するならば、いずれも最広義における文明と国家の成立の時期は連動している。爾来、部族国家、都市国家、（古代的、オリエント的）専制国家（帝国）、西欧近代的な主権国家・国民国家などのさまざまな形姿の国家が歴史の舞台に登場している。いずれの国家社会も、社会的「物質代謝」（Stoffwechsel）という人間と自然との交換過程を基礎にして、柄谷行人の用語を借りれば、社会内部の交換、「贈与と返礼」、あるいは「商品と貨幣」という形のいわば横の交換のみならず、「略取と再分配」といういわば縦の交換を通じて、自己再生産されてきたのである。縦横の社会的交換の媒体は、言語（宗教、法、技術、科学）、貨幣、権力ということになろうが、貨幣経済の全面的発展の以前・以後に応じてゲマインシャフトとゲゼルシャフトの類型区分が可能であろう。要するに、二重の交換としての社会的再生産の動的均衡過程は基本的には同一であるといえるであろう。けれども、さしあたり「等価」とはそもそも何かという問題はおくとしても、縦横いずれの交換のケースにおいても、社会的交換は、「等価」である保証はない。縦横の交換の区別は強制性と自発性の強度の差異にすぎない。

ところで、周知のように、マックス・ウェーバーは、国家を次のように定義している。すなわち、「国家は、正統的至高暴力の独占を要求する団体である」(Der Staat ist derjenige Verband, der das Monopol legitimer Gewaltsamkeit in Anspruch nimmt.) と。ここでは人間が形成するあらゆる種類の集団のなかで、国家という集団の種差が、事実上正統化されている主権 (ultima ratio としての政治権力) に置かれている。すなわち、ウェーバーによれば、国家は広義の法と至高暴力を備えた団体なのである。

アリストテレスが言うように、神でも野獣でもないかぎり、人間はポリスないし社会そのものから人間として離脱して生きることはできない。しかし、近代世界においては、家族と国家というゲマインシャフト以外のあらゆる団体の加入と離脱は、原則上のみならず事実上もまた、特定の個人あるいは集団の任意に委ねられている。もちろん、全体主義的国家のようなケースを除けば、家族も国家もまた、一定の個人や何らかの任意団体が入退会を禁じられているわけではない。自然権と社会契約を原理とする自由主義的国家観によれば、家族も国家も、結局、原理的には任意結社 (association) にすぎない。しかしながら、人間は、よかれあしかれ、そこで生まれ、後見を脱するまで生育され、母語をとりわけ意識することなく習得する、家族や国家を、己自らの自由意思で選択しえない。家族や国家は、社会的生存の便宜であったり、階級的搾取の手段であったりしても、同時にそれらは、やはり、いつもすでに、人間のアイデンティティ、生きる意味、を左右する何か、である他ないからである。

要するに、国家の機能には「システム統合」と「社会統合」の両方のアスペクトがあり、しかも国家においてこれら両機能は切り離せないのである。したがって、国家は人間の生存にのみ係わるのではなく、それよりもなによりも、まさにそれゆえに、人間が生きる意味（「善く生きる」）にもまた、決定的に係わっているのである。そうであるかぎり、近代国民国家は、単なる統治機構（state）ないし政府機関（government）でも、単なる「幻想の共同体」（imaged community）として国民（nation）でもなく、いわばこの両アスペクトの相互規定関係そのものなのである。この意味で、近代の国民国家（nation-state）としての主権的法治国家（立憲主義国家）（legal state=sovereign state: constitutional state）は、community, society, association のいずれでもなく、また、organization, aggregation のいずれでもなく、これらを諸契機とした、ウェーバーの別の概念を借用すれば、自己定立的な制定律（実定法）を備えた非任意団体（Anstalt）なのである。

プラトンは、近代国家の成立よりも二〇〇〇年もまえに、不思議なことに、西欧近代市民国家とは構造的にも実質的にも決定的に異なる古典古代市民国家を背景にして、国家の核心的な構成秩序を言い当てている、いわゆる「最善国家」の範型を提示していた。これを反動的全体主義国家の元凶などと決めつけなければ、このモデルは、基本的に、「貨幣―商品」の横の交換システム（社会的分業）と「略取―再分配」の縦の交換システム（統治秩序）――もっとも、これは無産の統治者と有産の被治者の関係であるが――これら縦横の交換システムの総体としての国家モデルとして解釈しうる。ここでは個人と国家の両レヴェルでの理性が気概を介して欲望を制御するという構成秩序が正義として問題にされている。

ヘロドトスはすでにオリエント国家に対するギリシアのポリスの優位性の根拠が「人の支配」に対する「法の支配」にあると見ていたわけであるから、プラトンは、この国家モデルにおいて国家における法の構成的な役割ないし意義を明示していないが、かれがそれに気付いていなかったとは考えにくい。プラトンがその国家モデルで問題にしているのは、誰がどのように正義を見きわめ、それを法として定立するか、ということだからである。法は「システム統合」と「社会統合」、あるいは、ハーバーマスの言い方では、「システム」と「生活世界」、これらの間の媒介機能を果たしているが、この法が単なる自然法でも慣習法でもなく、それらを基礎にした実定法であることが自覚化されるならば、その妥当性の根拠がいかにして見きわめられるか、それを見きわめるその定立主体はいかにして形成されるのか、これらが問題化することになるのである。

こうして「法の支配」の問題は繰り返し「人の支配」のそれに引き戻されるのであるが、だからといって、二者択一の問題が成立するわけではない。たしかに、意識的にしろ、無意識的にしろ、法は人によって定立されるのである。しかし、法を定立する人を、法は規定する。法と権力の関係においても同様であろう。ソーンヒルは法の定立主体、自己立法の主体について、しばしばsubjectではなく、むしろagent（行為主体）という語を用いている。subjectは、もともとは主体というよりもむしろ、従属者（臣民）という意味だからであろう。いずれにしても、この行為主体は、自然法（権）的公理主義、つまり自由主義というイデオロギーとしてはともかく、現実においては実体化された抽象的個人ではありえない。それは、所与の歴史的・社会的諸条件によっていつもすでに制約され、広義の法と国家によって限定された個人だからである。さらにいえば、それは、national identityに照応するindividual identityを有する個人ということになろう。たしかに、福沢の「一身独立して一国独立す」は至言ではある。しかし、人間を人間学的に考察するかぎり、厳密には、「一国独立して」はじめて「一身独立す」と同時にいわなければならないであろう。

さて古代末以来、西欧の法学と神学において主体性を表現する言葉として用いられてきたのは、「人格」（persona, person）である。雑駁に言えば、これはもともと、ギリシア語のcharaktērと同じく、演劇の登場人物が演じる役割（性格）を示す仮面を意味していた言葉が、ローマ法学とキリスト教神学において、それぞれ異なる意味を付与されて、術語として用いられたのである。ローマ法においては、所有権法の法主体を意味するが、法的人格態（legal personality）は、individual（個人人格としての自然人）とcollective（集合的法人格、狭義の法人）の両次元で使われうる。肝心なことは、人格概念は、諸人格間の相互承認という関係とこの両次元の相互限定という関係、そして、この関係における行為（活動を）を通じて、つまり、いわば関係の関係を通じて成立することである。

本書の中心主題である、法の自己定立の主体性、法の自己準拠、これらの問題を考えるとき、「人格」だけでなく、さらにその背後にある「人間」の問題に注意を凝らしておくことが必要であろう。「人間」概念に関しては、ソーンヒルが指摘しているように、西欧思想史一般において、やはり、人間学的（anthropological）アスペクトとキリスト教的人間主義的（humanist）なそれがあり、これらは分かちがたく絡み合っている。human, humanity, humanismは、「人間」という類（Gattung）の特質を示す言葉であるが、語源的には、「天から地に落とされ、地を這うもの」といった語感を伴う、「大いなるもの」に対して畏怖を感ずるべき卑小な存在、謙譲であるべき存在、同じく卑小な同類に対しての憐憫の情を感ずるべき存在、これらのニュアンスないし意味をもっていたように思われる。ところが、「人間」は、神話などで示されているように、謙譲、敬虔であるべき存在から、しばしばいつのまにか地上の主人であるかのごとき倨傲な存在に転化するのである。キリスト教神学においては、「人間」は被造物一切の中で特権的な地位に置かれている。上で触れたように、超越的創造神そのものが逆説的概念であるが、被造物としての「人間」が、その超越神の似姿として、自余の一切を（神を含めて）対象化する態度をとることになれば、「人間」は一層深刻な逆説的概念となろう。となれば、「人間」が、無限遡及的な自己意識を作動させるかぎり、人間の倨傲を戒める、デルフォイのアポローン神の神託「汝自身を知れ！」が、「人間」の魂の奥底に絶えず響くことになろう。

いずれにしても、超越的創造神の本質がそうであるように、被造物としての「人間」のそれもまた、よかれあしかれ、自由な立法主体であるべく運命づけられていると言うべきであろうか。なにはともあれ、homo sapiensと

homo demensの属性を同時にあわせもつ「人間」の自由ないし意志は、純粋な意志（Wille）と恣意（Willkür）、その理性は透明（transparent）と不明（opak）、光と闇、これらの間の深淵に宙吊りになっていると言えようか。そのかぎりで、人間の理性は主観化（道具化）する、そして、その意志は恣意に転化する、そうした可能性をいつも秘めているわけである。これこそは、懐疑論と独断論、主知主義と主意主義、唯名論と実在論、観念論と唯物論、社会システム論的自己言及の循環とコミュニケーション的理性の人間主義の独断、これらの間のさまざまに変奏された確執が、「形而上学」あるいは「形而上学以後」の名で果てしなく再演されざるをえない所以であろう。いずれにしても、出発点は同じである。「人間」は、sapiensとdemensの両アスペクトを本源的に有する歴史的・社会的な存在であり、それ以上でもそれ以下でもないということがそれである。これが忘却されると「啓蒙・近代」あるいは「啓蒙・近代以後」という独断に陥ることにならざるをえない。とはいえ、まさにこの逆説の自覚が「啓蒙・近代」ないし「理性の公的使用」というのであれば、まさにそれらは永遠に継続されるべき未完のプロジェクトということになろう。

最後に、法と国家に関して、ユダヤ教とキリスト教、カトリシズムとプロテスタンティズム、要するに、権威主義的「律法」と自律主義的「新しい掟」との、理性と意志との、規範と決断との確執について、なお若干触れておきたい。国家社会における法の自己定立の問題に関して言えば、原始キリスト教団は、既成のユダヤ教団の律法主義（legalism）や権威主義（初期ヘーゲルの言葉ではPositivität）に反抗して、いわば永久革命論的な「新しい掟」に基づく「信仰共同体」として成立した。これは、本源的共同体から離脱した諸個人の任意の自発性あるいは実存に基づいている以上、communityではなくassociationであろう。しかし、そこにも社会生活が存続する以上、単なる道徳的格律以外に何らかの拘束性のある規則が必然化するであろう。

ローマ・カトリック教会がギリシア哲学を下敷きにして神学体系を築くのは後の時代においてであるが、古今東西の歴史的経験を踏まえ、教皇の権威を軸にして、ローマ法に準拠する教会法、プラトンの国家モデル的な位階制と代表制、古代部族社会の衆議の古俗に由来するであろう公会議制、これらの諸制度を骨組みにして教会組織は築き上げられた。ソーンヒルが指摘するように、教会のこれらの諸制度は、教会との複雑な緊張関係において形成された世俗国家、帝国や領邦国家にも、直接的にせよ間接的にせよ受け入れられていく。やがて近世初頭に成立した宗教改革運動は、ローマ・カトリック教会の既成の権威主義・律法主義に対して激しい反抗を展開したが、とりわけドイツにおいては、帝国と領邦国家の対立関係に決定的な影響を及ぼすことになる。カトリック教会と神聖ローマ帝国からの領邦国家の自由と解放(いわゆるドイツ的自由)は、やがて聖俗のあらゆる法と国家からの「信仰共同体」の自由と解放、そしてこれは、とどのつまり、実存的あるいは抽象的な個人の自由と解放に帰着する。

だが、上で触れたように、意志と恣意という意味での自由は、あるいはnegative freedomは、いわば匿名の超越神の属性であり、それを人間が自らの本質として標榜することは、二重の意味で逆説であり、欺瞞である。権威主義・律法主義への造反は、一理も二理もあるであろう。しかし、権威、国家、法、制度一般を闇雲に否定すれば、それは遂行的矛盾になるばかりでなく、自己崩壊の深淵を覗き込む仕儀となるであろう。positive freedomを主張しても、そのとき実体化されたnegative freedomを前提にしているのであれば、結局、自由至上主義と国家至上主義、自由主義と共同体主義、……といった空虚な対立併存に、またぞろ落ち込むことになろう。

要するに、理性と意志、規範と決断、法と国家、自由と権力、共同性と個体性、これらの二律背反と両項それぞれの概念の両義性は、人間が解決すべき課題というよりは、むしろ人間の条件なのである。自由、平等、人権、デモクラシー、自由主義、共同体主義、共和主義、国家主義、世界市民主義、なんであれ、それ自体としては空虚なイデオロギーにすぎない抽象的な観念を無前提に叫ぶのではなく、所与の法と国家を無批判に前提にするのでもなく、そもそも両義的な歴史的・社会的な人間存在の所与の諸条件を見きわめたうえで、実定法とその定立主体との関係を切り離すことなく、法の妥当性と権力の正統性のそれぞれの根拠の関係を不断に問い直すべきであろう。

著者ソーンヒルは、近現代ドイツ国家形成史、近現代ドイツ政治哲学史、近現代ドイツにおける「法の形而上学」批判を、実定性・実定化（positivity, positivization）、例外性（exceptionality）、逆説性・二律背反（paradoxicality, antinomy）といった用語を駆使して論じ、これらを特殊ドイツにおけるキリスト教神学の世俗化と西欧哲学史の展開として捉え返しているが、これらの用語は、近現代ドイツにおける法と国家の問題ばかりでなく、歴史的・社会的な人間存在一般におけるそれを考察する際にもまた、援用しうるであろう。

*

二〇〇七年に出版された本書の翻訳を思い立ってから出版に漕ぎ着けるまでに、思いの外長い年月が経ってしまった。安世舟先生は上でご自分の事情を述べておられるが、それよりも、遅延の理由は、テクストの主題の大きさないし重さと扱っている範囲の広さにあったように思われる。なにしろ、その内容は、神学、法学、哲学、国家学、歴史学、社会学に及んでいる。安先生が触れておられるように、まずわれわれは下訳を分担して作ったのであるが、その後、両三度にわたって、わたしの訳稿を安先生に読んでいただいた。安先生からその都度書簡付きでわたしに送り返していただいた訳稿は、修正とコメントの朱筆で各頁が埋め尽くされていたばかりでなく、安先生には訳語一覧表まで作っていただいた。この間、安先生とは、テクストの内容に関して、書簡や電話で幾度となく議論を交していただいた。こうして、翻訳作業は、わたしにとっては、大袈裟にいえば、悪戦苦闘の連続であったが、それ以上に、安先生との共同作業の経験は、まったく得難い僥倖であった。わたしには、先生のご専門の領域の知識によってばかりでなく、学問に取り組む情熱の激しさを実際に示していただくことで、大いに学ぶところがあったからである。

今回の共同作業では、最終的な訳稿づくりをわたしに委ねていただいた。わたしは、序論から第一二章までを再度読み返し、わたしなりの解釈と訳文で全体を統一させていただいた。したがって、生硬な訳文になっているところはもちろんであるが、頻出する比較的重要と思われる、たとえば、constitute, articulate, elaborate, form (formation), element, person, human などの訳語に関して、そして、副詞や代名詞を漢字から出来るだけ平仮名にしたことなどに関して、安先生のご提案とは異なる箇所を多く残してしまったこと、これらの点については安先生のご海容を願うばかりである。こういう次第で、出版に至るまで時間がかかってしまったが、にもかかわらず、気づかない数多の誤読・誤解があるに違いない。神学、法学、哲学、国家学などのそれぞれの専門家の方々のご指摘を頂ければ幸甚である。

*

本年（二〇一一年）三月、たまたま訪欧の機会があり、安先生の強いお勧めもあって、グラスゴーのソーンヒル教授をお訪ねした。飛行機を乗り継いでグラスゴーに着いたのは夜半であった。夜とはいえ、スコットランド第二の都市にしてはなにやら荒涼とした雰囲気であった。折からのイギリスの財政危機あるいは不況のせいであろうか。それとも、スコットランド固有の風土のせいであろうか。いずれにしても、わたしはこうしたなんとなく荒涼としたスコットランドの雰囲気がきらいではない。翌日、グラスゴー大学の研究室でソーンヒル教授とお会いした。グラスゴー大学は郊外の丘陵の上にあるが、市街からそれほど遠いところではない。なるほど、ここでかのアダム・スミスは講義していたのか、というような年月を経た重厚な建物が立ち並んでいる。思いがけないことに、大学はまだ学期中であった。たまたま、その日には担当授業はないとのことであったが、大学予算の削減と制度改革で大学は大揺れで、毎日会議の連続なのだ、とのことであった。おまけに、家族に深刻な問題を抱えていて、まさしくいま内憂外患といったところらしい。その日の会議を途中で抜け出して、半日足らずではあったが、大学や近くの美術館を案内していただき、昼食を共にした。かれはドイツ語がnativeと変わらないとのことであったので、会話ではわたしの拙いドイツ語につきあっていただいた。本書の内容については、立ち入った議論はほとんどできなかったが、ドイツ史やドイツ思想史に該博な知識をもちながら、あるいは、それゆえになのか、思いの外、ルーマンを高く評価しているのには幾分意外の感をもった。見たところ長身のごく穏やかな青年という感じであったが、内には、才能もさることながら、何か熱いエネルギーを秘めているのであろう。でなければ、このテクストのような力業は、ありえないように思えるからである。

翌日は吹雪であった。空港まで乗った暖房もない箱型オースティンのタクシーの運転手が何のためらいもなく高速道路を疾走するのには些か感銘を受けた。ロンドン行きの一時間ほどの飛行機の中で、サッカーの応援にでも行くのであろうか、スカートをはいた老若のむくつけき男たちの団体が酒盛りをはじめたのに出くわしたことも、印象に残る光景であった。その日、ロンドン空港でドイツ行きの便を待つ間に、日本で大震災と原発事故があったことを知った。

＊

時間はかかってしまが、ようやくあとがきを書くところまで到達した。一緒に仕事をしてくださった安世舟先生とご子息、著者ソーンヒルさん、今回もこころよく出版を引き受けてくださった風行社の犬塚満さん、伊勢戸まゆみさん、大東文化大学の特別研究費に関して、直接、間接にお力添えいただいた多くの方々に、こころから感謝いたします。(二〇一一年九月　小田原にて　永井健晴 記)

【訳者紹介】

永井健晴（ながい たけはる）
現在、大東文化大学法学部政治学科教授、フランクフルト大学哲学博士。
主な著訳書
Natur und Geschichte — Die Sozialphilosophie Max Horkheimers（Dissertation, Goethe Uni. Frankfurt a. M., 1982）、ヘーゲル『法権利の哲学』（共訳、1991年、未知谷）、L・ゴルドマン『啓蒙精神と弁証法』（2000年、文化書房博文社）、クリス・ソーンヒル『現代ドイツの政治思想家——ウェーバーからルーマンまで』（共訳、2004年、岩波書店）、R・マオラー『プラトンの政治哲学——政治的倫理学に関する歴史的・体系的考察』（2005年、風行社）、『プラトン政治哲学批判序説——人間と政治』（2008年、風行社）、『社会哲学のアクチュアリティ』（共著、2009年、未知谷）、M・B・フォスター『プラトンとヘーゲルの政治哲学』（2010年、風行社）、学術論文に、「ハーバーマスの政治理論」（2002年、日本政治学会年報、岩波書店）など。

安 世舟（やす せいしゅう）
現在、大東文化大学名誉教授、政治学博士。
主な著訳書
『ドイツ社会民主党史序説——その成立からワイマール共和国成立期まで』（1973年、御茶の水書房）、『現代政治学の解明』（1999年、三嶺書房）、『20世紀のドイツ政治理論』［2002年度政治学年報］（編著、岩波書店）、ヘルマン・ヘラー『国家学』（1971年、未來社）、ヘルマン・ヘラー『ドイツ現代政治思想史』（1981年、御茶の水書房）、Ch・ミュラー他編著『ワイマール共和国の憲法状況と国家学』（編訳、1989年、未來社）、W・J・モムゼン『マックス・ウェーバーとドイツ政治 1890－1920』Ⅰ・Ⅱ（監訳、1993年——1994年、未來社）、クリス・ソーンヒル『現代ドイツの政治思想家——ウェーバーからルーマンまで』（共訳、2004年、岩波書店）、D・シントラー『憲法と社会構造』（監訳、2005年、有信堂）など。

安 章浩（やす あきひろ）
現在、尚美学園大学総合政策学部教授（行政学、政治過程論担当）。
主な著訳書
『比較政治学とデモクラシーの限界』（共著、2001年、東信堂）、『ガバナンス』（共著、2005年、北樹出版）、『政策課題』（共著、2006年、北樹出版）、『行政の未来』（共著、2006年、成文堂）、『公共政策の分析視角』（共著、2007年、東信堂）、『シティズンシップ論の射程』（共著、2010年、日本経済評論社）、『身近な公共政策論——ミクロ行政学入門』（共著、2010年、学陽書房）、クリス・ソーンヒル『現代ドイツの政治思想家——ウェーバーからルーマンまで』（共訳、岩波書店、2004年）など。

[人名索引]

《ア》

アイヒホルン Eichhorn, Karl Friedrich [1781-1854] 405, 406

アクイナス Aquinas, Thomas [1225-1274] 42-45, 60, 194

アグリコラ Agricola, Johann [1494-1566] 84-86

アッヒェンヴァル Achenwall, Gottfried [1719-1772] 190

アデナウアー Adenauer, Konrad [1876-1967] 611

アドラー Adler, Max [1873-1937] 483

アドルノ Adorno, Theodor [1903-1969] 576-600

アーベントロート Abendrot, Wolfgang [1906-1985] 621

アムズドルフ Amsdorff, Nicolaus von [1484-1565] 109

アリストテレス Aristotle [384-322BC] 9, 99, 207, 649

アルトゥジウス Althusius, Johannes [1557-1638] 117-119

アルトハオス Althaus, Johannes →アルトゥジウス

アルブレヒト Albrecht, Wilhelm Eduard [1800-1876] 404, 405

アルメウス Armaeus, Dominicus [1579-1637] 123

アルント Arndt, Johann [1555-1621] 131

アーレント Arendt, Hannah [1906-1975] 604-609

アンシュッツ Anschütz, Gerhard [1864-1948] 532

アンドレー Andreä, Johann Valentin [1586-1654] 131

イェリネク Jellinek, Georg [1851-1911] 397-402

イェーリング Jhering, Rudolf [1818-1892] 389-394

ヴィツェンドルフ Witzendorff, Wilhelm, 124

ヴィントシャイト Windscheid, Bernhard [1817-1892] 394

ウェーバー Weber, Max [1864-1920] 423, 428, 457-471, 528, 532

ヴェルカー Welcker, Karl [1790-1869] 374

ヴォルフ Wolff, Christian [1679-1754] 176-184

ウルピアーヌス Ulpian [c.170-223] 164

エアハルト Erhard, Johann Benjamin [1766-1826] 218

エアハルト Erhard, Ludwig [1897-1997] 611

エコランパディウス Oecolampadius, Johannes [1482-1531] 80

エビングハウス Ebbinghaus, Julius [1885-1981] 602

エールリヒ Ehrlich, Eugen [1862-1922] 402

オッカム Ockham, William [c.1288-c.1348] 55

オッフェ Offe, Claus [1940-] 640

オルデンドルプ Oldendorp, Johannes

［1482-1567］104, 105

《カ》

カウツキー Kautsky, Karl［1854-1938］483
カウフマン Kaufmann, Erich［1880-1972］491, 492
ガッルス Gallus, Nicolaus［1516-1570］86
カルヴァン Carvin, Jean［1509-1564］117, 120, 121, 132, 138, 459
カール５世 Karl Ⅴ, Holy Roman Emperor［1500-1558］38, 89
カールシュタット Carlstadt, Andreas Bodenstein von［1486-1541］72-75
カルプツォフ Carpzof, Benedict［1595-1666］124, 130
ガンス Gans, Eduard［1797-1839］363, 364
カント Kant, Immanuel［1724-1804］6, 180, 192-236, 243, 244, 248, 249, 258, 294, 306, 307, 311, 312, 418, 450, 456, 461, 472-512, 605, 635-639, 645-650, 652, 657, 658, 677
カントロヴィッチ Kantorowicz, Hermann［1877-1940］402
キーフル Kiefl, Franz Xaver［1869-1928］563
ギールケ Gierke, Otto von［1841-1921］411-419
キルヒハイマー Kirchheimer, Otto［1905-1965］579-582, 584, 585, 588, 591, 592
グナイスト Gneist, Rudolf von［1816-1895］467
グラツィアーヌス Gratian［259-383］23, 51
グリム Grimm, Jacob［1784-1863］404
クルージウス Crusius, Christian August［1715-1775］183, 184
グントリング Gundling, Nicolaus［1671-1729］128, 134
ゲシェル Göschel, Karl Friedrich［1784-1861］337
ケーニヒ König, Reinhard　122, 141
ケルゼン Kelsen, Hans［1881-1973］516-535, 549, 559-561
ゲルバー Gerber, Carl Friedrich von［1823-1891］387-389
ゲルバー Gerber, Hans　546
ゲールハルト Gerhard, Johann［1582-1637］131
ゲールレス Görres, Josef［1776-1848］299
ケルロイター Koellreutter, Otto［1883-1972］547, 569, 570
ゲーレン Gehlen, Arnord［1904-1976］617-619
コーエン Cohen, Hermann［1842-1918］473-481, 483-489
コクツェーイ Cocceji, Hennrich［1644-1714］144
コクツェーイ Cocceji, Sammuel［1679-1755］145
コンスタンティヌス帝 Constantine, Roman Emperor［c.272-337］90
コンリング Conring, Hermann［1842-1918］125-128, 133, 144, 146

《サ》

サヴィニー Saviny, Friedrich Carl von［1779-1861］260, 266-273, 363, 371, 376, 377, 379-381, 391, 405
シェーラー Scheller, Max［1874-1928］492-494

シェリング Schelling, Friedrich Wilhelm Joseph von［1775-1854］229-234, 249, 250, 294-299, 314, 319, 323
シェルスキー Schelsky, Helmut［1912-1984］619, 623
シャルラー Schaller, Julius［1810-1868］337
シュヴェンクフェルト Schwenckfeld, Casper［1489-1561］80
シュタイン Stein, Lorenz von［1815-1890］375
シュタオディンガー Staudinger, Franz［1849-1921］483
シュタムラー Stammler, Rudolf［1856-1938］477-480, 482, 485, 487
シュタール Stahl, Friedrich Julius［1802-1826］314-319, 384
シュティルナー Stirner, Max［1806-1856］342-344
シュテファーニ Stephani, Joachim［1544-1623］129
シュテファーニ Stephani, Matthias［1570-1646］123, 129, 141, 144, 146
シュテルンベルガー Sternberger, Dolf［1907-1989］621
シュトゥリキウス Strykius, Samuel［1640-1710］128
シュトゥルーフェ Struve, Burcard Gotthelf［1671-1738］128
シュトラオス Strauss, David Friedrich［1808-1874］321, 329-332, 337, 338, 341
シュペナー Spener, Philipp Jacob［1635-1705］131
シュペングラー Spengler, Lazarus［1479-1534］93, 94
シュペングラー Schpengler, Oswald［1880-1936］557
シュマウス Schmauß, Johann Jakob［1690-1734］158
シュマルツ Schmalz, Theodor［1760-1831］217
シュミット Schmitt, Carl［1888-1985］516, 524, 547-569 573, 587, 588, 617, 623, 688
シュライアーマッハー Schleiermacher, Friedrich Daniel Ernst［1768-1834］302-312
シュレーゲル Schlegel, Friedrich von［1772-1829］288, 289
シュレーツァー Schlözer, August Ludwig［1735-1809］185
ジンツハイマー Sinzheimer, Hugo［1875-1945］529, 530, 539
ジンメル Simmel, Georg［1858-1918］428, 450-456
スメント Smend Rudolf［1882-1975］543-546
ゼッケンドルフ Seckendorff, Veit Ludwig von［1626-1692］124, 125, 133, 144, 146
ゾーム Sohm, Rudolf［1841-1917］467, 468

《タ》

ダールマン Dahlmann, Friedrich Cristoph［1785-1860］374
チェスコフスキ Cieszkovski, August［1814-1894］339, 342
ツァハリエ Zachariä, Karl Salomo［1769-1842］374
ツィーグラー Ziegler, Casper［1621-1690］125, 142
ツヴィングリ Zwingli, Huldrych［1484-

1531］76-80
ティッシュレーダー Tischleder, Peter［1891-1947］563
ティボー Thibaut, Anton Friedrich Justus［1772-1840］377-379
ディルタイ Dilthei, Wilhelm［1833-1911］428, 444-450, 533, 606
テンニエース Tönnies, Ferdinand［1885-1936］458
トゥレンデレンブルク Trendelenburg, Friedrich Adolf［1802-1872］472
トマージウス Thomasius, Christian［1655-1728］135-137, 154-161, 170, 183
トライチュケ Treitschke, Heinrich von［1834-1896］281-283
トレルチ Troeltsch, Ernst［1865-1923］528
ドロイゼン Droysen, Johann Gustav［1808-1884］280, 281, 285

《ナ》

ナウマン Naumann, Friedrich［1860-1919］528, 532
ナトルプ Natorp, Paul［1854-1924］474, 478, 480, 482, 485, 495-497
ニーチェ Nietzsche, Friedrich［1844-1900］428-444, 450 451, 453-458, 461-463, 558
ノイマン Neumann, Franz［1900-1954］579, 581, 582, 586-588, 591, 595, 596
ノヴァーリス Novalis〔Georg Friedrich Philipp von Hardenburg〕［1772-1801］288

《ハ》

ハイデガー Heidegger, Martin［1889-1979］498-510, 606-609, 657, 680
ハイデンライヒ Heydenreich, Karl Heinrich［1744-1803］217
ハイネックツィウス Heineccius, Johann Gottlieb［1681-1741］182
ハイムゼート Heimsoeth, Heinz［1886-1975］494
バイヤーレ Beyerle, Konrad［1872-1933］563
バウアー Bauer, Bruno［1809-1882］321, 323-330, 336, 337, 355, 356
バーダー Baader, Franz von［1765-1841］293
ハーバーマス Habermas, Jürgen［1929-］627-660, 663, 674, 677, 679-682
ハラー Haller, Karl Ludwig von［1768-1822］247, 316
バールト Bahrt, Karl Friedrich［1741-1792］207, 217
ハルナック Harnack, Adorf von［1851-1930］528
パレウス Pareus, David［1548-1622］120
ビスマルク Bismarck, Otto von［1815-1898］7, 16, 262, 281, 376, 395
ピュッター Pütter, Johann Stephan［1725-1807］189, 190
ヒルファーディング Hilferding, Rudolf［1877-1941］577
ビンダー Binder, Julius［1879-1939］490, 571
フィヒテ Fichte, Johann Gottlieb［1762-1814］221-229, 245, 288, 327
フォアレンダー Vorländer, Karl［1860-1928］483
フォイエルバハ Feuerbach, Ludwig［1804-1872］331-338, 346, 347, 350, 352
フォイエルバハ Feuerbach, Paul Johann

Anselm von［1775-1833］373
フォルストホフ Forsthof, Ernst［1902-1974］573, 574, 624, 625, 674
フーゴー Hugo, Gustav［1764-1844］260, 263-266, 371
フッサール Husserl, Gerhart［1893-1973］602
ブッツァー Bucer, Martin［1491-1523］103
ブッデウス Buddeus, Johann［1667-1729］128, 183
フーバー Huber, Ernst Rudolf［1903-1990］572, 573
プーフェンドルフ Pufendorf, Samuel［1628-1689］127, 135, 138, 147-154, 156-158, 160, 161, 171-175, 178, 182, 183
プフタ Puchta, Georg Friedrich［1798-1846］379-386
フライスラー Freisler, Roland［1893-1945］572
フライヤー Freyer, Hans［1887-1969］615-619, 622, 623
フラツィウス Flacius, Illyricus Matthias［1520-1575］86, 87
プラトン Plato［427-347BC］430, 445
フランケ Francke, August Hermann［1663-1727］132
ブルンチュリ Bluntschli, Johann Casper［1808-1881］410
プロイス Preuß, Hugo［1860-1925］420-423
プロイス Preuss, Ulrich K.［1939-］655
ブロッホ Bloch, Ernst［1885-1977］603
フンボルト Humboldt, Wilhelm von［1767-1835］276, 277, 373
ヘーゲル Hegel, Georg Wilhelm Friedrich［1770-1831］235, 257, 302, 309, 314, 315, 321, 322, 344, 345, 391, 637, 638
ベーゼラー Beseler, Georg［1809-1888］406, 407
ベゾルドゥス Besoldus, Christphorus［1577-1638］123
ヘネル Hänel, Albert［1833-1918］410-411
ベーマー Boehmer, Justus Henning［1674-1749］145, 146
ヘラー Heller, Hermann［1891-1933］516, 532-540
ヘルダー Herder, Johann Gottfried von［1744-1803］262, 275
ベルンシュタイン Bernstein, Eduard［1850-1932］481
ボダン Bodin, Jean［1530-1596］124
ホッブズ Hobbes, Thomas［1588-1679］165, 172, 208, 549
ホルクハイマー Horkheimer, Max［1895-1973］576-600
ポロック Pollock, Friedrich［1894-1970］576, 581, 583

《マ》

マイスナー Meisner, Balthaser［1587-1626］141
マイネッケ Meinecke, Friedrich［1862-1954］490
マイホーファー Maihofer, Werner［1918-2009］602
マウスバハ Mausbach, Joseph［1861-1931］563
マキシミリアン１世 Maximilian Ⅰ, Holy Roman Emperor［1459-1519］29
マルクス Marx, Karl［1818-1883］345-367, 439, 442, 444, 461, 511, 639, 640,

642, 645, 688
マルクーゼ Marcuse, Herbert [1898-1979] 578, 583, 592, 596
マールハイネケ Marheineke, Philipp [1780-1846] 323, 338
ミシュレ Michelet, Karl Ludwig [1801-1893] 338, 339
ミッターマイアー Mittermaier, Carl Joseph Anton [1787-1867] 404
ミュラー Müller, Adam [1779-1829] 290-292
ミュンツァー Müntzer, Thomas [1489-1525] 72, 82, 83
メーザー Möser, Justus [1720-1794] 286, 287
メランヒトン Melanchthon, Philipp [1492-1560] 51, 87, 95-103, 105, 108, 109
モーザー Moser, Johann Jacob [1701-1785] 186-189, 264
モール Mohl, Robert von [1799-1875] 375

《ヤ》

ヤスパース Jaspers, Karl [1883-1969] 621
ユスティ Justi, Johann Heinrich Gottlob von [1720-1771] 185
ユンガー Jünger, Ernst [1895-1998] 557
ヨナス Jonas, Justus [1493-1555] 108

《ラ》

ライプニッツ Leibniz, Gottfried Wilhelm [1646-1716] 160-184, 238
ラインキンク Reinkingk, Theodor [1590-1664] 124, 130
ラスク Lask, Emil [1875-1915] 486
ラートブルフ Radbruch, Gustav [1878-1949] 402, 542
ラーバント Laband, Paul [1883-1918] 394-397, 531
ラーレンツ Larenz, Karl [1903-1993] 571, 572
ランケ Ranke, Leopold von [1795-1886] 278, 279, 285
リッカート Rickert, Heinrich [1863-1936] 473-475, 486
リット Litt, Theodor [1880-1962] 533
リムネウス Limnaeus, Johannes [1592-1663] 123, 141
ルカーチ Lukács, Georg [1885-1971] 498, 509-515, 688
ルーゲ Ruge, Arnold [1802-1880] 341, 342
ルター Luther, Martin [1483-1548] 40-53, 159, 509
ルーデヴィヒ Ludewig, Johann Peter [1668-1743] 128
ルーマン Luhmann, Niklas [1927-1998] 627, 628, 658-661, 663-682, 690
レーダー Röder, Karl David August [1806-1879] 472
レンナー Renner, Karl [1870-1950] 529
ローゼンクランツ Rosenkranz, Karl [1805-1879] 338
ロテック Rotteck, Karl von [1775-1840] 374
ロールズ Rawls, John [1921-2002] 627

＊本書は、大東文化大学研究成果刊行助成金を受けて、大東文化大学学術叢書として刊行された。

ドイツ政治哲学――法の形而上学

2012年2月10日　初版第1刷発行

著　者　クリス・ソーンヒル

訳　者　永井健晴＋安 世舟＋安 章浩

発行者　犬　塚　満

発行所　株式会社 風 行 社

〒101-0052 東京都千代田区神田小川町3－26－20

Tel. & Fax. 03-6672-4001

振替 00190-1-537252

印刷・製本　モリモト印刷

装　丁　後藤トシノブ

ISBN978-4-86258-067-2